企業法務ハンドブック

☑チェックリストで実践する

予防法務と戦略法務

小里佳嵩（G&S法律事務所）
Ozato Yoshitaka
【編著】

富田　裕（TMI総合法律事務所）
Tomita Yu

小林佑輔（TMI総合法律事務所）
Kobayashi, Yusuke
【著】

野崎智己（G&S法律事務所）
Nozaki Tomomi

中央経済社

は じ め に

　本書は，大企業と比べて法務機能が整備されていない中小企業を想定し，最低限押さえておくべき法律実務上の留意点及び対応策をコンパクトに概説することを目的としたものである。

　主に経営者や法務担当者向けに作成しているが，弁護士が実務において用いることも想定して，一定程度の専門性を保った書籍としているため，弁護士実務においても，各分野における概説的な知見を確認し，事案ごとの解決方針を見出すうえで，有用だと思われる。

　一言に企業法務といっても，その分野は多岐にわたり，企業の抱える問題を解決するにあたっては，企業法務全般に関する横断的な知見が必要となることも少なくない。また，新たな事業分野が創設されるたびに法令も変化し続けており，その内容も複雑化している。

　そこで，本書では，企業において想定される法務課題（組織運営，スタートアップ・新規事業，労務管理，契約取引，知財戦略，資金調達，M&A・事業拡大，海外展開，出口戦略）を幅広く扱い，法務課題ごとに章立てを行って，目次を詳細に設定したうえで，端的に実務上の留意点・対応策を解説することで，網羅性を確保しつつ，経営者や法務担当者が知りたい情報にアクセスしやすいように実用性を確保することを心がけている。

　また，法的紛争やトラブルを回避するための「予防法務」と，企業の経営戦略を支援するための「戦略法務」という2つの観点を重視して，各項目の冒頭に「Check List」を設けており，同「Check List」を確認することで，会社のコンプライアンス等の「リスク管理」を行えるようにするとともに，「経営戦略」を支援するための法的知見を提示している。「Check List」は，M&A の法務デュー・ディリジェンスにおいて活用されるチェックリストを参考としたものである。加えて，各項目の冒頭に必要に応じて「Case」として事例を挿入することで，各項目の問題意識や具体的なリスク内容をイメージしやすくしている。

　内容においても，各分野の最先端の法律実務に携わる弁護士に執筆協力を依

頼し，専門性を担保するとともに，各分野における代表的な基本書・専門書を参考文献として脚注に明示することで，信頼性を確保し，より専門的な内容についてはこれらの基本書・専門書を参照することのできるレファレンスブックとしても活用できるように構成した。本書を，それぞれの法務課題に対応する際の足掛かりとしていただければ幸いである。

　最後に，本書の執筆にあたっては，多くの執筆協力者の協力を得ているほか，株式会社中央経済社の和田豊氏に，企画段階から様々な助言・提案をいただき，編著者都合の大幅な構成変更についても粘り強くお付き合いいただいた。これらの方々の助力がなければ，本書の書籍化は実現できなかったものであり，心よりの感謝を申し上げる次第である。

執筆者を代表して

弁護士　小里　佳嵩

目　次

はじめに／Ⅰ

凡例／Ⅲ

第1章　組織運営 ————————————————— 1

第1　機関設計のポイント／1

1　コーポレート・ガバナンスと機関設計／1

2　機関の概略及び機関設計のバリエーション／2

(1)　機関の概略／2

ア　株主総会／2

イ　取締役・取締役会／2

ウ　監査役・監査役会／3

(2)　機関設計のバリエーション／3

3　機関設計を選択する際のポイント／5

(1)　取締役会を設置するか否か／5

ア　非取締役会設置会社の選択／5

イ　会社の業務執行に関する意思決定の違い／5

ウ　取締役による職務執行の監督体制の違い／7

(2)　指名委員会等設置会社，監査等委員会設置会社，監査役会設置会社／9

ア　指名委員会等設置会社／9

イ　監査等委員会設置会社／10

ウ　監査役会設置会社／11

エ　各機関設計の比較検討／12

(3)　企業の成長段階に応じた機関設計の必要性／13

ア　創業直後における機関設計／14

イ　事業成長段階における機関設計／14

ウ　上場直前段階〜上場後における機関設計／14

エ　機関の適正な運営の必要性／14

4　機関設計を変更する際のポイント／15

(1)　定款規定の確認／15

(2)　定款変更等の手続／16

第2 株主総会の運営のポイント／17

1 株主総会の権限／17

2 株主総会のスケジュール／17

  （1）定時株主総会／17

  （2）臨時株主総会／18

3 株主総会の手続の概略／19

  （1）事前準備事項／19

    ア 基準日／19

    イ 計算書類及び事業報告書等の作成／21

  （2）招集手続／23

    ア 招集の決定／23

    イ 招集通知／27

  （3）株主総会の運営／30

    ア 会場設営／30

    イ 受 付／30

    ウ 委任状が事前に返送されてきた場合／31

    エ 委任状・議決権事前行使分の集計／32

    オ 議事運営／33

  （4）株主総会後の手続／36

    ア 定時株主総会直後の取締役会／36

    イ 株主総会議事録の作成等／37

    ウ 株主総会決議に関する変更登記／37

    エ 決算公告／37

  （5）株主総会手続を簡略化する方法／38

    ア 招集手続の簡略化／38

    イ 書面決議・書面報告／40

  （6）株主総会資料の電子提供制度／41

4 株主総会決議の瑕疵／42

  （1）株主総会決議の効力を争う方法／42

    ア 決議取消し／42

    イ 決議不存在確認・決議無効確認の訴え／43

  （2）株主総会議事録の閲覧謄写請求への対応／43

  （3）判決の効力／44

第3 取締役会の運営のポイント／45

1 取締役会の権限／45

  （1）会社の業務執行の決定権限／45

    ア 取締役会の専決事項／45

    イ 重要性に関する基準／46

  （2）取締役の職務執行の監督権限／48

  （3）一定の個別的事項に関する決定権限／48

2 取締役会のスケジュール／48

3 取締役会の手続の概略／49

  (1) 招集手続／49

    ア 招集権者／49

    イ 招集通知／50

  (2) 取締役会の運営／50

    ア 取締役会の議事運営／50

    イ 決　議／51

    ウ 特別利害関係取締役／51

    エ 取締役会への報告／52

  (3) 取締役会議事録の作成・備置き／52

  (4) 取締役会手続を簡略化する方法／53

    ア 招集手続の省略／53

    イ 全員出席取締役会／53

    ウ 書面決議／53

    エ 書面報告／54

4 取締役会決議の瑕疵／54

第4　取締役の報酬・退職慰労金のポイント／56

1 取締役の報酬等の決定／56

  (1) 決定方法／56

    ア 確定額報酬／56

    イ 不確定額報酬／57

    ウ 募集株式，募集新株予約権又はそれらと引換えにする払込みに充てる
    ための金銭（エクイティ報酬）／57

    エ 非金銭報酬／58

  (2) 取締役会への一任／59

  (3) 取締役会から代表取締役への一任／59

2 報酬等の意義／60

  (1) 賞　与／60

  (2) 退職慰労金／60

    ア 総　論／60

    イ 支給基準／61

    ウ 功労金加算・弔慰金・退職年金／61

  (3) その他／62

3 使用人兼務取締役の場合の留意点／62

4 損金算入のための要件／63

5 取締役の報酬減額における留意点／64

  (1) 会社による一方的な変更の可否／65

  (2) 役員任用契約における定め／65

6 取締役の退職慰労金の不支給・減額における留意点／66
  (1) 取締役の退職慰労金の具体的な報酬請求権／66
  (2) 退職慰労金を不支給又は減額とした場合のリスク／67

第5　会社支配権を確保するポイント／69

1 取締役の解任／69
  (1) 取締役の解任手続／69
    ア　総　論／69
    イ　株主総会決議による解任／69
  (2) 法令・定款所定の員数を欠くリスク／71
  (3) 解任された取締役からの損害賠償請求のリスク／72
  (4) 解任の訴え／73
    ア　総　論／73
    イ　要　件／74
2 少数株主の排除（スクイーズ・アウト）／75
  (1) 取り得るスキーム／75
  (2) 任意での株式の買取り／76
  (3) スクイーズ・アウト／77
    ア　総　論／77
    イ　スクイーズ・アウトの方法／78
  (4) 株主総会の特別決議が可能な場合／78
    ア　全部取得条項付種類株式の取得／78
    イ　株式の併合／80
    ウ　スクイーズ・アウトの効力を争う方法／81
  (5) 90％以上の株式を保有している場合（特別支配株主の株式等売渡請求）
    ／82
    ア　意義及び利用者／82
    イ　株式等売渡請求の方法／83
    ウ　売渡株主等への情報開示・保護／83
    エ　売渡株式等の取得／85
    オ　売渡株式等の全部の取得の無効／85
  (6) 株式交換／86
    ア　金銭を対価とする組織再編／86
    イ　株式交換の意義／86
    ウ　株式交換の法律効果／87
3 事業承継や相続による支配権争い／87
  (1) 事業承継や相続による伴う株式分散のリスク／88
  (2) 事前の対策／88
    ア　売買・生前贈与／88
    イ　安定株主の導入（役員・従業員持株会，投資育成会社，金融機関，取引
      先等）／89
    ウ　遺言の活用／89

エ　遺留分に関する民法特例／89
(3)　事後的な対応策／90
　ア　株式の買取／90
　イ　会社法上の制度の活用／91
　ウ　名義株の整理／92
　エ　所在不明株主の整理／93
4　資金調達時の会社支配権維持のポイント／94

第6　コンプライアンス・内部統制 ／95

1　内部統制システムの整備 ／95
(1)　コーポレート・ガバナンスと内部統制の関係／95
(2)　コンプライアンスリスク管理のための内部統制の導入／96
(3)　組織づくり／97
(4)　社内規程の整備／98
　ア　概　要／98
　イ　基本規程／98
　ウ　組織に関する規程／106
　エ　コンプライアンス規程／107

2　内部通報制度 ／108
(1)　内部通報・公益通報・内部告発の区別／108
(2)　事業者に対する内部公益通報対応整備の義務付け／108
(3)　内部通報制度の設計・導入／110
　ア　通報の義務化／110
　イ　通報窓口／110
　ウ　通報者の範囲／111
　エ　通報対象事実の範囲／111
　オ　通報の方法・手段（受付媒体）／111
　カ　匿名性の確保・秘密保持／112
(4)　内部通報受付後の対応／113
　ア　調査の準備／113
　イ　調査の開始／113
　ウ　調査終了後の対応／114

第2章　スタートアップ・新規事業───115

第1　会社の設立／115

1　会社形態の選択 ／115
(1)　会社形態の種類／115
(2)　株式会社の特徴／116
　ア　新株予約権や優先株式等の利用による多様な資金調達が可能／116

イ　会社の規模やニーズに応じた機関設計が可能／116
ウ　株式上場（IPO）が可能／116
(3)　合同会社の特徴／117
ア　設立手続が簡便で，コストを抑えることが可能／117
イ　機関設計のルールが緩和されており，より柔軟な機関設計が可能／117
ウ　自由な利益分配が可能／117
エ　決算公告が不要／117
(4)　まとめ／117

2　会社設立のステップ・スケジュール／118
(1)　会社設立のための手続／118
ア　発起人と会社概要の決定／119
イ　定款作成・認証／119
ウ　資本金・出資金の払込み／119
エ　登記申請／120
オ　設立登記（設立完了）／121
(2)　会社設立のスケジュール／121
(3)　設立費用／121

3　スタートアップ企業の機関設計／122

4　共同経営における留意点／123
(1)　共同創業者との持ち株比率／123
ア　決議の種類と議決権割合／123
イ　決議事項の種類／124
(2)　創業者株主間契約／124
ア　株式取得者について／125
イ　取得価格について／125
ウ　リバース・ベスティング条項／125
エ　その他の条項／125

第2　資本政策／126

1　資本政策のポイント／126

2　ストック・オプション（新株予約権）／126
(1)　ストック・オプションの意義／126
(2)　新株予約権の発行手続／126
(3)　取締役に対する報酬決議／127
(4)　新株予約権の行使／127
(5)　税制適格ストック・オプション／128
ア　メリット／128
イ　留意点／128
(6)　有償ストック・オプション／129

第3 創業時の資金調達／130

1 ベンチャー企業の資金調達のモデル／130
- (1) 創業時／130
- (2) シード段階／130
- (3) シリーズA／130
- (4) シリーズB／131
- (5) シリーズC／131
- (6) IPO／131

2 資金調達に利用される種類株式／131

3 投資契約及び株主間契約／132

4 クラウドファンディング／132

第4 新規事業に関する法規制／133

1 法規制の分類／134

2 法規制の検討／134
- (1) 法的課題の抽出／134
- (2) 外部専門家の活用／135
- (3) 所轄省庁への照会／135
- (4) ノーアクションレター制度（法令適用事前確認手続）とグレーゾーン解消制度／135

3 法規制が存在する場合に利用を検討すべき制度／136
- (1) プロジェクト型サンドボックス制度（新技術等実証制度）／136
- (2) 新事業特例制度（企業実証特例制度）／136

第3章 労務管理————139

第1 雇用形態の選択／139

1 労働契約とその他役務提供契約との区別（労働者性）／139
- (1) 労働契約とその他役務提供契約／140
- (2) 労働者性の判断基準／141
- (3) 「労働者」と認定されないためのポイント／143

2 雇用形態の類型／143
- (1) 典型的労働者と非典型労働者／144
- (2) パートタイム労働者・有期労働者（契約社員）／144
  - ア 労働法規の適用／144
  - イ 有期労働契約の期間／145

ウ　雇用保険・社会保険／146
　（3）　派遣労働／146
　　　ア　派遣と業務請負・出向との違い／146
　　　イ　派遣可能期間／147
　　　ウ　偽装請負／148

第2　就業規則・労働契約書等の整備／150

　1　就業規則の整備／151
　（1）　就業規則の意義／151
　（2）　就業規則の作成・届出義務／152
　（3）　就業規則の記載内容／153
　（4）　労働者の意見聴取・周知／154
　　　ア　意見聴取／154
　　　イ　周　知／154
　2　法令，就業規則，労働契約，労働協約との関係／155
　（1）　法令，労働協約の優越／155
　（2）　就業規則と労働契約／155
　3　労働契約書と労働条件通知書／156
　4　労働条件の変更方法／158
　（1）　不利益変更の意義／158
　（2）　不利益変更の方法／158
　　　ア　①労働者の個別の同意／158
　　　イ　②就業規則の変更／159
　　　ウ　③労働協約の締結／160
　5　【Case】について／161
　（1）　【Case①】について／161
　（2）　【Case②】について／162

第3　募集・採用における注意点／164

　1　募集・選考時の注意点／164
　（1）　労働条件の明示（職安5条の3，42条）／164
　（2）　募集時と異なる労働条件での採用における対応策／165
　　　ア　求人票や募集広告の記載の扱い／165
　　　イ　求人票や募集広告と異なる条件で採用する場合の対応策／166
　　　ウ　【Case】における対応策／167
　2　採用内定時の注意点／167
　（1）　採用内定とは／167
　（2）　採用内定時に授受すべき書面／168
　（3）　採用内定取消し／169

ア　採用条件の未達／169
　　　イ　健康状態の悪化／170
　　　ウ　経歴詐称／170
　　　エ　経営状況の悪化／170
　　3　試用期間と本採用拒否／171
　　　(1)　試用期間の法的性質／172
　　　(2)　本採用拒否の可否／172
　　　ア　職務能力を理由とするもの／172
　　　イ　協調性を理由とするもの／173
　　　ウ　出勤状況を理由とするもの／173
　　　エ　試用期間中のもの／173

第4　社会保険・労働保険への加入義務／175

　　1　会社に加入義務のある保険制度／175
　　　(1)　保険制度の種類／175
　　　(2)　雇用保険／175
　　　ア　適用される事業所／175
　　　イ　被保険者／176
　　　(3)　労災保険／176
　　　ア　適用される事業所／176
　　　イ　被保険者／176
　　　(4)　健康保険／177
　　　ア　適用される事業所／177
　　　イ　被保険者／177
　　　(5)厚生年金保険／178
　　　ア　適用される事業所／178
　　　イ　被保険者／179
　　2　社会保険・労働保険の手続／180
　　　(1)　加入手続／180
　　　ア　雇用保険／180
　　　イ　労災保険／180
　　　ウ　健康保険／181
　　　エ　厚生年金保険／181
　　　(2)　脱退手続／181
　　　ア　雇用保険／181
　　　イ　労災保険／181
　　　ウ　健康保険／181
　　　エ　厚生年金保険／182
　　　(3)　その他の事由による手続／182
　　　(4)　事業主の手続懈怠による責任／182

第5 労働時間・休憩・休日・休暇／183

1 労働時間／183
  (1) 労働時間の原則／183
      ア 労働時間の概念／183
      イ 労基法上の労働時間／184
  (2) 使用者の労働時間把握及び管理義務／184
2 休憩時間／186
  (1) 一斉付与の原則と例外／186
  (2) 休憩時間自由利用の原則（労働時間との区別）／186
3 休 日／187
  (1) 休日付与の原則／187
  (2) 事前の休日振替（振替休日）と事後の休日振替（代休）／188
4 年次有給休暇／189
  (1) 年次有給休暇の権利／189
  (2) 労働者の時期指定権と使用者の時季変更権／190
  (3) 使用者による年次有給休暇の管理と取得日の指定／191
      ア 年5日の時季指定義務／191
      イ 年休の計画的付与／191
  (4) 未消化の年休の繰越・使用者による買上／192
      ア 年休の繰越／192
      イ 年休の買上げ／193
5 労使協定・36協定による時間外・休日労働／194
  (1) 36協定の意義／194
  (2) 36協定の締結・労働基準監督署への提出／195
6 例外的な労働時間性／196

第6 従業員の賃金・賞与・退職金／198

1 賃 金／198
  (1) 報酬体系／198
      ア 賃金とは／198
      イ 賃金の分類・形態／199
  (2) 賃金の適正化／201
      ア 労働契約を変更する方法／201
      イ 人事考課制度の見直し／201
      ウ 降 格／207
      エ その他の方法／209
2 割増賃金／211
  (1) 割増賃金の支払対象と計算方法／211
      ア 割増賃金の支払対象／211

イ　割増賃金の計算方法／212
　　(2)　固定残業代の導入／213
　　　　ア　固定残業代のメリット・留意点／213
　　　　イ　固定残業代の有効要件／213
　3　賞　与／215
　　(1)　賞与の支払い／215
　　(2)　支給日在籍要件／215
　4　退職金／216
　　(1)　退職金の支払い／216
　　(2)　退職金の不支給・減額／216

第7　割増賃金請求への対応／217

　1　割増賃金請求における手続の流れ／218
　　(1)　任意交渉／218
　　　　ア　代理人が就任している場合の従業員との関わり方／218
　　　　イ　資料開示の考え方／218
　　　　ウ　時効期間及び催告期間について／219
　　　　エ　任意交渉による解決について／219
　　(2)　労働審判／220
　2　割増賃金請求の主な争点／222
　　(1)　労働時間の把握と主張立証責任／222
　　(2)　労働時間該当性／223
　　　　ア　始業前の準備行為等／224
　　　　イ　移動時間／224
　　　　ウ　休憩時間と手待ち時間（電話対応・受付対応等）／225
　　　　エ　仮眠時間／225
　　　　オ　終業時間後の残業（居残り残業と持ち帰り残業）／225
　　(3)　労働時間等に関する規定の適用除外～管理監督者（労基41条2号）～
　　　　／226
　　(4)　固定残業代／227
　　　　ア　手当型の事案について／228
　　　　イ　組込型の事案について／228
　3　遅延損害金と付加金／229
　　(1)　遅延損害金（遅延利息）について／229
　　(2)　付加金について／229

第8　配転・出向・転籍／231

　1　配　転／231
　　(1)　配転の意義・根拠／231
　　(2)　配転命令の限界1（労働契約による制限：職種・勤務地の限定合意）／232

          (3) 配転命令の限界2（配転命令権の濫用）／233
              ア　判断基準／233
              イ　【Case】の場合／234
      2　出向・転籍／235
          (1) 出向・転籍の意義／235
          (2) 出向・転籍の法律関係／235
          (3) 出向・転籍の要件及び限界／236
              ア　出向について／236
              イ　転籍について／237

第9　安全配慮義務と労働災害／239

      1　民事上の責任（債務不履行・不法行為に基づく損害賠償責任）／239
      2　労災補償制度／240
          (1) 労基法上の災害補償制度と労災法上の労災保険制度／240
          (2) 労災保険制度／240
              ア　労災の認定手続／241
              イ　保険給付の内容／242
              ウ　業務災害の認定／242
      3　労災認定・給付がなされた場合の使用者側への影響／243
          (1) 災害補償・労災保険給付と損害賠償の調整／243
          (2) 労災認定と民事訴訟との関係／243
      4　精神障害の労災認定／244
          (1) 精神障害の労災認定要件／244
          (2) パワハラについて／247
      5　労働者からの労災申請に関する対処方法について／248
      6　労働安全衛生／249
          (1) 過重労働対策／249
          (2) メンタルヘルス対策／250
          (3) ハラスメント対策／251
              ア　パワハラ／251
              イ　セクハラ・マタハラ／252
              ウ　まとめ／253

第10　休職・復職／254

      1　休職制度の意義／254
      2　休職事由の種類／255
          (1) 私傷病休職／255
          (2) 事故欠勤休職／255

　　　　(3)　起訴休職／255
　　　　(4)　その他の休職制度／255
　　3　私傷病休職の段階ごとの留意点／256
　　　　(1)　休職発令前の問題／256
　　　　(2)　休職期間中の問題／257
　　　　　　ア　賃　金／257
　　　　　　イ　労働者の療養専念義務／257
　　　　　　ウ　労働者の対応／257
　　　　(3)　休職期間満了前・満了時の問題／258
　　　　　　ア　休職期間満了時の取扱い／258
　　　　　　イ　復職「治癒」の判断／258
　　　　　　ウ　リハビリ出社／259
　　4　メンタル不調者について／260
　　　　(1)　メンタル不調者に対する職場復帰支援／260
　　　　(2)　具体的な復職へのアプローチ／260
　　5　休職期間の通算／262
　　　　(1)　休職期間の通算をする意義／262
　　　　(2)　【Case】について／262
　　6　休職規定整備のポイント／263

第11　懲戒処分／264

　　1　懲戒処分の意義／264
　　2　懲戒処分の有効性／265
　　　　(1)　懲戒処分の根拠規定が存在すること／265
　　　　(2)　懲戒処分事由へ該当する非違行為が存在すること／265
　　　　(3)　社会通念上相当であること／266
　　3　懲戒処分の手続の流れ／266
　　　　(1)　総　論／266
　　　　(2)　事実調査／266
　　　　(3)　懲戒委員会・弁明の機会付与等／267
　　　　(4)　懲戒処分の通知／267
　　　　(5)　懲戒処分の公表／268
　　4　懲戒処分の種類／269
　　　　(1)　総　論／269
　　　　(2)　けん責・戒告／269
　　　　(3)　減　給／269
　　　　(4)　出勤停止／269
　　　　(5)　降　格／270
　　　　(6)　懲戒解雇／270

5 懲戒処分の事由／272
  (1) 経歴詐称／272
  (2) 職務懈怠／272
  (3) 業務命令違反／272
  (4) 職場規律違反／273
  (5) 私生活上の非違行為／273
6 【Case】について／274

第12 解雇・退職勧奨／276

1 解雇とは／276
2 解雇の法規制／276
  (1) 解雇の自由と制限／276
  (2) 手続的な解雇規制／277
    ア 解雇予告義務・予告手当支払義務／277
    イ 解雇理由証明書の交付／278
  (3) 実体的な解雇規制／279
    ア 業務上災害による療養者の解雇制限／279
    イ 労基法による産前産後の休業者の解雇制限／279
    ウ 就業規則による解雇制限／279
3 解雇権濫用規制／280
  (1) 解雇の制限／280
    ア 労働能力の欠如（能力不足・病気等）／281
    イ 労働者の職務規律違反（非違行為，遅刻，早退等）／281
    ウ 経営上の必要性（経営難等）／282
  (2) 解雇が無効とされた場合のリスク／283
4 退職勧奨／284
  (1) 退職勧奨の意義／284
  (2) 退職勧奨の限界／284
  (3) 退職勧奨の進め方／285
  (4) 退職勧奨の解決金／287
5 【Case】について／287

第13 非正規労働者（パートタイム・有期雇用労働者）
／289

1 パートタイム・有期雇用労働者の待遇に関する規制（同一労働同一賃金）
／289
  (1) 同一労働同一賃金の基本的な考え方について／289
    ア 「均等待遇」・「均衡待遇」の考え方／290

イ 「均等待遇」・「均衡待遇」の適用場面の確認手順／290
ウ 均等待遇（パート・有期労働9条）／293
エ 均衡待遇（パート・有期労働8条）／293
オ 【Case】について／295
(2) 事業主が講ずる雇用管理の改善等の措置の説明（パート・有期労働14条）／297
ア 雇い入れたとき（パート・有期労働14条1項）／297
イ 説明を求められたとき（パート・有期労働14条2項）／298
(3) まとめ／298
2 有期労働契約に関する規制／299
(1) 有期労働契約の更新拒否（雇止め）／299
ア 雇止めの意義・雇止め法理／299
イ 判断基準・ポイント／300
ウ 雇止め法理の適用／301
エ 有期労働契約者の雇入れ，及び雇止めを行う際のポイント（事前の対策）／301
(2) 有期労働契約の期間途中の解雇／302
(3) 有期労働契約の締結，更新及び雇止めに関する手続的規制／303
ア 契約締結時の明示事項等／303
イ 雇止めの予告／303
ウ 雇止めの理由の明示／303
エ 契約期間についての配慮／303
オ 更新上限の明示（労基則5条の改正）／304
カ 無期転換申込機会の明示（労基則5条の改正）／304
キ 無期転換後の労働条件の明示（労基則5条の改正）／304
3 有期労働契約の無期労働契約への転換（無期転換ルール）／304
(1) 無期転換ルールの意義・注意点／304
(2) 無期転換ルールの効果・今後の検討／305

第14 高齢者雇用（定年後再雇用等）／306

1 高年齢者雇用確保措置／306
(1) 定年制について／307
(2) 65歳までの雇用確保措置について／307
2 定年後再雇用／308
(1) 継続雇用制度について／308
ア 再雇用制度／308
イ 【Case①】について／309
(2) 再雇用制度における更新手続について／309
ア 契約更新の拒否／309
イ 【Case②】について／310
3 再雇用後の労働条件について／310
(1) 再雇用後の労働条件の設定について／310

（2） 同一労働同一賃金について／311
　　　ア　パート・有期雇用労働法の適用について／311
　　　イ　【Case③】について／312
　4　まとめ／313

第4章　契約取引 ——————————— 315

第1　契約実務／315

1　契約書の意義／315
（1）　契約書の必要性／316
　　　ア　署名押印の効果／316
　　　イ　押印のルール（二段の推定）／317
（2）　電子契約サービス／317
　　　ア　紙の契約書と電子契約の違い／318
　　　イ　電子署名と電子サイン／318
　　　ウ　リスクに応じた使い分けのポイント／321
（3）　契約締結権限・名義に関するポイント／322
　　　ア　紙の契約の場合／322
　　　イ　電子契約の場合／322

2　契約書作成・チェック上の留意点／323
（1）　契約条項の概説／323
　　　ア　目　的／323
　　　イ　契約内容（権利義務や取引内容など）／324
　　　ウ　契約期間・期限／324
　　　エ　中途解約条項・解除条項／325
　　　オ　損害賠償条項／326
　　　カ　秘密保持条項／328
　　　キ　紛争解決条項／328
（2）　取引基本契約書／329
　　　ア　適用範囲，個別契約の成立／329
　　　イ　検査・検収，契約不適合責任／329
　　　ウ　所有権の移転，危険負担／331
　　　エ　製造物責任／333
　　　オ　知的財産権／333
　　　カ　再委託その他／334
（3）　秘密保持契約書／335
（4）　定型約款（利用規約）／335
　　　ア　定型約款の合意，契約の成立／336
　　　イ　契約者の解約権／337
　　　ウ　事業者の損害賠償責任／337
　　　エ　定型約款の変更／338

xvii

第2 取引上の留意点／340

1 独禁法の考え方／340

(1) 独禁法の全体像／340

ア 独禁法の目的／340

イ 概 要／340

ウ 独禁法に違反した場合／341

エ 公取委と相談窓口／343

(2) 独禁法の基本概念／344

ア 一定の取引分野における競争の実質的制限／344

イ 公正な競争を阻害するおそれ（公正競争阻害性）／345

2 競争者との関係における留意点／346

(1) 競争者との協調：不当な取引制限／348

ア 成立要件／348

イ ハードコアカルテルと非ハードコアカルテル／349

ウ 罰 則／350

エ 課徴金減免制度（リニエンシー）／351

(2) 競争者の排除①：私的独占／351

ア 成立要件／351

イ 排除行為／351

(3) 競争者の排除②：不公正な取引方法／352

ア 取引拒絶／354

イ 取引条件等の差別的取扱い（一般指定4項）／355

ウ 差別対価（独禁2条9項2号，一般指定3項）／356

エ 不当廉売（独禁2条9項3号，一般指定6項）／357

オ 排他条件付取引（一般指定11項）／359

カ 拘束条件付取引（一般指定12項）／359

キ 抱き合わせ販売（一般指定10項）／360

ク 競争者に対する取引妨害（一般指定14項）／361

3 取引先との関係における留意点／362

(1) 取引先間の競争阻害：不公正な取引方法①／364

ア 再販売価格維持行為（再販売価格の拘束（独禁2条9項4号))／364

イ 非価格制限行為／365

(2) 取引先に対する不利益行為：不公正な取引方法②（優越的地位の濫用
（独禁2条9項5号))／366

(3) 下請取引に関する留意点／370

ア 下請法の適用対象／370

イ 親事業者の義務／372

ウ 親事業者の禁止事項（下請4条）／373

エ 下請法に違反した場合／374

第3 広告・宣伝・販売／376

1 広告・表示，販売促進活動（景品類の提供）に関する留意点／376
- (1) 表示に関する法規制／377
- (2) 景品表示法による「表示」規制／377
  - ア 概　説／377
  - イ 優良誤認表示（景表5条1号）／378
  - ウ 有利誤認表示（景表5条2号）／379
  - エ ステルスマーケティング規制／382
- (3) 販売促進活動（景品類の提供）に関する規制／383
  - ア 規制の趣旨／383
  - イ 規制内容／384
- (4) 事業者の責任／385
- (5) 景表法に違反した場合／385
  - ア 措置命令（景表7条）及び課徴金納付命令（景表8条）／385
  - イ 社会的制裁／385

2 販売提携に関する契約を締結する際の留意点／386
- (1) 販売店契約と代理店契約の違い／386
  - ア 販売店契約／386
  - イ 代理店契約／386
  - ウ 契約類型の選択／387
- (2) 独占販売権と非独占販売権／387
- (3) 競合品の取扱い／388
- (4) 販売可能（営業）地域の定め等／388
- (5) 最低購入数量の定め／389
- (6) 報告義務／389

3 割賦販売・サブスクリプションサービス／390
- (1) 割賦販売／390
  - ア 割賦払い／390
  - イ ローン提携販売／391
  - ウ 信用購入あっせん／392
  - エ クレジットカード加盟店の義務／392
- (2) サブスクリプションサービス（資金決済法による規制）／393
  - ア サブスクリプションサービスと資金決済法／393
  - イ 前払式支払手段の要件／394
  - ウ 適用除外／394
  - エ 前払式支払手段の規制／394

第4 情報管理／395

1 営業秘密の保護／395
- (1) 企業間の営業秘密漏洩防止／395
  - ア 不正競争防止法／395

イ　秘密保持契約（NDA）の締結／396
(2)　従業員による営業秘密漏洩防止／401
2　個人情報の保護／402
(1)　個人情報等の意義／402
ア　概　要／402
イ　個人情報の定義／404
(2)　個人情報取扱事業者が採るべき対応／406
(3)　実務上の運用のポイント／407
ア　個人情報取得・利用時のポイント／407
イ　個人情報管理時のポイント／408
ウ　個人情報提供時のポイント／411
エ　開示，訂正・利用停止等請求への対応のポイント／414
(4)　個人情報保護に関するコンプライアンス／415
ア　プライバシーポリシーの策定／415
イ　組織体制の整備／415

第5　債権回収保全／416

1　債権回収の流れ／416
(1)　取引の開始／416
(2)　債権管理／417
(3)　債権回収／417
ア　任意交渉／417
イ　担保権の実行／417
ウ　訴訟・強制執行／417
2　取引開始時の留意点／418
(1)　取引先の信用調査／418
ア　取引先の信用調査の具体的方法／418
イ　法人の登記事項証明書の確認／419
ウ　実地調査・聴き取り調査／421
エ　信用調査会社／422
(2)　債権保全方法①（所有権留保，保証金，保証人）／422
ア　所有権留保／422
イ　保証金／424
ウ　保証人／424
(3)　債権保全方法②（担保）／426
ア　抵当権・根抵当権／426
イ　動産譲渡担保／426
ウ　集合動産譲渡担保／427
エ　集合債権譲渡担保／427
オ　債権質／427
3　債権の管理／428
(1)　与信管理／428

- (2) 消滅時効への対応／429
  - ア　消滅時効期間／429
  - イ　時効の援用／429
  - ウ　時効の完成猶予・時効の更新／430
- 4　協議による債権回収／431
  - (1) 取引先に対する請求／431
  - (2) 分割弁済／432
  - (3) 準消費貸借契約の締結／432
  - (4) 相　殺／433
  - (5) 債権譲渡／434
    - ア　債権譲渡契約の締結／434
    - イ　債務者から第三債務者への通知又は第三債務者の承諾／434
- 5　担保による債権回収／435
  - (1) 抵当権・根抵当権の実行／435
  - (2) 譲渡担保の実行／435
- 6　法的手段による債権回収／436
  - (1) 保　全／436
    - ア　仮差押命令申立／436
    - イ　仮処分命令申立／437
  - (2) 支払督促・少額訴訟／438
    - ア　支払督促／438
    - イ　少額訴訟／438
    - ウ　支払督促・少額訴訟と通常訴訟の選択／438
    - エ　支払督促と少額訴訟の選択／439
  - (3) 訴　訟／439
    - ア　訴訟を提起するか否か／439
    - イ　手続の流れ／439
    - ウ　債務名義取得に要する期間／440
  - (4) 強制執行／440
    - ア　強制執行の条件／440
    - イ　不動産に対する強制執行／440
    - ウ　債権に対する強制執行／441
- 7　取引先が倒産した時の留意点／442
  - (1) 取引先が倒産したときに債権者がとるべき基本的な行動／442
  - (2) 債務者が破産した場合の対応／442
    - ア　破産手続の流れ／442
    - イ　破産手続における債権回収／443
  - (3) 債務者が民事再生した場合の対応／444

第6　インターネット上の誹謗中傷対応／446

1　インターネットトラブルの特徴及び法的責任／446
- (1)　インターネットトラブルの特徴と基礎知識／446
  - ア　想定される事例／446
  - イ　情報が表示されるまでの仕組み／447
- (2)　民事責任／449
- (3)　刑事責任／450
  - ア　名誉毀損罪（刑法230条1項）／450
  - イ　侮辱罪（刑法231条）／450
  - ウ　告　訴／451

2　法的対応のポイント／451
- (1)　誹謗中傷・ネガティブ情報の発見から手続の選択まで／452
  - ア　投稿記事の削除請求／452
  - イ　発信者に対する損害賠償請求／452
  - ウ　刑事告訴・被害届の提出／452
- (2)　当該情報を削除する（削除請求）／452
  - ア　削除依頼・送信防止措置の申出とは／452
  - イ　削除依頼の方法／453
- (3)　当該情報の発信者に責任追及する／455
  - ア　発信者の特定（発信者情報開示請求）／455
  - イ　発信者に対する責任追及／467

3　被侵害権利ごとの留意点／468
- (1)　はじめに／468
- (2)　名誉毀損／468
- (3)　侮辱（名誉感情侵害）／470
- (4)　プライバシー権侵害／470
- (5)　著作権侵害／471

第5章　知財戦略 ——————— 473

第1　知的財産権の概要／473

1　知的財産権とは／473
2　知的財産の活用法／474
3　知的財産権侵害に対する法的救済／475
4　主要な知的財産権について／475
- (1)　特許法／475
  - ア　特許法の目的・制度概要／475
  - イ　特許法の保護対象・保護要件／475
  - ウ　特許権の効力・特許権侵害の成立要件／476

(2) 実用新案法／478
(3) 著作権法／478
　ア　著作権法の目的・制度概要／478
　イ　著作権法の保護対象・保護要件／478
　ウ　著作権の効力・著作権侵害の成立要件／479
　エ　著作者人格権の効力・著作者人格権侵害の成立要件／480
(4) 商標法／480
　ア　商標法の目的・制度概要／480
　イ　商標法の保護対象・保護要件／481
　ウ　商標権の効力・商標権侵害の成立要件／481
(5) 意匠法／483
　ア　意匠法の目的・制度概要／483
　イ　意匠法の保護対象・保護要件／483
　ウ　意匠権の効力・意匠権侵害の成立要件／484
(6) 不正競争防止法／485
　ア　不正競争防止法の目的・制度概要／485
　イ　不正競争防止法の規制対象（不正競争）／485

第2　知的財産の権利化／486

1　知的財産権取得の必要性／486
(1) 産業財産権（特許権・実用新案権・意匠権・商標権）／486
(2) 著作権／487
(3) 不正競争防止法上の権利／487

2　産業財産権の取得手続／487
(1) 特許権／487
　ア　手続の流れ／487
　イ　特許出願の必要書類／489
　ウ　国際出願制度／489
(2) 実用新案権／491
(3) 意匠権／492
(4) 商標権／493

第3　職務発明制度・職務著作制度／494

1　職務発明制度／494
(1) 権利の帰属／495
(2) 相当の利益／495
(3) 実用新案・意匠／496
(4) 職務発明規程／496

2　職務著作制度／497

第4　知的財産権侵害への対応／498

1　自社の知的財産権を他社に侵害された場合の対応／498
(1)　知的財産権侵害発覚時の検討事項／498
ア　事実関係の調査／498
イ　法的評価／499
ウ　対応方針の検討／499
(2)　協議による解決／500
ア　相手方へのコンタクトの方法／500
イ　警告書の内容・形式／500
ウ　警告書の送付先／501
(3)　法的措置による解決／501
ア　民事訴訟の提起／501
イ　仮処分の申立て／502
ウ　仲裁・知財調停／502

2　他社から知的財産権侵害を主張された場合の対応／503
(1)　知的財産権侵害のクレームを受けた際の検討事項／503
ア　事実関係の調査／503
イ　法的評価（権利者の主張の当否の検討）／503
ウ　対応方針の検討／505
(2)　相手方の要求を全面的に争う場合／506
(3)　ライセンスを得ることを最終的なゴールとする場合／506

第5　ライセンス契約の留意点／507

1　ライセンス契約の重要性／507
2　特許実施許諾契約／507
(1)　特許の特定，実施権の種類／508
ア　許諾の対象となる特許／508
イ　許諾の対象となる実施権の種類／508
(2)　実施許諾の範囲／510
ア　許諾の対象となる実施行為の内容／510
イ　実施可能な地域／510
ウ　実施可能な期間／510
エ　その他／511
(3)　再実施許諾（サブライセンス）／511
(4)　実施料支払義務／511
(5)　実施報告義務／512
(6)　監　査／512
(7)　特許維持義務／512
(8)　第三者による侵害の排除義務／513
(9)　保証責任／513
ア　特許の有効性／513

イ　第三者の権利侵害／514
ウ　実施可能性等／514
(10)　実施義務／514
(11)　不争義務／514
(12)　改良発明に関する報告義務／515
(13)　秘密保持義務／515
(14)　その他／515
3　著作物利用許諾契約／516
(1)　著作物の特定／516
(2)　著作権の帰属／517
(3)　利用許諾の内容／517
ア　独占・非独占／517
イ　許諾の対象となる利用行為の内容／517
ウ　利用可能な地域／517
エ　著作者人格権の不行使／517
(4)　素材の提供／518
(5)　保証責任／518
(6)　監修を受ける義務／518
(7)　著作物の利用にあたっての遵守事項／518

第6章　資金調達 ———————— 519

第1　資金調達の概論／519

第2　資本による調達（エクイティファイナンス）／520

1　新株発行による調達／520
(1)　発行手続／520
ア　募集事項／520
イ　有利発行の場合／521
(2)　通知・申込・割当て／521
ア　会社の通知事項／521
イ　申込者の通知事項／521
ウ　割　当／522
(3)　総額引受契約／522
(4)　募集株式の引受人の地位／522
2　種類株式／523
(1)　種類株式の発行／523
(2)　種類株式の種類及び内容／523
ア　剰余金の配当に関する種類株式／524

イ 残余財産の分配に関する種類株式／525
ウ 議決権制限株式／526
エ 譲渡制限株式／526
オ 取得請求権付株式／527
カ 取得条項付株式／528
キ 全部取得条項付株式／529
ク 拒否権付株式／530
ケ 役員選任権付株式／530
(3) 種類株式の発行の実務上の留意点／531

3 投資家による企業に対する投資の流れ／532
(1) 秘密保持契約の締結／532
(2) デュー・ディリジェンスの実施／533
ア プロセスの流れ／533
イ 会社側の留意点／533
(3) タームシートの作成／534
(4) 投資契約及び株主間契約の締結／535
ア 概 要／535
イ 投資契約書・株主間契約の重要条項／536
ウ 資金調達を行う会社側の留意点／541

4 金商法上の開示規制／542

第3 負債による調達（デットファイナンス）／543

1 概 要／543
2 金融機関からの融資／543
(1) 取引約定書に基づく借入れ／543
(2) 不動産担保ローン／544
(3) 債務保証／544
ア 概 要／544
イ 経営者による債務保証／544
ウ 信用保証協会による債務保証／545
(4) シンジケートローン／545
2 自治体の制度融資／546
3 公的機関の融資制度／547
4 社債の発行／547
(1) 社 債／547
ア 概 要／547
イ 発行手続／547
(2) 新株予約権付社債／551
ア 概 要／551
イ 発行手続／551
(3) 金商法上の開示規制／552

第4　特定の事業・資産による調達（ノンリコースローン） ／553

1　特定の資産の信用でお金を借りる（アセットファイナンス）／553
- (1)　概　説／553
- (2)　アセットファイナンスの手法／553
- (3)　アセットファイナンスの特徴／553
  - ア　資産の継続利用／553
  - イ　資金調達先の多様化／554
  - ウ　倒産隔離／554
- (4)　対象となる資産／554
- (5)　代表的なスキーム／554
  - ア　GK-TK スキーム／555
  - イ　TMK スキーム／555
  - ウ　不特法スキーム／555

2　特定の事業の信用でお金を借りる（プロジェクトファイナンス）／556

第5　その他の資金調達手法 ／557

1　クラウドファンディング ／557

2　補助金・助成金 ／557

第7章　M&A・事業拡大 —————— 559

第1　M&A ／559

1　M&A の概要 ／560
- (1)　M&A のメリット・デメリット／560
- (2)　M&A 手続の流れ／561

2　M&A のスキーム選択における考慮要素 ／562
- (1)　スキームの概要／562
  - ア　株式の取得／562
  - イ　会社分割／564
  - ウ　会社合併／565
  - エ　株式交換・株式交付／565
  - オ　株式移転／566
  - カ　少数株主の排除（スクイーズ・アウト）／567
  - キ　事業譲渡／567
- (2)　スキーム選択における考慮要素／568
  - ア　M&A で実現したい目的に沿ったスキームであること／568
  - イ　対価について／568

ウ　手続の負担について／568
　3　法務DD（デュー・ディリジェンス）で押さえるべきポイント／570
　　（1）　契約・取引関連／570
　　（2）　組織・株主／570
　　（3）　資産・負債／571
　　（4）　労　務／571
　　（5）　許認可等／571
　　（6）　紛争等／72
　　（7）　まとめ／572
　4　契約の留意点／572
　　（1）　秘密保持契約書のポイント／572
　　　　ア　秘密情報の範囲／572
　　　　イ　秘密保持義務の内容／573
　　　　ウ　秘密情報の破棄・返還／573
　　　　エ　有効期間／574
　　（2）　基本合意書のポイント／574
　　　　ア　取引の内容及びスケジュール／574
　　　　イ　独占交渉権／575
　　　　ウ　その他の条項／575
　　　　エ　法的拘束力の有無／576
　　（3）　最終契約書のポイント／576
　　　　ア　株式譲渡の基本条件／577
　　　　イ　取引実行（クロージング）／578
　　　　ウ　取引実行の前提条件／578
　　　　エ　表明保証／580
　　　　オ　誓約事項（コベナンツ）／582
　　　　カ　補　償／583
　　　　キ　その他の条項／583

第2　合弁契約／585

　1　合弁契約とは／585
　2　合弁契約の留意点／585
　　（1）　設立・出資に関する条項／585
　　　　ア　設　立／585
　　　　イ　出資方法・出資比率／585
　　（2）　株式の譲渡に関する条項／586
　　　　ア　譲渡禁止／586
　　　　イ　先買権・優先交渉権／586
　　　　ウ　その他の条項／586
　　（3）　ガバナンスに関する条項／586
　　　　ア　役員の選任・解任／586
　　　　イ　拒否権条項／587

(4)　事業に関する条項／587
　　　ア　資金調達・配当方針／587
　　　イ　その他の条項／587
　　(5)　コールオプション及びプットオプション／588
　　　ア　行使事由／588
　　　イ　譲渡価格／588
　　(6)　デッドロック条項／589
　　　ア　デッドロック事由／589
　　　イ　解消方法／589

第8章　海外展開 ──────────── 591

第1　国際取引における契約（国内取引との違い）／591

　　1　契約内容に関する諸問題／591
　　(1)　商慣習の違い／591
　　(2)　準拠法・裁判管轄／592
　　(3)　紛争解決手段／594
　　(4)　言　語／596
　　2　契約交渉・手続に関する諸問題／596
　　(1)　外国企業との交渉／596
　　(2)　契約締結手続に関する諸問題／597
　　(3)　代金の支払方法／598
　　　ア　国際送金／598
　　　イ　エスクロー／598
　　　ウ　クレジットカード・電子決済／599

第2　輸出入に関する規制（海外に輸出する場合・海外から輸入する場合）／600

　　1　現地法規制／600
　　2　日本法規制／600
　　3　国際機関による規制・第三国による規制／601
　　(1)　国連による規制／601
　　(2)　米国の規制／602

第3　海外で生産・販売をする場合／603

　　1　進出方法／603
　　2　合弁会社／605

xxix

第4　国際紛争（裁判と仲裁）／606
1　裁　判／606
(1)　国際送達／606
(2)　判決の承認執行／608
2　仲裁機関／608

第5　国際課税／610

第6　海外展開支援ツール／610
1　JETRO（日本貿易振興機構）／610
2　外務省／611
3　法律事務所／611

第9章　出口戦略———————————613
第1　EXIT（イグジット）の手法／613
1　IPO／614
(1)　IPO による EXIT（イグジット）／614
(2)　IPO の市場区分／614
(3)　IPO の要件／615
　ア　形式要件／616
　イ　実質審査基準／617
(4)　IPO のスケジュール／618
2　M&A／619
(1)　M&A による EXIT（イグジット）／619
(2)　M&A の手法／619
(3)　EXIT における M&A の手法の選択／620

第2　IPO（新規株式公開）／621
1　IPO によるイグジットのメリット・デメリット／622
(1)　IPO のメリット／622
　ア　対象企業のメリット／622
　イ　株主（投資家）のメリット／622
(2)　IPO のデメリット／623
　ア　対象企業のデメリット／623

イ　株主（投資家）のデメリット／623

 2　IPO 審査に向けての法務マネジメント／624

  (1)　会社運営・株式に関する事項／624

  (2)　労務関連の事項／624

  (3)　関連当事者取引／625

  (4)　事業関連の事項／625

  (5)　法令遵守や紛争関連に関する事項／626

第3　M&A による事業売却／627

 1　M&A によるイグジットのメリット・デメリット／627

  (1)　M&A のメリット／627

   ア　対象企業のメリット／627

   イ　株主（投資家）のメリット／627

  (2)　M&A のデメリット／628

   ア　対象企業のデメリット／628

   イ　株主（投資家）のデメリット／628

 2　M&A に向けての法務マネジメント／628

第4　MBO（マネジメント・バイアウト）／630

 1　MBO（マネジメント・バイアウト）とは／630

 2　MBO のメリット・デメリット／631

  (1)　MBO のメリット／631

   ア　円滑な事業継続の実現／631

   イ　取引先や従業員からの理解／631

   ウ　独立した経営の実現／632

  (2)　MBO のデメリット／632

   ア　既存株主との利益対立／632

   イ　経営体質の変化を生じない／632

   ウ　多額の資金調達の必要／632

 3　MBO のスキーム／632

  (1)　SPC の設立／633

  (2)　金融機関から SPC に対する融資の実行／633

  (3)　SPC が対象会社の株式を購入／633

  (4)　SPC と対象会社を合併／633

事項索引／635

編著者等プロフィール／643

凡　例

1．法令名等

　本文中で略記した法令名等は以下のとおり。それ以外の法令の略記については，大方の慣例
による。

略称	法令名
安衛	労働安全衛生法
安衛規	労働安全衛生規則
育介	育児休業，介護休業等育児又は家族介護を行う労働者の福祉に関する法律（育児介護休業法）
意匠	意匠法
一般法人	一般社団法人及び一般財団法人に関する法律
会社	会社法
会社計算	会社計算規則
会社則	会社法法施行規則
会社非訟規	会社非訟事件等手続規則
会社令	会社法施行令
割販	割賦販売法
割販令	割賦販売法施行令
金商	金融商品取引法
金商令	金融商品取引法施行令
均等	雇用の分野における男女の均等な機会及び待遇の確保等に関する法律
景表	不当景品類及び不当表示防止法
景表則	不当景品類及び不当表示防止法施行規則
景表令	不当景品類及び不当表示防止法施行令
健保	健康保険法
健保則	健康保険法施行規則
高年	高年齢者等の雇用の安定等に関する法律
高年則	高年齢者等の雇用の安定等に関する法律施行規則
厚保	厚生年金保険法
厚保則	厚生年金保険法施行規則
個情	個人情報の保護に関する法律
個情則	個人情報の保護に関する法律施行規則
個情令	個人情報の保護に関する法律施行令
雇保	雇用保険法
雇保則	雇用保険法施行規則
雇保令	雇用保険法施行令
資金決済	資金決済に関する法律

資金決済令	資金決済に関する法律施行令
下請	下請代金支払遅延等防止法
実用新案	実用新案法
商登	商業登記法
商登規	商業登記規則
商標	商標法
職安	職業安定法
職安則	職業安定法施行規則
所税	所得税法
地税	地方税法
徴収法	労働保険の保険料の徴収等に関する法律
著作	著作権法
電子署名	電子署名及び認証業務に関する法律
独禁	私的独占の禁止及び公正取引の確保に関する法律
特定商取引	特定商取引に関する法律
特許	特許法
パート・有期労働	短時間労働者及び有期雇用労働者の雇用管理の改善等に関する法律
パート・有期労働則	短時間労働者及び有期雇用労働者の雇用管理の改善等に関する法律施行規則
パート労働	短時間労働者の雇用管理の改善等に関する法律
パート労働則	短時間労働者の雇用管理の改善等に関する法律施行規則
不競	不正競争防止法
不特	不動産特定共同事業法
振替	社債，株式等の振替に関する法律
プロバイダ責任制限法	特定電気通信役務提供者の損害賠償責任の制限及び発信者情報の開示に関する法律
民執	民事執行法
民執規	民事執行規則
民訴	民事訴訟法
民訴規	民事訴訟規則
民保	民事保全法
民法	民法
民保規	民事保全規則
労基	労働基準法
労基則	労働基準法施行規則
労契	労働契約法
労災	労働者災害補償保険法
労災則	労働者災害補償保険法施行規則
労審	労働審判法
労組	労働組合法

2．判例名・判例集

略称	判例名，判例集名
最大判（決）	最高裁判所大法廷判決（決定）
最判（決）	最高裁判所小法廷判決（決定）
高判（決）	高等裁判所判決（決定）
地判（決）	地方裁判所判決（決定）
大判	大審院判決
民集	最高裁判所民事判例集
刑集	最高裁判所刑事判例集
集民	最高裁判所裁判集民事
高民集	高等裁判所民事判例集
下民集	下級裁判所民事判例集
判タ	判例タイムズ
判時	判例時報
金判	金融・商事判例
労判	労働判例
労経速	労働経済判例速報

3．告示・通達・ガイドライン等

略称	告示名，通達名
厚告	厚生省告示
厚労告	厚生労働省告示
労告	労働省告示
事業承継ガイドライン	中小企業庁「事業承継ガイドライン（第3版）」（2022年3月改訂）
労働時間ガイドライン	厚生労働省「労働時間の適正な把握のために使用者が講ずべき措置に関するガイドライン」（平成29年1月20日策定）
テレワークガイドライン	厚生労働省「テレワークの適切な導入及び実施の推進のためのガイドライン」（令和3年3月25日改定）
一般指定	「不公正な取引方法」（昭和57年6月18日公正取引委員会告示第15号，改正：平成21年10月28日公正取引委員会告示第18号）
排除型私的独占ガイドライン	公正取引委員会「排除型私的独占に係る独占禁止法上の指針」（平成21年10月28日（令和2年12月25日改正））
流通・取引慣行ガイドライン	公正取引委員会事務局「流通・取引慣行に関する独占禁止法上の指針」（平成3年7月11日（平成29年6月16日改正））
不当廉売ガイドライン	公正取引委員会「不当廉売に関する独占禁止法上の考え方」（平成21年12月18日（平成29年6月16日改正））
優越的地位濫用ガイドライン	公正取引委員会「優越的地位の濫用に関する独占禁止法上の考え方」（平成22年11月30日（平成29年6月16日改正））
価格表示ガイドライン	消費者庁「不当な価格表示についての景品表示法上の考え方」（平成28年4月1日改定）

総付制限告示	「一般消費者に対する景品類の提供に関する事項の制限」（平成 28 年 4 月 1 日内閣府告示第 123 号）
懸賞制限告示	「懸賞による景品類の提供に関する事項の制限」（平成 8 年 2 月 16 日公取委告示第 1 号）
不実証広告ガイドライン	消費者庁「不当景品類及び不当表示防止法第 7 条第 2 項の運用指針 －不実証広告規制に関する指針－」（平成 28 年 4 月 1 日改正）
個人情報ガイドライン（通則編）	個人情報保護委員会「個人情報の保護に関する法律についてのガイドライン（通則編）」（平成 28 年 11 月（令和 5 年 12 月一部改正））
個人情報ガイドライン（仮名加工情報・匿名加工情報編）	個人情報保護委員会「個人情報の保護に関する法律についてのガイドライン（仮名加工情報・匿名加工情報編）」（平成 28 年 11 月（令和 5 年 12 月一部改正））
個人情報ガイドライン Q&A	個人情報保護委員会「「個人情報の保護に関する法律についてのガイドライン」に関する Q&A」（平成 29 年 2 月 16 日（令和 6 年 3 月 1 日更新））

4．文 献

略称	文献名
江頭	江頭憲治郎著『株式会社法（第 9 版）』（有斐閣，2024 年）
田中	田中亘著『会社法（第 4 版）』（東京大学出版会，2023 年）
会社法コンメンタール（○）	『会社法コンメンタール 1〜22』（商事法務）
森・濱田松本・会社法実務問題（○）	森・濱田松本法律事務所編『新・会社法実務問題シリーズ 1〜9』（中央経済社）
中村・取締役・執行役	中村直人編著『取締役・執行役ハンドブック（第 3 版）』81 頁（商事法務，2021 年）
中村・コンプライアンス・内部統制	中村直人編著『コンプライアンス・内部統制ハンドブック』（商事法務，2017 年）
中村・コンプライアンス・内部統制 II	中村直人編著『コンプライアンス・内部統制ハンドブック II』（商事法務，2019 年）
阿部・井窪・片山・法務リスク・コンプライアンスリスク	阿部・井窪・片山法律事務所編『法務リスク・コンプライアンスリスク 管理実務マニュアル（第 2 版）』（民事法研究会，2021 年）
阿部・井窪・片山＝石嵜・山中・内部通報・内部告発	阿部・井窪・片山法律事務所＝石嵜・山中総合法律事務所編『内部通報・内部告発対応実務マニュアル（第 2 版）』（民事法研究会，2022 年）
菅野＝山川	菅野和夫＝山川隆一著『労働法（第 13 版）』（弘文堂，2024 年）
類型別 I	佐々木宗啓ほか編著『類型別 労働関係訴訟の実務（改訂版）』 I（青林書院，2023 年）
類型別 II	佐々木宗啓ほか編著『類型別 労働関係訴訟の実務（改訂版）』 II（青林書院，2023 年）
水町	水町勇一郎著『詳解 労働法（第 3 版）』（東京大学出版会，2023 年）
金井＝川濱・独占禁止法	金井貴嗣＝川濱昇＝泉水文雄編著『独占禁止法（第 6 版）』（弘文堂，2018 年）
菅久・独占禁止法	菅久修一編著『独占禁止法（第 5 版）』（商事法務，2024 年）

■第1章

組織運営

第1 機関設計のポイント

1　コーポレート・ガバナンスと機関設計

　コーポレート・ガバナンスとは，一般的に，会社が，株主や顧客等の各ステークホルダーの立場を踏まえたうえで，透明・公正かつ迅速・果断な意思決定を行うための仕組みとされている[1]。

　特に，上場会社については，一般的に，当該会社に関わるステークホルダー（株主，従業員，顧客等）が多く，また，社会経済に与える影響力が大きいことから，当該会社が市場原理に則りつつ適正な意思決定をすることができるような仕組みを整えておく必要性が高いといえる。上場審査では，上場を申請する会社が，かかる適切な意思決定の仕組みを形式的に具備しているかだけでなく，当該仕組みが実質的に機能しているかどうかも審査対象となる。そのため，上場を目指す中小企業にとって，会社が透明性のある公正な意思決定をするこ

---

[1] 株式会社東京証券取引所「コーポレートガバナンス・コード～会社の持続的な成長と中長期的な企業価値の向上のために～」（2021年6月11日）1頁

とができるような機関設計をあらかじめ構築しておくことや，当該機関を実質的に運営していくことの重要性は高い。

また，創業直後のスタートアップ企業においても，法令違反や経理不正といった不正行為を未然に防止し，適正な事業運営を行うために，機関を適切に構築することが重要である。

その意味で，会社の機関を設計し，当該機関を実質的に運営していくための各種規程やルールを整備することは，コーポレート・ガバナンスに則った適切な会社運営をしていくための基本的な事項と位置付けられる。

2　機関の概略及び機関設計のバリエーション

(1)　機関の概略
株式会社が設置する機関のうち主要なものの概略は，以下のとおりである。

ア　株主総会
株主総会は，株主によって構成される，会社の基本的な意思決定に関する事項について審議する機関である。株主総会は，会社の最高の意思決定機関であり，原則として会社に関する一切の事項について決議することができるが（会社 295 条 1 項），取締役会設置会社においては，会社法及び定款に規定する事項についてのみ決議することができる（同条 2 項）。

イ　取締役・取締役会
取締役は，会社の業務を執行する機関である（取締役会設置会社を除く。会社 348 条 1 項）。会社は，事業戦略を策定し，目標を設定し，目標達成のための計画を立案等して，実際の事業活動を実施するところ，それらに関する意思決定及びその執行を担当するのが，会社の業務執行機関[2]としての取締役である。

取締役会は，取締役の全員で構成され（会社 362 条 1 項），その決議により，会社の業務執行に関する意思決定を行い，当該意思決定を執行する代表取締役

---

[2] 業務執行の決定又は業務の執行をする機関をいう。「業務執行の決定」とは，経営の基本方針の決定であれ，具体的な取引をすることの決定であれ，広く事業活動に関する意思決定をいい，「業務の執行」とは，業務の決定に基づき，会社の事業活動を実際に遂行することをいう（田中 147 頁）。

又は代表取締役以外の業務執行取締役を選定し，その職務執行を監督する。

ウ　監査役・監査役会

監査役は，取締役による職務執行を監査する機関である（会社381条1項）。監査役は，当該監査のために，いつでも取締役等に対して事業の報告を求めることができる（同条2項）。また，監査役は，取締役会に出席する義務を負い（会社383条1項），取締役会において取締役からなされる報告を聴取し，必要に応じて意見を述べることにより，取締役の職務執行を監査する。

監査役会は，監査役の全員で構成される機関であり（会社390条1項），その決議により，監査方針や，監査役の職務執行に関する事項を決定する。ただし，監査役は，その職務の性質上独立性が強く求められるため，監査役会の決議によっても，個々の監査役による権限の行使を妨げることはできない（同条2項）。

(2)　機関設計のバリエーション

株式会社は，株主総会及び取締役を必ず設置しなければならないが，それ以外の機関については，会社の実情や規模に応じて，設置する機関を選択することが可能である。すなわち，会社法上，①公開会社か否か，及び，②大会社か否かによって，会社が設置することができる機関の選択肢が定められ，当該選択肢の中から，それぞれの会社が最適と考える機関設計を選択することができる。

「公開会社」とは，発行する全部又は一部の株式の内容として，譲渡による当該株式の取得につき会社の承認を要する旨の定款の定めを設けていない会社をいう（会社2条5号）。非上場会社では，会社にとって好ましくない人物が株主になることを防止するため，当該会社の株式を譲渡によって取得する場合には会社の承認が必要である旨を定款で定めていること（すなわち「非公開会社」であること）が一般的である。

また，「大会社」とは，①最終事業年度に係る貸借対照表上の資本金額が5億円以上である会社，又は，②最終事業年度に係る貸借対照表上の負債額の合計額が200億円以上である会社をいう（会社2条6号）。

公開会社か否か，及び，大会社か否かの2つの基準を踏まえて，それぞれの会社が選択可能な機関設計をまとめると，下表のとおりとなる。

非公開会社かつ非大会社
① 取締役のみ
② 取締役＋監査役
③ 取締役＋監査役＋会計監査人
④ 取締役会＋会計参与 [3]
⑤ 取締役会＋監査役
⑥ 取締役会＋監査役＋会計監査人
⑦ 取締役会＋監査役会
⑧ 取締役会＋監査役会＋会計監査人
⑨ 取締役会＋監査等委員会＋会計監査人
⑩ 取締役会＋指名委員会等＋会計監査人

非公開会社かつ大会社
① 取締役＋監査役＋会計監査人
② 取締役会＋監査役＋会計監査人
③ 取締役会＋監査役会＋会計監査人
④ 取締役会＋監査等委員会＋会計監査人
⑤ 取締役会＋指名委員会等＋会計監査人

公開会社かつ非大会社
① 取締役会＋監査役
② 取締役会＋監査役＋会計監査人
③ 取締役会＋監査役会
④ 取締役会＋監査役会＋会計監査人
⑤ 取締役会＋監査等委員会＋会計監査人
⑥ 取締役会＋指名委員会等＋会計監査人

公開会社かつ大会社
① 取締役会＋監査役会＋会計監査人
② 取締役会＋監査等委員会＋会計監査人
③ 取締役会＋指名委員会等＋会計監査人

---

[3] 会計参与は，すべての株式会社において設置可能である。ただし，非公開会社かつ非大会社において取締役会を設置し，かつ監査役を設置しない場合は，会計参与を設置しなければならない（会社327条2項但書）。

3　機関設計を選択する際のポイント

> **Case**
>
> 株式会社には，株主総会と取締役のほかに，取締役会や監査役といった機関が用意されており，その組み合わせには多くのパターンがあるようだが，どのような点に着目して機関設計を選択すればよいのか。

> **Check List**
>
> □　各機関の意義・役割を理解しているか
> □　法令上，どのような機関設計を選択することが可能なのか
> □　取締役会設置会社と非取締役会設置会社の違いを理解しているか
> □　指名委員会等設置会社，監査等委員会設置会社，監査役会設置会社における体制はどのようなものか
> □　会社の成長段階・目的に沿った機関設計がなされているか

　前述2のとおり，会社は，個々の実情に応じて一定の選択肢の中から最適と考える機関設計を選択することができる。以下では，主要な選択肢ごとに，それぞれの機関設計の特徴を概観する。

(1)　取締役会を設置するか否か

ア　非取締役会設置会社の選択

　公開会社は取締役会を設置しなければならないため（会社327条1項1号），非公開会社に限り，取締役会を設置するか否かを選択することができる。非取締役会設置会社は，後述のとおり株主総会の権限が強く，株主自身が直接経営に関与することが想定されているから，株主が1名又は少ない人数の会社において選択されることが多いといえる。

イ　会社の業務執行に関する意思決定の違い

(ア)　非取締役会設置会社の場合

　非取締役会設置会社では，株主自身が直接経営に関与することが前提であるため，株主総会は，会社のあらゆる事項について決議することができる，いわ

ば万能の機関として位置付けられる（会社295条1項）。

非取締役会設置会社の取締役は，会社の業務を執行し（会社348条1項），取締役の人数が2名以上の場合は，取締役の過半数をもって会社の業務執行に関する事項を決定する（同条2項）。ただし，法令又は定款によって株主総会の決議事項とされているものについて，取締役が決定することはできない。

非取締役会設置会社の取締役は，各自がそれぞれ単独で会社を代表するのが原則であるが（会社349条1項本文・同条2項），①定款，②定款の定めに基づく取締役の互選，又は③株主総会の決議によって，代表取締役を選定することができる。非取締役会設置会社において代表取締役が選定された場合は，当該代表取締役が会社を代表する（同条1項但書・同条3項）。

（イ）取締役会設置会社の場合

取締役会設置会社では，株主総会の権限は，非取締役会設置会社に比べて縮小され，株主総会は，会社法及び定款で定める事項に限り決議することができる機関となる（会社295条2項）。

取締役会は，①会社の業務執行の決定，②取締役の職務執行の監督，③代表取締役の選定及び解職を行う（会社362条2項）。取締役会は，会社の業務執行の決定のうち，一定の重要な事項（重要な財産の処分及び譲受け，多額の借財等）に関する決定については，個別の取締役に委任することができず，必ず取締役会の決議によって決定しなければならない（同条4項）。他方，会社法及び定款により取締役会決議事項とされているもの以外に関する決定については，取締役会は，代表取締役や経営会議等の下部機関に委任することが可能である。

取締役会設置会社は，取締役の中から代表取締役を選定しなければならない（会社362条3項）。また，取締役会設置会社は，任意に，会社の業務を執行する取締役（業務執行取締役）を選定することができる。代表取締役及び業務執行取締役は，会社の業務を執行する権限を有し，また代表取締役は，対外的に会社を代表して一切の行為をする権限を有する。

前述のとおり，取締役会設置会社では株主総会の権限が縮小されていることに伴い，非取締役会設置会社では株主総会決議事項とされていたもののうち一定の事項が，取締役会決議事項とされている。

その主要な例として，譲渡制限株式の譲渡による取得の承認に関する決定が

あげられる。譲渡制限株式の譲渡による取得を承認するか否かの決定は，原則として株主総会決議により行われるが，取締役会設置会社では，取締役会決議により行われる（会社 139 条 1 項）。譲渡承認請求に対して会社が一定期間応答しなかった場合，当該請求を会社が承認したものとみなされるところ（会社 145 条），株主総会の招集手続を行っている間に当該期間が経過してしまい，会社にとって好ましくない者が株主となってしまう事態が発生することを防止するために，取締役会による迅速な意思決定を可能とする趣旨である[4]。

また，計算書類は，株主総会決議による承認を受ける必要があるが（会社 438 条 2 項），会計監査人を設置する取締役会設置会社では，計算書類が取締役会決議による承認を受け，かつ，当該計算書類が法令及び定款の定めに従い会社の財産及び損益の状況を正しく表示しているものとして法務省令で定める要件に該当する場合には，株主総会に対して報告することで足りる（会社 439 条）。

このように，取締役会設置会社では，会社の業務執行や意思決定に関する株主総会の権限が縮小されることに伴い，取締役会による意思決定権限が強くなっているといえる。

ウ　取締役による職務執行の監督体制の違い

（ア）非取締役会設置会社の場合

非取締役会設置会社では，株主が直接経営に関与することが前提であるから株主自身による取締役の職務執行の監督が可能であるため，別途取締役の職務執行を監督する機関を設置することが必須ではない。株主による取締役の業務執行の監督は，最終的には株主総会決議による取締役の選任及び解任を通じて行われることになる。

また，取締役は，業務執行の一環として，他の取締役の職務執行に対する監督義務を負うから，当該監督義務の履行を通じて，取締役の職務執行に対する監督が行われることになる[5]。

（イ）取締役会設置会社の場合

取締役会設置会社では，代表取締役及び業務執行取締役が会社の業務を執行

---

[4] 会社法コンメンタール（3）395 頁
[5] 森・濱田松本・会社法実務問題（5）13 頁

し，取締役会が，取締役の職務執行を監督する機関となる（会社362条2項2号）。代表取締役及び業務執行取締役は，少なくとも3か月に1回，自らの職務執行の状況を，監督機関である取締役会に報告しなければならないから（会社363条2項），少なくとも3か月に1回は取締役会を開催する必要がある。

また，取締役会設置会社では，取締役による競業取引や利益相反取引の承認権限は取締役会に帰属するため（会社356条1項，365条1項），当該承認に関する審議（競業取引及び利益相反取引の承認にあたっては，当該取引についての重要な事実を取締役会に開示することが必要である）を通じて，各取締役の職務執行を監督することになる。

取締役会による職務執行の監督に加えて，取締役会設置会社（指名委員会等設置会社又は監査等委員会設置会社を除く）は，監査役を設置しなければならない（会社327条2項）。取締役会設置会社では，取締役会によって取締役の職務執行の監督が行われることから，別途，取締役から独立した立場で，株主に代わり取締役の職務執行を監督する機関として，監査役の設置が必須とされた。監査役の独立性を確保する必要があることから，監査役は，会社の取締役や支配人その他の使用人等と兼任することができない（会社335条1項）。

監査役は，取締役の職務執行を監査する（会社381条1項）。そのために，監査役は，取締役等に対する報告徴求権限，会社の業務及び財産状況の調査権限を有するほか（同条2項），取締役による違法行為等の差止請求権限を有する（会社385条1項）。ただし，非公開会社においては，定款で定めることにより，監査役の権限を会計に関するものに限定することが可能である（会社389条1項）。

監査役による監査の範囲は，取締役による職務執行が法令又は定款に違反するか否かという適法性の範囲に限られ，当該職務執行が事業運営上の判断として妥当か否かという点には及ばない[6]。また，監査役は，いわゆる独任制の機関であって，複数の監査役が存在する場合でも各監査役が単独で自らの権限を行使することができる。監査役の監査範囲である違法・適法の判断は，多数決で判断すべき問題ではないことによる。

---

[6] 江頭560頁

(2) 指名委員会等設置会社，監査等委員会設置会社，監査役会設置会社

ア 指名委員会等設置会社

（ア）総 論

指名委員会等設置会社に設置される「指名委員会等」とは，指名委員会，監査委員会及び報酬委員会の総称である。指名委員会等設置会社では，取締役会及び会計監査人の設置が必須である（会社327条1項4号・5項）。

指名委員会等設置会社では，大要，取締役会の中に社外取締役が過半数を占める委員会を設置し，取締役会が経営を監督する一方，業務執行は，取締役会が選任及び解任する執行役に委ね，経営の適正化と合理化を目指すものである。そのため，取締役会は，執行役の職務執行に対する監督機関としての役割を担うことになる。

（イ）指名委員会等設置会社における会社の業務執行に関する意思決定

指名委員会等設置会社でも，通常の取締役会設置会社と同様に，取締役会は，会社の業務執行を決定する権限を有する（会社416条1項1号）が，指名委員会等設置会社の取締役会は，一定の重要な事項を除き，会社の業務執行に関する決定権限を，執行役に委任することができる（同条4項）[7]。

執行役は，取締役会決議により選任され（会社402条2項），取締役会決議により委任を受けた会社の業務執行の決定を行うとともに，会社の業務を執行する（会社418条）。執行役が複数存在する場合の執行役の職務分掌等は，取締役会が定める（会社416条1項1号ハ）。

執行役が複数存在する場合は，取締役会は，執行役の中から，対外的に会社を代表する代表執行役を選定する（会社420条1項）[8]。

（ウ）指名委員会等設置会社における監督体制

指名委員会等設置会社においては，取締役を構成員とする各委員会が，執行役による職務執行を監督するうえで重要な役割を果たす。

---

[7] 執行役による業務執行の決定方法自体に，会社法上の規制は存在しない。

[8] なお，取締役の員数を減らす等の目的で，主として上場会社において設置されることがある「執行役員」は，「執行役」とは異なり，会社が任意に設置する役職であり，会社法上の機関ではなく，「重要な使用人」に該当すると考えられている（江頭436-437頁）。

各委員会は，それぞれ，3人以上の取締役で構成される（会社400条1項）。また，各委員会の委員の過半数は，社外取締役でなければならない（同条3項）。

指名委員会は，株主総会に提出する取締役の選任及び解任に関する議案の内容を決定する（会社404条1項）。報酬委員会は，取締役及び執行役が受ける個人別の報酬等の内容を決定する（同条3項）。

執行役の職務執行に対する監督機能の中心は，取締役及び執行役の職務執行の監査を行う監査委員会が担う（会社404条2項）。

監査委員会が選定する監査委員は，執行役等に対する報告徴求権限や，会社の業務及び財産状況の調査権限を有する（会社405条1項）。また，すべての監査委員は，執行役等による法令違反行為等の差止請求権限を有する（会社407条1項）[9]。

イ　監査等委員会設置会社

（ア）総　論

監査等委員会設置会社は，監査等委員会を置く会社である。監査等委員会設置会社となるためには，指名委員会等設置会社と同様に，取締役会及び会計監査人を設置することが必要である（会社327条1項3号・5項）。

監査等委員会設置会社制度は，平成26年の会社法改正により創設された。監査役会設置会社では3人以上の監査役を選任し，その半数以上は社外監査役でなければならず，特に上場会社では一定数以上の社外取締役の選任が求められることから，監査役と取締役の双方に社外人材を登用することの負担感があったこと，指名委員会等設置会社では人事に関する権限が委員会に属することへの抵抗感があったことから，監査役会設置会社と指名委員会等設置会社との折衷案として新設された制度である[10]。

（イ）監査等委員会設置会社における会社の業務執行に関する意思決定

監査等委員会設置会社における会社の業務執行の決定は，取締役会が行う（会社399条の13第1項）。ただし，①取締役の過半数が社外取締役である場

---

[9] 監査委員会は，執行役等の職務執行の適法性だけでなく，その経営判断としての妥当性についても監査する権限を有する（江頭600頁）。

[10] 江頭401頁

合，又は，②定款の定めがある場合には，取締役会は，一定の事項を除く重要な業務執行の決定を取締役に委任することができる（同条第5項・6項）[11]。

（ウ）監査等委員会設置会社における監督体制

監査等委員会設置会社では，取締役の職務執行を監督する機関として，監査等委員会が設置される。

監査等委員会は，3名以上の取締役によって構成される。また，株主総会で取締役を選任する際は，監査等委員である取締役とそれ以外の取締役とを区別して選任しなければならない（会社329条2項）。

監査等委員会が選定する監査等委員は，取締役等に対する報告徴求権限や，会社の業務及び財産状況の調査権限を有する（会社399条の3第1項）。また，すべての監査等委員は，取締役による法令違反行為等の差止請求権限を有する（会社399条の6第1項）[12]。

ウ　監査役会設置会社

監査役会は，すべての監査役で構成される機関である（会社390条1項）。監査役会を構成する監査役は，3人以上でなければならず，その半数以上は，社外監査役でなければならない（会社335条3項）。監査役会設置会社では，監査役会による監査の範囲を，会計に関するものに限定することはできない（会社389条1項）。また，監査役会は，監査役の中から常勤監査役を選定しなければならない（会社390条3項）[13]。

監査役会は，その決議によって，監査役の職務執行に関する事項（監査の方針，会社の業務や財産状況の調査の方法等）を決定することができる（会社390条2項3号）が，監査役の権限の行使を妨げるような決定をすることはできない（同項但書）。監査役は，監査役会の求めがあれば，いつでもその職務執行の状況を監査役会に報告しなければならない（同条4項）。

---

[11] 監査等委員会設置会社では，取締役会が重要な業務執行の決定の大部分を行う形を選択することも，取締役に業務執行の決定権限を委任し，取締役会はモニタリングに注力する形を選択することも可能であり，会社による選択の余地が広いのが特徴といえる（江頭614頁）。

[12] 監査等委員会は，取締役の職務執行の適法性だけなく，その経営判断としての妥当性についても監査する権限を有する（江頭622頁）。

[13] 常勤監査役とは，他に常勤の仕事がなく，会社の営業時間中は原則として当該会社の監査役の職務に専念する者をいう（江頭568頁）。

エ　各機関設計の比較検討

（ア）監査担当機関の議決権の有無

監査役は，取締役から独立した立場で監査を行う機関であり，取締役による職務執行の監査のため，取締役会に出席し，必要に応じて意見を述べる義務を負う（会社383条1項）。他方，監査役は取締役会における議決権を持たず，取締役の選定や解職等に関する決定に関与することができない。そのため，特に海外投資家からは，日本の監査役制度に対する理解が得られにくいとの指摘があった[14]。

他方，指名委員会等設置会社における監査委員会や，監査等委員会設置会社における監査等委員会の構成員は取締役であるから，取締役の職務執行の監督権限を有する者が取締役会における議決権を有し，会社の業務執行を担う経営者の選定や解職等に関する決定に関与することを通じて，その職務執行に対する監督機能を果たすことが可能となる。

このように，取締役等による職務執行の監査を担当する機関に，取締役会での議決権を与える機関設計を採用するか否かが，各機関設計の選択の際の1つのポイントになると考えられる。

（イ）監査方法の違い

前述のとおり，監査役の監査対象は，原則として取締役による職務執行の適法性であるから，監査役の多数決によって判断されるべき事項ではない。そのため，監査役会決議によっても，個々の監査役による権限行使を制限することはできず，監査役は，基本的には部下を持たず，自ら単独で，報告徴求権限や業務及び財産状況の調査権限を行使し，監査を実施することになる。

他方で，指名委員会等設置会社における監査委員会や，監査等委員会設置会社における監査等委員会による監査対象は，取締役等による職務執行の妥当性にも及び，またその監査方法も，監査役による監査方法とは相当程度異なることが想定される[15]。

すなわち，監査委員会や監査等委員会は，取締役会が構築した内部統制部門

---

[14] 江頭401頁，森・濱田松本・会社法実務問題（5）23頁
[15] 江頭598頁

を通じた監査を行うことが想定され，当該内部統制システムが適切に運営されているかを監視するとともに，必要に応じて内部統制部門に対して指示をすることが任務とされる。このように，監査委員会や監査等委員会による監査においては，会社の内部統制部門のリソースを用いた方法をとることが想定されているため，監査委員会や監査等委員会内で，常勤監査役に相当する者を選定することは，必須ではない。かかる想定される監査方法の違いも，各機関設計の選択の際の1つのポイントと考えられる。

しかし，企業経営の複雑化等に伴い，監査役が自らすべての範囲について実査を行うことは非現実的であり，実際には，監査役監査においても，会社の内部統制部門と連携し，当該部門のチェック機能を活用した監査を実施することがある。この点で，監査役による監査方法と監査委員会や監査等委員会による監査方法とは，相対的に近接しているといえる[16]。

（ウ）社外役員の規模

監査役会設置会社では，3人以上の監査役を選任し，かつ，その半数以上は社外監査役でなければならない（会社335条3項）。また，特に上場会社においては，一定人数以上の独立社外取締役の選任が求められ[17]，監査役に加えて取締役についても社外人材を登用することの負担感が大きかった。監査等委員会設置会社制度の創設は，このような負担感の緩和を目的の1つとしていたものであり，どの程度の社外役員を登用できるかについても，機関設計の選択の際の1つのポイントになると考えられる。

(3) 企業の成長段階に応じた機関設計の必要性

会社の機関設計には様々なバリエーションがあり得るため，どのような機関設計を採用するかは，各会社が志向する意思決定速度や監督体制に応じて異なり得るところ，一例として，会社の成長段階に応じて機関設計を変動させるこ

---

[16] 森・濱田松本・会社法実務問題（5）24頁
[17] 株式会社東京証券取引所「コーポレートガバナンス・コード～会社の持続的な成長と中長期的な企業価値の向上のために～」（2021年6月11日）原則4-8。ただし，コンプライ・オア・エクスプレインの原則に服するため，すべての上場会社において一定人数以上の独立社外取締役の選任が法的に義務付けられたわけではない。

とが考えられる。

ア　創業直後における機関設計

創業直後の会社では，創業者のみが株主であるか，創業者及び経営に関与しない投資家のみが株主である例が多いと考えられる。この場合は，市場環境の変化への対応を重視して柔軟な意思決定を可能にするべく，株主総会及び取締役1名又は数名といった，最もシンプルな機関設計を採用することが多いと考えられる。

イ　事業成長段階における機関設計

会社の規模が一定以上になると，ベンチャー・キャピタル等の他の投資家から出資を募ることがあるが，その際に，会社の意思決定プロセスを整備する目的で，取締役会や監査役を設置する例が多いと考えられる。取締役会における議論過程や決議内容が議事録として保存されることにより，会社の意思決定プロセスが明確化されるとともに，取締役の職務執行を監査する監査役を設置することにより，コンプライアンスやガバナンスを強化することが可能となる。

ウ　上場直前段階〜上場後における機関設計

会社が具体的に上場を検討する段階では，上場申請期間の直前2期間につき，監査法人等による監査証明が求められることから，会計監査人を設置する必要がある。また，ガバナンス強化のために監査役会を設置する例もある。

上場後は，株式が市場で自由に取引されることになりステークホルダーの数が飛躍的に増大することから，会社の意思決定が透明性を有し，公正であることが求められる。機関設計としても，取締役による業務執行を監督する監査役会等の監督機関の設置や，経営陣から独立した外部的視点で会社の経営方針等について助言する社外取締役等の社外役員の選任が求められることになる。

エ　機関の適正な運営の必要性

前述のとおり，会社が創業直後の段階等にある場合は，必要最低限の機関を設置することで足りるとも考えられる。ただ，設置した機関を会社法その他の法令に基づき適正に運営していくことは，会社の成長段階にかかわらず重要である。

実際に株主総会・取締役会を開催していないにもかかわらず，形式面を整備する目的で議事録のみを作成する事例もまま見られるが，役員間や株主間で会

社の経営方針等に関する紛争が生じた場合は，会社の行為の法的効力が争われ，紛争が長期化・複雑化する要因となり得る。場合によっては，会社によるこれまでの行為が法的に無効とされることもあり得るため，かかるリスクを最小限に抑えるためにも，平時から，法令に基づき適正かつ実質的な機関運営を行うことが必要である。

4　機関設計を変更する際のポイント

Case

Aは，学習アプリの配信事業を立ち上げることとし，友人のBとともに共同で出資してX株式会社を設立し，Aが代表取締役，Bが取締役に就任した。その後，アプリ開発のための資金調達が必要となり，Y社から新たに出資を受けることになったため，新たな取締役Cを受け入れるとともに，取締役会及び監査役の設置を考えている。この場合，どのような手続が必要になるか。

Check List

- □　定款上，どのような機関設計となっているか
- □　機関設計を変更するにあたって，どのような手続が必要か
- □　変更登記申請の要否

(1)　定款規定の確認

　株主総会及び取締役以外の機関を設置する場合は，定款によって，当該機関を設置する旨を定める必要がある（会社326条2項）。そのため，会社の機関設計を変更する場合は，現在の定款が，会社の機関設計についてどのような定めを置いているかを確認する必要がある。そのうえで，機関設計を変更するに際しては，現状の機関を前提とした定款の規定も併せて変更する必要があるため，そうした規定の有無及び内容を特定する必要がある。

　例えば，非公開会社では，定款で定めることにより，取締役を株主に限定することができる（会社331条2項）。非公開会社では，広く経営者の人材を求めることよりも，株主仲間による経営を希望することも考えられるのであり，か

かる希望を実現することを可能とする趣旨である[18]。特に比較的小規模の会社では，定款でかかる限定を定める例がみられることから，機関設計の変更にあたって当該規定を修正する必要がないか検討する必要がある。

また，取締役の任期は，選任後2年以内に終了する事業年度のうち最終のものに関する定時株主総会の終結時までであるのが原則であるが（会社332条1項），非公開会社では，定款の定めにより，取締役の任期を，選任後10年以内に終了する事業年度のうち最終のものに関する定時株主総会の終結時まで伸長することができる（同条2項）。頻繁に取締役を選任する手間を避けるため，上限まで任期を伸長している例があるから，かかる規定についても修正する必要がないか検討する必要がある。特に，任期を長期間とした場合，途中で経営方針の齟齬等が生じた場合に，当該取締役を解任せざるを得なくなり，残任期分の報酬を損害賠償として請求されるといった可能性も想定されるので，任期をどの程度にするかは慎重に検討する必要がある。

(2)　定款変更等の手続

現在の定款を確認して修正が必要な内容を把握した後は，会社の機関設計を変更するために，定款変更のための手続をとる必要がある。

定款は，株主総会決議により変更する必要があり（会社466条），当該決議には，出席株主の3分の2（これを上回る割合を定款で定めた場合には，当該割合）以上の賛成が必要である（会社309条2項11号）。定款の変更は，特段の条件を定めない限り，株主総会の決議によって効力を生じる[19]。

また，株主総会及び取締役以外の機関の設置は，登記事項である。そのため，機関設計の変更にあたっては，定款を変更する株主総会決議がされた日から2週間以内に，会社の本店の所在地において，変更の登記をしなければならない（会社915条1項）。

---

[18] 会社法コンメンタール（7）446頁
[19] 森・濱田松本・会社法実務問題（1）9頁

第2 株主総会の運営のポイント　17

第2 | 株主総会の運営のポイント

Check List
□　法令及び定款上，株主総会の手続がどのようになっているか
□　株主総会のスケジュール調整（手続簡略化の可否・要否の検討）
□　（基準日）株主の検討
□　計算書類及び事業報告書等の作成
□　株主総会の招集通知の発出
□　委任状の確認・集計，議決権事前行使分の集計
□　シナリオ及び想定問答集の作成
□　株主総会議事録の作成及び備置き
□　株主総会決議に関する登記申請の要否

1　株主総会の権限

　取締役会設置会社の場合，株主総会は，法令及び定款で株主総会決議事項として定められた事項についてのみ決議することができる（会社 295 条2項）。また，取締役会設置会社では，株主総会は，招集者が株主総会の目的事項として定めた事項についてのみ，決議することができる（会社 309 条5項）。

　他方，非取締役会設置会社の株主総会は，会社に関する一切の事項について決議することができるし，招集者が株主総会の目的事項として定めた事項以外の事項についても決議することができる。

2　株主総会のスケジュール

(1)　定時株主総会

　定時株主総会は，毎事業年度の終了後一定の時期までに招集しなければならない（会社 296 条1項）。

　後述のとおり，会社は，一定の日（基準日）を定めたうえで，基準日におい

て株主名簿に記載され又は記録された株主を，定時株主総会において議決権を行使することができる株主と定めることができる（会社 124 条 1 項）。基準日を定める場合，会社は，基準日株主が行使することができる権利の内容を定めなければならないが，当該権利は，基準日から 3 か月以内に行使することができるものでなければならない（同条 2 項）。通常は，定款上，「事業年度の末日」が定時株主総会における議決権行使の基準日として定められている例が多いため，この定款規定を前提とすると，事業年度の末日から 3 か月以内に定時株主総会を開催する必要がある。

　また，後述のとおり，会社は，事業年度終了後から定時株主総会までの間に，計算書類及び事業報告並びにこれらの附属明細書を作成し，機関設計に応じて監査役による監査や取締役会による承認の手続を経る必要がある。そのため，定時株主総会のスケジュールを決定するにあたっては，会社の機関設計に応じて前述の手続に必要な期間を見積もったうえで判断する必要がある。

日程例	手続例（※取締役会・監査役設置会社）
3/31	事業年度末日（基準日）
5 月上旬〜	計算書類，事業報告書及びそれらの附属明細書の作成及び監査役への提出
〜6/9	監査役による監査報告の作成，監査報告の取締役への通知
6/10	定時株主総会の招集決議，監査を受けた計算書類の承認
6/17	定時株主総会招集通知発送（定時株主総会の日の 1 週間前まで（公開会社であれば 2 週間前まで））
6/25	定時株主総会開催日（事業年度末日（基準日）から 3 か月以内）

(2)　臨時株主総会

　臨時株主総会は，必要があればいつでも招集することができる（会社 296 条 2 項）。臨時株主総会において議決権を行使することができる株主に係る基準日を定めた場合は，当該基準日から 3 か月以内に臨時株主総会を開催する必要がある（会社 124 条 2 項）。

日程例	手続（※取締役会・監査役設置会社）
10/1	基準日公告（基準日の2週間前まで）
10/16	基準日
10/20	臨時株主総会の招集決議
10/23	臨時株主総会招集通知発送（臨時株主総会の日の1週間前まで（公開会社であれば2週間前まで））
10/31	臨時株主総会開催日（基準日から3か月以内）

3　株主総会の手続の概略

Case

Aは，学習アプリの配信事業を立ち上げることとし，友人のBとともに共同で出資してX株式会社を設立した。その後，アプリ開発のための資金調達が必要になり，新たに知人の経営者であるCから出資を受けることになった。これまでは株主が身内だけであったため株主総会を開催したことがなかったが，Cとの関係で株主総会を開催する必要がある。どのような手続をとればよいか。

(1)　事前準備事項

ア　基準日

（ア）定時株主総会に関する基準日

　会社は，株主総会において議決権を行使するなど，一定の時点で株主として会社に対して特定の権利を行使することができる者を確定する目的で，一定の日に株主名簿に記載又は記録された者を株主として，その者に権利を行使させる処理をすることができる（基準日制度　会社124条1項）。基準日を定める場合は，基準日株主が行使することができる権利の内容を併せて定める必要があり，かつ，当該権利は基準日から3か月以内に行使されるものでなければならない（同条2項）。

　基準日は，①定款において定める方法と，②個別に定める方法がある（会社

124条3項)[20]。定款で，基準日及び当該基準日において株主名簿に記載又は記録された株主が行使できる権利の内容を定めた場合は，後述の基準日に関する公告は不要である（同項但書）。

```
■ウェブ掲載　【書式1-2-3-1】株主名簿
```

（イ）臨時株主総会に関する基準日

　臨時株主総会は，開催の有無や時期が一定ではないから，臨時株主総会における株主による議決権の行使についての基準日は，都度個別に定める必要がある。当該基準日は，取締役会決議（非取締役会設置会社においては取締役の過半数による決定）により具体的な日を定めたうえで[21]，当該基準日の2週間前までに，当該決定内容を公告する必要がある（会社124条3項本文）[22]。

　株主構成が常に変動し得る公開会社においては，臨時株主総会において議決権を行使することができる株主の確定に関する手間を省くために，個別に基準日を設定する必要性が高いと考えられるが，非公開会社では，臨時株主総会当日の株主構成を会社において把握できる場合も想定されるから，臨時株主総会において議決権を行使することができる株主に関する基準日を特段設定せず，臨時株主総会当日の株主名簿に記載又は記録された株主が，当該臨時株主総会において議決権を行使することができる者と扱うことも考えられる[23]。

---

[20] 定時株主総会で議決権を行使できる株主の基準日は，都度個別に定めるのではなく，定款において「毎年●月●日の最終の株主名簿に記載又は記録された議決権を有する株主をもって，その事業年度に関する定時株主総会において権利を行使すべき株主とする。」等の定めを設けることが通常である。

[21] 「重要な業務執行」（会社362条4項）に該当すると考えられるため，取締役会設置会社においては取締役会決議が必要であると解される（会社法コンメンタール（3）280頁）。

[22] 公告は，官報，時事に関する事項を掲載する日刊新聞紙又は電子公告のうち，会社が定款で定めた方法によるが（会社939条1項），定款に定めがない場合は，官報に掲載して行う（同条4項）。

[23] 東京八丁堀法律事務所ほか編『実務解説中小企業の株主総会　手続と書式』（新日本法規出版，2020年）23頁

第2 株主総会の運営のポイント 21

イ 計算書類及び事業報告書等の作成

(ア) 計算書類及び事業報告書等の作成

会社は，各事業年度に係る計算書類（貸借対照表，損益計算書，株主資本等変動計算書及び個別注記表をいう（会社計算59条1項））及び事業報告並びにこれらの附属明細書を作成しなければならない（会社435条1項）[24]。また，会社は，計算書類を作成した時から10年間，当該計算書類及びその附属明細書を保存しなければならない（同条4項）。

(イ) 計算書類及び事業報告書等の監査

監査役設置会社においては，計算書類及び事業報告並びにこれらの附属明細書は，監査役の監査を受ける必要がある（会社436条1項）。

監査役は，計算書類及び事業報告並びにこれらの附属明細書に係る監査の結果を踏まえて，監査報告を作成しなければならない（会社381条1項，389条2項）[25]。

監査役は，監査報告の作成後，その内容を取締役に通知する必要がある。計算書類及びその附属明細書の監査報告については，特定取締役[26]に事業報告や計算関係書類の監査報告の内容を通知する監査役たる特定監査役[27]が，①当該

---

[24] 貸借対照表の具体的記載事項は会社計算規則72条以下，損益計算書の具体的記載事項は同規則87条以下，株主資本等変動計算書の具体的記載事項は同規則96条に定められている。事業報告の具体的記載事項は会社法施行規則118条以下に定められている。

[25] 計算関係書類に係る監査については会社計算規則121条以下，事業報告に係る監査については会社法施行規則129条以下に定められている。なお，各監査報告は，1通にまとめて作成することが通常である（東京八丁堀事務所ほか編・前掲39頁）。また，監査役の監査の範囲を会計に関するものに限定する旨の定款の定めがある会社の監査役は，事業報告を監査する権限がないことを明らかにした監査報告を作成する必要がある（会社則129条2項）。

[26] 「特定取締役」とは，監査役設置会社における計算書類及びその附属明細書の監査報告については，①計算書類及びその附属明細書の監査報告の内容の通知を受ける取締役を定めた場合は，当該通知を受ける取締役として定められた者，②①以外の場合は，監査を受けるべき計算書類及びその附属明細書の作成に関する職務を行った取締役を指す（会社計算124条4項）。監査役設置会社における事業報告及びその附属明細書の監査報告についても，同様である（会社則132条4項）。

[27] 「特定監査役」とは，監査役設置会社における計算書類及びその附属明細書の監査報告については，①2人以上の監査役が存する場合において，計算書類及びその附属明細書の監査報告の内容の通知をすべき監査役を定めたときは，当該通知をすべき監査役として定められた者，②2人以上の監査役が存する場合において，計算書類及びその附属明細書の監査報告の内容の通知をすべき監査役を定めていないときは，すべての監査役，③①及び②以外の場合は，監査役を指す（会社計算124条5項1号）。監査役設置会社における事業報告及びその附属明細書の監査報告についても，同様で

計算書類の全部を受領した日から4週間を経過した日，②当該計算書類の附属明細書を受領した日から1週間を経過した日，③特定監査役より事業報告や計算関係書類の監査報告の内容の通知を受ける取締役たる特定取締役及び特定監査役が合意により定めた日があるときは，その日のいずれか遅い日までに，特定取締役に対して，監査報告の内容を通知する必要がある（会社計算124条1項1号）。特定取締役が当該通知を受けたときに，計算書類及びその附属明細書については，監査役の監査を受けたものとみなされる（同条2項）。事業報告及びその附属明細書の監査報告についても，同様である（会社則132条1項・2項）。

（ウ）計算書類及び事業報告等の取締役会による承認

取締役会設置会社においては，監査役による監査を受けた計算書類及び事業報告並びにこれらの附属明細書について，取締役会決議による承認を受けなければならない（会社436条3項）。

取締役会設置会社においては，前述の承認を受けた計算書類及び事業報告（監査報告を含む。）を定時株主総会の招集に際して株主に提供する必要があるため（会社437条），当該承認決議は，監査役による監査報告の内容の通知後，株主に対して定時株主総会の招集通知を発する日までに行わなければならない。当該承認に係る決議は，定時株主総会の招集の決定に係る決議と同日にされることが一般的である。

（エ）計算書類及び事業報告等の株主への提供

a 計算書類及び事業報告等の本店等への備置

会社は，各事業年度に係る計算書類及び事業報告並びにこれらの附属明細書（監査報告を含む）を，定時株主総会の日の1週間前（取締役会設置会社においては定時株主総会の日の2週間前）の日から5年間，その本店に備え置かなければならない（会社442条1項1号）[28]。

ある（会社則132条5項1号）。

[28] 支店にも，計算書類等が電磁的記録で作成されている場合における一定の例外を除いて，同様の書類の写しを，定時株主総会の日の1週間前（取締役会設置会社においては定時株主総会の日の2週間前）の日から3年間，備え置く必要がある（会社442条2項1号）。

b　計算書類及び事業報告等の株主への提供

　取締役会設置会社においては，取締役会の承認を受けた計算書類及び事業報告（監査報告を含む）を，定時株主総会の招集の通知に際して，株主に提供する必要がある（会社437条）[29]。

　他方，非取締役会設置会社においては，定時株主総会の招集の通知に際しての計算書類及び事業報告の株主への提供は，義務ではない。ただし，計算書類については定時株主総会議決による承認を受ける必要があり（会社438条2項），事業報告についてはその内容を定時株主総会において報告する必要があるから（同条3項），招集通知と併せて事前に株主に送付しておくことが考えられる。

(2)　招集手続
ア　招集の決定
（ア）招集決定権者及び時期

　取締役会設置会社においては，取締役会決議によって株主総会の招集を決定する（会社298条1項・4項）。後述のとおり，取締役は，株主総会の日の2週間前（非公開会社において，後述の書面投票制度又は電子投票制度を採用しない場合は，株主総会の日の1週間前）までに，株主に対して招集通知を発する必要があるため，当該取締役会決議は，当該招集通知の発送日までに行われる必要がある。

　非取締役会設置会社においては，取締役による決定によって株主総会の招集を決定する（会社298条1項）。

■ウェブ掲載　【書式1-2-3-2】取締役会議事録（株主総会の招集の決定）

　　　　　　　【書式1-2-3-3】取締役決定書（株主総会の招集の決定）

---

[29] 例えば，招集通知の添付書類として，招集通知に同封して，当該事業年度に係る計算書類，事業報告及びこれらについての監査報告を，株主に送付することが必要となる。

（イ）決定事項

株主総会の招集の決定にあたっては，①株主総会の日時及び場所，②株主総会の目的である事項があるときはその事項，③株主総会に出席しない株主が書面によって議決権を行使することができることとするとき（以下「書面投票制度」という。）はその旨，④株主総会に出席しない株主が電磁的方法によって議決権を行使することができることとするとき（以下「電子投票制度」という。）はその旨，⑤その他会社法施行規則 63 条で定める事項を決定する必要がある（会社 298 条 1 項）。

a 株主総会の目的である事項

非取締役会設置会社では，株主総会においてあらゆる事項について決議することができるから，株主総会の目的である事項を決定することは，必須ではない。

他方，取締役会設置会社においては，取締役会が株主総会の目的である事項として決定した事項以外の事項について株主総会で決議することはできないので（会社 309 条 5 項），必ず，株主総会の目的である事項を決定する必要がある。

株主総会の目的である事項は，報告事項と決議事項に分類できる。報告事項とは，定時株主総会にその内容を報告するものである[30]。決議事項とは，定時株主総会において決議する必要があるものである[31]。

また，後述の書面投票制度又は電子投票制度のいずれも採用しない会社において，会社法施行規則 63 条 7 号所定の事項を株主総会の目的である事項とするときは，併せて，当該事項に係る議案の概要（議案が確定していない場合は，その旨）を決定しなければならない（同号）。

b 書面投票制度又は電子投票制度の採用

会社は，株主総会を招集するに際して，書面投票制度又は電子投票制度を採用することができる（両方採用することも可能である）。

---

[30] 例えば，事業報告の内容の報告等が該当する。

[31] 例えば，計算書類の承認（会社 438 条 2 項），剰余金の配当（会社 454 条 1 項），役員の選任（会社 329 条 1 項），取締役及び監査役の報酬等の額の決定（会社 361 条 1 項・387 条 1 項）等が該当する。

書面投票制度又は電子投票制度を採用する場合は，以下の事項を決定する必要がある。

書面投票制度又は電子投票制度を採用した場合に決定するべき事項
① 株主総会参考書類に記載すべき事項（会社則63条3号イ）
② 特定の時をもって書面又は電磁的方法による議決権の行使の期限とする旨を定めるときは，その旨（同号ロ・ハ）
③ 議決権行使書面に賛否の表示がない場合の取扱いを定めるときは，その内容（同号二）
④ WEB開示の措置（会社則94条1項）をとることにより株主に対して提供する株主総会参考書類に記載しないものとする事項（同号ホ）
⑤ 1人の株主が同一の議案につき，書面投票制度の場合には議決権行使書面により，電子投票制度の場合には電子投票により，重複して議決権を行使した場合において，当該同一の議案に対する議決権の行使の内容が異なるものであるときにおける当該株主の議決権の行使の取扱いに関する事項を定めるときは，その事項（同号ヘ）
⑥ 株主総会参考書類に記載すべき事項のうち定款の定めに基づき書面交付請求を受けて交付する書面に記載しないものとする事項（同号ト）
⑦ 書面投票制度及び電子投票制度を両方採用する場合において，電磁的方法による招集通知の承諾をした株主から請求があった時に，当該株主に対して議決権行使書面を交付することとするときは，その旨（会社則63条4号イ）
⑧ 書面投票制度及び電子投票制度を両方採用する場合において，1人の株主が同一の議案につき書面投票又は電子投票によって重複して議決権を行使した場合において，当該同一の議案に対する議決権の行使の内容が異なるものであるときにおける当該株主の議決権の行使の取扱いに関する事項を定めるときは，その事項（同号ロ）
⑨ 書面投票制度及び電子投票制度を両方採用する場合かつ電子提供措置をとる旨の定款の定めがある場合において，電磁的方法による招集通知の承諾をした株主から請求があった時に議決権行使書面に記載すべき事項に係る情報について電子提供措置をとることとするときは，その旨（同号ハ）

前述②の行使期限を定める場合は，株主総会の開催日時以前の時であって，株主総会の招集通知を発した日から2週間を経過した日以後の時を行使期限としなければならない（会社則63条3号ロ）。したがって，非公開会社は，通常であれば株主総会の日の1週間前までに招集通知を発すれば足りるところ，書面投票制度又は電子投票制度を採用し，かつ，書面投票又は電子投票による議決権行使の期限を定める場合には，株主総会の日の2週間前までに招集通知を発する必要が生じる。特に行使期限を定めなかった場合は，株主総会の日時の直前の営業時間の終了時が行使期限となる（会社311条1項，会社則69条）。

書面投票制度又は電子投票制度を採用した場合のメリットとして，株主総会に出席しない株主も議決権を行使することができるようになる点があげられる[32]。

他方，書面投票制度又は電子投票制度を採用した場合は，株主総会参考書類を作成して株主に交付する必要があるほか（会社301条1項，302条1項），特に書面投票又は電子投票による議決権の行使期限を定める場合には招集通知の発送時期が前倒しになり，さらに株主総会の招集に際して前述の様々な事項を株主総会の招集にあたって決定する必要あることから，非公開会社である中小企業において，書面投票制度又は電子投票制度を積極的に採用する理由は，一般的には乏しいと考えられる。

c 代理人に関する事項

株主は，代理人によってその議決権を行使することができる（会社310条1項第1文）。会社は，株主総会における代理人による議決権の行使について，代理人の資格，代理権を証明する方法，代理人の数その他代理人による議決権の行使に関する事項を定めるときは，株主総会の招集の決定において，当該事項を決定する必要がある（会社則63条5号）。ただし，定款においてこれらの事項についての定めがあるときは，改めて決定することは不要である。

代理人の資格については，株主に限る旨を定款で定めている例が多い。

---

[32] ただし，株主総会に出席しない株主でも，委任状により議決権を行使できるから，非公開会社において，書面投票制度又は電子投票制度を利用するメリットは，そこまで大きくないと考えられる。

イ　招集通知

（ア）招集通知の発出時期

　株主総会の招集に際しては，取締役は，株主に対して招集通知を発しなければならない（会社299条1項）。招集通知を発する時期は，①公開会社においては株主総会の日の2週間前まで，②非公開会社においては株主総会の日の1週間前（定款でこれより短い期間を定めた場合は，その期間）まで，③非公開会社であっても書面投票制度又は電子投票制度を採用する場合は株主総会の日の2週間前までである（同項）。

　前述の期間は，招集通知を発出した日と株主総会の日との間に，2週間（14日）又は1週間（7日）なければならないという趣旨である。すなわち，非公開会社においては，招集通知を発出した日と株主総会の日との間に，中7日を置かなければならず，6月30日を株主総会の日とする場合は，6月22日までに招集通知を発出する必要があることになる。

（イ）招集通知の発出方法

　株主総会の招集通知の方法について，①取締役会設置会社，及び，②非取締役会設置会社において書面投票制度又は電子投票制度を採用する場合においては，招集通知を書面で発出しなければならない（会社299条2項）。それ以外の場合については，招集通知の発出方法について会社法上特段の制限はなく，例えば，電子メールによる招集通知の発出も許容される。ただし，招集通知が発出されたことの記録化の観点からは，客観的に残る方法によって招集通知を発出することが望ましいと考えられる。

　招集通知を書面で発出する必要がある場合であっても，政令（会社令2条）で定めるところにより株主の承諾を得た場合には，電子メール等の電磁的方法により招集通知を発出することが可能である（会社299条3項）。

　なお，招集通知等の会社が株主に対して行う通知は，株主名簿に記載又は記録された当該株主の住所に対して発出すれば足り，その場合には，当該通知が実際には株主に到達しなかったとしても，通常到達すべき時に到達したものとみなされる（会社126条1項・2項）。

（ウ）招集通知の記載事項

　非取締役会設置会社において，書面投票制度又は電子投票制度を採用しない

場合は，招集通知の方法に特段の制限はないから，招集通知の内容についても，会社法上特段の規制はない。

　他方，取締役会設置会社又は非取締役会設置会社であって書面投票制度又は電子投票制度を採用した会社は，書面により招集通知を発出する必要があり，当該招集通知には，取締役会（又は取締役）が株主総会を招集するにあたって決定した事項を記載しなければならない（会社299条4項）。

```
■ウェブ掲載　【書式1-2-3-4】定時株主総会招集通知
```

（エ）招集通知に添付して提供する書類等

　　a　計算書類及び事業報告

　取締役会設置会社においては，取締役は，定時株主総会の招集に際して，取締役会決議による承認を受けた計算書類及び事業報告（監査役による監査報告を含む）を，株主に提供しなければならない（会社437条）。当該提供は，招集通知を書面で株主に発出する際に，その添付書類として，計算書類及び事業報告を送付する方法により行うことが考えられる。

　　b　株主総会参考書類

　書面投票制度又は電子投票制度を採用した場合は，取締役は，株主に対して書面により招集通知を発出する際に，併せて，株主による議決権の行使について参考となるべき事項を記載した書面（以下「株主総会参考書類」という）を交付しなければならない（会社301条1項，302条1項）。なお，招集通知を電磁的方法により発出することを承諾した株主に対しては，株主総会参考書類に記載すべき事項を電磁的方法により提供することができる（会社301条2項，302条2項）。

```
■ウェブ掲載　【書式1-2-3-5】株主総会参考書類
```

c 議決権行使書面

書面投票制度を採用した場合は，取締役は，株主に対して書面により招集通知を発出する際に，併せて，株主が議決権を行使するための書面（以下「議決権行使書面」という）を交付しなければならない（会社301条1項）。なお，招集通知を電磁的方法により発出することを承諾した株主に対しては，議決権行使書面に記載すべき事項を電磁的方法により提供することができる（同条2項）。

電子投票制度を採用した場合には，招集通知を電磁的方法により発出することを承諾した株主に対しては，招集通知の発出に際して，議決権行使書面に記載すべき事項を電磁的方法により提供しなければならない（会社302条3項）。当該承諾をしていない株主から，株主総会の日の1週間前までに，議決権行使書面に記載すべき事項の電磁的方法による提供の請求があったときは，直ちに，当該株主に対し，当該事項を電磁的方法により提供しなければならない（同条4項）。

■ウェブ掲載 【書式1-2-3-6】議決権行使書面

d 委任状

株主は，代理人によって議決権を行使することができるところ，この場合には，当該株主又は代理人は，代理権を証明する書面として，委任状を会社に提出する必要がある（会社310条1項）。

会社が招集通知を発出する際に委任状を同封して，株主総会を欠席する場合には委任状を会社に返送するよう依頼することが多い。委任状の返送にあたっては，受任者欄が空欄のまま返送されることが想定されており，当該受任者欄が空欄の委任状の返送を受けた会社が，適宜受任者を記載して代理人を選定し，当該代理人が株主総会に出席して議決権を行使することになる。

■ウェブ掲載 【書式1-2-3-7】委任状

(3) 株主総会の運営

ア 会場設営

株主総会の会場を選定する際の重要なポイントとして，出席が予想される株主をすべて収容することができる広さを有する会場を選定することがあげられる。来場した株主のうち一部を会場に入場させないまま株主総会を開催すると，決議取消事由に該当し得ることから[33]，出席が予想される株主全員を収容できる広さの会場を確保することが重要である。

イ 受 付

株主総会に出席して議決権を行使することができるのは，議決権を有する株主及び資格を有する代理人であるため，株主総会の会場入口付近に受付を設置し，来場者の出席資格を確認する必要がある。

実務上は，受付で来場者から氏名（及び住所）を聴取し，株主名簿上の株主リストと照合して該当があれば入場を認める方法が一般的である。また，書面投票制度を採用した場合には，会社が株主に送付した議決権行使書面を持参した者を株主として入場させる方法も一般的である。

代理人と主張する者が来場した場合は，委任状（代理権を証する書面）の提出を受け，代理人としての資格を確認する必要がある[34]。

なお，法人が株主の場合に，当該法人の従業員が株主総会に出席して議決権を行使することも許容されている。この場合，株主の代理人を株主に限定する旨の定款規定が存在するときであっても，当該従業員に対する代理権の授与が確認できるのであれば，当該従業員の株主総会への出席を認める必要がある[35]。

---

[33] 大阪地判昭和49年3月28日判時736号20頁は，株主総会の会場に約300名の株主が入場できず，議決権行使の機会を与えられなかったまま決議がなされた事案について，「被告会社としては，本件総会出席のために参集したすべての株主に対し，何らかの方法で議決権行使の機会を与えるべきであり，かりに本件総会当日，総会場の物理的状況等によりそれが不可能であったとすれば，総会の期日を変更し，延期し又は続行することにより，株主のために右機会を確保しなければならず，かつ，それは可能であって，右のような措置をとらないでした本件決議は，その方法において株主に議決権を認めた法令の趣旨に違反するものといわざるを得ない。」と判示した。

[34] 定款で代理人資格を株主に限定している例も多く，かかる制限が存在する場合は，来場した代理人がその制限に合致しているかどうかを確認する必要がある。

[35] 最判昭和51年12月24日民集30巻11号1076頁は，代理人を株主に限る旨の定款規定がある会社において，株主である地方公共団体及び法人が，その職員又は従業員を株主総会に出席させて議

代理権授与の確認方法として，①会社が送付した議決権行使書面及び委任状用紙の提出による方法，②会社が送付したものではない委任状用紙や職務代行通知書の提出による方法，③会社が送付した議決権行使書面及び名刺や身分証明書の提出による方法等が考えられる。

ウ　委任状が事前に返送されてきた場合

会社が株主に招集通知を発する際，委任状を同封し，株主総会を欠席する場合には委任状を会社に返送するよう依頼することがある。

会社に委任状が返送されてきた場合は，まず，それが真に株主によって作成されたものか否かを確認する必要がある。株主総会の招集決定において，代理権を証明する方法について定められたとき，又は，定款に当該方法についての定めがあるときは，当該方法に従い確認を行うことになる（会社298条1項5号，会社則63条5号）。

前述の方法が特に定められていないときにおいて，会社が発送した委任状用紙が返送されてきた場合は，会社が発送した書類を受け取った株主が自ら委任状を作成して会社に返送した蓋然性が高いから，株主が委任状を作成したものと取り扱うことが考えられる。他方，私製の委任状用紙が返送されてきた場合は，必ずしも同様には取り扱えないことから，適宜，委任状用紙を返送した株主に対して連絡を取り，事実関係を確認したうえで判断することが考えられる。

株主から，受任者欄が空欄の委任状が返送されてきた場合は，誰を受任者にするかを会社に一任する趣旨と考えられる。そのため，会社が，当該株主を代理する者を選定することになる。ただし，定款で代理人の資格を限定している場合は，当該限定に沿った者を代理人とする必要がある。代理人として選定された者は，委任状を返送してきた株主を代理して株主総会に出席し，議決権を行使する。

決権を代理行使させた事案について，「右のような定款の規定は，株主総会が株主以外の第三者によって攪乱されることを防止し，会社の利益を保護する趣旨に出たものであり，株主である県，市，株式会社がその職員又は従業員を代理人として株主総会に出席させた上，議決権を行使させても，特段の事情のない限り，株主総会が攪乱され会社の利益が害されるおそれはなく，かえって，右のような職員又は従業員による議決権の代理行使を認めないとすれば，株主としての意見を株主総会の決議の上に十分に反映することができず，事実上議決権行使の機会を奪うに等しく，不当な結果をもたらす」と判示し，非株主である職員又は従業員による議決権行使を認めた。

他方で，株主から，受任者を特定した委任状が返送されてきた場合は，当該受任者を代理人として取り扱うことになる（当該受任者が定款上の代理人の資格制限規定に抵触しないことが前提である）。そのため，株主総会当日の受付において委任状を管理しておき，当該受任者が来場した場合には，代理人として出席を認める必要がある。

エ　委任状・議決権事前行使分の集計

（ア）委任状の事前集計

委任状による議決権行使は，実際に代理人が株主総会に出席して議決権を行使して初めて有効になるが，定足数や決議要件を充足するかどうかの見通しを事前に得るために，あらかじめ委任状を提出した株主の議決権数及び当該委任状記載の賛否を集計しておく必要がある。なお，委任状に特に賛否の記載がない場合は，議案に対する賛否の判断を含めて代理人に委任する趣旨と解されるが，会社が選定した代理人が議決権を行使する場合は，通常，会社提出議案に賛成する議決権を行使することになる。

また，委任状は，株主総会の日から3か月間，本店に備え置かなければならない（会社310条6項）。

（イ）議決権行使書面の集計

書面投票制度を採用した場合は，株主総会日の前に，議決権行使書面を用いた書面による議決権の行使が行われるため，かかる書面による議決権の行使の結果を集計しておく必要がある。

また，電子投票制度を採用した場合も，同様に，電子投票による議決権の行使が行われるため，事前に，かかる議決権の行使の結果を集計しておく必要がある。

なお，書面投票や電子投票を事前に行った株主が，当日，株主総会の会場に来場し，出席して議決権を行使することを希望した場合は，当該株主は，書面投票又は電子投票により行った議決権行使を撤回し，改めて株主総会の会場において議決権を行使する趣旨と解されることから，当該株主の入場を認めつつ，事前の集計分から，当該株主が書面投票又は電子投票により行った議決権行使を削除する必要がある。

第2 株主総会の運営のポイント　33

オ　議事運営

（ア）シナリオの策定

　株主総会を適法に運営するうえで重要な点として，事前に会社においてシナリオを作成することがあげられる。

　シナリオについては，株主総会において「個別上程・個別審議方式」と「一括上程・一括審議方式」のいずれを採用するかにより，その内容が大きく異なる。個別上程・個別審議方式は，株主総会において複数の目的事項がある場合に，個々の目的事項ごとに上程・説明，質疑応答及び採決を行う方法をいい，一括上程・一括審議方式は，複数の目的事項についてまとめて上程・説明，質疑応答及び採決を行う方法をいう[36]。

　個別上程・個別審議方式と一括上程・一括審議方式のいずれを採用するかは，会社法上定められているものではなく，会社の判断に委ねられる。個別上程・個別審議方式では，各事項について質疑応答が繰り返され，株主総会が長時間化しやすいデメリットがある。

　他方で，株主が少数である場合は，個別上程・個別審議方式の方が，各項目について大株主が役員と質疑応答をしながら議事を進めていくことになり，株主にとって分かりやすいことも考えられる。

（イ）開　会

　株主総会の議事進行は，議長が行う。議長を誰が務めるかは，定款において「代表取締役」等と定められている例が多いが，定款に特に定められていない場合は，株主総会において議長を選任する。

　議長は，所定の開会時刻になったタイミングで，開会を宣言し，株主総会を開会する。開会にあたって，議長が，株主の発言時期の説明，取締役及び監査

---

[36] 例えば，株主総会の目的事項として，①報告事項，②第1号議案（決議事項），③第2号議案（決議事項），④第3号議案（決議事項）が存在する場合に，個別上程・個別審議方式では，①報告事項の報告及びこれに対する質疑応答 → ②第1号議案の上程及び説明，これに対する質疑応答並びに採決 → ③第2号議案の上程及び説明，これに対する質疑応答並びに採決 → ④第3号議案の上程及び説明，これに対する質疑応答並びに採決という順序で株主総会が進行する。他方，一括上程・一括審議方式では，①報告事項の報告 → ②第1号議案から第3号議案の上程及び説明 → ③報告事項及び第1号議案から第3号議案まですべてについての質疑応答 → ④第1号議案から第3号議案までについての採決という順序で株主総会が進行する。

役の出席状況の報告，株主の出席状況及び定足数の充足状況の報告等をすることもある[37]。

（ウ）報告事項

取締役は，事業報告を定時株主総会に提出又は提供し，その内容を定時株主総会に報告しなければならない（会社438条3項）。この報告は，必ずしも事業報告を朗読して行う必要はなく，重要な項目のみを説明したり，「お手元の資料に記載のとおり」等の簡潔な説明をしたりすることでも足りる。

（エ）決議事項の上程及び説明

議長は，決議事項について，その内容や提案理由を説明する。なお，招集通知に議案の内容や提案理由が記載されている場合は，「招集通知に記載のとおり」等の簡潔な説明をすることで足りる。

（オ）質疑応答

　a　質疑応答の方式

一括上程・一括審議方式の場合は，すべての議案の上程及び説明が終了した後に，報告事項及び決議事項に関する株主からの質問を受け付けることになる。個別上程・個別審議方式の場合は，報告事項の報告終了した後，及び，個別の決議事項の上程・説明が終了した後に，当該事項に関する株主からの質問を受け付けることになる。

質疑応答については，株主が挙手により質問を希望すれば，議長が当該株主を指名して質問させ，これに対して議長が自ら又は答弁役員を指名して答弁する，一問一答方式によるのが通常である。

　b　取締役等の説明義務

取締役及び監査役は，株主総会において，株主から特定の事項について説明を求められた場合は，当該事項について必要な説明をしなければならない（会社314条本文）。取締役及び監査役に説明義務違反があれば，株主総会決議の取消事由になり得る。

---

[37] 株主の出席状況及び定足数の充足状況を報告する場合には，開会時刻の少し前に，株主総会運営事務担当者から議長に対し，議決権行使書面の事前集計や当日の受付状況を踏まえた出席株主数及び議決権数についての報告をすることになる。

ただし，取締役等の説明義務は，あくまでも議題・議案に対する審議に際して，株主が議決権行使の判断を行うために認められるものであるから，株主による質問が株主総会の目的事項に関連しないものである場合は，取締役等は説明義務を負わない（会社 314 条 1 項但書）。株主の質問が形式的には議題との関連性があったとしても，株主にとってどの程度の詳しい説明がその判断のために必要といえるかという観点から検討し，その必要性が肯定されないのであれば議題関連性を欠くと考えられる[38]。

取締役等がどのような内容をどの程度説明すれば説明義務を尽くしたことになるかは，議題や議案の内容，株主の具体的な質問の内容によるため，一律に基準を設けることは困難であるが，一般的には，議案の賛否に関する合理的判断に客観的に必要な情報を説明することで説明義務を尽くしたことになると考えられる[39]。

例えば，報告事項については，平均的な株主がその内容を理解するのに必要な情報を説明する必要があり，かつ，それで足りると考えられる。具体的には，事業報告及び計算書類を基準として，これを若干補足する程度でよいが，大幅な変動が生じた勘定科目があれば，その理由並びに個別事情まで説明をする必要があると考えられる[40]。また，決議事項については，平均的な株主が議案の決議に際して賛否を合理的に判断するのに必要な情報を説明する必要があり，かつ，それで足りると考えられる。

  c 質疑応答の終了

株主からの質問がなくなった場合は，質疑応答の時間を終了し，採決に移る。また，平均的な株主が客観的にみて会議の目的事項を理解し，合理的に判断することができる状況にあると判断されるときは，まだ質問を求める者がいても，そこで質疑を打ち切って議事進行を図ることができると考えられている[41]。

なお，議長が一方的に質疑を打ち切るのではなく，議長が質疑を打ち切って採決に移りたい旨を提案し，株主総会全体の賛成を得て採決に移るという方法

---

[38] 江頭 374 頁
[39] 会社法コンメンタール（7）261 頁
[40] 森・濱田松本・会社法実務問題（4）396 頁
[41] 名古屋地判平成 5 年 9 月 30 日資料版商事 116 号 188 頁

も，実務上よく見られるところである。

（カ）採　決

採決の方法について，会社法上特段の規制はなく，決議要件を充足しているかどうかを判断できる方法であれば，議長の権限の範囲内で適宜採決の方法を定めることができる。書面投票等の集計により事前に過半数の賛成を得ているときや，圧倒的多数の賛成を得られることが確実視されるときは，拍手等の簡易な方法によることが考えられる。

他方，賛否が拮抗することが想定されるときは，挙手，起立，投票用紙による投票といった方法により採決することが考えられる。

（キ）閉　会

議長は，株主総会の目的事項がすべて終了した後，閉会を宣言し，これにより株主総会は終了する。

（4）　株主総会後の手続
ア　定時株主総会直後の取締役会

取締役会設置会社においては，定時株主総会の直後に，取締役会を開催することが多い。定時株主総会において取締役が改選された場合は，定時株主総会終了直後に取締役会を開催して，代表取締役を選定するとともに，必要に応じて報酬等についても決議することになる。

取締役会については，取締役会を招集する者が，取締役会の日の１週間（これを下回る期間を定款で定めた場合には，その期間）前までに，各取締役（監査役設置会社においては，各取締役及び各監査役）に対して，招集通知を発しなければならないが（会社 368 条１項），定時株主総会において取締役が改選された場合に，その直後に取締役会を開催しようとすると，会社法上の招集期間を確保できないことになる。しかし，取締役会は，取締役（監査役設置会社においては，取締役及び監査役）の全員の同意があれば招集手続を経ずに開催できるため（同条２項），取締役及び監査役の全員が出席するのであれば，特に招集手続を経ずとも，定時株主総会の終了直後に取締役会を開催することが可能である。また，一部の取締役又は監査役が欠席する場合であっても，事前にその者から同意を得ておくことにより，招集手続を経ずに，定時株主総会の終

了直後に取締役会を開催することが可能である。

イ　株主総会議事録の作成等

株主総会については，書面又は電磁的記録により，議事録を作成しなければならない（会社 318 条 1 項，会社則 72 条 2 項）。また，株主総会議事録は，株主総会の日から 10 年間，本店に備え置かなければならない（会社 318 条 2 項）[42]。

議事録の作成時期について会社法上明文の規定はなく，必ずしも株主総会の当日中に作成することが法的に求められるものではないが，合理的期間内に作成することが求められると考えられる[43]。

> ■ウェブ掲載　【書式 1-2-3-8】株主総会議事録

ウ　株主総会決議に関する変更登記

株主総会決議によって，会社の登記事項に変更が発生したときは，2 週間以内に，本店所在地において，変更登記をしなければならない（会社 915 条 1 項）。登記すべき事項に株主総会決議が必要な場合は，変更登記の申請に際して，株主総会議事録を添付する必要があるため（商登 46 条 2 項），変更登記申請が必要な場合における株主総会議事録は，この登記期間内に完成している必要がある。

エ　決算公告

会社は，定時株主総会の終結後遅滞なく，貸借対照表（大会社においては，貸借対照表及び損益計算書）を公告しなければならない（会社 440 条 1 項，会社計算 136 条）。公告方法が官報又は時事に関する事項を掲載する日刊新聞紙に掲載する方法である場合は，貸借対照表の要旨を公告すれば足りる（会社 440

---

[42] 支店にも，議事録が電磁的記録をもって作成されている場合における一定の例外を除いて，株主総会の日から 5 年間，議事録の写しを備え置かなければならない（会社 318 条 3 項本文）。

[43] 会社法コンメンタール（7）298 頁

条2項)。

　また，公告方法が官報又は時事に関する事項を掲載する日刊新聞紙に掲載する方法である会社においては，貸借対照表の要旨の公告に代えて，定時株主総会の終結後遅滞なく，貸借対照表の内容である情報を，定時株主総会の終結の日後5年を経過するまでの間，継続して電磁的方法により不特定多数の者が提供を受けることができる状態に置く措置（インターネット上のウェブサイトに掲載する方法等）をとることができる（会社440条3項）。

(5)　株主総会手続を簡略化する方法
ア　招集手続の簡略化
（ア）招集手続の省略

　株主総会の招集にあたっては，前述のとおり，一定の期間までに株主に対して招集通知を発しなければならないのが原則であるが，株主の全員の同意があるときは，招集手続を経ることなく株主総会を開催することができる。株主数が少ない非公開会社を念頭に，そのような会社では，株主が株主総会の日時や議題等をあらかじめ知ることができる場合が多いから，招集通知の発送を必須とせずに柔軟な対応を可能とするものである。

　ただし，書面投票制度又は電子投票制度を採用する場合は，株主総会に出席しない株主に対して株主総会参考書類等を交付しなければならないため，株主全員の同意があったとしても，招集手続を省略することはできない（会社300条）。

　ここでいう株主全員の同意は，特定の株主総会について，事前に得られたものである必要がある[44]。また，取締役会設置会社においては，株主総会の目的である事項を特定したうえで，同意を取得する必要があると考えられる[45]。

　なお，株主全員の同意により省略することができるのは，株主に対する招集通知の発送，並びに，それに際しての株主に対する計算書類及び事業報告の提供に限られ，これら以外の手続について，株主全員の同意を根拠として省略す

---

[44] 会社法コンメンタール（7）90頁
[45] 会社法コンメンタール（8）279頁

ることはできない（例えば，取締役会による株主総会の招集の決定を省略することはできない）。

（イ）招集期間の短縮

株主総会の招集にあたって，非公開会社においては，株主総会の日の1週間前までに招集通知を発しなければならないのが原則であるが，非取締役会設置会社である非公開会社においては，定款で定めるところにより，1週間を下回る期間を招集通知の発送期限として定めることができる（会社299条1項）。ただし，書面投票制度又は電子投票制度を採用する場合は，かかる定款規定が存在する場合であっても，株主総会の日の2週間前までに招集通知を発しなければならない。

（ウ）全員出席総会

会社法上，株主総会の開催にあたって株主に対する招集通知の発送等の招集手続が必要とされている趣旨は，全株主に対して株主総会の開催と目的である事項を通知することにより出席の機会を与えるとともに，議事及び議決に参加するための準備の機会を与えることを目的とする。そのため，株主全員が株主総会の開催に同意して出席した，いわゆる全員出席総会において，株主総会の権限に属する事項について決議をしたときには，株主総会の招集手続がされていない場合であっても，当該決議は有効に成立する。株主が作成した委任状に基づき選任された代理人の出席により株主全員が出席したことになる場合には，当該株主が株主総会の目的である事項を了知して委任状を作成し，かつ，決議された事項が当該株主総会の目的である事項の範囲内である限りは，当該決議は有効に成立する[46]。

このように，株主全員が出席して行われた全員出席総会における決議も有効と取り扱われるため，招集手続は不要となる。

なお，全員出席総会の場合，前述アの招集手続の省略とは異なり，招集手続をしないことについての事前の株主の同意は不要であるし，取締役会による株主総会の招集決議を省略することも可能である。他方で，前述（ア）の招集手続の省略の場合は，株主全員の同意が得られていれば，株主が株主総会を欠席

---

[46] 最判昭和60年12月20日民集39巻8号1869頁

した場合であっても，株主総会決議は有効に成立するが，全員出席総会については，株主全員が出席する必要があるから，株主総会を欠席した株主が存在する場合には，有効な決議は成立しない。

イ　書面決議・書面報告

（ア）書面決議

取締役又は株主が株主総会の目的である事項について提案した場合において，当該提案につき株主の全員が書面又は電磁的記録により同意の意思表示をしたときは，当該提案を可決する旨の株主総会決議あったものとみなされる（会社 319 条 1 項）。これは，実際に株主総会を開くことなく書面等による決議を認める制度であり，会社と緊密な関係にある株主のみからなる非公開会社を念頭に，手続を簡素化することを可能にしたものである[47]。

書面決議の対象事項は，株主総会の目的である事項であれば，特に制限はない。書面決議事項の提案について，非取締役会設置会社において取締役が複数存在する場合は，取締役の過半数をもって決定する必要があり，取締役会設置会社においては，書面決議の提案を行うことについて取締役会決議が必要と考えられている[48]。

株主全員の同意を得る方法としては，例えば，1 つの書面に決議事項の提案を記載し，順次株主が回付して同意の意思表示を行う，いわゆる持ち回り決議の方法があり得る。また，個別の株主に対して提案書兼同意書を送付し，個別の株主から同意書の返送を受けることによって同意を取得する方法も考えられる。

> ■ウェブ掲載　【書式 1-2-3-9】株主総会決議事項についての提案書／同意書

書面決議により，定時株主総会の目的である事項のすべてについての提案を可決する旨の株主総会決議があったものとみなされた場合は，その時点で定時

---

[47] 江頭 379 頁
[48] 江頭 380 頁，会社法コンメンタール（7）312 頁

株主総会が終結したものとみなされる（会社319条5項）。また，会社は，書面決議により株主総会決議があったものとみなされた日から 10 年間，株主による同意の意思表示がなされた書面又は電磁的記録を，本店に備え置かなければならない（同条2項）。

（イ）書面報告

　取締役が株主全員に対して株主総会に報告すべき事項を通知した場合において，当該事項を株主総会に報告することを要しないことにつき，株主全員が書面又は電磁的記録により同意の意思表示をしたときは，当該事項の株主総会への報告があったものとみなされる（会社 320 条）。定時株主総会については，決議事項のみならず報告事項も存在するところ，決議事項については上述の書面決議により決議したものとみなし，報告事項については書面報告により報告したものとみなすことで，実際に株主総会を開催しないことを可能とする制度である。ここでいう報告事項については，取締役によるものだけでなく，監査役による報告事項も含まれると解されている[49]。

　取締役は，書面報告を実施する場合には，まずは報告事項を株主全員に通知し，同報告の株主総会への報告の省略について同意の意思表示を取得することが必要である。書面による場合は，書面決議と同様に，回付による方法や，個々の株主から同意書面を取得する方法が考えられる。

　なお，書面決議や書面報告が行われた場合も，実際に株主総会が開催された場合と同様に，株主総会議事録を作成し，一定期間本店に備え置かなければならない。

■ウェブ掲載　【書式1-2-3-10】定時株主総会議事録（書面決議・書面報告）

---

(6)　株主総会資料の電子提供制度

　株主総会の招集手続に際しては，原則として，招集通知等を書面で発送する必要があり，株主の個別の承諾を得ない限り，電磁的方法による発送を行うこ

---

[49] 会社法コンメンタール（7）319頁

とはできなかった。しかし，会社が株主に対して株主総会資料をインターネット等の電磁的方法により提供できるようになれば，株主総会資料の印刷や郵送のための費用や手間が節減され，早期に株主に対して株主総会資料が提供されることが期待でき，株主による議案等への検討期間がより長く確保できることにつながる。そのため，令和元年会社法改正により，新たに，株主総会資料の電磁的方法による提供に関する制度が導入された。

すなわち，会社は，取締役が株主総会の招集の手続を行うときは，①株主総会参考書類，②議決権行使書面，③取締役会の承認を受けた計算書類及び事業報告（監査役設置会社においては監査報告を含む。），④取締役会の承認を受けた連結計算書類の内容である情報について，電子提供措置（電磁的方法により株主が情報の提供を受けることができる状態に置く措置であって，法務省令で定めるもの）をとる旨を定款で定めることにより，電子提供措置を導入することができる（会社325条の2）。

4　株主総会決議の瑕疵

Case

X株式会社は，代表取締役Aの祖父が設立した会社であり，その株式を，A，Aの父B，Aの叔父Cが保有している。CはXの経営に関わっておらず，Bに経営を任せていたため，AはBから代表取締役の地位を引き継いだ後，株主総会を開催することなくXの経営を行ってきた。ところが，Aの祖父が亡くなった後，BとCの関係が悪化し，CからAに対し，過去のXの意思決定について株主総会決議を欠く無効なものであると主張してきた。

(1)　株主総会決議の効力を争う方法

株主総会の手続や決議内容に違法の瑕疵がある場合，後から当該株主総会決議の効力が争われることが考えられる。

ア　決議取消し

株主総会決議に違法の瑕疵がある場合のうち，①招集手続や決議方法に法令

又は定款違反があるとき[50]，②招集手続や決議方法が著しく不公正なとき，③決議内容に定款違反があるとき，④決議に特別な利害関係を有する株主が議決権を行使したことにより著しく不当な決議がされたときは，当該株主総会決議に取消事由が存在する（会社 831 条 1 項）。この場合に株主総会決議の効力を争うには，決議の取消しを求める訴訟を提起し，請求を認容する判決を得る必要がある。決議の取消しを求める訴訟を提起できるのは，株主，取締役，執行役又は監査役（監査の範囲が会計に関する事項に限定された監査役を除く）である（同項，828 条 2 項 1 号）。また，この訴訟は，決議の日から 3 か月以内に提起しなければならない（会社 831 条 1 項）。

イ　決議不存在確認・決議無効確認の訴え

　株主総会決議に違法の瑕疵がある場合のうち，決議の内容が法令に違反するときは，当該決議は当然に無効であり，決議が無効であることは，誰から誰に対しても，いつどのような方法でも主張することが可能である。この場合，法律関係を画一的に確定するため，会社を被告として，決議が無効であることを確認することを求める訴訟を提起することができる。

　また，実際には株主総会決議が存在しないのに，あたかも存在したかのような外観が作出されている場合は，同様に，会社を被告として，当該株主総会が不存在であることの確認を求める訴訟を提起することができる。

　決議無効確認や決議不存在確認の訴えについては，確認の利益があれば誰でも提起することができるほか，会社法上，提訴期間の制限も存在しない。

(2)　株主総会議事録の閲覧謄写請求への対応

　株主及び債権者は，会社の営業時間中はいつでも，株主総会議事録の閲覧又は謄写を請求することができる（会社 318 条 4 項）。明文規定はないが，当該請求については正当な目的が必要であると解されており[51]，請求者に会社の営業を妨害する目的が存在するのであれば，会社は閲覧又は謄写を拒否することが

---

[50] 招集手続の法令違反として，招集通知の送付漏れ，招集通知の発送から株主総会開催日までの期間の不足等があげられる。決議方法の法令違反として，説明義務違反，定足数不足等があげられる。

[51] 東京地判昭和 49 年 10 月 1 日判時 772 号 91 頁は，「株主の閲覧・謄写請求権の行使であっても，それが権利の濫用となる場合には，当然に許されないものと解すべきである」と判示した。

できると考えられる。ただ，請求者に営業妨害目的等が存在することは，会社側で立証する必要がある。

(3) 判決の効力

決議の取消し，決議の無効確認及び決議の不存在確認を求める訴訟において，原告の請求を認容する判決が確定した場合は，当該判決は，第三者に対しても効力を有する（会社838条）。決議取消請求を認める判決の確定によって，当該決議は当初から無効だったものとして取り扱われる。なお，裁判所は，決議取消事由のうち招集手続又は決議方法の法令又は定款違反が問題となる場合は，①違反が重大ではなく，②決議に影響を及ぼさないものであると認めるときは，決議取消事由が存在する場合であっても，決議取消請求を棄却することができる（会社831条2項）。

第3 取締役会の運営のポイント　45

第3 | 取締役会の運営のポイント

Check List
☐　取締役会開催の要否
☐　定款及び取締役会規則上，取締役会の手続がどのようになっているか
☐　取締役会のスケジュール調整（手続簡略化の要否の検討）
☐　取締役会の招集通知の発出
☐　取締役会議事録の作成及び備置き

1　取締役会の権限

Case
Ｘ株式会社は，学習アプリの配信を主たる事業としているところ，Ｙ社からゲームアプリに関する業務提携の打診があり，新たにゲームアプリの事業本部の設置を検討することになった。業務提携を進めるうえで，事業本部長の選任と設備投資資金の融資を受ける必要があるが，取締役会の決議を経る必要があるか。

(1)　会社の業務執行の決定権限

ア　取締役会の専決事項

　　取締役会[52]は，会社の業務執行の決定権限を有する（会社362条2項1号）。日常的な業務執行については，取締役会規程等に基づき代表取締役や担当取締役に対して決定権限が委譲されることが多いが，一定の重要な事項に関する業務執行の決定については，取締役会に権限を委譲することができず，取締役会において決定しなければならない（同条4項）。具体的には，次頁の表のとおりである。

---

[52] 以下では，監査等委員会設置会社や指名委員会等設置会社に該当しない会社における取締役会を念頭に記載する。

46　第1章　組織運営

取締役会において決定する必要がある事項
① 重要な財産の処分及び譲受け
② 多額の借財
③ 支配人その他の重要な使用人の選任及び解任
④ 支店その他の重要な組織の設置，変更及び廃止
⑤ 募集社債の総額（会社676条1号）その他の社債を引き受ける者の募集に関する重要な事項として法務省令で定める事項
⑥ 取締役の職務の執行が法令及び定款に適合することを確保するための体制その他会社の業務並びに当該会社及びその子会社から成る企業集団の業務の適正を確保するために必要なものとして法務省令で定める体制の整備（いわゆる内部統制システムの整備）
⑦ 役員等の任務懈怠に基づく損害賠償責任の免除
⑧ その他の重要な業務執行

イ　重要性に関する基準

　取締役会の専決事項については，実務上，取締役会規程等であらかじめ付議基準を定めたうえで，当該基準に照らして取締役会に付議するかどうかを決定する取扱いが一般的であるが，取締役会の専決事項につき，会社法上は，「重要な」業務執行，「重要な」財産の処分及び譲受け，「多額の」借財等と抽象的に定められているため，具体的にどのような付議基準を定めるべきかが問題となり得る。

（ア）重要な財産の処分及び譲受け

　「重要な財産の処分及び譲受け」に該当するか否かについては，判例上，当該財産の価額，その会社の総資産に占める割合，当該財産の保有目的，処分行為の態様及び会社における従来の取扱い等の事情を総合的に考慮して判断すべきものとされている[53]。「重要な財産」に該当するか否かの判断については，この判例に依拠して，会社の総資産の1％を超えていれば「重要な財産」に該当

---

[53] 最判平成6年1月20日民集48巻1号1頁。同判例は，会社が保有する株式の譲渡について，①当該株式の帳簿価額が会社の総資産の約1.6％に相当すること，②当該株式の譲渡は会社の営業のために通常行われる取引に属さなかったことなどを理由として，「重要な財産の処分」にあたらないとはいえない旨判示した。

するとの取扱いをする例もみられる[54]。最終的には，前述のとおり総合的な考慮が必要になることから，「会社の総資産の1％」といった定量的な基準を主としつつ，当該財産の時価や，会社の純資産に対する割合のほか，当該財産処分等が会社の損益に与える影響等を踏まえた付議基準を定めることが必要になると考えられる[55]。

（イ）多額の借財

また，「多額の借財」に該当するかどうかについても，当該借財の金額，会社の総資産及び経常利益等に占める割合，当該借財の目的及び会社における従来の取扱い等の事情を総合的に考慮して判断する必要があると考えられている[56]。定量的な一律の基準は存在せず，会社ごとに個別の事情に応じて判断せざるを得ないが，例えば，総資産額，純資産額，年間売上額，経常利益額等を基準に，予定する取引態様のリスクに応じた基準を設定すべきことになると考えられる[57]。

（ウ）その他の重要な業務執行

さらに，「その他の重要な業務執行」に含まれる範囲も，会社の個別具体的な事情により異なるが，例えば，年間事業計画や年間予算の策定・変更，主力製品の決定や変更がこれに含まれると考えられている[58]。

（エ）取締役会付議基準に関する留意点

前述のとおり，取締役会の専決事項に関する会社法の定めが抽象的なものに留まり，一律に定量的な基準を示すことが不可能であることを踏まえると，会社法の要請を確実に充たすためには，取締役会の付議基準を一定程度保守的に策定せざるを得ないと考えられる。他方で，あまりに保守的な付議基準を策定した結果，取締役会付議事項が増えすぎると，実質的な審議が不可能となって取締役会が形骸化するといったリスクも想定される。そのため，取締役会付議

---

[54] 中村・取締役・執行役81頁

[55] 島田邦雄編著『取締役・取締役会の法律実務Q&A（第2版）』434頁（商事法務，2022年）

[56] 東京地判平成24年2月21日判時2161号120頁

[57] 島田・前掲436頁

[58] 森・濱田松本・会社法実務問題（5）227頁

基準を策定した後も，不断に当該付議基準を見直す必要がある[59]。

　また，会社法上抽象的な定めしか置かれておらず，会社ごとの実情を踏まえた付議基準を決定する必要があることを前提にすると，取締役会の付議基準の策定にあたっては，会社に一定の裁量が認められていると考えることができる。そのため，会社が定めた取締役会付議基準が著しく不合理なものではない限り，その裁量の範囲内として，当該基準が尊重されるべきものとも考えられる[60]。

(2)　取締役の職務執行の監督権限

　取締役会は，取締役の職務執行の監督権限を有する（会社362条2項2号）。取締役の職務執行に対する監督については，職務執行の適法性だけでなく妥当性・適格性の判断も含む。具体的には，取締役会において取締役から職務の執行状況の報告を受けるとともに（会社363条2項），資料の提供や説明を求め，必要な指示を行うことが含まれる[61]。

(3)　一定の個別的事項に関する決定権限

　会社法362条4項に基づく業務執行の決定のほか，会社法上，個別に，取締役会が決定すべき事項として定められているものも存在する。例えば，譲渡制限株式の譲渡承認の決定は，取締役会設置会社においては，取締役会決議による必要がある（会社139条1項）。また，取締役による競業取引・利益相反取引の承認の決定についても，取締役会設置会社においては，取締役会決議による必要がある（会社356条1項・365条1項）。

2　取締役会のスケジュール

　代表取締役及び業務執行取締役は，3か月に1回以上，取締役会に対して，自己の職務執行の状況を報告しなければならない（会社363条2項）。前述し

---

[59] 島田・前掲431頁
[60] 中村・取締役・執行役80頁
[61] 中村・取締役・執行役69頁

た，取締役会による取締役の職務執行の監督権限に由来するものであるが，この規定により，少なくとも3か月に1回は取締役会を開催しなければならないことになる。

また，取締役会の開催にあたっては，後述する招集手続を経ることが必要になるため，それを考慮したスケジュールを策定する必要がある。

3　取締役会の手続の概略

(1)　招集手続

ア　招集権者

取締役会の招集権限は，原則として各取締役が有するが，定款又は取締役会において，取締役会の招集権限を有する取締役を定めたときは，当該取締役が招集する（会社366条1項）。実務上は，定款において，特定の取締役（代表取締役等）が取締役会を招集する旨を規定したうえで，当該取締役に事故があり招集ができない場合に備え，取締役会決議により，招集を代行する取締役やその順位を定めておくことが通常である[62]。

定款又は取締役会により，取締役会の招集権限を有する取締役を定めた場合は，それ以外の取締役は，招集権限を有する取締役に対して，取締役会の目的事項を示したうえで，取締役会を招集するよう請求することができる（会社366条2項）。当該請求があった日から5日以内に，当該請求があった日から2週間以内の日を開催日とする取締役会の招集通知が発せられない場合は，当該請求をした取締役が自ら取締役会を招集することができる（同条3項）。

また，監査役設置会社においては，監査役は，取締役会に出席し，必要があると認める場合は意見を述べる義務を負う（会社383条1項）。さらに，監査役は，取締役が不正の行為をし，若しくは当該行為をするおそれがあると認める場合，又は，法令若しくは定款に違反する事実若しくは著しく不当な事実があると認める場合において，必要があると認めるときは，取締役（取締役会の招集権者が定められているときは，当該招集権者である取締役）に対して，取締

---

[62] 中村・取締役・執行役70頁

役会を招集するよう請求することができる（同条2項）。当該請求があった日から5日以内に，当該請求があった日から2週間以内の日を開催日とする取締役会の招集通知が発せられない場合は，当該請求をした監査役が自ら取締役会を招集することができる（同条3項）。

イ　招集通知

　取締役会を招集するには，取締役会の日の1週間（定款でこれを下回る期間を定めた場合には，その期間）前までに，各取締役（監査役設置会社においては，各監査役を含む）に対して，招集通知を発しなければならない（会社368条1項）。この「1週間」とは，株主総会の招集通知と同様に，取締役会の招集通知を発送した日と，取締役会の開催日との間に，中7日を置く必要があるという趣旨である。期間については，迅速な意思決定を可能とする観点から，定款で，3日程度に短縮している事例がみられる。

　招集通知を発する方法について，会社法上特段の制限はないが，審議事項を明確にしておくため，書面等の記録に残る形で行うことが望ましいと考えられる。

　招集通知の記載事項についても，会社法上特段の規定はないが，取締役会の開催日時や場所を記載することは当然として，会議の目的事項についても記載することが多い。

■ウェブ掲載　【書式1-3-3-1】取締役会招集通知

（2）　取締役会の運営

ア　取締役会の議事運営

　取締役会の議事運営については，会社法上特段の制限はなく，定款や取締役会規程において議事運営に関する定めがあればそれに従い，特段の定めがないのであれば取締役会の判断によることになる。

　通常は，議長が取締役会の開会を宣言したうえで，各目的事項の討議に入ることが想定される。誰が取締役会の議長になるかについても，会社法上特段の制限はなく，定款において議長となる取締役を定める例が多くみられる。

イ 決 議

取締役会の決議は，議決に加わることができる取締役の過半数（これを上回る割合を定款で定めた場合においては，その割合以上）が出席し，その過半数（これを上回る割合を定款で定めた場合においては，その割合以上）をもって行う（会社369条1項）。

まず，取締役会の決議は，「議決に加わることができる取締役の過半数」の出席がなければ，することができない。この定足数要件は，決議の時だけでなく，取締役会の開会から決議に至る全過程を通じて充足されている必要がある。

また，取締役会の決議は，過半数の賛成をもって行う。採決の方法については，会社法上特段の制限はなく，挙手等適宜の方法により行うことになる。

ウ 特別利害関係取締役

（ア）特別利害関係の意義

取締役会の決議について「特別の利害関係を有する取締役」（以下「特別利害関係取締役」という）は，議決に加わることができない（会社369条2項）。特別利害関係取締役は，前述の定足数要件にいう「議決に加わることができる取締役」に該当しないから，定足数や決議要件の数に算入しないことになる。

いかなる利害関係が「特別の利害関係」に該当するかについて，会社法上明文の定義規定は存在しないが，一般的には，ある特定の取締役が，当該決議について，会社に対する忠実義務を誠実に履行することが定型的に困難と認められる個人的利害関係又は会社外の利害関係をいうと考えられている[63]。

特別利害関係取締役に該当すると考えられている典型的な例として，①譲渡制限株式の譲渡承認決議における譲渡当事者である取締役，②競業取引・利益相反取引の承認決議における取引当事者である取締役，③代表取締役の解職決議における当該代表取締役，④取締役に対する新株発行をする場合の当該取締役等があげられる[64]。

他方，代表取締役の選定決議における代表取締役候補者は，特別利害関係取締役には該当しないと考えられている。また，各取締役の具体的な報酬額を決

---

[63] 会社法コンメンタール（8）292頁
[64] 中村・取締役・執行役83頁

定する取締役会決議において，当該報酬を受けるべき取締役も，特別利害関係取締役には該当しないと考えられている[65]。

（イ）特別利害関係取締役の取締役会への参加

特別利害関係取締役が決議に参加することはできないから，ある取締役が特別利害関係取締役に該当するにもかかわらず採決に参加した場合は，当該取締役会決議は違法の瑕疵を帯びることになる。

また，特別利害関係取締役に該当する場合は，当該取締役は当該事項の審議に参加することもできないと考えられているが，例えば，競業取引や利益相反取引の承認決議においては，当該取引を実施しようとする取締役は，取締役会に対して，取引につき重要な事実を開示して説明する義務を負う（会社 356 条 1 項，365 条 1 項）。その意味では，特別利害関係取締役に該当する場合であっても，取締役会において質問を受け説明するという限度で，審議に参加することが予定されているといえる。ただし，特別利害関係取締役は，取締役会から退席を求められれば従わなければならないと考えられている[66]。

エ　取締役会への報告

代表取締役や業務執行取締役は，3 か月に 1 回以上，自らの職務執行の状況を取締役会に報告しなければならない（会社 363 条 2 項）。また，競業取引・利益相反取引を行った取締役は，当該取引後，遅滞なく，当該取引についての重要な事実を取締役会に報告しなければならない（会社 365 条 2 項）。

（3）　取締役会議事録の作成・備置き

取締役会の議事については，法務省令の定めに従い議事録を作成しなければならず，書面により議事録を作成した場合は，出席取締役及び監査役が，署名又は記名押印をしなければならない（会社 369 条 3 項）。電磁的記録により議事録を作成した場合は，署名又は記名押印に代わる措置として，電子署名をしなければならない（同条 4 項）。取締役会議事録に記載すべき事項は，会社法施行規則 101 条の定めるところによる。

---

[65] 森・濱田松本・会社法実務問題（5）260 頁
[66] 江頭 442 頁

取締役会議事録は，取締役会の開催日から 10 年間，本店に備え置かなければならない（会社 371 条 1 項）。

> ■ウェブ掲載　【書式1-3-3-2】取締役会議事録

(4)　取締役会手続を簡略化する方法

ア　招集手続の省略

前述のとおり，取締役会の招集にあたっては，一定の期日までに招集通知を発しなければならないのが原則である。しかし，取締役（監査役設置会社においては，取締役及び監査役）全員の同意があるときは，招集手続を経ることなく取締役会を開催することができる（会社 368 条 2 項）。招集手続の省略に関する同意は，事前に，かつ，特定の取締役会について取得する必要がある。同意取得の方法は，会社法上特段の制限はないが，書面等の記録に残る形で取得することが望ましいと考えられる。

また，定款や取締役会規程等で，毎月一定の時期に定例の取締役会を開催する旨が規定されていることがあるが，そのような定例の取締役会については，取締役全員の同意があるものと解して，都度招集手続をとらなくてもよいと取り扱うことが一般的である。

イ　全員出席取締役会

前述の招集手続の省略とは別に，出席者全員が揃っている場合に，全員の同意のもとに取締役会を開催する場合は，招集手続を経ることは不要である。

なお，前述の招集手続の省略の場合は，招集手続の省略について取締役（及び監査役）全員の同意があれば，取締役会当日に欠席者がいても，定足数を充たす限り特段問題がないのに対して，全員出席取締役会については，取締役会当日に欠席者がいれば成立しないことになる。

ウ　書面決議

前述のとおり，取締役会決議は，取締役会を実際に開催したうえで，出席取締役の過半数の賛成により行うことが原則である。

ただ，取締役が取締役会の決議の目的事項について提案した場合において，

当該提案につき取締役の全員が書面又は電磁的記録により同意の意思表示をしたときは，当該提案を可決する旨の取締役会決議があったものとみなす旨を定款で定めることができ（会社370条），かかる定款規定が存在する場合には，取締役全員から同意の意思表示を取得することにより，取締役会を実際に開催せずとも決議をすることができる。なお，監査役設置会社においては，監査役が取締役による提案に異議を述べていないときに限り，書面決議が成立する。

■ウェブ掲載　【書式 1-3-3-3】取締役会決議事項についての通知書兼提案書／同意書

　　　　　　【書式 1-3-3-4】取締役会議事録（書面決議・書面報告）

エ　書面報告

　取締役は，他の取締役（監査役設置会社においては，他の取締役及び監査役）全員に対して，取締役会に報告すべき事項を通知したときは，当該事項を取締役会に報告することを省略することができる（会社372条1項）。ただし，3か月に1回以上行う必要があるとされる代表取締役及び業務執行取締役による職務執行状況の報告については，当該制度を用いて省略することはできない（同条2項）。

4　取締役会決議の瑕疵

　株主総会決議とは異なり，取締役会決議について瑕疵がある場合の効力や，当該取締役会決議の取消し等の主張方法について，会社法上は特段の制限がない。そのため，取締役会の手続に法令違反があり，取締役会決議が瑕疵を帯びる場合には，原則として，当該瑕疵により取締役会決議は無効となり，誰でも，いつでも当該無効を主張できることになる。

　例えば，取締役会の招集通知が取締役全員に発せられなかった場合は，取締役会の招集手続に瑕疵があることになるから，原則として，当該招集手続によ

り招集された取締役会においてされた決議は無効になると考えられる。ただ，判例上，招集通知が発送されなかった取締役が出席しても，決議の結果に影響がなかったと認められるべき特段の事情がある場合は，当該瑕疵は決議の効力に影響がないとして，決議は有効になるとされている[67]。

---

[67] 最判昭和44年12月2日民集23巻12号2396頁

第4 取締役の報酬・退職慰労金のポイント

1 取締役の報酬等の決定

(1) 決定方法

　取締役は，株式会社との関係で委任関係に立つところ（会社330条），委任契約において，受任者は無報酬であるのが法の原則であるが（民法648条1項），一般にほとんどの取締役は報酬を受領している。

　取締役が会社から受ける報酬，賞与その他の職務執行の対価である財産上の利益（以下「報酬等」という）については，当該取締役と株式会社との間の契約（任用契約）によって定められるべきところ，取締役が自らの報酬を自由に決められるとすると，自己の利益を優先して不当に報酬額を吊り上げる（いわゆる「お手盛り」）危険があるため，会社法は，定款に定めがない場合には，株主総会の決議（普通決議）によって定めることとしている（会社361条1項）[68]。取締役全員に対する報酬総額の上限が決まっていれば，お手盛りの弊害は防げるため，定款又は株主総会決議において個々の取締役ごとの金額等まで定めることは必要なく，取締役全員に支給する報酬総額の最高限度額のみを定め，各取締役に対する具体的配分は後述(2)のとおり取締役の協議等に委ねることも適法とされる。なお，報酬等の新設又は改定に関する議案を提出した取締役は，必ず株主総会において，その算定方法を相当とする理由（必要性・合理性）を説明しなければならない（同条4項）[69]。

　報酬等について，定款又は株主総会で定めるべき事項については，報酬等の種類に応じて以下のとおりとされている。

ア　確定額報酬

　額が確定している報酬等（確定額報酬）については，その額を定める必要がある（会社361条1項1号）。もっとも，実務上，定款で定める例は少なく，株主総会においても，取締役の個人別の報酬額が明らかになることを避けるため

---

[68] なお，指名委員会等設置会社の取締役の場合は異なるが（会社404条3項），本節では省略する。
[69] 田中266-267頁，江頭471-473頁

に，取締役全員の報酬総額の最高限度額（年額や月額の上限）のみを定め，その範囲内で，取締役会（非取締役会設置会社では，取締役の過半数による決定）に取締役の個人別の報酬額の決定を一任（委任）することが多い[70]。

イ　不確定額報酬

額が事前に確定していない報酬等（不確定額報酬。例えば，会社の営業利益の1％を報酬等として与えるといった，会社業績を示す指標等に連動する可変的な定め方がされる場合）については，その具体的な算定方法を定める必要がある（会社361条1項2号）。このような定め方がされるのは，多くは賞与を含むインセンティブ報酬が想定されるが，業績指標は短期的には人為的操作が可能であり，不適切な運用がなされる危険等もあるため，株主総会において，その算定方法を相当とする理由を説明する必要性がある（同条4項）。なお，不確定額報酬についても，株主総会において，各取締役の具体的な事項についてまで定める必要はなく，取締役全員についてその上限を定めれば足りる[71]。

ウ　募集株式，募集新株予約権又はそれらと引換えにする払込みに充てるための金銭（エクイティ報酬）[72]

報酬等として，募集株式（会社199条1項）を取締役に与える場合については，当該募集株式の数（種類株式発行会社の場合には，当該種類株式の種類・数）の上限その他法務省令で定める事項を定める必要がある（会社361条1項

---

[70] 田中267頁，江頭472

[71] 田中268頁，江頭472-473頁

[72] 報酬等として募集株式，募集新株予約権又はそれらと引換えにする払込みに充てるための金銭を与える理由としては，いわゆるインセンティブ報酬の趣旨があげられる。新株予約権は，予め定められた期間内（例えば今後2年間）に，予め定められた額の金銭等（例えば1個につき1,000円）を出資することにより，会社から一定数の株式の交付を受けられる権利である。そのため，会社の業績を上げて株価が上昇すれば（例えば1株1,500円になる），相対的に低い対価（1個につき1,000円）で株式を手に入れることができることから，取締役が業務に励むインセンティブになる。株式自体を報酬として取締役に与え，すぐに売却できないよう，①会社と取締役間の契約で一定期間株式の譲渡制限を課すもの（リストリクテッド・ストック）や，②会社の業績が一定以上になることを譲渡制限の解除条件とするもの，③譲渡制限付株式のように付与後に譲渡制限を付すのではなく，一定期間の職務執行を条件としてその後に取締役に株式を交付する将来交付型株式報酬（リストリクテッド・ストック・ユニット／パフォーマンス・シェア・ユニット）によっても同様のインセンティブを実現できる（田中268-269頁，江頭479頁，森・濱田松本・会社法実務問題（5）148-149頁）。

3号，会社則 98 条の 2）。会社が金銭を信託し，当該金銭で信託が当該会社の株式を取得したうえで，役員が信託から株式（又は株式を換価した金銭）の交付を受ける株式交付信託を用いる場合は，そのスキームに応じ，株式報酬に準じてその概要について定款又は株主総会決議で決定しなければならない。また，報酬等として，新株予約権（ストック・オプション（会社 238 条 1 項））を取締役に与える場合については，当該募集新株予約権の数の上限その他法務省令で定める事項を定める必要がある（会社 361 条 1 項 4 号，会社則 98 条の 3）。このように報酬等として募集株式又は募集新株予約権を交付する方法を直接交付方式という[73]。

これに対し，報酬等として，募集株式又は募集新株予約権と引換えにする払込みに充てるための金銭（金銭報酬請求権を会社に現物出資する場合を含む）を取締役に与える場合を間接交付方式といい，取締役が引き受ける当該募集株式又は当該募集新株予約権の数の上限その他法務省令で定める事項を定める必要がある（会社 361 条 1 項 5 号，会社則 98 条の 4）[74]。

これらの報酬等についても，確定額報酬又は不確定額報酬と同様の規律が妥当する。例えば，直接交付方式により新株予約権を報酬等として取締役に与えるが，オプション理論によって当該新株予約権の付与時の公正な価額を評価できる場合には，当該価額に相当する確定額報酬を支給するものとして，定款又は株主総会にてその額を定める必要があり（会社 361 条 1 項 1 号），他の確定額報酬（俸給・賞与等）と合計して，定款又は株主総会で定めた報酬総額の範囲内である必要がある[75]。

エ　非金銭報酬

金銭でない報酬等（非金銭報酬。例えば，低賃料による社宅の提供等の現物の給付，退職年金の受給権の付与，取締役の親族を保険金受取人とする生命保険契約の締結等）を与える場合は，その具体的な内容を定める必要がある（会社 361 条 1 項 6 号）[76]。

---

[73] 田中 268-269 頁，江頭 473 頁，森・濱田松本・会社法実務問題（5）149 頁
[74] 田中 269 頁，江頭 473 頁
[75] 田中 270 頁
[76] 田中 270 頁，江頭 473 頁

(2) 取締役会への一任

　前述のとおり，取締役全員に対する報酬総額の上限が決まっていれば，お手盛りの弊害は防げるため，定款又は株主総会決議においては取締役全員に支給する報酬総額の最高限度額のみを定め，取締役の個人別の報酬等の内容については，取締役会設置会社においては取締役会の決定，取締役会設置会社以外の会社においては，取締役の過半数による決定により定めればよい[77]。また，一度株主総会で限度額を定めれば，限度額を変更しない限り，改めて株主総会決議を経る必要はないため，実務上，報酬等の株主総会決議が 10 年以上にわたって行われないことも多い。なお，取締役会の決定について，定款又は株主総会の決議により決定された範囲内で個人別の報酬等の内容を決定するのであれば会社の利害に関わらないため，各取締役は，自己分の決定につき特別利害関係人（会社 369 条 2 項）には該当しない[78]。

(3) 取締役会から代表取締役への一任

　株主総会で取締役の個人別の報酬額の決定を取締役会に一任し，さらに取締役会が当該決定を特定の取締役（代表取締役が多い）に再一任することも許容されるが[79]，取締役の個人別の報酬等の決定を（再）一任された取締役は，善管注意義務（会社 330 条，民法 644 条）・忠実義務（会社 355 条）を尽くして，当該決定を行う必要があり，自らの報酬を不当に高額に決定した場合等には，会社に対する任務懈怠責任を問われ得る[80]。また，このような一任は，取締役会による代表取締役の監督（会社 362 条 2 項 2 号・3 号）に不適切な影響を与える可能性があるため，公開会社かつ大会社であり有価証券報告書提出義務を負う監査役会設置会社又は監査等委員会設置会社は，報酬等の決定方針を取締役会で定めなければならない（会社 361 条 7 項）[81]。

---

[77] 最判昭和 60 年 3 月 26 日判時 1159 号 150 頁，大判昭和 7 年 6 月 10 日民集 11 巻 1365 頁，田中 267 頁，江頭 477 頁

[78] 田中 267 頁，江頭 477 頁

[79] 最判昭和 31 年 10 月 5 日集民 23 号 409 頁，最判昭和 58 年 2 月 22 日判時 1076 号 140 頁

[80] 東京高判平成 30 年 9 月 26 日金判 1556 号 59 頁〔ユーシン事件〕。事案の結論としては，義務違反はないとされた（田中 268 頁）。

[81] 田中 267-268，271 頁，江頭 477 頁

60 第1章 組織運営

　なお，定款の定め又は株主総会決議がない場合の監査等委員である各取締役の報酬等の具体的な配分については，監査等委員会を構成する監査等委員である取締役の独立性の確保のため，監査役の報酬等の規律にならい，監査等委員である取締役の協議によって定めることとされている（会社361条3項）[82]。

2　報酬等の意義

(1)　賞　与

　賞与は，報酬以外の「職務執行の対価として会社から受ける財産上の利益」として，伝統的に分配可能額の中から剰余金の処分として支給されるのが通常であったが，近年は賞与も業績連動型報酬と同様の性格であると考えられることなどから，会社法では，賞与も報酬と同様，定款又は株主総会決議で決定することとされている（会社361条1項柱書）。剰余金の処分として賞与を支給することはできず（会社452条），会計上も発生した期間の費用として処理することとされている[83]。株主総会決議により定める場合には，報酬のために株主総会において決議された最高限度額に含めて支払う（超過する場合には，上限を拡大する）又は別途「取締役賞与支給の件」といった議案を付議することとなる[84]。

(2)　退職慰労金

ア　総　論

　退職慰労金（弔慰金を含む）は，在職中の職務に対する功労金的性質をも有するが，在職中の職務執行の対価として支給される限り，報酬等の一種であり，定款又は株主総会決議により額を定めなければならない（会社361条1項1号，会社則63条7号ロ，82条1項1号・4号・2項）[85]。退職慰労金の支給につい

---

[82] 森・濱田松本・会社法実務問題（5）141頁
[83] 企業会計基準委員会「企業会計基準第4号　役員賞与に関する会計基準」2頁（2005年11月29日），江頭474-475頁
[84] 森・濱田松本・会社法実務問題（5）145頁
[85] 最判昭和39年12月11日民集18巻10号2143頁

ての株主総会決議は，報酬と異なり，総額（最高限度額）を明示せず，一定の支給基準に従って支給するものとし，具体的金額，支給期日・支給方法について，取締役会設置会社では取締役会，それ以外の会社では取締役の過半数による決定に一任する旨の決議をすることが一般的である。一任決議とするのは，退任取締役が1人の場合に，株主総会で金額を明示した決議をすると個人への支給額が明らかになってしまうためと考えられる。また，退任取締役は決定に参加しないため，通常の報酬等に比べて規制を緩和して差し支えないと考えられる[86]。

イ　支給基準

報酬等の決定について，取締役会等に無条件に一任するものであってはならないが，判例上，①当該会社の内規や慣行によって一定の支給基準（会社業績，退任取締役の地位・勤続年数・功績等から決まるのが通例）が確立しており，②支給基準を株主が推知し得る状況において，当該基準に従い決定すべきことを委任する旨の決議であれば無効ではないとされている[87]。支給基準を株主が推知し得る状況について，書面又は電磁的方法による議決権行使がなされる会社では，株主総会参考書類に当該基準内容を記載することが考えられるが，いずれの会社においても，各株主が当該基準を知ることができるようにするための適切な措置を講じなければならないとされているため（会社則82条2項），株主総会参考書類を交付すべき会社か否かに関わらず，退職慰労金規程を策定し，本店に備置して株主の閲覧に供するなどの措置を取ることが一般的である。なお，支給基準を閲覧すれば知り得る事項であっても，総会の議場において株主から求められれば，取締役は説明する必要がある[88]。

ウ　功労金加算・弔慰金・退職年金

取締役の功績による功労金加算については，実務上功労加算金を3割以内に

---

[86] 江頭486-487頁，森・濱田松本・会社法実務問題（5）145頁
[87] 前掲最判昭和39年12月11日，最判昭和44年10月28日判時577号92頁，最判昭和48年11月26日判時722号94頁〔関西電力弔慰金事件上告審判決〕，前掲最判昭和58年2月22日
[88] 東京地判昭和63年1月28日民集46巻7号2592頁〔ブリヂストン退職慰労金決議取消請求事件〕，奈良地判平成12年3月29日判タ1029号229頁〔南都銀行慰労金贈呈決議事件〕，江頭487-488頁，森・濱田松本・会社法実務問題（5）145-146頁

抑えることが多いが[89]，株主総会において退職慰労金の具体的な額を明示し，これについて承認決議がされれば，3割を超える功労加算金の支給も可能である。また，取締役が死亡により退職した場合に退職慰労金に代えて支給されることがある弔慰金や，取締役が退職した場合に一時金としての退職慰労金と共に又はこれに代えて支給される退職年金についても，原則として退職慰労金と同様に考えてよく，支給基準に支給年額・支給期間・支給方法等について定めるべきである。退職年金に係る株主総会決議は，各年度の支給の都度行う必要はなく，年金支給の決定の時に一度決議を経れば足りる[90]。

(3) その他

出張の日当は，職務執行に必要な実費として相当な額である限り，報酬等にはあたらない。①出張旅費の支払い，通勤定期代の支給，自動車による送迎，長期出張先の宿舎の無料提供等，職務執行のために必要な費用の弁済・償還と認められる場合，②社内預金，電鉄会社・航空会社の役職員による割引切符の利用，会社製品の割引購入等，会社の一般的な福利厚生施設・制度の利用と認められる場合，③使用人として入居していた社宅を取締役就任後もそのまま利用するときなど，使用人兼務取締役が使用人として便益を受ける場合，④永年勤続者への記念品贈呈等便益の程度が僅少な場合も，報酬等にはあたらないと考えられる[91]。

3　使用人兼務取締役の場合の留意点

会社の使用人（従業員）を兼務する取締役（いわゆる使用人兼務取締役）は，会社から受ける収入のうち，取締役の職務執行の対価として受ける部分（取締役報酬分）は少なく，大半は使用人としての職務執行の対価（使用人給与分）

---

[89] 功労加算額が慣行的に基本基準額の3割位の限度内であった旨認定し，適法と判示した裁判例がある（大阪高判昭和48年3月29日下民集24巻1～4号169頁〔関西電力弔慰金事件控訴審判決〕）。

[90] 森・濱田松本・会社法実務問題（5）146-147頁

[91] 江頭475頁，森・濱田松本・会社法実務問題（5）150頁

として受領していることが多い。使用人兼務取締役が使用人として受ける給与・賞与・退職慰労金については，取締役同士の馴れ合いにより，使用人給与分を恣意的に増額するといった脱法のおそれがある。そのため，取締役としての報酬のほかに別に使用人としての給与等をも支給する場合は，取締役としての報酬には使用人としての給与等は含まない旨を取締役の報酬の額を定める株主総会において明示しなければならず，使用人兼務取締役の使用人としての給与等は利益相反取引にあたり，取締役会の承認を受けることが必要であるのが原則である。ただし，予め取締役会の承認を得て一般的に定められた給与体系に基づいて，使用人兼務取締役が使用人としての給与等を受ける場合は，都度取締役会の承認を受ける必要はない[92]。また，使用人兼務取締役が使用人として受ける退職金についても，退職金規程等に基づき，取締役としての退職慰労金と使用人としての退職金とが明確に区別され得る場合には，使用人としての退職金は報酬にあたらない[93]。

4　損金算入のための要件

前述2(1)のとおり，賞与は従前剰余金の処分として支給されていたが，これは役員賞与の損金算入を認めないという税務上の取り扱いがあったためである。2006年度の税制改正により，業務執行取締役に支給される，利益に関する指標を基礎として算定される給与のうち，報酬委員会が決定するなどの適正な手続を経ており，かつ，有価証券報告書等により開示されているなどの一定の要件を満たすものについては，法人税法上損金と認められるようになった（法人税法34条1項3号，法人税法施行令69条9項乃至17項）[94]。

また，取締役が，一定期間譲渡が禁止され，当該取締役が所定の勤務期間を継続しない場合に，会社が当該株式を無償取得する旨の条件が付された，当該会社の募集株式を（例えば時価1,000万円で）報酬等として交付された場合に

---

[92] 最判昭和43年9月3日金判129号7頁，前掲最判昭和60年3月26日
[93] 京都地判昭和44年1月16日金融法務事情536号31頁，大阪高判昭和53年8月31日下民集29巻5～8巻537頁，田中274-275頁，森・濱田松本・会社法実務問題（5）149-150頁
[94] 江頭474-475頁

は，当該株式は，税制上「特定譲渡制限付株式」に該当し，取締役は，当該株式の交付日ではなく，株式の譲渡制限の解除日に，当該解除日の株式価額（例えば時価 1,500 万円）に基づいて給与所得課税を受け（所得税法施行令 84 条 1 項），会社は，当該解除日に 1,000 万円を損金算入することができる（法人税法 54 条 1 項，法人税法施行令 111 条の 2 第 4 項）。さらに，所定の期間勤務することを条件として当該期間満了後に確定数の株式を取締役に付し発行することなどについても，事前の所轄税務署長への届出等の一定の要件を満たせば，会社は，当該報酬の内容が決定した時点の株価に基づいて算定した金額を損金算入することができる（法人税法 34 条 1 項 2 号，法人税法施行令 71 条の 3）。業績に連動して交付株式数を変動させる場合についても，法人税法上の要件を満たす場合には，損金算入することができる（法人税法 34 条 1 項 3 号）[95]。

5 取締役の報酬減額における留意点

Case

X株式会社の代表取締役Aは，新規事業の立ち上げにあたり，担当者としてBを高額な役員報酬で勧誘し，臨時株主総会を開催してBの取締役選任及び報酬額決定につき決議を得た。ところが，Bが担当した新規事業の収支が当初の想定を大きく下回ったことから，Aは，Bに支払っている役員報酬をカットしたいと考えている。事業年度の途中であるが，取締役Bの役員報酬を減額することは可能か。

Check List

- □ 定款に取締役の報酬に関する定めがあるか
- □ 株主総会における取締役の報酬に関する決議の有無・内容
- □ 取締役会における具体的な配分に関する決議の有無・内容
- □ 取締役との間の役員任用契約に，報酬減額に関する定めがあるか

---

[95] 江頭 476 頁

(1)　会社による一方的な変更の可否

　定款又は株主総会の決議（株主総会から一任を受けた取締役会の決議も含む）により，取締役の任期中の報酬額が定められた場合には，取締役及び会社の間の任用契約の内容となるため，株主総会決議又は取締役会決議等により，任期中に取締役の同意なく一方的に当該報酬を不支給又は減額することはできない[96]。

　他方で，取締役が事前に同意していれば，不支給又は減額することができる。また，各取締役の報酬が，取締役会規則（内規）又は慣行によって個人ごとではなく役職ごとに定められており，任期中に役職が変わった場合には当然に報酬額も変わることとされている場合で，そのような報酬の定め方・慣行を了知したうえで取締役就任に応じた場合については，報酬の減額に黙示に同意したとみなされる[97]。さらに，任期中に職務の内容に著しい変更があり，それを前提に当該取締役の報酬の減額又は不支給を株主総会が決議した場合や[98]，代表取締役社長であった者が非常勤取締役とされ，職務内容に変更があった場合には[99]，具体的に確定した報酬額の変更も認められ得る。もっとも，報酬等の減額への黙示の同意の認定に慎重である裁判例[100]もあるため慎重に判断すべきである[101]。

(2)　役員任用契約における定め

　前述(1)のとおり，取締役が事前に同意している場合には，報酬を不支給又は減額することができるため，予め取締役と会社との間の役員任用契約において，報酬減額事由について定めておくことも有益である。

---

[96]　最判平成4年12月18日民集46巻9号3006頁，最判平成22年3月16日判時2078号155頁〔もみじ銀行事件〕，前掲最判昭和31年10月5日，田中276頁
[97]　東京地判平成2年4月20日判時1350号138頁
[98]　大阪高判平成2年5月30日民集46巻9号3022頁
[99]　大阪地判昭和58年11月29日金判689号19頁
[100]　名古屋地判平成9年11月21日判タ980号257頁〔メイテック取締役報酬請求事件〕
[101]　田中276頁，森・濱田松本・会社法実務問題（5）141-142頁

66　第1章　組織運営

6　取締役の退職慰労金の不支給・減額における留意点

Case

X株式会社の代表取締役Aは，取締役Bが任期満了により退任することになったものの，在任中に職務怠慢と思われる行動があったため，退職慰労金を不支給又は減額したいと考えている。X株式会社には退職慰労金規程があるが，規定の内容に反して不支給又は減額とすることは可能か。

Check List

- □　定款に役員退職慰労金に関する定めがあるか
- □　株主総会における役員退職慰労金に関する決議の有無・内容
- □　役員退職慰労金に関する規程や慣行の有無
- □　取締役との間の役員任用契約に，退職慰労金に関する定めがあるか
- □　退職慰労金を不支給又は減額とした場合のリスクの検討

(1)　取締役の退職慰労金の具体的な報酬請求権

　前述2(2)のとおり，在職中の職務執行の対価として支給される限り，取締役の退職慰労金も報酬等の一種である。取締役の具体的な報酬請求権は，定款や株主総会決議によって具体的に定められる場合には，当該定めがされた時に発生する[102]。株主総会の決議にて，各取締役の具体的な報酬額の決定を取締役会に一任した場合には，原則として，当該取締役会において具体的な報酬額が決定された時に発生する[103]。

　【Case】において，仮にX株式会社の株主総会又はその委任を受けた取締役会に取締役Bの退職慰労金について付議せず，Bに対し退職慰労金を支払わなかった場合には，X社の株主総会又はその委任を受けた取締役会がBに対する

---

[102] 大阪高判昭和43年3月14日金判102号12頁，東京地判昭和47年11月1日判時696号227頁，最判平成15年2月21日金融法務事情1681号31頁

[103] なお，定款や株主総会決議なく支払われた報酬であっても，事後的に株主総会決議をすれば違法な報酬支払いも有効なものとなる（最判平成17年2月15日集民216号303頁〔オグリス株主代表訴訟事件最高裁判決〕）。

退職慰労金の具体的な支給金額を決定していない以上，ＢのＸ社に対する具体的な退職慰労金請求権は発生しておらず，ＢはＸ社に対して退職慰労金の支給を請求することはできないことになる[104]。

(2) 退職慰労金を不支給又は減額とした場合のリスク

株主総会又はその一任決議を受けた取締役会において，退任役員の退職慰労金支給額を不支給又は減額する場合には，退職慰労金規程上に取締役会に不支給又は減額の権限を認める根拠規定がある場合には，当該規定を根拠に行うことになる。また，規程上，取締役会に当該権限が認められている場合でも，取締役会の不支給又は減額の決定が裁量の範囲を逸脱すると判断されることもあり得る。そのため，予め不支給又は減額の対象となり得る事由については規程中に明示的に列挙し，取締役会の裁量の範囲及び判断根拠を明確にしておくことが望ましい[105]。なお，取締役の退任から約２年を経過した時点に至って退職慰労金を支給しない旨の決定をした当該会社の取締役会の措置について，退任取締役が退職慰労金の支給を受けられるという強い期待を抱いていたことに無理からぬ事情があり，人格的利益を侵害した違法なものであるとして，不法行為責任に基づく損害賠償責任（慰謝料のみ）を認めた裁判例が存在する[106]。

また，【Case】において，仮に退職慰労金の支給金額の決定を取締役会に委ねる旨の株主総会決議がなされたにもかかわらず，Ｘ社の取締役らが退職慰労金の具体的な支給金額の決定を放置した場合には，Ｘ社の取締役らの責任が追及される可能性がある。すなわち，株主総会決議によりＸ社の役員退職慰労金規程に定める基準に基づいてＢへの退職慰労金の支給金額を決定することが取締

---

[104] 三笘裕＝荒井紀充＝中野智仁『会社訴訟・紛争実務の基礎 ケースで学ぶ実務対応』（有斐閣，2017年）51-52頁

[105] 野村修也＝松井秀樹編『実務に効く コーポレート・ガバナンス判例精選』（有斐閣，2013年）222頁。退職慰労金規程上に不支給又は減額を認める規程が存在しないにもかかわらず，不支給又は減額の決定を行った場合は，取締役会の決定の適法性に疑義が生じることになる。また，役員退職慰労金規程に不支給又は減額に関する規定がない場合に，取締役会決議を欠いたままでも，機械的に計算される基本的退職金部分について具体的な請求権が認められた事例もある（東京高判平成20年9月24日判タ1294号154頁，野村修也＝松井秀樹編・前掲222頁）。

[106] 大阪高判平成19年3月30日判タ1266号295頁，三笘裕＝荒井紀充＝中野智仁編・前掲52-53頁

役会に一任されているため，取締役は，善管注意義務（会社 330 条，民法 644条）又は忠実義務（会社 355 条）の一環として，当該株主総会決議に従い速やかに退職慰労金の支給金額を決定する義務を会社に対して負っている。取締役会が，①合理的期間[107]を経過しても正当な理由なく退職慰労金の支給金額を決定しない場合や，②支給基準を逸脱して不支給・減額を決定した場合等には，取締役には善管注意義務違反又は忠実義務違反が認められ，これらの任務懈怠につき取締役に悪意又は重過失がある場合には，損害を受けた退任取締役（B）により，当該取締役に対して，損害賠償請求（会社 429 条）がなされ得る。さらに，代表取締役 A に当該義務違反が認められる場合には，B は，X 社に対し，代表取締役が加えた損害について賠償請求を行うことも可能である（会社 350条）[108]。

---

[107] 合理的期間の判断にあたっては，会社内規の定めや従前の慣行が考慮されることになると考えられる（東京地判平成 1 年 11 月 13 日金判 849 号 23 頁，三笘裕＝荒井紀充＝中野智仁編・前掲 54頁）。

[108] 三笘裕＝荒井紀充＝中野智仁編・前掲 53-55 頁

第5　会社支配権を確保するポイント　69

第5 | 会社支配権を確保するポイント

1　取締役の解任

Case

X株式会社には，代表取締役A，取締役B及びCの合計3名の取締役がいるが，AとBの経営方針が対立したため，Aは，Bを取締役から解任し，新たに長男Dを取締役に選任したいと考えている。どのような手続をとればよいか。

Check List

- ☐　法令・定款上の取締役の員数
- ☐　解任を検討している取締役の任期
- ☐　取締役を解任するにあたって，どのような手続が必要か
- ☐　株主構成の確認（解任を決議できるか）
- ☐　解任の理由の検討（正当な理由があるといえるか）

(1)　取締役の解任手続

ア　総　論

　会社法に基づく取締役の解任手続には，株主総会の決議による方法（会社339条1項）及び少数株主による取締役解任の訴えによる方法（会社854条1項）がある[109]。後者については，(4)で後述する。

イ　株主総会決議による解任

(ア) 解任の権限

　取締役は，いつでも，株主総会の決議によって解任することができる（会社339条1項）。すなわち，会社は，任期の定めの有無や正当事由の有無，取締役の意思にかかわらず，いつでもその地位を失わせることができる。会社及び取締役の関係は，委任に関する規定に従うとされており（会社330条），各当事者

---

[109]　森・濱田松本・会社法実務問題（5）95頁

はいつでも委任を解除することができると定められていることから（民法651条1項），取締役の地位についても当然に失わせることができると考えられている。そのため，取締役の解任を制限する特約があることを前提に，株主総会が取締役を選任した場合にも，株主総会は取締役を解任でき[110]，代表取締役が取締役との間で一定期間取締役を解任しない旨の特約をした場合にも，株主総会はこれに拘束されない[111]。また，取締役解任権は，定款の定めによっても放棄・剝奪することはできない[112]。

（イ）解任の要件

取締役の解任に必要な株主総会の決議は普通決議，すなわち，議決権を行使することができる株主の議決権の過半数（3分の1以上の割合を定款で定めた場合にあっては，その割合以上）を有する株主が出席し，出席した当該株主の議決権の過半数（これを上回る割合を定款で定めた場合にあっては，その割合以上）をもって行う必要がある（会社341条）[113]。

累積投票により選任された取締役を解任する場合には，特別決議によらなければならない（会社309条2項7号・342条6項）。累積投票は，少数派株主が支持する者を取締役に選任することができるように設けられた制度であるため，その取締役が普通決議で解任できるとすると，制度を設けた意味が減殺されてしまうからである[114]。

（ウ）種類株主総会決議による解任

取締役の解任について拒否権を有する種類株式（会社108条1項8号）が発行

---

[110] 東京地判昭和27年3月28日下民集3巻3号420頁

[111] 東京高判昭和27年2月13日高民集5巻9号360頁

[112] 森・濱田松本・会社法実務問題（5）98-99頁

[113] 2005年改正前商法時代は，経営の継続性を重視する観点から，特別決議が必要とされていたが，株主の経営に対するコントロールを強化することが重要であるとの理由で改められ，普通決議とされた。ただし，監査等委員会設置会社における監査等委員である取締役の解任には株主総会の特別決議，すなわち，議決権を行使することができる株主の議決権の過半数（3分の1以上の割合を定款で定めた場合にあっては，その割合以上）を有する株主が出席し，出席した当該株主の議決権の3分の2（これを上回る割合を定款で定めた場合にあっては，その割合）以上をもって行う必要がある（会社339条1項・309条2項7号）（森・濱田松本・会社法実務問題（5）99頁，田中228頁）。

[114] 森・濱田松本・会社法実務問題（5）99頁，田中228頁

されている場合は，株主総会での決議に加え，当該種類株主総会の決議も必要
である（会社323条）。特定の種類株主を構成員とする種類株主総会において取
締役を選任することができる旨を内容とする種類株式が発行されている場合
（会社108条1項9号）は，当該種類株主総会の決議によって選任された取締役
は当該種類株主総会の決議により解任することができる（会社347条1項，339
条1項）。当該種類株主総会決議は，定款に別段の定めがある場合を除き，当該
種類株式の総株主の議決権の過半数を有する株主が出席し，出席した当該株主
の議決権の過半数をもって行い（会社324条1項），取締役の解任決議の定足数
について，定款の定めによっても，議決権を行使できる種類株主の議決権の3
分の1未満とすることはできない（会社341条，347条1項）。ただし，定款に別
段の定めがある場合や，当該取締役の任期満了前に当該種類株主総会において
議決権を行使することができる株主が存在しなくなった場合は，株主総会の決
議で解任できることになる（会社347条1項）[115]。

(2)　法令・定款所定の員数を欠くリスク

　取締役が欠けた場合又は法律（会社329条2項参照）若しくは定款で定めた員
数を満たさなくなった場合には，任期満了又は辞任により退任した取締役は，
後任者が選任されるまで，引き続き取締役としての権利義務を有する（権利義
務取締役，会社346条1項）。この趣旨は，会社の業務・財産を管理する者がい
なくなる事態を防ぐことにある。株主総会がほとんど開催されない傾向にある
非公開会社では，前に選任された取締役が，当該規定により取締役の権利義務
を有しつづけていることがしばしばある。もっとも，会社が後任者の選任をす
ることが容易であるにもかかわらず怠った場合には，当該規定を根拠に会社が
退任取締役の義務違反の責任を追及することは，権利の濫用（民法1条3項）
として否定される可能性があるため[116]，留意が必要である[117]。

---

[115] 森・濱田松本・会社法実務問題（5）99-100頁

[116] 高知地判平成2年1月23日金判844号22頁。退任取締役が後任者の選出前に会社と競業した事
　　例で，退任に至った背景には会社の支配株主兼代表者に非があったとの事情も考慮して会社による
　　責任追及を権利濫用と判断した。

[117] 田中229-230頁

72　第1章　組織運営

　また，取締役に欠員が生じ，裁判所が必要があると認めるときは，利害関係人の申立てにより，一時取締役の職務を行うべき者(一時取締役又は仮取締役)を選任することができる（会社346条2項。同条3項も参照）。一時取締役により欠員が補充されれば，前述の権利義務取締役は当然にその地位を失うため，権利義務取締役の職務に法令違反等がある場合でも，株主は一時取締役の選任を申し立てれば足り，権利義務取締役の地位を奪うために取締役解任の訴えを提起することはできないとされている[118]。

(3)　解任された取締役からの損害賠償請求のリスク

　株主総会の決議によって任期中に解任された取締役は，解任に正当な理由がある場合を除き，会社に対して解任によって生じた損害の賠償を請求することができる（会社339条2項）。株主に解任の自由を保障する一方，解任された取締役の任期に対する期待を保護し，両者の利益の調和を図る趣旨で一種の法定責任を定めたものである[119]。また，損害賠償の対象となる損害について，原則として，解任取締役が解任されなければ残存任期中に得られるはずであった報酬相当額の賠償を請求することができる。典型的には在任期間中の定額報酬となるが，弁護士費用は不当応訴など特段の事情がない限り認められず，慰謝料も認められない[120]。

　正当な理由の立証責任について，会社側が解任に正当な理由があることを立証した場合に限り損害賠償責任が否定される[121]。正当な理由の内容は，取締役の解任に伴う損害賠償責任の性質を特別の法定責任と考える見解(判例・通説)からは，会社の利益と取締役の利益との調和を考えて決められるべきと考えられ，会社が取締役として職務の執行を委ねることができないと判断することもやむを得ない客観的，合理的な事情が存在する場合をいう。具体的には，病気

---

[118] 最判平成20年2月26日民集62巻2号638頁〔協栄製作所取締役権利義務者解任請求事件〕，田中230頁
[119] 大阪高判昭和56年1月30日下民集32巻1〜4号17頁
[120] 前掲大阪高判昭和56年1月30日，東京地判昭和57年12月23日金判683号43頁，田中228頁，森・濱田松本・会社法実務問題（5）101頁
[121] 最判昭和57年1月21日集民135号77頁

で職務を続けられないこと[122]，法令違反又は不適正な職務執行をしたこと[123]などがあげられ，経営能力がないことも含まれると考えられる[124]。

これに対し，他の取締役・経営陣と折り合いが合わなくなった場合や[125]，大株主の信頼を失った場合[126]，大株主の好みで解任された場合，代表取締役以外の取締役の決定に基づき代表取締役に態度改善の要求をしたところ，会社を乗っ取ろうとすると曲解されて解任された場合[127]，柔軟性・融通性を欠くが基本的には真面目で仕事熱心であった取締役が，会社代表者との折り合いが悪くなり孤立して解任された場合[128]には，正当な理由があるとは認められない[129]。

(4) 解任の訴え

ア 総論

取締役の職務の執行に関し，不正の行為又は法令・定款に違反する重大な事実があったにもかかわらず，取締役を解任する旨の議案が株主総会にて否決されたとき，又は，取締役の解任について種類株主総会の決議を必要とすることを内容とする種類株式が発行されている場合に，当該取締役を解任する旨の株主総会の種類株主総会の決議を得られず，当該取締役を解任する旨の普通株主総会の決議が効力を生じないときは，少数株主権として株主[130]は，当該株主総

---

[122] 前掲最判昭和 57 年 1 月 21 日。代表取締役が持病の悪化により療養に専念するために，その有する株式全部を他の取締役に譲渡しその取締役と代表取締役の地位を交替したところ，取締役からも解任された事案（森・濱田松本・会社法実務問題（5）102 頁）。

[123] 東京地判平成 30 年 3 月 29 日金判 1547 号 42 頁〔ロッテ取締役解任を巡る損害賠償請求事件〕

[124] 横浜地判平成 24 年 7 月 20 日判時 2165 号 141 頁，田中 228-229 頁，森・濱田松本・会社法実務問題（5）101-102 頁

[125] 前掲東京地判昭和 57 年 12 月 23 日

[126] 東京地判平成 27 年 6 月 22 日商事 2225 号 56 頁

[127] 前掲大阪高判昭和 56 年 1 月 30 日，神戸地判昭和 54 年 7 月 27 日判時 1013 号 125 頁

[128] 東京地判昭和 57 年 12 月 23 日金商 683 号 43 頁

[129] 田中 229 頁，森・濱田松本・会社法実務問題（5）102 頁

[130] 非公開会社の場合は，①総株主（当該取締役を解任する議案について議決権を行使することができない株主及び解任請求される取締役である株主を除く）の議決権の 100 分の 3（これを下回る割合を定款で定めた場合にあっては，その割合）以上の議決権を有する株主（議決権要件），又は，②発行済株式（自己株式及び解任請求される取締役の有する株式を除く）の 100 分の 3（これを下回る割合を定款で定めた場合にあっては，その割合）以上の数の株式を有する株主（持株要件）。公開会社の場合は，要件①・②それぞれについて 6 か月（これを下回る期間を定款で定めた場合に

会の日から30日以内に，取締役解任の訴えを提起することができる（会社854条）。明らかに解任が相当であるにもかかわらず，取締役自身が多数派株主であるなどの理由で株主総会では解任ができない場合に備え，少数派株主を保護するために設けられている。会社と取締役双方を被告とし（会社855条），当該会社の本店所在地の地方裁判所に専属管轄がある（会社856条）[131]。

イ　要　件

「職務執行に関し」とは，職務執行のみならず，職務の執行に間接的に関連してなされた場合も含む。「不正の行為」とは，取締役がその義務に違反して会社に損害を生じさせる故意の行為（例えば，会社財産の私消等）を指すが，文言上重大なものであることは要求されていない。これに対し，法令若しくは定款に違反する重大な事実とは，重大な違反であることを要し，過失の場合も含み，会社の設立以外2，3年の間に一度も株主総会を招集しなかった場合等が該当し得る[132]。取締役の対会社責任を判断する場合と同様に，取締役の解任請求においても，経営判断は重視されるべきである[133]。

当該取締役を解任する旨の議案が株主総会において否決されたときとは，議題とされた取締役解任の決議が成立しなかった場合も含むと考えられている。しかし，定足数に達する株主の出席がないため流会となった場合については，通説は含むとしているが，含まないとする裁判例が存在する[134]。また，議案として予定されていなかったものの，緊急動議等として株主総会の場で提案され，議案として取り上げる必要はないにもかかわらずこれを取り上げて否決した場合について，取り消されるまでは決議が有効であるため，解任が否決された場合に該当するとの見解がある[135]。

あっては，その期間）前から引き続き有する株主との要件が加算される（会社854条1項）。また，公開会社の場合における提訴権者の要件のうち，6か月前から引き続き有する株主とは，取締役の解任を否決した株主総会決議の6か月前からではなく，解任の訴えを提起する時の6か月前からで足りるとされている（森・濱田松本・会社法実務問題（5）103，105頁）。

[131] 田中229頁，森・濱田松本・会社法実務問題（5）102-103頁
[132] 東京地判昭和28年12月28日判タ37号80頁
[133] 神戸地判昭和51年6月18日下民集27巻5〜8号378頁，森・濱田松本・会社法実務問題（5）103-104頁
[134] 東京地判昭和35年3月18日下民集11巻3号555頁
[135] 森・濱田松本・会社法実務問題（5）102-103頁

第5 会社支配権を確保するポイント　75

2　少数株主の排除（スクイーズ・アウト）

> ### Case
> ①　Aは，Bが発行済み株式の55％を有するX株式会社を買収したいと考えている。B以外のX株式会社の株主及び株式保有割合は，Cが20％，Dが25％である。CやDがAによる買収に賛成しているかは現時点ではわからない。Aはどのような手続をとればよいか。
> ②　Aは，友人のBとともに共同で出資してX株式会社を設立し，株式の70％をAが，30％をBが保有していたが，Bが死亡したためBの長男Cが株式を相続した。しかし，CがAの経営に非協力的であるため，Aは，Cを株主から排除して，経営を安定させたいと考えている。Aはどのような手続をとればよいか。

> ### Check List
> □　株式の持株比率
> □　株式価値の算定
> □　任意での株式の買取りの可否
> □　株主総会の特別決議の検討
> □　特別支配株主による株式等売渡請求の検討
> □　解任の理由の検討（正当な理由があるといえるか）

(1)　取り得るスキーム

　株式会社の少数株主を排除し，株式会社の支配権を100％保有する方法の1つとして，対象会社の株式を取得することがあげられる。対象会社の発行済株式の全部を取得することはもちろん，一部の株式のみの取得であっても，当該会社を支配するに足りるだけの株式を取得すれば，その会社を買収したといえる。株式を取得する方法としては，①対象会社の株主から株式を譲り受ける方法[136]，②対象会社から募集株式の発行等（会社199条以下）を受ける方法，及び

---

[136] 上場会社の株式取得による買収は，金融商品取引法で規制される，公開買付けにより行われるこ

③会社法上スクイーズ・アウト（キャッシュ・アウトともいう）の制度を利用する方法がある[137]。①については(2)で，③については(3)以下で後述する。

(2) 任意での株式の買取り

経営株主だけで一定の株式保有割合を満たしている場合は，③スクイーズ・アウトの手法を取ることができるが，少数株主を刺激せず，円滑・穏便に買収を実施するには，最初からスクイーズ・アウトを実施するのではなく，基本的には任意の買い集めを試みることが多い。対象会社の発行済株式のすべてを任意で買い取ることができれば最も良いが，必要最低限として，株主総会特別決議を成立させるために必要な議決権3分の2以上の取得を目指すことになる[138]。

しかしながら，例えば【Case①】の場合，買主（A）が各株主と個別に交渉を行って対象会社株式を取得する方法では，最終的に必要な議決権割合の株式が取得できず，不安定な経営を強いられ，対象会社買収の目的を達成できないリスクがある。そのため，買主（A）としては，株式譲渡契約において，経営株主（B）がクロージング日までに予め少数株主が所有する株式をすべて（又は最低限クロージング後にスクイーズ・アウトを実施できるよう，経営株主の所有株式数とあわせて総議決権で90%又は3分の2以上となる数）取得していることをクロージングの前提条件とすることが望ましい。これに対し，経営株主（B）の立場からは，少数株主からすべての株式を買い集める保障がないにもかかわらず，当該買い集めをクロージングの前提条件とし，クロージング前に少数株主所有の株式を自己の資金負担で取得することはリスクが高い。また，そもそも経営株主が少数株主の株式を買い取る資金を拠出できない場合もあり得る。そこで，買主と経営株主の利害を調整するため，クロージング日当日に少数株主から経営株主への株式譲渡と経営株主から買主への株式譲渡を同時実

とが多く，一定の場合はそれが強制される（金商27条の2以下。田中645頁）。

[137] 田中645頁

[138] 柴田堅太郎著『中小企業買収の法務　事業承継型 M&A・ベンチャー企業 M&A』（中央経済社，2018年）42-43頁

行する方法や[139]，経営株主が買い取るのではなく，対象会社が少数株主から自己株式取得を行う方法[140]を取ることも考えられる[141]。

なお，対象となる株主が複数名いる場合，ある株主に支払われる譲渡対価と，別の株主に支払われる譲渡対価の差が開き過ぎる場合には，当該差額について寄付金認定されるなど税務上の問題が生じ得る（いわゆる「一物二価」の問題）。任意買取りの場合，ある程度株主間で譲渡価格の差異が生じることはやむを得ないものの，税務問題が生じるほど乖離が生じないように留意する必要がある[142]。

(3) スクイーズ・アウト

ア 総論

任意の買い取りに応じない株主がいる場合でも，既に特別決議が可能又は90％以上の株式を保有している場合には，スクイーズ・アウトを行うことができる。

スクイーズ・アウトとは，買収者が，対象会社が発行する株式の全部を，当該株式の株主の個別の同意を得ることなく，金銭を対価として取得する行為をいう。スクイーズ・アウトは，対象会社の事業に継続的に投資することを望む株主の意思に反し，株主を対象会社から退出させる（締め出す）という側面を有する（そのため，スクイーズ・アウトやそれを訳した締め出しと呼ばれる）[143]。

---

[139] 決済は，クロージング日に少数株主からの買い集め以外のクロージングの前提条件が充足されたことを確認し次第，買主が経営株主に代わって少数株主に支払う譲渡対価を第三者弁済し，それにより経営株主に対して取得した求償権を自働債権，経営株主の買主に対する譲渡対価請求権を受働債権として対当額で相殺することになる（柴田・前掲44-45頁）。

[140] 経営株主に取得資金を捻出する懸念は生じないが，対象会社に自己株式の取得財源があることが前提になるほか（会社461条），対象会社に資金流出が起きることへの買主の理解が必要となる（柴田・前掲45頁）。

[141] 柴田・前掲43-45頁。クロージング後に買主から譲渡対価が支払われるまで少数株主への譲渡対価の代金支払い期限を猶予してもらう方法も考えられるが，少数株主が経営株主の信用リスクを取ることになり，少数株主が応じない可能性がある（柴田・前掲44頁）。

[142] 柴田・前掲43頁

[143] 田中651-652頁。2005年会社法制定前は，締め出しは不当であるという認識から，スクイーズ・アウトの方法の多くが認められていなかった。しかし，対象会社に少数派株主が残存することによ

イ　スクイーズ・アウトの方法

　現行の会社法上，スクイーズ・アウトの方法としては，①対象会社の株主総会の特別決議による承認を得て行う方法，及び②買収者が対象会社の総株主の議決権の10分の9以上の議決権を有する場合に対象会社の株主総会の決議を経ずに行う方法がある。①には，(i)全部取得条項付種類株式の取得（会社171条。後述(4)ア，(ii)株式の併合（会社180条。後述(4)イ，及び(iii)金銭を対価とする株式交換（略式以外のもの。会社2条31号。後述(6)）があり，②には，(iv)特別支配株主による株式等売渡請求（会社179条。後述(5)）及び(v)金銭を対価とする略式株式交換（会社2条31号，784条1項。後述(6)）がある[144]。

　このうち近年よく利用される，(ii)株式の併合，(iv)特別支配株主による株式等売渡請求の特徴を整理すると以下とおりであるが，多数株主が対象会社の90%以上の議決権を保有している場合は(iv)の方法，3分の2の議決権を保有している場合には(ii)の方法が用いられることが多い。

	株式併合	特別支配株主の株主等売渡請求
必要な議決権	3分の2以上	90%以上
決定機関	株主総会（特別決議）	取締役会
新株予約権の処理	不可能	可能
端数処理手続	必要	不要

(4)　株主総会の特別決議が可能な場合

ア　全部取得条項付種類株式の取得

（ア）手　続

　スクイーズ・アウトの方法として，まず全部取得条項付種類株式（会社108条

る利益相反の問題の回避のために対象会社の株式全部の取得をするニーズや，対象会社に極めて多数の株主がいる場合には，株主全員から株式の売却の同意を取り付けることは現実的には不可能であり，スクイーズ・アウトを行うニーズが生じる。このようにスクイーズ・アウトには，経営政策上，合理性が認められる場合も多く，一律に禁止することは適切ではないことから，現行会社法は，差止請求権，株式の取得（買取）価格の決定制度及び情報開示等の対象会社の株主の利益を保護する仕組みを整備した上で，スクイーズ・アウトを許容している（田中 651-652頁）。

[144] 田中 652-653頁

1項7号）の全部取得（会社171条）があげられる。仮に対象会社（種類株式発行会社でない）が発行済株式100万株を有しており，買収者がそのうち75万株を取得したとすると，①対象会社において，定款の変更（会社466条）をして2種以上の株式を発行する（種類株式発行会社となる）旨を定め，かつ②発行済株式のすべてを全部取得条項付種類株式とする旨の定款変更を行い，③全部取得条項付種類株式を取得する株主総会決議を行って（会社171条，309条2項3号），取得の対価（会社171条1項1号・2号）として，「全部取得条項付種類株式25万株に対して，他の種類の株式1株を割り当てる」こととすることで，対象会社の買収者以外の株主が有する株式は，すべて1株未満の端数となる。そのうえで，④端数処理の手続に従い（会社234条1項2号），会社が裁判所の許可を得て端数の合計にあたる株式を買収者に売却し（同条2項），買収者以外の株主に売却金を交付することで，スクイーズ・アウトを実現できる。通常，①，②及び③に必要な株主総会決議又は種類株主総会決議（②の定款変更をするために必要となる（会社111条2項1号，324条2項1号））は，同一日に行う[145]。

（イ）株主の保護

　全部取得条項付種類株式の全部取得においては，反対株主による価格決定の申立て，差止請求権，事前・事後の情報開示といった株主保護の手続がとられる。決議された取得対価に不満な株主は，取得日の20日前の日から取得日の前日までの間に，裁判所に対し，取得価格の決定の申立てをすることができる（会社172条1項）。申立てをするためには，事前に全部取得に反対する旨を会社に通知し，かつ，株主総会で反対する必要があるが（同項1号），株主総会で議決権を行使することができない株主[146]の場合は不要である（同項2号）[147]。

---

[145] 田中654-655頁。2014年会社法改正前は，全部取得条項付種類株式の全部取得がスクイーズ・アウトの主流であった（田中654-655頁）。

[146] 無議決権株式の株主や，株主総会の基準日（会社124条）後に株式を取得した株主（東京地決平成25年9月17日金判1427号54頁〔セレブリックス株式取得価格決定申立事件〕）が該当する（田中85-86頁）。

[147] 田中85-86，655頁。なお，利息について，会社は，裁判所の決定した価格に対する取得日後の法定利率による利息をも支払わなければならないが，全部取得条項付種類株式の取得の価格の決定があるまでに，株主に対し，当該株式会社がその公正な価格と認める額を支払うことができる（会社172条4項5項参照）。

全部取得が法令又は定款に違反し，それにより株主が不利益を受けるおそれがあるときは，株主は，全部取得の差止めを請求することができる（会社171条の3）。また，株主に全部取得に関する情報を与え，必要に応じて価格決定の申立てや差止請求をする機会を与えるため，会社は，取得日の20日前までに全部取得をする旨を株主に通知又は公告しなければならず（会社172条2項3項），全部取得に関する事項を記載した書面等を一定期間，会社の本店に備え置き，株主の閲覧等請求に供さなければならない（事前開示。会社171条の2，会社則33条の2）。会社は取得日に，全部取得条項付種類株式の全部を取得し（会社173条），取得日後一定期間，全部取得に関する事項を記載した書面等を本店に備え置き，株主又は取得日に株主であった者（保有株式を全部取得された者）の閲覧等請求に供さなければならない（事後開示。会社173条の2，会社則33条の3）[148]。

イ　株式の併合

（ア）手　続

株式の併合（会社180条）は，投資単位の調整の手段にもなるが，併合の割合の分母を大きくすることにより，スクイーズ・アウトの手段としても用いられる。例えば，買収者が，任意の買い付けや公開買付けにより，対象会社の発行済株式100万株のうち75万株を取得し，残りの20万株は，任意の買い付けや公開買付けに応じなかった多数の一般株主が保有している場合に，対象会社において，25万株を1株とする（併合の割合が25万分の1の）株式の併合を行うと，対象会社の買収者以外の株主の保有する株式は，すべて1株未満の端数になる。その後，端数処理の手続（会社235条，234条2項乃至4項）を用いて，対象会社が裁判所の許可を得て端数の合計数に相当する株式を売却し，その全部を買収者が購入して，売却代金を買収者以外の株主に交付することで，スクイーズ・アウトを実現できる。対象会社が株式の併合を行うには，株主総会の特別決議が必要になる（会社180条2項，309条2項4号）[149]。

---

[148] 田中86頁

[149] 田中653-654頁。2014年会社法改正前は，反対株主の株式買取請求権が存在しないなど株主の保護が不十分だったため，実務上，スクイーズ・アウトに株式の併合はあまり用いられていなかったが，2014年改正により株主保護の手続が整備されたことで，株式の併合によるスクイーズ・アウ

（イ）株主の保護

株式の併合においても，端数株式の買取請求権，差止請求権，事前・事後の情報開示といった株主保護の手続がとられる。まず，端数株式の買取請求権について，株式の併合により端数となる株式の株主は，会社に対し，自己の有する株式を公正な価格で買い取ることを請求することができる（会社182条の4）。次に，株式の併合が法令又は定款に違反し，株主が不利益を受けるおそれがあるときは，株主は，会社に対し，当該株式の併合をやめる旨請求することができる（差止請求権。会社182条の3）[150]。

また，会社が株式の併合をする場合には，効力発生日の2週間前までに，株主に対し，株式の併合に関する株主総会の決議事項（会社180条2項各号）を通知又は公告しなければならず（会社181条），株式の併合に関する事項を記載した書面（又は電磁的記録）を会社の本店に備え置き，株主の閲覧等請求に供さなければならない（事前開示。会社182条の2，会社則33条の9）。これは，株主に対して株式の併合に関する情報を開示することで，必要に応じて，差止請求（会社182条の3）や端数株式の買取請求（会社182条の4）をする機会を株主に与えるためである。そして，株式の併合をした会社は，効力発生日後遅滞なく，株式の併合に関する事項として法務省令に定める事項を記載した書面（又は電磁的記録）を会社の本店に備え置き，株主及び効力発生日に株主であった者（併合により株式の地位を失った者）の閲覧等請求に供さなければならないとされている（事後開示。会社182条の6，会社則33条の10）[151]。

ウ　スクイーズ・アウトの効力を争う方法

全部取得条項付種類株式の全部取得及び株式の併合には，その効力を争う特別の訴えの制度（会社828条参照）が存在しないため，これらの効力を争うには，全部取得条項付種類株式の全部取得に必要な一連の株主総会・種類株主総会の決議又は株式の併合のための株主総会決議（会社180条2項）の効力を争うことになる。なお，決議取消しの訴えは，決議が取り消されることにより株主の地

トが増加している（田中 654 頁）。
[150] 田中 136 頁
[151] 田中 136 頁

位を回復する者（典型は，スクイーズ・アウトされた株主）も提起できる（会
社831条1項）。招集手続に基準日設定公告（会社124条3項）の不履行等の法
令違反がある場合には，発行済株式を全部取得条項付種類株式とするために必
要な種類株主総会決議が取り消され得る[152]。

　スクイーズ・アウトが締め出し目的以外に正当な事業目的を持たない場合で
あっても，会社法が公正な価格であれば少数派株主をスクイーズ・アウトする
ことを認めていることから，単に少数派株主を排除する目的があるというだけ
では，会社法831条1項3号による決議取消事由にはあたらない[153]。なお，スク
イーズ・アウトの対象会社が，その後他社に吸収合併されて消滅した場合は，
スクイーズ・アウトされた株主が株主の地位を回復するためには，スクイーズ・
アウトのための株主総会決議取消しの訴えと併合して吸収合併の無効の訴えを
も提起する必要があるため留意する必要がある[154]。

(5)　90%以上の株式を保有している場合（特別支配株主の株式等売渡請求）

ア　意義及び利用者

　対象会社の総株主の議決権の9割（これを上回る割合を定款で定めた場合は
その割合）以上を有する者（特別支配株主）は，対象会社の他の株主（売渡株
主）全員に対し，その保有株式全部（売渡株式）の売渡しを請求することがで
きる（会社179条1項）。対象会社が新株予約権を発行しているときは，株式に
加えて新株予約権（新株予約権付社債の場合は社債部分も含む）の売渡しを請
求することもできる（同条2項・3項）。売渡株主及び新株予約権を売り渡す者

---

[152] 東京高判平成27年3月12日金判1469号58頁〔アムスク事件〕（田中655頁）。
[153] 東京地判平成22年9月6日判タ1334号117頁〔インターネットナンバー株主総会決議取消請求事件判決〕，札幌地判令和3年6月11日金判1624号24頁，田中660頁。もっとも，取締役である多数株主が少数株主による責任追及を逃れるためにスクイーズ・アウトを行うなどの不当な目的による締め出しの場合には，不当決議として決議取り消しが認められる余地がある。そのような不当目的を基礎づける事情が相応に存在するものの，グループ企業から経済的支援を受けるためといった正当な目的も伺われることから，不当決議にはあたらないと判断した事例が存在する（京都地判令和3年1月29日（平成30（ワ）第156号）LEX/DB25569079，田中660頁）。
[154] 田中656頁。後者の訴えを併合して提起しなければ，前者の訴えも却下されることになる（大阪地判平成24年6月29日判タ1390号309頁，田中655頁）。

（売渡新株予約権者）を併せて売渡株主等という（会社179条の 4 第 1 項 1
号）[155]。

　株式等売渡請求を利用できる特別支配株主は，会社のみならず，自然人や会
社以外の法人でもよく（会社179条 1 項），議決権割合の算定にあたり，特別支
配株主が発行済株式全部を有する株式会社その他の法人（特別支配株主完全子
会社）の保有議決権を合算できる（同項）[156]。

イ　株式等売渡請求の方法

　特別支配株主が株式等売渡請求をするには，対価として交付する金銭の額又
はその算定方法や売渡株式を取得する日（取得日）等の一定の事項を定めて対
象会社に通知し，対象会社の承認を受けなければならない（会社179条の 2 ，179
条の 3 ）。対象会社が取締役会設置会社の場合，前述の承認にあたって，取締役
会の決議が必要である（会社179条の 3 第 3 項）。対象会社の取締役は，承認の
有無を決定するにあたっては，善管注意義務を尽くし，売渡請求が対象会社の
株主の利益となるかどうかを判断しなければならない。対象会社が取得の承認
をした後に，特別支配株主が売渡請求を撤回するには，対象会社の承諾を必要
とする（会社179条の 6 ）[157]。

ウ　売渡株主等への情報開示・保護

（ア）売渡株主等への通知，事前開示

　対象会社は，取得日の20日前までに，売渡株主等に売渡請求に関する所定の
事項の通知をしなければならない（会社179条の 4 第 1 項）[158]。売渡株主等に売

---

[155] 田中 656 頁。対象会社の議決権のほとんどを買収者が有する場合には，対象会社の株主総会決議
　　の帰趨は決まっていることため，スクイーズ・アウトのための株主総会決議の必要性は小さい。ま
　　た，スクイーズ・アウトが公開買付けの二段階買収の二段階目の行為として行われる場合，公開買
　　付けの完了からスクイーズ・アウトの実行までに株主総会の招集手続分の時間が余計にかかること
　　になるため，実際には公開買付価格に不満がある株主でも，不安定な地位に置かれることを懸念し
　　て公開買付けに応募してしまう（買付けが強圧性を持つ）問題が生じるおそれもある。対象会社の
　　株主総会の決議を経ずに行うスクイーズ・アウトの方法として金銭を対価とする略式株式交換も存
　　するが（会社 784 条 1 項），後述(6)のとおり，税制上の理由から従来あまり利用されてこなかった。
　　そこで，2014 年改正により株式等売渡請求の制度が創設され，対象会社の株主総会決議なしに，
　　特別支配株主が対象会社の株式全部を買い取れるようになった（田中 656 頁）。

[156] 田中 656 頁

[157] 田中 657 頁

[158] 株主の地位を奪うという事柄の重大性から，公開会社であっても，売渡株主に対する通知は公告

渡請求について知らせ，必要に応じて，後述（イ）及び（ウ）の権利を行使する機会を与えるためである[159]。

　対象会社は，全部取得条項付き種類株式の全部取得や株式の併合によるスクイーズ・アウトの場合（会社171条の2，182条の2）と同様に株式等売渡請求に関する事項を記載した書面（又は電磁的記録）を本店に備え置き，売渡株主等の閲覧等請求に供さなければならない（事前開示。会社179条の5，会社則33条の7）[160]。

（イ）売買価格決定の申立て

　売渡株主等は，取得日の20日前の日から取得日の前日までの間に，裁判所に対し，その有する売渡株式等の売買価格の決定の申立てをすることができる（会社179条の8）。他の方法によるスクイーズ・アウトの場合（会社172条，182条の4，182条の5）と同様，少数株主にスクイーズ・アウトの価格の公正さを裁判で争う権利を認める趣旨である。ただし，売渡株主等への通知又は公告の後に売渡株式等を譲り受けた者は，売買価格決定の申立てはできない。なぜなら，売買価格決定の申立制度の趣旨は，通知又は公告により，その時点における対象会社の株主等であって対価に不満のある株主に適正な価格を得る機会を与えることにあり，通知又は公告により株式等を売り渡すことが確定した後に株式等を譲り受けた者は，同制度の保護対象として想定されていないためである[161]。

（ウ）差止請求権

　株式売渡請求が法令に違反する場合，対象会社が売渡株主への通知若しくは事前開示に関する規制に違反した場合，又は特別支配株主が定めた売渡対価が著しく不当である場合であって，売渡株主が不利益を受けるおそれがあるときは，売渡株主は，特別支配株主に対し，株式等売渡請求に係る売渡株式等の全

をもって代えることはできないが（会社179条の4第2項。売渡新株予約権者及び登録質権者への通知は公告で代替可能），振替法の規定（振替161条2項）により，株主への通知ではなく公告が義務づけられている振替株式発行会社の場合は，公告による（田中657頁）。

[159] 田中657頁

[160] 田中657頁

[161] 最決平成29年8月30日民集71巻6号1000頁，田中657-658頁

部の取得をやめることを請求することができる（会社179条の7第1項）。略式組織再編の差止めの場合（会社784条の2第2号，796条の2第2号）と平仄を合わせ，全部取得条項付種類株式の全部取得（会社171条の3）や株式の併合の差止め（会社182条の3）とは異なり，対価の著しい不当性も差止事由とされている[162]。

エ　売渡株式等の取得

特別支配株主は，取得日に，売渡株式等の全部を取得する（会社179条の9第1項）。売渡株式等に譲渡制限が付されている場合，対象会社は，譲渡の承認をしたとみなされる（同条2項）。また，対象会社は，取得日後遅滞なく，他の方法によるスクイーズ・アウトの場合（会社173条の2，182条の6）と同様に，効力発生日後遅滞なく，株式の併合に関する事項として法務省令に定める事項を記載した書面（又は電磁的記録）を会社の本店に備え置き，株主及び効力発生日に株主であった者（併合により株式の地位を失った者）の閲覧等請求に供さなければならない（会社179条の10，会社則33条の8）[163]。

オ　売渡株式等の全部の取得の無効

（ア）総　説

株式等売渡請求に係る売渡株式等の全部の取得の無効は，取得日から1年以内[164]に，訴えをもってのみ主張することができる（売渡株式等の全部の取得の無効の訴え。会社846条の2第1項）。売渡株式等の全部の取得は，対象会社の行為ではないため，会社の組織に関する無効の訴え（会社828条1項各号）の一種とはされていないものの，同様の手続規制に服する（会社846条の2乃至846条の9）。売渡株式等の全部の取得を無効とする確定判決は，将来に向かってのみ効力を生じ（会社846条の8），対世効を有する（会社846条の7）[165]。

（イ）無効原因

取得の無効原因については明文の規定がなく，解釈に委ねられている。一般論として，売渡等請求による取得手続の瑕疵のうち重大なものが無効原因にな

---

[162]　田中 658 頁
[163]　田中 658 頁
[164]　公開会社では6か月以内
[165]　田中 658-659 頁

ると考えられている。取得者の議決権要件（会社179条1項）の不足や，対象会社の取締役会の承認決議（会社179条の3第3項）を欠くことなどが該当し得る。取得の対価の不当性（株式の公正な価格に比して低額であること）は，原則としては，売買価格決定手続（会社179条の8）により争えば足りることから無効原因にならないが，対価が著しく不当な場合は，そのような取得を一般的に抑止するため，無効原因になるとの見解がある。対価の著しい不当性については，取得の差止事由であるが（会社179条の7第1項3号），通常差止請求は仮処分手続（民保23条2項）の中で争われることから，対価の相当性について十分な審理が期待できず，事後的な無効主張の余地も認めるべきとの見解もある。少数派株主を締め出すこと以外に正当な事業目的を持たないことが無効原因になるかについては議論があるが，裁判例については前述(4)ウを参照されたい[166]。

(6) 株式交換

ア 金銭を対価とする組織再編

金銭を対価とする組織再編は，税務上，非適格組織再編とされ，対象会社が保有資産の評価替えを強制され，評価益に課税される（法人税法62条1項，62条の9）との不利な取扱いを受けるため，従来前述(3)乃至(5)の方法によって行われることが多かった。しかし，2017年の税制改正により，金銭を対価とする合併及び株式交換も，一定の場合には適格組織再編と認められ，評価益課税が避けられることになった(2017年改正後法人税法2条12号の8・12号の17)。当該法改正後は，金銭対価の株式交換によるスクイーズ・アウトの利用が増えると思われる[167]。

イ 株式交換の意義

株式交換とは，ある株式会社（株式交換完全子会社）がその発行済株式の全部を他の会社（株式交換完全親会社）に取得させることをいう（会社2条31号）。株式会社が株式交換をするには，当事会社間で株式交換契約を締結し（会社767

---

[166] 田中 659頁
[167] 田中 666頁

条，768条），原則として各当事会社の株主総会の承認を受けなければならない（会社783条1項，795条1項）。なお，種類株式発行会社において，ある種類の株式の種類株式に損害を及ぼすおそれがあるときは，当該種類の株式の種類株主を構成員とする種類株主総会の決議も必要になる（会社322条1項11号・12号）[168]。

多数の株主がいる会社では当該会社の発行済株式すべてを株主から譲り受けることは，極めて困難であるが，株式交換であれば，株主総会の多数決による承認を得れば，反対する株主の保有株式を含めたすべての株式を取得できる。そのため株式交換は，他社の完全買収（完全子会社化）の手段として広く用いられており，金銭を対価とする株式交換は，スクイーズ・アウトの手段として用いられる[169]。

ウ　株式交換の法律効果

株式交換は，株式交換契約に定めた効力発生日（会社768条1項6号（なお，合意で変更することができる（会社790条1項）））にその効力が生じ，株式交換完全親会社は，株式交換完全子会社の発行済株式全部を取得する（会社769条1項2号）。そして，株式交換完全子会社の株主は，株式交換の対価として株式交換契約に定められた金銭等（会社768条1項2号3号）の交付を受ける（会社769条3項）[170]。

3　事業承継や相続による支配権争い

Case
X株式会社は，代表取締役Aの祖父が設立した会社であり，株式をA，Aの父B，Aの叔父Cが保有しているが，CはX株式会社の経営に関わっていない。Cとの間で問題は生じていないが，Cの法定相続人とは交流がないため，Cが亡くなった後に相続人から経営に関与を受ける不安がある。何か事前に予防策がないか。

---

[168] 田中 671，683頁
[169] 田中 671-672頁
[170] 田中 672頁

88　第1章 組織運営

> **Check List**
> ☐　株主の確認
> ☐　株主の法定相続人の確認（相続の場合）
> ☐　株式価値の算定
> ☐　定款における相続人等に対する売渡請求の定めの有無（相続の場合）
> ☐　名義株，所在不明株主の確認

(1)　事業承継や相続による伴う株式分散のリスク

　株式の承継や相続に際し，遺産分割等の結果により，株式が多数の相続人に分散する場合がある。株式が分散した場合，株主の意見に対立が生じた場合に経営を不安定にする側面があるほか，株主総会の運営等をはじめとする株主管理コストが増加し，場合によっては株式の買取りを請求され会社の資金流出が生ずるといったトラブルが発生し，事業の円滑な承継が阻害される可能性がある。そのため，事業承継に先立つ事前の対策が重要であり，既に分散してしまった場合にも，事後的な対策をとり，後継者に十分な議決権（株主総会特別決議を成立させるために必要な議決権3分の2以上）を確保させることが望ましい[171]。

(2)　事前の対策

ア　売買・生前贈与

　株式の分散を防止するには，適正な価格にて売買を行うことのほか，相続発生前に，株式の生前贈与を行うことが簡便である。生前贈与は，株式の分散防止のほか，先代経営者が株式を贈与する場合には，先代経営者が健在のうちに支援や助言をしながら後継者へ計画的に事業承継を行うことができるというメリットもある。もっとも，一定額以上の株式を贈与する場合には，贈与税が課税されるため，暦年課税制度，相続時精算課税制度，事業承継税制を活用する

---

[171]　事業承継ガイドライン71頁

ことにより，贈与税の軽減策の検討が不可欠である[172]。

イ　安定株主の導入（役員・従業員持株会，投資育成会社，金融機関，取引先等）

特定の相続人が株式を承継しようとするも，その納税負担等に耐えられず，他の相続人等に承継させることなどに起因する株式分散を防止する手法として，経営者以外の安定株主を導入する方法が考えられる。安定株主とは，基本的には現経営者の経営方針に賛同し，長期間にわたり保有を継続する株主をいう。安定株主が一定割合の株式を保有する場合，経営者は当該安定株主の保有株式と合計して安定多数の議決権割合を確保すればよいため，承継すべき株式の数が相対的に低下する。また，総株式数から安定株主の保有株式を控除した部分が承継対象となるため，承継財産の総額も減少する。なお，安定株主導入の副次的な効果として，企業の経営に第三者の立場として参画することで，客観的な視点からの助言や，企業経営者が持っていない知見に基づく助言を受けられるメリットがある[173]。

ウ　遺言の活用

被相続人が遺言において株式を誰に承継させるかを明確にすることで相続紛争や遺産分割協議を回避し，特定の人物に株式を集中させることができる。仮に遺言がなく相続人が存在しない場合は，家庭裁判所が選任した相続財産管理人から，株式の買取り等を行う必要がある事例も見られる。遺言はあくまでも死後に関係者に明らかになるものであるため，生前贈与等の早期の承継の次善策にとどまることや，遺留分への配慮が必要であることなどに留意が必要である。死因贈与にも同様の効果がある[174]。

エ　遺留分に関する民法特例

推定相続人が複数いる場合，特定の相続人に株式を集中して承継させようとしても，遺留分（民法で保障された最低限の相続の権利）を侵害された相続人から，遺留分侵害額に相当する金銭の支払を求められ，その支払のために当該

---

[172] 事業承継ガイドライン 71-72 頁
[173] 事業承継ガイドライン 72 頁
[174] 事業承継ガイドライン 72-73 頁

相続人が承継した株式を売却せざるを得ない事態が生ずるおそれがある。将来の紛争防止のため，中小企業における経営の承継の円滑化に関する法律（以下「経営承継円滑化法」という）に基づく遺留分に関する民法の特例を活用すれば，株式を承継する相続人を含めた推定相続人全員の合意のうえで，一定の要件を満たしていることを条件に，被相続人から当該相続人に贈与等された非上場株式に関し，①その価額について遺留分を算定するための財産の価額から除外する旨の合意（除外合意）[175]又は②遺留分を算定するための財産の価額に算入する価額を合意時の時価に固定する旨の合意（固定合意）[176]をすることができる[177]。

(3) 事後的な対応策

ア　株式の買取

（ア）買取資金等の調達

分散した株式の買取りを行う場合，その取得資金や，株式に係る贈与税や相続税の納税のために多額の資金が必要になり得る。手元資金が不足し，借入れによる資金調達も十分行えない場合でも，一定の条件を満たせば経営承継円滑化法による，日本政策金融公庫等からの低利での融資や，信用保証協会の通常の保証枠とは別枠の保証等が利用できる[178]。

---

[175] 被相続人の生前に，経済産業大臣の確認を受けた相続人が，遺留分権利者全員との合意内容について家庭裁判所の許可を受ける必要がある（事業承継ガイドライン76頁）。

[176] 株式を相続した人物の貢献により生前贈与後に株式価値が上昇した場合でも，遺留分の算定に際しては相続開始時点の上昇後の評価で計算されるのに対し，経済産業大臣の確認を受けた相続人が，遺留分権利者全員との合意内容について家庭裁判所の許可を受けておけば，遺留分の算定に際して，生前贈与株式の価額を当該合意時の評価額で予め固定することができる。これにより，後継者が他の遺留分権利者の遺留分の侵害を懸念することなく株式価値の上昇分を保持できることとなり，経営意欲の阻害要因が排除されると考えられる（事業承継ガイドライン76頁）。

[177] 事業承継ガイドライン74-75頁。なお，これらの合意に加えて，当該相続人が株式等を処分した場合等に他の相続人がとることができる措置に関する定めをする必要がある。また，前述の合意(基本合意)に付随して，当該株式等以外の財産に関する遺留分の算定に係る合意等（付随合意）を任意で行うこともできる。非上場の株式の評価方法については，2009年2月に中小企業庁が発表した「経営承継法における非上場株式等評価ガイドライン」等を参照・活用することも有益である（事業承継ガイドライン75頁）。

[178] 事業承継ガイドライン77頁，87-88頁

（イ）自社株買いに関するみなし配当の特例

株式を集約するために非上場株式を発行会社に譲渡した場合，譲渡対価のうち発行会社の資本金等の額を除く部分（利益積立金相当）について，譲渡益の額や他の所得の額に応じ，みなし配当課税（最高55.945％の累進課税）がかかるため，売主の手取り額が減少し集約が進まなかった。また，発行会社の経営の承継者以外の相続人にとっては，発行会社への売却による相続税納税資金の調達が困難であるとの指摘もあった。そこで，非上場株式を相続した個人が，相続税の申告期限の翌日から3年を経過する日までに発行会社に相続株式を売却した場合（いわゆる金庫株の活用），みなし配当課税（最高55.945％の累進課税）でなく，譲渡益全体について譲渡益課税（20.315％）が適用される旨の特例が設けられた。また，自社株式に係る相続税の額が，相続した財産のうちに占める譲渡した自社株式の割合に応じ，取得費に加算される特例も利用できる[179]。

イ　会社法上の制度の活用

（ア）総　論

分散してしまった株式を再度集約する方法として，任意の買取りを交渉する以外の対応策として，主に，①相続人等に対する売渡請求（会社174条），②特別支配株主による株式等売渡請求（会社179条），③株式の併合（会社180条）の3つの方法が考えられる[180]。このうち，②については，前述2(5)，③は2(4)イのとおりであるから，以下①について記載する。

（イ）相続人等に対する売渡請求（会社174条）

定款による株式の譲渡制限は，譲渡による取得について株式会社の承認を要求するにとどまり，相続や合併のような一般承継によって譲渡制限株式を取得することについては，会社の承認は必要ない（会社134条4号参照[181]）。しかし，一般承継人が会社にとって好ましい者でなく，その者が株主になることを排除したいと他の株主が考える場合もあることから，定款でその旨を定めれば，会

---

[179] 事業承継ガイドライン77-78頁
[180] 事業承継ガイドライン78-80頁
[181] なお，会社分割により譲渡制限株式を承継する場合は，一般承継にはあたらず，通常の譲渡の場合と同様に会社の承認が必要と解すべきである（田中106-107頁）。

社が譲渡制限株式の一般承継人に対して，当該株式を会社に売り渡すことを請求できる（会社174条乃至177条）。相続により株式の共有が生じた場合，会社が会社法176条１項により，共同相続人の１人に対して共有持分の売渡しを請求することも可能であると考えられている[182]。

　当該制度を利用するにあたっては，相続等があったことを知った日から１年以内に，株主総会の特別決議を経て請求する必要があり（会社176条１項，309条２項３号），株式の売買価格について当事者間の協議が調わない場合，裁判所に売渡請求の日から20日以内に売買価格決定の申立てをすることができる（会社177条２項）。また，会社の純資産から資本金及び法定準備金等を控除した額（分配可能額）の範囲内で株式の買取りを行うことができる（会社461条）。なお，現経営者について相続が発生し，その株式を後継者が取得した場合，非支配株主が主導して会社から買取請求が行われる可能性がある。その際，買取請求を行うか否かを決する株主総会において，当該後継者は利害関係株主として議決権を行使することができない（もともと所有していた株式に係る議決権についても行使することができない）ため（会社175条２項），請求するか否かは後継者以外の株主による議決に委ねられ，その結果，後継者が取得した株式について買取請求が行われ，支配権を失ってしまうおそれがある点に留意する必要がある[183]。

ウ　名義株の整理

　名義上の株主と実質的な株主が異なる，いわゆる名義株[184]の存在により，実質的な株主とは異なる見ず知らずの自称株主（名義上の株主）から突然株主の権利を主張される，M&Aを実施しようとした際に譲渡を拒否する又は対価を要求するなどして紛争化することが想定される。そのため，株主名簿の整理を行

---

[182] 東京高決平成24年11月28日資料版商事356号30頁（共和証券株主総会決議取消請求事件（控訴審）上告棄却・上告受理申立不受理：最決平成25年10月10日商事法務2013号50頁），田中106-107頁

[183] 事業承継ガイドライン78-79頁

[184] 1990年の商法改正前は，株式会社の設立時に最低７人の発起人が各１株以上の株式を引き受けねばならなかったため，設立時から株主が７人以上存在し，その後株式が分散したり，これに起因し，他人の承諾を得て，他人名義を用いて株式の引受けや取得がされることがあり，名義株が発生した（事業承継ガイドライン80頁）。

って株主を確定し，名義株が存在する場合には，名義上の株主との間で合意を結ぶなど，権利関係を明確にしておくべきである。なお，名義株の株主については，名義人すなわち名義貸与者ではなく，実質上の引受人すなわち名義借用者がその株主となるものと解するのが相当とされており[185]，その判断においては，出資等に係る金銭の支出の経緯等も含む様々な要素を考慮する必要があるとされている[186]。

エ　所在不明株主の整理

前述ウの過程で株式が分散し，さらに相続が発生するなどして人間関係が希薄化し，株主名簿上の株主の所在が不明となってしまう事例も頻発している。所在不明株主が存在する場合，突然株主権が主張される事態が想定されるほか，株式譲渡の方法で会社を売却しようとする場合に，全株式を譲渡することができないため，譲受側にとっては全株を取得できず，いつ株主権を主張されるかわからないリスクを負うことになり，会社を売却することができないという事態も想定され得る。また，全株主の同意が必要な行為をする場合や，株主総会の招集等の手続を行うためにも，株主の所在を把握しておく必要がある。そのため，現時点での株主を確定し，その所在地や連絡手段を確保しておくべきである[187]。

5年以上継続して会社からの通知が到達しない株主が所有する株式は，一定の手続を経て会社が処分（競売・売却・自社株買い）することができるが（会社197条），5年という期間の長さが，事業承継の際の手続のハードルになっているとの指摘もあった。そこで，2021年の経営承継円滑化法改正により，非上場の中小企業者のうち，事業承継ニーズの高い株式会社に限り，都道府県知事の認定を受けること及び一定の手続保障（事前の公告及び催告）を前提に，5年を1年に短縮する特例（所在不明株主に関する会社法の特例）が創設された。同特例利用の際は，要件[188]を満たす旨，中小企業者の主たる事務所の所在地の

---

[185] 最判昭和42年11月17日民集21巻9号2448頁
[186] 事業承継ガイドライン80-81頁
[187] 事業承継ガイドライン81頁
[188] 当該特例の認定要件は，①申請者の代表者が年齢，健康状態その他の事情により，継続的かつ安定的に経営を行うことが困難であるため，会社の事業活動の継続に支障が生じている場合であるこ

都道府県に申請する必要がある[189]。

4 資金調達時の会社支配権維持のポイント

　株式会社の資金調達の手段として，募集株式の発行等があげられるが，既存株主の議決権比率の低下や希釈化による経済的損失を生じさせるおそれがある。詳細は，後述第6章第2を参照されたい。

と（経営困難要件）及び②一部株主の所在が不明であることにより，その経営を当該代表者以外の者（株式会社事業後継者）に円滑に承継させることが困難であること（円滑承継困難要件）である（事業承継ガイドライン81頁）。

[189] 事業承継ガイドライン81頁

第6 コンプライアンス・内部統制　95

第6 コンプライアンス・内部統制

1　内部統制システムの整備

Check List
☐　コンプライアンス担当部署・責任者の有無
☐　コンプライアンスに関する社内規程の有無
☐　コンプライアンス確保のための施策の実施状況

(1)　コーポレート・ガバナンスと内部統制の関係

　コーポレート・ガバナンスの重要性については，前述第1のとおりであるが，コーポレート・ガバナンスの前提として，ある程度以上の規模の会社が業務の適正を確保するには，企業組織を管理するための組織体制及びプロセスの構築，すなわち内部統制システムの構築が必要である[190]。会社法上，大会社，監査等委員会設置会社及び指名委員会等設置会社について，取締役会（取締役会非設置会社については取締役）に，内部統制システムの整備に係る決定が義務付けられている（会社348条4項，362条5項，399条の13第2項，416条2項）[191]。また，金商法上，上場会社等については，事業年度ごとに「内部統制報告書」の提出が義務付けられており，コーポレートガバナンス・コードにて内部統制体制の適切な整備が求められているが[192]，前述以外の会社においても，法令・コンプライアンス違反の不祥事等を防ぐためには，内部統制システムを整備することが大切である。

　なお，コーポレート・ガバナンス，内部統制及びコンプライアンスの関係性は，以下の図のとおりである。

---

[190]　江頭427頁，阿部・井窪・片山・法務リスク・コンプライアンスリスク17頁

[191]　中村・コンプライアンス・内部統制88頁，121頁，阿部・井窪・片山・法務リスク・コンプライアンスリスク71頁。

[192]　株式会社東京証券取引所・前掲11頁

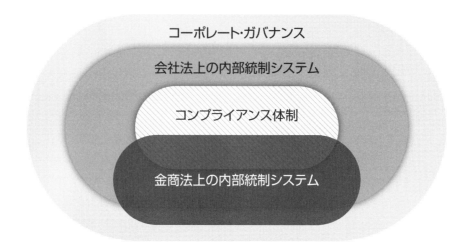

(2) コンプライアンスリスク管理のための内部統制の導入

内部統制とは、業務の有効性と効率性、財務報告の信頼性、コンプライアンスという3つの目的の達成を通じて、企業のリスク管理を実現しようというものである[193]。適切な内部統制を構築するためには、①統制環境（理念、行動様式、役職員の誠実性・倫理観、取締役会の独立性又は構成員の経験と能力、権限と責任の割当）、②リスク評価（リスクを識別し、企業の目的達成に及ぼす影響を評価）、③統制活動（命令・指示が適切に実行されることを確保するための方針及び手続）、④情報と伝達、⑤モニタリング活動（内部統制が有効に機能しているかどうかの継続的確認）の5つの要素に着目することが有用である[194]。

もっとも、経営上の意思決定の誤り、統制プロセスに関与する者の不注意や誤解、個人的な利益又は不当な目的のための内部統制の無効化といった事象により、統制が回避される可能性がある。内部統制にもこのような限界があることを認識したうえで、限界を最小限とするよう設計する必要がある[195]。

---

[193] 中村・コンプライアンス・内部統制 17 頁
[194] 阿部・井窪・片山・法務リスク・コンプライアンスリスク 60-61 頁
[195] 阿部・井窪・片山・法務リスク・コンプライアンスリスク 62 頁

(3) 組織づくり

　前述(1)のとおり，金商法上，上場会社等については，事業年度ごとに「内部統制報告書」の提出が義務付けられており，コーポレートガバナンス・コードにて内部統制体制の適切な整備が求められている。これは，前述(2)の3つの目的のうち，財務報告の信頼性にフォーカスしたものである。これに対し，前述(1)のとおり会社法上，大会社，監査等委員会設置会社及び指名委員会等設置会社については，取締役会（取締役会非設置会社については取締役）に，内部統制システムの整備に係る決定が義務付けられているが，当該決定は会社の業務全般が対象で，前述の金商法上の要請より広い範囲が対象とされている[196]。なお，当該会社法の規定は，「内部統制システムの整備に係る決定」を義務付けるものに過ぎず，会社の態様に応じて「内部統制システムを整備しない」との決定をすることで許容され，内部統制システムの整備を決定する場合でも，その基本方針を決定することで足りると解されている[197]。

　内部統制システムとして，会社の機関設計に応じて，以下の体制の整備が求められている（会社則100条）[198]。

取締役会設置会社で監査等委員会設置会社又は指名委員会等設置会社以外の会社
①　取締役の職務の遂行に係る情報の保存及び管理に関する体制
②　損失の危険の管理に関する規程その他の体制
③　取締役の職務の執行が効率的に行われることを確保するための体制
④　使用人の職務の執行が法令及び定款に適合することを確保するための体制
⑤　当該株式会社並びにその親会社及び子会社からなる企業集団における業務の適正を確保するための体制
監査役設置会社以外の会社
①～⑤に加え，取締役が株主に報告すべき事項を報告するための体制
監査役設置会社
①～⑤に加え，以下。
⑥　監査役がその職務を補助すべき使用人を置くことを求めた場合における当該使用人に関する事項

---

[196] 阿部・井窪・片山・法務リスク・コンプライアンスリスク73頁
[197] 中村・コンプライアンス・内部統制121頁
[198] 阿部・井窪・片山・法務リスク・コンプライアンスリスク72頁

⑦　前述⑥の使用人の取締役からの独立性に関する事項

⑧　監査役の前述⑥の使用人に対する支持の実効性の確保に関する事項

⑨　監査役への報告に関する体制

⑩　前述⑨の報告をした者が当該報告をしたことを理由として不当な取扱いを受けないことを確保するための体制

⑪　監査役の職務の執行について生ずる費用又は債務の処理に係る方針に関する事項

⑫　その他監査役の監査が実効的に行われることを確保するための体制

(4)　社内規程の整備

ア　概　要

適切な内部統制の構築のため，非大会社かつ非公開会社である中小企業においても，コンプライアンス規程や内部通報規程，組織に関する規程（組織規程，職務分掌規程，職務権限規程等）を定めたうえで，各機関に関する規程（取締役会規程，監査役会規程・監査役監査基準，株式取扱規程等）を定めておくことが重要である。

イ　基本規程

（ア）取締役会規程

a　取締役会規程の意義

適切な内部統制の構築のため，機関に関する規程を定めておくことが重要である。取締役会規程は，取締役会が株式会社の業務執行の決定を行うにあたり，その効率，機能を高めるため，予め経営の基本方針や，会社の運営・管理に関し定める規程であり，ある程度具体的に定めておくことが適切である[199]。

b　取締役会規程の制定者

取締役会の運営に関する定めについては，定款に定めることも考えられ，実務上，定款に取締役会の招集権者等を定めている事例も多い。なお，招集権者以外の取締役会の運営に関する事項すべてについて，定款に規定することも理論的には可能であるが，運営方法等の変更にあたり，毎回株主総会の特別決議が必要となってしまい（会社309条2項11号，466条），実務上困難であるか

---

[199]　森・濱田松本・会社法実務問題（1）310頁，田中238頁

ら，定款にすべてを規定することは適切でなく，取締役会規程を策定しておくことが望ましい[200]。

取締役会の運営に関する決定権限は，取締役会自身に属しているため，取締役会の運営については，取締役会自体の決議で定めることが適切である。定款等において，「取締役会に関する事項については，取締役会にて定める取締役会規程による」旨の根拠規定・授権規定が存在し，取締役会の運営に関して取締役会に委ねられることが通常であるが，定款等に根拠規定がなくとも，取締役会の決議又はその決議に基づき制定される取締役会規程において，取締役会の運営に関する事項を定めることが可能である[201]。

c　取締役会規程の効力

取締役会決議により制定された取締役会規程は，決議に参加した取締役を拘束するだけでなく，後に選任された取締役をも拘束する。すなわち，一度制定された規程は，その後取締役会で改廃されない限り，効力を保ち続けることになる。これに対し，監査役は，取締役会に出席する義務及び意見を陳述する義務を有していることから（会社383条1項），取締役会規程のうち，会議の一般原則，法令及び定款の内容を規定した規則には，拘束されると考えられるものの，それ以外の事項については，直ちに拘束されるものではないと考えられる[202]。

d　取締役会規程の構成・規定例

取締役会規程では，①目的，②取締役会の構成，監査役等の出席権・意見陳述権，③関係者の出席，④開催，⑤招集権者，⑥招集請求，⑦招集手続，⑧議長，⑨決議方法，⑩決議事項，⑪業務報告，⑫議事録等について規定されることが一般的である[203]。

■ウェブ掲載　【書式1-6-1-1】取締役会規程

---

[200]　森・濱田松本・会社法実務問題（1）310頁
[201]　森・濱田松本・会社法実務問題（1）311頁
[202]　森・濱田松本・会社法実務問題（1）311頁
[203]　森・濱田松本・会社法実務問題（1）311頁

（イ）監査役監査基準・監査役会規程

a　監査役会・監査役の権限

　会社法が監査役会の権限事項として具体的に定めているものは下表のとおりであるが，監査役会の主要な権限としては，①監査方針等，監査役の職務執行に関する事項を定める権限，②取締役，監査役，会計監査人から報告を受ける権限，③会計監査人の選任，解任及び不再任に関する権限，④監査報告書の作成に関する権限である[204]。

監査役会の主要な権限
①　会計監査人の解任権（会社 340 条 1 項・ 4 項）
②　監査役選任の議案提出の同意権及び議題，議案提出の請求権（会社 343 条 1 項・ 2 項・ 3 項）
③　会計監査人選任の議案の内容の決定権（会社 344 条 1 項・ 3 項）
④　会計監査人解任の議案の内容の決定権（会社 344 条 1 項・ 3 項）
⑤　会計監査人不再任の議案の内容の決定権（会社 344 条 1 項・ 3 項）
⑥　一時会計監査人の選任，解任権（会社 346 条 4 項・ 5 項・ 6 項）
⑦　取締役から報告を受ける権利（会社 357 条 1 項・ 2 項）
⑧　監査報告の作成（会社 390 条 2 項 1 号）
⑨　常勤の監査役の選定及び解職（会社 390 条 2 項 2 号）
⑩　監査方針等を決定する権限（会社 390 条 2 項 3 号）
⑪　監査役の報告を受ける権限（会社 390 条 2 項・ 4 項）
⑫　会計監査人から報告を受ける権利（会社 397 条 1 項・ 3 項）
⑬　会計監査人の報酬等の決定に関する同意権（会社 399 条 1 項・ 2 項）

　監査役会が設置されている場合であっても，会社法が特に監査役の権限・義務事項として具体的に定めているものは下表のとおりである。

---

[204] 森・濱田松本・会社法実務問題（1）337-338 頁

第6 コンプライアンス・内部統制　101

監査役の主要な権限
① 監査役の選任・解任・辞任についての意見陳述権（会社 345 条 1 項・4 項）
② 取締役会への出席義務（会社 383 条 1 項）
③ 取締役会の招集請求権・招集権（会社 383 条 2 項・3 項）
④ 株主総会提出議案等の調査・株主総会への報告義務（会社 384 条）
⑤ 監査役による取締役の行為の差止請求権（会社 385 条 1 項）
⑥ 会社と取締役との間の訴訟について会社の代表権（会社 386 条）
⑦ 監査役の報酬等の決定（会社 387 条 2 項）（監査役の協議によって定める）
⑧ 株主総会における監査役の報酬等についての意見陳述権（会社 387 条 3 項）
⑨ 監査役会の招集権（会社 391 条）
⑩ 会計監査人の解任権（会社 340 条 1 項）
⑪ 役員等の責任免除議案の提出・定款の授権による取締役会決議に基づく役員等の責任軽減の定款変更議案の提出及び責任軽減の同意（会社 425 条 3 項 1 号，426 条 2 項）（各監査役の同意を要する）
⑫ 株主代表訴訟への会社の補助参加についての同意（会社 849 条 2 項 1 号）（各監査役の同意を要する）
⑬ 取締役等に対する責任追及等の訴えに係る訴訟における和解についての同意（会社 849 条の 2）（各監査役の同意を要する）

　　　b　監査役会規程の意義・制定者

　監査役会の運営に関する会社法上の定めは多くないことから，監査役会の運営を適切に行うため，予め監査役会規程を制定し，会議の運営方法を具体的に定めておく必要がある。監査役会の運営方法について，定款で定めることも理論的には可能であるが，取締役会の運営方法と同様，機動的な対処が困難であるなどの問題があるため，定款とは別途，監査役会の運営方法等を具体的に定めた監査役会規程を設けることが望ましい。また，定款において監査役会規程を設ける旨の定めがある場合は，監査役会として，必ず監査役会規程を設けなければならない。もっとも，取締役会と同様，監査役会の運営に関する事項の決定は，監査役会自体の権限事項であるため，定款において監査役会規程への授権・委任規定がなくとも，監査役会は，自由に監査役会規程を定めることが

可能である[205]。

c　監査役会規程の効力

　監査役会規程は，監査役会の決議で定めるのが適切であり，多くの会社において，定款で定めるべき事項を定款で定めたうえで，その他の事項について，監査役会の決議により制定する監査役会規程において定めることとしている。なお，監査役会規程を取締役会又は代表取締役が定めることはできず，仮に定めた場合は無効となる。監査役会規程は，制定当時の監査役のみならず，その後に選任された監査役をも拘束する。なお，取締役及び会計監査人は，会議の一般原則又は法令及び定款に規定されているものを除いて，監査役会規程には拘束されない[206]。

d　監査役会規程の運営

　監査役会は，各監査役が招集するが（会社391条），監査役は，監査役会の日の1週間（1週間を下回る期間を定款で定めた場合はその期間）前までに，各監査役に対してその通知を発しなければならない（会社392条1項）。ただし，監査役の全員の同意があるときは，招集手続を経ることなく監査役会を開催することができる（同条2項）。監査役会の決議は，原則として，監査役の過半数をもって行い（会社393条1項），監査役会が開催された場合には，議事録を作成しなければならない（同条2項・3項，会社則109条）。監査役会議事録は，監査役会の日から10年間本店に備え置き（会社394条1項），裁判所の許可を得た株主又は債権者が閲覧謄写できることとなる（同条2項・3項）[207]。

e　監査役会規程の構成・規定例

　監査役会規程には，監査役会の①趣旨，②組織，③目的，④開催，⑤招集及び議長，⑥決議方法，⑦報告事項，⑧決議事項及び⑨議事録等を定めることが一般的である。非公開会社においては，株主の変動が少なく，株主が会社と長期的かつ継続的に利害関係を有することが想定され，株主による会社の業務執行に対する監視・監督を一定程度期待できることから，取締役会，監査役会若

---

[205]　森・濱田松本・会社法実務問題（1）340頁
[206]　森・濱田松本・会社法実務問題（1）341頁
[207]　森・濱田松本・会社法実務問題（1）145-148頁

しくは監査等委員会，又は指名委員会等の設置は必ずしも義務づけられていない（会社328条1項，327条1項）。監査役会を設置し，監査役会規程を作成するにあたっては，このような監査役と監査役会との関係・権限分配にも留意することが大切である[208]。

②組織に関し，監査役会は，監査役全員で組織し（会社390条1項），非常勤の監査役も当然含まれることから，監査役会の構成員を規程上も明示しておくことが一般的である。

④開催に関し，監査役会は，取締役会と異なり（会社363条2項），年に何回開催すべきかについて法定されておらず，開催頻度については監査役会の判断に委ねられている。しかし，監査役会は，最低でも，監査方針等の監査役の職務執行に関する事項の決定（会社390条2項3号）及び監査報告の作成（同項1号）のため年2回開催する必要があり，監査役会における監査役間で情報共有を行うことが重要であることに鑑みれば，監査役会の開催頻度を監査役会規程に定め，定期的に（月1回や3か月に1回等）開催することが望ましい[209]。

⑤招集及び議長について，監査役会は，各監査役が招集できることから（会社391条），定款にて招集権者を限定することはできない。もっとも，監査役規程上，原則的な招集者を定めることは許容される。また，監査役会を構成する監査役の人数は少数であるため，議長を定めておく必要性は小さいが，監査役規程で定めることも許容される[210]。

⑥決議方法について，監査役会の決議は，原則として，監査役の過半数で決定し（会社393条1項），取締役会と異なり決議要件の加重は認められていない（会社369条1項参照）。また，監査役会の決議には，取締役会と異なり，定足数による要件の緩和も認められていない（同項参照）。なお，監査役会については，取締役会に関する会社法369条2項のような定めがなく，特別利害関係を有する監査役も監査役会の決議に参加することができる[211]。

---

[208] 森・濱田松本・会社法実務問題（1）31, 341頁
[209] 森・濱田松本・会社法実務問題（1）344頁
[210] 森・濱田松本・会社法実務問題（1）345頁
[211] 森・濱田松本・会社法実務問題（1）347-348頁

104　第1章　組織運営

■ウェブ掲載　【書式1-6-1-2】監査役会規程

---

　　　f　監査役監査の留意点・監査役監査基準の規定例
　監査役監査基準は，監査役がその職務を遂行するための行動基準を的確に整理したものであり，監査役監査では，実務上，監査役の職務遂行上の行動基準として監査基準を制定し，これに従って監査業務を実施することが一般的である[212]。公益社団法人日本監査役協会は，上場会社を念頭においた監査役監査基準を制定しており，監査役の職責と心構え，監査役及び監査役会，コーポレートガバナンス・コードを踏まえた対応，監査役監査の環境整備，業務監査，会計監査，監査の方法等，会社の支配に関する基本方針等及び第三者割当等，株主代表訴訟等への対応，監査の報告について記載されている。監査役及び監査役会については，監査役会規程で定める事項や，前述a記載の監査役の権限について，定めておくことになる。また，非上場会社においても，監査役監査の環境整備，業務監査，会計監査，監査の方法等，会社の支配に関する基本方針等及び第三者割当等，監査の報告について，定めておくことが望ましい[213]。

■ウェブ掲載　【書式1-6-1-3】監査役監査基準

（ウ）株式取扱規程
　　　a　株式取扱規程の意義・制定者
　株式取扱規程は，会社法上，定めることが求められているものではないが，定款に株式に関連する手続の詳細まで定めると，定款が長大になり，変更の際の手続的な負担が大きくなり，変更の容易性も失われてしまう[214]。そのため，実務上，株式の取扱いについて，定款にて「当会社の株式に関する取扱い及び

---

[212]　森・濱田松本・会社法実務問題（6）217頁
[213]　森・濱田松本・会社法実務問題（6）217-218頁，公益社団法人日本監査役協会「監査役監査基準」（2022年8月1日最終改定）
[214]　宍戸善一監修，岩倉正和＝佐藤丈文編著『会社法実務解説』（有斐閣，2011年）87-88頁

その手数料については，取締役会にて定める株式取扱規程による」旨の規定を置き，取締役会の決議によって株式取扱規程を定める会社が多い。定款の根拠規定に基づき，取締役会の決議で株式取扱規程を制定する場合，当該株式取扱規程は定款の附属規定の性格を有する。規定される内容は，手続面が中心ではあるものの，株主の権利に重要な影響を与える事項であるため，前述の定款上の根拠規定なくして，取締役会決議又は株式取扱規程に委ねることはできないとする見解もある。したがって，株式の取扱いについては，定款において取締役会又は規程に委任する旨の根拠規定を設けたうえで，取締役会の決議又は株式取扱規程に委ねることが望ましい。また，株式取扱規程は，定款の委任に基づき取締役会の決議で定めるものであるため，規程の内容等が不適切となった場合には，取締役会決議により改正することができる[215]。

b　株式取扱規程の効力・構成・規定例

株式取扱規程は，会社及び株主間の株式に関する手続を中心とした事項を定めたものであるから，会社及び株主の双方を拘束する[216]。

株式取扱規程には，①総則（目的及び株主名簿管理人），②株主名簿への記録等，③株主確認，④株主権行使の手続，⑤特別口座の特例，⑥手数料を定めることが一般的である[217]。

②株主名簿への記録等に関して，株主名簿への記録の手続，記載事項の届出，届出の方式等に関する規定を記載することになる。株主名簿については，前述第2．3(1)ア記載のとおりである。上場会社を含む大会社かつ公開会社では，株主名簿管理人が，株主名簿の作成及び備置きその他の株主名簿に関する事務を取り扱っている。株主名簿管理人は，株主からの届出事項として，会社（株主名簿管理人）配当金の振込口座，常任代理人の氏名，住所等を管理している。株券電子化への移行により，上場会社の株式の異動は，すべて振替制度のもとで取り扱われることとされている。総株主通知は基準日等における株主等を確定するために行うものであるが，発行者は，振替機関から総株主通知を受けた

---

[215] 森・濱田松本・会社法実務問題（1）272頁
[216] 森・濱田松本・会社法実務問題（1）274頁
[217] 森・濱田松本・会社法実務問題（1）274頁

場合には，その通知を受けた内容を株主名簿に記載又は記録しなければならないとされている（振替 152 条 1 項）。加入者が複数の口座管理機関に口座を有する場合には，機構において名寄せされた内容で総株主通知が行われる。また，新株発行等の場合は，会社にて株主名簿に新株主や株数の増加を記録し，会社からの通知により，振替口座簿が記録される。新株予約権を発行している会社においては，新株予約権原簿を作成し，新株予約権原簿記載事項を記載し，又は記録しなければならないが（会社 249 条），新株予約権原簿の管理を株主名簿管理人に行わせる場合には（会社 251 条），新株予約権原簿への記載又は記録，新株予約権に係る質権の登録，移転又は抹消，信託財産の表示又は抹消の請求は，株主名簿管理人に対して行うことになる[218]。

> ■ウェブ掲載　【書式 1-6-1-4】株式取扱規程

ウ　組織に関する規程

前述 1 (2)のとおり，適切な内部統制の構築には，統制環境の整備が必要であり，その整備にあたっては，経営者が誠実性，倫理観，組織の目的及び経営方針を明確に表明する姿勢を示し，実践することが重要である。また，企業の規模や業務の内容，提供する製品・サービスの種類，市場の性格等に適合した組織，権限，職責を設定し，適切な人員配置をすることも重要である。そのような観点を踏まえて，組織規程，職務分掌規程及び職務権限規程を策定することが望ましい[219]。

組織規程においては，会社に設置される組織の種類，組織図，役員の職務，従業員の職位及び職務に加え，該当があれば，委員会の種類及び所轄分野について規定する。

---

[218] 森・濱田松本・会社法実務問題（1）278-282 頁
[219] 中村・コンプライアンス・内部統制 II 84 頁

第6 コンプライアンス・内部統制　107

```
■ウェブ掲載　【書式1-6-1-5】組織規程
```

```
■ウェブ掲載　【書式1-6-1-6】職務分掌規程
```

　職務権限規程においては，各職位の責任と権限を定め，権限の定義，各職位に付与される職務権限の内容等について規定する。

```
■ウェブ掲載　【書式1-6-1-7】職務権限規程
```

エ　コンプライアンス規程

　組織に関する規程の他，適切な内部統制を構築するために，企業の倫理観，組織の目的及び経営方針を明確に表明し，実践する観点から，社是・社訓，企業行動基準，倫理規程，コンプライアンス規程等を策定し，法令等遵守，公正かつ誠実な経営，会社資産の適正な活用・保全等を掲げることが肝要である[220]。

```
■ウェブ掲載　【書式1-6-1-8】コンプライアンス規程
```

---

[220] 中村・コンプライアンス・内部統制Ⅱ84頁

2　内部通報制度

Check List
□　内部通報制度の導入の有無
□　（導入されている場合）内部通報制度の運用状況
□　公益通報者保護法による内部公益通報対応体制整備義務が課される事業者に該当するか
□　内部通報制度の設計の見直し
□　内部通報規程の整備

(1)　内部通報・公益通報・内部告発の区別

　内部通報制度とは，従業員等企業内部の人々から，その企業で現に起きているか，又は起きそうな，法令・コンプライアンス違反，不正・不当・不適切な事実等に関する通報を，企業内の窓口や企業が委託した外部窓口等が受け付け，必要に応じて調査を行い，適切な是正を行う制度をいう[221]。本書では，下表の内部通報及び公益通報を内部通報制度の対象とすることを念頭に置く。

	内部通報	公益通報	内部告発
通報・告発事実	通報対象事実以外の事実（限定なし）	通報対象事実[222]	通報対象事実以外の事実（限定なし）
通報者・告発者	限定なし	労働者等，退職者（1年以内）及び役員	限定なし
通報・告発先	内部	内部及び外部	外部

(2)　事業者に対する内部公益通報対応整備の義務付け

　2022年6月1日から改正公益通報者保護法が施行された。改正の概要は，①

---

[221] 阿部・井窪・片山＝石嵜・山中・内部通報・内部告発 2-5 頁，中島茂＝原正雄＝寺田寛『内部通報制度運用の手引き　改正公益通報者保護法　解説（第2版）』（商事法務，2023年）2頁
[222] 後述(3)エ参照

公益通報者保護の充実[223]，②事業者に対する内部公益通報対応体制整備の義務付け，③行政機関に対する公益通報対応体制整備の義務付けである。

②について，具体的には，(i) 常時 300 人を超える労働者を使用する事業者に対し，内部通報に応じ，適切に対応するために必要な体制の整備その他の必要な措置をとることを義務付け（公益通報者保護法 11 条 2 項），(ii) 内部公益通報受付窓口において受け付ける内部公益通報に関して公益通報対応業務を行う者であり，かつ，当該業務に関して公益通報者を特定させる事項を伝達される者を，従事者（以下「従事者」という。）として定めることを義務付け（公益通報者保護法 11 条 1 項，指針[224]第 3），(iii) 従事者には，正当な理由なく，公益通報対応業務に関して知り得た事項であって公益通報者を特定させるものを漏らさない守秘義務が課され（公益通報者保護法 12 条），違反した場合，30 万円以下の罰金に処するとされた（公益通報者保護法 21 条）[225]。

(ii)について，所属部署の名称にかかわらず，また公益通報を処理する部署でなくても事案により前述の従事者の定義に該当する業務を行う場合は，従事者として定める必要がある。必要が生じた都度従事者として定める場合においては，従事者の指定を行うことにより，社内調査等が公益通報を端緒としていることを当該指定された者に事実上知らせてしまう可能性があるため，公益通報者保護の観点からは，従事者の指定をせずとも公益通報者を特定させる事項を知られてしまう場合を除いて，従事者の指定を行うこと自体の是非について慎重に検討することも必要である[226]。また，事業者は，従事者を定める際には，書面により指定をするなど，従事者の地位に就くことが従事者となる者自身に明らかとなる方法により定めなければならない[227]。

---

[223] 後述(3)ウ及びエ参照
[224] 「公益通報者保護法第 11 条第 1 項及び第 2 項の規定に基づき事業者がとるべき措置に関して，その適切かつ有効な実施を図るために必要な指針（令和 3 年 8 月 20 日内閣府告示第 118 号）」（以下本章第 6 において「指針」という）。
[225] また，前述(i)(ii)の対応にあたり，内閣総理大臣による指針が策定され，内閣総理大臣が事業者の(i)(ii)の対応にあたり，報告の徴収並びに助言，指導及び勧告をすることができるとされた（公益通報者保護法 15 条）。阿部・井窪・片山＝石嵜・山中・内部通報・内部告発 20-22 頁
[226] 消費者庁「公益通報者保護法に基づく指針（令和 3 年内閣府告示第 118 号）の解説」第 3．I．1
[227] 指針第 3．I．2

(3) 内部通報制度の設計・導入

ア　通報の義務化

　内部通報制度は，企業内部の自浄作用の向上，コンプライアンスを遵守した経営を遂行するために重要な制度であるため，従業員に対し，日頃から内部通報制度の重要性を伝え，不正を認識した場合に積極的に通報すべきことを理解してもらうことが重要である。その際，内部通報規程において，通報を従業員の義務や努力義務として定めることも考えられる。もっとも，通報すべき案件かについては従業員において判別がつかない場合もあるため，通報を義務と定めた場合であっても，通報しなかったことにより直ちに懲戒処分等の対象とはしないという位置づけにすることが望ましい[228]。

イ　通報窓口

　事業者は，特定の部門からではなく，全部門又はこれに準ずる複数の部門から部門横断的に公益通報を受け付け，対応業務を行う内部公益通報受付窓口，当該窓口を経由した内部公益通報に係る公益通報対応業務について管理・統括する部署及び責任者を設置しなければならない[229]。また，内部公益通報受付窓口を経由せず，職制上のレポーティングラインを通じて上司や役員が内部通報を受けることも想定し，事案の内容等に照らし，公益通報者の秘密に配慮しつつ調査を担当する部署等に情報共有し，調査や是正に必要な措置を速やかに実施するなどの対応を行うことが望ましい[230]。

　窓口については，社内の部門に設置する社内窓口，法律事務所等の外部に委託する社外窓口，双方を設置する場合があり得る。中小企業の場合は，コストの観点から，社内窓口のみを設置することも想定されるが，通報に対し経営者や幹部からの影響力の行使を避けるために独立性が担保される部署にて窓口を担うことが望ましい[231]。

ウ　通報者の範囲

　改正法は，公益通報者として保護される対象を労働者のみならず，退職後1

---

[228] 阿部・井窪・片山＝石嵜・山中・内部通報・内部告発 32-34 頁
[229] 指針第4．1(1)，消費者庁・前掲第3．Ⅱ．1(1) 注9，注10
[230] 阿部・井窪・片山＝石嵜・山中・内部通報・内部告発 34-35 頁
[231] 阿部・井窪・片山＝石嵜・山中・内部通報・内部告発 35-40 頁

年以内の労働者，請負契約等を締結している事業者等の労働者，退職後１年以内の労働者，派遣労働者，派遣労働者であった者，役員等に拡充した（公益通報者保護法２条１項１号・３号・４号）。また，パート，アルバイト，派遣従業員についても，正社員からコンプライアンスの問題になり得る違法行為・不適切な行為に関する指示を受けることや，不当な扱いを受けることがあり得るため，対象に含めるべきである。その他，子会社，関連会社の従業員や，従業員等の家族等を対象に含めることも考えられる[232]。

エ　通報対象事実の範囲

公益通報者保護法は，通報対象事実の範囲を，公益通報者保護法及び個人の生命又は身体の保護，消費者の利益の擁護，環境の保全，公正な競争の確保その他の国民の生命，身体，財産その他の利益の保護に関わる法律として別表に掲げる罪の犯罪行為又は最終的にその実効性が刑罰により担保されている行為としていたが，改正法は，これに加え，行政罰（過料）の対象となる行為も対象とした（公益通報者保護法２条３項）。前述アのとおり，内部通報制度は企業のコンプライアンス遵守のために重要であることからすれば，公益通報者保護法が対象とする公益通報以外の法令に違反する行為についても，広く対象とすることが望ましい。また，不満や悩みに関する内部通報が行われる可能性もあるが，通報者にとって通報対象事実に該当するかの判断は容易でないことや，人事に対する不満については，従業員の生活環境等に影響を及ぼし得ることからすれば，保護すべき通報であるかの判断は慎重に行う必要がある[233]。

オ　通報の方法・手段（受付媒体）

内部通報を受け付ける手段としては，電話，ファクシミリ，電子メール，書面（封書）の提出・郵送，面談，社内イントラネットやウェブサイト内の専門フォームにおいて通報を受け付ける方法等から，企業の実情に合わせて，いずれか又は複数を選択することが考えられる。なお，通報を受け付けた場合（特に電話や面談の場合）に，通報内容を記録するための通報受付票を用意してお

---

[232] 阿部・井窪・片山＝石嵜・山中・内部通報・内部告発 45-48 頁
[233] 阿部・井窪・片山＝石嵜・山中・内部通報・内部告発 51-54 頁

くことも検討に値する[234]。

通報手段	留意点[235]
電話	・通報者と担当者の会話が漏洩しないよう，内部通報処理部門を他の部門と隔離，専用回線を用意するなどの措置を取ることが望ましい。 ・整理されていない通報内容を担当者が的確に聞きとるトレーニングを行うことが望ましい。弁護士や通報受付の専門会社が行う社外窓口に限り電話での受付を認めることも考えられる。
電子メール・イントラネット	・誤送信を避けるため，社内イントラやウェブサイト内に専用フォームを用意し，フォームに社内の不特定多数の者がアクセスできないようにシステムを構築する必要がある。
封書・郵便	・匿名で送付された場合，追加質問・確認，フィードバックが困難であるため，予め通報フォーマットや通報用紙兼封筒を用意しておくことも検討に値する。
面談	・担当者と顔を合わせることが通報者に心理的な負担をかける可能性があるため，面談以外の通報手段も用意することが望ましい。

カ　匿名性の確保・秘密保持

　通報者に関する氏名等の情報が職場内に漏洩し通報者が特定された場合，通報者に対する嫌がらせや報復といった不利益な取扱いがされる危険性が生じ，通報者が通報をためらってしまうため，通報者の匿名性を確保し，通報に係る秘密を保持することが，内部通報制度の実効性を高めるために極めて重要である[236]。そのため，①実名のみならず，匿名でも通報を受け付けること，②通報に係る情報を共有する人的範囲を限定すること，③通報に係る秘密情報の共有範囲を物理的・技術的に管理し限定することが必須である。また，④通報を端緒として調査が行われていることに気付かれないよう，周辺情報から調査を開始する，ダミーの調査や組織内のコンプライアンスに関する調査を定期的に全

---

[234] 阿部・井窪・片山＝石嵜・山中・内部通報・内部告発54頁

[235] 阿部・井窪・片山＝石嵜・山中・内部通報・内部告発56-61頁

[236] 前述(2)(iii)のとおり，従事者には，正当な理由なく，公益通報対応業務に関して知り得た事項であって公益通報者を特定させるものを漏らさない守秘義務が課されており（公益通報者保護法12条），違反した場合，30万円以下の罰金に処せられる（公益通報者保護法21条）。

第6 コンプライアンス・内部統制　113

従業員に対し実施するといった，調査の実施方法における工夫を行うこと，⑤社外窓口を設置し，外部の第三者（弁護士等）を活用すること，⑥通報者を探索することが禁止され，その違反が懲戒処分の対象となることや通報者本人も含めた秘密保持を周知するなどの措置を講じることも有用である[237]。

(4)　内部通報受付後の対応

ア　調査の準備

通報対応担当者は，通報受付後，正当な理由がある場合を除いて，必要な調査を実施することになる。そして，当該調査の結果，通報対象事実に係る法令違反行為が明らかになった場合には，速やかに是正に必要な措置をとり，当該措置をとった後，当該措置が適切に機能しているかを確認し，適切に機能していない場合には，改めて是正に必要な措置をとる必要がある[238]。

調査を実施しない「正当な理由」がある場合とは，例えば，解決済みの案件に関する情報が寄せられた場合，公益通報者と連絡がとれず事実確認が困難である場合等が考えられる。もっとも，法令違反行為が是正されたように見えても，案件自体が再発する場合や，当該再発事案に関する新たな情報が寄せられる場合もあることから，解決済みといえるか，寄せられた情報が以前の案件と同一のものといえるかについては慎重に検討する必要がある[239]。

また，通報したものの，通報者が報復等を恐れて調査を望まない場合も想定される。公益通報者の意向に反して調査を行うことも原則として可能ではあるが[240]，調査の円滑な実施や通報者の保護の観点から，通報者の意向に配慮することも必要である[241]。

イ　調査の開始

調査の開始にあたり，まず，通報対応担当者が，通報者から事情聴取を行うことになる。次に，通報対象者の周辺人物（同僚，部下，上司）に事情聴取を

---

[237] 阿部・井窪・片山＝石嵜・山中・内部通報・内部告発67-70頁
[238] 指針第4．1(3)
[239] 消費者庁・前掲第3．Ⅱ．1(3)③，阿部・井窪・片山＝石嵜・山中・内部通報・内部告発80頁
[240] 消費者庁・前掲第3．Ⅱ．1(3)③
[241] 阿部・井窪・片山＝石嵜・山中・内部通報・内部告発81頁

行い，最後に通報対象者から事情聴取を行うことが一般的である。なお，通報対象者の周辺人物は通報対象者と共に通報対象行為に加担している可能性があるため，聴取の順序や方法については慎重に検討する必要がある。必要に応じて，社外の関係者から事情聴取を行うことや，通報対象者が役職者等であり，通報窓口担当者では事情聴取をしづらい場合には，通報対象者と同格の者や弁護士等の第三者に立ち会ってもらうことも検討に値する。また，事情聴取の結果は録音等による記録しておくことが望ましい。ニュアンスや内容が二転三転することもあり得るためである。なお，後日の紛議を割けるため，聴取の冒頭で対象者から録音について了解を得ておくことが望ましい[242]。

ウ　調査終了後の対応

調査を行った結果，法令違反等の不正行為が明らかになった場合，速やかに是正措置，再発防止策を講じなければならない。また，違反行為者，協力者，監督不行届きであった上司，調査に協力しなかった又は妨害した者に対し，就業規則等の社内規程に従った懲戒処分を行うことになる。書面により内部公益通報を受けた場合において，通報対象事実の中止その他是正に必要な措置をとったときはその旨を，通報対象事実がないことが確認できたときはその旨を，適正な業務の遂行及び利害関係人のプライバシー等の保護に支障がない範囲において，通報者に対し速やかに通知する必要があるが[243]，それ以外の通報についても通報者に対し，適宜通知を行うことが望ましい。前述の手続がすべて完了した後も，是正措置や再発防止策が十分機能しているか，通報者に対する不利益取扱いがなされていないか，内部通報制度に改善すべき点がないかといったフォローアップを行うことも重要である[244]。

> ■ウェブ掲載　【書式1-6-2-1】内部通報規程

---

[242] 阿部・井窪・片山＝石嵜・山中・内部通報・内部告発82-84頁
[243] 指針第4．3(2)
[244] 阿部・井窪・片山＝石嵜・山中・内部通報・内部告発88-94頁

■第2章

スタートアップ・新規事業

第1 会社の設立

1 会社形態の選択

(1) 会社形態の種類

会社法において，事業活動の受け皿となる会社として，①株式会社，②合同会社，③合資会社，④合名会社の4つの類型が用意されている。各会社は出資者の責任範囲や意思決定の方法などの点で異なっているところ，各類型の性質や特徴を整理すると以下のとおりである。

	株式会社	合同会社	合資会社	合名会社
出資者	株主	社員	社員	社員
出資者の責任	有限責任	有限責任	有限責任 無限責任	無限責任
議決権	一株一議決権	一人一議決権	一人一議決権	一人一議決権
意思決定方法	株主総会	社員の過半数	社員の過半数	社員の過半数
株式(持分)譲渡	自由（制限可能）	全社員の同意	全社員の同意	全社員の同意
株式上場(IPO)	可能	不可能	不可能	不可能

116　第2章 スタートアップ・新規事業

　事業活動においてリスクをどのようにコントロールするかは重要な観点となるが，このうち③合資会社と④合名会社については前述の表のとおり出資者が無限責任を負うことになる。そのため，スタートアップ企業を設立する場合には①株式会社，②合同会社のいずれかの類型を選択することが一般的であるところ，以下では株式会社と合同会社のそれぞれの特徴について詳しく説明する。

(2)　株式会社の特徴
　株式会社の大きな特徴として，以下の3点があげられる。
ア　新株予約権や優先株式等の利用による多様な資金調達が可能
　株式会社では種類株式を含む様々な種類の株式や新株予約権を発行することができ，このような仕組みを通じて多様な資金調達が可能である。
　例えば，議決権のない優先配当株式を発行することで，経営権を確保した状態で投資家などから資金調達を行うことなどが可能である。また，ストック・オプションを利用することで，役員や従業員のモチベーションアップや人件費の抑制を図ることが可能である。
イ　会社の規模やニーズに応じた機関設計が可能
　株式会社では会社の規模やニーズに応じた機関設計が可能である。
　例えば，創業から間もない時点においては取締役のみのシンプルな機関設計とすることも可能である一方で，会社の規模が拡大するにつれて監督・ガバナンス機能を強化するために，取締役会や監査役の設置に加えて，監査役会，会計参与，会計監査人などの設置も可能である。また，指名委員会，監査委員会や報酬委員会の設置を伴う委員会設置会社などの機関設計が可能であるところ，このような会社の規模やニーズに応じた柔軟な機関設計や変更が可能である。
ウ　株式上場（IPO）が可能
　株式会社では株式上場（IPO）が可能である。
　これにより創業者は起業によるキャピタルゲインの獲得が可能であり，また，IPOにより多額の資金調達や知名度・信用力の向上を期待でき，これを通じたビジネスの拡大や人材採用力の向上を図ることができる。この点は合同会社との大きな違いである。

(3) 合同会社の特徴

合同会社の大きな特徴として，以下の4点があげられる。

ア　設立手続が簡便で，コストを抑えることが可能

合同会社の場合，株式会社より設立手続が簡便でコストを抑えることができる。

株式会社の場合，法務局による定款の認証が必要であるところ，合同会社の場合にはこのような定款認証手続が不要であり，また，後述2(3)のとおり資本金額にもよるが，登録免許税の最低額についても，株式会社が15万円であるのに対して，合同会社の場合には6万円と大きく抑えられているためである。

イ　機関設計のルールが緩和されており，より柔軟な機関設計が可能

株式会社の場合，機関設計について会社法上で細かく規律がなされているが，合同会社の場合，定款である程度自由に機関設計が可能である。

例えば，会社法では場合によっては取締役会の設置が義務付けられる場合があり，役員についても任期の上限が定められているが，合同会社の場合にはそのような制限はない。

ウ　自由な利益分配が可能

株式会社の場合，利益配当を行う際には原則として1株当たり○円といった形で株式数に応じた配当を行う必要があるが，合同会社の場合，出資額にかかわらず自由な配当が可能である。

そのため，単純に出資額ではなく，事業への貢献度などに応じて柔軟に利益分配を行うことが可能である。

エ　決算公告が不要

株式会社の場合，年1回の決算公告が義務付けられているが，合同会社の場合，このような決算公告の義務がない点が特徴としてあげられる。

決算公告のためには官報掲載のための費用が必要となるところ，株式会社の場合には最低でも7万円程度必要になるため，合同会社の場合にはこのようなランニングコストを節約することが可能である。

(4) まとめ

以上のような株式会社と合同会社の特徴を整理すると次頁の表のとおりに

118　第2章 スタートアップ・新規事業

　なり，起業のために会社を設立する場合にはこのような株式会社と合同会社の特徴を踏まえて，適切な会社形式を採用する必要がある。

　なお，当初は設立費用などを押さえるために合同会社を選択し，事業が軌道に乗ってから株式会社に組織変更することも可能である。

　しかし，組織変更にも手続的な負担が生じるため，当初よりある程度の事業規模での展開を想定している場合には，当初より株式会社を設立することでよいと考えられる。

	株式会社	合同会社
出資者	株主	社員
責任	有限責任	有限責任
機関設計	ルールに基づいた機関設計	自由な機関設計
役員の任期	上限あり（最長10年）	上限なし
種類株式・新株予約権	発行可能	発行不可
利益分配	株式数に応じて分配	自由に可能
設立費用	高い（約20万円〜）	安い（約6万円〜）
決算公告	必要	不要
株式上場	可能	不可能

2　会社設立のステップ・スケジュール

(1)　会社設立のための手続

　株式会社の設立手続は，大きく①発起人と会社概要の決定，②定款作成，③定款認証，④資本金・出資金の払込み，⑤登記申請，⑥設立登記（設立完了）の手続に分けることができる。前述のように，合同会社については，③定款認証の手続は不要とされているところ，その分の手続的な負担・費用を軽減することが可能である。

　また，株式会社の設立の方法として，すべての株式について会社を設立する発起人が引き受ける方式の発起設立の方法，一部の株式につき発起人以外の第三者が引き受ける方式の募集設立の方法が存在するが，現実的に起業の時点で第三者から出資を募ることは難しいことから，発起設立による場合がほとんどである。

そのため以下では，株式会社の設立手続のうち発起設立を前提に各手続の概要について説明する。

ア　発起人と会社概要の決定

会社を設立する場合，まず発起人と会社概要を決定する必要がある。発起人とは，会社設立に必要な出資や設立手続等を担う者をいい，会社の創業者が発起人となるのが通常である。

会社の設立を担う発起人はどのような会社を設立するか決定する必要があり，具体的には，会社の商号（社名），事業目的，所在地，設立時発行株式に関する事項（資本金の金額，設立時発行株式数，発起人が割当てを受ける株式の数及び金額など），設立時役員に関する事項などを決定することになる。発起人が決定した内容は発起人決定書（発起人会議事録）として書面化を行い，会社設立申請の際に提出することが要求されている。

イ　定款作成・認証

発起人と会社概要が決まったら，次に定款の作成を行うことになる。定款とは，会社の商号（社名），事業目的，所在地，機関設計，及び運営上のルールなどの基本的事項を定めたものである。定款に記載する事項は，会社法において必ず定款に記載しなければならないとされている「絶対的記載事項」，定款に定めなければ効力が認められないとされている「相対的記載事項」，定款に記載しなくてもよいとされる「任意的記載事項」に分けることができる。

定款を作成したら公証人において定款認証の手続を行うことになる。定款認証とは，公証人において定款が正当な手続により作成されたものであることを証明する手続をいい，会社の基本的事項を定めた定款の紛失・改ざんなどを防止するために行われる。合同会社については株式会社と異なり定款認証を行う必要がないとされている。

定款認証については，①紙の定款を公証人に認証してもらう方法，②電子定款を公証人に認証してもらう方法の２つの方法があり，電子定款の場合には印紙税が不要となるため定款認証に関する費用を節約できるというメリットがある。

ウ　資本金・出資金の払込み

定款認証の手続が完了したら資本金・出資金の払込みを行うことになる。

120　第2章　スタートアップ·新規事業

2006年の会社法の施行以前，株式会社については資本金の額は1,000万円以上でなければならないとする規制が存在したが，現在はいくらでもよいとされている。

　また，資本金・出資金の払込みの方法として，現金を直接払い込む金銭出資の方法，現金に代えて金銭以外の資産をもって出資する現物出資の方法が存在するが，現物出資の場合には出資財産の評価が不当な場合に他の出資者や会社債権者の利益が害される可能性があるため，①現物出資者の氏名や財産の価格などを定款で規定し，②当該価格の評価の正当性を判断する検査役の選任が必要となるなどの手続的な負担が生じることから，現物出資の方法を採用するケースは稀である。

　なお，当該資本金・出資金の払込みを行う時点では会社設立前で会社名義の口座を準備できないため，発起人個人の口座に対して払込みを行うことになる。

エ　登記申請

　資本金・出資金の払込みが完了したら，会社設立のための登記申請を行うことになる。登記申請に際しては法務局などで用意された書式の設立登記申請書に加えて，発起人決定書，設立時取締役の就任承諾書，認証済みの定款や資本金・出資金の払込証明書などの必要書類を準備する必要がある。また，法務局に会社の届出印を登録する必要があるが，この登録申請については設立登記申請とあわせて行うことが一般的である。

　なお，登記申請は定款で定めた本店所在地を管轄する法務局において申請を行うことになるが，法務局現地での申請のほかに郵送やオンラインでの申請も認められている。

設立登記申請時の必要書類例（添付書類）	
取締役会なし	取締役会あり（取締役3名，監査役1名）
定款	定款
発起人決定書	発起人決定書
設立時取締役の就任承諾書	設立時代表取締役選定決議書
印鑑証明書	設立時取締役及び設立時監査役の就任承諾書
払込みを証する書面	印鑑証明書
	本人確認証明書
	払込みを証する書面

オ　設立登記（設立完了）

　設立登記申請から約1〜2週間で会社の設立登記が完了するが，会社の設立年月日は登記申請を行った日とされる。

　この設立登記後には会社の登記事項証明書などを取得することができるようになるため，事業活動に必要となる銀行口座を開設し，資本金・出資金の払込みを行った発起人の口座から資金を移動することになるが，事業活動の準備のために支出済みのケースも多く，必ずしも資本金・出資金の額面通りに入金する必要があるわけではない。

(2)　会社設立のスケジュール

　以上が会社設立のための一般的な手続となるが，定款作成・認証，資本金・出資金の払込みを実施して，必要な書類をすべて作成して登記申請を行うことで会社設立の手続は完了するところ，1日でその手続を完了することは不可能ではない。

　しかし，会社所在地や設立時の役員などの会社の基本的な事項や資本金・出資金の払込み，登記申請に必要な書類の作成や準備などのことを考えると，一般的な会社設立申請までのスケジュールとしては2〜3週間程度を要するものと考えられる。

(3)　設立費用

　会社設立時点では資金的な余裕がないことが一般的であるところ，設立費用も重要な視点となる。株式会社，合同会社の設立費用をまとめると次頁の表のとおりであり，前述のように合同会社の場合には定款認証の手続が不要であること，登録免許税が低額であることから費用は株式会社の場合と比較して全体的に安くなっている。

法定費用		株式会社		合同会社	
支払先	費目	紙の定款	電子定款	紙の定款	電子定款
公証役場	定款用収入印紙	4万円	―	4万円	―
	定款認証手数料[1]	3～5万円		―	
法務局	登録免許税[2]	15万円～		6万円～	
合計額		22万円～	18万円～	10万円～	6万円～

　以上の費用に加えて，設立登記申請に必要となる定款の謄本作成手数料（1頁当たり250円）や，会社代表印の印鑑作成費用や口座開設，そのための印鑑証明書や登記簿謄本の取得費用などが発生する。また，会社設立手続については弁護士や司法書士に登記申請の代理まで含めて依頼することが可能だが，弁護士又は司法書士に依頼した場合にはその分の専門家報酬を支払う必要がある点には注意が必要である。

3　スタートアップ企業の機関設計

　実際に株式会社の設立に着手し，定款を作成するに当たっては，会社の機関設計を決める必要があるが，前述のとおり株式会社においては会社の規模やニーズに応じた機関設計が可能となっているため，成長段階に応じた機関設計を行っていくことが望ましい。詳細は，第1章第1．3を参照されたい。

---

[1] 定款の認証手数料は，資本金額により異なり，資本金100万円未満の場合は3万円，資本金100万円以上300万円未満の場合は4万円，資本金300万円以上の場合は5万円となる。

[2] 登録免許税の金額は，資本金額により異なり，株式会社の場合は15万円又は資本金額の0.7%のどちらか高い方の金額，合同会社の場合は6万円又は資本金額の 0.7%のどちらか高い方が必要となる。

第1 会社の設立　123

4　共同経営における留意点

Case

Aは，友人のBとともに2人で会社を起業したが，創業者間で揉めて会社の重要事項を決議できなくなり，会社運営が進まなくなってしまった。また，このような事態に至ったことが原因で，友人Bは新しく別会社を立ち上げてしまった。このような事態を避けるためには，どのような対応が考えられただろうか。

Check List

- □　創業者間の持ち株比率について，意見対立があった場合にも決議ができるような割合となっているか
- □　創業者の誰かが退社した場合に，当該創業者が保有する株式を買い取れる仕組みが整えられているか

(1)　共同創業者との持ち株比率

　共同創業者は発起人としてお互いに出資を行って会社の株主となるところ，株主は株主総会において取締役などの役員の選任・解任やその他の基本的事項を決定する議決権を有するため，創業時の持ち株比率（議決権割合）をどのように設計するかは非常に重要である。例えば，2名で共同出資をして会社を設立する場合に50：50の持ち株比率とすると，仮に両者の意見が対立した場合には株主総会の決議が行えず，役員の選任などが行えなくなる可能性がある。

　以下では，株主が行使可能な議決権の種類や決議事項を踏まえて，共同創業者の持ち株比率について検討するべきポイントを整理する。

ア　決議の種類と議決権割合

　株主総会の決議はその重要度に応じて大きく普通決議，特別決議，特殊決議に分かれる。

　普通決議とは，出席した株主が有する議決権数が株主全体の行使可能な議決権数の過半数であり（定足数），出席した株主の議決権の過半数の賛成により成立する決議，特別決議とは，出席した株主が有する議決権数が株主全体の行

使可能な議決権数の過半数であり（定足数），出席した株主の議決権の３分の２以上の賛成により成立する決議をいう。なお，特殊決議とは，特別決議よりも厳しい要件が定められているものをいう。

このことから議決権割合については，①議決権の過半数をもつこと（普通決議を可決可能），②議決権の３分の２以上をもつこと（特別決議を可決可能），③議決権の３分の１超をもつこと（特別決議を否決可能）の３種類に大きく分けて考えることが可能である。そのため，創業時や資金調達時には各株主の持ち株比率が各割合を超えさせるかどうかを慎重に検討する必要がある。

イ　決議事項の種類

基本的に株主総会の決議は普通決議によって行われるが，会社や株主に与える影響が特に大きい重要な決議事項については，特別決議，特殊決議として要件が加重されている。普通決議，特別決議，特殊決議の各議決事項は概ね以下のとおり整理できる。

普通決議	取締役などの役員の選任・解任（監査役の解任は除く） 役員報酬の決定 計算書類の承認 剰余金の配当 資本金の増額（準備金の増額・減額） 株式分割
特別決議	監査役の解任 新株（新株予約権）の発行 定款変更 資本金の減額 株式併合 合併，会社分割，株式交換・移転・交付 事業譲渡 解散
特殊決議	譲渡制限株式（非公開会社）に変更する定款変更 株主ごとに属人的な定めを行う定款変更

(2)　創業者株主間契約

以上のように，創業時の持ち株比率について慎重に考慮したとしても，それだけで創業者間に起こり得る意見対立をすべて回避し得るわけではなく，場合によっては創業者の誰かが辞めることもあり得る。このような場合に備えて，辞めた者から他の創業者が株式を買い取れるようにしておくことが一般的で，

このような，創業者間における株式の取扱いに関する契約を創業者株主間契約という。

創業者株主間契約では，①誰が株式を買い取るのか，②その価格をいくらとするのか，③リバース・ベスティング条項を設けるか等が論点となる。

ア　株式取得者について

株式を取得するのは残った創業者メンバーとなるが，①創業者のうち代表取締役などの特定の者が株式を取得できるとする場合，②残された創業者の全員が平等に株式を取得できるとする場合などが考えられる。

イ　取得価格について

取得価格については，①無償，②取得時の価格（出資した金額），③簿価純資産額などの定め方が考えられる。時価とすることも考えられるところだが，未上場企業の株式の評価額については争いになりやすく，事後的な紛争リスクを抱えることになりかねないため避けた方がよい。

ウ　リバース・ベスティング条項

創業者が役員などを退任する場合に，在籍期間に応じて他の創業者などが退任する創業者から取得できる株式の割合が減少するように定めるリバース・ベスティング条項を設けることがある。

長年，会社の事業価値の増大に貢献をしたにもかかわらず退任によりすべての株式の取り上げを認めることは退任する者に酷であるため，このようなリバース・ベスティング条項が設けられる。

エ　その他の条項

その他，創業者は事業上の重要な情報に触れる機会が多く，その内情に精通しているため，退任した場合に一定期間の競業可能性のある同種事業を営むこと禁止する競業避止条項や秘密保持義務条項，万が一，創業者の一部が亡くなった場合に備えた相続人の譲渡義務条項を設けることも考えられる。

■ウェブ掲載　【書式2-1-4-1】創業者株主間契約

第2 資本政策

1 資本政策のポイント

資本政策とは，一般的に，会社が事業計画を達成するための資金調達及び株主構成計画を策定することをいう。会社にとって資金が必要であり，創業株主の手持ちの資金や会社の現在の収益では不足する場合は，外部から調達する必要がある。他方で，外部から出資を受けることで，創業株主の持分比率が低下し，会社に対するコントロール権を失うこともある。このバランスをどのように取るかを決めるというのが資本政策の基本的な考え方である。

また，創業株主が会社の価値の向上を個人の収益として得るため，保有する株式を売却してキャピタルゲインを得る場合や，役員・従業員への報酬の一形態としてストック・オプション（新株予約権）を付与する場合の比率をどうするかという点も，資本政策の1つとして検討すべき事項である。

2 ストック・オプション（新株予約権）

(1) ストック・オプションの意義

ストック・オプションとは，会社法上の新株予約権のことであり，特に，会社が役員や従業員に対するインセンティブ報酬として会社の新株予約権を付与する場合に，これをストック・オプションと呼ぶ場合が多い。金銭報酬という形で十分な報酬を支払う能力がない企業において，将来の会社の価値の向上による金銭的メリットを享受する権利を付与することにより，有能な人材を確保することが可能となることから，特にベンチャー企業において，ストック・オプションを活用するメリットが大きい。

(2) 新株予約権の発行手続

新株予約権の発行手続は，募集株式の発行手続と概ね同様である（募集株式の発行手続は第6章第2. 1「新株発行による調達」を参照）。募集事項の決定には原則として株主総会の特別決議が必要となるが（会社238条2項，309条

2項6号），株主総会の特別決議により，募集事項の決定を取締役（取締役会設置会社の場合取締役会）に委任できる（会社239条1項，309条2項6号）。ただし，募集事項の決定を取締役（又は取締役会）に委任する場合，株主総会の決議日から1年以内の日を割当日としなければならない（会社239条3項）。新株の発行と同様に，新株予約権を引き受ける者との間で総額引受契約を締結することにより，新株予約権の申込と割当ての手続を省略することができる（会社244条1項）。

　ストック・オプションとして新株予約権を発行する場合は，一般的に無償で交付されることが多いので，募集事項の決定においては，募集新株予約権の引き換えに金銭の払込みを要さないことを定めることになる（会社238条1項2号）。また，インセンティブ報酬という性質から，新株予約権の行使条件として会社に在職していることを定める場合も多い。

(3) 取締役に対する報酬決議

　新株予約権を会社の取締役に発行する場合，取締役に対する職務執行の対価として新株予約権を付与することにつき，株主総会での承認が必要となる（会社361条1項4号・5号ロ）。株主総会の承認決議を得るに当たっては，新株予約権の数の上限，行使条件，譲渡制限，取得条件なども含め報酬決議を行う必要がある（同項4号・5号ロ，会社則98条の3，98条の4第2項）。

(4) 新株予約権の行使

　新株予約権者が新株予約権を行使するに当たっては，発行会社に対してその行使に係る新株予約権の内容及び数並びに新株予約権を行使する日を明らかにする必要がある（会社280条1項）。新株予約権の行使に当たり，金銭を出資の目的とするときは，新株予約権者は，新株予約権を行使する日に，権利行使価額の全額を払い込まなければならない（会社281条1項）。新株予約権者は新株予約権を行使した日に株式を取得する（同項）。

（5） 税制適格ストック・オプション
ア　メリット
　ストック・オプションに対する課税の原則は，無償で新株予約権が付与された場合はその時点では課税されず，新株予約権を行使し株式を取得した時点(権利行使時点)における新株予約権の行使価格と株価の差額(キャピタルゲイン)について課税されるというものである。しかし，株式を取得した段階では新株予約権を行使した者に現金が入るわけではないため，キャピタルゲインが大きい場合に，多額の納税に耐えられない場合がある。そこで，法律上一定の要件を満たすストック・オプション（税制適格ストック・オプション）については，権利行使時点においては課税されず，ストック・オプションの行使によって得た株式を売却した時点で，株式売却時点の株価と，権利行使価額の差額に対して課税するということが認められている（租税特別措置法29条の２，租税特別措置法施行令19条の３）。

　また，税制適格ストック・オプションの場合，株式売却時の課税は申告分離課税となるところ，税制非適格ストック・オプションが権利行使時点（株式取得時点)での給与所得として課税されるのと比して，一般的に税率が低くなり，課税額が少なくなることが多い。このように，課税の時期及び課税額においてメリットがあるのが税制適格ストック・オプションであり，発行されるストック・オプションの多くはこの税制適格ストック・オプションである。

イ　留意点
　税制適格ストック・オプションに関する留意点としては，以下のものがある。まず，税制適格ストック・オプションは，発行する時点で税制適格の要件を満たしている必要がある。一度非適格のストック・オプションで発行したものは，事後的に要件を満たしても税制適格とはならない。次に，権利行使者の権利行使価額の年間合計額が1,200万円を超えないことが税制適格要件とされているため，1,200万円を超えるストック・オプションを付与する必要があるような場合には，税制適格ストック・オプションを用いることはできない。さらに，一定の持分比率を超える株主（非上場会社の場合発行済み株式の３分の１超，上場会社の場合10％超）については税制適格の対象者から除外されていることから，創業株主のように持分比率の高い株主に対しては発行できない場合がある。

(6)　有償ストック・オプション

　税制適格ストック・オプションが使えない場合に，課税の問題を解決するための方策として，発行価格を有償とした有償ストック・オプションが比較的広く用いられている。発行価格を公正価値に設定することで，新株予約権の付与時・行使時いずれも税務上は経済的利益を生じさせないようにして，取得した株式を譲渡する時に課税を繰り延べることにより，税制適格ストック・オプションと同様の税務上のメリットを享受できるようにするものである。また，発行価格を公正価値とすることにより，ストック・オプションが「取締役の報酬，賞与その他の職務執行の対価」（会社361条1項柱書）に該当しなくなるため，株主総会における報酬決議が不要となるという利点もある。

第3 創業時の資金調達

1 ベンチャー企業の資金調達のモデル

(1) 創業時

　会社の設立時の資金調達手段としては，まずは創業者による出資という形で行われる。創業者が複数いる場合は，それぞれが出資したうえで，相互の権利関係を明確にするために，株主間契約を締結することがある。創業者に十分な手持ちの資金がない場合，外部から資金調達をする必要がある。もっとも，実績もない会社に出資してくれる者はなかなかおらず，融資をしてくれる金融機関もなかなか見つからないのが実情である。そのような場合，国や地方自治体による創業融資制度といった，公的支援の制度を利用することも考えられる。

(2) シード段階

　事業を立ち上げて間もない頃に，事業の将来性を買って出資をしてくれる個人投資家が現れることがある。このような個人投資家はエンジェル投資家と呼ばれる。エンジェル投資家と会社の間で投資契約や，エンジェル投資家と創業株主との間で株主間契約を締結することもあるが，エンジェル投資家は創業者との個人的な人間関係を基に投資する場合が多く，このような契約を結ばない場合もある。エンジェル投資家は，生まれて間もない会社のアドバイザー的な立ち位置で，会社の取締役や監査役に就任して経営に一部関与することもある。

(3) シリーズA

　事業を軌道に乗せる段階においては，ベンチャーキャピタルからの出資を受けることが可能となってくる。ベンチャーキャピタルは，投資した企業が成長することによるキャピタルゲインを得ることを業としている者であり，その投資においては，厳密なデュー・ディリジェンスが行われ，投資契約や株主間契約が締結される。また，ベンチャーキャピタルは，出資に際して，種類株式の発行という形で，優先配当を得られる形にすることで利益を確保することや，ベンチャーキャピタルに取締役の指名権を与え，株式の持分比率以上に会社の

コントロール権を得ようとすることがある。条件によっては実質的な経営権を
ベンチャーキャピタルに明け渡すことにもなりかねないので，ベンチャーキャ
ピタルから出資を受ける場合には，調達額や条件に十分注意する必要がある。

(4) シリーズB

事業が軌道に乗り，さらなる拡大を目指すとき，新たな資金調達として，ベ
ンチャーキャピタルから出資を受けることがある。また，会社の業績が安定し
てきた場合には，金融機関からも悪くない条件で融資を受けられる場合もある。
調達金額も大きくなり，複数のベンチャーキャピタルや金融機関からの調達を
する必要が生じる場合もある。優良な事業の場合，国や地方自治体からの助成
金を受けられるようになる場合もある。

(5) シリーズC

会社の信用力も高くなり，価値のある資産も有する状況となった段階におい
ては，金融機関からの資金調達がメインの資金調達手段となってくる。また，
事業の規模が拡大してきて，さらなる発展を目指すとき，他の事業者からの出
資を受けることで，当該事業者と業務提携をし，そのシナジー効果でさらなる
事業の発展を図ることがある。他の事業者から出資を受ける手法としては，株
式を発行する方法や，共同持株会社を設立する方法などがある。

(6) IPO

事業が順調に拡大し，会社の体制も整った段階で，証券取引所に対して新規
株式上場（IPO）をすることがある。IPOによって広く市場から資金調達をす
ることができるほか，創業株主は多額のキャピタルゲインを得られることになる。

2　資金調達に利用される種類株式

詳細は，第6章第2．2を参照されたい。

3 投資契約及び株主間契約

詳細は，第6章第2．3(4)を参照されたい。

4 クラウドファンディング

詳細は，第6章第5．1を参照されたい。

第4 新規事業に関する法規制

Case

新たなビジネスモデルをもとにした事業を実施しようと考えているが，当該ビジネスモデルが法律で規制されるのか，規制されるとした場合にどのような許認可や届出を行えばよいのかまったく分からない。このような場合，どのような調査・検討を行えばよいのか。

Check List

☐ 自社のビジネスモデルの構造やスキームなどを可能な限り分析・検討したうえで，第三者にも説明できるような資料として整理・準備をしたか

☐ 自社のビジネス領域を専門とする弁護士などの専門家に対して，ビジネスモデルの適法性の相談・照会をしたか

☐ 関連する法律が判明している場合に，当該法規制の所轄官庁に対してビジネスモデルの適法性について相談・照会をしたか

☐ 所轄官庁への照会の他にも，ノーアクションレター制度やグレーゾーン解消制度の利用を検討したか

☐ 現行の法制度では違法とせざるを得ない場合，プロジェクト型サンドボックス制度（新技術等実証制度）や新事業特例制度による特区の利用ができないか検討したか

　ベンチャー・スタートアップ企業は，今までにない商品やサービスの提供など新たなビジネスモデルを創造・構築するケースが多く，当該ビジネスモデルが既存の法規制に照らして実現可能かどうかを検討することは必要不可欠である。以下では，当該検討における分析の視点や制度について解説する。

1 法規制の分類

　新しいビジネスモデルを検討する場合，そもそも当該ビジネスモデルを禁止・規制する法律がないかどうかを検討することになる。例えば，ヘルステック領域であれば医師法，看護師法，薬剤師法，薬機法などが問題にならないか，フィンテック領域であれば金融商品取引法，貸金業法，資金決済法，出資法などが問題にならないかについて検討することになるが，ビジネスモデルに応じて検討するべき法制度は多岐にわたる。

　そして，仮に当該ビジネスモデルを規制する法律がある場合，届出制または許認可制を採用しているケースが多く，そのビジネスモデルを遂行するために必要な届出・許認可を検討することになる。いずれも国や地方自治体などに対して必要書類などを準備して申請などを行う点では共通であるが，許認可は一定の審査基準を満たしているかの審査をクリアする必要があるところ，届出は審査基準をクリアする必要はなく基本的に必要書類などが提出されていればよい点で両者は異なる。

2 法規制の検討

(1) 法的課題の抽出

　新しいビジネスモデルが法規制に照らして実現可能かを検討する際には，まずは当該ビジネスモデルの構造やスキーム，物流や金流などの法律構成，利害関係者などについて精緻に分析・整理を行うことが重要である。このようなビジネスモデルの分析・整理を怠った場合，法的課題の抽出に際して検討漏れなどを生じるリスクを招きかねない。

　また，後述の外部専門家の相談や所轄省庁への照会を行う場合も，どのような専門性をもった専門家・どの所轄省庁に相談・照会するのが適切か，相談・照会を行う場合にビジネスモデルを正確に理解してもらい，適切な意見・対応を受けるために重要といえるところ，当該ビジネスモデルの構造やスキームなどを整理した資料を準備することが必要となる。

（2）　外部専門家の活用

　ビジネスモデルの適法性の検討に際しては，弁護士などの外部の専門家に意見を求めることも考えられる。

　ただ，弁護士といってもあらゆる法律やビジネスに精通しているわけではなく，当該ビジネスモデルに関する法務領域を専門とする弁護士を探してアドバイスをもらうことを検討することになる。また，弁護士に相談する場合には，前述のように事前にビジネスモデルについて分析・整理を行ったうえで，その構造やスキームについて具体的に説明ができなければ，弁護士としても十分な法的事項の分析ができないため有効なアドバイスを得ることは難しい。

　さらに，ビジネスモデルの適法性について最終的な規制を行うのは所轄省庁などとなるため，弁護士などの専門家から有利な意見を受けたからといってそれだけで安心することなく，必要に応じて所轄省庁への照会など方法もあわせて検討するべきである。

（3）　所轄省庁への照会

　事前の法的課題の抽出や外部専門家の利用を通じて，当該ビジネスモデルについて規制を行う所轄省庁が判明しているようなケースでは，所轄省庁に対して適法性や問題点の照会を行うことが考えられる。

　しかし，新しいビジネスモデルや法的問題のように所轄省庁で最終的な結論が定まっていないようなケースでは明確な回答をえられない場合も多く，保守的な回答しか得られずに，逆に所轄省庁への照会の結果次第では抽象的な違法の可能性を示されるに留まり，当該ビジネスを前進させること躊躇させる結果になることもしばしば存在する。

（4）　ノーアクションレター制度（法令適用事前確認手続）とグレーゾーン解消制度

　所轄省庁への照会以外に，ビジネスモデルの適法性を確認するための行政庁を利用した制度としてノーアクションレター制度（法令適用事前確認手続）とグレーゾーン解消制度をあげることができる。

　ノーアクションレター制度とは，2001年の閣議決定により導入された制度で

あり，事前に特定された法律の規制を所轄する省庁に対して，これから実施しようと考えているビジネスモデルの適法性を照会する制度である。

これに対して，グレーゾーン解消制度とは，2014年に施行された産業競争力強化法により導入された制度で，ノーアクションレター制度と同様に実施しようと考えているビジネスモデルの適法性を照会する制度であるが，こちらは対象法令について制限はなく，法律の規制を所轄する省庁ではなく事業を所轄する省庁に対して複数の法令にまたがった照会を行うことができるという点で異なっている。ただし，照会の際には具体的に抵触する可能性のある法令を特定したうえで行う必要があるところ，網羅的にあらゆる法令への抵触可能性を審査してくれるわけではない。

なお，いずれの制度についても照会結果は公表される点には注意が必要である。

3　法規制が存在する場合に利用を検討すべき制度

(1)　プロジェクト型サンドボックス制度（新技術等実証制度）

前述のような適法性の調査の結果，当該ビジネスモデルが現行の法規制に照らして違法とならざるを得ない場合であっても，一定の条件のもとで特例として認めてもらうための制度として，2018年に施行された生産性向上特別措置法により導入されたプロジェクト型サンドボックス制度（新技術等実証制度）をあげることができる。

これはプロジェクト単位（限定された参加者や期間）において，既存の法規制にとらわれることなく，新しい技術等の実証を行う環境を整備することで，迅速な実証及び規制改革につながるデータの収集を可能とする制度である。

(2)　新事業特例制度（企業実証特例制度）

同様に現行の法規制に照らして違法となるようなビジネスモデルであっても，地域単位（特区）で規制緩和の特例を設けることができる制度として，新事業特例制度（企業実証特例制度）をあげることができる。

特例が認められる地域（特区）は大きく3種類に分けることができ，構造改

革特区，総合特区，国家戦略特区が存在する。

　このような制度を利用することで現行の法制度では違法とされているようなビジネスモデルであっても特例的に実施することが認められ，将来的な法制度の改正への契機として期待することができる。

■第3章

労務管理

第1 雇用形態の選択

1 労働契約とその他役務提供契約との区別（労働者性）

Case

X社は，学習アプリの配信を主たる事業とする会社であり，システムエンジニア（SE）とプログラマー（PG）を雇用しているが，勤務時間や勤務場所を自由に選択したいという要望が増えてきたことから，一部の希望者については業務委託契約への切り替えを検討している。X社としては，一定時間はX社のオフィスで作業してもらうこと，報酬は雇用と同様の月額を支払うことを想定しているが，このような対応は可能か。

Check List

（役務提供契約を用いる場合）

☐　実態に即して労働者性を判断しているか

☐　業務について細かい指示をしていないか

☐　役務提供の時間や場所を拘束していないか

☐　業務の依頼等について諾否の自由を与えているか

☐　副業や兼業等を禁止していないか

(1)　労働契約とその他役務提供契約

　労働契約（民法 623 条）のほか，ある者が他人のために役務を提供しその対価として報酬を得る関係にある契約形態としては，以下のように請負契約（民法 632 条），委任契約（民法 643 条），準委任契約（民法 656 条）などがあげられる[1]。

　労働契約とは，労契法 6 条により「労働者が使用者に使用されて労働し，使用者がこれに対して賃金を支払うことについて，労働者及び使用者が合意することによって成立する」と定められていることから，「当事者の一方（労働者）が相手方（使用者）に使用されて労働し，相手方がこれに対して賃金を支払うことを合意する契約」であると定義されている[2]。

　民法上の契約自由の原則（民法 521 条）からすると（法律に反しない範囲で当事者が合意する限り）いかなる契約内容を定めても許されるはずであるが，ある契約が労働契約である場合，労働者保護の観点[3]からその他の役務提供契約とは異なり[4]労基法等により解雇規制や労働時間規制をはじめとする様々な規制に服することとなる。そこで，これらの規制の適用を避けるため，（会社と「労働者」との契約である雇用契約ではなく）あえて「業務委託契約」という形式の契約を締結する例も見られる。

　しかし，ある契約が労働契約であるのか（≒役務を提供する者が労基法上の労働者であるのか），その他の役務提供契約であるのかについての判断は，契約

---

[1] 請負契約・委任契約・準委任契約は，それぞれ法的性質が異なる契約類型であるが，実務上これらの契約類型をまとめて「業務委託契約」と総称している場合もある。

[2] 菅野＝山川 172 頁

[3] 「雇用契約は，交渉力に歴然たる格差のある企業と労働者の間で取り結ばれる者であるから，雇用契約下の労働関係は労働者にとって劣悪な労働条件をもたらしがちである」といわれている（菅野＝山川 170 頁）。

[4] その他の役務提供契約も，下請法や特定受託事業者に係る取引の適正化等に関する法律（以下「フリーランス新法」という）など民法以外の特別法の適用がある場合もある。なお，フリーランス新法は 2024 年 11 月 1 日に施行される（令和 6 年政令第 199 号）。

の形式や名称ではなく当該契約の実態に即して判断される。

　したがって，【Case】のように労働契約ではなくその他の役務提供契約を採用しようとする場合，当該契約が労働契約であるのか，その他の役務提供契約といえるのか実質的に判断する必要がある。当該判断を誤ると，適用がないと想定していた労基法等が適用されることとなり，未払い残業代請求などその他の役務提供契約にはないリスクを負うことになるので，後述(2)を参考に慎重な判断が必要である。

契約類型		特　色
労働契約		当事者の一方が相手方に使用されて労働し，相手方がこれに対して賃金を支払うことを合意する契約
役務提供契約	請負契約	当事者の一方がある仕事を完成することを約し，相手方がその仕事の結果に対してその報酬を支払うことを約する契約
	委任契約	当事者の一方が法律行為をすることを相手方に委託し，相手方がこれを承諾する契約[5]
	準委任契約	当事者の一方が法律行為でない事務をすることを相手方に委託し，相手方がこれを承諾する契約[6]

(2)　労働者性の判断基準

　労働者とは，事業に使用される者で賃金を支払われる者をいう（労基9条）とされ，事業に使用されるとは，使用者の指揮監督を受けて働くこと，賃金とは，労働の対償として使用者が支払う報酬（労基11条）をいう。

　労基法上の「労働者」であるか否か，すなわち「労働者性」の判断基準については，次頁の表のように整理され[7,8]，①指揮監督下の労働という労務提供の形態，及び②報酬が提供された労務に対するものであるかどうかという報酬の労務に対する対償性の観点から，諸要素を総合的に考慮して判断される。この

---

[5] 特約がなければ報酬を請求することができないとされている（民法648条1項）。

[6] 同上

[7] 労働省労働基準局編『労働基準法の問題点と対策の方向』（日本労働協会，1986年）52頁

[8] 労働省労働基準法研究会報告「労働基準法の『労働者』の判断基準について」（昭和60年12月19日）

2つの基準は総称して，「使用従属性」と呼ばれる。もっとも，現実には，これらの観点のみでは，労働者性を判断することが困難な事例があり，その場合にあっては，事業者性や専属性等の諸要素を加味して判断される。

その後の判例[9]においても踏襲されてきた。

1	「使用従属性」に関する判断基準	
	（1）「指揮監督下の労働」であること	
		① 仕事の依頼，業務従事の指示等に対する諾否の自由の有無 …実質的に発注者からの業務の依頼や指示を断ることができなかったり，実際に断ったことがなかったりするなど諾否の自由を有しない場合，労働者性を強める。
		② 業務遂行上の指揮監督の有無 …業務の内容や遂行方法について詳細な指定を受ける場合，労働者性を強める。
		③ 場所的・時間的拘束性 …役務の提供場所や提供時間が指定管理されたりする場合，労働者性を強める。
		④ 代替性 …契約当事者以外による役務の提供が許される場合，労働者性を弱める。
	（2）「報酬の労務対償性」があること	
		⑤ 報酬が役務提供の長短に応じて決定する場合（時給による支払い，遅刻欠勤控除，残業手当の支払い等）や報酬が実質的に固定的である場合，労働者性を強める。一方，報酬が役務提供の成果に応じて決定する場合，労働者性を弱める。
2	「労働者性」の判断を補強する要素	
		⑥ 事業者性の有無 …労務提供者が著しく高額な業務上の機械，器具を用意しその費用を負担しているといった事情や，報酬の額が当該企業において同様の業務に従事している正規従業員に比して著しく高額であるといった事情は，労働者性を弱める。
		⑦ 専属性の程度 …依頼者以外の者との取引に制約がある場合，労働者性を強める。

---

[9] 最判平成8年11月28日労判714号14頁〔横浜南労基署長事件〕／最判平成17年6月3日労判893号14頁〔関西医科大学研修医事件〕／最判平成19年6月28日労判940号11頁〔藤沢労基署長事件〕等。

(3) 「労働者」と認定されないためのポイント

　以上のように，業務委託においては，依頼者から請け負った業務について細かい指示を受けずに（前頁表②④），自分の都合のよい時間や場所において役務の提供が可能で（同③⑥），かつ時には委託者の依頼を拒否できるうえ（同①），副業や兼業が可能であること（同⑦）が重要になる。また，報酬についても，固定的なものではなく業務の量や質に応じて決まっていることが重要になる。

　【Case】の場合，例えば学習アプリの作成そのものを依頼しそれに対する対価としての報酬を設定することが考えられるが，従前雇用契約により就労していた者との契約を業務委託契約に切り替える場合，雇用契約と業務委託契約は，その働き方や報酬の決定方法についてまったく性質の異なる契約類型であるため，切り替えにあたってはこれらを一変させる必要があり，そうでない場合（単に契約の外形のみ変える場合）実施的には雇用契約だと判断される可能性がある。

　【Case】では，「勤務時間や勤務場所を自由に選択したいという要望」からすれば業務委託に馴染むようにも見えるが，X社が「一定時間はX社のオフィスで作業してもらうこと」「報酬は雇用と同様の月額を支払うことを想定している」ことからすれば，実質は労働契約だと判断される可能性が高く，雇用契約の中でリモートワークを許可したりフレックスタイム制を導入したりするなどして対応する方がより安全だろう。

2　雇用形態の類型

Check List
☐　パートタイム・有期労働者を雇い入れた際，労働条件に関する書面を交付しているか
☐　パートタイム・有期労働者に対し不合理な取扱いや差別的取扱いをしていないか
☐　有期労働契約の際，3年を超える期間を設定していないか
☐　パートタイム・有期労働者のうち対象者に社会保険の加入をさせているか
☐　派遣可能期間を超えて派遣労働者を受け入れていないか
☐　（請負契約等により役務提供を受けている場合）偽装派遣に該当しないか

(1) 典型的労働者と非典型的労働者

労基法が原則として想定する期間の定めのない無期の労働契約を締結してフルタイムで就労する労働者（典型的労働者）に対して，期間の定めのある有期の労働契約で就労する労働者，パートタイムで就労する労働者，人材派遣会社に雇用され派遣先企業で就労する労働者（非典型労働者）等も存在する[10]。

(2) パートタイム労働者・有期雇用労働者（契約社員）

ア 労働法規の適用

パートタイム労働者とは，「1週間の所定労働時間が同一の事業所に雇用される通常の労働者の1週間の所定労働時間に比べて短い労働者」とされており（パート・有期労働2条1項），ここでいう「通常の労働者」とは典型的労働者としてのいわゆる正社員のことをいう。有期雇用労働者とは，一般的に期間の定めのある労働契約を締結する労働者とされている。パートタイム労働者かつ有期雇用労働者という類型も想定される。

これらのパートタイム労働者ないし有期雇用労働者に該当する場合（以下，これらに該当する労働者を「パートタイム・有期労働者」という），通常の労働法規に加えて短時間労働者及び有期雇用労働者の雇用管理の改善等に関する法律（いわゆるパートタイム有期労働法）が適用されるところ，以下の点に留意する必要がある[11]。

① 労働条件に関する文書の交付（パート・有期労働6条）

使用者は，パートタイム・有期労働者を雇い入れた場合，通常労基法等により明示が求められている労働条件[12]のほか，「昇給の有無」「退職手当の有無」「賞与の有無」「相談窓口」を文書の交付等により明示する必要がある。

② 不合理な待遇の禁止（パート・有期労働8条）

使用者は，雇用するパートタイム・有期労働者の基本給，賞与その他の待遇

---

[10] 菅野＝山川 783 頁
[11] 厚生労働省「パートタイム・有期雇用労働法の概要」（令和5年6月）
[12] 「契約期間」「有期労働契約を更新する場合の基準」「仕事をする場所と仕事の内容」「始業・終業の時刻や所定時間外労働の有無，休憩時間，休日，休暇」「賃金の決定・計算・支払の方法」「賃金の締切・支払時期」「退職に関する事項」など

について，その待遇に対応する通常の労働者の待遇との間において，職務内容や職務内容・配置の変更範囲などについて，不合理と認められる相違を設けてはならない[13]。

③　差別的取扱いの禁止（パート・有期労働9条）

使用者は，職務の内容や職務の内容・配置の変更の範囲が通常の労働者と同一のパートタイム・有期労働者について，パートタイム・有期労働者であることを理由として，基本給，賞与その他の待遇について，差別的取扱いをしてはならない[14]。

④　その他の待遇等（パート・有期労働10乃至12条）

その他使用者は，賃金等について通常の労働者との均衡を考慮しつつ決定するよう努めること，教育訓練について通常の労働者と職務内容が同じパートタイム・有期労働者にも実施すること，福利厚生について通常の労働者と同等の機会を与えることなどが定められている。

イ　有期労働契約の期間

前述のほか，有期労働契約に関する労働法規における規制としては，契約期間の長さに関する規制（労基14条1項），期間途中の解雇制限（労契17条1項）[15]，無期転換（労契18条）[16]，雇止めに関する規制（労契19条）[17]がある。

契約期間の長さについて，使用者は原則として3年を超える契約期間の有期雇用契約を締結してはならないとされている[18]（労基14条1項）。なお，当該上限期間を上回る期間を定めた有期雇用契約の期間は，労基法の強行的直立的効力により当該上限期間に修正される（平成15年10月22日基発1022001号）。

---

[13]　不合理な待遇の禁止に関する詳細は，第13．1

[14]　差別的取扱いの禁止に関する詳細は，第13．1

[15]　期間途中の解雇制限に関する詳細は，第13．2 (2)

[16]　無期転換に関する詳細は，第13．3

[17]　契約満了時の雇止めに関する詳細は，第13．2 (1)

[18]　ただし，「一定の事業の完了に必要な期間を定めるもの」については当該期間を定めることができるほか，「専門的な知識，技術又は経験であって高度のものとして厚生労働大臣が定める基準に該当する専門的知識等を有する労働者」ないし「満六十歳以上の労働者」については上限期間が5年とされている。

なお，契約期間の下限については，上限規制のように法律上明確な規制は設けられていないが，労契法により「必要以上に短い期間を定めることにより，その有期労働契約を反復して更新することのないよう配慮しなければならない。」との訓示規定が設けられている [19]。

ウ　雇用保険・社会保険

パートタイム・有期労働者であったとしても，一定の条件（1週間の所定労働時間が20時間以上でかつ継続して31日以上雇用されることが見込まれること等）を満たす者は，雇用保険の加入対象となる [20]。

また，社会保険（健康保険及び厚生年金）についても，常時101名以上の被保険者を雇用する事業所に雇用される者であって一定の条件（1週間ないし1か月の所定労働時間が通常の労働者の4分の3以上であること等）を満たす者は，加入対象となるため，加入手続に遺漏がないよう留意が必要である [21,22]。

(3)　派遣労働

ア　派遣と業務請負・出向との違い

労働者派遣とは，派遣元事業主が「自己の雇用する労働者を，当該雇用関係の下に，かつ，他人の指揮命令を受けて，当該他人のために労働に従事させること」とされており（派遣2条1号），労働者派遣においては，派遣先企業が当該労働者に対し指揮命令を行うが，雇用関係は当該労働者と派遣元企業との間に成立していることとなる。

なお，元の企業との間で従業員としての地位を維持しながら他の企業においてその指揮命令に従って就労するという意味において出向と派遣は類似の状況にも見えるが，出向においては出向元企業と労働者間の雇用契約だけでなく，当該雇用契約と出向先企業との雇用契約も併存する点において異なる。

労働者派遣においては，派遣先は当該労働者に対し指揮命令権を有するのみで，派遣元企業と労働者間にしか雇用関係はないため，労働時間管理や安全配

---

[19]　菅野＝山川800頁
[20]　詳細は第4を参照。
[21]　詳細は第4を参照。
[22]　2024年10月以降は常時51名以上の被保険者を雇用する事業所まで拡大される。

慮義務等一部の責任を除き，原則的に派遣先企業が労基法上の使用者の責任を負うことは想定されていない。

労働者派遣契約と出向契約との比較図 [23]

イ　派遣可能期間

派遣先は，同一の事業所において，派遣元事業主から派遣可能期間として定められる3年を超える期間継続して派遣労働者の役務提供を受けてはならない（派遣40条の2第1項，2項）として事業所単位の期間制限を設けている（期間制限を超えて労働者派遣の受け入れを希望する場合，派遣先企業は過半数組合ないし過半数代表者からの意見聴取を経れば，期間を延長することができる）。

また，前述の事業所単位の期間制限のほか，個人単位においても制限期間が設けられており，派遣先は，同一の組織単位（同一の事業所内の部署等）に，同一の派遣労働者の役務提供を3年を超える期間継続して受けてはならない（派遣40条の3）（派遣元と無期雇用契約を締結している労働者等は当該期間制限にかからない）。

なお，派遣先企業が前述の期間制限等に違反していることを認識しながら派遣労働者を受け入れた場合，派遣先が当該労働者に対して労働契約を申し込んだものとみなされ，労働者がこれに応じた場合には派遣先と労働者間の労働契約が成立する（派遣40条の6第1項）ため，派遣期間の管理には注意を要する。

---

[23] 厚生労働省「労働者派遣事業関係業務取扱要領」（平成23年）

ウ　偽装請負

　前述の出向のほか派遣契約と類似の契約類型として，依頼者が外部の労働者の役務提供を受ける業務請負契約がある。しかし，業務請負契約は，依頼者（注文主・派遣における派遣先企業）が受託者（請負業者・派遣における派遣元企業）に対し特定の業務を委託し受託者が雇用する労働者を指揮命令して当該業務を遂行するというものであり，派遣先企業が労働者に対する指揮命令権を有する労働者派遣とは異なるものである。したがって，業務請負契約の場合，職安法上の労働者供給事業にあたらず派遣法の規制も受けないこととなる。

労働者派遣契約と請負契約との比較図 [24]

　そこで，実態としては依頼者（注文主）が指揮命令権を有するにもかかわらず，前述の規制を免れるため業務請負契約の形式で労働者を派遣する事態が見られ，これを偽装請負と呼ぶことがある。
　ある業務請負契約に基づく労働者の受入れが偽装請負に該当すると判断された場合，派遣先が当該労働者に対して労働契約を申し込んだものとみなされ，労働者がこれに応じた場合には派遣先と労働者間の労働契約が成立するとされる（派遣40条の6第1項）など罰則が設けられている。
　なお，請負と派遣の区別については「労働者を提供しこれを他人の指揮命令を受けて労働に従事させる」かどうかによるとされており（職安則4条1項），具体的には，請負の形式を取っていたとしても受託者（請負業者）が「雇用する労働者の労働力を自ら直接利用」し「請け負った業務を自己の業務として独

---

[24] 厚生労働省「労働者派遣事業関係業務取扱要領」（平成23年）

立して処理するもの」でない限りは，偽装請負に該当するとされている[25]。

　すなわち，ある業務請負契約が偽装請負と認定されないためには，（実質的な）受託者（請負業者）が自身の労働者に対し指揮命令を出していることが重要で，請負業者の労働者に対する指示は必ず請負業者自身で行うようにしたり，指揮命令者を明確にし，注文者と請負業者のいずれが指示をしているのか明らかにしたりすることが求められる。特に請負業者が請け負った業務を注文者の事業所内で行う形式の請負業務の場合，請負業者と注文者の労働者が混在しているため指揮命令権が曖昧になりやすい性質があるため指揮命令系統の明確化は必須である。

---

[25] 厚生労働省「労働者派遣事業と請負により行われる事業との区分に関する基準」（平成 24 年）

150　第3章 労務管理

第2 | 就業規則・労働契約書等の整備

Case

① X社では，常時使用する労働者数が10名以上となったことから，就業規則を作成することを検討している。これには具体的にどのような手続が必要か。なお，X社では，過半数組合が存在しない。

② X社は，設立から従業員の採用を積極的に行ったり定期昇給を行ったりしながら企業規模の拡大を図ってきたが，経費削減のため人件費の見直しが必要な状況となった。

　そこで，各従業員の業績に見合った賃金制度への変更を検討しているが，当該賃金制度は一部の従業員とって賃金の減額を伴うものであった。このような賃金制度の変更は認められるか。

Check List

☐　常時10人以上の労働者を使用している事業場について，事業場ごとに就業規則を作成のうえで，各事業場を管轄する労働基準監督署に対する届出がなされているか（労基89条）

☐　就業規則等の作成にあたって，弁護士や社会保険労務士等の専門家が関与しているか

☐　パートタイム労働者や有期雇用労働者について，正社員用の就業規則とは別に就業規則が作成されているか

☐　作成されていない場合，正社員用の就業規則において，当該規則の適用対象が正社員に限られる旨，又はパートタイム労働者や有期雇用労働者を適用除外とする旨が規定されているか

☐　就業規則の作成・変更にあたり，過半数組合又は過半数代表者（以下「過半数組合等」という）の意見聴取が行われているか（労基90条1項）

☐　就業規則の届出にあたり，過半数組合等の署名又は記名押印のある意見書が添付されているか（労基90条2項，労基則49条2項）

☐　過半数代表者から意見聴取する場合，過半数代表者の選出は適法になされているか（労基則6条の2第1項）

□　就業規則が適法に周知されているか（労基則52の2条）

□　就業規則の内容について，絶対的記載事項の漏れがないか（労基89条1号乃至3号）

□　就業規則の内容について，相対的記載事項の漏れがないか（労基89条3号の2乃至10号）

□　就業規則の内容が，労働関係法令に適合したものとなっているか

□　労働契約書，労働条件通知書が作成されているか。労働条件通知書が交付されているか

□　（同意に基づく不利益変更をする場合）当該労働条件は就業規則を下回らないか

□　（就業規則の変更による不利益変更をする場合）当該不利益変更は合理的なものか

□　（労働協約の締結による不利益変更をする場合）非組合員への適用可否は検討したか

1　就業規則の整備

(1)　就業規則の意義

　多数の労働者が働いている事業場においては，労働条件や職場のルール等を定めておくことが事業運営上必要であり，就業規則は，各事業場において，労働者が守るべきルールや労働条件等を労働基準法に基づいて定めたものである。

　就業規則は，そのように，①職場における安全で効率的な業務遂行，②多数の労働者を賃金や処遇において公平に取り扱う，③労働者の賃金・処遇を長期継続の奨励，短期的成果の重視等の一定の経営政策に従って制度化する，等といった目的のために作成される[26]。特に，実務上，懲戒処分を行うためには就業規則等における根拠規定が求められ，また，私傷病休職制度においては，休職期間や休職期間満了による退職等といったルールを定めておかなければ労働者との間で紛争が生じる可能性もあり，就業規則においてそのようなルールを

---

[26] 菅野＝山川225頁

事前に定めておく必要がある。

(2) 就業規則の作成・届出義務

就業規則は，各事業場[27]において，労働者が守るべきルールや労働条件の詳細等を労働基準法に基づいて定めたものである。この就業規則としては，いわゆる「就業規則」と名付けられたものだけではなく，賃金規程や退職金規程等も含まれる。

そして，常時 10 人以上の労働者を使用する事業場においては，就業規則の作成及び変更時には，当該事業場の過半数を組織する労働組合（以下「**過半数組合**」という）又は過半数組合が存在しない場合は当該事業場の過半数を代表する者（以下「**過半数代表者**」といい，過半数組合と総称して「**過半数組合等**」という）の意見を聴取したうえで，所轄の労働基準監督署へ届出を行わなければならない（労基89条，90条）。この「常時10人以上」というのは，常態として 10 人以上を使用しているとの意味であり，繁忙期のみ 10 人以上を使用するというのはこれに該当しないが，当該事業場で使用する労働者が一時的に 10 人未満になることがあっても通常は 10 人以上を使用していればこれに該当し得る[28]。

なお，常時 10 人未満の労働者しか使用していない事業場においても，就業規則の作成義務自体はないものの，社内ルールとして就業規則を作成することもできる。

就業規則の届出にあたっては，事業場の所轄の労働基準監督署へ過半数組合等の署名又は記名押印のある意見書が添付されている必要がある（労基 90 条 2 項，労基則 49 条 2 項）。

---

[27] 事業場とは，事務所，店舗等のように一定の場所において相関連する組織のもとに業として継続的に行われる作業の一体をいい，一の事業場であるかは，主として場所的観念によって決定されるため，原則として，場所的に分散している場合は，別個の事業場と取り扱われるが，例外的に，場所的に分散しているものであっても，出張所，支所等で，著しく小規模であって，組織的関連ないし事務能力等を勘案して独立性のない場合には，直近上位の機構と一括して一の事業場として取り扱われる（昭和23年4月5日基発535号，昭和47年9月18日基発91号，平成11年3月31日基発168号等）。
[28] 菅野＝山川 226 頁

第2 就業規則・労働契約書等の整備　153

┌───┐
│ ■ウェブ掲載　【書式3-2-2-1】過半数労働組合等の意見書 │
└───┘

(3) 就業規則の記載内容

　労基法においては，就業規則に記載すべき必要的記載事項を定めており（労基89条1号乃至10号），これらは，いかなる場合にも記載する必要がある絶対的記載事項と，退職手当に関する事項，安全衛生等，これらに関する制度を設ける場合において記載されなければならない相対的記載事項がある。

就業規則上の必要記載事項
絶対的必要記載事項
①　始業及び終業の時刻，休憩時間，休日，休暇並びに交替制の場合には就業時転換に関する事項
②　賃金の決定，計算及び支払いの方法，賃金の締切り及び支払いの時期並びに昇給に関する事項
③　退職に関する事項（解雇の事由を含む）
相対的必要記載事項
①　退職手当に関する事項
②　臨時の賃金（賞与），最低賃金額に関する事項
③　食費，作業用品などの負担に関する事項
④　安全衛生に関する事項
⑤　職業訓練に関する事項
⑥　災害補償，業務外の傷病扶助に関する事項
⑦　表彰，制裁に関する事項
⑧　その他全労働者に適用される事項

154　第3章 労務管理

■ウェブ掲載　【書式 3-2-2-2】就業規則（正社員用）

■ウェブ掲載　【書式 3-2-2-3】就業規則（パートタイム・有期雇用労働者用）

■ウェブ掲載　【書式 3-2-2-4】定年後再雇用規程

---

(4)　労働者の意見聴取・周知
ア　意見聴取
　前述のとおり，常時 10 人以上の従業員を使用する事業場においては，就業規則の作成及び変更時に，使用者は，過半数組合等に意見聴取しなければならない。

　この点，労基法上，労使協定の締結当事者となる過半数代表者については，労基法に規定する協定等を締結する者を選出することを明らかにして実施される投票，挙手等の方法による民主的な手続により選出された者でなければならないとされている（労基則 6 条の 2 第 1 項 1 号）[29]。なお，管理監督者の地位にある者ではないことも必要である（同項 2 号）。

　そのため，選出手続を取らず特定の従業員に署名だけをお願いしているような場合には，過半数代表者の選出手続に瑕疵があるとして，当該過半数代表者との間で締結した労使協定は無効とされる可能性がある。

イ　周　知
　使用者は，就業規則を作成した各事業場において，就業規則の各事業場の見やすい場所への掲示・備付け，就業規則の各従業員への交付，電磁媒体への記録及び各事業場に当該記録内容を確認できる機器の設置等の方法（労基則 52 条の 2）により就業規則を従業員に周知しなければならない（労基 106 条 1 項）。

　この義務は，常時 10 人未満の労働者を使用する使用者にも及ぶことになることから[30]，就業規則を作成した場合，すべての事業場においてこの周知義務が課せられる。

---

[29] 昭和 46 年 1 月 18 日基収 6206 号，昭和 63 年 3 月 14 日基発 150 号，平成 11 年 3 月 31 日基発 168 号
[30] 菅野=山川 230 頁

なお，労契7条及び10条（後述4(2)イ）の「周知」は，当該形式的な「周知」ではなく，いわゆる実質的周知（労働者が知ろうと思えば知り得る状態にしておくこと）で足りるとされている。

この実質的周知を怠った場合は，当該就業規則の内容が労働契約の内容を構成しないと判断される可能性があるため，留意する必要がある。

また，使用者は，この実質的周知を行う義務があることから，労働者から就業規則の閲覧要請があった場合，使用者は要請に応じて，就業規則を確認できる場所等を告知したり，書面やデータで交付したりといった対応をとる必要がある。

2　法令，就業規則，労働契約，労働協約との関係

(1)　法令，労働協約の優越

就業規則や労働契約は，当該事業場に適用される労基法等の強行法規や労働協約[31]には反することができず，（労基13条，92条，労契13条，労組16条），強行法規に反する部分は無効とされ，無効となった部分については労基法等の強行法規の基準が適用される（労基13条等）。

(2)　就業規則と労働契約

就業規則で定める基準に達しない労働条件を定める労働契約は，その部分については無効される（労契12条）。この就業規則の最低基準効があることにより，就業規則より不利な労働条件の合意は無効とされるが，逆に，就業規則よりも有利な労働条件の合意については，有効である（労契7条但書）。

---

[31] 労働協約とは，「労働組合と使用者又はその団体との間で締結される労働条件その他に関する協定であって，書面により作成し，両当事者が署名又は記名押印したもの」と解されている（労組14条，水町132頁）。労働協約には，規範的効力（労働協約に定める労働条件その他の労働者の待遇に関する基準に違反する労働契約の部分は無効となり，無効となった部分又は労働契約に定めのない部分については当該基準の定めるところによるとされている（労組16条））があり，この効力は，原則として当該労働協約締結組合の組合員にのみ及ぶ（水町133頁）。

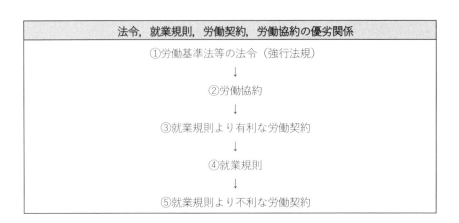

3 労働契約書と労働条件通知書

使用者は，雇用契約の締結に際し，賃金，労働時間等の一定の労働条件を労働者に対して明示しなければならず，かつ，賃金及び労働時間に関する事項その他の厚生労働省令で定める一定の事項（労基則5条2項・3項，パート・有期労働6条1項，パート・有期労働則2条1項）（以下「**労働契約上の必要的記載事項**」という）については，それらの事項が明らかとなる書面を労働者に対して交付する必要がある（労基15条1項）。

労働契約上の必要的記載事項[32]
① 労働契約の期間に関する事項（加えて，期間の定めのある労働契約の場合は，更新する場合の基準 ※2024年4月以降は，更新上限（通算契約期間または更新回数の上限）の有無と内容）[33]
② 就業の場所及び従事すべき業務に関する事項（※2024年4月以降は，就業の場所及び従事すべき業務の変更の範囲）
③ 始業・終業の時刻，所定労働時間を超える労働の有無，休憩時間，休日，休暇，就業時転換に関する事項

---

[32] 労基則5条の改正等により，2024年4月から労働条件明示のルールが改正された。
[33] 無期転換ルールに基づく無期転換申込権が発生する契約の更新時には，「無期転換申込機会」「無期転換後の労働条件」の明示も必要となる。

④ 賃金の決定，計算及び支払いの方法，賃金の締切り及び支払いの時期に関する事項

⑤ 退職に関する事項（解雇の事由を含む）

※短時間労働者（パートタイム労働者）については，①乃至⑤に加え，

⑥ 昇給の有無

⑦ 退職手当の有無

⑧ 賞与の有無

⑨ 短時間労働者の雇用管理の改善等に関する事項に係る相談窓口

　そのため，使用者が労働者と雇用契約を締結する際は，労働契約上の必要的記載事項を記載した雇用契約書や労働条件通知書を労働者に対して作成・交付する必要があるが，書面の交付により明示する方法としては，その他に，労働者に適用する部分を明確にして就業規則を雇用契約締結の際に交付することとしても差支えないとされている[34]。

　なお，使用者は，労働者と雇用契約を締結する際，労働契約上の必要的記載事項労働条件通知書については交付義務がある[35]ものの，雇用契約書についての交付義務はない。実務上は，労働条件通知書兼雇用契約書としてまとめられ，作成及び交付されるケースも見受けられる。

■ウェブ掲載　【書式 3-2-3-1】労働条件通知書兼労働契約書（正社員用）

　　　　　　　【書式 3-2-3-2】労働条件通知書兼労働契約書（パートタイム・有期雇用労働者用）

　　　　　　　【書式 3-2-3-3】労働条件通知書兼労働契約書（定年後再雇用者用）

---

[34] 平成 11 年 1 月 29 日基発 45 号

[35] 労基 15 条，労基則 5 条。なお，書面交付が原則であるが，別の方法によることを労働者が希望した場合は，①ファクシミリを利用して送信する方法，又は②電子メールその他の受信者を特定した電気通信による方法（電子メール等の記録を出力して書面作成できる場合）によって，労働条件を通知することが認められる（労基則 5 条 4 項）。

4　労働条件の変更方法

(1)　不利益変更の意義

ある労働条件の変更が，労働者にとって不利益になる可能性が存在する場合，当該変更は，いわゆる労働条件の不利益変更に該当すると解されており[36]，例えば，賃金引下げが典型的な不利益変更に該当する。

労働条件の不利益変更の方法としては，①労働者の個別の同意を得る（労契9条），②就業規則を変更する，③労働協約を締結するといった方法が考えられる。

(2)　不利益変更の方法

ア　①労働者の個別の同意

労契法においては，「労働者及び使用者は，その合意により，労働契約の内容である労働条件を変更することができる」として，労働契約との合意により変更できることを規定している。

そのため，労働者の個別の同意については，前述の法令，就業規則，労働契約，労働協約の優劣関係により，当該個別の同意より優先する基準に抵触していれば，当該合意内容は無効となるが，基本的には，労使間の個別合意によって，労働条件を変更することができる。

ただし，個々の労働者が使用者に対し交渉力が弱い立場にあることに鑑み，労働条件の不利益変更に関する労働者の合意は慎重に認定するべきである[37]。この点，退職金に関する労働条件の不利益変更に対する労働者の同意について，判例は，労働条件は労使間の個別合意によって変更できるものの（労契8条，9条本文），「労働者の同意の有無については，当該変更を受け入れる旨の労働者の行為の有無だけでなく，当該変更により労働者にもたらされる不利益の内容及び程度，労働者により当該行為がされるに至った経緯及びその態様，当該行為に先立つ労働者への情報提供又は説明の内容等に照らして，当該行為が労

---

[36] 東京高判平成18年6月22日労判920号5頁
[37] 菅野＝山川239頁

働者の自由な意思に基づいてされたものと認めるに足りる合理的な理由が客観的に存在するか否かという観点からも，判断されるべき」であり，そういった情報提供がなされていない退職金規程の不利益変更について，労働者の個別同意を否定した。

なお，個別の同意の有効性に疑義が生じないように，慎重に手続を進めるべきであり，事前に，変更内容，労働者に生じる不利益の内容・程度等について説明したうえで，後に紛争化しないように，また，仮に紛争化した場合に備えて，合意書等の書面に署名押印してもらうことにより個別の同意を取得するべきである。

したがって，労働者の個別の同意を形式的に取得したのみでは，不利益変更が認められない場合もあることに注意が必要である。

イ ②就業規則の変更

多数の労働者の労働条件を統一的に変更する場合は，就業規則の変更という形を採ることが多く，一定の要件を満たせば労働条件の不利益変更が有効と認められる。具体的には，就業規則の変更が，①労働者の受ける不利益の程度，労働条件の変更の必要性，変更後の就業規則の内容の相当性，労働組合等との交渉状況その他の就業規則の変更に係る事情に照らして合理的であること，かつ②変更後の就業規則を労働者に周知させることが必要である。

この就業規則の変更の合理性について，労契法では，「就業規則の変更が……合理的なものであるときは」（労契10条），労働者との合意によらずとも（労契9条但書），「労働契約の内容である労働条件は，当該変更後の就業規則に定めるところによるものとする」（労契10条）と規定されている。

また，合理性の判断要素としては，判例[38]において示された判断要素が，「労働者の受ける不利益の程度，労働条件の変更の必要性，変更後の就業規則の内容の相当性，労働組合等との交渉状況その他の就業規則の変更に係る事情に照らして合理的なものであるとき」（労契10条）として条文上明記され，これらの事情を総合考慮して合理性を判断することになる。

そのため，求められる合理性の程度については，どのような労働条件を変更

---

[38] 最判平成9年2月28日民集51巻2号705頁〔第四銀行事件〕

するかによって異なり，特に，判例上，賃金等重要な労働条件に関する不利益変更は，高度の必要性に基づいた合理性がある場合に限り労働者を拘束するとされ[39]，厳格に判断される傾向にある。

このように，就業規則の変更による労働条件の不利益変更は，法定された各要素を総合的に考慮して合理性の判断が行われる。なお，合理性の判断のなかで，就業規則の変更に係る手続についても考慮されることから，①と同じく，事前の変更内容の説明等により，十分に労働者に対して情報提供を行い，仮に，労働組合が存在する場合は，当該労働組合と交渉のうえ，同意をとっておくべきである[40]。

また，②のうち，「周知」については，前述1(4)の就業規則の労基法上の周知とは異なり，実質的に見て事業場の労働者集団に対して当該就業規則の内容を知り得る状態に置いていたことをいい（いわゆる実質的周知）[41]，実質的周知されていない場合には，労働条件を画する効力を有しない（労契7条）。

したがって，就業規則の不利益変更後，実質的周知したと判断できるように，当該就業規則に労働者が容易にアクセスできる状態にしておかなければならない。

ウ ③労働協約の締結

会社に労働組合が存在する場合，使用者は，労働組合と労働協約を締結する方法によって不利益変更をすることが考えられる。

労働協約と個別の労働契約ないし就業規則との関係については，労契法が「就業規則が法令又は労働協約に反する場合」「当該反する部分について」「労働契約」に「適用しない。」（労契13条）としているほか，労基法においても「就業規則は，法令または労働協約に反してはならない」（労基92条）としている。このように労使間において労働協約を締結するとこれに反する内容を定めた労働契約は無効となり，当該部分は労働協約の定める内容となる（労組16条）。

---

[39] 最判昭和63年2月16日判決民集42巻2号60頁〔大曲市農業協同組合事件〕
[40] 前掲最判平成9年2月28日〔第四銀行事件〕
[41] 菅野＝山川247頁

第2　就業規則・労働契約書等の整備　　161

定年年齢の引下げに関する労働協約の有効性が争われた事案では「一部の組合員を殊更不利益に取り扱うことを目的として締結された等労働組合の目的を逸脱して締結された」場合，締結された労使協定が無効となる旨判示しているため，労働協約の内容が特定の組合員の労働条件を狙い撃ち的に不利益変更するものでないかは確認が必要である [42]。また，労働協約の締結の際は，労働組合と使用者間で協議のうえ，合意内容を書面化し，両当事者が署名又は記名押印しなければならないが，労働協約を締結した組合が同一事業場における同種労働者の4分の3以上により組織される組合でない限り [43]，当該労働協約は当該組合に加入しない他の労働者には適用されないため，非組合員との関係では前述①又は②の方法による必要がある（労組17条）。

5　【Case】について

(1)　【Case①】について

まず，X社の本社では，常時10人以上の労働者を使用していることから，前述1(2)のとおり，就業規則の作成・届出義務を負うことになる。ただし，X社では，過半数組合が存在しないことから，過半数代表者を選出のうえ，当該過半数代表者の意見を聴取する必要がある。

この点，過半数代表者の選出にあたっては，前述1(4)のとおり，民主的な手続が必要であることから，就業規則の作成にあたっての意見聴取のための選任であることを明らかにして [44]，候補者を募集のうえ，投票や挙手等を実施し，労働者に対する意思確認を経なければならない。

具体的な手続としては，投票箱への投票，イントラネットでの投票，朝礼等

---

[42]　最判平成9年3月27日労判713号27頁〔朝日火災海上保険（石堂・本訴）事件〕

[43]　ただし，当該組合との労働協約であったとしても（当該労働協約の内容が非組合員の労働条件より不利益であることだけで効果が及ばないことはないとする一方）その「不利益変更の程度・内容，労働協約が締結されるに至った経緯」などから「当該労働協約を特定の未組織労働者に適用することが著しく不合理である」場合，非組合員に当該労働協約の効果を及ぼすことはできないと判断されている（最判平成8年3月26日民集50巻4号1008頁〔朝日火災海上保険（高田）事件〕）。

[44]　なお，その他36協定の締結等，他に過半数代表の選出が必要な事項についての選任目的も併せて明示し，一緒に過半数代表の選出を行ってしまうことも多い。

において支持する候補者に挙手する方法，指示する候補者の氏名をメールで事務局に送信する方法等，様々なものがあるが，X社の実務上の観点も踏まえて，最も効率の良い手続を選択するべきである。

そして，前述1(4)のとおり，就業規則を作成した場合は周知する必要があるところ，当該就業規則を労働者が見ようと思えば見られるような資料棚等に保管したり，社内のイントラネット等で公開したりして，周知しなければならない。

以上のとおり，X社において就業規則を作成するためには，これらの手続を実施する必要があり，また，就業規則に限らず，賃金規程や退職金規程等別の規程類を整備するときも，当該規程類は就業規則の一部と考えられることから同様の手続を実施する必要がある。

(2) 【Case②】について

職能資格の降格により賃金の引下げを行う場合，まず，予め，グレードごとに求められる職務能力等及び対応する賃金額を具体的に記載し，当該職務能力に満たないと判断した場合には等級を引き下げる場合があることを賃金規程等に定め，当該職務能力に満たない従業員の職能資格を見直し，賃金引下げを行うことが考えられる。

そして，賃金の引下げは労働条件の不利益変更に該当することから，前述のとおり，①個別の同意の取得，②就業規則の変更，③労働協約の締結のいずれかの方法による必要がある。

X社が数十名程度の規模である場合，減額対象となる労働者に向けて説明会や個別面談を開催し，不利益変更である賃金の引下げに関して，①個別の同意を取り付けることも考えられる。

ただし，賃金の減額は，労働契約の核となる労働条件の変更にあたるところ，形式的な同意に関する行為の有無のみならず「当該行為が労働者の自由な意思に基づいてされたものと認め」られる必要がある[45]。したがって，使用者は，十分な資料等を用いて説明を尽くしたり十分な検討時間を与えたりして，労働

---

[45] 最判平成28年2月19日民集70巻2号123頁〔山梨県民信用組合事件〕

者の理解を得るよう努めるべきである。

なお，「就業規則で定める基準に達しない労働条件を定める労働契約は，その部分については，無効とする」とされているところ（労契12条），仮に賃金の引下げに関する同意が取り付けられたとしても，当該条件が就業規則（ないし賃金規程）に定められる賃金制度等を下回る場合には就業規則の変更も必要になる。

X社が大規模な会社の場合には，賃金の引下げの対象となる労働者全員に個別面談を実施するなど個々人から賃金の引下げに関する同意を取り付けることは困難であるため，②就業規則の変更による方法も考えられる。この場合，賃金の減額をする分の代償措置や経過措置を取ったり，労働組合があれば当該労働組合との交渉において労働条件変更の必要性について理解を得られるよう説明を尽くしたりすることが考えられる。なお，その他労契10条では，就業規則の不利益変更の要件として変更後の就業規則の周知も求められているため，イントラネットへの掲載など従業員への周知も必要である。

また，X社に労働組合が存在し，当該労働組合が同一事業場における同種労働者の全員（少なくとも4分の3以上）により組成される組合である場合は，③労働協約の締結によることも考えられる。

ただし，労働協約の内容が特定の組合員の労働条件を狙い撃ち的に不利益変更するものでないか，客観的に一定の合理性を持っている変更となっているか確認する必要がある。

164 第3章 労務管理

第3 | 募集・採用における注意点

1 募集・選考時の注意点

Case

X社は，事務職の従業員を中途の正社員として採用するため，求人サイトに基本給を月額25万円とする求人広告を掲載し，応募のあったAを採用することとした。

その後，X社の業績やAの経歴を考慮し，Aの基本給を月額23万円に変更することとし，労働条件通知書・労働契約書を提示したところ，Aから基本給を月額25万円とする内容での契約を求められた。

この場合，求人に掲載した条件（月額25万円）で労働契約を締結する必要があるか。

Check List

☐ 職安法上必要な労働条件をすべて明示しているか

☐ 明示した労働条件が虚偽誇大なものになっていないか

☐ （労働契約の条件を求人票等に記載されている労働条件から変更する場合）求職者に変更を伝え合意の形成がされているか

(1) 労働条件の明示（職安5条の3，42条）

労働市場（企業外における不特定多数の事業主と労働者間の求人・求職の媒介・結合の仕組み[46]）において，労働者が自己の希望と適正にあった職業を選択するためには，求人等に関する情報が適正に開示される必要がある[47]。

したがって，求人の時点において労働条件が明示される必要があることはもとより，明示される労働条件は，虚偽誇大な内容とされてはならず，可能な限

---

[46] 菅野＝山川47頁
[47] 菅野＝山川74頁

第3 募集・採用における注意点　165

り水準・範囲等を特定しかつ具体的かつ詳細に記載するよう配慮が求められる。特に，明示した労働条件が「虚偽の条件」であった場合，職安法上罰則が設けられているので，留意が必要である[48]（職安65条）。

　職安法等により明示が求められている労働条件は，「業務内容」「契約期間」「試用期間」「就業場所」「就業時間」「休憩時間」「休日」「時間外労働の有無」「賃金」「加入保険」「受動喫煙防止措置」「募集者の氏名または名称」「（派遣労働者として雇用する場合）派遣労働者として雇用すること」である（職安5条の3，職安則4条の2）。

　また，労働条件の明示が必要な時期については，「ハローワークへの求人申込，自社HPでの募集，求人広告の掲載等を行う場合[49]」（職安5条の3）「労働条件に変更があった場合」「労働契約締結時」（労基15条1項）[50]のように整理されている[51]。

　特に，基本給を減額する場合や当初予定していた手当を不支給とする場合のほか当初予定していなかった手当を新たに支給する場合等，当初提示していた労働条件から変更があった場合には，求職者に対し直ちに知らせるよう配慮が必要である点に注意が必要である。

(2)　募集時と異なる労働条件での採用における対応策
ア　求人票や募集広告の記載の扱い

　求人票や募集広告は，労働者からの契約の申込みの誘引であると解釈されており，求人募集への応募を誘うための条件が記載されているに過ぎないため，

---

[48] この他にも，均等法などにおいて，性別（身長・体重・体力によるものも含む）や年齢による採用差別のほか労働組合の不加入を条件とすること等が禁止されている。

[49] 求人票のスペースが足りないなどやむを得ない事情がある場合には「詳細は面談時にお伝えします」のように別途明示することも可能。ただし，この場合初回の面談時等，求人者と求職者が最初に接触する時点までにすべての労働条件を明示すべきとされている。

[50] 労働契約締結時における労働条件の通知内容は，【書式3-2-3-1】労働条件通知書兼労働契約書（正社員用），【書式3-2-3-2】労働条件通知書兼労働契約書（パートタイム・有期雇用労働者用）を参照。

[51] 厚生労働省「労働者を募集する企業の皆様へ〜労働者の募集や求人申込みの制度が変わります〜〈職業安定法の改正〉」（URL：https://www.mhlw.go.jp/file/06-Seisakujouhou-11600000-Shokugyouanteikyoku/0000171017_1.pdf）

必ずしも求人票や募集広告に記載されている労働条件がそのまま実際の労働契約の内容となるわけではない。とはいえ，求職者からすると「求職表記載の労働条件が雇用契約の内容となることを前提に雇用契約締結の申込をする」ものである。

この点，裁判例においても，求人票や募集広告は「雇用契約締結の申込みを誘引するもの」であることを前提にしつつも「求人票記載の労働条件は，当事者間においてこれと異なる別段の合意をするなどの特段の事情が無い限り，雇用契約の内容となると解するのが相当である」と示している[52]。

したがって，使用者としては，求人票や募集広告に記載した労働条件について，あくまでも契約の申込みの誘引にすぎないと考え，実態と乖離した条件を記載しないよう留意が必要である。

なお，求人票の記載と労働契約の条件が異なることについて，慰謝料の支払いを命じた裁判例もあるので，誘引に過ぎないからと安易な条件を設定することは望ましくないといえよう[53]。

イ　求人票や募集広告と異なる条件で採用する場合の対応策

前述アのとおり，求人票の記載と労働契約の条件が乖離しないように留意する必要があるが，面接をする中で求人票作成時に望んでいた条件と異なるがそれでも対象の求職者を採用したいと考えることもあり得る。

この点，労働条件の修正にあたっては，労働契約締結時までに修正したい労働条件について書面などを用いて説明をし尽くしたうえで労働契約書を締結することが求められる。例えば，修正前後の労働条件をそれぞれ提示して修正する点とその理由について説明をしたり，修正後の労働条件通知書等に線を引きながら説明をしたりすること等が考えられる。

一方，口頭の説明のみで労働条件を修正してしまうと「別段の合意をするなどの特段の事情が無い」として求人票や募集広告に記載の条件で労働契約が成立したと評価されてしまいかねない。

---

[52]　京都地判平成 29 年 3 月 30 日労判 1164 号 44 頁〔福祉事業者 A 苑事件判決〕
[53]　東京高判平成 12 年 4 月 19 日労判 787 号 35 頁〔日新火災海上保険事件〕

ウ 【Case】における対応策

月額 25 万円から 23 万円に修正する理由について，求人票において期待していた経歴等と対象者の経歴等から労働条件の修正が必要な理由について説明を尽くし，本人の同意が取れるよう努めることが必要である。

そのうえで，本人から同意が得られないようであれば，求人票の通り月額 25 万円で採用するか，採用を諦めるか等別の方法を検討する必要がある。

2 採用内定時の注意点

> **Case**
>
> Ｘ社は，海外への事業拡大のため語学能力を有する営業職の従業員を中途採用するため，求人広告を掲載し，語学堪能で海外留学の経験もあるＡに採用内定を出した。
> ① ところが，その後，Ａの職歴に詐称があり，語学能力が不十分で海外留学の経験もないことが判明した。この場合，採用内定を取り消すことができるか。
> ② その後，Ｘ社は経営が悪化したため新規の従業員採用を見送ることとし，Ａの採用も見送ることとした。この場合，採用内定を取り消すことができるか。

> **Check List**
>
> □ 採用内定にあたり必要な書面の授受はされているか
> □ 採用内定通知書に必要事項は記載されているか
> □（内定取消しの場合）
> 　客観的合理的理由，及び社会通念上の相当性は認められるか
> □（内定取消しの場合）
> 　取消事由は，採用内定当時知ることができないような事実か

(1) 採用内定とは

我が国の労働市場においては，在学中に採用内定通知を発出し大学や高等学校等を無事に卒業できたら正式に入社就労を開始させるといった取扱いがよく見られる。また，中途採用場面においては，前職の在籍期間中に採用内定通

知を発出し前職の退職後正式に入社し就労を開始させるという扱いがされることもある。

このように労務提供の開始前に将来のある時期から会社の従業員として働くことを約束し，かつ大学の卒業ができなかったり前職を退職できなかったり等就労開始に向けて一定の不都合が生じた際にはこの約束を取り消すことを留保した状態のことを採用内定と呼んでいる。すなわち，採用内定とは，就労開始日が将来に指定される一方で解約権が留保された労働契約である[54]。

なお，採用内定の前段階として，採用内々定という手続が採られる場合もある。この内々定については，個々の事案によって異なるものの採用を望む者に対し内々定の通知を発し，のちに正式な書面で採用内定を通知するものと考えられている[55]。この内々定の場合，採用内定とは異なり雇用契約が成立しているわけではない。しかし，採用内定にあたるか採用内々定にあたるかの判断は非常に曖昧で，使用者が内々定と思っていたが実態を見ると採用内定だった（＝雇用契約が成立している）という状態もあり得る（この場合解雇権濫用法理が適用されることとなる）。したがって，内々定として，雇用契約の成立を認めないのであれば，他社への就職活動を禁止しない等，雇用契約に基づく拘束力を主張しないことが必要である。

(2) 採用内定時に授受すべき書面

採用内定時に授受すべき書面としては，「採用内定通知書」「入社時誓約書」「身元保証書[56]」等が考えられる。

「採用内定通知書」の記載例は【書式3-3-2-1】の通りだが，特に後述(3)の内定取消事由について明示することで，労働者に対し内定取消しとなり得る事由について周知するとともに該当するような行為を行わないよう警告すること

---

[54] 判例上，始期付解約権留保付労働契約といわれている（最判昭和54年7月20日集民33巻5号582頁〔大日本印刷事件〕）

[55] 菅野＝山川265頁

[56] 「身元保証書」とは，⑴労働者の故意過失により会社に損害が発生し当該労働者が損害賠償の責を負う場合に身元保証人にもその責任を負わせる目的で作成されることが多い書面である。また，事実上，⑵（身元保証人を会社に知らしめることで）故意過失による会社への不正行為を抑止したり，⑶緊急連絡先を把握したり，⑷本人の身元を確認したりする効果もあるとされている。

が考えられる。

■ウェブ掲載　【書式 3-3-2-1】採用内定通知書

　　　　　　　【書式 3-3-2-2】入社時誓約書

　　　　　　　【書式 3-3-2-3】身元保証書

---

(3)　採用内定取消し

　採用内定は解約権が留保されているため，この解約権の行使としての採用内定取消しは，通常の解雇と比較して緩やかに判断されるとも考えられる。

　しかし，労働契約が成立していることに変わりはないため，留保された解約権の行使には解雇権濫用法理（労契 16 条）の趣旨が妥当し「客観的に合理的な理由」が存在し「社会通念上相当」と認められる必要がある。

　この点，判例によると「採用内定の取消事由は，採用内定当時知ることができず，また知ることが期待できないような事実であつて，これを理由として採用内定を取り消すことが解約権留保の趣旨，目的に照らして客観的に合理的と認められ社会通念上相当として是認することができるものに限られる。」とされている [57]。

　採用内定取消しにあたっては「採用内定取消通知書」を交付し，内定を取り消す旨明示すべきである。

■ウェブ掲載　【書式 3-3-2-4】採用内定取消通知書

ア　採用条件の未達

　新卒採用の場合，大学等の卒業を条件に採用内定を出すことが多い。また，

---

[57]　最判昭和 54 年 7 月 20 日民集 33 巻 5 号 582 頁〔大日本印刷事件〕・最判昭和 55 年 5 月 30 日民集 34 巻 3 号 464 頁〔電電公社近畿電通局事件〕

特定の資格の取得を条件に採用内定を出すこともある。

このように，特定の条件の達成を前提に採用内定を出したものの就労開始日等までに当該条件の達成がされなかった場合，それにより当初想定された就労が困難なのであればこれを理由に採用内定取消しをすることも「客観的に合理的と認められ社会通念上相当として是認」され得る。

イ　健康状態の悪化

就労開始後想定される業務に耐え得る程度の健康状態であることを前提に採用内定を出している場合，その後就労開始日等までに健康状態が悪化し，その後の業務に耐えられない場合これを理由に採用内定取消しをすることも「客観的に合理的と認められ社会通念上相当として是認」され得る。

ウ　経歴詐称

採用内定時に申告されていた経歴が，実際の経歴と異なる虚偽の経歴であった場合，それにより就労開始後の業務遂行に影響を及ぼす程度のものであればこれを理由に採用内定取消しをすることも「客観的に合理的と認められ社会通念上相当として是認」される場合もある。ただし，労働能力の評価に直結しない軽微な詐称であれば採用内定取消しの事由として不十分である点には留意されたい。

したがって，「特定の経験を有すること」や「特定の資格・技能を有すること」を前提に採用したもののこれらの経歴を詐称していた場合には業務遂行に影響を及ぼすものとして採用内定取消しの事由になる場合もある。

【Case①】の場合，X社は「語学能力を有する」従業員を募集しておりＡは「語学堪能で海外留学の経験もある」と偽って採用内定を獲得しているところ，採用面接等において「海外留学」の経験について聞かれていたり履歴書に殊更「語学能力があること」や「海外留学」の経験を記載したりしていれば採用内定取消しをしても「客観的に合理的と認められ社会通念上相当として是認」される可能性が高い。

エ　経営状況の悪化

会社側がその経営状況の悪化を理由に採用内定を取り消す場合，整理解雇の有効性を判断する場合のいわゆる整理解雇の4要件（要素）に沿って検討する

ものとされている[58]。

整理解雇には①人員削減の必要性，②解雇回避努力の存在，③解雇対象者選定の合理性，④手続の妥当性が必要である（詳細は第3章第12を参照）。

この点，採用内定の場面において，①大幅な事業縮小等から人員削減の必要がある等客観的に経営状況の悪化が説明できる場合に②（在職者だけでなく）内定者にも入社辞退の勧告を行う等内定取消し回避のため相当の努力を行い，それでも内定取消しを行うのであれば，また④事前に説明を尽くす等手続を履行していれば，③在職者より未就労のものを選定することには一定程度合理性はあるといえるので，採用内定取消しも認められ得る。

したがって，【Case②】の場合，入社直前ではなく十分な期間をおいて説明会を開催したり個別に説明をしたりする等して十分な説明を尽くし，必要に応じて金銭補償等も提示しつつ内定取消しの同意を得るように努めるべきだろう。このような十分な説明等なく突然内定取消しを行えば，当該内定取消しは無効と判断される可能性が高い。

3　試用期間と本採用拒否

Case

X社は，営業職の従業員を中途の正社員として採用するため，求人サイトに求人広告を掲載し，同業他社での営業経験のあるAを採用した。

①　ところが，試用期間を通じてAの営業職員としての能力が低く，就労態度についても度重なる注意にもかかわらず改善する様子が見られなかった。

②　また，試用期間を通じてAは，協調性に欠け周囲の営業職の職員との人間関係も上手くいっていなかった。そこで，X社はこれ以上職場環境の悪化を防ぐ必要があると考えている。このような場合，試用期間の満了をもって本採用拒否することができるか。

---

[58] 東京地判平成9年10月31日労判726号37頁〔インフォミックス事件〕

（1） 試用期間の法的性質

　期間の定めのない社員について，本採用後に想定している実際の業務をさせることで，対象の従業員が当該業務を遂行するために適切な能力を有しているか確認するため，試用期間を設けることが一般的である。なお，試用期間の長さについて法律上の定めはなく，一般的には3か月以内の期間を設定している場合が多いように思われる[59]。

　試用期間の法的性質については，判例において，従業員として「不適格であると認めたときは解約できる旨の特約上の解約権が留保されている」労働契約であるとされており，解約権が留保された雇用契約すなわち解約権留保付労働契約といわれている[60]。

（2） 本採用拒否の可否

　試用期間は，解約権が留保されているため，試用期間満了時の本採用拒否の有効性判断は，通常の解雇と比較して緩やかに判断されるものとも考えられる。

　しかし，試用期間中といえども，労働契約が成立していることには変わりないため，留保された解約権の行使は「客観的に合理的な理由が存し社会通念上相当として是認され得る場合にのみ許される」。そして，本採用拒否は，使用者が労働者に関し「採用決定後における調査の結果により，または試用中の勤務状態等により，当初知ることができず，また知ることが期待できないような事実を知るに至つた場合において」「そのような事実に照らしその者を引き続き当該企業に雇傭しておくのが適当でないと判断することが，上記解約権留保の趣旨，目的に徴して，客観的に相当であると認められる」必要がある。

ア　職務能力を理由とするもの

　技術社員として新卒採用された従業員についてその資質や能力等に問題があるとして本採用拒否された事案で，繰り返し行われた指導による改善の程度が期待を下回ること等から，指導を継続しても能力を向上させ技術社員として必

---

[59] 試用期間を設けている企業のうち，3か月程度より短く設定している企業は 86.5％，6か月程度よりも短く設定している企業は 99.1％となっているとの調査結果もある（独立行政法人労働政策研究・研修機構「従業員関係の枠組みと採用・退職に関する実態調査」（平成 16 年））。

[60] 最判昭和 48 年 12 月 12 日集民 11 号 1536 頁〔三菱樹脂事件〕

要な能力を身につける見込みも立たなかったと評価されても止むを得ないとして，本採用拒否を有効であると判断されている[61]。

【Case①】の場合，営業職員としての能力不足や職務態度について注意指導を繰り返しそれでもなお職務能力が改善しなかったのであれば，本採用拒否が認められる可能性もある。

イ　協調性を理由とするもの

獣医師として採用された従業員についてその能力及び院内での協調性に問題があるとして本採用拒否をされた事案で，（本採用拒否の事由としてあげられた）能力不足について過大に評価すべきでないとし協調性の欠如についても証拠が不十分であるとして，本採用拒否を無効と判断されている[62]。

【Case②】の場合，人間関係の悪化について実際に業務に支障が出たり種々のトラブルが発生したりしている等客観的に「その者を雇用しておくのが適当でない」といえる程度であるなら議論の余地はあるが，単に人間関係が上手くいっていない程度で本採用拒否すれば無効と判断される可能性が高い。

ウ　出勤状況を理由とするもの

2か月の試用期間を前提に採用された従業員について出勤状況が芳しくないとして本採用拒否された事案で，試用期間中の出勤率が9割に満たないこと及び正当な理由の無い欠勤が4日あったことから本採用拒否を有効であるとされている[63]。

ただし，実際の対応場面においては，面談等により欠勤の理由を尋ねたり，当該無断欠勤に対する注意指導を行ったりする等の対応が望ましい。また，正当な理由が認められる欠勤が重なったため当初予定されていた試用期間内では本採用許否の判断ができない場合であって試用期間の延長規定がある場合には，試用期間の延長を行うか否かについても検討をする必要がある。

エ　試用期間中のもの

ここまで"試用期間満了時における"本採用拒否について記載したが，試用期

---

[61]　大阪高判平成24年2月10日労判1045号5頁〔日本基礎技術事件〕
[62]　東京地判平成25年7月23日労判1080号5頁〔ファニメディック事件〕
[63]　津地判昭和46年5月11日労判136号6頁〔日本コンクリート事件〕

間中において前述ア乃至ウが判明し本採用を行うことが困難であると判断した場合等，試用期間満了を待つことなく本採用拒否を行うことはできるか。

　この点，一度，試用期間について6か月等一定の期間を定めたのであれば，特段の事情がない限りは，試用期間満了まで待ち，当該試用期間の全体を通して対象労働者の適性を判断すべきである。

　実際に，裁判例においても，試用期間中における本採用拒否について試用期間満了時における本採用拒否と比較してより高度の合理性・相当性が求められるとしたうえで（試用期間中に本採用拒否をすることは）労働者の同意なく試用期間を短縮するに等しいものというべきであって，（業務上横領等の犯罪を行ったり，就業規則に違反する行為を重ねながら反省するところがないなど，試用期間の満了を待つまでもなく労働者の資質，性格，能力等を把握することができ，従業員としての適性に著しく欠けるものと判断することができるような特段の事情が認められる場合を除き）合意した試用期間である6か月間における業務能力又は業務遂行の状態を考慮しないで行った試用期間中の解雇を無効と判断している[64]。

　したがって，一度試用期間を定めたのであれば設定された試用期間の全期間における業務能力ないし業務遂行の状態等を考慮して本採用の可否を判断した方が良い場面が多い。試用期間中に前述ア乃至ウが判明したとしても，試用期間満了を待たずに本採用を拒否する，特段の事情が認められる事情があるかについては慎重な検討が必要である。

---

[64] 東京高判平成21年9月15日労判991号153頁〔ニュース証券事件〕

第4 社会保険・労働保険への加入義務　175

第4 | 社会保険・労働保険への加入義務

Check List
□　適切に雇用保険の加入手続がなされているか
□　１週間の所定労働時間が 20 時間以上の従業員（パート等の非正規社員も含む）で雇用保険に未加入の従業員はいないか
□　適切に健康保険及び厚生年金保険の加入手続がなされているか
□　正社員の１週間の所定労働時間の４分の３以上で，かつ，正社員の１か月の所定労働日数の４分の３以上である従業員で健康保険及び厚生年金保険に未加入の従業員はいないか
□　１週間の所定労働時間が 20 時間以上の従業員で，かつ，月額賃金が 88,000 円以上の従業員のうち，健康保険及び厚生年金保険に未加入の従業員はいないか
□　雇用保険，健康保険，厚生年金保険，労災保険に係る保険料のうち未納となっているものはないか
□　労働者の雇用時，退職時，各保険の所定の届出を行っているか

1　会社に加入義務のある保険制度

(1)　保険制度の種類

　会社が労働者を雇用した場合，各法令の加入基準に従って，雇用保険，労災保険（以下，総称して「労働保険」という），健康保険，厚生年金保険（以下，総称して「社会保険」という）にそれぞれ加入する必要がある。

(2)　雇用保険

ア　適用される事業所

　雇用保険は，労働者を１人でも雇用するすべての事業が適用対象とされている（雇保５条１項）。ただし，小規模の労働者を雇用する農林，畜産，水産等の事業は暫定的に，任意適用事業とされている（雇保附則２条，雇保令附則２条）。

イ　被保険者

雇用保険の適用事業所において雇用されている者は，原則として被保険者となるが（雇保4条1項），以下のいずれかに該当する者は，被保険者にはならない（同項，6条各号）。

雇用保険の被保険者とならない者
①　1週間の所定労働時間が20時間未満の者
②　同一の事業主の適用事業に継続して31日以上雇用されることが見込まれない者
③　季節的に雇用される者であって，4か月以内の期間を定めて雇用される者又は1週間の所定労働時間が20時間以上30時間未満である者
④　学校教育法の学校の学生又は生徒であって，雇保施行規則3条の2各号に定める者以外の者
⑤　船員であって，雇保施行令2条各号に定める漁船以外の漁船に乗り込むため雇用される者
⑥　国，都道府県，市町村その他これらに準ずるものの事業に雇用される者のうち，離職した場合，他の法令，条例，規則等に基づいて支給を受けるべき諸給与の内容が，求職者給付及び就職促進給付の内容を超えると認められるものであって，厚生労働省令で定める者

(3)　労災保険

ア　適用される事業所

労災保険は，労働者を1人でも雇用するすべての事業が適用対象とされている（労災3条1項）。ただし，国の直営事業及び官公署の事業については，適用対象外とされており，また，小規模の労働者を雇用する農林，畜産，水産等の事業は暫定的に，任意適用事業とされている（雇保附則2条，雇保令附則2条）。

イ　被保険者

労災保険の対象となる「労働者」は，労働基準法上の「労働者」と同義であり[65]，「職業の種類を問わず，事業又は事業所に使用される者で，賃金を支払われる者」（労基9条）をいう。そのため，パート，アルバイトなどの雇用形態に

---

[65] 菅野＝山川586頁

第4 社会保険・労働保険への加入義務　177

関わらず，「労働者」はすべて被保険者となる。

(4) 健康保険

ア　適用される事業所

健康保険は，①国，地方公共団体又は法人の事業所であって，常時従業員を使用するもの（健保3条3項）並びに②法定の17種類の個人事業所[66]であって，常時5人以上の従業員を使用するもののいずれかに該当する場合は，適用対象とされている。そのため，法人の場合は，労働者を1人でも雇用すれば，適用対象となる。なお，適用対象とならない法定16種類の事業所以外の個人事業所等についても，厚生労働大臣の認可を受けて，適用事業所とすることも可能である（健保31条）。

なお，パートタイム労働者については，健康保険，厚生年金ともに，これまで段階的な加入要件の拡大が行われており，2022年10月以降の適用事業所は常時101人以上の被保険者を雇用する事業所となっている。ただし，2024年10月からは，さらに拡大し，常時51人以上の被保険者を雇用する事業所が適用事業所となる。

イ　被保険者

健康保険の適用事業所において雇用されている者は，原則として被保険者となるが（健保3条1項），以下のいずれかに該当する者は，日雇特例被保険者となる場合（同条2項）を除き，被保険者にはなることができない（同条1項但書）。

---

[66] 製造業，土木業，鉱物業等の17種の事業所を指す（健保3条3項1号）。

健康保険の被保険者とならない者
① 船員保険の被保険者
② 臨時に使用される者であって，次に掲げるもの
・日々雇い入れられる者
・2月以内の期間を定めて使用される者であって，当該定めた期間を超えて使用されることが見込まれないもの
③ 事業所又は事務所で所在地が一定しないものに使用される者
④ 季節的業務に使用される者
⑤ 臨時的事業の事業所に使用される者
⑥ 国民健康保険組合の事業所に使用される者
⑦ 後期高齢者医療の被保険者等
⑧ 厚生労働大臣，健康保険組合又は共済組合の承認を受けた者
⑨ 事業所に使用される者であって，その1週間の所定労働時間が同一の事業所に使用される通常の労働者の1週間の所定労働時間の4分の3未満である短時間労働者又はその1月間の所定労働日数が同一の事業所に使用される通常の労働者の1月間の所定労働日数の4分の3未満である短時間労働者に該当し，かつ，以下のいずれかの要件に該当する場合
・1週間の所定労働時間が20時間未満であること
・賃金の月額が8万8,000円未満であること
・学生等であること
・2か月を超える雇用の見込みがないこと

(5)厚生年金保険

ア 適用される事業所

　厚生年金保険は，①国，地方公共団体又は法人の事業所又は事務所であって，常時従業員を使用するもの（厚保6条1項2号），②法定の17種類の個人事業所[67]であって，常時5人以上の従業員を使用するもの，③船員として船舶所有者に使用される者が乗り組む船舶（同項3号）のいずれかに該当する場合は，適用対象とされている。そのため，法人の場合は，労働者を1人でも雇用すれば，適用対象となる。

---

[67] 製造業，土木業，鉱物業等の17種の事業所を指す（厚保6条1項1号）。

なお，パートタイム労働者の適用事業所の拡大については，前述の(4)ア，なお書きを参照されたい。

イ　被保険者

厚生年金保険の適用事業所において雇用されている 70 歳未満の者は，原則として被保険者となるが（厚保9条）[68]，以下のいずれかに該当する者は，適用が除外される（厚保12条）。

厚生年金保険の被保険者とならない者
①　臨時に使用される者（船舶所有者に使用される船員を除く）であって，次に掲げるもの 　・日々雇い入れられる者で1か月を超えない者 　・2月以内の期間を定めて使用される者であって，当該定めた期間を超えて使用されない場合 ②　所在地が一定しない事業所に使用される者 ③　季節的業務に使用される者（船舶所有者に使用される船員，継続して4月を超えて使用されるべき場合を除く） ④　臨時的事業の事業所に使用される者（継続して6月を超えて使用されるべき場合を除く） ⑤　事業所に使用される者であって，その1週間の所定労働時間が同一の事業所に使用される通常の労働者の1週間の所定労働時間の4分の3未満である短時間労働者又はその1月間の所定労働日数が同一の事業所に使用される通常の労働者の1月間の所定労働日数の4分の3未満である短時間労働者に該当し，かつ，以下のいずれかの要件に該当する場合 　・1週間の所定労働時間が20時間未満であること 　・賃金の月額が8万8,000円未満であること 　・学生等であること 　・2か月を超える雇用の見込みがないこと

---

[68] なお，適用事業所以外の事業所に使用される70歳未満の者についても，厚生労働大臣の認可を受ければ，被保険者となることができる（厚保10条）。

労働保険・社会保険の適用範囲			
保険の種類	適用事業所	被保険者	根拠法令
雇用保険	労働者を1人でも雇用するすべての事業所	原則：適用事業所において雇用されているすべての労働者 例外：所在地が一定しない事業所に使用される者，臨時的事業の事業所に使用される者，短期労働者等	雇用保険法
労災保険	・国，地方公共団体又は法人の事業所 ・常時5人以上の従業員を使用する所定の種類の個人事業所 ・申請により構成労働大臣の認可を受けた事業所		労働者災害補償保険法
健康保険			健康保険法
厚生年金保険			厚生年金保険法

2 社会保険・労働保険の手続

(1) 加入手続

ア 雇用保険

雇用保険の適用対象となる労働者を初めて雇い入れることとなった場合は，保険関係成立届を事業所を管轄するハローワークに提出した後，保険関係成立届事業主控え及び確認書類等を添えて，事業所設置届，雇用保険被保険者資格取得届も提出しなければならない（雇保7条）[69]。また，その後新たに労働者を雇い入れた場合は，その都度，雇い入れ後，当該労働者が被保険者となった日の属する月の翌月10日までに，事業所を管轄するハローワークに雇用保険被保険者資格取得届を提出しなければならない（雇保7条，雇保則6条）。

イ 労災保険

事業主が加入手続を怠っていたとしても，事業が開始された日又は適用事業に該当することとなった日に労災保険関係が自動的に成立する（徴収法3条，4条）。事業主は，労災保険関係が成立した日から10日以内に，所定の事項を

---

[69] 厚生労働省HP（https://www.mhlw.go.jp/stf/seisakunitsuite/bunya/koyou_roudou/koyou/jigyounushi/page15.html），第二東京弁護士会労働問題検討委員会『労働事件ハンドブック（改訂版）』（労働開発研究会，2023年）805頁

政府に届け出なければならない（徴収法4条の2第1項）。

ウ　健康保険

適用事業所に使用されるに至った日やその使用される事業所が適用事業所となった日等に，被保険者の資格を取得することになり（健保35条1項），適用事業所の事業主は，資格取得の日から5日以内に日本年金機構又は健康保険組合に，被保険者資格取得届を提出しなければならない（健保48条，健保則24条）。

エ　厚生年金保険

適用事業所に使用されるに至った日等に，被保険者の資格を取得することになり（厚保13条），適用事業所の事業主は，資格取得の日から5日以内に日本年金機構に，被保険者資格取得届を提出しなければならない（健保48条，健保則24条）。

(2)　脱退手続

ア　雇用保険

労働者が離職した場合は，事業主は，雇用保険被保険者資格喪失届と離職証明書を，被保険者でなくなった日の翌日から起算して10日以内に，管轄のハローワークに提出しなければならない（雇保7条，雇保則7条1項）。ただし，離職した労働者（59歳以上の労働者を除く）が離職票の交付を希望しない場合は，離職証明書の提出は必要なく，資格喪失届のみを提出することで足りる（同条3項）。

イ　労災保険

労働者が離職したとしても，労働者が労際保険による給付を受けられる権利を喪失するわけではなく（労災12条の5第1項），事業主側で特に必要な手続はない。

ウ　健康保険

労働者が離職した場合は，事業主は，健康保険被保険者証を添付し，被保険者資格喪失届を，被保険者でなくなった日の翌日から起算して5日以内に，日本年金機構又は健康保険組合に提出しなければならない（健保48条，健保則29条）。この健康保険の脱退手続は，基本的には，厚生年金保険の脱退手続と

一緒に行うことになる。

エ　厚生年金保険

労働者が離職した場合は，事業主は，被保険者資格喪失届を，被保険者でなくなった日の翌日から起算して5日以内に日本年金機構に提出しなければならない（厚保27条，厚保則22条）。

(3)　その他の事由による手続

以上の他，事業所の名称，所在地が変更した時，事業所を廃止した時，被保険者の氏名，住所が変更した時等，各保険の所定の手続が必要になる。

(4)　事業主の手続懈怠による責任

事業主が，各保険の手続を懈怠した場合，未納の保険料を遡って徴収・追徴されたり，行政指導又は刑罰が科されたりする可能性もある（徴収法21条1項，労災46条，51条1号，雇保7条，83条1号，健保48条，208条1号，厚保27条，102条）。

また，事業主は，労働者の雇い入れの時に定められた加入等の手続を行わず，労働者が本来受けられるべき給付を受けられなかった場合，事業主には，事業主が加入手続をしていれば労働者が受給できたはずの給付金・年金等と同額の損害賠償や数十万円の慰謝料の支払いが命じられるなどといった，債務不履行責任や不法行為責任が認められる可能性がある[70]。

社会保険・労働保険の加入・脱退手続				
手続発生事由	雇用保険	労災保険	健康保険	厚生年金保険
被保険者の資格取得時	翌月10日までに被保険者資格取得届を提出	—	5日以内に被保険者資格取得届を提出	
被保険者の資格喪失時	10日以内に被保険者資格喪失届・離職証明書を提出	—	5日以内に被保険者資格喪失届を提出	

---

[70] 奈良地判平成18年9月5日労判925号53頁〔豊国工業事件〕，名古屋高判平成29年5月18日労判1160号5頁〔ジャパンレンタカー事件〕，大阪地判平成27年1月29日労判1116号5頁〔医療法人一心会事件〕，東京地判平成18年11月1日労判926号93頁〔グローバルアイ事件〕等

第5 労働時間·休憩·休日·休暇　183

第5 労働時間・休憩・休日・休暇

1 労働時間

Check List
□ 始業・終業時刻，休憩時間，休日等に関する定めが，労働基準法に抵触していないか
□ （法定時間外労働を命じる場合）36協定を締結しているか
□ 労働時間管理は，適式な方法（使用者が自ら現認することにより確認し記録する方法，あるいはタイムカード，IC カード等の客観的な記録を基礎として確認し記録する方法）によって行われているか
□ 労働時間の該当性について，（形式的に判断せず）労働者が使用者の指揮命令下に置かれているか否かを基準に実質的に判断しているか

(1) 労働時間の原則

ア 労働時間の概念

　雇用関係における労働者の労働時間は，雇用契約ないし就業規則によって，始業時刻から終業時刻までの時間とその間の休憩時間が特定されることによって定められ，この始業時刻から終業時刻までの時間から休憩時間を除いた時間が「所定労働時間」と呼ばれている[71]。

　一方，労基法上，使用者は，労働者を原則として1日8時間1週40時間を超えて労働させてはならないと定めており，当該労働時間規制が「法定労働時間」と呼ばれている（労基32条）。

　労働者の実際に就労した時間が，前述の法定労働時間を超えた場合[72]，使用者は，労働者に対し，法定の割増賃金を支払う必要がある（労基37条）。

---

[71] 菅野＝山川401頁

[72] 使用者が労働者に対し，法定労働時間規制を超えて労務の提供を命じるためには36協定の締結が必要である。詳細は本章第5．5「労使協定」を参照。

イ　労基法上の労働時間

例えば，場所的に事業所に滞在している時間など，ある特定の時間が，前述の労基法上の労働時間規制及び法定の割増賃金の対象となる労働時間（当該労働時間を「実労働時間」と呼ぶことがある）といえるためには，いかなる要素を満たす必要があるかがしばしば問題となる[73]。

この点，判例は，労基法上の「労働時間」について「労働者が使用者の指揮命令下に置かれている時間をいい，右の労働時間に該当するか否かは，労働者の行為が使用者の指揮命令下に置かれたものと評価することができるか否かにより客観的に定まるものであって，労働契約（略）等の定めのいかんにより決定されるべきものではない」としている[74]。この点について，学説には，使用者の業務への従事が必ずしも常に使用者の作業上の指揮命令下になされるとは限らないとして，「業務性」も「指揮命令」を補充する重要な基準になるとする見解もあるところ[75]，厚生労働省のガイドラインにおいても，労働時間とは，「使用者の指揮命令下に置かれている時間のことをいい，使用者の明示又は黙示の指示により労働者が業務に従事する時間」をいうと記されている[76]

なお，裁判所は，争点となっている労務提供の性質や時間帯に応じて「労働者が使用者の指揮命令下に置かれている」かどうかの基準や判断要素を使い分ける傾向にあるが[77]，概ね①労務からの解放が保障されているか否か，②使用者による明示または黙示の労務提供指示があるか否か（業務遂行の義務付けの有無・場所的拘束性の有無・業務遂行性の有無・その他の事情から判断）という要素を重視していると解釈できる。

(2)　使用者の労働時間把握及び管理義務

労働時間ガイドラインによると「使用者は，労働者の労働日ごとの始業・終

---

[73] 移動時間・始業前の準備行為・休憩時間・手待ち時間・仮眠時間・終業後の滞在時間・持ち帰り残業などについて，労基法上の労働時間といえるか問題となるケースが多く見られる。詳細は，本章第7「割増賃金請求への対応」を参照。

[74] 最判平成12年3月9日民集54巻3号801頁〔三菱重工業長崎造船所事件〕

[75] 菅野＝山川421頁

[76] 労働時間ガイドライン

[77] 詳細は，第7「割増賃金請求への対応」を参照。

業時刻を確認し，適正に記録すること」が求められており，その具体的方法については，原則として，①使用者が自ら現認することにより確認（し，記録する）方法，又は②タイムカード，IC カード，パソコンの使用時間の記録等の客観的な記録を基礎として確認し，適正に記録する方法によるべきとされており，③やむを得ず自己申告制で労働時間を把握する場合であってもその適正の担保のため種々の対策を講じるよう求められている。

なお，テレワーク（在宅勤務）時にも使用者による労働時間の適正な把握が行われる必要があるが，テレワークが本来のオフィス以外の場所で行われるため使用者による現認ができないなど労働時間の把握に工夫が必要となるところ，テレワークガイドラインによると，「労働者がテレワークに使用する情報通信機器の使用時間の記録等により，労働時間を把握すること」（PC のログ等による労働時間管理）や「労働者の自己申告による把握」の場合でも自己申告性の適正な運用について周知することや，自己申告により把握した労働時間が実際の労働時間と合致しているか否か確認し補正すること等が求められている。

なお，同ガイドラインによると，テレワークにおいて事業場外労働のみなし時間制を適用することの可否にも触れられている[78]が，携帯電話等情報通信技術が発達した現在においてこれらを活用すれば「労働時間を算定し難い」（労基38 条の 2）といえる状況は容易に想定し難く，安易な事業場外労働のみなし時間制の適用には注意が必要である。

---

[78] 詳細はテレワークガイドラインを参照。

186 第3章 労務管理

2 休憩時間

Check List
□ 労働時間6時間超の場合は45分以上，8時間超の場合は1時間以上の休憩を付与しているか（労基34条1項）
□ 運送業，販売業，飲食業等の一定の業種以外で一斉付与していない場合，労使協定を締結しているか（同条2項）
□ 休憩時間においても，来客や電話への対応を要求したり，緊急時の業務対応を求めたりするため業務用携帯の所持を義務付けていないか

(1) 一斉付与の原則と例外

労基法は原則として，1日の労働時間が6時間を超える場合には45分以上，8時間を超える場合には60分以上[79]の休憩時間を付与すべきことが定められている（労基34条1項）。なお，休憩時間は事業場単位で一斉に付与する必要がある（同条2項）が，当該事業場において労使協定を締結することにより適用除外を受けることができる（同項但書）[80]。

(2) 休憩時間自由利用の原則（労働時間との区別）

また，休憩時間は労働者の自由に利用させるべきことも定められているが（労基34条3項），休憩時間とは「労働者が労働時間の途中において休息のために労働から完全に解放されることを保障されている時間である」とされている[81]。

---

[79] 8時間を超える場合に60分以上付与する必要があるので，仮に労働時間が8時間ちょうどの場合，付与すべき労働時間は45分以上でも構わないこととなる。しかし，所定労働時間が8時間の場合に45分休憩しか想定していない場合，1分でも時間外労働が発生してしまうと別途15分の休憩を与える必要が出てくる。したがって所定労働時間が8時間の場合にも60分の休憩を与えることが一般的である。

[80] 例外として，運送業，商業，金融・広告業，映画・演劇業，郵便・電気通信業，病院・保健衛生業，旅館・飲食業，官公署は，労使協定の締結をしなくとも一斉付与の適用除外であるとされている（労基40条，労基則31条）。

[81] 菅野＝山川407頁

第5 労働時間・休憩・休日・休暇　187

　例えば，休憩時間中事業場内に待機し来客や架電へ対応するよう命じていた場合，少なくとも事業場からの外出が制限されている点で休憩時間の自由利用を害しているといえる。なお，使用者の施設管理権や職場の規律維持の観点から一定の制約を課すことは妨げられるものではなく，事業所内で過ごす場合に休憩時間中立ち入って良い場所を制限したり，他の従業員の休憩時間の自由利用を妨げないよう制限を設けたりすることは認められ得る。

3　休　日

> **Check List**
> ☐　就業規則において法定休日及び法定外休日（所定休日）が特定されているか
> ☐　「毎週少なくとも1回の休日」又は「4週間を通じ4日以上の休日」を与えているか
> ☐　（法定休日労働をさせる場合）36協定を締結しているか
> ☐　（振替休日を行う場合）就業規則等に休日振替の定めがあるか
> ☐　（代休を与える場合）就業規則等に代休の定めはあるか

(1)　休日付与の原則

　労基法は，使用者に対しその使用する労働者に「毎週少なくとも1回の休日」又は「4週間を通じ4日以上の休日」を与えるよう求めており（労基35条），同条により付与が義務付けられている休日[82]を法定休日という。

　したがって，労働者が法定休日に労務提供を行った結果，前述の要件を満たさないこととなった場合，以下のように振替休日を付与するか，休日労働の割増賃金を支払う必要がある（加えて代休を付与することも考えられる）。なお，使用者が労働者に対し休日として特定された日に労務の提供を求める場合，36協定の締結が必要である（労基36条1項）。

　使用者が労働者に対し，週2日以上の所定休日を与える場合，就業規則にお

---

[82] 休日と混同しやすい概念として休暇があるが，休日が労働契約上最初から労務の提供義務がない日を指すのに対し，休暇とは，労働契約上元々労務の提供義務があるにもかかわらず何らかの理由（年休や夏季休暇等）により当該義務が免除された日をいう。

いて定めがない限り1週間のうち後順に位置する休日が法定休日になるとされている[83]。そのため，必ずしも就業規則において法定休日を定める必要はないが，法定休日に労働した場合労基法上休日労働の割増賃金の支払いが必要となる一方，所定休日に労働した場合その支払いが必要とならない[84]ことから，割増賃金の計算の便宜上就業規則において法定休日を定めておくことが望ましい。

なお，「4週間を通じ4日以上の休日」を与える方法による場合（これを変形休日制と呼ぶこともある），就業規則等に「四日以上の休日を与えることとする四週間の起算日」を規定するよう求められている（労基則12条の2第2項）。

(2) 事前の休日振替（振替休日）と事後の休日振替（代休）

振替休日とは，休日と定められていた日に労務提供を求める場合にあらかじめ当該休日を労働日とし，他の労働日とされていた日を休日とすることをいい，事前に休日と労働日を入れ替えるため，休日労働の割増賃金は発生しない。ただし，労働契約により特定された休日を変更することになるため，労働協約や就業規則上に業務の必要により就業規則で定める休日を他の日に振り替えることができる旨の定めが必要とされている[85]。

また，代休とは，休日労働が行われた場合に事後的に以後の労働日を休日とすることをいうが，事後的に労働日を休日とするにすぎないため，法定休日に労働させたことに変わりはなく，当該休日が法定休日であった場合休日労働の割増賃金が発生することとなる。なお，法定休日に労務提供を命ずる根拠として就業規則等による定めが必要とされている。

■ウェブ掲載　【書式3-5-3-1】休日振替通知書

---

[83] 厚生労働省「改正労働基準法に係る質疑応答」Q10
[84] ただし，労働時間に応じて時間外労働の割増賃金等の支払いは必要である。
[85] 菅野＝山川414頁

第5 労働時間・休憩・休日・休暇　189

4　年次有給休暇

> **Check List**
>
> □　法令に基づき適切な日数の年次有給休暇を付与しているか
> □　労働者ごとに年休の消化状況を管理・記録しているか
> □（時季変更権を行使する場合）
> 　　「事業の正常な運営を妨げる場合」に該当するか
> □　年休を取得した労働者に対して，賃金の減額その他不利益な取扱いをしていないか
> □（年休の付与日数が 10 日以上である労働者に対し）
> 　　年休のうち 5 日については，付与日（基準日）から 1 年以内に労働者ごとに取得させているか

(1)　年次有給休暇の権利

　労基法により，年次有給休暇は，①「雇入れの日から起算して六箇月間継続勤務し」，②「全労働日の八割以上出勤した労働者に対し」当然に発生するものとされており（労基 39 条 1 項），労働者による時季指定（年次有給休暇の取得届出書）により（同条 5 項），当該指定された労働日（ないし労働時間[86]）について賃金請求権はそのままに労務の提供義務が免除されるものとされている[87]。付与日数については，①②の要件を満たした労働者に対し「十労働日」発生し（同条 1 項），その後さらに 1 年継続勤務しその間②の要件を満たすごとに漸増[88]していく（同条 2 項）。

　使用者は，労働者の年休を管理するため，労働者からの時季指定（労基 39 条 5 項），計画年休（同条 6 項），使用者による時季指定（同条 7 項）により年休を与えた場合，「時季，日数及び基準日を労働者ごとに明らかにした書類」（年

---

[86]　過半数組合（当該組合がない時は労働者の過半数代表者）との書面による協定により，「時間を単位として」有給休暇を与えることができる（労基 39 条 4 項）。

[87]　菅野＝山川 491 頁

[88]　6 か月で 10 日発生したのち，1 年 6 か月で 11 日，2 年 6 か月で 12 日，3 年 6 か月で 14 日，4 年 6 か月で 16 日，5 年 6 か月で 18 日，6 年 6 か月以上で 20 日発生する。

次有給休暇管理簿）を作成し、「当該有給休暇を与えた期間中及び当該期間の満了後五年間保存」することを求められている（労基則24条の7）。

なお、期間の定めのない正規雇用の労働者だけでなく、パートタイマー等1週間の所定労働時間が30時間未満の非正規雇用の労働者についても年次有給休暇の付与が必要である[89]。

■ウェブ掲載　【書式3-5-4-1】年次有給休暇の取得届出書

---

(2)　労働者の時期指定権と使用者の時季変更権

使用者は、原則として年休を「労働者の請求する時季に与えなければならない」とされているが、当該年次有給休暇を「請求された時季に……与えることが事業の正常な運営を妨げる場合」に限り「時季変更権」を行使することができる（労基39条5項）。

この点、判例は「『事業の正常な運営を妨げる』かどうかは、当該労働者の所属する事業場において、その事業場の規模及び業務内容、当該労働者の担当する職務の内容、性質及びその職務の繁忙度、これらを踏まえた代替要員確保の難易、それによる事業の影響の程度その他の諸般の事情を指定された休暇期間の長短とも関連させて、客観的、合理的に判断すべきである」としている[90]。

裁判所は、繁忙期を理由に行使された時季変更権について代替勤務者の確保に向けた合理的努力を求めそれでも代替勤務者を確保できない場合に適法と認めるなど繁忙期を理由にするものについては厳しく判断する一方91、代替が想定されていない社内研修については当該研修が不可欠でれば時季変更を認める

---

[89]　パートタイム労働者等1週間の所定労働時間が30時間未満の者に対しては年休の比例付与日数が定められている。例えば、週の所定労働日数が2日（ないし1年間の所定労働日数が73〜120日）の者の場合6か月で3日、1年6か月で4日、2年6か月で4日、3年6か月で5日、4年6か月で6日、5年6か月で6日、6年6か月以上で7日とされている。

[90]　最判平成4年6月23日民集46巻4号306頁〔時事通信社事件〕

[91]　最判昭和62年7月10日労判499号19頁〔弘前電報電話局事件〕等

傾向にあり[92]，長期間連続での時季指定についても長期間代替要員を確保すること自体が困難であることから一部について時季変更を認める傾向にある[93]。

なお，時季変更権は「他の時季にこれを与える」（労基 39 条 5 項）ことが前提となっているが，使用者が時季変更権を行使するにあたって年次有給休暇を取得すべき代替日まで指定する必要はないとされている[94, 95]。

■ウェブ掲載　【書式 3-5-4-2】年次有給休暇の時期変更通知書

---

(3)　使用者による年次有給休暇の管理と取得日の指定

ア　年5日の時季指定義務[96]

労働者の年休取得率改善のため，労基法は，企業に対し，年休を年 10 日以上付与される労働者を対象として，年休を付与した日から 1 年以内に少なくとも 5 日間の年休を取得させることを求めている（労基 39 条 7 項，8 項）。

したがって，使用者は，労働者が自ら時季指定して取得した年休ないし計画年休（後述イを参照）により指定された年休の日数が 5 日に満たない場合，当該労働者から意見聴取のうえ，当該 5 日に満たない日数分の年休の時季指定を行う必要がある[97]。

イ　年休の計画的付与

前述のように年次有給休暇は，労働者の指定した労働日に取得させる必要があるが「労働者の過半数で組織する労働組合がある場合においてはその労働組

---

[92]　最判平成 12 年 3 月 31 日労判 819 号 18 頁〔NTT 年休権事件〕

[93]　前掲最判平成 4 年 6 月 23 日

[94]　最判昭和 57 年 3 月 18 日民集 36 巻 3 号 366 頁〔電電公社比花電報電話局事件〕

[95]　「他の時季にこれを与える」ことが前提となっていること及び退職予定日以降に年休を与えることはできないこと（昭和 49 年 1 月 11 基収 5554 号）から，例えば退職日が決まっている労働者が退職日まで未消化の年次有給休暇を取得し出勤の予定がない場合，時季変更権の行使により出勤をさせることはできないこととなる。

[96]　厚生労働省「年 5 日の年次有給休暇の確実な取得　わかりやすい解説」（平成 31 年 4 月）

[97]　年休は発生の日から 2 年以内であれば繰越が認められているところ（労基 115 条），労働者が取得した年休が当該年度の基準日以前に付与されたものでも当該年度に付与されたものでも，時季指定義務における年休の取得として算入することができる。

合，労働者の過半数で組織する労働組合がない場合においては労働者の過半数を代表する者との書面による協定」を締結した場合には，各労働者に付与された年休のうち5日を超える部分について，使用者側から指定することができるとされている（労基39条6項）。

　使用者は，労働者に対し年5日の年休を取得させる義務があるところ，計画年休の制度を活用することで画一的に年休を消化させることができる[98]。例えば，計画年休を夏休みなどの大型連休として活用する例[99]のほか，連休間を繋ぐ休暇とする例や閑散期に毎週月曜日を計画年休とする例などが見受けられる。

（4）　未消化の年休の繰越・使用者による買上

ア　年休の繰越

　年次有給休暇は，付与日から起算して2年以内に消化されない場合未消化の部分について時効により消滅するとされており（労基115条），換言すると，年次有給休暇は付与から1回に限り翌年に繰り越すことができる[100]。前年度から繰り越された年休と新しく付与された年休のいずれから消化するかについては，労基法等による定めがないため，就業規則等の定めによることとなる。

　この点，就業規則等に何らの定めがない場合の処理について，民法上の充当に関する規定のうち債権者による充当指定がされなかった場合の処理に関する「全ての債務が弁済期にあるとき，（略）債務者のために弁済の利益が多いものに先に充当する」との規定（488条4項2号）から債務者（使用者）にとって

---

[98] 計画年休は「労働者に付与された年休のうち5日を超える部分」しか指定ができないため対象の従業員の中にパートタイム労働者など年休の付与日数が10日に満たない労働者がいる場合，全員に5日間を付与することはできない。この場合，別途計画年休を設定したり，当該労働者について不足日数分の特別休暇を与えたりするなどの対応が考えられる。

[99] 既に制度化されている夏季休暇等を計画年休に置き換える処置は，実質的に休暇日数の減少として労働条件の不利益変更に該当し得る。

[100] 例えば，入社6か月目に10日の年休を付与された労働者がその1年後更に11日の年休を付与された際，6か月目に付与された年休のうち6日しか消化していなかった場合，6か月目に付与された年休のうち未消化の4日は翌年にも繰り越され，1年6か月目に付与された11日と合わせて15日間の年休を保有することとなる。その後1年以内に繰り越された4日のうち3日しか消化できなかった場合，6か月目に付与され未消化となっている1日については時効により消滅することとなる。

利益が大きい新しく付与された年休から消化していくとの解釈もあり得る。

しかし、当該解釈についての行政解釈や判例はいずれも存在しないし[101]、「同号（民法448条4項2号）によるべき必然性はない」ともされているところ[102]、いずれの年休から消化されるかについては、就業規則等により明記されることが望ましいといえる。

イ　年休の買上げ

なお、未消化となっている年休の買い取りについては、通達により「年次有給休暇の買上げの予約をし、これに基づいて（労基）法第39条の規定により請求し得る年次有給休暇の日数を減じないし請求された日数を与えないことは、法第39条の違反である」として、会社が一方的に金銭を支給する代わりに年休を与えないことは許されないとされている[103]。これは、年休の趣旨が現実に労働者に休みを与えることで健康の確保を図ること等にあることから、使用者による年休の一方的な買上げを許容すると、当該年休の趣旨を阻害しかねないからである。

したがって、前述の年休の趣旨を阻害しない場面での買上げ、例えば、法定外年休の買上げ[104]、時効によって消滅した年休の買上げ、退職により消滅した年休の買上げ[105]などは、許容され得る。

なお、退職時の未消化の年休について、一括して時季指定をし退職日までに未消化の年休をすべて消化してから退職することも見受けられるが、使用者として、引き継ぎのため時季変更権を行使するなどして当該労働者に出勤を求めることはできるか。この点、使用者による時季変更権の行使は、「他の時季にこれを与える」（労基39条5項）ことが前提となっているため、年休の残日数が

---

[101] 労働調査会出版会編『改訂7版 年次有給休暇の制度の解説とQ&A』（労働調査会、2020年）165頁

[102] 菅野＝山川509頁

[103] 昭和30年11月30日基収4718号

[104] 行政解釈でも「法39条に定められた有給休暇日数を超える日数を労使間で共役している時は、その超過日数分については、労働基準法39条によらず労使間で定めるところによって取扱って差し支えない」とされている（昭和23年3月31日基発513号）

[105] 退職時の未消化の年休については、退職と同時に消滅すると判断した裁判例もあるが（神戸地裁昭和29年3月19日〔聖心女子学園退職金事件〕）、使用者が恩恵的に買い上げることは阻まれないだろう。

194　第3章 労務管理

退職日までに日数より多い場合（ないし同数の場合），退職日以降に年休を与えることはできないことから[106]，時季変更権により出勤を求めることはできない。したがって，この場合には，労働者との個別合意により，年休の時季指定を取り下げてもらったうえで退職時の年休買上げを行ったり，退職日を遅らせてもらったりするなどの対応を検討することになる。

5　労使協定・36協定による時間外・休日労働

Check List
□　法定時間外労働を行わせるにあたり，36協定の締結・届出を行っているか
□　就業規則等に時間外労働を命じる規定があるか
□　時間外労働の上限を月45時間・年360時間として管理しているか
□　過半数組合等との間で締結されているか
□　過半数代表者の選出は適法になされているか（同規則6条の2）
□「臨時的に限度時間を超えて労働させる必要がある場合」としての例外に該当するか

(1)　36協定の意義

使用者は，原則労働者を1日8時間1週40時間を超えて労働させてはならず，1週間に1回ないし4週間を通じて4回の休日を与えなければないと定められているが（労基32条，35条），労使協定の締結及び届出を行うことにより時間外及び休日労働をさせることができるとされている（労基36条1項）。

なお，36協定は，協定により定められた時間数及び日数の範囲内において法定労働時間を超えて労働させること及び法定休日に労働させることに関する違反（処罰）を免れる効力（免罰的効力）が認められるとされている[107]が，具体的に法定時間外労働ないし法定休日労働を命じるためには就業規則などの定めによる雇用契約上の根拠が必要になる。

---

[106]　昭和49年1月11日基収5554号
[107]　菅野＝山川429頁

(2) 36 協定の締結・労働基準監督署への提出

36 協定の締結は，当該事業場の過半数組合（ないし過半数組合がない場合は労働者の過半数代表[108]）との間でされる必要がある（労基 36 条 1 項）。

36 協定の届出は，通常「様式第九号」によるものとされており（労基則 16 条 1 項・2 項），事業所の名称等の基本的な事項のほか，①時間外休日労働をさせる必要のある具体的事由，②業務の種類，③労働者数，④延長することができる労働時間数ないし日数の上限，⑤有効期間等を記載するよう求められている。

特に④労働時間数の上限について，労基法は原則として限度時間（月 45 時間・年 360 時間）を超えてはならない（労基 36 条 3 項・4 項）とする一方，臨時的な必要がある場合にはその旨の条項を定めることで限度時間を超えて労働させることができるとされている（同条 5 項）。ただし，この場合でも時間外労働の合計が年 720 時間以内であること等[109]厳格な労働時間規制が課されており，この規制に違反した場合の罰則規定も設けられている。

---

[108] 過半数代表者の選出は，その目的を明らかにして行われる投票や挙手等の（民主的な）方法により選出された者であること及び使用者の意向に基づき選出された者ではないことが求められている（労基則 6 条の 2）。判例では，親睦会の会長が特段選任の手続を経ることなく過半数代表者として 36 協定を締結した事案において適法な選任手続がないとして 36 協定を無効とした事案がある（最判平成 13 年 6 月 22 日労判 808 号 11 頁〔トーコロ事件〕）。

[109] ①時間外労働が年 720 時間以内であることのほか，②時間外労働と休日労働の合計が月 100 時間未満であること，③時間外と休日労働の合計について，2/3/4/5/6 か月それぞれの平均がすべて 80 時間以内であること，④時間外労働が 45 時間を超えることができるのは年 6 か月以内であることが求められている。

6 例外的な労働時間性

Check List
☐　適当な労働時間制度の選択ができているか
☐（導入手続が必要な労働時間制度を導入する場合）導入手続を履行しているか

　労基法は，前述 1 乃至 3 の労働時間，休憩及び休日に関する規定は，一定の者には適用しない旨を定めている（適用除外（管理監督者，監視・断続的労働従事者，高度プロフェッショナル制度適用者等））。

　また，1 日 8 時間・1 週 40 時間とする労働時間制度の基本的枠組みに対し，これを柔軟化する制度として，①労働時間の算定を実際の労働時間（実労働時間）により行うことを前提に，例外的に法定労働時間の枠を柔軟化する制度（変形労働時間制，フレックスタイム制）と，②実労働時間による労働時間の算定の例外として，実際の労働時間にかかわらず一定時間労働したものとみなす労働時間のみなし制（事業場外労働のみなし時間制，裁量労働制）という特別の制度が認められている。

　各制度の要件・効果等については，次頁の表[110]を参照されたい。

---

[110] 厚生労働省「労働時間制度間の比較等」（令和 4 年 11 月 29 日）

		通常の労働時間制	変形労働時間制	フレックスタイム制	事業場外労働のみなし時間制	裁量労働制 専門業務	裁量労働制 企画裁量	管理監督者等	高度プロフェッショナル制度
要件		−	−	−	事業場外で労働する場合で労働時間の算定が困難な場合	業務の遂行方法が大幅に労働者の裁量に委ねられる一定の業務に従事すること		管理監督者等に該当すること	高度の専門的知識等を必要とし、その性質上従事した時間と従事して得た成果との関連性が通常高くないと認められるものとして厚生労働省令で定める業務に従事すること
効果	概要	−	一定期間を平均し1週間あたりの労働時間が法定しない範囲内において特定の日または週に法定労働時間を超えて労働させることができる。	一定期間を平均し1週間あたりの労働時間が法定の労働時間を超えない範囲内において、その期間内で始業終業時刻を労働者がそれぞれ自由に決定できる	実際の労働時間に関わらず、所定労働時間労働したものとみなす	実際の労働時間に関わらず、所定労働時間労働したものとみなす		労基法4,6,6-2章で定める労働時間、休憩、及び休日に関する規定の適用を受けない	一定の年収要件を満たし、専門的かつ高度な職業能力を有する労働者について、労働時間規制を撤廃するもの
	労働時間(32,36)	○	−	△	※1	※3		−	−
	休憩(34条)	○	○	○	○	○		○	−
	割増賃金(37条) 時間外	○	△	△	※2	※4		−	−
	割増賃金(37条) 休日	○	○	○	○	○		−	−
	割増賃金(37条) 深夜	○	○	○	○	○		○	−
	年次有給休暇	○	○	○	○	○		○	○
	時間外・休日労働	○	○	○	※1	※3		−	−
導入手続き		−	過半数組合(過半数代表者)との書面による協定 or就業規則等の定め +行政官庁への届出	過半数組合(過半数代表者)との書面による協定 +就業規則等の定め	−	労使協定	労使委員会決議	−	労使委員会決議
本人同意		−	−	−	−	−	○※5	−	○※6
種類		−	1ヶ月単位/1年単位 /1週間単位	−	−	専門業務型裁量労働制 企画業務型裁量労働制		農水産業従事者 管理監督者 断続的労働従事者 機密事務取扱者	−
根拠条文		−	労基32条の2及び4	労基33条の3	労基38条の2	労基38条の3	労基38条の4	労基41条	労基41条の2
備考		※1「みなし労働時間」と通常の労働時間の合計が法定労働時間を超える場合、36協定の締結が必要であり上限規制が適用される ※2「みなし労働時間」と通常の労働時間の合計が法定労働時間を超える場合、割増賃金の支払いが必要 ※3法定労働時間を超える「みなし労働時間」に対しては、36協定の締結が必要であり上限規制が適用される ※4法定労働時間を超える「みなし労働時間」に対しては、割増賃金の支払いが必要 ※5企画業務型裁量労働制では、本人同意を得なければならないことについて労使委員会決議が必要。 ※6高度プロフェッショナル制度では、適用要件として本人同意が必要。							

198　第3章　労務管理

第6　従業員の賃金・賞与・退職金

1　賃　金

Case
X社は，設立から従業員の採用を積極的に行ったり定期昇給を行ったりしながら企業規模の拡大を図ってきたが，経費削減のため人件費の見直しが必要な状況となった。 そこで，各従業員の業績に見合った賃金制度への変更を検討しているが，どのような賃金制度を導入し，どのような報酬体系とすべきか。

Check List
□　法令で認められたもの以外の賃金を本人の同意等なしに控除していないか
□（同意に基づく賃金減額をする場合） 　　「自由な意思に基づく合意」を得るため説明等を尽くしているか
□（同意に基づく賃金減額をする場合） 　　当該労働条件は就業規則を下回らないか
□（就業規則の変更による賃金減額をする場合） 　　当該不利益変更は合理的なものか
□（労働協約の締結による賃金減額をする場合） 　　非組合員への適用可否は検討したか
□（降格による賃金減額をする場合） 　　役職ないし職能資格に対応する賃金額制度を作成しているか

（1）　報酬体系
ア　賃金とは
　賃金とは，「賃金，給料，手当，賞与その他名称の如何を問わず，労働の対償として使用者が労働者に支払うすべてのもの」をいい（労基11条），原則として「毎月一回以上，一定の期日を定めて」「通貨で直接労働者にその全額を支払わなければならない」とされている（労基24条1項・2項）。この原則は，賃

金払いの5原則と呼ばれているが,実務上,以下の点が問題となることがある。

（ア）通貨（現金）払いの原則

賃金は,原則として「通貨（＝現金）」で支払われる必要がある。一般的に銀行振込の方法による場合が多く見られるが,この場合労働者の同意が必要である。また,令和5年4月より「指定資金移動業者」の口座へ振り込む方法による支払い（電子マネーによる支払い）も可能となった（労基則7条の2）。

（イ）全額払いの原則

賃金は,原則として「その全額」を支払う必要があり,賃金の一部を控除して支払うことは禁止されている。ただし,「法令に別段の定めがある場合」又は「過半数組合（ないし過半数代表者）との書面による協定がある場合」においては,賃金の一部を控除して支払うことができる（労基24条1項但書）。

また,労働者の賃金債権と使用者が労働者に対して有する債権を相殺することはできないが[111],労働者が「自由な意思」に基づき相殺に同意したといえる場合には相殺も許されるとした裁判例がある[112]。

なお,欠勤や遅刻早退等による控除は,ノーワーク・ノーペイ原則からその部分に対応する賃金を支払わない限度で全額払いの原則に反するものではない。

当然に認められるもの	欠勤・遅刻・早退等による賃金控除
法令で認められるもの	所得税等の源泉徴収（所税183条,地税321条の5） 社会保険料（健保167条,厚年84条,徴収法32条）
労使協定が必要なもの	社内預金・社宅費用・貸付の返済・組合費等の控除
合意が必要なもの	相殺

イ　賃金の分類・形態

賃金は,大きく分けると,基本給などからなる毎月支給される賃金（月例賃金）と,賞与や退職金などからなる特別に支給される賃金とに分類される。さらに,月例賃金は,基本給と諸手当（資格手当,家族手当,通勤手当など）から構成される所定内（基準内）賃金と,時間外労働の手当や休日の手当など所

---

[111] 最判昭和36年5月31日民集15巻5号1482頁
[112] 最判平成2年11月26日労判584号6頁

定外の労働に対して支払われる所定外(基準外)賃金に分類することができる。

さらに，基本給は，売上などの出来高に応じて定められる出来高給(歩合給)，1日や1か月など一定の期間により定められる定額給（時間給，日給，月給，年俸）に分類され，いずれか一方ないし両方が併用される場合がある。定額給は，学歴年齢や勤続年数等によって定まる年齢給（勤続給），当該企業における職務遂行能力の種別（職能資格）とそのランクによって定まる職能給，個別の職務の価値（重要度，責任度，困難度）によって定める職務給などがある（それぞれが併用される場合もある）。

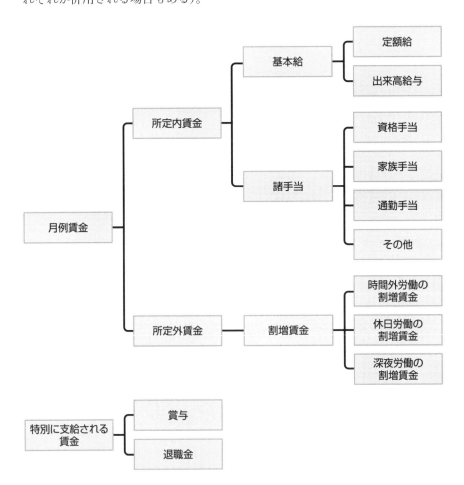

(2) 賃金の適正化

賃金を適正化する方法としては，労働契約を変更する方法（個別の合意・就業規則の変更・労働協約の締結）のほか，人事考課制度の見直しによる方法や，人事考課制度を前提とした業務命令としての降格・降級，昇格・昇級を活用する方法（人事権の行使による方法・懲戒処分による方法[113]）等が考えられる。

ア　労働契約を変更する方法

労働契約を変更して，基本給の適正化を行ったり，諸手当の廃止（若しくは新設）又は適正化を行ったりするほか，後述の賃金制度ごと変更することが考えられる。

この労働契約の変更方法としはて，個別の合意による方法のほか，就業規則の変更による方法や，労働協約の締結による方法がある。

なお，労働契約の変更による賃金の適正化については，本章第2．4「労働条件の変更方法」を参照されたい。

イ　人事考課制度の見直し

人事考課制度の見直しを行い，当該見直し後の人事考課制度とそれに紐付けられた賃金テーブルに基づき基本給や諸手当の適正化を図ることが考えられる。

人事考課制度の中でも代表的なものとしては，年功的な賃金制度として「年齢給」や「職能資格制度」，より成果主義的な賃金制度として「職務等級制度」や「役割等級制度」がある。

なお，実際の賃金制度設計においては，年齢給を用いながらも職務等級制度による職務給を採用するなど，これらの制度を複合的に用いている場面も多く見受けられる。

（ア）年功的賃金制度

従来，日本では，新卒者を大量採用して教育訓練し企業内キャリアの形成を図る長期雇用システム（終身雇用制）に馴染む人事考課制度として，正規労働者の賃金は，年齢・勤続年数に応じて賃金額が上昇する年功的賃金制度を主要な賃金制度としてきたという歴史がある[114]。

---

[113] 本章第 11「懲戒処分」参照
[114] 菅野＝山川 351 頁

すなわち，長期雇用システムを前提とすると，労働者の技能が年齢（勤続年数）に応じて習熟していき，労働者の会社に対する貢献度（職務遂行能力）も年齢（勤続年数）に応じて高まっていくと考えられる。

したがって，年功的賃金制度における主要な賃金形態は「年齢給」と「職能給」に分類される。

　　a　年齢給

年齢給における賃金額は，年齢や勤続年数等を労働者の職務遂行能力の評価基準とし，（年齢及び勤続年数は自動的に毎年1年ずつ増加していくことから）毎年定期的に引き上げられ，これを一般的に定期昇給と呼んでいる[115]。

年齢や勤続年数から求められる労働者の職務遂行能力が低下することは通常想定されないため，これらに連動している賃金額も低下することは通常想定されない。

したがって，純然たる年齢給のみを厳格に採用する場合において，人事考課制度の運用による賃金の適正化は通常行い得ないこととなる。

　　b　職能資格制度

前述aの年齢給においては，年齢及び勤続年数をそのまま労働者の職務遂行能力として評価するため，前述の長期雇用システムから外れた中途採用者の人事考課において不都合が生じたり，労働者個別の意欲，能率，成績が賃金に反映されなかったりするなどの制度的不備がどうしても生まれてしまう。

そこで，これら労働者個別の事情により生じる能力の違いを賃金に反映させるべく考案された制度が「職能資格制度」であるといわれている[116]。

職能資格制度とは，企業における職務遂行能力を職掌として大括りに分類した上で，各職掌の中で職務遂行能力を資格とその中のランク（等級）に序列化し，その職掌・序列に応じて賃金を決定する制度であるとされている[117]。

例えば，以下のような職能資格制度における等級分けが考えられる。それぞれの等級について，求められる職能の内容を記載し，各等級に関して定義づけをすることが求められる。

---

[115] 菅野＝山川 350-351 頁

[116] 菅野＝山川 351-352 頁

[117] 石嵜信憲編著『賃金規制・決定の法律実務（第2版）』（中央経済社，2022 年）438 頁

階層	等級	職能の内容	対応する役職
管理職	10 等級	・部門の最上位者として，事業全体の横断的な知識・経験をもとにした総合的な判断により，会社経営に係る業務遂行ができる者 ・会社の経営方針に基づき，部下の育成指導をすることができる者	部長/副部長
管理職	9 等級	・部門の上位者として，担当部門を統括し，会社の経営方針に基づいた業務遂行ができる者 ・担当部門において求められる職務内容に基づき，部下の育成指導をすることができる者	部長/副部長
管理職	8 等級	（求められる職能の内容を記載）	部長/副部長
リーダー職	7 等級	〃	課長/店長
リーダー職	6 等級	〃	課長/店長
リーダー職	5 等級	〃	係長/副店長等
リーダー職	4 等級	〃	係長/副店長等
一般職	3 等級	〃	―
一般職	2 等級	〃	―
一般職	1 等級	〃	―

　職能資格制度において，その職能は労働者が組織内で経験を積み重ねることで蓄積されていくところ，一度認定された職能を失うことは本来想定されていないはずである。このことからすると，職能資格制度を採用する場合において，人考課制度の運用による賃金の適正化（引下げ）は通常想定されていないとも考えられる。

　しかし，（年齢給の場合とは異なり）一度認定された職務遂行能力としての職能が低下することもまったくあり得ないでもないところ，「就業規則等における職能資格制度の定めにおいて，資格等級の見直しによる降格・降給の可能性が予定され，使用者にその権限が根拠づけられてい」れば [118]，（前述のとおり一度認定された職能を失うことは通常想定し得ないため）相応に厳格な判断を

---

[118] 東京地判平成 8 年 12 月 11 日労判 711 号 57 頁，類型別 88 頁

前提として，人事効果制度の運用による賃金の適正化（引下げ）もでき得ると考えられる。

（イ）成果主義的賃金制度の導入

前述のように「年齢給」における制度的不備（中途採用者への対応ないし労働者個別の能力の賃金への反映）に対応するため考案された「職能資格制度」においては，理論的には，同じ年齢や勤続年数でも昇格・昇給に差異が生じ基本給にも差がつくはずである。しかし，歴史的に昇格・昇給は，職場の集団主義の中で年齢・勤続年数をもとに年功的に運用されてきたため[119]，抜本的な年功的賃金制度の見直しにはならず，職能として評価される職務遂行能力と成果が直結する制度ではないとの考え方もある[120]。

そこで，年功（年齢及びこれに伴う能力の蓄積としての職能）によって引き上げられる人件費の増加を抑制し，役割間・年齢間の賃金不平等感を解消するため，（職務遂行"能力"ではなく）職務遂行によって実際に得られた"成果"を処遇の中心に据える成果主義的賃金制度[121]に転換することが考えられる。

すなわち，前述のように年齢や一度得られた職能が減少又は失われることは通常想定されないため，年功主義的賃金制度では賃金の引下げも通常想定されないが，職務遂行によって実際に得られた"成果"は各労働者の評価期間毎の職務遂行の結果により増減があり得るため，成果主義的賃金制度では賃金の引下げも想定されるという考え方である。

この成果主義的賃金制度には，その着目する評価根拠に応じて，職務等級制度及び役割等級制度が存在する。

a　職務等級制度（ジョブ・グレード制）

職務等級制度とは，企業内の職務を職責の内容・重さに応じて等級（グレード）に分類・序列化し，等級ごとに賃金額の最高値・中間値・最低値による給与範囲（レンジ）を設定する制度である[122]。この時，各等級において相当広い範囲の給与レンジを設定すること（ブロードバンディング）によって，同じ職

---

[119] 菅野＝山川 352 頁
[120] 石嵜・前掲『賃金規制・決定の法律実務』440 頁
[121] 石嵜・前掲『賃金規制・決定の法律実務』441 頁
[122] 菅野＝山川 355 頁

務等級の中でも各人の給与の額を各年の貢献度（業績に向けての能力発揮度）の違いにより相当程度差別化できるようにするとされている[123]。

例えば，以下のような職務等級制度が考えられる。それぞれの等級について，求められる職務の内容を記載し，各等級に関し対応する給与範囲を設定することとなる。

等級	職務の内容	役職	給与レンジ		
8等級	（求められる職務の内容を記載）	部長 副部長	最高額：●●万●●●●円 中間額：●●万●●●●円 最低額：●●万●●●●円		
7等級	〃		最高額：●●万●●●●円 中間額：●●万●●●●円 最低額：●●万●●●●円		
6等級	〃	課長 店長	最高額：●●万●●●●円 中間額：●●万●●●●円 最低額：●●万●●●●円		
5等級	〃		最高額：●●万●●●●円 中間額：●●万●●●●円 最低額：●●万●●●●円		
4等級	〃	係長 副店長	最高額：●●万●●●●円 中間額：●●万●●●●円 最低額：●●万●●●●円		
3等級	・担当業務を自主的に判断して遂行する ・後輩の指導的役割を担う		最高額：●●万●●●●円 中間額：●●万●●●●円 最低額：●●万●●●●円		
2等級	・担当業務を自主的に判断して遂行する	―	最高額：●●万●●●●円 中間額：●●万●●●●円 最低額：●●万●●●●円		
1等級	・担当業務を上位者の指示に基づき遂行する		最高額：●●万●●●●円 中間額：●●万●●●●円 最低額：●●万●●●●円		

---

[123] 菅野＝山川 355 頁

このとき，各労働者の給与額は，①職務等級への格付けの決定（昇級，現級維持，降級）と，②各等級の給与範囲内での給与額決定によって定められることとなる[124]。仮に同じ等級がついている労働者同士においても，各人の各年度の職務遂行における能力発揮度と業績達成度等（職務遂行による"成果"）によって賃金が決定されることとなる。

このような意味において，職務等級制度は，成果主義的賃金制度であると位置付けられている[125]。

　　b　役割等級制度

前述の職務等級制度においては，各等級において求められる職務の内容を明確に示すことを前提としているが，従来日本では長期雇用システムを前提に年齢（年齢給）や職能（職能資格制度）など属人的要素をもとに人事考課をしてきた歴史があるところ，一足飛びに（属人的要素ではなく）職務内容の定義に各労働者を当てはめる人事考課制度（職務等級制度）を導入することは困難な場合がある[126]。

そこで，職務について明確に定義することなく職務概念をあいまいにしたまま，市場の要請に応えやすい賃金制度として広まりつつあるのが，組織の達成目標に照らしての従業員の仕事上の役割（ミッション）を分類し等級化して，その等級に応じて基本給を定める「役割等級制度」である[127]。

役割等級制度においても等級ごとに給与範囲（レンジ）を設定し，同じ役割等級の中でも各人の給与の額を各年の目標達成度や能力発揮度を評価して定められるとされている[128]。

（ウ）人事制度変更と不利益変更

【Case】において，仮に従前年功的賃金制度を採用していたとして，この人事考課制度を成果主義的賃金制度に変更することにより人件費の見直しを行おうとする場合，労働条件の不利益変更の問題が生じ得る。

---

[124] 菅野＝山川 355 頁

[125] 石嵜・前掲『賃金規制・決定の法律実務』443 頁

[126] 菅野＝山川 356 頁

[127] 菅野＝山川 356 頁

[128] 菅野＝山川 356 頁

前述第2．4「労働条件の変更方法」のとおり，労働条件の不利益変更を行うためには，①労働者の個別の同意を得る，②就業規則を変更する，③労働協約を締結するといった方法が考えられる。年功的賃金制度から成果主義的賃金制度への変更場面においては，当該制度変更の対象となる労働者全員から漏れなく個別の同意が得る方法（①），又は社内に労働者の4分の3以上により組織される労働組合がある場合に当該労働組合と賃金制度変更に関する労働協約を締結する方法（③）によるほか，就業規則（ないし就業規則に準ずる賃金規程）を改定する方法によることが考えられる（②）。

①又は③の方法による場合，当該合意が自由な意思に基づく合意であるか[129]（①）や当該協定の内容が著しく不合理なものでないか[130]（③）が問題となるが，合意が得られるのであれば紛争の事前予防の観点からこれらの方法によることが望ましい（その他生じ得る論点等については本章第2．4「労働条件の変更方法」を参照）。

一方，②就業規則の変更の方法による場合，①③とは異なり会社側が労働者側の個別合意なく一方的に行うものである以上，その就業規則の変更が「労働者の受ける不利益の程度，労働条件の変更の必要性，変更後の就業規則の内容の相当性，労働組合等との交渉の状況その他の就業規則の変更に係る事情に照らして合理的なものである」とされる必要がある（労契10条）。

この点，給与規程を年功的賃金制度から成果主義的賃金制度へ変更した効力の有効性が争われた裁判例[131]においては，経営上の高度の必要性が認められ，変更後の賃金決定制度により生じ得る増減額の幅，評価の基準・手続，経過措置等において相当な内容と認められ，変更のプロセスも組合との交渉等において相当なものと判断されるケースでは，変更の合理性を肯定している[132]。

ウ 降格

人事考課制度を前提とした業務命令としての降格には，職位や役職を引き下げるものと（昇進の反対措置：例えば，部長から課長に降格させる場合），職能

---

[129] 最判平成28年2月19日民集70巻2号123頁〔山梨県民信用組合事件〕
[130] 最判平成8年3月26日民集50巻4号1008頁〔朝日火災海上保険（高田）事件〕
[131] 東京高判平成18年6月22日労判920号5頁等
[132] 菅野＝山川354頁

資格制度上の資格や職務・役割等級制度上の等級を低下させるもの（昇格の反対措置：例えば（役職としては課長のまま）7等級から6等級に降格させる場合）とがあり得る[133]。なお，降格には，懲戒処分としての降格と人事権の行使としての降格があるが，ここでは人事権の行使としての降格について記載する。

（ア）職位や役職を引き下げるもの（昇進の反対措置）

降格により賃金の引下げを行うためには，降格前の職位で求められていた権限・責任・技能等が低下することに伴って行う必要があるが，そのためには就業規則等において定められた賃金制度に基づいて行われる必要がある。

すなわち，営業所長について業績不良を原因に営業社員に降格させたり，部長について勤怠不良を原因に一般職に降格させたりするように役職を下げるだけの降格であれば就業規則等の定めなしに人事権の行使として可能である[134]。

しかし，それに伴う賃金の引下げは，役職・職位の降格に伴って賃金が減額されることが労働契約上で予定されている場合に限って就業規則等で定められた賃金制度に従って行うことができる[135]。

したがって【Case】において，降格に伴った賃金の引下げを行う場合，例えば「部長30,000円」「課長20,000円」のように役職に応じた手当を賃金規程等に定め，業績の芳しくない部長職の従業員を課長職に降格させ10,000円分の賃金引下げを行うことが考えられる。

（イ）職能資格制度上の資格や等級の引下げ（昇格の反対措置）

職能資格制度における降格については，前述(2)イ（ア）bのとおり，一度認定された職務遂行能力としての職能資格を失うことは通常想定されないが，就業規則等における労働契約上の明確な根拠をもとにした厳格な判断を前提として，行い得ると考えられる。

したがって，【Case】において，職能資格の降格により賃金の引下げを行う場

---

[133] 菅野＝山川 677 頁

[134] 東京地判平成 2 年 4 月 27 日労判 565 号 79 頁〔エクイタブル生命保険事件〕／神戸地判平成 3 年 3 月 14 日労判 584 号 61 頁〔星電社事件〕）。ただし，人事権の濫用に渡ってはならず，人事権の行使が考慮すべき事実を考慮せず，考慮すべきでない事実を考慮してなされた等，使用者の裁量の範囲の逸脱又は濫用が認められる場合には，無効と判断される恐れがある（東京高判平成 17 年 1 月 19 日労判 930 号 56 頁〔ハネウェルジャパン事件〕）。

[135] 東京高判平成 21 年 11 月 4 日労判 996 号 13 頁〔東京都自動車整備進興会事件〕，類型別 87 頁

合，グレードごとに求められる職務能力等及び対応する賃金額を具体的に記載し，当該職務能力に満たないと判断した場合には等級を引き下げる場合があることを賃金規程等に定め，当該職務能力に満たない従業員の職能資格を見直し賃金引下げを行うことが考えられる。

（ウ）職務等級制度・役割等級制度上の等級の引下げ

一方，職務等級制度又は役割等級制度は，職務遂行によって実際に得られた成果に着目した賃金制度であるところ，各労働者の評価期間毎の職務遂行の結果により増減があり得るため，等級の引下げとそれに伴う賃金の引下げも想定されると考えられる。

ただし，これらの制度による場合においても，各等級に求められる職務内容ないし役割内容及びそれらに対応する賃金額のレンジを具体的に記載し，当該内容に満たないと判断した場合には等級を引き下げる場合があることを賃金規程等に定め，賃金の引下げを行うにあたり当該定めを厳格に運用する必要がある。

なお，これらの人事評価による賃金の引下げの場面において，その人事権の行使が濫用に渡ると判断された場合，本来されるべきであった人事評価に基づく賃金額との差額請求等の可否が検討されることとなる[136]。

したがって，成果主義的賃金制度においても，等級の引下げによる賃金減額を行う場合にはその人事権の行使が濫用と判断されないよう適正な人事評価に基づき行われる必要がある。

エ　その他の方法

前述のほか，【Case】においては，歩合給の導入，賞与の支給，年俸制の導入など業績評価に基づく賃金制度の導入（賃金体系の変更）による方法も考えられる。

（ア）年俸制とは

年俸制とは，労働者の業績や業務上の目標に対する達成度を評価して，年単位で賃金額を設定する賃金制度のことをいう。一般的に年俸制による場合，1年ごとに業績等を評価し翌年の年俸額を決定するため，定額の賃金制度（日給

---

[136]　前掲東京高判平成18年6月22日労判920号5頁

や月給）と比較すると，より成果主義的な賃金制度といえる。したがって，年俸制による労働者は，ある程度自身の判断や裁量に基づいて成果を上げることが求められている管理監督者（労基41条2号）や裁量労働者（労基38条の3及び4）と親和性が高い。一方で，労働時間に応じて賃金が変動する（割増賃金の支払いが必要となる）月給労働者に適用する場合，後述のように割増賃金等の支払い方法には注意を要する。

（イ）年俸の支払い方法

年俸制における賃金額は年単位で設定するが，年俸の支払いは，毎月1回払い以上の原則（労基24条1項）から，年俸額を12等分して毎月支払う方法や14～16等分して毎月分の支払いに加えて賞与を支払う方法による場合がある。

年俸制の対象となる労働者が時間外労働等を行ったとき，年俸額を12等分して支払っている場合毎月の支給額をもとに割増賃金の基礎単価を計算すれば足りるが，14～16等分するなどして毎月分の支払いに加え賞与を支払っている場合毎月の支給額（14等分した金額）から基礎単価を計算すべきか（毎月の支給額とは別途）全体の支給額を12等分した金額から基礎単価を計算すべきか問題となる。この点，賞与は通常「1ヵ月を超える期間ごとに支払われる賃金」（労基則21条4号）として基礎単価に参入されることはないが，年俸制の場合「賞与部分を含めて当該確定した年俸額を算定の基礎として割増賃金を支払う必要がある」とされている[137]。

なお，年俸制の場合にも年俸額の中に固定残業代を含めて支払う場合があるが，その場合年俸額のうちいずれの部分が時間外割増賃金として支払われているのか明確にする必要がある（固定残業代の有効性については，後述2.(2)「固定残業代の導入」を参照）。

---

[137] 平成12年3月8日基収第78号。例えば，年俸額1,200万円（毎月の支払額75万円（1,200万円÷16回））／年間労働日数265日／1日の所定労働時間8時間の場合，基礎単価は1,200万円÷265日÷8時間≒5,660円となり，月の時間外労働が40時間であれば残業代は28万3,000円となる。

第6 従業員の賃金・賞与・退職金　211

■ウェブ掲載　【書式3-6-1-1】給与規程

■ウェブ掲載　【書式3-6-1-2】年俸規程

2　割増賃金

Check List
□　時間外労働に対する割増賃金が支払われているか
□（支払われている場合） 　　割増賃金の計算方法に誤りがないか
□（固定残業代が導入されている場合） 　　有効要件を満たしているか
□　通常の労働時間の賃金にあたる部分と割増賃金にあたる部分とが明確に区分されているか（明確区分性）
□　固定残業時間を超える時間外労働，休日労働及び深夜労働に対して割増賃金を支払うことが合意されているか（差額支払の合意）

(1)　割増賃金の支払対象と計算方法

ア　割増賃金の支払対象

　使用者が「労働時間を延長し，又は休日に労働させた場合」又は「午後十時から午前五時までの間において労働させた場合」においては，以下のとおりそれぞれに対応する割増賃金を支払う必要がある（労基37条）。

　なお，時間外ないし休日の労働が深夜(22時から翌5時)に及んだ場合には，それぞれ時間外労働の割増賃金ないし休日労働の割増賃金と深夜労働の割増賃金とで重複して支払う必要があり，その場合の割増率は次頁の表「深夜労働に及んだ場合」の列記載のものとなる。

種類	支払い条件	割増率	深夜労働に及んだ場合
時間外	法定労働時間を超えた場合（1日8時間週40時間）	25％以上	50％以上
	時間外労働が月60時間を超えた場合	50％以上	75％以上
休　日	法定休日に労働させた場合	35％以上	60％以上
深　夜	22時から翌5時までの間に労働させた場合	25％以上	―

　なお，休日労働時に8時間を超えて労働したとしても割増率は合算されず休日労働にかかる35％の割増賃金を支払えば良いが[138]，休日に深夜労働を行った場合にはそれぞれの割増率が合算され60％の割増賃金（労基則20条2項），深夜に時間外労働を行った場合にも割増率が合算され50％の割増賃金（同条1項），深夜に時間外労働が月60時間を超えた場合には75％の割増賃金（同項）をそれぞれ支払う必要がある。

イ　割増賃金の計算方法

　割増賃金は，月給制の場合，「1時間あたりの賃金額（月給÷1か月の平均所定労働時間（1年間の所定労働日数×1日の所定労働時間÷12））×時間外労働時間数（ないし休日労働・深夜労働）×割増率」によって計算する。

　割増賃金との関係で，賃金は所定内賃金と所定外賃金に分類することができるが，所定外賃金とは割増賃金のことを指すため，前述の「月給」は所定内賃金（基本給や諸手当等のこと）のうち，「家族手当」「通勤手当」「別居手当」「子女教育手当」「住宅手当」「臨時に支払われた賃金」「1か月を超える期間ごとに支払われる賃金」（除外賃金[139]　労基則21条）を除いた賃金の合計で計算す

---

[138]　平成11年3月1日基発168号

[139]　除外賃金とは，割増賃金の計算にあたって支給している賃金から控除することができる手当等のことをいう。なお，労基則21条は，限定列挙と解されており本文記載の手当以外を控除することはできない。なお，当該除外賃金の該当性は，名称の如何を問わず実質的に判断するものと考えられているところ（昭和22年9月13日基発17号），仮に「家族手当」や「通勤手当」という名称で支給されていたとしても，扶養家族の有無／人数や実際の通勤交通費などの個別的事情によらず一定額を一律に支給している場合，それらの手当は，実質的には労働の対価であるとして除外賃金とは扱われないこととなる（昭和22年11月5日基発231号）。したがって，前述の手当を除外賃金として支給する際には，扶養家族の有無／人数や実際の通勤交通費などの個別的事情によって，労働者毎の支給金額に差異を設けるなどの対応が求められる。

る。

（2） 固定残業代の導入

　時間外労働や深夜労働が発生した場合に，当該時間に応じて割増賃金を支払う方法のほか，実際の労働時間とは関係なくあらかじめ一定額支払うことも考えられ，このような制度は，固定残業代制度等と呼ばれている[140]。

ア　固定残業代のメリット・留意点

　固定残業代制度は，毎月一定額を固定残業手当等の名称で支払うものであるが，実際の割増賃金が固定残業手当等で支払っている金額を上回った場合，その差額の精算が必要となる（そのため，固定残業代制度を導入する場合でも厳密な労働時間管理が必要となる）。また，固定残業手当等は，その有効性を争われた際に以下の有効要件を満たさない場合無効と判断され，割増賃金等の支払いがあったとは認められないこととなるが，そればかりか無効と判断された固定残業手当等は前述(1)の基準内賃金として割増賃金の算定基礎となる。

　前述のような留意点はあるものの，固定残業代制度を導入することで，求人募集時等の見かけの給与総額を高く見せることができたり，毎月の支払額を安定化させることができたり，また（残業をしてもしなくても残業代が支払われるため）不必要な長時間六を抑制し業務効率化を図れたりするメリットがある。

イ　固定残業代の有効要件

　この固定残業代の有効性については，当該手当が①「時間外手当や深夜労働の対価（割増賃金）の趣旨で支払われていること」（対価性の要件）は当然として，②「所定内賃金部分と割増賃金部分とを『判別』することができること」（明確区分性の要件）も必要であるとされている[141]。

　固定残業代の有効性が否定された場合，会社としては支払っていたつもりの残業代が未払いとされるだけでなく残業代計算にあたっての基礎単価に算入されるところ，未払いの割増賃金総額が大きく跳ね上がることとなる。

　このような事態を避けるため，固定残業代の支給にあたり，就業規則・賃金規程のほか，対象労働者との雇用契約書及び給与明細等に以下の記載をするな

---

[140]　最判平成 29 年 7 月 7 日集民 256 号 31 頁〔医療法人社団康心会事件〕
[141]　白石哲編著『労働関係訴訟の実務（第 2 版）』（商事法務，2018 年）120 頁

ど，留意されたい。

（ア）就業規則・賃金規程

以下のように，手当の名称自体割増賃金であることが明確であること，法定時間外労働の割増賃金として支払うことが明確であることが望ましい。

第●条　固定残業手当
1　固定残業手当は，法定時間外労働の割増賃金としてあらかじめ支給する手当である。
2　支給金額は，想定される時間外労働の時間数を勘案し，個別に定める。
3　実際の割増賃金が固定残業手当よりも超過する場合には，差額を別途支給する。

（イ）雇用契約書

就業規則において支給金額は個別に定めるとされるため，雇用契約書にもその金額を明記する必要がある。また，引当時間（何時間分の法定時間外労働に対する対価であるか）についても明示することが望ましい[142]。

基　　本　　給：30 万 0000 円
固定残業手当：10 万 0000 円（45 時間分の法定時間外労働相当額）

（ウ）給与明細

前述のとおり就業規則・賃金規程及び雇用契約書に固定残業手当が法定時間外労働に対する対価として支払う旨が明記されたうえで，対象の労働者に毎月交付する給与明細にも，(基本給とは別途)固定残業手当の項目を設けたうえで，固定残業手当の趣旨が記載されればより丁寧といえる（例：備考　固定残業手当は，45 時間分の法定時間外労働相当額として支払う）。なお，実際の割増賃金が固定残業手当よりも超過する場合には，差額を別途支給する必要があり，この場合，差額精算として支給した割増賃金の項目も別途設けた方がさらによいといえる。

---

[142] 裁判例上必ずしも引当時間の明示までは求められていないものの（最判平成 30 年 7 月 19 日労判 1186 号 5 頁〔日本ケミカル事件最高裁判決〕／大阪地判令和 3 年 1 月 12 日労判 1255 号 90 頁〔フーリッシュ事件〕），実務上引当時間の明示までされていた方がより望ましいといえる。

3 賞 与

(1) 賞与の支払い

　賞与は，法律上当然に支払う義務があるものではないところ，原則としてそれを支給するか否か（支給するとして）いかなる基準で支給するかがもっぱら使用者の裁量に委ねられているときは任意的恩恵的給付であって賃金でないが，その支給条件が就業規則等によりあらかじめ明確にされているものは使用者に支払い義務があり労働者に権利として保障されているものであるから，労働の対象としての賃金であるとされている[143]。

　したがって，就業規則等において賞与の支給時期・受給資格のほか「会社の業績等を勘案して定める」旨の定めがあるだけの場合，賞与は，労働契約上その金額が保証されているわけではないため，支給時期ごとに使用者が支給金額を決定した時に初めて具体的な権利として発生すると考えられており[144]，他方で，就業規則等において具体的な支給金額ないし算定方法が定められている場合，労働契約において金額が保証されているといえ，その他の支給要件を満たした場合に（使用者による算定を待つことなく）具体的な権利として発生する[145]。

(2) 支給日在籍要件

　賞与について，その支給日に会社に在籍していない場合に不支給とする扱いがされることもあるが，賞与が通常の賃金とは異なり法律上当然に支払い義務があるものではなくその支給要件を自由に決めることができるとの観点から，このような扱いも認められると考えられている[146]。

---

[143] 昭和22年9月13日基発17号，類型別Ⅰ44頁
[144] 菅野＝山川360頁
[145] 類型別Ⅰ45頁
[146] 最判昭和57年10月7日民集137号297頁〔大和銀行事件〕

4 退職金

(1) 退職金の支払い

退職金も賞与と同様，法律上当然に支払う義務があるものではないところ，支給の有無及び支給基準については，自由に定められると考えられる。そして，就業規則等によって，その支給条件が定められ，従業員が当該要件を満たした場合に具体的な権利として発生する。

また，退職金は，退職時にそれまでの勤続について功労報償的性格があるといわれているが，一方で，通常は算定基礎賃金に勤続年別の支給率を乗じて算定されるので「賃金の後払い」的性格があるともいわれている[147]。

(2) 退職金の不支給・減額

退職金の不支給ないし減額は，これを退職金規定等に明記することで初めて行い得るものであるが[148]，前述のように退職金に功労報償的性格のほか「賃金の後払い」的性格があるためどのような範囲で退職時の減額ないし不支給が認められるか問題となることがある。

この点，裁判例においては，退職金不支給規定を有効に適用するためには，労働者のそれまでの勤続の功を抹消（全額不支給の場合）ないし減殺（一部不支給の場合）してしまうほどの著しく信義に反する行為があった場合に限られるとかすべきとされている[149]。

---

[147] 菅野=山川361頁
[148] 菅野=山川658頁
[149] 東京高判平成15年12月11日労判867号5頁〔小田急電鉄事件〕

第7　割増賃金請求への対応　217

第7 | 割増賃金請求への対応

Case

X社は，学習アプリの配信を主たる事業とする会社で，開発部や人事部等その他複数の部門に分かれておりそれぞれの部門の課長職以上の従業員（課長及び部長）について管理監督者であるとして相当額の「役職手当」を支払っているが，その他に割増賃金等を支払っていなかった。

X社の開発部の課長であるAは，毎月 60 時間から 80 時間程度の法定時間外労働が常態化していたが，前述のように管理監督者として扱われていたことから割増賃金等の支払いを受けていなかった。

そこで，AはB弁護士に相談しX社に対して，未払割増賃金等の支払を求める内容証明郵便を送付した。

その後，X社としては，必要な資料開示には応じたものの，Aは管理監督者であると考えているため未払割増賃金は一切ないとして，Aからの要求を拒否した。

すると，AはBを代理人弁護士として，労働審判手続を申し立て，過去３年分の未払割増賃金，遅延損害金及び付加金の支払を求めてきた。

どのように対応すればよいか。

Check List

☐ （任意交渉段階において）適切な範囲の資料を開示しているか

☐ （未払割増賃金等の請求を受けた場合）時効期間を経過している部分がないか

☐ 労働者側が主張する労働時間について，これを否定する客観的証拠はないか

☐ 就業規則や労働契約書において，固定残業代の定めがないか

☐ （定めがあるとして）有効要件を満たしているか

☐ 管理監督者として労働時間等に関する規定の適用を除外できないか

☐ 労働者の役職，職務内容，責任及び権限はどのようなものか

☐ 待遇（賃金）が一般労働者に比して優遇措置が講じられているといえるか

1　割増賃金請求における手続の流れ

(1)　任意交渉

　会社が従業員から代理人を通じて割増賃金請求を受ける場合，実務上【書式3-7-1-1】のような通知書が送られてくることがある。

　このような通知書が送られてきた場合，どのような対応が望まれるか。

ア　代理人が就任している場合の従業員との関わり方

　従業員側に代理人が就任した場合，一般的に通知書記載の内容について本人への接触を禁止する旨の記載がされているため，通知書に記載された内容について，やり取りを行う際には代理人を通す必要がある。

　なお，【Case】のように当該従業員が在職中の場合，あくまでも通知書記載の内容について接触が禁止されるだけであるため，業務上の指揮命令は直接行うことができると考えられる。

イ　資料開示の考え方

　資料開示について「割増賃金計算に資する情報をなぜ積極的に開示する必要があるのか」と疑問に思われることがあるが，会社側が資料開示を行わなかった場合，①結局訴訟提起前の証拠保全（民訴234条）や訴訟提起後の文書提出命令（民訴223条）により強制力を背景に開示が必要となること，②不誠実な対応であるとして訴訟後の裁判官の心証が悪化し判決や和解内容に悪影響を及ぼす可能性があることのほか，③労働者側が主張する推計方法で労働時間が認定されるリスク[150]があること等から，通常開示を行うべきであると考えられている。

　ただし，合理的な範囲を超えた期間の開示や争点に関係のないものの開示までは不要であり，一般的に，労働条件の分かる資料として労働契約書（ないし労働条件通知書），就業規則・賃金規程，実際の賃金の支払い状況が分かる資料として給与明細(ないし賃金台帳)，労働時間が分かる資料としてタイムカード，

---

[150] 裁判例においても，合理的な理由がないにもかかわらず使用者が本来容易に提出できるはずの労働時間管理に関する資料を提出しない場合に，公平の観点に照らし，合理的な推計方法により労働時間を算定することを許容したものがある（東京地判平成23年10月25日労判1041号62頁）。

業務日報, タコグラフ, PC のログイン・ログオフ記録, 入退館記録等, が必要な資料として考えられる[151]。

なお, 通知書到達後○日以内に開示するよう記載されている場合もあるが, この期間内に資料の収集が困難であれば必ずしも応じる必要はない。ただし, 何の連絡もなしに当該期間を徒過すると交渉の余地がないとして訴訟提起される等話し合いによる解決が困難になることも想定されるため, 期間内に開示できない旨と開示可能な時期を連絡する等の対応をすべきであると考える。

ウ　時効期間及び催告期間について

2024 年 6 月時点において賃金請求権の時効期間は 3 年(労基 115 条及び 143 条 2 項)とされているため, 未払割増賃金請求の書面が到達した場合まず時効により消滅している期間まで請求に含まれていないか確認が必須である。この確認を疎かにし, その後の対応(資料の開示や請求に対する反論等)を行い「権利の承認があった」として時効の更新(民法 152 条 1 項)がされることがないようにすべきで, 時効により消滅している部分がある場合には, 直ちに時効の援用(民法 145 条)をすべきである。なお, 通常, 時効により消滅している期間に対応する資料開示も不要であると考えられる[152]。

また, 未払割増賃金請求を行った場合「催告」があったものとして「その時から六箇月を経過するまでの間」時効の完成が猶予される(民法 150 条)。ただし, その後催告期間が満了する前に解決が図れない場合, 同期間内に「裁判上の請求」(訴訟提起ないし労働審判申立等)をしなければ時効の完成猶予の効果が消滅する(民法 147 条 1 項, 労審 22 条 1 項)。したがって, 任意交渉は, 通知書等により未払割増賃金を請求する旨明示されてから 6 か月を限度に行われ, 遅くとも 5 か月を経過すると訴訟提起等の準備をすることが多い[153]。

エ　任意交渉による解決について

任意交渉により解決をする場合, ①本件における交渉経過を踏まえた金額を

---

[151] 類型別 I 118 頁

[152] 労働条件の不利益変更が問題になる場合等は時効により消滅している期間や請求期間外の期間の資料開示も必要になる場合もある。

[153] 任意交渉において和解の可能性が高い場合には, 債務承認を行い, 時効を中断させ交渉を継続させる場合もある。

「解決金」として支払うことや，②「解決金」のほか債権債務がないことや守秘義務を確認すること等について取り決めをすることが望ましいところ，①②について口頭で合意ができた場合でも，合意内容について齟齬がないようにするため，また紛争の蒸し返しを防ぐため，合意内容を書面化することが必須である。

```
■ウェブ掲載　【書式3-7-1-1】通知書
```

(2)　労働審判

　労働審判とは，非公開で行われる「個々の労働者と事業主との間の労働関係のトラブルを，その実情に即し，迅速，適正かつ実行的に解決するための手段」であるとされており，例えば，解雇にかかる紛争や給料不払いにかかる紛争等を審理することが想定されている[154]。なお，労働審判は，裁判官から指定される審判官1名及び専門的な知識経験を有する者から指定される労働審判員2名（労働者側・使用者側各1名）の計3名で構成される労働審判委員会により審理される（労審7条，8条）。

　労働審判は，手続の迅速性[155]に特徴があり，一般の民事訴訟では裁判期日の回数等に明確な上限が設けられていない一方，「三回以内の期日において，審理を終結しなければならない」と定められている（労審15条2項）。

　また，労働審判は，一般の民事訴訟では証拠に基づく証明が必要となる一方，実情を踏まえた柔軟な解決が図られることにも特徴がある（労審20条1項）。

　例えば，未払割増賃金請求の事案において，一般の民事訴訟では通常，実労働時間を緻密に主張立証する必要がある一方，労働審判では双方の主張及びそれに基づく計算結果を比較し概ね妥当と思われる金額を労働審判委員会が概算して判断することもある。また，固定残業代の有効性が問題となる事案におい

---

[154] 裁判所HP（https://www.courts.go.jp/saiban/syurui/syurui_minzi/roudousinpan/index.html）
[155] 労働審判事件の平均審理期間が3.5か月であるのに対し，労働関係に関する民事訴訟で和解により終了した事件の平均審理期間は13.8か月と1年を超えているとの調査もある（労働審判事件等における解決金額等に関する調査に係る主な統計表・労働条件分科会（第181回））

て，仮に会社側に一定程度斟酌すべき事情があったとしても手当自体の有効性が認められない場合，一般の民事訴訟であれば固定残業代は割増賃金の既払いとは認められず割増賃金の計算の基礎単価に含めて計算されるが，労働審判では会社側の事情も斟酌し間をとった計算[156]がされる場合もある。

実際の労働審判の進行は，労働者ないし会社から労働審判の申立てがなされると（労働審判を申し立てた当事者を「申立人」その相手方を「相手方」という），原則として40日以内に期日指定及び相手方の呼出しがなされ，当該呼出から概ね1か月以内に労働審判申立書に対する認否反論を記載した答弁書の提出が求められ，その後当該申立書及び答弁書を元に労働審判手続日が開催される。なお，前述のように労働審判は原則として最大三回までしか期日が開催されないとされるが，実務上1～2回しか開かれないことが多く，3回目が開かれるとしても第2回目期日までに話し合いによる解決に対する双方の考え方が詰まり切らなかった場合に調停による和解で終了するのか労働審判により終了するのか話し合うために開かれるだけ場合が多い。そのため，双方の主張は，第1回期日までに出し切る必要があり，第2回期日に主張や証拠提出を行うとしても申立書ないし答弁書の補充的なものに限られる場合が多い。

労働審判期日では，概ね双方同席のもと双方から事情聴取が行われたのち申立人ないし相手方のいずれか一方が退席しての個別聴取が行われ，以降交互に事情の聴取が行われながら話し合いによる解決の可能性が探られることとなる。

そして，話し合いによる解決の合意が形成された時点で調停成立により労働審判は終了するが，話し合いによる解決の合意が形成されなかった場合，労働審判委員会から「労働審判」が言い渡される。なお，この「労働審判」に対し不服がある場合，異議の申立てをすることができ，当事者のいずれか一方からでも異議の申し立てがあれば，労働審判は通常訴訟に移行することとなる[157]。

---

[156] 固定残業代相当額を基礎単価に含めかつ同額を既払いとして控除する方法や，固定残業代相当額の半分を基礎単価に含める一方で残りの半分を既払いとして控除する方法などがある。

[157] 本文のほか，労働審判の終了方法としては24条終了と呼ばれるものがある。これは労働審判法24条により労働委員会が事案の性質に照らし労働審判手続を行うことが紛争の迅速かつ適正な解決のために適当でないと認めた場合に労働審判委員会の裁量で労働審判を終了させることができる制度である。例えば，証拠が膨大な場合・多くの証人尋問が必要な場合・労使合意の形成が不可能なことが明確な場合などに24条終了となる場合がある。

222 第3章 労務管理

2 割増賃金請求の主な争点

(1) 労働時間の把握と主張立証責任

　労働契約上の賃金請求権は，労務の提供と対価関係にある（民法 623 条）ため，労働者は現実に労務の提供をしなければ賃金を請求し得ない（民法 624 条1 項）。したがって，労務の提供が賃金請求をするうえで請求原因となり，労働者は未払割増賃金請求にあたり労務の提供をしたことを主張立証すべきこととなる[158]。

　しかし，労働基準法において，労働時間，休日，深夜業等について規定を設けており使用者が労働時間を適正に把握することが前提となっていること[159]，労働時間の立証手段が使用者に偏在していること等から使用者の労働時間管理が求められている。そのため，実務上は，労働者側が労働時間性の適切な主張立証とともに労働時間数について一応の立証をしたと評価される場合には，使用者の側において有効かつ適切な反証ができていなければ，労働者の提出資料によって，労働時間性及び労働時間の認定がされるとされている[160]。したがって，会社側としては，（労働者側による「一応の立証」さえされていない場合はともかく）主張立証責任に囚われることなく，積極的に労働時間性に関する主張反論をするよう心がけるべきである。

　この点，労働時間性の立証手段となる証拠を類型化すると，①機械的正確性があり，成立に使用者が関与していて業務関連性も明確な証拠（タイムカードやタコグラフ等），②成立に使用者が関与していて業務関連性は明白であるが，機械的正確性のない証拠（日報や週報等の営業記録等），③機械的正確性はあるが業務関連性が明白ではない証拠（PC の履歴（ログインログアウト記録やメールの送信等）や入退館記録），④機械的正確性がなく，業務関連性も明白では

---

[158] 類型別 I 164 頁
[159] 厚生労働省「労働時間の適正な把握のために使用者が講ずべき措置に関するガイドライン」（平成 29 年 1 月 20 日）1 頁
[160] 類型別 I 165 頁

ない証拠（メモや手帳等）に分類される[161,162]。これらの証拠のうち①のタイムカード等が存在する場合，当該打刻時間により実労働時間が推認される傾向にあるところ，会社側がこれを争う場合②の日報や③の入退館記録等を用いながら主張反論する必要があり，合わせて①より②ないし③の記録によるべき積極的理由（①より②ないし③による労働時間記録を信用すべき理由）も主張すべきである（一方で労働者側が①のタイムカード等により推認される労働時間を超えて労働したことを主張する場合，②の日報や③の入退館記録等のほか④の手帳等を用いながら主張立証する必要があるということになる）。

(2) 労働時間該当性

　前述第5．1(1)のとおり，判例は，労基法上の労働時間について「労働者が使用者の指揮命令下に置かれている時間をいい，右の労働時間に該当するか否かは，労働者の行為が使用者の指揮命令下に置かれたものと評価することができるか否かにより客観的に定まるもの出会って，労働契約（略）等の定めのいかんにより決定されるべきものではない」としており[163]，裁判例上も，「労働者が使用者の指揮命令下に置かれている」かどうかという基準の中で，使用者からの指揮命令ないし明示・黙示の指示の有無，業務性・職務性といった諸要素に着目した判断を行う傾向にあると解釈できる[164]。

　そして，実務上，以下のように，始業前の準備行為・移動時間・休憩時間・手待ち時間・仮眠時間・終業後の滞在時間・持ち帰り残業等について，労基法上の労働時間といえるか問題となるケースが多く見られる。

　一般に，争いとなる労働時間が所定労働時間内（又は①のタイムカード等により推認される労働時間内）の場合，労働者が労務提供義務を負うべき時間であることから，原則として労務からの解放（自由）が保障されていない限り，労働時間に該当するケースが多いといえる。

　他方で，争いとなる労働時間が所定労働時間外（又は①のタイムカード等に

---

[161] 類型別 I 169 頁

[162] 一般的に①→②→③→④の順に証明力が落ちていくと考えられている。

[163] 最判平成 12 年 3 月 9 日民集 54 巻 3 号 801 頁〔三菱重工業長崎造船所事件〕

[164] 藤井聖悟「残業代請求事件の実務（中）」（判タ 1366 号 24 頁）

より推認される労働時間外）の場合，労働者が労務提供義務を負う時間ではないため，使用者からの明示又は黙示の指示により業務に対応する必要がある場合など，労務からの解放（自由）が保障されていない場合を除き，労働時間に該当しないケースが多いといえる。

ア　始業前の準備行為等

始業前に行う事業所内への入構から作業場までの移動・作業着への着替え等，業務の準備行為は，労務提供そのものではなくの提供に向けた準備行為であるため原則として労働時間に該当しない[165]。

ただし，当該準備行為が，使用者から明示又は黙示に義務付けられた行為である場合には使用者の指揮命令下に置かれているものとして労働時間に該当すると判断され得る（同趣旨の判断をした判例として前掲三菱重工業長崎造船所事件等がある）。例えば，就業時間前に特定の作業服への着替えを義務付けていたり[166]，就業時間前に会社の車両への資材積み込み等の準備をしていたりする場合[167]，当該準備行為についても労働時間であると判断される場合がある。

イ　移動時間

自宅から事業所への通勤時間ないし自宅から現場等への直行・直帰に要した時間は，労務提供債務が持参債務である（民法484条）ことからすると，債務履行（労務提供）の準備行為であるため原則として労働時間に該当しない[168]。

ただし，自宅から事業所へ一度集合して荷積等の準備作業を行ってから現場等へ移動したような場合について，事務所から現場への移動時間中も使用者の指揮監督下にあるとして労働時間性を認めた裁判例もある[169]ため，一律に労働時間に該当しないとの判断はすべきではない。

なお，出張先への移動時間については，（当該移動が休日に行われたものであっても）労働者が日常の出勤に費やす時間と同一の性質であるとして，労働時間性が否定されている[170]。ただし，当該移動が物品の運搬やその監視の目的を

---

[165] 類型別 I 155 頁
[166] 東京高判平成 17 年 7 月 20 日労判 899 号 13 頁〔ビル代行事件〕等
[167] 東京地判平成 20 年 2 月 22 日労判 966 号 51 頁〔総設事件〕
[168] 類型別 I 156 頁
[169] 前掲東京地判平成 20 年 2 月 22 日
[170] 川崎支部決昭和 49 年 1 月 26 日労民集 25 巻 1 = 2 号 12 頁〔日本工業検査事件〕

含んでいる場合等には移動自体が業務として労働時間性が認められ得る[171]。

ウ　休憩時間と手待ち時間（電話対応・受付対応等）

休憩時間は，通常労務の提供が想定されていないため，労働から完全に解放されることを保障されている限り，労働時間にはあたらない[172]。

ただし，休憩時間中事業場内に待機し来客や架電へ対応するよう命じていた場合や常に店内での待機を命じ来客がなれば店内で自由に休憩して良いとした場合等は，使用者の指揮命令下置いていつでも労務提供をし得るような状態で待機することが義務付けられるため「労働から完全に解放されること」が保障されておらず，労働時間に該当し得る[173]。

エ　仮眠時間

泊まり込みの警備業務等就業時間中に仮眠時間が設けられる場合もある。このような仮眠時間についても，仮に仮睡眠が認められていたとしても仮眠室にいることや警報器の作動ないし架電対応等が義務付けられている場合，労働から反善に解放されることが保障されているとはいえず，労働時間に該当し得る[174]。

ただし，仮眠中これらの対応が義務付けられていたとしても，その必要が生じることが皆無に等しい等実質的に前述のような義務づけがされていないと認めることができれば，労働時間性が否定される場合もある[175]。

オ　終業時間後の残業（居残り残業と持ち帰り残業）

事業場内において所定労働時間に引き続き行われる時間外労働は，所定労働時間内における労働義務と不可分一体であるため，原則として使用者の明示または黙示の指示があれば労働時間であると認められる[176]。また，黙示の指示がない場合でも労働者が居残り残業を行っていることを黙認していた場合にも労働時間であると認められ得る。そのため，労働者が不必要に残業を繰り返す場

---

[171] 東京地判平成 24 年 7 月 27 日労判 1059 号 26 頁〔ロア・アドバタイジング事件〕

[172] 菅野＝山川 407 頁

[173] 大阪地判昭和 59 年 3 月 24 日労経速 1091 号 3 頁〔すし処「杉」事件〕・平成 11 年 3 月 31 日基発 168 号

[174] 最判平成 14 年 2 月 28 日労判 822 号 5 頁〔大星ビル事件〕

[175] 東京高判平成 17 年 7 月 20 日労判 899 号 13 頁〔ビル代行（宿直勤務）事件〕

[176] 白石哲編著「労働関係訴訟の実務」（商事法務 2018 年 5 月 15 日）65 頁

合，残業禁止や許可制を活用する等明示的な指示や黙認をしていないことを明確にする必要がありそこまでした場合に労働時間性が否定されている[177]。

一方，使用者の指揮監督が直接及ばない職場外での残業（特に私的な生活との峻別が困難である家庭等で行われるもの）は，原則として労働時間には該当せず，例外的に使用者から業務の遂行を指示されてこれを承諾し，私生活上の行為と峻別して労務を提供して当該業務を処理したような場合に限り労働時間と認められると解される[178]。

(3) 労働時間等に関する規定の適用除外～管理監督者（労基41条2号）～

Case
Ｘ社は，Ａの就労実態について精査したところ，以下の事情が明らかとなった。 ・Ａは，開発部で，数名の部下を統括し部下に対する指揮命令権を有していた。 ・一方で，業務執行にあたって，同部の部長から指示を受けることもあった。 ・Ａは，重要事項等の決定には同部長の決済を仰ぐ必要であった。 ・Ａは，部下の人事考課も行っていたが，これも同部長の決裁が必要であった。 ・Ａの給与は，同部で部長に次いで2番目に高額であった。 ・課長未満の従業員が80時間の残業をしてもＡの総支給額を上回ることはない。

管理監督者とは，労基法41条2号における「監督若しくは管理の地位にある者」のことをいい，この管理監督者に該当する場合，労基法の労働時間・休憩・休日の規制を適用しないとされている。未払割増賃金請求における管理監督者性の主張は，時間外手当及び休日手当の請求に対する全部抗弁としての機能を果たすとされている[179]（ただし，深夜労働の割増賃金の支払いは必要である）。

ただし，就業規則において店長以上の役職者を管理監督者として扱っていたハンバーガーショップの店長について労基法上の管理監督者に該当しないと判

---

[177] 東京高判平成17年3月30日労判905号72頁〔神城学園ミューズ音楽院事件〕

[178] 類型別 I 159頁

[179] 類型別 I 249頁

断した裁判例[180]のように管理監督者への該当性は，厳格に判断される傾向にある。

　ある労働者が労基法上の管理監督者に該当するか否かは，「職務内容，権限及び責任並びに勤務態様等に関する実態を総合的に考慮して判断」するものとされ[181]，具体的考慮要素について裁判例上，①職務内容が少なくともある部門全体の統括的な立場にあること，②部下に対する労務管理上の決定権限等につき一定の裁量権を有し，人事考課・機密事項に接していること，③管理職手当等で時間外手当が支給されないことを十分に補っていること，④自己の出退勤を自ら決定する権限があること，とされている[182]。

　【Case】において，AはXにおいて複数ある部門のうち一部門の課長である。確かにAは，管理監督者として扱われていない従業員より相当高額の給与を受け取っているうえ[183]（前述③），数名の部下に対する指揮命令権及び人事考課権限を有しているようである（前述①②）。しかし，重要事項等の決定には上位者の決済が必要で必ずしも単独で業務執行にあたっていたわけではなく，部下の人事考課に関しても同じく上位者の最終決裁が必要であった。これらのことからすると，当該部門での統括的な立場にあるとは言い難く（前述①），管理監督者であると判断される可能性は低いと考えられる。

(4)　固定残業代

　固定残業代に関する概説は，本章第6．2「割増賃金」に記載のとおりであ

---

[180] 東京地判平成20年1月20日労判953号10頁〔日本マクドナルド事件〕。当該店長について「店舗の責任者として，アルバイト従業員の採用やその育成，従業員の勤務シフトの決定，販売促進活動の企画，実施等に関する権限を行使し，被告の営業方針や営業戦略に即した店舗運営を遂行すべき立場にあるから，店舗運営において重要な職責を負っていることは明らかであるものの，店長の職務，権限は店舗内の事項に限られるのであって，企業経営上の必要から，経営者との一体的な立場において，労働基準法の労働時間等の枠を超えて事業活動することを要請されてもやむを得ないものといえるような重要な職務と権限を付与されているとは認められない」と判断している。

[181] 白石哲編著・前掲153頁

[182] 東京地判平成20年9月30日労判977号74頁〔ゲートウェイ21事件〕等

[183] 非管理監督者の従業員との給与の逆転現象が起こらないことは③として重要な要素の1つではあるが，その他の職務権限に関する要素が不十分であれば，それだけを持って管理監督者と認められることは難しい。

るが，この固定残業代の有効性は未払割増賃金請求事案において，使用者側による割増賃金既払いの抗弁として，固定残業代の有効性も問題となることが多い。

特に基本給とは別途割増賃金に該当する手当を支給する手当型の事案において①対価性の要件が，基本給の中に割増賃金に該当する手当を組み込んで支給する組込型の事案において②明確区分性の要件がそれぞれ問題となることが多い。

ア　手当型の事案について

手当型の事案においては，様々な名称で支給される手当について「時間外手当や深夜労働の対価の趣旨で支払われていること」が一見して明らかであるかが問題となる傾向にある。例えば，「管理職手当」について割増賃金として支給する趣旨が明らかでないとして固定残業代であると認めなかった裁判例 184 がある一方，「営業手当」という名称で支給されていた手当について就業規則等において割増賃金として支払う旨が明示されているため固定残業代であると認めた裁判例もある [185]。

すなわち，（手当の名称そのものから割増賃金の支払いである旨が一見して明らかであるに越したことはないが）就業規則等において当該手当が割増賃金の支払いとして支給されることを明確にしておく必要がある。

イ　組込型の事案について

組込型の事案においては，支払われている基本給のうちいずれの部分が割増賃金の支払いとして支給されているのか一見して明らかではないため，通常の労働時間の賃金にあたる部分と割増賃金の部分が明確に区別されている必要がある。

したがって，組込型による固定残業代の場合，割増賃金の支払いとして支給する部分の時間外労働時間数及び金額の両方が明記されていることが望ましい（ただし，時間数ないし金額のいずれかさえ明示されていれば所定労働時間からもう一方の計算が可能となるため，これを割増賃金の支払いとして認めない

---

[184] 大阪地判平成 8 年 10 月 2 日労判 706 号 45 頁〔共立メンテナンス事件〕
[185] 東京地判平成 10 年 6 月 5 日労判 748 号 117 頁〔ユニフレックス事件〕

理由なはい[186]）。

3　遅延損害金と付加金

(1)　遅延損害金（遅延利息）について

　遅延損害金とは，本来の支払い期日から遅れて賃金等を支払った場合に支払いが必要となる金銭のことをいい，当該支払いを遅延した期間に応じて，当該支払いを遅延した賃金の額に一定割合を乗じた金銭の支払いが必要となる（民法404条2項）。なお，遅延利息とは，賃金支払確保法により「退職の日経過後まだ支払われていない賃金の額に年14.6%」を乗じた金銭の支払いが求められているものをいう（民法6条1項）。したがって，対象の従業員が退職済みの場合，利率が急激に上がるため判決を受ける際等には注意が必要である[187]。

　著者の体感であるが，話し合いにより解決する場合，この遅延損害金ないし遅延利息が考慮されることは少ないように感じているが，会社側の事情により交渉が長引いた場合等には和解の際に支払う解決金の額に一定程度反映されることもある。

(2)　付加金について

　付加金とは，使用者が割増賃金の支払い義務等に違反した場合に裁判所が労働者の請求に基づきこれと同一額の支払いを命じることができる金員のことをいう（労基114条）。したがって，裁判所による付加金の支払いを命じる旨の裁判が確定すると，最大で未払割増賃金等の倍額の支払い義務を負う可能性がある。付加金は，裁判所がその支払いを命じる裁判をする必要があるところ，任意交渉や労働審判においてその支払いが必要になることはない。

---

[186] 類型別 I 189 頁

[187] 例えば，退職した従業員の未払割増賃金が3年間で900万円あったと仮定すると，遅延利息は1年間で130万円を超えることとなる。ただし，賃確法6条2項及び同則6条において「④合理的な理由により裁判所等で争っている」場合遅延利息の割合を適用しないとされているところ，訴訟等に至った場合にはその適用について争うことも考えられる。実際に裁判例においても遅延利息の適用が排除された例がある（東京高判平成26年2月27日労判1086号5頁〔レガシィ事件〕）。

なお，労働審判において，付加金の支払いを求める旨記載されることがあるが，これは労働審判が訴訟に移行した場合労働審判申立書が訴状とみなされる（労審 22 条 3 項）ことから，労働審判継続中に付加金の除斥期間が経過するのを防止するためといわれている[188]。

また，付加金は，その支払いを命じる判決が確定して初めて支払い義務が生じる性質であるところ，仮に第 1 審でその支払いを命ずる判決がなされたとしても，控訴審の口頭弁論終結時までに対象の未払割増賃金等を支払った場合，裁判所は付加金の支払いを命じることができない[189]。したがって，未払割増賃金等の支払いを命じる判決が出される見込みが高い場合，付加金支払いのリスクを回避するため，事実審の口頭弁論終結時までに遅延損害金含めすべて支払うことも考えられる。

---

[188] 札幌高判平成 24 年 10 月 19 日労判 1064 号 37 頁〔ザ・ウィンザー・ホテルズインターナショナル事件〕

[189] 最判平成 26 年 3 月 6 日労判 1119 号 5 頁〔甲野堂薬局事件〕

第8 配転・出向・転籍　231

第8 配転・出向・転籍

1 配転

Case

X社は，営業職の従業員Aを地方に転勤させようと考えている。この場合，どのような点に留意する必要があるか。また，育児や介護を行っている場合にはどのような配慮をする必要があるか。

Check List

☐　就業規則等において配転に関する規定があるか

☐　職種・勤務地を限定する合意がなされていないか

☐（2024年4月以降）就業の場所・従事すべき業務の変更の範囲内か

☐　配転命令が権利濫用にあたらないか

☐　配転命令に業務上の必要性および人選の合理性が認められるか

☐　配転命令が不当な動機・目的をもってなされていないか

☐　労働者に著しい生活上・職業上の不利益が生じないか

(1) 配転の意義・根拠

　「配転」とは，従業員の配置の変更であって，職務内容又は勤務場所が相当の長期間にわたって変更されるものをいう。このうち同一勤務地（事業所）内の勤務個所（所属部署）の変更を「配置転換」といい，勤務地の変更を「転勤」という[190]。

　配転を命令することができるかについては，まず労働契約上の根拠がある必要がある。この点，就業規則に，「業務の都合により配置転換，転勤を命ずることがある」などといった配転（配置転換・転勤）を命ずることができる旨の包括的な規定が置かれていることが多い。なお，このほか労働条件通知書や雇用

---

[190] 菅野＝山川681頁

契約書，労働協約により定めている場合もある。実際に配転を命ずる場合には，配転命令書などを労働者に交付するのが望ましい。

就業規則における配転・出向の規定例
第〇条（人事異動） 1　会社は，業務上必要がある場合，配転（就業の場所又は従事する業務の内容の変更），出向を命ずることがある。 2　前項により配転，出向を命ぜられた場合は，労働者は正当な理由がない限りこれを拒むことはできない。 3　出向者の出向にあたっての労働条件は，別に定める出向規程による。

■ウェブ掲載　【書式 3-8-1-1】配転命令書

(2) 配転命令の限界1（労働契約による制限：職種・勤務地の限定合意）

個々の労働者との間で，職種や勤務地を限定する旨の合意がある場合は，就業規則に包括的な規定があっても配転命令権が制限され，労働者の新たな同意がない限り，合意の範囲を超える配転はできないことになるので留意が必要である。

また，2024年4月から労働条件明示のルールが改正され，労基法15条1項前段の規定に基づいて明示しなければならない労働条件に，「雇入れ直後」の就業の場所・従事すべき業務の内容だけではなく，その後の「変更の範囲」についても明示が必要となる（労基則5条の改正）。そして，当該「変更の範囲」内において，配転命令権が制限されるおそれがあるため，こちらも留意する必要がある。

（3） 配転命令の限界２（配転命令権の濫用）

ア　判断基準

使用者に配転命令権の根拠があり前述の制限がない場合でも，無条件に認められるものではなく，①業務上の必要性が存しない場合，または業務上の必要性があっても，②不当な動機・目的が認められる場合，若しくは③労働者に通常甘受すべき程度を著しく超える不利益を負わせる場合には，配転命令権は権利濫用（労契３条５項）として無効となる[191]。

（ア）業務上の必要性

①業務上の必要性については，余人をもっては容易に替え難いといった高度の必要性に限定することは相当でなく，労働力の適正配置，業務の能率増進，労働者の能力開発，勤務意欲の高揚，業務運営の円滑化など企業の合理的運営に寄与する点が認められる限りは，業務上の必要性を肯定すべきであると判示されている[192]。

（イ）不当な動機・目的

また，②不当な動機・目的が認められる場合の具体例としては，退職に応じない労働者に嫌がらせのために行われた場合[193]や経営陣に批判的なグループの中心人物を排除し，あるいは配転に応じられずに退職することを期待する等のために行われた場合[194]等があげられる。

（ウ）労働者に通常甘受すべき程度を著しく超える不利益

次に，③労働者に通常甘受すべき程度を著しく超える不利益を負わせる場合とは，配転命令の業務上の必要性と人選の合理性に比して，労働者の生活上や職業上の不利益が通常甘受すべき程度を著しく超える場合をいう。

生活上の不利益としては，労働者の病気やその家族の病気・育児・介護などの事情があげられる。

日本では，伝統的に長期雇用システムの下，解雇権濫用法理（労契16条）の厳格な運用により，解雇は使用者に対して厳しく判断してきた。一方で，企業

---

[191]　最判昭和61年7月14日労判477号6頁〔東亜ペイント事件〕
[192]　前掲最判昭和61年7月14日
[193]　大阪地判平成12年8月28日労判793号13頁
[194]　東京地決平成7年3月31日労判680号75頁

内における人材の調整については使用者の裁量を比較的広く認める傾向にあった。そのため，転勤（単身赴任を含む）や通勤時間の長時間化は，通常甘受すべき程度の不利益と判断される傾向にある。

　一方で，家族の病気・育児・介護などについては，以下に留意する必要がある。平成 13 年に改正された育介法では，子の養育又は家族の介護の状況に関する使用者の配慮義務に関する規定（育介 26 条）が定められた。また平成 19 年に制定された労契法の 3 条 3 項でも，労働契約の締結や変更については「仕事と生活の調和」に配慮すべきことが定められた。裁判例においても，要介護状態にある老親や転居が困難な病気をもった家族を抱えその介護や世話をしている従業員に対する遠隔地への転勤命令を行った裁判例 [195]において，育介法 26 条に言及し，その配慮を前提とする判断をしている。また，このような立法の動向だけではなく，社会的状況として，仕事と生活の調和（ワーク・ライフ・バランス）に対する要請が高まっており，今後の労働者の生活上の不利益が通常甘受すべき程度を著しく超えるか否かの判断については，会社としてより慎重な配慮を示す必要がある。

　具体的には，入社時や定期的に家族の状況や異動の希望等を記載してもらう自己申告書をとったり，面談を行ったりして家庭の状況等を確認したりすることが肝要である。また実際に配転を命ずる場合，共働きで単身赴任となる場合に単身赴任手当の支給や帰郷の際の旅費負担の検討，転勤先の居住先の案内等も検討するとよい。このように労働者への配慮を行っているか否かについても，生活上の不利益が通常甘受すべき程度を著しく超えるか否かの判断の大きな要素となると思われる。

イ　【Case】の場合

　以上を踏まえ本ケースを検討するに，労働契約上，配転の根拠があり，かつ勤務地限定合意がない場合であっても，地方への転勤を命じる際には，業務上の必要性があるという理由のみで決定するのではなく，生活上の不利益について，育児・介護，夫婦や家族の一体性等の家庭の事情に関して労働者へ一定の配慮を行い，丁寧に対応する必要がある。

---

[195] 大阪高裁平成 18 年 4 月 14 日労判 915 号 60 頁。結論としては，転勤命令は無効と判断された。

第8 配転·出向·転籍　235

2　出向・転籍

Case
X社は，営業職の従業員Aを，雇用調整のため，グループ会社に出向あるいは転籍をさせたいと考えている。出向と転籍について，それぞれどのような点に留意すればよいか。

Check List
- ☐　出向について，就業規則等の定め，又は労働者との個別の合意があるか
- ☐　出向規程等に出向先での賃金，労働条件，出向期間，復帰方法などが規定されているか
- ☐　転籍について，労働者との個別の合意があるか
- ☐　出向命令について権利濫用にあたらないか（業務上の必要性，対象労働者の人選の合理性，出向者の生活関係，労働条件などの著しい不利益性および手続の相当性が考慮されているか）

(1)　出向・転籍の意義

　出向（在籍出向）とは，労働者が自己の雇用先の企業に在籍のまま，他の企業の従業員（ないし役員）となって相当長期間にわたって当該他企業の業務に従事することをいう。また，転籍（移籍）とは，労働者が自己の雇用先の企業から他の企業へ籍を移して当該他企業の業務に従事することをいう[196]。

(2)　出向・転籍の法律関係

　出向の場合は，出向元の従業員としての地位（労働契約関係）を保持したまま，出向先の従業員（ないし役員）となり出向先の業務に従事させる人事異動である。そのため，出向元では休職などの扱いとしていることが多い。

　一方で，転籍の場合は，転籍元と従業員との間の労働契約関係を終了させて，新たに転籍先との間に労働契約関係を成立させる人事異動である。この場合，

---

[196]　菅野＝山川 690，691 頁

これを実現させる方法としては，①労働者が転籍元を労働契約の合意解約により退職して，転籍先と労働契約を新たに締結する方法と，②転籍元がその労働者に対する労働契約上の地位を転籍先に譲渡する方法がある。いずれにせよ①の場合は退社・入社に伴うものとして，②の場合は民法 625 条 1 項（「使用者は，労働者の承諾を得なければ，その権利を第三者に譲渡することができない。」）の承諾として，労働者の同意を要するが，実務上は①の方法を取ることが多い。

(3) 出向・転籍の要件及び限界

ア 出向について

（ア）出向命令の根拠

出向の場合は，企業間の人事異動であり，労務提供の相手先が変更となる。そのため，それが密接な関係を有するグループ会社であっても労働者に対して出向を命ずるためには，就業規則や労働協約上の根拠規定，労働者の同意が必要とされる。

かかる同意は，就業規則・労働協約における包括的規定（例：「業務上の必要により出向を命ずることがある」）ないし入社の際における出向命令の包括的同意でも足りるが，出向は労務提供先の変更など労働条件の大幅な変更を伴うことから，出向規程などで，出向の対象企業，出向中の賃金などの労働条件，服務規律，出向期間，復帰の仕方などについて出向労働者の利益に配慮した詳細な規定が設けられていることも必要と考えられている[197]。当該配慮をした規程などがない場合には，出向の都度，個別同意が必要となる可能性がある。

なお，実務上は，出向の対象企業や業務内容，労働条件まで規程で定めていなければならないとするのは，現実的ではないことから，具体的な業務内容，労働条件や対象企業などの詳細については現実に出向となる時に明らかになっていれば足りる。

---

[197] 最判平成 15 年 4 月 18 日労判 847 号 14 頁〔新日本製鐵（日鐵運輸第 2）事件〕など

> ■ウェブ掲載　【書式 3-8-2-1】出向規程
>
> ■ウェブ掲載　【書式 3-8-2-2】出向命令書

（イ）出向命令権の濫用

　また，出向命令権が認められ出向を命ずることができる場合においても「当該出向の命令が，その必要性，対象労働者の選定に係る事情その他の事情に照らして，その権利を濫用したものと認められる場合には，当該命令は，無効」（労契 14 条）となる。

　出向の場合には，労務提供の相手先が変更となることから，それにより著しい不利益が生じないかどうかという観点が，配転の場合の権利濫用の判断に加えられる。権利濫用に該当するかの判断は，出向命令の業務上の必要性，対象労働者の人選の合理性，出向者の生活関係，労働条件等の著しい不利益性および手続の相当性などが総合考慮される[198]。

イ　転籍について

　前述(2)のとおり（①の方法を前提とする），転籍は，転籍元との労働契約関係を終了させるとともに，転籍先との労働契約関係を新たに成立させるという重大な法律関係の変更を伴うことになる。

　そのため，就業規則の転籍に関する包括的な規定や別規程の転籍規程の定めなどによって転籍を労働者に義務づけることはできず，転籍を行うためには，労働者の個別同意が必要となる[199]。なお，採用時の入社案内に勤務場所の 1 つとして明記されており，採用面接時にもその勤務場所に転籍する可能性があることを説明し，また社内配転に近い運用を長年行われてきたなどの事情を考慮し，採用時における包括的な同意をもって転籍を認めた裁判例もある[200]。もっとも，当該裁判例における転籍先は，転籍元の一部署を独立させた会社であっ

---

[198] 前掲最判平成 15 年 4 月 18 日など
[199] 東京地判平成 7 年 12 月 25 日労判 689 号 31 頁〔三和機材事件〕など
[200] 千葉地判昭和 56 年 5 月 25 日労判 372 号 49 頁

て，資本関係もあり，役員が一部兼務するなど，実質的にはグループ内の配転と同視できるような事案であったことに留意すべきである。

　転籍の意思表示は口頭のみでも成立をするが，労働者の同意を客観的に証明するため，転籍に関して同意書を取得するようにすべきである。転籍同意書には，転籍先の会社情報，転籍元の退職日，転職先の入社日，転籍後の役職・賃金・その他労働条件などについて定めるのが望ましい。なお，転籍先との間では，新たな労働契約の締結となるため，労働基準法上，当該労働者に対して労働条件を明示する必要がある（労基 15 条 1 項）。そのため，当該転籍同意書の中に，労働条件の明示まで行うか，あるいは，転籍同意書とは別に労働条件通知書を交付するかなどの運用方法を検討しておく必要がある。

■ウェブ掲載　【書式 3-8-2-3】転籍同意書

第9 安全配慮義務と労働災害　239

第9 安全配慮義務と労働災害

Case

X社の営業社員Aは，期待されていた成績が上がらず，上司Bから注意指導を繰り返し受けていたが，営業手法を変えずに独自の方法で営業を続けていた。そこで上司Bから社員Aに強く叱責をしたところ会社に急に来なくなった。その後，会社にうつ病と記載された診断書の提出があった。当該原因は長時間労働と上司Bのパワーハラスメントにあるとして，労災の申請を行うため，労災申請書類を送付し事業主証明をするように求めてきた。当該申請の内容に疑問がある場合，X社としてはどう対応すればよいか。

Check List

☐　長時間労働の実態があるか確認をしたか

☐　パワハラの実態があるか確認をしたか

☐　労災認定に関する評価表により，「強」と認定される事由はないか

☐　会社の調査結果を踏まえ，労働者の労災申請の内容に理由はあるか

☐　労災申請書類について，事業主証明を行うかどうか慎重に判断をしたか

☐　過重労働対策，メンタルヘルス対策，ハラスメント対策はできているか

1　民事上の責任（債務不履行・不法行為に基づく損害賠償責任）

　労働災害（労務に従事したことにより被った死亡，負傷，疾病）の場合，労働者は使用者に対して，治療費や休業補償，慰謝料などについて，労働契約の債務不履行（安全配慮義務違反（労契5条，民法415条））や不法行為（民法709条）に基づいて損害賠償請求をすることが考えられる。なお，安全配慮義務とは「労働者が労務提供のため設置する場所，設備若しくは器具等を使用し又は使用者の指示のもとに労務を提供する過程において，労働者の生命及び身

体等を危険から保護するよう配慮すべき義務」[201]をいう。当該判例等を踏まえ，平成19年に制定された労契法では安全配慮義務に関して「使用者は，労働契約に伴い，労働者がその生命，身体等の安全を確保しつつ労働することができるよう，必要な配慮をするものとする。」（労契5条）と規定化された。

　もっとも，債務不履行や不法行為に基づく損害賠償請求の場合，民法の一般原則に従えば過失責任の原則が適用され，労働者側で使用者側の過失の立証が必要となる。

2　労災補償制度

(1)　労基法上の災害補償制度と労災法上の労災保険制度

　労基法は，第8章において，労働者が業務によって被った死亡，負傷，疾病に関する補償制度を設けている（災害補償制度。労基75条乃至88条）。

　もっとも，使用者の支払能力が十分でない場合には労基法上の災害補償制度では実効性に欠けることから，使用者の無資力の危険を担保するために，政府が管掌する社会保障制度の一環として，政府が全事業主から保険料を徴収して被災労働者・遺族に直接に保険給付を行う制度として労災保険法に基づく制度（労災保険制度）が設けられた。これらはいずれも，民事上の責任と異なり，使用者の過失の有無を問わず補償の対象としている（無過失責任）。

　また，後述3(1)のとおり，労災法等によって災害補償があれば，使用者は補償の責任を免除されることになっているため（労基84条1項），労災保険法の発展に伴い，現在では，同法が労災補償の大部分の機能を果たしている。

(2)　労災保険制度

　労災保険制度は，労働者を使用するすべての事業主に強制的に適用され（労災3条1項），労災保険給付は，「業務災害」[202]と「通勤災害」[203]に対して支給される（労災7条1項）。

---

[201] 最判昭和59年4月10日民集38巻6号557頁〔川義事件〕
[202] 業務災害とは，労働者の業務上の負傷，疾病，障害又は死亡をいう（労災7条1項1号）。
[203] 通勤災害とは，労働者の通勤による負傷，疾病，障害又は死亡をいう（同項3号）。

ア　労災の認定手続

（ア）労災給付の申請

　労災給付の申請者は，補償を受けるべき労働者・遺族・葬祭を行う者（労災12条の8第2項）である。なお，実務上，問題がない場合は使用者が代行して行うことが多い。申請先は，所轄の労働基準監督署である。

（イ）労働基準監督署の調査

　所轄の労働基準監督署は，申請を受理後，調査を開始する。

　労働基準監督署は，使用者から就業規則や労働時間管理の資料（タイムカード，入退館記録，PCのログイン・ログオフ時間）等を求める他，上司や同僚等にヒアリング等も行うことがある。

（ウ）労災給付の支給・不支給の決定

　調査の結果，所轄の労働基準監督署の署長が，労災給付の支給・不支給の決定を行う（労災則1条3項）。労働者は，不支給決定の場合で決定に不服がある場合には，審査請求を行うことができ，その決定にも不服な場合には再審査請求を行うことができる（労災38条）。またかかる審査請求・再審査請求で不支給決定となり不服の場合には，当該不支給決定は行政処分であるから，裁判所に対する不支給決定の取消訴訟も提起することもできる。

　なお，これらの手続は労災給付を求める労働者等と労災の不支給を決定した行政機関との間で行われるものである。では，使用者は，労災給付の支給処分に対して争うことができるのか，取消訴訟における原告適格を有するか（行政事件訴訟法9条1項の「法律上の利益を有する者」といえるか）という問題がある。この点，メリット制[204]による保険料の増額可能性がある場合に，労働者に対する療養補償給付及び休業補償給付の支給決定に関して，使用者が各処分の取消しを求めることができるか争われた事案について，最高裁は原告適格を否定した[205]。

---

[204]　一定規模以上の事業について，労働災害の多寡に応じて労災保険料を増減させる制度のこと。

[205]　最判令和6年7月4日〔療養補償給付支給処分（不支給決定の変更決定）の取消，休業補償給付支給処分の取消請求事件〕。なお，当該判例では「特定事業の事業主は,自己に対する保険料認定処分についての不服申立て又はその取消訴訟において,当該保険料認定処分自体の違法事由として,客観的に支給要件を満たさない労災保険給付の額が基礎とされたことにより労災保険料が増額されたことを主張することができるから,上記事業主の手続保障に欠けるところはない。」としており，

イ　保険給付の内容

保険給付の内容は，①療養補償給付，②休業補償給付，③障害補償給付，④遺族補償給付，⑤葬祭料（葬祭補償給付），⑥傷病補償給付，⑦介護補償給付からなる（労災 12 条の 8 第 1 項）。

ウ　業務災害の認定

「業務災害」とは，「労働者の業務上の負傷，疾病，障害又は死亡」をいう（労災 7 条 1 項 1 号）。「業務上」といえるためには，当該労働者の業務と負傷等の発生との間に相当因果関係が肯定されることが必要である。その判断基準は，事故により発生した傷病・死亡の場合（事故性傷病）と，非事故性の業務上疾病の場合（いわゆる職業病）とで，基本的に異なるものと解されている。

事故性傷病の「業務上」判断については，一般に，①当該事故の発生が業務遂行中であったか否か（業務遂行性）と，②当該傷病が業務に起因して発生したものであるか否か(業務起因性)の二段階の審査によりなされることが多い。ここで,「業務遂行性」とは，労働者が労働契約に基づき事業主の支配下にある状態を意味し，「業務起因性」とは，業務又は業務行為を含めて「労働者が労働契約に基づき事業主の支配下にあること」に伴う危険が現実化したものと経験則上認められることを意味する。「業務起因性」の第一次的判断要素が，その直接の原因となった事故の「業務遂行性」であるとされる[206]。

非事故性の業務上疾病の場合（いわゆる職業病）については，事故性傷病では業務遂行性が主として問題となるのに対し，業務起因性が主として問題になる。

「業務上の疾病」に含まれる疾病（対象疾病）の範囲は，労基法施行規則別表第 1 の 2 において，有害因子ごとに，医学的にみて業務に起因して発生する可能性が高い疾病が業務の種類ごとに類型的に列挙されており（労基 75 条 2 項，労基則 35 条），さらに，対象疾病の該当性認定基準（発症の条件等）は行政通達で定められており，認定基準を満たす場合には業務起因性が推定され，特段の反証がない限り「業務上の疾病」と認められる。

使用者は自己に対する保険料認定処分についての不服申立て又はその取消訴訟において争う余地がある。
[206] 菅野＝山川 590-591 頁

3　労災認定・給付がなされた場合の使用者側への影響

(1)　災害補償・労災保険給付と損害賠償の調整

　使用者は，労基法上の労災補償を行った場合は，同一事由（当該労災）については，補償をした価額の限度で民法上の損害賠償責任を免れる（労基 84 条 2 項）。また，使用者は，労災保険法により労災保険給付がなされるべき場合は労基法上の補償の責を免れるので（同条 1 項），被災労働者又はその遺族に労災保険給付が行われた場合にも，支払われた価額の限度で同様に損害賠償の責を免れると解されている（同条 2 項の類推適用）[207]。

　もっとも，労災保険給付はすべてが補償されるものではなく，慰謝料の全額，後遺症による逸失利益及び休業補償の一部，入院雑費，付添看護費等について補償されないため，当該部分について賠償責任を負う。後遺症が残る事案や死亡事案においては賠償金額が高額となりやすい。

(2)　労災認定と民事訴訟との関係

　労災認定は行政機関（労働基準監督署署長）が行う判断であり，民事訴訟は司法機関（裁判官）が行う判断であることから，三権分立の観点からいえば両者に関係はない。もっとも，実務上，労災認定がなされた場合には，民事訴訟になったとしても事実上その判断を尊重し使用者側に責任を認める傾向が強く，大きな影響力を持つ。また，労働者側の対応として，労災申請をまず行い，労災認定がなされた場合に，使用者に対しても損害賠償請求をしてくることが多い。

　そこで，使用者としては，労働者の労災の主張に疑問があるような場合には，労災申請の段階から，使用者側の意見書を提出する等，労働基準監督署に慎重な判断を行うよう働きかける必要がある。

---

[207] 菅野＝山川 615 頁

4　精神障害の労災認定

(1)　精神障害の労災認定要件

　うつ病等の精神疾患に関連する対象疾病は,「人の生命にかかわる事故への遭遇その他心理的に過度の負担を与える事象を伴う業務による精神及び行動の障害又はこれに付随する疾病」(労基則別表第1の2第9号)であり,その認定基準は「心理的負荷による精神障害の認定基準」[208]である。労働基準監督署は,当該認定基準に沿って,以下の表の3つの要件をいずれも満たす場合について,業務上認定を行っている。

心理的負荷による精神障害の認定基準
①　認定基準の対象となる精神障害(対象疾病)を発病していること
②　対象疾病の発病前おおむね6か月の間に,<u>業務による強い心理的負荷</u>[209]が認められること
③　業務以外の心理的負荷や個体側要因により対象疾病を発病したとは認められないこと

　また,②の業務による強い精神的負荷については,「業務による心理的負荷評価表」(厚生労働省「心理的負荷による精神障害の認定基準」(基発0901第2号,令和5年9月1日)別表1,以下「評価表」という)に記載の出来事において「強」と判断される場合に認められる。

---

[208]　詳細は,厚生労働省「心理的負荷による精神障害の認定基準」(令和5年9月1日基発第2号),同「精神障害の労災認定　過労死等の労災補償Ⅱ」を参照。

[209]　「業務による強い心理的負荷が認められる」とは,業務による具体的な出来事であり,その出来事とその後の状況が,労働者に強い心理的負荷を与えたことをいう。

　また,心理的負荷の強度は,精神障害を発病した労働者がその出来事とその後の状況を主観的にどう受け止めたかではなく,同種の労働者が一般的にどう受け止めるかという観点から評価する。「同種の労働者」とは職種,職場における立場や職責,年齢,経験などが類似する人をいう。

出来事		心理的負荷
特別な出来事		「強」
具体的出来事	「強」の出来事	「強」
	「中」の出来事が複数	「強」または「中」
	「中」＋「弱」の出来事	「中」
	「弱」の出来事が複数	「弱」

長時間労働がある場合の評価方法については，以下のとおりである。

長時間労働がある場合の評価方法

長時間労働に従事することも精神障害発病の原因となり得ることから、長時間労働を次の3通りの視点から評価します。

① 「特別な出来事」としての「極度の長時間労働」　（P.5）

発病直前の極めて長い労働時間を評価します。

【「強」になる例】
- 発病直前の1か月におおむね160時間以上の時間外労働を行った場合
- 発病直前の3週間におおむね120時間以上の時間外労働を行った場合

② 「具体的出来事」としての長時間労働の評価　（P.6）

具体的出来事11「仕事内容・仕事量の大きな変化を生じさせる出来事があった」

【「強」になる例】
仕事量が著しく増加して時間外労働も大幅に増える（おおむね倍以上に増加し1か月当たりおおむね100時間以上となる）などの状況になり、業務に多大な労力を費やした場合

具体的出来事12「1か月に80時間以上の時間外労働を行った」

【「強」になる例】
- 発病直前の2か月間連続して1月当たりおおむね120時間以上の時間外労働を行った場合
- 発病直前の3か月間連続して1月当たりおおむね100時間以上の時間外労働を行った場合

③ 恒常的長時間労働が認められる場合の他の出来事の総合評価　（P.8）

出来事が発生した前や後に恒常的長時間労働（1か月おおむね100時間の時間外労働）がある場合、心理的負荷の強度を修正する要素として評価します。

【「強」になる例】
- 転勤して新たな業務に従事し、その後1か月おおむね100時間の時間外労働を行った場合

出典：厚生労働省「精神障害の労災認定　過労死等の労災補償Ⅱ」（令和5年9月）

パワハラに関する評価表の出来事には，以下のものがある。

出来事の類型		⑤パワーハラスメント
具体的出来事		上司等から、身体的攻撃、精神的攻撃等のパワーハラスメントを受けた
平均的な心理的負荷の強度	Ⅰ	
	Ⅱ	
	Ⅲ	☆
心理的負荷の総合評価の視点		・指導・叱責等の言動に至る経緯や状況等 ・身体的攻撃、精神的攻撃等の内容、程度、上司（経営者を含む）等との職務上の関係等 ・反復・継続など執拗性の状況 ・就業環境を害する程度 ・会社の対応の有無及び内容、改善の状況等 (注)当該出来事の評価対象とならない対人関係のトラブルは、出来事の類型「対人関係」の各出来事で評価する。 (注)「上司等」には、職務上の地位が上位の者のほか、同僚又は部下であっても、業務上必要な知識や豊富な経験を有しており、その者の協力が得られなければ業務の円滑な遂行を行うことが困難な場合、同僚又は部下からの集団による行為でこれに抵抗又は拒絶することが困難である場合も含む。
心理的負荷の強度を「弱」「中」「強」と判断する具体例	弱	【「弱」になる例】 ・上司等による「中」に至らない程度の身体的攻撃、精神的攻撃等が行われた
	中	【「中」になる例】 ・上司等による次のような身体的攻撃・精神的攻撃等が行われ、行為が反復・継続していない ・治療を要さない程度の暴行による身体的攻撃 ・人格や人間性を否定するような、業務上明らかに必要性がない又は業務の目的を逸脱した精神的攻撃 ・必要以上に長時間にわたる叱責、他の労働者の面前における威圧的な叱責など、態様や手段が社会通念に照らして許容される範囲を超える精神的攻撃 ・無視等の人間関係からの切り離し ・業務上明らかに不要なことや遂行不可能なことを強制する等の過大な要求 ・業務上の合理性なく仕事を与えない等の過小な要求 ・私的なことに過度に立ち入る個の侵害
	強	【「強」である例】 ・上司等から、治療を要する程度の暴行等の身体的攻撃を受けた ・上司等から、暴行等の身体的攻撃を反復・継続するなどして執拗に受けた ・上司等から、次のような精神的攻撃等を反復・継続するなどして執拗に受けた ・人格や人間性を否定するような、業務上明らかに必要性がない又は業務の目的を大きく逸脱した精神的攻撃 ・必要以上に長時間にわたる厳しい叱責、他の労働者の面前における大声での威圧的な叱責など、態様や手段が社会通念に照らして許容される範囲を超える精神的攻撃 ・無視等の人間関係からの切り離し ・業務上明らかに不要なことや遂行不可能なことを強制する等の過大な要求 ・業務上の合理性なく仕事を与えない等の過小な要求 ・私的なことに過度に立ち入る個の侵害 ・心理的負荷としては「中」程度の身体的攻撃、精神的攻撃等を受けた場合であって、会社に相談しても又は会社がパワーハラスメントがあると把握していても適切な対応がなく、改善がなされなかった ※性的指向・性自認に関する精神的攻撃等を含む。

出典：厚生労働省「精神障害の労災認定　過労死等の労災補償Ⅱ」（令和5年9月）

第9 安全配慮義務と労働災害　247

　心理的負荷の強度については，発病のおおむね6か月の間に起った出来事について総合評価して判断する。もっとも，パワハラ等のように出来事が繰り返される性質のものについては，それが6か月よりも前に始まり，発病まで継続していたときは，それが始まった時点からの心理的負荷を評価することになる。

(2)　パワハラについて

　従前，パワハラの定義や防止措置を定めた法律はなかったが，2020年6月1日（中小企業は2022年4月1日から），いわゆるパワハラ防止法[210]により，パワハラの定義が明記され，事業主に対してパワハラに関する防止措置をとることを義務付ける規定（いわゆる措置義務）が制定[211]された。なお，雇用管理上の措置義務の詳細については，後述6(3)を参照されたい。

パワハラの定義等[212]

　職場のパワーハラスメントは，職場[213]において行われる①優越的な関係を背景とした言動であって，②業務上必要かつ相当な範囲を超えたものにより，③労働者[214]の就業環境が害されるものであり，①から③までの要素を全て満たすものをいう。
　なお，客観的にみて，業務上必要かつ相当な範囲で行われる適正な業務指示や指導については，職場におけるパワーハラスメントには該当しない。
　①「優越的な関係を背景とした」言動とは，当該事業主の業務を遂行するに当たっ

---

[210] 労働施策の総合的な推進並びに労働者の雇用の安定及び職業生活の充実等に関する法律（労働施策総合推進法）の改正

[211] パワハラの定義や防止措置が初めて法制化され，企業には，パワハラ指針に沿った対応が求められる。パワハラの行為者に対する罰則等の規定はないが，雇用管理上講ずべき措置の不備等について，是正勧告を受けたにもかかわらず，それに従わなかった場合には公表の対象となる（労働施策総合推進法33条2項）。また，雇用管理上講ずべき措置の実施状況等について報告を求めることができ，それに対して報告をせず，または，虚偽の報告をした場合には20万円以下の過料の対象となる（労働施策総合推進法36条，41条）。

[212]「事業主が職場における優越的な関係を背景とした言動に起因する問題に関して雇用管理上講ずべき措置等についての指針（令和2年厚労告5号）」（パワハラ指針）

[213]「職場」とは，事業主が雇用する労働者が業務を遂行する場所を指し，当該労働者が通常就業している場所以外の場所であっても，当該労働者が業務を遂行する場所については，「職場」に含まれる。

[214]「労働者」とは，いわゆる正規雇用労働者のみならず，パートタイム労働者，契約社員等いわゆる非正規雇用労働者を含む事業主が雇用する労働者のすべてをいう。

て，当該言動を受ける労働者が当該言動の行為者とされる者（以下，「行為者」とい
う。）に対して抵抗又は拒絶することができない蓋然性が高い関係を背景として行わ
れるもの。

②「業務上必要かつ相当な範囲を超えた」言動とは，社会通念に照らし，当該言動
が明らかに当該事業主の業務上必要性がない，又はその態様が相当でないもの。

（判断基準）

この判断に当たっては，様々な要素（当該言動の目的，当該言動を受けた労働者の
問題行動の有無や内容・程度を含む当該言動が行われた経緯や状況，業種・業態，業
務の内容・性質，当該言動の態様・頻度・継続性，労働者の属性や心身の状況，行為
者との関係性等）を総合的に考慮することが適当である。また，その際には，個別の
事案における労働者の行動が問題となる場合は，その内容・程度とそれに対する指導
の態様等の相対的な関係性が重要な要素となることについても留意が必要である。

③「労働者の就業環境が害される」とは，当該言動により労働者が身体的又は精神
的に苦痛を与えられ，労働者の就業環境が不快なものとなったため，能力の発揮に重
大な悪影響が生じる等当該労働者が就業する上で看過できない程度の支障が生じる
ことを指す。

（判断基準）

この判断にあたっては，「平均的な労働者の感じ方」，すなわち，同様の状況で当該
言動を受けた場合に，社会一般の労働者が，就業するうえで看過できない程度の支障
が生じたと感じるような言動であるかどうかを基準とすることが適当である。

5 労働者からの労災申請に関する対処方法について

労働者からの労災申請の内容に疑問がない場合には，直ちに労災申請に協力
し速やかに手続を進めるべきである。

一方で，労災申請の内容に疑問がある場合には，前述の使用者側のリスクが
あるため慎重になるべきである。具体的には，労災申請書類の中で，事業主証
明（労働者が記載する「災害の原因及び発生状況」について，記載のとおりで
あると事業主として認めるもの）を行うか否かについて慎重に判断をすべきで
ある。

【Case】の場合，長時間労働と上司Bのパワハラを理由としてうつ病を発症
したという主張である。会社として，労働者が主張するような長時間労働がな

い，また労災認定の評価表にあるような実態（及びパワハラ防止法のパワハラに該当するような実態）がないというような場合には，安易に事業主証明を行うことは避けるべきである。また，当該労働者に事業主証明をしないことを説明する際には，事業主証明がなくとも労働基準監督署が労災申請を受理してくれることも説明をすべきである。加えて，検討が不十分であれば事実関係が明らかになっていないため事業主証明ができない等という理由や，労働基準監督署から会社に調査協力の依頼があった際には適切に対応を行う旨も伝える等もすべきである。この場合，会社は事業主証明をしないことに対する理由書を労働基準監督署に提出する等の必要がある。

　なお，労災の認定が出る前に，労使間において話し合いで一定の金銭解決をする場合もある。当該場合の合意書の取り交わしの際は，何に対する金銭の支払いであるのか明確にしておかないと，損害の二重補填を避けるために労災保険給付が受けられなくなる可能性があるため（労働者に不利益となり結果トラブルが再燃する可能性がある），記載内容に注意が必要である。

> ■ウェブ掲載　【書式3-9-6-1】理由書

6　労働安全衛生

(1)　過重労働対策

　長時間に及ぶ過重な労働は，疲労の蓄積をもたらし心身を害する重要な要因と考えられ，脳疾患や心臓疾患の発症と関連性も強い。そこで，過重労働対策として安衛法等により，以下の対象者に対して医師による面接指導の措置が規定されている。

① 労働者（高度プロフェッショナル制度適用者を除く）：1週間あたり40時間（休憩時間を除く）を超えて働いた時間の合計が，1か月あたり80時間を超え，かつ疲労の蓄積が認められる者（本人の申出により）（安衛66条の8，安衛則52条の2第1項・52条の3第1項）

　※使用者は，時間外労働が月80時間を超えた労働者に対し，その超えた時間に関する情報を通知しなければならない（安衛則52条の2第3項）。

② 研究開発業務従事者：月100時間超の時間外・休日労働を行った者（本人の申出なしでも行う必要あり）（安衛66条の8の2，安衛則52条の7の2）

③ 高度プロフェッショナル制度適用者：週40時間越えの健康管理時間について月100時間を超えて行った者（本人の申出なしでも行う必要あり）（安衛66条の8の4）

④ また，①～③に該当しなくても，事業者は，長時間にわたる労働により疲労の蓄積が認められ又は労働者自身が健康に不安を感じた労働者であって申出を行った労働者及び事業場で定めた基準に該当する労働者に対して，面接指導に準ずる措置等必要な措置を行うよう努めなければならない（安衛66条の9）。

(2) メンタルヘルス対策

　また，事業者は，常時使用する労働者に対して，医師等による心理的な負担の程度を把握するための検査（ストレスチェック制度）を実施することが義務付けられている（安衛66条の10）。ただし，労働者数50人未満の事業場は，当分の間は努力義務とされている。

　ストレスチェック制度は，働く人が自身のストレス状態を知ることにより，ストレスをためすぎないように対処したり，ストレスが高い状態の場合は医師等の面接を受けて助言をもらったり，過度なストレス要因が職場にある場合は，会社が必要な措置を検討したり，職場環境の改善につなげたりすることで，メンタルヘルス不調を未然に防ぐことを目的としている。

　当該ストレスチェックの検査結果は，検査を実施した医師等から直接本人に通知され，本人の同意なく事業者に提供してはならない（安衛66条の10第2項）。そのため，一定の要件に該当する労働者から申出があった場合，医師による面接指導を実施することが事業者の義務となる（安衛66条の10第3項）。そして，面接指導の結果に基づき，医師の意見を聴き，必要があると認めたと

きは，当該労働者の実情を考慮して，就業場所の変更，作業の転換，労働時間の短縮，深夜業の回数の減少の措置等を講ずることが事業主に義務付けられている（安衛66条の10第5項，第6項）。

(3) ハラスメント対策

ア　パワハラ

前述4 (2)のパワハラ防止法により，パワハラを防止するため，以下の内容について雇用管理上の措置を講じなければならないとされている（労働施策総合推進法30条の2第1項）。

雇用管理上講ずべき措置[215]
①　事業主の方針等の明確化，及びその周知・啓発
・パワハラの内容及びパワハラを行ってはならない旨の方針の明確化，周知・啓発
・行為者への対処方針・対処内容（懲戒等）の就業規則等への規定，周知・啓発
②　相談等に適切に対応するために必要な体制の整備
・相談窓口の設置，労働者への周知
・相談窓口の担当者による適切な相談対応の確保
③　事後の迅速かつ適切な対応
・事実関係の迅速かつ正確な確認
・被害者に対する配慮のための適正な実施（メンタルヘルス不調への相談対応等）
・行為者に対する対応（懲戒，配置転換，謝罪等）の適正な実施

---

[215] 「望ましい取組み」としては以下があげられる。
①　パワハラの問題に関して望ましい取組みの内容
・他のハラスメントと一元的に相談に応じることのできる体制の整備
・コミュニケーションの活性化，円滑化のための研修等の実施
・適正な業務目標の設定等の職場環境の改善のための取組み
②　雇用する労働者以外の者に対する言動に関して行うことが望ましい取組みの内容
・事業主の方針等の明確化の際に，当該事業主が雇用する労働者以外の者に対する言動についても，同様の方針を併せて示すこと等
③　他の事業主が雇用する労働者等からのパワハラや顧客等からの著しい迷惑行為に関して行うことが望ましい取組みの内容
・相談及び適切な対応のために必要な体制の整備
・被害者配慮のための取組み（メンタル不調への相談対応等）
・③の被害防止のための取組み（対応マニュアルの作成や研修の実施等）

- ・再発防止に向けた対応の実施
④　①〜③と併せて講ずべき措置
- ・相談者・行為者等のプライバシーを保護するために必要な対応，周知
- ・パワハラの相談・事実確認への協力等を理由とした不利益取扱いの禁止，周知・啓発

イ　セクハラ・マタハラ

　セクシュアルハラスメント（以下「セクハラ」という）や妊娠・出産・育児休業等に関するハラスメント（マタニティハラスメント（以下「マタハラ」という））についても，パワハラと同様に，事業主にハラスメントを防止するための措置義務等が課せられている（均等11条，11条の3，育介25条）。

（ア）セクハラ

　職場におけるセクハラは，職場において行われる，労働者の意に反する性的な言動に対する労働者の対応によりその労働者が労働条件について不利益を受けること（対価型セクハラ），性的な言動により就業環境が害されること（環境型セクハラ）をいう（均等11条）。

　なお，性的な言動を行う者は，事業主，上司，同僚に限らず，取引先等の他の事業主又はその雇用する労働者，顧客，患者又はその家族，学校における生徒等も含まれる。また，男女ともに対象となり，異性に対するものだけでなく，同性に対する者も該当する。被害を受ける者の性的指向や性自認にかかわらず，「性的な言動」であればセクハラに該当する。

　セクハラの判断基準に関しては，平均的な女性（あるいは男性）労働者の感じ方を基準として判断する。

（イ）マタハラ

　職場におけるマタハラとは，職場において行われる上司・同僚からの言動（妊娠・出産したこと，育児休業等の利用に関する言動）により，妊娠・出産した女性労働者や育児休業等を申出・取得した男女労働者の就業環境が害されることをいう（均等11条の3，育介25条）。

　妊娠の状態や育児休業制度等の利用等と嫌がらせとなる行為の間に因果関係があるものがマタハラに該当する。なお，業務分担や安全配慮等の観点から，

客観的にみて，業務上の必要性に基づく言動によるものはマタハラには該当しない。

ウ　まとめ

　ハラスメントを防止するため，前述の雇用管理上講ずべき措置や望ましい取組を参考に，相談窓口の設置やアクセスしやすい相談体制の構築，実施にハラスメント事案が起きた際に備え，規程の整備や対応マニュアルの作成，定期的な研修の実施等を検討する必要がある。

第10 | 休職・復職

Case

Aは，うつ病に罹患し，私傷病休職期間を経て復職したものの，復職後1か月も経たないうちに，前回と同様の症状により欠勤が長期間続いている。X社の就業規則には，「私傷病により休職した者が，復職後3か月以内に再び同一又は類似の事由により欠勤するに至った時は，直ちに休職とし，前後の休職は連続するものとみなす。」という定めがある。X社は，Aを私傷病休職期間が連続するとして，今回の休職期間に前の私傷病休職期間を合算し，休職期間が連続していると評価してよいか。

Check List

- □ 傷病が業務に起因するものか（業務上傷病か），そうでないか（私傷病か）
- □ 就業規則上の休職期間はいつまでか
- □ 就業規則上の休職の要件を満たすか
- □ （休職期間満了日までに労働者からの復職申出があった場合）当該労働者が治癒していると認められるか（復職可能か）
- □ （同一又は類似の事由により再度欠勤となった場合）再度の欠勤が，復職後どのタイミングで，どの程度続いているか

1 休職制度の意義

　休職とは，ある労働者について労務に従事せることが不能又は不適当な事由が生じた場合に，使用者がその労働者に対し労働契約関係そのものは維持させながら労務への従事を免除すること又は禁止することをいう[216]。

　休職制度には，以下のとおり，解雇猶予目的のものや処分留保目的のもの等，目的や内容に応じて様々な制度が存在する。

---

[216] 菅野＝山川 699 頁

2 休職事由の種類

(1) 私傷病休職

　私傷病休職とは，業務外の傷病による長期欠勤が一定期間に及んだときに行われるものである[217]。後述のとおり，私傷病休職は，業務外の傷病による休職が対象となり，業務上の傷病（労災）による休業とはまったく異なる制度である。この期間中に傷病から回復し就労可能となれば休職は終了し，復職となるが，これに対し，この期間内に回復しない場合は，期間満了により退職又は解雇となる。

　就業規則上の休職事由に該当した場合，休職の発令を行い，治癒状態を踏まえて復職の是非を判断することになる。

(2) 事故欠勤休職

　事故欠勤休職とは，傷病以外の自己都合による欠勤（事故欠勤）が一定期間に及んだときになされる休職措置であり，休職の期間は，1か月や2か月が一般的である。この休職期間中に出勤可能となれば復職となるが，これに対し，期間内に出勤可能とならない場合は，退職又は解雇となる。

(3) 起訴休職

　起訴休職とは，刑事事件に関し起訴された者を一定期間又は判決確定までの間休職とするものである。

(4) その他の休職制度

　以上のほか，労働者の他社への出向期間中になされる出向休職，自己都合休職，組合専従休職などがある。

---

[217] 菅野＝山川 699 頁

3　私傷病休職の段階ごとの留意点

（1）　休職発令前の問題

　使用者が，休職発令を行うために，休職事由に関する規定（「私傷病により1か月以上継続して欠勤が続くとき」など）や休職命令に関する規定（「社員から診断書の提出を受け，会社が休職を命じることができる」など）を就業規則上で定めていることが実務上多く見られる。また，実務上休職発令を行ったのがいつからか（休職期間の起算はいつからか）問題となることがあるため，休職発令は書面（休職命令書）で行うことが望ましい。

　なお，労働者が業務上の原因により怪我等をして休業する場合は，私傷病休職ではなく，労基法及び労災法に基づいて，労働災害補償制度の対象となることから，労働者の当該疾病が業務上の原因か否かを検討したうえで，私傷病による場合にのみ私傷病休職制度が適用される点に注意が必要である。

　使用者は，休職発令にあたって，健康状態を把握する必要があるところ，主治医の診断書，ストレスチェックの結果，産業医面談結果等に基づいて，発令の有無を判断することが考えられる。

　そして，そもそも休職発令前の段階において，休職期間の満了を待たずに解雇することができるか問題となるも，基本的には私傷病休職による解雇も，後述本章第12「解雇・退職勧奨」のとおり，労働能力の欠如による解雇の客観的な合理性及び社会的相当性（労契16条）の判断が必要となる。休職期間の満了を待たずとも労働者の職場復帰の可能性が期待できない場合[218]は別として，休職期間の満了を待たずに解雇した場合は，休職制度を適用すれば治癒する見込みがないとはいえず，早計であるとして解雇権の濫用として無効となる可能性が高い。特に私傷病休職の原因が精神的な疾患の場合には，休職前の段階で労働者の職場復帰の可能性が期待できないと判断することができるケースは限定的だと思われる[219]。

---

[218] 東京地判平成14年4月24日労判828号22頁〔岡田運送事件〕等
[219] 類型別Ⅱ471頁

> ■ウェブ掲載　【書式3-10-3-1】休職命令書

(2) 休職期間中の問題

ア　賃　金

休職期間中は，就業規則等で休職期間中も賃金を支給するなどの規程がない限り，ノーワーク・ノーペイの原則に従い，無給とされていることが多い。

ただし，私傷病休職の場合は，健康保険組合等から，一定期間，傷病手当金が支給される。

イ　労働者の療養専念義務

裁判例において，休職中の労働者に満額の給与を支給している事案で，療養専念義務という義務が存在するかは別として，「療養に専念できるための環境を経済面で整え，療養を支援する趣旨」を踏まえた生活を送ることが望ましいとして，休職中に対象の休職者が組合活動等を行ったり，ブログで会社を批判したりしたことは，療養の趣旨に反するとして，解雇を有効としたものがある[220]。

ただし，前述の裁判例は，会社に対する批判等を複数回行っていたという事案であることから，一般的な旅行等に出かけること自体は，療養の趣旨に反すると認定される可能性は低いと考えられる。

ウ　労働者の対応

休職期間中，使用者は，労働者に対して連絡をし，病状等を確認することが実務上もよく行われているが，使用者は，休職期間中においても，職場復帰に向けた支援等を行うことも安全配慮義務に含まれると解されており[221]，この義務を負うことを踏まえて，適切な接触を行わなければならない。

---

[220] 東京地判平成20年3月10日労経速2000号26頁〔マガジンハウス事件〕
[221] 東京高判平成29年10月26日労判1172号26頁〔さいたま市事件〕

（3） 休職期間満了前・満了時の問題

ア 休職期間満了時の取扱い

就業規則上，休職期間中に傷病が治癒しなければ，休職期間満了時に自然退職とする，解雇するといった規定が置かれることが一般的であり，休職期間は，勤続年数や休職事由に応じて，3か月から1年6か月程度の上限が規定されていることが多い[222]。

イ 復職「治癒」の判断

（ア）「治癒」の考え方

休職期間満了までに，休職理由となった傷病が消滅したこと，すなわち，当該傷病が「治癒」していれば，労働者は復職することが可能である。

この「治癒」の判断について，かつての裁判例では，「従前の職務を通常の程度に行える健康状態に復したときをいう」とされ[223]，従前の職務を遂行する程度には回復していない場合には，復職は認められないとされていた[224]。

しかしながら，片山組事件最高裁判決[225]において，職種等を限定していない労働者については，休職期間満了時に，仮に従前の特定の業務について労務の提供が十分にできるほどの健康状態にないとしても，当該労働者が配置される現実的可能性があると認められる他の業務について労務を提供することができ，かつ，その提供を申し出ている場合は，復職が可能となると判示した。これ以降，裁判例の多くは，「治癒」の判断においては，従前の職務ではなく，より経緯な業務に従事させる，又は配置転換させて傷病の回復を待つ配慮を使用者に求めるようになったため，労働者が休職期間満了時において，従前の職務を支障なく行えるほどに回復していないとしても，より軽易な業務に配置すべき信義則上の義務を負い，このような配慮をせずに，労働者が「治癒」していないとして退職や解雇とした場合，多くの裁判例では，それらを無効にしている[226]。

---

[222] 第二東京弁護士会労働問題検討委員会『労働事件ハンドブック（改訂版）』805頁（労働開発研究会，2023年）

[223] 浦和地判昭和40年12月16日労民16巻6号1113頁〔平仙レース事件〕

[224] 菅野＝山川701頁

[225] 最判平成10年4月9日労判736号15頁，425頁〔片山組事件〕

[226] 水町561頁

また，職種が限定されている労働者についても，直ちに従前の業務に復帰できないとしても，比較的短期間で復帰することが可能である場合には，短期間の復帰準備期間を提供したり，復帰訓練の措置をとったりすることが信義則上求められるとして，多くの裁判例では，そのような措置をとることなくなされた退職や解雇を無効としている[227]。

以上のとおり，「治癒」の判断においては，従前の業務に復帰できない場合においても，必ずしも「治癒」していないと判断することができないことに注意が必要である。

（イ）主治医と産業医の意見の対立

この点，「治癒」の判断について，労働者側の主治医と使用者側の指定する産業医の判断が異なる場合も想定される。

労働者側の主治医は，労働者を継続的に診断しており，診療経過を踏まえた労働者の現況を深く把握している一方で，職場に置ける当該労働者の環境や立場等については十分に把握できないケースも多い。

他方，使用者側の指定医は，使用者側のそういった当該労働者の環境や立場等については十分に把握しているものの，これまでの診療経過を踏まえた労働者の現況を十分に把握できないケースも多い。

そのため，使用者としては，まずは，労働者側の主治医の診断書等を十分に検討し，使用者側の指定医から当該主治医に対して情報提供を求める等といった対応を行ったうえで，「治癒」の判断を行うべきである。

なお，この「治癒」については，労働者の地位確認請求訴訟において，使用者が労働者の休職期間満了による失職を主張する一方で，それに対する再抗弁として労働者側が主張立証責任を負うとされている[228]。

ウ　リハビリ出社

近年，実務上，休職後，復帰してすぐに本来の所定労働時間の労働時間を行ってもらうのではなく，まずは，短時間の勤務を行ってもらい，段階的に勤務時間を徐々に増やしていくといったリハビリ出社という制度を導入している会

---

[227] 菅野＝山川 702 頁
[228] 類型別Ⅱ473 頁

社もある。

このリハビリ出社については，復職後に通常業務に就く前の慣らし期間として，暫定的に軽易な業務に就くことを指して使われることが多いが[229]，休職期間中のリハビリ出社の開始が復職に該当するか否か争われた事案について，当該開始によって労働者を復職させたとは認められないと判示した裁判例がある[230]。

4　メンタル不調者について

(1)　メンタル不調者に対する職場復帰支援

近年，うつ病等の精神疾患により心を病んで休職に至る労働者が増加しており，メンタル不調者の対応が重要な問題となっている。厚生労働省は，「心の健康問題により休業した労働者の職場復帰支援の手引き」(2009 年 3 月に中央労働災害防止協会により改訂）を作成し，メンタル不調者の職場復帰支援を促進している。

このマニュアルには，主治医による職場復帰判定の診断書を提出してもらったうえで，産業医等の意見を踏まえた職場復帰支援プランを作成することや，リワーク支援事業を行うことが有効であることなどが紹介されている。

メンタル不調者については，私傷病休職となっている場合においても，長時間労働や職場でのハラスメントなどが原因と疑われるケースも多く，仮に，業務起因性が認められた場合は，休職期間中の退職や解雇が制限されることになる（労基 19 条 1 項）。

(2)　具体的な復職へのアプローチ

前述のマニュアルでは，メンタル不調者に対する復職手続について，以下のステップを踏むべきとされている。

---

[229] 東京弁護士会労働法制特別委員会『新労働事件実務マニュアル（第5版）』（ぎょうせい，2020 年）
[230] 東京地判平成 22 年 3 月 18 日等〔西濃シェンカー事件〕

職場復帰のステップ	
ステップ	具体的な内容
① 病気休業開始及び休業中のケア	主治医による診断書が提出された後，休業する労働者に対して，療養に専念できるように，傷病手当金の受給等，必要な事務手続や職場復帰支援の手順を説明する。
② 主治医による職場復帰可能の判断	主治医による職場復帰の可否についての診断書の提出を求め，産業医等が当該診断書を精査したうえで採るべき対応を判断する。
③ 職場復帰の可否の判断及び職場復帰支援プランの作成	①労働者の職場復帰に対する意思確認，②産業医等による主治医からの意見収集，③労働者の状態・職場環境等の評価を行い，職場復帰の可否について判断したうえで，職場復帰を支援するための具体的プランを作成する。
④ 最終的な職場復帰の決定	①労働者の状態の最終確認，②就業上の配慮等に関する意見書等を作成，③就業上の配慮等を踏まえた最終的な職場復帰の決定等を行う。
⑤ 職場復帰後のフォローアップ	以下のような事項を観察し，産業医や保険スタッフ等によるフォローアップを実施し，適宜，職場復帰支援プランの見直しを行う。 ・疾患の再燃・再発，新しい問題の発生等の有無の確認 ・勤務状況及び業務遂行能力の評価 ・治療状況の確認 ・職場環境等の改善等 ・管理監督者，同僚等の配慮

　以上のステップを参考に，メンタル不調者の職場復帰を促進していくべきである。

　特に，一度メンタルが不調になった場合は，再発の可能性も極めて高いことから，職場復帰にあたっては，本人の希望の他，主治医，産業医，保健スタッフ等の意見も聞き，再発しないように配慮する必要がある。

262　第3章 労務管理

5　休職期間の通算

(1)　休職期間の通算をする意義

　復職後，休職事由の疾病が再発し，同種の疾病により再度欠勤するケースもあり，特にメンタル不調者については，復職後も再度同種のメンタル不調を起こし欠勤が長引くケースも少なくない。そのため，実務上，復職前の休職期間と復職後の欠勤を合算して，休職期間をリセットせずに通算する規定を置く会社も増えている。

　仮に，前回の休職事由と別の事由により休職となった場合は，基本的には，その前の休職とは連続していないこととなり，再度，新たな休職が認められることになる。もっとも，近接した期間内に長期に欠勤することになった場合で同様な症状であるのに単に病名が異なるといった理由で別の事由に該当するとしてしまうと安易に休職が繰り返されてしまうおそれがある。そのため，規定上は「同一」の事由だけではなく「類似」の事由についても通算できるような規定とする必要がある。

　この「同一」又は「類似の」に該当するか否かについては，評価も含まれることから，一概に基準を示すことが難しいが，医師の意見や客観的な資料もなしに本人の主張のみで判断されるわけではなく，前回の休職時との状況（症状）の違いなどや，本人から提出を受けた診断書，産業医等の意見等を踏まえて，「同一」又は「類似」といえるかどうかについて，客観的，具体的に検討・判断することになる。

(2)　【Case】について

　【Case】の場合では，「再び同一又は類似の事由により欠勤するに至った時」に休職期間を通算すると規定されている。Aは，前回と同様の症状で休職しており，「再び同一又は類似の事由により欠勤するに至った時」に該当するため，休職期間と欠勤の通算を行うことができると考えられる。

6　休職規定整備のポイント

　これまで，私傷病休職制度について説明してきたが，使用者は，私傷病により休職する労働者に対していかなる私傷病休職制度を設けるかについて，一定の裁量を有している。

　しかしながら，どのようなケースにおいて私傷病制度が適用されるのか，私傷病制度の適用後，復職にあたってはどのような条件があるのかなど，休職規定でそれらを具体的に明記しなければ，労働者とのトラブルに発展する可能性も否定できない。

　そのため，①休職事由，休職発令要件，②労働者の主治医の受診義務，③労働者の診断書提出義務，④休職期間中の労働者の使用者への連絡義務，⑤労働者の産業医の面談義務，⑥復職事由，復職要件，⑦復職できなかった場合の離職措置，⑧復職プログラム等の実施内容，⑨再度の休職時の休職期間の通算起算，通算要件等を労働者とのトラブル防止の観点からは規定しておくことが望ましい。なお，休職規定の記載例については，**【書式 3-2-2-2】就業規則（正社員用）**を参照されたい。

264 第3章 労務管理

第11 懲戒処分

Case

貨物自動車運送業を営むX社の労働者Aが，業務終了後，友人と居酒屋にて飲酒した後，帰り道にて自家用車を運転し，居眠り運転の末，対向車線へはみ出して事故を起こして逮捕された（アルコール数値 0.5mg）。また，ニュース等で報道もなされX社が特定されてしまった。この場合に，X社はAを懲戒解雇とできるか。

Check List

☐ 就業規則等に懲戒規定が定められているか，当該就業規則等は社内に周知されているか

☐ 懲戒処分事由（懲戒解雇事由）に該当する事実を裏付ける客観的証拠を収集・確保したか

☐ 課される懲戒処分は，労働者の懲戒事由の程度・内容等に照らして相当なものといえるか。会社の前例や裁判例と比べて不当に重い処分となっていないか

☐ 懲戒事由の内容を特定したうえで，弁明の機会を付与する等，適正手続がとられているか

1 懲戒処分の意義

使用者である会社は，服務規律や会社秩序を維持するための制度として，規律違反や秩序違反に対する制裁としての懲戒処分を行う。この懲戒処分とは，通常は，労働者の会社秩序違反行為に対する制裁罰であることが明確な労働関係上の不利益措置を指す[231]。規律違反を行った労働者に対しては，会社は，会社秩序を守るよう指示・命令することもできるし，会社ルール違反行為については事実関係を調査することができ，さらには，会社ルール違反行為に対す

---

[231] 菅野＝山川 652 頁

第11 懲戒処分　265

る制裁として就業規則の定めるところに従い懲戒処分を行うことができる。

　懲戒処分の種類については，後述 4 を参照されたい。

2　懲戒処分の有効性

　懲戒処分については，具体的には，労契法 15 条に定められているところ，懲戒を有効に行うためには，①懲戒処分の根拠規定が存在すること，②懲戒処分事由へ該当する非違行為が存在すること，③社会通念上相当であることの 3 つの要件を満たす必要がある [232]。

(1)　懲戒処分の根拠規定が存在すること

　懲戒の理由となる事由（懲戒事由）とこれに対する懲戒の種類が就業規則上明記され，当該就業規則が周知されていなければならない [233]。そのため，懲戒事由が限定的にしか規定されていない場合には，労働者の非違行為がこれに該当せず懲戒処分を行うことができないおそれがある。また，通常，懲戒処分は，後述のとおり，けん責・戒告，減給，降格，出勤停止，諭旨解雇，懲戒解雇等段階的に設定されている。

(2)　懲戒処分事由へ該当する非違行為が存在すること

　次に，懲戒処分を行うためには，労働者の非違行為が就業規則上の懲戒事由に該当し，「客観的に合理的な理由」があると認められなければならない。懲戒解雇事由に該当する非違行為の立証責任は使用者にあることから，裁判等では，使用者の主張する懲戒解雇事由が存在するのかという点が中心的な争点となることも少なくない。そのため，会社として懲戒処分を行うことを検討する際には，まずは事実関係の調査を行い，客観的証拠に基づいて会社ルール違反の事実を確定させる必要がある。

---

[232] 菅野＝山川 668-672 頁
[233] 最判平成 15 年 10 月 10 日労判 861 号 5 頁〔フジ興産事件〕

(3) 社会通念上相当であること

懲戒処分を行うためには，懲戒理由とされた「当該行為の性質・態様その他の事情に照らして社会通念上相当なもの」[234]と認められる必要がある。

この社会的相当性については，非違行為の態様，動機，非違行為が会社や業務に与えた影響，労働者の反省の態度，過去の処分歴，改善可能性，懲戒解雇に係る手続等の事情が総合的に考慮されて判断される。ごく簡単にいえば，労働者による会社ルール違反が会社に与えた悪影響と労働者に与える懲戒処分の重さを比較して，両者が釣り合うように懲戒処分の内容を決定しなければならないということである。この相当性を欠いた懲戒処分については，懲戒権の濫用として無効となる。

また，手続的な相当性を欠く場合も，社会通念上相当なものと認められず，懲戒権の濫用として無効になることに注意が必要である。懲戒処分は，会社が労働者に与える制裁としての性格があり，弁明の機会の付与等，適正な手続に基づき行わなければならない。

3 懲戒処分の手続の流れ

(1) 総 論

懲戒処分を行うにあたっては，前述2のとおり，懲戒処分の有効性にも影響することから，適正な手続を踏むことが必要である。労働協約や就業規則上，懲戒処分を行うにあたって必要な手続（例えば，懲戒委員会の開催等）が規定されている場合，当該手続を経ずになされた懲戒処分は原則として無効になる[235]。以下では，通常，懲戒処分の際に行われる手続について解説する。

(2) 事実調査

まず，懲戒処分を検討するにあたって，懲戒処分該当行為があったのかを確認する必要がある。例えば，ある労働者による懲戒処分該当行為がみられ，当

---

[234] 菅野＝山川 670 頁
[235] 水町 600 頁

該行為を当該労働者が否認している場合は，事実認定を正確に行うために第三者のヒアリング等を行い，懲戒処分該当行為の有無を判断しなければならない。なお，この事実調査の際に，懲戒処分としての出勤停止ではなく，懲戒処分の対象となる労働者の出勤を認めず，自宅待機を命じることがある。この業務命令については，賃金を支払う限りは原則としてこれを命ずることができるが[236]，長期にわたる等相当性を欠く自宅待機命令は業務命令権の濫用とされる可能性がある[237]。

(3) 懲戒委員会・弁明の機会付与等

懲戒委員会等を設けている会社の場合，当該委員会等において（設けていない会社の場合，懲戒権者を含めた任意の会議体において），事実調査を行って明らかにした事実関係に基づいて，懲戒処分該当性や懲戒処分の必要性，相当性を検討することが求められる[238]。そして，特に重要な手続としてあげられるのは，被処分者に対して懲戒事由を告知して弁明の機会を与える手続である。弁明の機会を与えることは，就業規則等にその旨の規定がない場合でも，特段の事情がない限り，懲戒処分の濫用となると解されているため[239]，会社は必ず被処分者に対して弁明の機会を付与するべきである。

■ウェブ掲載　【書式 3-11-3-1】弁明の機会の付与の通知書

(4) 懲戒処分の通知

懲戒処分の通知は，就業規則等に特別な定めがない限り，書面で行う必要はなく，口頭によることも可能である[240]。しかしながら，実務上，就業規則に「書面で通知する」と規定されているケースが多く，懲戒の種類，程度，理由，適

---

[236] 東京地判昭和 63 年 5 月 16 日労判 517 号 6 頁等〔三葉興業事件〕
[237] 名古屋地判平成 3 年 7 月 22 日労判 608 号 59 頁〔日通名古屋製鉄作業事件〕
[238] 水町 600 頁
[239] 菅野＝山川 671-672 頁
[240] 東京地判平成 13 年 8 月 31 日労判 820 号 62 頁〔アメリカン・スクール事件〕

用条文等を記載した書面を交付すべきである。

■ウェブ掲載　【書式3-11-3-2】懲戒処分通知書

---

(5)　懲戒処分の公表

　懲戒処分を行った際に，会社が懲戒処分を公表するケースも少なくなく，会社による公表については名誉毀損（不法行為）に該当するか否かが争点となる[241]。

　裁判所としては，公表内容から被処分者が識別特定できるのかどうかや，公表範囲が社内に限定されているのか，それとも社外にも及んでいるのかといった事情を考慮して名誉毀損（不法行為）該当性を判断している[242]。

　また，そもそも懲戒処分を公表する目的は，非違行為により乱された会社の秩序の回復を図り，同種行為の再発を防止することにあり，当該目的のもと公表をする一定の必要性が認められるものである。

　以上から鑑みれば，懲戒処分を公表する場合には，その目的，必要性をしっかり吟味したうえで，被処分者の名誉への配慮をしなければならず，例えば，被処分者が識別特定できない態様での公表とするなど十分に検討する必要がある。

■ウェブ掲載　【書式3-11-3-3】懲戒処分の公表文

---

[241] 石嵜信憲編著ほか『懲戒処分の基本と実務』（中央経済社，2019年）200頁
[242] 東京地判昭和52年12月19日労判304号71頁〔泉屋東京事件〕等

第11 懲戒処分 **269**

4　懲戒処分の種類

(1)　総　論

　懲戒処分については，会社ごとに様々なものがあるが，その中でも，軽い順に，主なものとしては，以下のようなものがある[243]。

(2)　けん責・戒告

　「けん責」とは，通常，始末書を提出させて将来を戒めることをいう。これに対し，「戒告」とは，通常，将来を戒めるのみで始末書の提出を伴わないことが多い。どちらもそれ自体では実質的な不利益を与える処分ではないが，人事考課上，昇給や賞与等で不利に考慮されることがあり得る。

(3)　減　給

　「減給」とは，労務遂行上の懈怠や職場規律違反に対する制裁として，本来ならばその労働者が現実になした労務提供に対応して受けるべき賃金額から一定額を差し引くことをいう。減給，過怠金，罰金等の名称を問わない。

　労基91条では，「1回の額が平均賃金の1日分の半額を超え，総額が1賃金支払期における賃金の総額の 10 分の1を超えてはならない」と定められており，この「1回の額」というのは，1回の事案についての額を指し，その総額が平均賃金の1日分の半額以下でなければならないことを意味している。

(4)　出勤停止

　「出勤停止」とは，服務規律違反に対する制裁として労働契約を存続させながら労働者の就労を一定期間禁止することをいう。自宅謹慎，懲戒休職等といった名称で呼ばれることもある。出勤停止期間中は賃金が支払われず，退職金算定のための勤続年数にも反映されない取扱いがなされていることが多い。出勤停止の期間は，実務上は，1週間以内や 10 日から 15 日程度が多い。出勤停止期間の長さに関して，明文での法規制はないが，著しく長い場合には重すぎ

---

[243]　水町 601-609 頁

る処分として公序良俗（民法 90 条）違反や懲戒権の濫用となり得る。

　この出勤停止とは別に，解雇や懲戒解雇をするための前置措置として，実際に当該処分を下すか否かについて調査するために，それまでの間，出勤や就業を禁止する出勤停止，自宅待機等の措置がある。これらは，使用者の業務命令によって行われるが，労働者に対してこの間も賃金を支払う限りは，就業規則の明示の根拠なしにそのような措置を講ずることができる [244]。ただし，業務命令権との濫用として認められないためには，相当の事由が存在することが必要であり，合理的な期間内に限定して自宅待機等を命じるべきである。

(5)　降　格

　「降格」とは，役職又は職能資格・資格等級を引き下げることをいう。このような「降格」は，懲戒処分として行われることもある一方で，人事権の行使として行われるケースもある。実際に，懲戒処分として降格をするためには，懲戒処分として具体的にどのような降格処分があるのかを規定しておく必要がある。

(6)　懲戒解雇

　「懲戒解雇」とは，懲戒としての解雇であり，懲戒処分で最も重い処分である。この懲戒解雇の場合，退職金の一部や全部が支給されないのが通例である。

　また，懲戒解雇は，労働者の責めに帰すべき事由に基づいて解雇するものであるため，労働基準監督署長の除外認定を受けることにより即時解雇が可能であり（労基 20 条 1 項但書，同条 3 項，同則 7 条），その場合には 30 日前の解雇予告又はこれに代わる解雇予告手当の支払いは不要である。ただし，労働基準監督署長の認定を得るためには相当程度の期間的余裕をもって労働基準監督署長に除外認定を申請し，懲戒解雇の意思表示をする前に除外認定を受けておく必要があるため，懲戒解雇だからといって解雇予告・解雇予告手当なしに直

---

[244] 賃金支払い義務を免れる場合としては，「労働者を就労させないことにつき，不正行為の再発，証拠湮滅のおそれなどの緊急かつ合理的な理由が存するか又はこれを実質的な出勤停止処分に転化させる懲戒規定上の根拠が存在することを要する」（名古屋地判平成 3 年 7 月 22 日労判 608 号 59 頁）と考えられることに注意が必要である。

ちに解雇できるわけではなく，場合によっては，除外申請が間に合わないために，解雇予告手当を支払ったうえで懲戒解雇とすることもあることに注意が必要である。

普通解雇と懲戒解雇の違い		
	普通解雇	懲戒解雇
目的	労働者としての適格性を欠くことによる労働契約解消	企業秩序違反による制裁としての労働契約解消
有効要件	①客観的に合理的な理由，②社会通念上相当性（労契16条）	①根拠規定の存在，②懲戒解雇事由へ該当する非違行為の存在，③社会通念上相当性 [245]（労契15条）
弁明の機会付与	不要	必須
有効性判断	一般的に，懲戒解雇の方が普通解雇より厳格に有効性が判断される [246]。	
労基20条の適用（解雇予告・解雇予告手当の要否）	有（要）	有（ただし，労働基準監督署長の除外認定を受けることにより解雇予告・解雇予告手当の支払は不要となる）
退職金の支払い	就業規則等の退職金規定どおりに支払う必要がある。	「懲戒解雇の場合には退職金を支給しない」と規定されている場合には，退職金の不支給又は減額が可能となる場合がある。

---

[245] 懲戒解雇の適法性は厳格に審査される（水町608頁）

[246] ある企業秩序違反行為に対して行われた懲戒解雇が無効と判断された一方で，予備的になされていた普通解雇が有効と判断された裁判例が存在する（大阪地判平成8年12月25日判タ946号198頁〔大商学園事件〕等）。

5　懲戒処分の事由 [247]

(1)　経歴詐称

　採用面接や履歴書等において，学歴，職歴，犯罪歴等を偽る経歴詐称については，懲戒事由として就業規則に規定されていることが多い。

　もっとも，多くの裁判例も経歴詐称が懲戒事由となることを肯定しているが，詐称された経歴は重要なものであることを要するとし，また詐称の内容や当該労働者の職種や業務内容等を踏まえて具体的に判断されている。

(2)　職務懈怠

　無断欠勤，出勤不良，勤務成績不良，遅刻過多，職場離脱等，職務の遂行が不適切な状態のことを「職務懈怠」という。

　会社の立場からすれば，遅刻，欠勤，職場離脱を繰り返してはいけないことはあたり前であり，注意指導等を経ずに懲戒処分を行うことが可能であると考える会社担当者もいるかと思うが，裁判例では，こうした勤怠不良労働者についても，懲戒解雇等に先立ち，改善の機会が与えられたかどうかを重視されており，注意指導や懲戒処分の実施は，このような改善の機会を与える手段とされている。

　そのため，会社としては，複数回の遅刻や欠勤の事実が確認された初期の段階から，勤怠状況の改善を促すための注意指導を行い，必要に応じて懲戒処分を実施する等することで，勤怠不良労働者に対して改善の機会を与えることが重要であり，このような注意指導等にもかかわらず，正当な理由なく遅刻や欠勤を繰り返し，もはや改善が見込めないと判断される状況にまで至らなければ，裁判では解雇は無効と判断される可能性が高い。

(3)　業務命令違反

　例えば，就業についての上司の指示，命令に違反するなど，使用者が発した有効な業務命令に労働者が従わなかった場合，業務命令違反として懲戒の対象

---

[247] 水町 609-621 頁

となり得る。

　会社や上司等による業務に関する指示・命令については，有効な業務命令に対し労働者が無断で行動をとった事案[248]や，会社の事業活動を害する活動をやめるように命じたにもかかわらず労働者がそれに従うことを頑なに拒否した事案[249]では，懲戒処分が有効とされやすい。一方で，業務命令違反による会社秩序違反の程度がそこまで重大ではないケースで懲戒解雇等の重い処分が下された事案[250]では，懲戒処分が無効と判断されている。

(4)　職場規律違反

　例えば，同僚への暴行，脅迫，業務妨害，ハラスメント等の非違行為がこの職場規律違反の典型例としてあげられる。

　また，近年では，SNS での顧客情報の流出等といったポリシー違反も典型的な職場規律違反である。

　横領・背任・詐欺といった財産犯については，会社からの金銭の流出までは認定できる場合でも，当該労働者が利得を得たかどうかまで立証することは難しいことが多い。懲戒処分全般にかかわる問題でもあるが，会社ルール違反行為が発覚した場合における会社の調査，事実認定，評価（処分内容の決定）について，会社はあらかじめ対応策をもっておく必要がある。

　SNS ポリシー違反については近時問題となることが多く，平時には就業規則で SNS も念頭においた形で秘密保持義務を規定（**【書式 3-2-1-2】就業規則（正社員用）**18 条 1 項を参照）しておく必要がある。

(5)　私生活上の非違行為

　例えば，「会社の名誉，信用を毀損した場合」や「犯罪行為を行った場合」等，私生活上の非違行為もこれらに懲戒事由として懲戒処分が行われることがある。

　しかしながら，労働契約は，会社がその事業活動を円滑に遂行するに必要な

---

[248] 東京地判平成 15 年 7 月 25 日労判 862 号 58 頁〔パワーテクノロジー事件〕

[249] 東京高判平成 17 年 11 月 30 日労判 919 号 83 頁〔モルガン・スタンレー・ジャパン・リミテッド事件〕

[250] 東京地判平成 24 年 11 月 30 日労判 1069 号 36 頁〔日本通信事件〕

限りでの規律と秩序を根拠づけるものにすぎず，労働者の私生活に対する使用者の一般的な支配までを生じさせるものではないため，労働者の私生活上の非違行為すべてが懲戒事由とはならず，会社の事業活動に直接関連するものや会社の社会的評価の毀損をもたらすもののみが懲戒事由となる。

インターネット上の掲示板やSNS等，多くの媒体で情報が公になる今日，労働者の私生活上の非行であっても，会社の信用や名誉に悪影響を及ぼすリスクは高まっている。会社としては，私生活上の非行であることの性質上自ずと一定の制約があることを自覚しつつも，労働者の私生活上の非行が会社の事業活動に直接関連を有する場合や会社の社会的評価を毀損するような場合には，例外的に私生活上の非行も懲戒処分の対象とし，適切に会社秩序を維持しなければならない。

6　【Case】について

飲酒運転については，近年，社会的な批判も一気に高まっており，特に運送業者における労働者の飲酒運転については，懲戒解雇事由となり得る。

裁判例においても，大手の貨物自動車運送業者の労働者が飲酒運転を行った事案[251]や酒気帯び運転（呼気0.47mg）で労働者が物損事故を起こして逃走して逮捕された事案[252]等において，懲戒解雇が有効と判断されている。

【Case】の場合，貨物自動車運送業を営むX社の労働者であるAは，業務終了後に飲酒運転により事故を起こしている。この点，原則としては，かかる事故は，私生活上の非違行為であり，前述5(5)のとおり，会社の事業活動に直接関連するものや会社の社会的評価の毀損をもたらすもの以外は懲戒処分とならない。しかしながら，貨物自動車運送業を営むX社としては，貨物自動車を運転している労働者が交通ルールを守っている点は業務遂行上極めて重要であり，取引先にとっても重要な関心事である。そのため，労働者が飲酒運転で逮捕され報道されるとX社の信用が毀損されることになり，事業活動に直接関連する

---

[251] 東京地判平成19年8月27日労判945号92頁〔ヤマト運輸事件〕
[252] 東京地判平成25年3月26日判時2196号132頁〔日本郵便事件〕

のみでなく，社会的評価の毀損ももたらすことから，前述の裁判例に照らすと，他の事情も踏まえての判断となるが，懲戒解雇が有効と判断され得ると思われる。

276　第3章　労務管理

第12 解雇・退職勧奨

Case

労働者が10名未満の小規模な会社であるX社の経理担当として働くAは，これまで繰り返し基本的な作業である伝票処理のミス等をしていた。他の経理担当の労働者と比例して業務量が少ないのにもかかわらずミスを繰り返し，再三注意・指導を行ったものの，改善がみられなかった。ただし，書面による注意・指導や懲戒処分までは行っていなかった。このような場合に，Aについて能力不足を理由として解雇することができるか。

Check List

☐　就業規則において解雇事由がどのように定められているか
☐　解雇事由に該当する事実を裏付ける客観的証拠はあるか
☐　解雇事由該当事実の程度，改善可能性を考慮したか
☐　注意指導，配転等の期待可能な解雇回避措置をとっているか
☐　退職勧奨が，労働者の自由意思を侵害するような手段・態様で行われていないか

1　解雇とは

　解雇とは，使用者による一方的な労働契約の解約をいう。解雇には，懲戒処分としての懲戒解雇（本章第11「懲戒処分」を参照）と労働契約の中途解約（民法627条1項）としての普通解雇があり，本項では，後者の普通解雇（整理解雇を含む）について説明する。

2　解雇の法規制

(1)　解雇の自由と制限

　民法では，「当事者が雇用の期間を定めなかったときは，各当事者は，いつも

で解約の申入れをすることができる。この場合において，雇用は，解約の申入れの日から2週間を経過することによって終了する」と規定されている（民法627条1項）

そのため，民法上は，使用者が2週間の予告期間を置けばいつでも労働者を解雇できるという解雇の自由が認められている。しかし，後述するように解雇権濫用法理（労契16条）により制限を受ける。

(2) 手続的な解雇規制

ア 解雇予告義務・予告手当支払義務

(ア) 原 則

使用者は，労働者を解雇しようとする場合においては，少なくとも30日前にその予告をしなければならず，30日前に予告をしない使用者は，30日分以上の平均賃金を支払わなければならない（労基20条1項本文）。この予告の日数は，平均賃金[253] 1日分を支払った日数だけ短縮することができる（同条2項）。

この解雇予告義務・予告手当支払義務については，民法上の2週間の解雇予告期間のうち，使用者が一方的に行う解雇について，それに伴う労働者の生活上の打撃を和らげる趣旨で規定されているため，例えば，30日分の解雇予告手当が支払われれば民法627条の2週間の解雇予告期間は不要となる[254]。

(イ) 例 外

天災事変その他やむを得ない事由のために事業の継続が不可能となった場合，又は労働者の責に帰すべき事由に基いて解雇する場合には，労働基準監督署長の除外認定を受けることにより即時解雇が可能であり（労基20条1項但書，同条3項，19条2項，労基則7条），その場合には30日前の解雇予告又はこれに代わる解雇予告手当の支払いは不要である。

また，①日雇い労働者，②2か月以内の短期間で雇われる労働者，③季節的業務のために4か月以内の期間を定めて使用される労働者，④試用期間中の労

---

[253] 常用労働者の平均賃金は，算定事由発生日（賃金締切日がある場合は直前の賃金締切日）以前の3か月間における賃金の総額をその期間の総日数で除して算出される（労基12条）。

[254] 水町995頁

働者は，そもそも解雇予告義務・予告手当支払義務の適用除外となる（労基21条）。

```
■ウェブ掲載　【書式 3-12-2-1】解雇予告通知書
```

（ウ）解雇予告義務違反の効力 [255]

解雇予告義務（労基 20 条）違反の解雇について，無効となるかという問題がある。

この点については，労基 20 条は強行法規であり予告義務違反の解雇は無効であるとする無効説，予告手当の請求はできるが解雇自体は有効であるとする有効説等があるが，最高裁は，使用者が即時解雇に固執する趣旨でない限り，解雇通知後 30 日が経過した時点又は通知後に所定の予告手当を支払った時点で解雇の効力が発生するという相対的無効説を取っている [256]。

イ　解雇理由証明書の交付

労働者が退職する際に，退職の事由（解雇理由を含む）等を記載した証明書を交付するよう請求した場合，使用者は，遅滞なくこれを交付しなければならない（労基 22 条 1 項）。また，退職日前であっても，解雇予告をされた日から退職する日までの間において，当該解雇理由について証明書の請求をした場合は，使用者は，遅滞なくこれを交付しなければならない（同条 2 項）。

証明書に記載すべき「解雇の理由」については，具体的に示す必要があり，就業規則の一定の条項に該当する事実が存在することを理由として解雇した場合には，就業規則の当該条項の内容及び当該条項に該当するに至った事実関係を証明書に記入しなければならない [257]。他方で，解雇された労働者が解雇の事実のみについて使用者に証明書を請求した場合，使用者は，解雇の理由を証明書に記載してはならず，解雇の事実のみを証明書に記載しなければならない [258]。

---

[255] 水町 996-997 頁，菅野＝山川 745-746 頁
[256] 最判昭和 35 年 3 月 11 日民集 14 巻 3 号 403 頁〔細谷服装事件〕
[257] 平成 15 年 10 月 22 日基発 1022001 号
[258] 平成 11 年 1 月 29 日基発 45 号・平成 15 年 12 月 26 日基発 1226002 号

> ■ウェブ掲載　【書式3-12-2-2】解雇理由証明書

(3)　実体的な解雇規制

ア　業務上災害による療養者の解雇制限

　使用者は，労働者が業務上負傷し，又は疾病にかかり療養のために休業する期間及びその後の30日間は，その労働者を解雇してはならない（労基19条1項）。労働者が業務上の負傷・疾病している場合の療養等を安心して行うために，労基法が定めた解雇規制である[259]。

　この解雇規制の例外として，①業務災害による療養の場合の解雇禁止について，使用者が療養開始後3年を経過しても傷病がならない場合に打切補償（労基81条）を支払った場合，②「天災事変その他やむを得ない事由のために事業の継続が不可能となった場合」に，行政官庁の認定を受けた場合（労基19条1項但書後段・2項）がある。

イ　労基法による産前産後の休業者の解雇制限

　使用者は，産前産後の女性が労基法の規定（労基65条）によって休業する期間及びその後の30日間は，当該女性を解雇してはならない（労基19条1項）と規定されている。この規定も，産前産後の休業を安心してなし得るために，労基法が設けた解雇規制である。この例外として，前述②がある。

ウ　就業規則による解雇制限

　解雇事由は，就業規則に規定されることが一般的であり，使用者が解雇を行う場合，当該就業規則の解雇事由のどの条項に該当するかを明示して行われる。

　そして，就業規則等に定められた解雇事由以外を理由とする普通解雇は許されるか否か（就業規則上の列挙が限定列挙か例示列挙か）について議論があるが，個々の就業規則の定めの合理的解釈の問題といえ，使用者が就業規則に解雇事由を列挙した場合，通常は，使用者が解雇権を行使できる場合をそれらの事由に制限したものとして限定列挙の趣旨で定められたものと解釈され，列挙

---

[259] 菅野＝山川740-741頁

事由以外の事由による解雇は許されないと解される[260]。

　なお，多くの就業規則においては，「その他前各号に該当し得る事由」等として，包括条項が規定されており，例示的に列挙したと合理的に解釈できるケースがほとんどである。

3　解雇権濫用規制

(1)　解雇の制限

　前述2(1)のとおり，日本においては，基本的に自由な雇用契約の解消が認められているが，使用者が行う労働契約の解約（解雇）については，最高裁において，「使用者の解雇権の行使も，それが客観的に合理的な理由を欠き社会通念上相当として是認することができない場合には，権利の濫用として無効になる。」と判示されたことで[261]，これまで述べた解雇予告等の手続的な法規制や労基法上や就業規則上の実体的な規制の他に，大きな制約を加える判例法理が確立し，後に法律上明文化されることなった。具体的には，解雇は，①客観的に合理的な理由，及び②社会通念上の相当性が認められない場合には，権利の濫用として無効となる（労契16条　解雇権濫用法理）。そのため，就業規則に定める解雇事由に形式的には該当していたとしても，実態に照らして①及び②が認められない場合は，解雇は無効となる。

　①客観的に合理的な理由については，㋐労働者の労働能力の欠如（能力不足・病気等），㋑労働者の規律違反行為（非違行為，遅刻，早退等），㋒経営上の必要性（経営難等）という大きく3つに分類され[262]，多くは，就業規則に定めれた解雇事由へのあてはめを行うことになる。

　そして，①客観的に合理的な理由のいずれかが存在するとしても，さらに，②社会通念上の相当性が認められなければ解雇は有効とはならない。②社会通念上の相当性については，裁判例上，解雇の事由が重大な程度に達しており，他に解雇回避の手段がなく，かつ労働者の側に宥恕すべき事情がほとんどない

---

[260]　菅野＝山川767頁，類型別II393頁
[261]　最判昭和50年4月25日民集29巻4号456頁〔日本食塩製造事件〕
[262]　水町966頁

場合に相当性を認めているといえる[263]。

ア 労働能力の欠如（能力不足・病気等）

一言で能力不足といってもその判断基準は明確ではないが，能力不足を理由とする解雇については，①使用者と当該労働者との労働契約上，その労働者に要求される職務の能力・勤務態度がどの程度のものか，②勤務成績，勤務態度の不良はどの程度か，③指導による改善の余地があるか，④他の労働者との取扱いに不均衡はないか等について，総合的に検討することになる[264]。

重要なポイントは，労働契約上，そもそもどの程度の職務能力が求められているかによって能力不足か否かは異なるということである。例えば，中途採用で，その高い能力・経歴等を前提に，高い地位を特定して労働契約を締結した場合には，労働者には労働契約上の高い職務遂行能力が求められることが比較的明らかであるし，雇入れ時において職種や専門能力が特定されていた場合も同様である。他方で，長期雇用を前提として新卒採用された場合には，企業が教育，研修を施し，配転を検討する等十分な配慮をしたにもかかわらず，採用時に予定された能力をまったく有しないといったレベルの能力不足が求められる傾向にある。

能力不足労働者については，業務改善計画を策定し，業務改善指導を適切に行い，改善の見込みがあるかを慎重に見極め，その記録を客観的に残しておく必要がある。

また，労働者の私傷病による労務提供の不能についても，解雇の客観的に合理的な理由に該当し得るが，私傷病休職の場合は，前述本章第10「休職・復職」のとおり，まず，労働者の労働能力の回復を待つ私傷病休職制度を用いて，労働能力の回復を待つことが要請されている。

イ 労働者の職務規律違反（非違行為，遅刻，早退等）

職務規律違反に該当する類型については，前述本章第11「懲戒処分」の懲戒解雇の事由と同様の類型であり，その非違行為の態様，程度，回数等から，労働契約の継続が困難な状態となっているかにより，解雇の有効性を判断するこ

---

[263] 水町1007頁
[264] 類型別Ⅱ395頁

とになる[265]。

ウ　経営上の必要性（経営難等）

　企業が経営上必要とされる人員削減のために行う解雇を整理解雇といい，整理解雇については，労働者の帰責事由がないにもかかわらず，使用者の経営上の理由により労働者を解雇するところに特徴があり，労働者に帰責性があるその他の解雇よりは有効性が厳格に判断されることになる。

　この点，裁判例は，整理解雇の有効性の判断にあたって，①人員削減の必要性，②解雇回避努力，③被解雇者選定の妥当性，④手続の妥当性の４要件を定立し，４要件がすべて満たされない限り，解雇権の濫用として無効と判断してきた（いわゆる「４要件説」）[266]。

　しかし，近年，①については，黒字経営の下で競争力強化のため人員削減をする場合にも肯定し，②について，配転や希望退職者募集やワークシェアリングなどの解雇回避措置のすべてを要求するわけではなく企業の実情に応じた措置をとっていれば肯定する考え方が主流となり，各要件を厳格な要件ではなく，判断要素として捉え，これらの要素に関する諸事情を総合考慮して，解雇の有効性を判断する裁判例が増加している（４要素説）[267]。

　具体的に，①の要素については，倒産必死，債務超過，累積赤字，といった事態にあることまでは要求されず，黒字経営の中で経営合理化や競争力強化のために行う人員削減についても，使用者の経営判断を尊重して肯定する例が多い[268]。

　②の要素については，新規採用の停止，役員報酬のカット，昇給停止，賞与減額，停止，残業規制，人件費以外の経費削減等の考えられるすべての解雇回避措置を一律に要求するのではなく，当該企業の規模，業種，人員構成，労使関係の状況に照らして実現可能な措置かどうかを検討したうえで，その実現可

---

[265] 類型別Ⅱ 395 頁
[266] 長崎地大村支判昭和 50 年 12 月 24 日労判 242 号 14 頁〔大村野上事件〕，熊本地判平成 16 年 4 月 15 日労判 878 号 74 頁〔九州日誠電氣事件〕等
[267] 東京地決平成 12 年 1 月 21 日労判 782 号 23 頁〔ナショナル・ウエストミンスター銀行（第 3 次仮処分）事件〕，札幌地判平成 25 年 12 月 2 日労判 1100 号 70 頁〔専修大北海道短大事件〕等多数
[268] 類型別Ⅱ 397 頁

能な措置が尽くされているかを検討する傾向にある[269]。

③の要素については，客観的合理的かつ公平な基準で選定されていることが要求され，単に廃止部門に在籍していたという理由だけでは選定に合理性がないとされる[270]。

④の要素については，帰責性のない労働者を解雇するのであるから，就業規則や労働協約に手続規定がなくても，労働組合や労働者に対し十分な協議，説明を行うことが必要とされている[271]。

(2) 解雇が無効とされた場合のリスク

解雇権の濫用と判断された解雇は私法上無効となる（労契16条）。そして，解雇が無効となった場合，裁判所は，使用者に対して，当該労働者との労働関係の継続を一律に強制すべく，「労働契約上の権利を有する地位」を確認し，又は仮に定める処分を行う[272]。また，解雇が無効になったことにより，当該労働者が解雇によって就労できなかった期間の賃金について，その間労働契約関係が継続していたとし，かかる就労不能が使用者の責めに帰すべき事由に基づくため，労働者は民法536条2項本文によって賃金請求権（バックペイ）を失わない[273]。

しかしながら，労働者に労務提供の意思又は能力のいずれかを失っている場合等では，使用者の責めに帰すべき事由に基づく履行不能であるとはいえないため[274]，バックペイが否定され得る。

例えば，労働者が解雇後に同業他社に就職して外務員登録を行い労働審判でも金銭解決のみ求める等し，これにより使用者の下で就労する意思を確定的に放棄したと認められる場合等[275]には，前述の例外のケースに該当すると考えられる。

---

[269] 類型別Ⅱ397頁
[270] 類型別Ⅱ397頁
[271] 類型別Ⅱ397頁
[272] 菅野＝山川769頁
[273] 類型別Ⅱ376頁
[274] 類型別Ⅱ376頁
[275] 類型別Ⅱ376頁

4　退職勧奨

(1)　退職勧奨の意義

　実務上は，使用者による一方的な解雇等ではなく，使用者と労働者の間の合意により退職させることを企図して，退職の申込みまたは承諾を促す行為（退職勧奨）を活用する例も多い。

　前述のとおり，解雇等の有効性が裁判等で争われた場合，裁判所は厳格な判断を下す傾向があり，敗訴した場合には使用者が受けるダメージが非常に大きく，裁判を維持するコストも大きいことを踏まえれば，こうしたリスクを抑え，確実な問題解決に至るためには，退職勧奨による合意退職という方法は有力な選択肢である。例えば，使用者としては，当該労働者による問題が大きいため社内に留めおくことはできないと結論が決まっていても，証拠が揃わない等の事情から裁判に耐えられるか疑義がある事態はよくある。そのような場合には，まずは退職勧奨による合意退職を目指すことが賢明であろう。

(2)　退職勧奨の限界

　もっとも，退職勧奨は，労働者の自由な意思を尊重する態様で行われる必要があり，使用者が労働者に対し執拗に辞職を求めるなど，労働者の自由な意思を侵害するような手段・態様で行われた場合には，労働者の人格権を侵害する不法行為（民法709条）となり，労働者は使用者に対して，不法行為に基づき損害賠償を請求することができる。また，労働者が違法な退職勧奨によって退職に合意した場合には，当該労働者による合意は強迫による取消しが認められ得るほか（民法96条1項），退職に応じなければ解雇されるものと誤信し，これを回避するために退職に合意した場合には，当該合意は錯誤による取消しが認められ得る（民法95条1乃至2項）。

　使用者による退職勧奨が適法か違法かの判断基準については，裁判例上，労働者が自発的な退職意思を形成するために社会通念上相当と認められる程度を超えて，当該労働者に対して不当な心理的威迫を加えたりその名誉感情を不当に害する言辞を用いたりする退職勧奨は不法行為となるという一般的判断基準

が立てられている[276]。特に，労働者が退職勧奨に応じない姿勢を明確に示したことが１つのメルクマールになる。

(3) 退職勧奨の進め方

退職勧奨（による辞職又は合意退職）は無用な紛争リスクを回避する方法として有用であるが，前述（2）のとおり，退職勧奨が不法行為となり，違法な退職勧奨による退職合意が無効となるおそれがあることから，労働者の自由な意思を尊重する態様で行われる必要があり，かつ，後日の紛争に備えて，自由意思が確保されていたことが客観的に確認できるような記録を残しておくことが重要である。

具体的には，まず，労働者に退職勧奨を行う際には，説得的な説明を行うため，事前に退職勧奨の理由（労働者の労働能力の欠如，職務規律違反，経営上の都合等）を整理した手控えを作成するなどの準備を行うべきである。

そのうえで，面談の場では，当該手控えに沿って会話を進めて退職勧奨の理由を具体的に説明した上で，無理に回答を求めることは避け，再度の面談期日を設けた上で，当該面談期日までに回答するように検討を促すことが望ましい。

また，後日の紛争に備えて，労働者の自由意思が確保されていたことが客観的に確認できるような記録を残しておくことも重要である。

---

[276] 菅野＝山川 711 頁，東京地判平 23 年 12 月 28 日労経速 2133 号３頁等〔日本アイ・ビーエム事件〕

退職勧奨を行う場合の注意点	
時間	・就業時間内とし，長時間の拘束は行わない（1回30分〜1時間）。
場所	・個別に会議室等を用意し，落ち着いて会話できる環境とする。
回数	・回数の決まりはない。 ・十分な説明が必要である一方，労働者が退職勧奨に応じない姿勢を明確に示した場合には，一旦終了すべきである。
参加者（人数）	・使用者側は2名程度とし，退職勧奨のブラックボックス化を避けるとともに，余計なプレッシャーを与えない。
事前準備	・事前に退職勧奨の理由（労働者の労働能力の欠如，職務規律違反，経営上の都合等）を整理した手控えを作成する。
進め方	・事前準備で用意した手控えに沿って会話を進め，退職勧奨の理由を具体的に説明する（事前に具体的に説明できるよう十分な準備を行う）。 ・労働者からの質問には，原則として可能な範囲で誠実に回答すべきだが，想定されない質問・要望等を受けた場合には，その場で回答しない。 ・無理に面談の場で回答を求めることは避け，再度の面談期日を設けた上で，当該面談期日までに回答するように検討を促す。 ・労働者が退職勧奨に応じない姿勢を明確に示した場合には，退職勧奨を中断又は中止する。
記録	・労働者にプレッシャーを与えるため録音は必須ではないが，後に紛争化する可能性に備えて，会話の内容を必ずメモ・議事録等に残す。
退職に対する条件	・解決金，（上乗せ）退職金，退職日の融通（転職活動期間の在籍を認める等），年次有給休暇の買取り，再就職支援会社の利用等，退職時及び退職後の労働者の立場にも立った条件提示を行うことも検討する。
退職届/退職合意書	・事前に退職届・退職合意書を準備しておき，退職が合意された場合には書面化する。 ・紛争化リスクが高い場合には，退職合意書を活用する（事案に応じて口外禁止条項，誹謗中傷禁止条項，清算条項などを規定する）。
その他	・録音されている可能性を想定し，不用意な発言はしない。

（4）　退職勧奨の解決金

　退職勧奨を行う場合，実務上，会社から労働者に対し，退職することの条件として解決金の支給を提示することも多い。労働者の立場からすれば，自らの問題点を多少自覚していたとしても，転職期間中の生活や自己のキャリア，仕事のやりがい等，様々な理由で退職を躊躇することがあるためである。企業としても解決金の支払いを提案することにより，退職するか否かの問題ではなく，退職を前提とした金銭の多寡の問題に転換することができる。

　解決金の水準については一概にはいえないが，退職勧奨を行う場合，一般的には労働者側に何かしら問題があると会社が考えていることから行う場合が多い。また，解雇が検討し得るような状況であっても，紛争化リスクを避けるために退職勧奨を選択することもある。

　解雇が認められる可能性が高ければ解決金の水準は安くなり（給与1か月〜3か月程度），解雇の可能性が低い場合には解決金の水準が高くなりやすい（給与6か月を超える場合もある。場合によっては1年以上の水準でないと和解に応じないといわれる場合もある）。

5　【Case】について

　能力不足による解雇を行う場合は，前述3(1)のとおり，①使用者と当該労働者との労働契約上，その労働者に要求される職務の能力・勤務態度がどの程度のものか，②勤務成績，勤務態度の不良はどの程度か，③指導による改善の余地があるか，④他の労働者との取扱いに不均衡はないか等について，総合的に検討することになる。

　【Case】の場合，Aは，そもそも経理担当として当該能力を前提に採用されていることや（考慮要素①），再三の注意にもかかわらず伝票処理といった基本的な作業のミスが続くこと，他の労働者と比しても能力が不足していること（考慮要素②）等を踏まえれば解雇し得る状況にも思える。しかし，実務上裁判所が解雇の有効性を判断するハードルは非常に高く，能力不足による解雇の場合で，書面による注意・指導や懲戒処分等を経ていないような場合については，改善の余地があったのではないかと，かなり厳しい指摘を受けることも多い（考

慮要素③）。

　【Case】の場合において，裁判等の紛争リスクや敗訴リスクがあることは否定できないことから，解雇も見据えながら今後，書面による注意・指導，懲戒処分を行うことの検討の他，退職勧奨を行うことも検討すべきである。また，退職勧奨を行う際には，前述の退職勧奨を行う場合の注意点に配慮し，特に相手の状況（経済的状況，転職可能性や家族の状況等）も踏まえ，退職に対する条件（解決金，退職日等）を考える必要がある。

第13 非正規労働者（パートタイム・有期雇用労働者） 289

第13 非正規労働者（パートタイム・有期雇用労働者）

1 パートタイム・有期雇用労働者の待遇に関する規制（同一労働同一賃金）

Case

X社には，正社員のほか有期雇用労働者，パートタイム労働者がいる。基本給や諸手当，福利厚生等を考えるにあたり，同一労働同一賃金の観点から，雇用管理上どのような点に留意が必要か。また，正社員には賞与を支給するが，有期雇用労働者・パートタイム労働者には賞与を支給しない等の差を設けたい場合，どのような点に留意が必要か。

Check List

☐ 均等待遇・均衡待遇のいずれの適用場面か

☐ 均等待遇の適用場面の場合，差別的取扱いとなっていないか

☐ 均衡待遇の適用場面の場合，不合理な待遇差となっていないか

☐ 事業主が講ずる雇用管理の改善等の措置に関して説明ができるか

(1) 同一労働同一賃金の基本的な考え方について

同一労働同一賃金は，同一の企業・団体における，通常の労働者[277]と非正規雇用労働者（有期雇用労働者[278]，パートタイム労働者[279]，派遣労働者）の間の不合理な待遇差の解消を目指すものである。

以下では，有期雇用労働者，パートタイム労働者に関する規制について確認する。

---

[277] 通常の労働者：いわゆる正規型の労働者及び事業主と期間の定めのない労働契約を締結しているフルタイム労働者（無期雇用フルタイム労働者）をいう。一般的には正社員のことを指す。

[278] 有期雇用労働者：事業主と期間の定めのある労働契約を締結している労働者をいう。

[279] パートタイム労働者：1週間の所定労働時間が同一の事業主に雇用される通常の労働者の1週間の所定労働時間に比べて短い労働者をいう。

ア　「均等待遇」・「均衡待遇」の考え方

同一労働同一賃金に関する規定において，中心となる考え方が，以下の「均等待遇」及び「均衡待遇」の考え方である。

「均等待遇」・「均衡待遇」の考え方
ア　均等待遇（パート・有期労働9条） 　パートタイム労働者・有期雇用労働者と通常の労働者との間で，雇用契約が終了するまでの全期間において，①職務の内容，②職務の内容・配置の変更の範囲が同じ場合は，パートタイム労働者・有期雇用労働者であることを理由として，待遇について差別的取り扱いを禁止すること。
イ　均衡待遇（パート・有期労働8条） 　パートタイム労働者・有期雇用労働者の個々の待遇と，それに対応する通常の労働者との待遇との間において，①職務の内容，②職務の内容・配置の変更の範囲，③その他の事情のうち，当該待遇の性質・目的に照らし適切な要素を考慮して不合理な待遇差を禁止すること。

イ　「均等待遇」・「均衡待遇」の適用場面の確認手順

通常の労働者とパートタイム労働者・有期雇用労働者との比較において，「均等待遇」・「均衡待遇」のどちらの適用場面かは，①職務の内容，及び②職務の内容・配置の変更の範囲（人材活用の仕組みや運用等）が同じか否かにより決まる。

まず，①「職務の内容」とは，業務の内容，及び当該業務に伴う責任の程度をいう。「職務の内容」が同じかどうかに関しては，職種が同一か，従事している業務のうち中核的業務が実質的に同一か，責任の程度はどの程度異なるかについて，以下の手順で判断を行う。

第13 非正規労働者（パートタイム・有期雇用労働者） 291

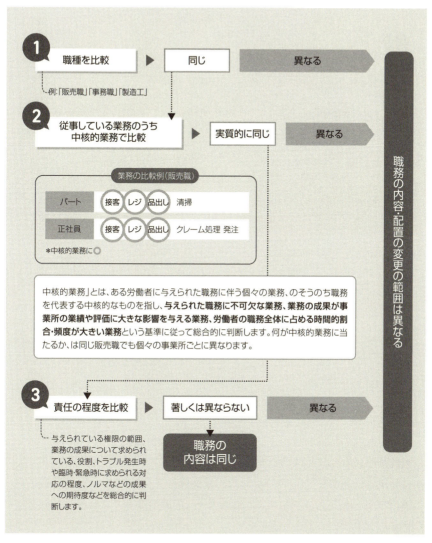

出典：厚生労働省「パートタイム・有期雇用労働法の概要」（令和5年6月）4頁

　次に，②職務の内容・配置の変更の範囲（人材活用の仕組みや運用等）が同じかどうかに関しては，転勤の有無・範囲，職務の内容・配置の変更の有無・範囲について，以下の手順に従って判断を行う。

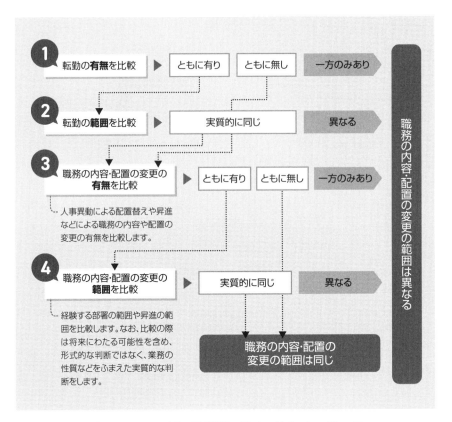

出典：厚生労働省「パートタイム・有期雇用労働法の概要」（令和5年6月）5頁

　当該図のとおり，①職務の内容と②職務の内容・配置の変更の範囲（人材活用の仕組みや運用等）が同じ場合には，「均等待遇」（パート・有期労働9条）の適用場面となり，パートタイム労働者・有期雇用労働者であることを理由とした差別的取扱いが禁止される。

　それ以外の①あるいは②に相違がある場合は「均衡待遇」（パート・有期労働8条）の適用場面となり，①と②の違いに加えて「③その他の事情」を考慮して，通常の労働者とパートタイム労働者・有期雇用労働者との間の待遇差について，不合理な待遇差を設けることが禁止される。

ウ　均等待遇（パート・有期労働９条）

前述のとおり，パートタイム労働者・有期雇用労働者と通常の労働者との間で，雇用契約が終了するまでの全期間において，①職務の内容，②職務の内容及び配置の変更の範囲が同じパートタイム労働者・有期雇用労働者が対象となる。

当該対象者は，賃金，教育訓練，福利厚生施設，休憩，休日，休暇，安全衛生，災害補償，解雇等のすべての待遇について（労働時間及び労働契約の期間を除く），パートタイム労働者・有期雇用労働者であることを理由として差別的に取り扱うことが禁止される。

賃金の支給額について，所定労働時間が短いことに基づく合理的な差異や，個人の勤務成績により生じる差異によるものについては許容される。もっとも，例えば，通勤手当のように，一般的に所定労働時間の長短に関係なく支給されるものについては，通常の労働者と同様に支給する必要がある。

また，経営上の理由により解雇等の対象者を選定する際，労働時間が短いことのみをもって通常の労働者より先にパートタイム労働者の解雇等をすることや，労働契約に期間の定めがあることのみをもって通常の労働者より先に有期雇用労働者の解雇等をすることは，差別的取扱いがなされていることとなり，禁止されている。

エ　均衡待遇（パート・有期労働８条）

当該規定は，すべてのパートタイム労働者・有期雇用労働者が対象となる。

また，当該規定の場合も，賃金，教育訓練，福利厚生施設，休憩，休日，休暇，安全衛生，災害補償，解雇等のすべての待遇について（労働時間及び労働契約の期間を除く）が対象となる。

パートタイム労働者・有期雇用労働者と通常の労働者との待遇の違いが不合理と認められるかどうかの判断は，個々の待遇ごとに，その待遇の性質・目的に照らして適切と認められる事情（①職務の内容，②職務の内容・配置の変更範囲，③その他の事情[280]）を考慮して判断される。

厚生労働省の同一労働同一賃金ガイドライン（短時間・有期雇用労働者及び

---

[280] その他の事情：職務の成果，能力，経験，事業主と労働組合との交渉の経緯等

派遣労働者に対する不合理な待遇の禁止等に関する指針）においては，いかなる待遇差が不合理であり，いかなる待遇差が不合理ではないか，原則となる考え方や具体例が示されている。例としては以下のものがある。

基本給	労働者の「ア　能力又は経験に応じて」「イ　業績又は成果に応じて」「ウ　勤続年数に応じて」支給する場合は，ア，イ，ウに応じた部分について，同一であれば同一の支給を求め，一定の違いがあった場合には，その相違に応じた支給を求めている。 ※通常の労働者とパートタイム労働者・有期雇用労働者の賃金の決定基準・ルールに違いがあるときは，「将来の役割期待が異なるため」という主観的・抽象的説明では足りず，賃金の決定基準・ルールの違いについて，職務内容，職務内容・配置の変更範囲，その他の事情の客観的・具体的な実態に照らして不合理なものであってはならない。
役職手当等	労働者の役職の内容に対して支給するものについては，通常の労働者と同一の役職に就くパートタイム労働者・有期雇用労働者には，同一の支給をしなければならない。 また，役職の内容に一定の違いがある場合においては，その相違に応じた支給をしなければならない。 ※同様の手当…特殊作業手当（同一の危険度又は作業環境の場合） 　　　　　　　特殊勤務手当（同一の勤務形態の場合） 　　　　　　　精皆勤手当（同一の業務内容の場合）等
通勤手当等	パートタイム労働者・有期雇用労働者には通常の労働者と同一の支給をしなければならない。 ※同様の手当…単身赴任手当（同一の支給要件を満たす場合）等
賞与	会社の業績等への労働者の貢献に応じて支給するものについては，正社員と同一の貢献であるパートタイム労働者・有期雇用労働者には，貢献に応じた部分につき，同一の支給をしなければならない。また，貢献に一定の違いがある場合においては，その相違に応じた支給をしなければならない。
時間外手当等	通常の労働者と同一の時間外，休日，深夜労働を行ったパートタイム労働者・有期雇用労働者には，同一の割増率等で支給をしなければならない。

オ 【Case】について

　【Case】では，正社員と有期雇用労働者には賞与を支給するが，有期雇用労働者・パートタイム労働者には賞与を支給しない等の差を設けようとしているが，この点，賞与に関してパートタイム労働者に不支給としていた，以下の大阪医科薬科大学事件（最判令和2年10月13日労判1229号77頁）が参考となる。

事案	正職員には，賞与を支給。支給額は<u>基本給にのみ連動</u>し，正職員の年齢や成績，使用者の業績にも連動していない内容。契約社員にも一定の支給。一方で，アルバイトには不支給としていた。
賞与の性質・目的	・支給実績に照らせば業績に連動するものではなく，「<u>労務の対価の後払いや一律の功労報償，将来の労働意欲向上等の趣旨を含む</u>」もの。 ・正職員の基本給は「勤続年数に伴う職務遂行能力の向上に応じた職能給の性格を有するもの」。 ・「正職員の賃金体系や求められる職務遂行能力及び責任の程度等に照らせば」「<u>正社員としての職務を遂行し得る人材の確保やその定着を図るなどの目的</u>」で賞与を支給していた。
職務の内容	「相当に軽易」「教室事務員である正職員は，これに加えて，学内の英文学術誌の編集事務等，病理解剖に関する遺族等への対応や部門間の連携を要する業務又は毒劇物などの試薬の管理業務等にも従事する必要」「<u>両者の職務の内容に一定の相違があったことは否定できない</u>」
変更の範囲	「教室事務員である正職員については，正職員就業規則上<u>人事異動を命ぜられる可能性があった</u>」「アルバイト職員については，原則として業務命令によって配置転換されることはなく，人事異動は例外的かつ個別的な事情により行われていた」「<u>両者の職務の内容及び配置の変更の範囲に一定の相違があったことも否定できない</u>」
その他の事情	・「全ての正職員が同一の雇用管理の区分に属するものとして同一の就業規則等の適用を受けており，その労働条件はこれらの正職員の職務の内容や変更の範囲等を踏まえて設定されたもの」 ・「教室事務員の業務の内容の過半が定型的で簡便な作業等であったため」「一定の業務等が存在する教室を除いてアルバイト職員に置き換えてきた」「教室事務員である正職員は，僅か4名にまで減少することとなり，業務の内容の難度や責任の程度が

	高く，人事異動も行われていた他の大多数の正職員と比較して極めて少数となっていた」「教室事務員である正職員が他の大多数の正職員と職務の内容及び変更の範囲を異にするに至ったことについては，教室事務員の業務の内容や第1審被告が行ってきた人員配置の見直し等に起因する事情が存在したもの」 ・「アルバイト職員については，契約職員及び正職員へ段階的に職種を変更するための試験による登用制度が設けられていた」
不合理性の判断	・「賞与の性質やこれを支給する目的を踏まえて，教室事務員である正職員とアルバイト職員の職務の内容等を考慮すれば，正職員に対する賞与の支給額がおおむね通年で基本給の4.6か月分であり，そこに労務の対価の後払いや一律の功労報償の趣旨が含まれることや，正職員に準ずるものとされる契約職員に対して正職員の約80％に相当する賞与が支給されていたこと，アルバイト職員である第1審原告に対する年間の支給額が平成25年4月に新規採用された正職員の基本給及び賞与の合計額と比較して55％程度の水準にとどまることをしんしゃくしても，教室事務員である正職員と第1審原告との間に賞与に係る労働条件の相違があることは，不合理であるとまで評価することができるものとはいえない。」

　同裁判例において，賞与の性質・目的（趣旨）については「労務の対価の後払いや一律の功労報償，将来の労働意欲向上等の趣旨を含む」とし，複合的な性質・目的（趣旨）を有していることを指摘している。また，「正職員としての職務を遂行し得る人材の確保やその定着を図るなどの目的」という点も指摘しており，使用者の経営及び人事施策上，通常の労働者を優遇する裁量判断を尊重する方向で判断をしていると思われる。もっとも，経営判断を尊重するとして安易に不合理ではないと認めているものではなく，賞与の性質・目的に照らして，職務の内容，職務の内容及び配置の変更の範囲を細かく分析したうえで，正社員への登用制度等のその他の事情も加味し，不合理であるとまで評価できない旨，判示している。

　【Case】の場合においても，賞与の支給をしない等の差を設ける場合には，正社員と有期雇用労働者・パートタイム労働者との間に①職務の内容，②職務の内容・配置の変更範囲，③その他の事情に違いがないか分析，整理を行い，具体的な差異をできるだけ明確にしておく必要がある。特に①～③の要素に違

第13　非正規労働者（パートタイム・有期雇用労働者）　297

いを見出しにくい場合には，賞与の支給要件，算定方法，支給対象（有期雇用
労働者・パートタイム労働者にも一定の支給をする等）の見直しや，正社員登
用制度の導入等の検討を検討する必要がある。

(2)　事業主が講ずる雇用管理の改善等の措置の説明（パート・有期労働 14 条）

　パートタイム労働者・有期雇用労働者は，通常の労働者に比べ労働時間や職
務内容が多様であり労働条件があいまいになりやすい。

　そこで，パートタイム労働者・有期雇用労働者が自身の待遇に納得して働け
るようにすることを目的として，パート・有期労働法 14 条では，以下の場面ご
とに，事業主が講ずる雇用管理の改善等の措置を説明することを定めている。

ア　雇い入れたとき（パート・有期労働 14 条 1 項）

　事業主は，パートタイム労働者・有期雇用労働者を雇い入れたとき（労働契
約の更新時を含む），実施する以下の雇用管理の改善に関する措置内容につい
て説明することが義務付けられている。

　なお，説明の方法としては，雇入れ時に，個々の労働者ごとに説明を行うほ
か，雇入れ時の説明会等に，複数のパートタイム労働者・有期雇用労働者に同
時に説明を行うことも差支えないとされている。

雇入れ時（パート・有期労働 14 条 1 項）	
説明義務が課される事項	説明内容の例
・不合理な待遇の禁止（8 条） ・通常の労働者と同視すべきパートタイム，有期雇用労働者に対する差別的取扱いの禁止（9 条） ・賃金（10 条） ・教育訓練（11 条） ・福利厚生施設（12 条） ・通常の労働者への転換（13 条）	・賃金制度はどのようなものとなっているか ・どのような教育訓練があるか ・どの福利厚生施設が利用できるか ・正社員への転換推進措置としてどのようなものがあるか

参照：厚生労働省「パートタイム・有期雇用労働法の概要」（令和 5 年 6 月）14 頁

298　第3章 労務管理

イ　説明を求められたとき（パート・有期労働14条2項）

　パートタイム労働者・有期雇用労働者から説明を求められたとき，事業主は
パートタイム労働者・有期雇用労働者と通常の労働者との間の待遇の相違の内
容および理由と，待遇を決定するにあたって考慮した事項を説明することが義
務付けられている。

　なお，待遇の相違の内容及び理由については，求めがあったパートタイム労
働者・有期雇用労働者と職務の内容，職務の内容・配置の変更の範囲等が最も
近いと事業主が判断する通常の労働者と比較して説明することとなる。

説明を求められたとき（パート・有期労働14条2項）	
説明義務が課される事項	説明内容の例
・通常の労働者との間の待遇の相違の内容及び理由 ・労働条件に関する文書の交付等（6条） ・就業規則の作成手続（7条） ・通常の労働者と同視すべきパートタイム，有期雇用労働者に対する差別的取扱いの禁止（9条） ・賃金（10条） ・教育訓練（11条） ・福利厚生施設（12条） ・通常の労働者への転換（13条）	・比較対象の通常の労働者との間で待遇の決定基準に違いがあるか，違う場合はどのように違うのか，なぜ違うのか ・教育訓練の実施や福利厚生施設の利用の決定にあたり何を考慮したか（通常の労働者との違いがある場合は，なぜ違うのか） ・正社員への転換推進措置として講じる措置の決定にあたり何を考慮したか など

参照：厚生労働省「パートタイム・有期雇用労働法の概要」（令和5年6月）15頁

(3)　まとめ

　有期雇用労働者やパートタイム労働者を雇用するに際しては，以上のように
同一労働同一賃金の観点から，均等待遇・均衡待遇のいずれの適用場面である
かを確認したうえで均等待遇の適用場面の場合では，差別的取扱いとなってい
ないか，均衡待遇の適用場面の場合では，不合理な待遇差となっていないかの
確認が必要である。また，雇入れ時，及び説明を求められた時に，均等待遇や

均衡待遇に関わる待遇の相違の有無や相違がある場合の理由等を含めた事業主が講ずる雇用管理の改善等の措置に関して説明ができるようにしておく必要がある。

2 有期労働契約に関する規制

(1) 有期労働契約の更新拒否（雇止め）

Case

X社は，事務職で採用した従業員Aとの有期労働契約を次の契約期間満了時に終了しようと考えている。有期労働契約は1年毎で3回更新をしており，丸4年で契約が終了となる。この場合どのような点に留意する必要があるか。

Check List

□　労契法19条の①期間の定めのない労働契約と実質的に同視できる場合，又は②契約の更新に合理的な期待がある場合に該当しないか

□　従事する業務の内容（恒常的・基幹的な業務か，一時的・補助的な業務か），更新回数・通算期間，更新管理の厳密さ（更新後の契約書の取り交わし，面談等），雇用継続の期待を持たせる言動の有無等の確認

□（①又は②に該当する場合）雇止めの客観的合理性・社会通念上の相当性があるか

□　有期労働契約に関する手続的規制を履践しているか

ア　雇止めの意義・雇止め法理

　雇止めとは，有期労働契約の契約期間満了時に契約更新を行わず，労働契約を終了させることをいう。

　労働契約期間を定めているのであるから，契約期間が終了すれば格別の理由がなくとも契約が終了すると考えるのが素直である。

　しかし，日本では，長期雇用システムの下，解雇権濫用法理の適用を避けるため，雇用の調整弁として有期労働契約が幅広く使われてきた実態があった。

そこで，裁判所は，①期間の定めのない労働契約と実質的に同視できる場合や②契約の更新に合理的な期待がある場合など一定の状況下にある場合について，解雇権濫用法理を類推適用する雇止め法理を形成し保護を図ってきた。

その後，2012年の労契法改正により，判例上形成された雇止め法理が法律上も明文化された（労契19条）。具体的な内容としては，①過去に反復して更新されたことがある有期労働契約であり，その契約期間の満了時に有期労働契約を更新せずに終了させることが，期間の定めのない労働契約を締結している労働者に解雇の意思表示をして契約を終了させることと社会通念上同視できると認められる場合（期間の定めのない労働契約と実質的に同視できる場合：労契19条1号），又は，②有期契約労働者が契約期間の満了時に契約が更新されるものと期待することについて合理的な理由があるものであると認められる場合（契約の更新に合理的な期待がある場合：労契19条2号）が保護の対象となる。そして，これらの場合に，契約期間が満了する日までの間に労働者が有期労働契約の更新の申込みをした場合又は契約期間の満了後遅滞なく有期労働契約の締結の申込みをした場合であって，使用者が当該申込みを拒絶することが，客観的に合理的な理由を欠き，社会通念上相当であると認められないときは，使用者は，従前の有期労働契約の内容である労働条件と同一の労働条件で当該申込みを承諾したものとみなすと規定されている（労契19条柱書）。

イ　判断基準・ポイント

以上のように，①期間の定めのない労働契約と実質的に同視できる場合（労契19条1号）や②契約の更新に合理的な期待がある場合（労契19条2号）には，雇止めを行うには，「客観的に合理的な理由」と「社会通念上相当である」ことが必要となる。

①の場合といえるかは，反復更新の有無・程度（何十回も更新している，10年を超える期間等），契約の更新管理の杜撰さ（更新手続を行っていない，契約期間を過ぎてから行う等）等により判断され，実務上大きく争いとはならない（①に該当するか否かが問題となるような事案は少なくとも②に該当することが多い）。

実務上問題となるのは，②の更新の合理的な期待の有無である。判断要素としては，従事する業務の内容（恒常的・基幹的な業務か，一時的・補助的な業

務か等），更新回数・通算期間，更新管理の厳密さ（更新後の契約書の取り交わし，面談等），雇用継続の期待を持たせる言動の有無等があげられ，様々な事情から総合考慮のうえ，判断される。また，有期労働契約の更新回数や期間の上限について，契約締結前から明示されていた場合には更新の合理的な期待は認められにくい。

　【Case】の場合においては，3回更新がなされ丸4年の通算期間となる状況にある。また，従事する業務の内容が一時的・補助的な業務であり，更新管理が厳格に行われ，更新回数や期間の上限があらかじめ明示されている等の事情がない限りは，少なくとも②の更新の合理的な期待があったといわれる可能性がある。当該場合には，雇止め法理の適用を受けることになる。

ウ　雇止め法理の適用

　前述の①②に該当すると判断された場合には，雇止めに，「客観的に合理的な理由」があるか，「社会通念上相当である」といえるかが問題となる。

　例えば，能力不足を理由とする雇止めの事案では，解雇権濫用法理の判断と同様に，成績不良の程度や改善の見込み等が厳格に判断される。実務上，紛争リスクを避けるために退職合意を目指すこともあり，詳細は第12章（解雇・退職勧奨）を参照されたい。

エ　有期労働契約者の雇入れ，及び雇止めを行う際のポイント（事前の　対策）

　有期労働契約の終了に際しては，契約期間満了で当然に終了できる，あるいは5年未満であり無期転換ルールに抵触しないから大丈夫と考え，安易に雇止めを行い紛争化するケースが実務上多々ある。

　紛争化しないように雇止めを行うためには，雇入れの場面から注意が必要である。契約更新に際して更新の条件を設けている場合，当該更新条件に該当するか否かの評価を行い，その評価をフィードバックする面談を行い，そのうえで新たな雇用契約書の取り交わしを行う等，更新手続を厳格に行うことが望ましい。また，従事する業務の内容を無期労働契約者と有期労働契約者との間で明確に区分できればなおよい。さらに，更新回数や通算期間が増す程，紛争化リスクは高まる（著者の経験上，通算期間が3年を超えるようなケースは紛争化リスクが高くなる）ため注意が必要である。なお，契約当初から，更新上限

（通算契約期間又は更新回数の上限）を設け，その有無と内容を明示しておくことも重要である（後述するが，法改正により（2024 年 4 月から）更新上限を設ける場合には，労働条件明示のルールとしてその有無と内容の明示が必要となった）。

　有期労働契約期間が通算 5 年を超えて更新された場合には無期転換権が発生すること，不明瞭な有期雇用の利用をしていると雇止め法理の適用により意図せぬ法定更新となる可能性に鑑みて，企業内での有期労働契約制度の存在意義を明確化する必要がある。すなわち，短期で雇用をする方針であれば短期で契約を終了することを徹底する，長期に渡り雇用を行う場合には，無期転換や正社員化の方向で限定正社員や正社員の登用制度等を整備するといった対策をとる必要があると思われる。

（2）　有期労働契約の期間途中の解雇

　次に，有期労働契約の期間満了を待たずに期間途中で解雇する場合の規制について確認する。有期労働契約の場合，期間途中で解雇をする場合には，解雇権濫用法理（労契 16 条）の他，「やむを得ない事由」（民法 628 条，労契 17 条）が必要となる。これは期間を定めて契約を結んだ以上，当事者双方が当該期間に拘束される結果，やむを得ない事由がなければ解雇をすることができないとされたものである。有期労働契約の場合には，期間の定めのない，いわゆる正社員を解雇する場合よりもさらに解雇の理由について厳格な理由が求められている。やむを得ない事由とは，「当該契約期間は雇用するという約束であるにもかかわらず，期間満了を待つことなく直ちに雇用を終了せざるをえないような特別の重大な事由ということとなる」[281]。

　以下に，有期労働契約に関する手続的規制と無期転換ルールについても確認する。

---

[281] 菅野＝山川 831 頁

（3） 有期労働契約の締結，更新及び雇止めに関する手続的規制 [282]

有期労働契約に関する手続的規制については以下を留意する必要がある。また，以下のうち労働条件通知に関する事項の具体例については，**【書式3-2-3-2】労働条件通知書兼労働契約書（パートタイム・有期雇用労働者用）**を参照されたい。

ア　契約締結時の明示事項等

① 使用者は，有期契約労働者に対して，契約の締結時にその契約の更新の有無を明示しなければならない。

② 使用者が，有期労働契約を更新する場合があると明示したときは，労働者に対して，契約を更新する場合又はしない場合の基準を明示しなければならない。

③ 使用者は，有期労働契約の締結後に①又は②について変更する場合には，労働者に対して，速やかにその内容を明示しなければならない。

イ　雇止めの予告

使用者は，有期労働契約（有期労働契約が3回以上更新されているか，1年を超えて継続して雇用されている労働者に限る。なお，あらかじめ当該契約を更新しない旨明示されている者を除く）を更新しない場合には，少なくとも契約の期間が満了する日の30日前までに，その予告をしなければならない。

ウ　雇止めの理由の明示

使用者は，雇止めの予告後に労働者が雇止めの理由について証明書を請求した場合は，遅滞なくこれを交付しなければならない。また，雇止めの後に労働者から請求された場合も同様である。

エ　契約期間についての配慮

使用者は，契約を1回以上更新し，かつ，1年を超えて継続して雇用している有期契約労働者との契約を更新しようとする場合は，契約の実態及びその労働者の希望に応じて，契約期間をできる限り長くするよう努めなければならない。

---

[282] 有期契約労働者の雇止めや契約期間について定めた厚生労働大臣告示（有期労働契約の締結，更新及び雇止めに関する基準）（以下，「雇止め告示」という）

加えて以下は，2024 年４月の法改正により新たに設けられた労働条件明示ルールである。

オ　更新上限の明示（労基則５条の改正）

有期労働契約の締結と契約更新のタイミングごとに，更新上限（有期労働契約の通算契約期間又は更新回数の上限）の有無と内容の明示をしなければならない。

なお，更新上限を新設・短縮する場合の説明（雇止め告示の改正）について，後述の場合は，更新上限を新たに設ける，又は短縮する理由を有期契約労働者にあらかじめ（更新上限の新設・短縮をする前のタイミングで）説明しなければならない。

① 最初の契約締結より後に更新上限を新たに設ける場合

② 最初の契約締結の際に設けていた更新上限を短縮する場合

カ　無期転換申込機会の明示（労基則５条の改正）

「無期転換申込権」が発生する更新のタイミングごとに，無期転換を申し込むことができる旨（無期転換申込機会）の明示をしなければならない。

キ　無期転換後の労働条件の明示（労基則５条の改正）

「無期転換申込権」が発生する更新のタイミングごとに，無期転換後の労働条件の明示をしなければならない。

なお，均衡を考慮した事項の説明（雇止め告示の改正）について，「無期転換申込権」が発生する更新のタイミングごとに，無期転換後の賃金等の労働条件を決定するにあたって，他の通常の労働者（正社員等のいわゆる正規型の労働者及び無期雇用フルタイム労働者）とのバランスを考慮した事項（例えば，業務の内容，責任の程度，異動の有無・範囲など）について，有期契約労働者に説明するように努めなければならない，とされている。

3　有期労働契約の無期労働契約への転換（無期転換ルール）

(1)　無期転換ルールの意義・注意点

無期転換ルールとは，有期雇用契約が通算５年を超えて繰り返し更新された場合，有期雇用契約者の申込みにより，無期雇用契約に転換するというルール

である（労契18条）。2012年労契法改正により新たに規定が設けられたものである。本条の趣旨は，有期労働契約を反復更新して労働者を長期間継続雇用するという有期労働契約の濫用的利用を防ぎ，有期労働者の雇用の安定を図ることにある。

　もっとも，よく勘違いされる所であるが，通算で5年とならなければ必ず雇止めができるわけではなく，前述の雇止め法理の適用を受けることに注意が必要である。

　そのため，単に無期転換ルールが適用されるか否かの観点だけではなく，期間の定めのない労働契約と実質的に同視できる場合や契約の更新に合理的な期待がある場合にあたらないか，あたる場合でも雇止めに，客観的に合理的な理由があり，社会通念上相当であると認められるかについても検討を行う必要がある。

(2)　無期転換ルールの効果・今後の検討

　無期転換後の労働条件については，就業規則や個々の労働契約等で別段の定めがない限りは，現に締結している有期労働契約の内容である労働条件と同一のものとなる（労契18条1項第2文）。

　そのため，期間の定め以外の労働条件については必ずしも変更を要するものではなく，無期転換後であってもいわゆる正社員と同じ待遇にしなければならないわけではない。しかし，人手不足時代であること等も時代背景として，積極的に無期転換ルールを利用したり（限定正社員など新しい雇用区分をつくる等），正社員登用制度を新たに設けたりする等，各企業において有期労働契約の在り方についての見直しの動きも行われており，検討が必要であると思われる。

306 **第3章** 労務管理

第14 | 高齢者雇用（定年後再雇用等）

1 高年齢者雇用確保措置

Case
X社は，定年制を60歳と定め，その後は，再雇用制度として，65歳まで毎年1年ごとに契約更新をする制度を採用している。 ① 60歳を迎えるAが継続雇用を希望しているが，X社はAが協調性不足であり他の社員との関係性が悪いこと等から，これを拒否したいと考えているが可能か ② 継続雇用となり1年を迎えたBは61歳となるが，能力の低下がみられることから，X社はBについて次回の更新は拒否したいと考えているが可能か ③ 定年後再雇用をする際に，Cの基本給を大幅に下げたいと考えているが可能か

Check List
□ 65歳までの何らかの雇用確保措置がとられているか 　（①定年の引上げ，②継続雇用制度の導入，③定年の定めの廃止） □ ②の継続雇用制度として65歳まで1年ごとに契約更新をする再雇用制度を採用している場合，解雇事由または退職事由に該当しない労働者について，希望者全員を継続雇用とする運用となっているか □ 更新手続については適切になされているか □ 定年後再雇用とする場合の労働条件については適切に設定されているか

（1） 定年制について

　「定年制」とは，労働者が一定の年齢に達したときに労働契約が終了する制度をいう[283]。かつては 55 歳定年制が主流であったが，高年齢者の雇用確保の観点から，1970 年代半ばから政府の定年延長政策が進められ，1980 年代以降は 60 歳定年制が主流となった。

　1971 年に高年法が制定され，1994 年には 60 歳定年制を強行的な基準とする改正が行われ，2004 年には 65 歳までの雇用確保措置を義務付ける改正が行われた。また，2021 年における改正では 70 歳までの就業機会確保の努力義務が設けられている。

（2） 65 歳までの雇用確保措置について

　前述の 2004 年改正では，65 歳までの雇用確保措置を義務付けられたが，具体的な内容については以下のとおりである。

　定年を定める場合には 60 歳を下回ることができないと定めたうえで，定年制を 65 歳未満と定めている事業者は以下のいずれかの措置を講じ，65 歳までの雇用確保をしなければならないとされている（高年 9 条 1 項）。

---

① 当該定年の引上げ
② 継続雇用制度の導入[284]
③ 当該定年の定めの廃止

---

[283] 菅野＝山川 714 頁
[284] 2004 年改正では継続雇用の対象となる高年齢者の基準を労使協定によって定めることができたが，年金の支給開始年齢引上げを受け，2012 年改正によって，希望者全員の継続雇用を義務付ける制度となった。なお，経過措置として，老齢厚生年金（報酬比例部分）が支給される労働者に対しては労使協定で基準を設けて対象者を選定できる制度の維持が認められているが，当該経過措置は 2025 年 3 月 31 日に終了する。

308　第3章 労務管理

2　定年後再雇用

(1)　継続雇用制度について

ア　再雇用制度

　前述の高年法の改正を踏まえ，継続して雇用を行うために，多くの企業が再雇用制度等を導入し，就業規則等に以下のように規定している。当該定年後再雇用の社員について，嘱託社員などの名称が使用されることも多い。

定年後再雇用制度の規定例
第○条（定年等）
1　労働者の定年は，満 60 歳とし，定年に達した日の属する月の末日をもって退職とする。 2　前項の規定にかかわらず，定年後も引き続き雇用されることを希望し，解雇事由または退職事由に該当しない労働者については，満 65 歳を限度に 1 年間の有期労働契約によってこれを再雇用する。

　希望者全員の継続雇用を義務付けるものではあるが，心身の故障のため業務に堪えられないと認められること，勤務状況が著しく不良で引き続き従業員としての職責を果たし得ないこと等，就業規則に定める解雇事由または退職事由（年齢に係るものを除く）に該当する場合には，継続雇用しないことができる。また，就業規則に定める解雇事由または退職事由と同一の事由を，継続雇用しないことができる事由として，解雇や退職の規定とは別に，就業規則に定めておくことも可能である[285]。なお，その場合でも継続雇用しないことについて，客観的に合理的な理由があり，社会通念上相当であることが求められることに留意する必要がある。

　なお，65 歳を超えて継続雇用を行う場合があるが，65 歳の定年（第 2 定年）を超えて継続雇用をすると，定年制の適用がなくなり解雇事由またはその他の退職事由がない限り，会社から退職してもらうことが難しくなる。そのため，

---

[285]　「高年齢者雇用確保措置の実施及び運用に関する指針」（平成 24 年 11 月 9 日厚労告第 560 号）

65歳を超えて継続雇用を行う場合には，以下のように70歳を第3定年と規定した退職制度を設ける等して対応することもある。また，当該場合の対象者については，希望者全員ではなく，雇用確保措置が義務付けられているのは現状65歳までであることから，会社の裁量で再雇用するか否かについては判断することができる。

第2定年・第3定年の規定例

第○条（定年等）

3　満65歳を超える場合であっても，会社が必要と認める場合は，あらためて嘱託社員として再雇用する場合がある。かかる場合は最長満70歳（第3定年）までとする。

イ　【Case①】について

　【Case①】の場合では，社員Aの協調性不足・他の社員との関係性が悪いこと等を理由として，X社は継続雇用を拒否しようとしている。しかし，継続雇用の拒否が認められるためには解雇事由（あるいは退職事由）に該当し，当該事由が客観的に合理的な理由があり，社会通念上相当である必要がある。一般的に，周りに非協力的であったり，単に他の社員との折り合いが悪かったり，孤立していたりするという理由だけでは，協調性不足を理由とした解雇は認められない傾向にあるため，慎重に判断する必要がある[286]。

(2)　再雇用制度における更新手続について

ア　契約更新の拒否

　次に，定年後再雇用をして，1年毎の有期労働契約を結んでいる場合に，次年度の契約更新を拒否できるかという問題がある。

　この点，定年後再雇用者を1年嘱託雇用した後，継続雇用を拒否した事案に

---

[286] 解雇事由（または退職事由）への該当性，客観的合理性・相当性が認められない場合で，かつ再雇用後の賃金・労働条件が特定できる場合には，黙示の合意があったものとして労働者としての地位が認められ得る（東京地判平成22年8月26日労判1013号15頁〔東京大学出版会事件〕）労働者としての地位が認められない場合には損害賠償請求の議論となる（札幌高判平成22年9月30日労判1013号160頁〔日本ニューホランド事件〕）。

おいて，継続雇用の成績基準を満たしていると認め，継続雇用の合理的期待があり，拒否には相当な理由はないとして，継続雇用拒否を無効と判断した判例[287]がある。

定年後再雇用における更新の場面は，一般的に65歳までは継続雇用が見込まれ継続雇用に関して合理的期待が認められる場面であって(労契19条2号)，雇止めに客観的に合理的な理由と，雇止めが社会通念上相当と認められる事由がない限りは，更新拒否は認められないものと思われる。

イ 【Case②】について

【Case②】の場合では，継続雇用となり1年を迎えたBについて，能力の低下を理由として次回の更新を拒否しようとしているが，加齢に伴った思考力や判断力の低下などの抽象的な内容では能力不足を理由とした更新拒否は認められない傾向にあるため，こちらも慎重に判断する必要がある。

なお，【Case①，②】において，継続雇用が難しい場合の対応方法については，第12「解雇・退職勧奨」を参考にされたい。

3 再雇用後の労働条件について

(1) 再雇用後の労働条件の設定について

再雇用後の労働条件に関しては従前と同じ内容とする必要は必ずしもなく，再雇用時に会社側から新たな労働条件を提示することは可能である。もっとも，使用者がまったく自由に設定できるものではなく，「合理的な裁量の範囲の条件」を提示する必要がある[288]。

---

[287] 最判平成24年11月29日労判1064号13頁〔津田電気計器事件〕

[288] 厚生労働省「高年齢者雇用安定法Q&A」

Q1-9：本人と事業主の間で賃金と労働時間の条件が合意できず，継続雇用を拒否した場合も違反になるのですか。

A1-9：高年齢者雇用安定法が求めているのは，継続雇用制度の導入であって，事業主に定年退職者の希望に合致した労働条件での雇用を義務付けるものではなく，事業主の合理的な裁量の範囲の条件を提示していれば，労働者と事業主との間で労働条件等についての合意が得られず，結果的に労働者が継続雇用されることを拒否したとしても，高年齢者雇用安定法違反となるものではありません。

また，再雇用後の労働条件が従前と大幅に乖離しているような内容（職務内容や賃金の内容等）の提示を受けた場合には，不法行為に基づく損害賠償が認められる場合がある。

トヨタ自動車ほか事件[289]では，使用者は「スキルドパートナー」（最長5年間）としての再雇用を拒否し，1年間のパートタイマー（1日4時間，時給1,000円）として，定年前に従事していた職種とはまったく異なった別の職種（業務内容はシュレッダー機ごみ交換及び清掃，業務用車・フロア等の清掃等の単純作業）を提示した。当該事案において，社会通念に照らし，労働者が到底受け入れ難いような職務内容の提示は実質的に継続雇用の機会を与えたとは認められず，高年法の趣旨に反するとして不法行為に基づく損害賠償請求が認められた（スキルドパートナーとしての地位確認請求は否定）。

また，九州惣菜事件[290]では，使用者は勤務時間を少なくし定年前の賃金に比して4分の1という著しく低額な条件を提示した。当該事案において，定年の前後における労働条件の継続性・連続性が一定程度，確保されることが前提ないし原則である等として，継続雇用制度の導入の趣旨に反し，裁量権を逸脱又は濫用したものであると判断され不法行為に基づく損害賠償請求が認められた。

(2) 同一労働同一賃金について

ア パート・有期雇用労働法の適用について

定年後再雇用後の労働条件が有期雇用労働者あるいはパートタイム労働者である場合には，パート・有期雇用労働法8条の適用を受ける。

長澤運輸事件[291]では，定年制は労働者の長期雇用や年功的処遇を前提としながら，人事の刷新等により組織運営の適正化を図るとともに，賃金コストを一定限度に抑制するための制度ということができるとし，定年制の下における無期雇用労働者の賃金体系は，当該労働者を定年退職するまで長期間雇用することを前提に定められたものであることが少なくないとした。一方で，定年退職

---

[289] 名古屋高判平成28年9月28日労判1146号22頁

[290] 福岡高判平成29年9月7日労判1167号49頁

[291] 最判平成30年6月1日労判1179号34頁。定年後再雇用された労働者が，無期契約労働者と職務内容及び変更の範囲が同一であり，改正前労契20条に違反するとして争った事案。

者を再雇用する場合は，長期間雇用することは通常予定されていないこと，また，定年後再雇用された有期雇用労働者は，定年退職するまでの間無期雇用労働者として賃金の支給を受けてきた者であり，一定の要件を満たせば老齢厚生年金の支給を受けることも予定されているとの事情を述べた。そのうえで，有期雇用労働者が定年後再雇用された者であることは，正規労働者との労働条件の相違が不合理と認められるものであるか否かの判断について，改正前労契20条にいう「その他の事情」として考慮されることとなる事情にあたると判示した。

以上からすれば，「パートタイム・有期雇用労働者が定年後再雇用された者である場合，その職務内容及び変更の範囲が同一であっても，正規労働者との待遇差が直ちに不合理であると判断されるものではない。ただし，当該待遇差が定年後再雇用であることと関連性がない場合や，あまりにも待遇差が大きい場合には，その待遇差は，不合理と認められるものと判断され得る。[292]」ものである。

イ 【Case③】について

【Case③】では，定年後再雇用をする際に，X社がCの基本給を大幅に下げたいと考えているとのことであるが，どのように考えるべきであるか。

この点，名古屋自動車学校事件（最判令和5年7月20日）が参考となる。

原審である名古屋高裁（名古屋高判令和4年3月25日）では，定年後の再雇用である嘱託社員について（定年退職の前後を通じて主任の役職を退任したことを除き，業務の内容及び当該業務に伴う責任の程度並びに当該職務の内容及び配置の変更の範囲に相違はなかった），定年退職時の基本給の60％を下回る限りで，旧労契法20条にいう不合理と認められるものにあたる，と判示していた。

これに対し，最高裁は，「正職員と嘱託職員である被上告人らとの間で基本給の金額が異なるという労働条件の相違について，各基本給の性質やこれを支給することとされた目的を十分に踏まえることなく，また，労使交渉に関する事情を適切に考慮しないまま，その一部が労働契約法20条にいう不合理と認め

---

[292] 類型別II 352頁

られるものにあたるとした原審の判断には，同条の解釈適用を誤った違法がある」と述べ，事件を名古屋高裁に差し戻した。

以上からすると，最高裁は，正社員と嘱託社員との給与格差について定年退職時の基本給の6割程度なら良しとはしておらず，一律に決まるものではないと考えていると思われる。何割であれば給与を減らしても大丈夫かというのは多くの方が悩まれている部分であると思われるが，個々の会社の賃金体系，各待遇の性質・目的や運用，労使の交渉状況等によって様々異なるものであり，一概に何割という線引きをすることは難しい。定年後再雇用の場合の基本給等の労働条件については，退職前と再雇用後の各待遇の性質・目的に照らし，職務の内容，職務の内容・配置の変更の範囲を踏まえて，また労使交渉を重ねる等も行い，適正な報酬体系となるように検討をしていく必要がある。

4　まとめ

以上から，定年後の再雇用に関する問題に関しては，継続雇用制度における高年法の趣旨や，労契法やパート・有期労働法の適用等，考えなければならない点が多岐に渡るが前述の留意点を踏まえて，適切に対応をしていく必要がある。

■第4章

契約取引

第1 契約実務

1 契約書の意義

Check List
□　取引を始めるに際して適切な契約書の準備を行ったか
□　取引内容が適切に記述された内容になっているか
□　契約期間，解除，損害賠償，費用負担・危険負担等の一般的なルールについて民法等と比較して不利な内容になっていないか
□　各契約類型に応じた契約内容のポイントを確認したか
□　契約書について民法の押印のルールを理解したうえで，会社代表印などの適切な押印がなされているか確認したか
□　（電子契約の場合）電子サインと電子署名の違いを理解したうえで，取引の重要度の応じた電子契約の方式を選択したか
□　（電子契約の場合）代表者以外の名義で締結する場合に，電子署名者が契約締結権限を与えられたものか必要に応じて確認を行ったか

（1） 契約書の必要性

　日本法においては，契約は口頭の意思表示の合致により成立する不要式行為とされているため，保証契約や定期借家契約などの契約当事者の保護が特別に必要となるような一部の契約を除き契約書の作成は法律上要求されていない。

　しかし，契約が成立したこと，そしてその契約がどのような内容であるのかなどを証明するために契約書を作成するのが一般的であり，商店などでの売買のようなごく簡単な取引を除いて，ほぼすべての取引において契約書が作成されているといってよい。

　また，民法において，売買契約，使用貸借・賃貸借契約，雇用・請負・委任契約などの合計13種類の典型契約が定められており，典型契約ごとの権利・義務の内容やルールについて細かく規定がなされている。仮に，契約書が作成されなかったとしても民法上の各典型契約の定めに沿って処理されることになるが，契約において民法の定めとは異なる合意をすることが認められているところ，個別の取引の事情に合わせて民法とは異なる定めが契約書で取り交わされることが常である。

　以上のように，契約書は契約当事者の意思内容を明確にするための証明手段として機能することが期待され，また，民法の定めとあわせて契約書が契約当事者の取引における行動指針や後日の紛争を予防・解決するための解決指針としての役割を果たすことになる。そのため，契約書は社会生活において非常に重要な役割を果たしているといえる。

ア　署名押印の効果

　前述のとおり，契約自体は契約当事者の意思表示の合致によって成立するものであるため，署名・押印は契約成立の不可欠な要件というわけではない。

　しかし，日本の商慣習において，契約書を締結する場合に契約当事者が署名押印を行うことで，その内容に承諾する旨の意思表示を行うことが一般的であり，署名押印により当該契約書がその者の意思に基づいて成立していることを明確にすることができる。

　このことは民訴法228条4項において，「私文書は，本人又はその代理人の署名又は押印があるときは，真正に成立したものと推定する」（真正に成立＝本人の意思に基づく）として，法律上のルールとして明文化されている。

イ 押印のルール(二段の推定)

押印について前述の民訴法228条4項の適用を受けるためには,本人の意思に基づいてなされた「押印」であることが必要である。しかし,押印自体は印鑑さえあれば誰でも同じような印影を残すことができるところ,本当に契約当事者が自ら押印したことを証明するときは,押印がいつ,どこで誰が行ったのか等を証明する必要があるようにも思われる。

この点については,押印のルールとして「二段の推定」というルールが存在し,押印が実印などの本人が適切に管理する印鑑によってなされていれば,一般的に第三者がこれを勝手に持ち出して押印することは考えにくいとの経験則に基づき,当該押印は本人の意思によってなされたものであることを推定するとされている[1](一段目の推定)。

この推定により,押印が本人の意思に基づいてなされたものであることが推定される結果,民訴法228条4項により文書全体が本人の意思に基づいて成立したことが推定されることになる(二段目の推定)。

以上の「二段の推定」のルールの構造を整理すると,次のとおりとなる。

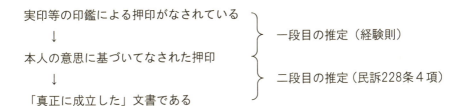

(2) 電子契約サービス

COVID-19の世界的な流行を契機として,多くの企業がリモートワークの導入を進める中で,契約書の押印や送付のために出社を余儀なくされるケースが社会的な問題となった。そこで,このような契約書への押印や送付といった物

---

[1] 「私文書の作成名義人の印影が当該名義人の印章によって顕出されたものであるときは,反証のないかぎり,該印影は本人の意思に基づいて顕出されたものと事実上推定するのを相当とする」(最判昭和39年5月12日民集18巻4号597頁)。

理的な事務手続を不要とするため，電子契約サービスの普及が急速に進んでいる。電子契約は紙の契約書に押印する方法と異なり，電子署名などの電子的な方法により契約の締結を行う方式であるが，以下の点に留意する必要がある。

ア　紙の契約書と電子契約の違い

紙の契約書では，紙で作成された契約書に契約当事者が署名又は押印を行うことで締結することになるが，電子契約は，電子データの契約書に契約当事者が電子署名などを行うことにより締結する方式であるところ，次のような違いが存在する。

	紙の契約	電子契約
形式	紙の書面	電子データ
締結方式	署名又は押印	電子署名
本人性の担保	実印（印鑑証明書）	電子証明書
改ざん防止	契印・割印など	タイムスタンプ
送付方法	郵送又は持参	インターネット通信
収入印紙	必要	不要

前述のとおり，契約の成立について形式が定められていないところ，電子的な方法により締結する電子契約の場合であっても，契約の締結方法として問題はない。なお，保証契約については書面での締結が求められているが，民法446条3項により電子契約であっても書面によってされたものとみなすとされ，電子契約でも有効に成立することが明文化されている。

イ　電子署名と電子サイン

（ア）電子署名と電子サインの関係

電子サインとは，紙の書類で行っていた同意や承認，本人証明などの認証を電子上で行うプロセス，及び電子形式で記録したもののことを広く意味する。例えば，電子的に作成した契約書などに画像データとしての手書きサインや電子印鑑を貼り付ける方法などがあげられるが，この方法は本人性や改ざんされていないことを証明することは困難なため信頼性に欠ける方法である。また，タイムスタンプを付与することでタイムスタンプを付与された日付以降に改ざんされていないことを担保する方法もあるが，この方法では署名したとされる

者が実際に署名を行ったかどうかの本人性の証明を行うことができない。

　この電子サインの方法のうち、電子認証局が厳格に本人確認したうえで発行した電子証明書を利用することで本人性を証明できるようにしたものを電子署名と呼んでいる。なお、電子署名のみではいつ時点以降に改ざんされていないかまでは明らかとはならないため、あわせてタイムスタンプを付与することが一般的である。

　電子署名は電子サインの方法の１つであり、両者の関係については次のように整理することができる。

```
┌─────────────────────────────┐
│        電子サイン             │
│   ┌───────────────────────┐ │
│   │      電子署名          │ │
│   └───────────────────────┘ │
└─────────────────────────────┘
```

（イ）電子署名法における真正の推定

　前述のように、紙の文書については民訴法228条４項により、本人の意思に基づいてなされた「押印」が存在する場合には真正に成立した文書であることが推定される仕組みとなっているが、電子署名法３条は「本人による電子署名[2]（これを行うために必要な符号及び物件を適正に管理することにより、本人だけが行うことができることとなるものに限る）が行われているときは、真正に成立したものと推定する」と定めて、電子署名についても真正に成立したことが推定される仕組みとなっている。

　この電子署名は同様に本人の意思に基づくものであることが必要となるところ、書面の場合と同様の二段の推定の構造にあり、整理すると次のとおりで

---

[2] 電子署名法２条１項により「電子署名」は次のとおり定義され、前述の電子証明書を用いた電子署名はこれに該当する。

　電磁的記録（電子的方式、磁気的方式その他人の知覚によっては認識することができない方式で作られる記録であって、電子計算機による情報処理の用に供されるものをいう。以下同じ）に記録することができる情報について行われる措置であって、次の要件のいずれにも該当するものをいう。

　　一　当該情報が当該措置を行った者の作成に係るものであることを示すためのものであること。

　　二　当該情報について改変が行われていないかどうかを確認することができるものであること。

ある。なお，書面とは異なり一段目の推定について，現時点でこれを肯定する判例は存在しないが，これを肯定する見解の方が多数と思われる。

（ウ）電子署名の種類

　電子証明書を用いた電子署名については大きく，①当事者型電子契約，②立会人型（事業者型）電子契約に分類することができる。
　当事者型は，厳格な本人確認のうえで第三者機関である認証局から発行された本人の電子証明書を用いて行われる電子署名をいう。第三者機関である認証局での本人確認を経たうえで発行される本人名義の電子証明書をもって行われるため，本人性の高い証明力を期待できる。
　これに対し，立会人型（事業者型）とは，電子署名（電子契約）サービス事業者などが，利用者について電子メールアドレス等を用いて本人確認を行ったうえで，当該事業者の電子証明書を用いて行われる電子署名をいう。当事者型による電子契約の場合，契約当事者の双方が認証局の本人確認を経て電子証明書を取得する必要があるのに対して，立会人型の場合には基本的にメールアドレスさえあれば利用可能であるところ，導入コストが低く，契約相手方に特に負担をかけることもないため幅広く利用されている。なお，立会人型（事業者型）の電子署名を行うのはサービス事業者であるところ，これを本人の意思に基づく電子署名として電子署名法3条による推定の適用が認められるかが問題となるが，「技術的・機能的に見て，サービス提供事業者の意思が介在する余地がなく，利用者の意思のみに基づいて機械的に暗号化されたものであることが担保されているものであり，かつサービス提供事業者が電子文書に行った措置について付随情報を含めて全体を1つの措置と捉え直すことによって，当該措置が利用者の意思に基づいていることが明らかになる場合」には，その適用

の前提となる電子署名法2条1項の「電子署名」に該当するとして[3]、その適用を認めている。

ウ　リスクに応じた使い分けのポイント

以上で説明した電子サイン、立会人型と当事者型の電子署名の特徴を整理すると次のとおりである。

	電子サイン	電子署名	
		立会人型	当事者型
導入コスト	軽い	軽い	重い
相手方の負担	ない	ない	ある
改ざん防止	（タイムスタンプ）	電子証明書 タイムスタンプ	電子証明書 タイムスタンプ
電子証明書	－	事業者名	本人名
本人性の担保	ない	メール等による本人確認	認証局による厳格な本人確認
証拠として価値	×	○	◎

電子サインについては、特に手続が不要で容易に利用することが可能だが、電子証明書による本人性の担保の措置が講じられていないため、第三者によるなりすましが容易である。そのため、契約書などの重要な文書を作成する場合には利用を避けるべきである。

他方で、電子署名については、電子証明書やタイムスタンプによる本人性の担保や改ざん防止を期待することができ、高い証明力を持つが、立会人型（事業者型）の電子契約についてはメールアドレスなどを通じた本人性の担保に頼っているところ、メールアドレスの管理状況次第ではなりすましの可能性が否定できない点は注意が必要である。

---

[3] 「利用者の指示に基づきサービス提供事業者自身の署名鍵により暗号化等を行う電子契約サービスに関するQ＆A（電子署名法第3条関係）」（デジタル庁・法務省、令和6年1月9日一部改定）

（3） 契約締結権限・名義に関するポイント
ア　紙の契約の場合

　契約はその契約を締結する権限を持った者により締結されて有効に成立する。法人たる会社においては，代表権を有する代表取締役が契約書に署名又は押印を行うことで契約が有効に成立する点に疑いはない。

　しかし，多忙な代表取締役があらゆる契約書について自ら署名又は押印を行うことは現実的ではなく，①有効な代理権の授与を受けた従業員の名義で契約を締結する，②代表者を名義人としたまま従業員が代わりに署名・押印（署名代理）して契約を締結するケースが一般的である。

　この点，①については，後述のとおり当該締結名義人が有効な代理権を保有しているか問題となり得るが，②の署名代理のケースでは，代表取締役名義で代表印の押印がなされていることから，その有効性が争われることは基本的になく，実務の大勢も二段の推定を適用することに肯定的な傾向にある[4]。

イ　電子契約の場合

　電子契約のうち特に立会人型の電子契約の場合，代表者のメールアドレスをもって代表者名義の電子署名が得られるのであれば特に問題にならない。しかし，前述のように代表取締役があらゆる契約書について内容を確認して締結することは現実的ではなく，電子契約の場合には，①有効な代理権の授与を受けた従業員の名義で電子署名を行うケースが多い（なお，情報管理の観点から，署名代理のように代表者以外の者が代表者のメールアドレスを共有し，代表者の名義で電子署名を行うケースはあまり想定されない）。

　このような場合には，当該電子署名者が契約を有効に締結する権限を有するかが問題になり得るところ，実務的には次のような対応が考えられる。

（ア）締結権限を確認できる書面の提出を求める

　締結権限を有する代表取締役などからの委任状や当該従業員に締結権限があることを確認できるような社内規程の書面の提出を求める方法が考えられる。社内規程については必ずしも当該従業員の締結権限を明確に確認できるような内容のものが存在するとは限らず，委任状の提出を求める方が確実な方法と考

---

[4] 川添利賢「署名代理と二段の推定」（立教法務研究（第1号），2008）128頁

えられるが，いずれの方法にせよ確認のためのコストが大きい方法である。

（イ）代表者のメールアドレスを CC にいれて締結する

電子契約を締結する際に，情報共有するために締結者以外のメールアドレスにも締結内容を送信することが可能であるサービスが多いが，この宛先として代表者のメールアドレスを指定しておく方法が考えられる。比較的コストの低い方法だが，代表者が必ずしもすべての内容を確認しているかについては定かではない。

（ウ）役職のみ確認して特段の確認を行わない

一般的に部長や支店長，課長などの役職を持つ者であれば契約締結の権原が適切に代理されている可能性が高く，特段のその点が問題になることもないため，役職のみ確認してそれ以上の確認を行わないという対応も考えられる。最もコストがかからない対応であるが，契約の重要性などに照らしてより上位の役職者による押印を求めたり，前述（ア）や（イ）による対応を合わせて実施するのが望ましい。

2 　契約書作成・チェック上の留意点

(1) 　契約条項の概説

相手方と取引を開始する場合には契約を締結することになるが，契約において具体的にどのようなことを取り決める必要があるのか。以下では，幅広い種類の契約書に一般的に定められることが多い条項について概説する。

ア 目 的

契約書の冒頭において，契約に基づいて予定されている取引の内容や目的を明確にする目的条項を定めるケースが一般的である。

具体的な契約上の権利義務を定めるものではないが，例えば，契約解除にあたって契約目的を達成できるかどうか要件となることがあるところ，目的条項はこのような場面での解釈基準として機能することも少なくない。

そのため，当事者が合意する契約目的を契約書において明確化にすることは非常に重要である。

イ　契約内容（権利義務や取引内容など）

　契約は取引を目的に締結されるものであるところ，当然，その取引における当事者の権利義務やその内容・手順を具体的に定める条項についても定められることになる。

　その内容は取引内容によって多種多様であるが，売買契約では売買の目的物とその代金額，業務委託契約では委託する業務内容などが規定されることになる。この内容が不明確であったり，定められるべき内容に矛盾や欠落がある場合には紛争の原因となるため，取引の目的物や手順などについて明確かつ一義的に記載されることが重要となる。

ウ　契約期間・期限

　契約で実現される権利義務の有効期間や実現されるべき期限についても，定められることになる。

　例えば，売買契約では目的物の引渡しや代金の支払期限について，業務委託では業務を行うべき期間などが規定されることになる。

（ア）期間の計算方法

　契約期間を定める場合，契約書において契約の有効期間の始期と終期についてそれぞれ具体的な日付を定める場合，特定の始期を定めたうえで一定期間有効と定める場合がある。

　このうち後者については，法律上，初日を参入せずに翌日から起算すると定められており（初日不算入の原則（民法140条）），例えば，期間を4月5日から10日間と定められた場合，翌日の4月6日から数えて10日間となるため期間の満了日は4月15日となる。なお，期間の末日が日曜・祝日に該当する場合，その日に取引しない慣習がある場合に限り，その翌日が満了日とされる（民法152条）。

　また，期間を週，月又は年によって定めた場合には暦に従って計算するとされており，週，月又は年の途中から期間を計算する場合には応当日の前日が満了日とされている（民法143条）。例えば，期間を4月5日から1か月と定めた場合，その応当日の5月5日の前日の5月4日が満了日ということになる。

（イ）自動更新条項

　定められた契約期間が満了すれば原則として契約は終了することになるが，

契約期間が満了しても各契約当事者から特段の意思表示がない限り自動的に契約が更新（契約期間が延長）される旨の条項（自動更新条項）が定められる場合も多く見受けられる。

再契約などの手間を省けるメリットもあるが，他方で契約期間満了日の一定期間前までに契約を更新しない旨の意思表示（更新拒絶）を行う必要があるため，契約期間を適切に管理する必要がある。なお，契約の締結に際しては更新拒絶の期限が満了日より不当に前に定められていないか，更新拒絶について特定の方式（書面など）が定められていないかについては確認が必要である。

エ　中途解約条項・解除条項

前述のように，契約ではその有効期間や期限が定められることになるが，原則として，契約は期間満了となるか，当事者が合意して契約を終了させない限り有効に存続することになる。

しかし，長期間の契約期間が定められた場合には当事者の一方の意思表示により契約を終了することを認める中途解約条項や契約の有効期間中や契約で定めた期限までに契約内容が実現されないような場合には契約を解除できるとする解除条項を定めることが一般的である[5]。

（ア）中途解約条項

前述のように，契約の有効期間中であっても契約当事者の一方の意思表示により契約を終了することを認める条項をいう。契約期間が長期にわたるような場合では規定されるケースが多い。

ただ，いつでも自由に契約を中途解約できるとすると契約当事者の契約上の地位が非常に不安定となるため，中途解約する場合には一定期間の事前通知を義務付けることが一般的である。また，中途解約を行う場合には補償金や違約金などを設けて，中途解約による他方当事者の損失を填補したり，不用意な中途解約を抑制する場合も多い。

---

[5] 「解除」とは，有効に成立した契約関係を解消させ，契約締結時に遡って当該契約が最初から存在しなかったとするものであるが，これに対して継続的な契約関係において将来に向かってのみ契約を終了させる場合については「解除」と区別して「解約」という。ただ，必ずしも明確に「解除」と「解約」の語を区別して使用されているわけではなく，「解除」と記載されている場合でも継続的な契約のような場合には将来に向かってのみ契約を終了させるものと解釈する場合も多い。

中途解約条項を設ける場合には契約期間が定められた趣旨や中途解約により契約当事者に発生する不利益などを考慮して，中途解約条項の要否や内容について検討する必要がある。

（イ）解除条項

民法では，「履行遅滞等による解除権」（民法541条）及び「履行不能による解除権」（民法543条）が定められているが（法定解除権），このような法定解除以外に一定の事由が発生したことを理由に契約解除を認める条項（約定解除権）が定められることが一般的である。

履行期限前に契約相手が破産して債務の履行が期待できなくなったような場合や合併など契約相手の会社の経営体制が大きく変更となった場合には法定解除権は直ちに行使できないが，債権者としては，このような事由が発生した場合には解除権を行使できるようにしておくことが望ましい。

また，法定解除権により履行遅滞等を理由として解除する場合，相当の期間を定めて催告を行う必要があるほか，解除にあたっては相手方に対する意思表示を要するが，契約によってはこのような手間をかけずに解除権行使できるようにしておくことが望ましい場合もある。そのため，無催告解除などの民法の定めと異なる解除手続を定めることも多い。

どのような事由・手続により契約解除を認めるべきかについては，契約の趣旨や目的，当事者の不利益などを考慮して，検討する必要がある。

オ　損害賠償条項

（ア）民法における損害賠償のルール

民法上，契約違反については債務不履行による損害賠償請求権（民法415条）が定められており，その要件は，①債務不履行の事実，②債務不履行について債務者の帰責事由[6]の存在，③債務不履行と因果関係を有する損害の発生である。

また，民法では損害賠償の範囲が定められており，通常損害と特別の事情により発生した特別損害に区別し，通常損害については原則として損害賠償請求

---

[6] 現行の民法では帰責事由を「その債務の不履行が契約その他の債務の発生原因及び取引上の社会通念に照らして債務者の責めに帰することができない事由」と定めており，帰責事由とは単なる故意・過失を意味しない。

が可能とする一方で，特別損害については当事者がその事情を予見又は予見可能であった場合に限り損害賠償請求が認められる（民法416条）。

　以上が民法の債務不履行に基づく損害賠償の原則であるが，契約では契約目的や内容に応じて，当事者間の合意により損害賠償責任を減免したり，損害賠償について民法とは要件を設定したりすることが一般的である。

（イ）帰責事由に関する条項

　原則として，債務不履行による損害賠償請求のためには，債務不履行について債務者の帰責事由が存することが要件とされている。

　この点，一般的に債務者に故意又は過失が存在する場合には帰責事由があると判断されるが，このうち過失の程度が軽過失に留まる場合には損害賠償を免責するとする条項を設ける例が見受けられる。しかし，故意の場合や著しい注意義務違反のような重過失の場合にまで債務者の損害賠償義務を免責することは不当であるとの理由からそのような条項は無効であるとの見解が一般的である。

（ウ）損害賠償の範囲に関する条項

　原則として，債務不履行による損害賠償の範囲は，通常損害及び特別損害のうち予見可能性のある範囲に限られるとされるが，その範囲をさらに限定する条項も多く見受けられる。

　例えば，「直接損害」「現実に生じた損害」に限定する例や，「間接損害」「逸失利益」は対象外とする例などがある。なお，直接損害，現実損害（現実に生じた損害）の範囲は一義的ではないため，仮に，間接損害や逸失利益を除外する場合には，明確に当該損害は賠償の範囲に含まれないと定める方が望ましい。

　また，特に弁護士費用などについて特定の損害項目を明記して，損害賠償の範囲に含まれることを定めて，損害の範囲を拡張する例も実務上はよく見受けられるところである。

（エ）損害賠償の金額に関する条項

　前述のように，損害賠償の範囲は通常損害及び予見可能性のある特別損害とされるがその範囲は一義的に明らかではなく，訴訟などにおいて損害の範囲が争点となるケースも少なくない。そこで，債務不履行については立証の負担・

コストを抑える観点から，債務不履行が生じた場合の損害賠償額を一定の金額として合意しておく場合（損害賠償額の予定）も実務上よく見受けられる。

また，同様に損害賠償の範囲がいたずらに拡大してしまうことを回避する目的で，損害賠償の金額について一定の上限額を定めておく例も実務上，非常に多い。

（オ）損害賠償の期間に関する条項

損害賠償については消滅時効（権利を行使できることを知った時から5年間／権利を行使することができる時から10年間）にかからない限り請求が認められているが，債務者があまり長期間にわたり損害賠償のリスクに晒され続けることを回避する目的で，消滅時効より短期間の期間に限定する条項が定められる例も多い。

なお，消滅時効の利益を予め放棄することは法律により禁止されているため，消滅時効の期間を延長したり，事前に援用権を放棄するような条項を定めたとしても無効とされる点には注意が必要である（民法146条）。

カ　秘密保持条項

企業間で取引を開始するにあたっては，秘密保持契約書を締結することのほかに，取引に関する契約書において秘密保持条項が設けられることが多い。詳細は，後述第4．1を参照されたい。

キ　紛争解決条項

契約に基づく債務が履行されずに紛争に発展した場合に備えた紛争解決条項を設けることも一般的である。

条項としては紛争が生じた場合の解決方法を定める条項（誠実協議条項など）や紛争が発生した場合に適用されるべき準拠法や訴訟を提起するべき裁判所を定める裁判管轄条項などがあげられる。

（ア）誠実協議条項

紛争解決の方法に関するものとして非常に一般的なのが，紛争が発生した場合に両当事者間で誠実に協議して解決する旨を定める「誠実協議条項」である。

ただ，当該条項は当事者に何かしらの具体的な協議義務を課するものではなく，現実に紛争に発展した場合に協議を行わなかったからとしても具体的な法律効果を生じるものではないが，当該条項の存在により当事者の誠実な協議が

行われることを期待して設けられるケースが多い。

（イ）管轄条項

紛争解決の手段として，最終的には訴訟手続の利用が検討されることになるが，当該裁判管轄を定める条項として管轄条項が定められることが一般的である。

管轄条項には通常の裁判管轄に追加して管轄を定める「付加的合意」と特定の裁判所以外の法定の管轄を排除する「専属的合意」に分かれる。2つの管轄合意は法定管轄を除外するかどうかで扱いが大きく異なるため，どちらの趣旨の管轄合意か明らかにするため，「○○地方裁判所を第一審の専属的合意管轄裁判所とする」と明確に定めることが重要である。

(2) 取引基本契約書

売買について，同じ当事者間で複数の取引が継続的に行われることがあるところ，厳密には個別の取引ごとに売買契約が成立することになる。しかし，同じ当事者間で継続的に取引を行う場合に，当事者間の権利関係を明確化し，個別取引の交渉コストを省力化する趣旨で，各取引に共通して適用される契約条件をあらかじめ定めておくことが一般的である。このような契約を取引基本契約という。以下では，取引基本契約の内容や基本的条項について解説する。

ア　適用範囲，個別契約の成立

取引基本契約は追って行われる取引について共通して適用されるものであるところ，どの範囲の取引について適用されるのかを明確にする必要がある。書式のように特定の商品やサービスのみを適用対象とする場合もあるが，当事者間で締結される売買契約のすべてに適用されるとする例もある。

また，個別契約において基本契約と異なる定めを行う場合もあり，矛盾抵触が生じた場合の処理を定めることも一般的で，基本的には書式のように個別契約が優先されることを定める例が多い。

イ　検査・検収，契約不適合責任

（ア）検査・検収

売買契約では，引き渡された目的物が契約で定めた品質・仕様などを満たすものであるかについて検査・検収することが通常であることから，検査・検収

に関する規定を定めることが一般的である。特に商法においては検査義務が定められており（商法526条1項），商法の適用がない場合でも検査・検収は所有権や危険負担の移転，代金支払の基準とされるところ，これを定めておく必要性は高いといえる。

具体的には，目的物が備えるべき種類，品質又は数量などの条件について定めたうえで，検査方法・基準，手続・期間などについて定めることになる。検査期間については，具体的な期間を定めたうえで，当該期間内に検査・検収の結果を通知しない場合には合格したものとみなすことを定めるケースも多い。

買主側の立場からは，検査方法・基準を具体的に定め，検査期間は余裕を持たせて設定することが望ましいといえ，売主側の立場からは，検査方法・基準について事前に開示を受けるか，両者協議のうえで定める形とし，検査期間を比較的短期間に設定することが望ましいといえる。

（イ）契約不適合責任

売買契約において，引き渡された目的物が契約で定めた種類，品質又は数量を満たさない場合（契約不適合）については，買主は売主に対して契約不適合責任として責任追及を行うことが認められている。

契約不適合責任の内容として，法律上，目的物の修補，代替物や不足分の引渡しを求める「履行の追完」を請求することが認められており，仮に，催告したにもかかわらず履行の追完に応じない場合には契約不適合の程度に応じた「代金減額請求」が認められている（民法562条1項）。

また，契約不適合が存在する場合についても，民法の原則に従ってこれに起因する損害について「損害賠償請求」を行うことや「契約解除」を行うことが認められている（民法564条）。

契約不適合責任の権利行使について，民法では，種類又は品質の契約不適合について買主がその不適合を知った時から1年以内に不適合の内容を通知する必要があるとされているが（民法566条），商法においては，買主は，売買の目的物を受領したときは遅滞なくその物を検査しなければならず（商法526条1項），検査の結果，①契約不適合があることを発見したときは，売主に対して直ちにその旨の通知を発する必要があるとされ，②特に種類又は品質に関する契約不適合を直ちに発見することができない場合，目的物を受領してから6か

月以内に不適合を発見して直ちに通知できなければ契約不適合責任の追及は認められないとされる（同条2項）。

これらの民法や商法における契約不適合責任のルールを前提に，取引基本契約書ではこれと異なる定めを設けることも可能である。この点，買主側の立場からは，契約不適合責任の権利行使期間を延長（期間制限の起算点を検収時又は不適合判明時としたり，権利行使期間を6か月ではなく1年間とする等）したり，責任追及の方法についてより有利な定め（追完方法の指定や催告なしでの代金額請求を可能とする等）を設けることが考えられる。他方で，売主側の立場からは，契約不適合責任の権利行使期間を短く（期間制限の起算点を客観的な時点（引渡し時点など）に定めたり，権利行使期間を短くする等）すること，追完方法を不良品の交換に限定するなど責任追及の方法を限定することが考えられる。

ウ　所有権の移転，危険負担

（ア）所有権の移転

売買契約は目的物の所有権を移転させることを目的とする契約であるところ，その所有権の移転時期を明確にすることは重要である。

民法では「物権の設定及び移転は，当事者の意思表示のみによって，その効力を生ずる。」（民法176条）と定められているところ，判例では特定物[7]の売買契約についてはその成立と同時に買主に所有権が移転[8]，不特定物の売買契約については目的物を特定した時点で買主に所有権が移転[9]すると判断されている。

しかし，実際に目的物を引き渡す前の契約の成立や特定の時点で所有権が移転するのは一般的な取引感覚に馴染まず，また，売主に不利益な内容であるところ，目的物の引渡し時点，買主による検査の合格時点や代金支払などを所有

---

[7] 特定物とは，当事者がその個性に着目して定められた代替性がない目的物をいう。

[8] 「売主の所有に属する特定物を目的とする売買においては，特にその所有権の移転が将来なされるべき約旨に出たものでないかぎり，買主に対し直ちに所有権移転の効力を生ずるものと解するを相当とする」（最判昭和33年6月20日民集12巻10号1585頁）

[9] 「不特定物の売買においては，特段の事情のないかぎり，目的物が特定した時に買主に所有権が移転するものと解すべきである」（最判昭和35年6月24日民集14巻8号1528頁）

権の移転時期として契約書で定める例が見受けられる。もちろん買主側の立場からは，所有権の移転時期は早い方が有利であるため目的物の引渡し時点や検査の合格時点としたいところであるが，売主側の立場からは，移転時期は遅い方が有利なため代金支払時点として合意をしたいところである。

（イ）危険負担

危険負担とは，売買契約においては，契約締結後に売買の目的物が売主の責めに帰すべき事由によらずに滅失や損傷した場合の危険（リスク）をどのように負担するかを定めるものである。なお，危険負担の効果については，民法改正により，反対給付債務の当然消滅ではなく反対給付債務の履行拒絶権に変更された（民法536条1項）。

かつての民法では特定物の売買に関して，その引渡し前に目的物が滅失・損傷した場合であってもその危険（リスク）は買主が負担するものとされ，買主は引き続き代金の支払義務を負い続けると定められていた。しかし，このような帰結は一般的な取引感覚にあわないものとして，売主が負担するものと修正される例が一般的であった。

現行の民法ではこのような取引の一般的な実情にあわせて，目的物の引渡しにより買主に危険が移転するものと改正がなされており（民法567条1項），基本的に契約書もこのような民法の原則に沿った内容として規定されている。

他方で，一般的に，取引は，引渡し，検査・検収，代金支払の順が想定されているところ，買主側の立場からは，検査・検収の合格時点，代金支払時点を危険負担の移転時期とすることも考えられる。

なお，前述の所有権の移転により買主は目的物を制約なく自由に処分することが可能になるところ，その裏返しとして危険負担も移転するとして両者の移転時期を同期させる例が多いが，必ずしも両者を同期させる必要はない。

買主側の立場からは，危険負担の移転時期は遅い方が有利であり，売主側の立場からは，早い方が有利ではあるが，少なくとも買主としては自らが目的物を管理していないにもかかわらず危険を負わされること回避する観点から危険負担の移転時期は引渡し時より後にする方が望ましい。

エ　製造物責任

製造物責任法において，製造物の「欠陥[10]」が原因で生命，身体又は財産に損害を被った場合，被害者は「製造業者等[11]」に対して損害賠償請求を認められている（製造物責任法3条）。そのため，売主が製造業者等に該当する場合に売主が買主に製造物責任を追及すること，また，売主の製造物を買主から購入した第三者は当該売主に対して直接製造物責任を追及することが可能である。

ただし，取引基本契約書においては，売主から購入した部品等に欠陥が存在し，これを自らの商品に組み込んで販売したケースにおいて第三者から製造物責任を追及されたような場合などに，買主と売主の責任分担や協力義務，売主に対して製造物責任以上の責任追及を認める条項を設ける例が多い。

例えば，買主側の立場では，生命，身体又は財産的な損害に限らず，市場から商品を回収する費用や顧客対応のための費用について売主に請求できるようにしておくこと，このような場合に必要な資料やその他のサポートの提供を受けられるようにしておくことが考えられる。また，売主側の立場では，欠陥が買主の指定・指示に基づく場合など買主側の帰責事由に基づく場合には責任を負わないとする条項を設けておく例が考えられる。

オ　知的財産権

（ア）知的財産権の帰属

売買契約の目的物について売主が変更を加えて販売を行う場合や，その取引の過程で提示された情報に基づいて売主が商品を製造・販売する場合に新たに発明等を生じるケースが想定される。

法律上，特許や実用新案等を受けられる発明者等については発明等の技術的思想の創作行為に現実に関与した者をいうとされ，これを単に補助・後援した者は含まないとされているが，前述のようなケースでは誰が発明者等に該当す

---

[10] 製造物の特性，その通常予見される使用形態，その製造業者等が当該製造物を引き渡した時期その他の当該製造物に係る事情を考慮して，当該製造物が通常有すべき安全性を欠いていること（製造物責任法2条2項）。

[11] 製造物を業として製造，加工又は輸入した者（製造物責任法2条3項1号）のみならず，自ら製造業者として製造物にその氏名等の表示をした者又は製造物にその製造業者と誤認させるような表示をした者（同項2号），実質的な製造業者と認めることができる表示をした者（同項3号）を含む。

るかの判断について争いになる可能性がある。そのため，このような紛争を回避するために，基本契約書においてその帰属をどのように定めるのか明確にしておくことが考えられる。

一般的な規定としては，書式のように事前に売主・買主のどちらに帰属するかについて明確にするのではなく，発明等をなした場合に相手方に通知することを義務付け，その帰属について協議して決定するプロセスを設ける例が考えられる。他方で，当事者間で共有とする条項，提供する技術情報等の貢献度や発明等の事業上の有用性を考慮して売主・買主の単独帰属としたうえで，他方当事者はその発明等について実施・使用を認めるとする条項例も存在する。

（イ）知的財産権の侵害対応

売買契約の目的物が第三者の特許発明等の技術的範囲に属する場合で，売主が当該権利者から許諾を受けていない場合，売主のみならず買主間で当該権利者から特許権等の侵害を理由に目的物の転売等の差止や廃棄請求，損害賠償を受ける可能性がある。このようなケースでは，一般的に契約不適合責任を理由に売主に対して責任追及が認められるとする見解が多数と思われるが，紛争を予防する観点から，取引基本契約に第三者の知的財産権に対する権利侵害を生じた場合に備えた条項を設けることが考えられる。

買主側の立場からは，買主が売買の目的物について第三者の知的財産権を侵害している可能性の有無を調査することは困難であるところ，売主において第三者の知的財産権を侵害していない旨の表明保証を行わせ，当該表明保証違反があった場合に適切な補償を受けられるようにしておくことが望ましい。他方で，売主側の立場からは，第三者の知的財産権を侵害していないことを網羅的に調査を尽くすことは困難であるところ，このような条項を設けないようにする方が望ましい（例えば，表明保証ではなく，第三者の知的財産権の侵害を生じないように調査する義務を負わせること等が考えられる）。

また，第三者の知的財産権の侵害をうかがわせる事情が発生した場合には，速やかに契約の当事者に通知を行い，対応を協議することを義務付ける条項を設けることが多い。

カ　再委託その他

製造販売などのケースにおいては，法律上，売主が第三者に製造等を再委託

することは明確に禁止されておらず，買主の承諾なしに再委託し得るものと考えられる。しかし，買主は売主の技術力や製造能力等に着目して取引先として選定している可能性が高く，また売主が第三者に製造等を再委託するとなると機密情報の漏洩のリスクも懸念される可能性がある。そのため，取引基本契約において，再委託に関する取り決めを設けることが考えられる。

　買主側の立場としては，前述のような事情に照らして，売主が再委託を行う場合には，事前に再委託先の情報を提供させ，書面による同意がない限り再委託できないとすることが考えられる。他方で，売主側の立場としては，生産能力などの理由から再委託を利用せざるを得ない場合もあり，同意なく再委託を可能とするよう求めたり，少なくとも買主が合理的な理由がない限り同意を拒否しないと定めることが考えられるところである。

　また，仮に，再委託を認めるとした場合であっても，再委託先に対して守秘義務などの売主と同等の義務を負わせる旨を設けておくことが重要である。

■ウェブ掲載　【書式4-1-2-1】取引基本契約書

---

(3)　秘密保持契約書

　詳細は，後述第4．1を参照されたい。

(4)　定型約款（利用規約）

　従前より多数の申込者等との契約条件を規律するために，いわゆる「約款」や「規約」などの名称の画一的な契約条項に基づいて申込みをさせ，契約を締結する類型の取引が行われている。しかし，約款などの内容をよく理解せずに申込みを行ったとして，約款の個別の条項の適用の有無が問題になるケースや，約款の事前表示や変更・改定について画一的なルールが示されておらず問題になるケースがあった。

　そこで，このような定型的な取引を規律するため，2020年に施行された改正民法において新たに定型取引とこれに伴う定型約款のルールが整備された。これを受けて，約款の制定にあたっては，以下の点に留意する必要がある。

ア 定型約款の合意，契約の成立

（ア）定型取引と定型約款について

定型約款とは，「定型取引において，契約の内容とすることを目的としてその特定の者により準備された条項の総体」と定義され，その対象となる定型取引は「ある特定の者が不特定多数の者を相手方として行う取引であって，その内容の全部又は一部が画一的であることがその双方にとって合理的なもの」と定義されている（民法548条の2第1項）。

すなわち，定型取引の要件として，①ある特定の者が不特定多数の者を相手方として行う取引であること，②その内容の全部又は一部が画一的であることがその双方にとって合理的なものであること，定型約款の要件として，③定型取引において契約内容とすることを目的として準備された条項の総体であることの3点に整理することができ，この要件をいずれも満たすことにより民法の定型約款の定める規律に服することになる。

①の要件は，相手方の個性に着目した取引を含まないとする趣旨で，例えば労働契約のような個性に着目する契約は除外される。

②の要件は，多数の相手方との契約が画一的になされることが双方にとって合理的なものである場合をいうが，例えば，事業者間のサービス提供に利用することを前提に用意されたサービス提供者の利用約款について，個別に契約条件の特約を設けているような場合はもちろん，交渉力の差から交渉の余地がなく契約が画一的になされる場合であっても，契約内容が画一的であることは他方当事者にとって合理的なものというわけではないため，約款や規約等の名称を用いていたとしても民法の定める定型約款には該当しないことになる。

（イ）定型約款に基づく合意・契約の成立

事業者が準備・提供した約款・規約などが前述の定型約款の定義に該当することを前提に，民法では，①定型約款を契約の内容とする合意をしたとき，または，②定型約款を契約内容とすることを相手方に表示していたときに，定型約款の個別の条項について合意が成立したものとみなすとされている（民法548条の2第1項1号・2号）。すなわち，定型約款の個別の条項の適用が問題になった際に，事業者は個別の条項に関する合意の立証の負担から免れることになる。

そのため，書式のように，利用約款に基づく契約の成立の手続・プロセスを定めておくことに加えて，申込書などにおいて，①利用約款の規定を契約の内容とすることに合意すること，②利用約款の提供を受けて，その内容を確認のうえで申し込んでいること等を明文にしておくことが考えられる。

なお，定型約款準備者は定型取引の合意の前後を問わず，定型約款の内容を示さなければならないとされ（民法548条の3第1項），仮に，申込書で前述②のような記載があっても，実際に定型約款が適切に示されていない場合には民法の定めるように定型約款の個別の条項について合意が成立したとみなされない点には注意が必要である。

イ　契約者の解約権

定型約款において，相手方が契約を解約するための要件や手続を設けておくことが考える。

前述のとおり，2020年4月1日に施行された改正民法の定型約款に関する規定（民法548条の2乃至548条の4）については，その施行日より前に締結された定型約款による契約についても原則として適用するとされたが，その手当として，2018年4月1日から2020年3月までの間に書面等で反対の意思表示がされた場合には改正民法の定型約款に関する規定の適用は排除されることになった（民法改正法附則33条）。

そのため，同じ約款を使用している場合でも2020年4月1日より前の相手方の一部については適用される法律が異なり，管理が煩雑になる可能性があることから，一律で相手方の解約権を規定しておくケースも考えられるところである。

ウ　事業者の損害賠償責任

（ア）概　要

定型約款においては，事業者の損害賠償責任を限定する条項を設けておくことが考えられる。

一般的な例としては，事業者に故意又は重過失がない限り免責されるとする条項や事業者が負う損害賠償の上限を定める条項を設けることが考えられる。

（イ）消費者契約法との関係

消費者契約法8条1項において，事業者の損害賠償責任の全部を免除する条

項（同項1号，3号）や事業者に故意又は重過失が存する場合に損害賠償責任の一部を免除する条項は無効になると定められているところ(同項2号，4号)，定型約款においても当該規制は適用される点には注意が必要である。そのため，消費者を相手方とする場合，前述のような軽過失のような一律免責や故意又は重過失の場合についても損害賠償の上限を定める定型約款の条項は消費者契約法に照らして無効となる。

　また，令和5年6月の消費者契約法の改正により，消費者による賠償責任を困難にするような不明確な一部免責条項（例えば，「法令に反しない限り」等と定めて，軽過失の場合のみ一部免責が適用されることが明確になっていないもの），いわゆるサルベージ条項について無効とされるようになった（消費者契約法8条1項3号）。そのため，軽過失の場合に損害賠償の上限を設けることは消費者契約法において許容されるが，例えば「当社の帰責事由により生じた損害については，○万円を上限に賠償する」といった故意又は重過失の場合の免責の有無が不明確な条項は無効とされることになる（すなわち，本来は認められるべき軽過失の場合の免責も無効となる）。

エ　定型約款の変更

（ア）概　要

　民法548条の4は定型約款を事後的に変更する場合の規律について定めており，①定款の変更が，相手方の一般の利益に適合するとき（利益変更），又は，②定款の変更が，契約をした目的に反せず，かつ，変更の必要性，変更後の内容の相当性，定型約款の変更をすることがある旨の定めの有無及びその内容その他の変更に係る事情に照らして合理的なものであるとき(不利益変更)には，相手方と個別に同意することなく契約内容を変更できるとされる(同条1項)。

　また，定型約款を変更する場合，事前に定款の変更日を定めて，定型約款を変更する旨及び変更後の内容，定款の変更日をインターネットその他の方法により周知しなければならないとされ（同条2項），特に②不利益変更については当該周知をしなければ変更の効力が認められないとされている(同条3項)。

（イ）不利益変更

　不利益変更については，定型約款の変更について①契約目的に反しないこと（目的適合性），②合理的なものであること（合理性）の2点の要件を充足し

た場合に認められる。

①目的適合性については，一方当事者の主観的な目的ではなく，両当事者で共有された契約目的に反しないかどうかを基準に判断される。

②合理性については，変更の必要性，変更内容の相当性，変更条項の有無及び内容やその他変更に係る事情をもってその有無を判断される。総合的な考慮となるところ，変更の必要性や不利益の程度に応じて，変更後の無条件での解約権を付与したり，変更まで相当期間の猶予期間を設けることは変更を有効とするのに有利な事情となる。

また，事前に定型約款において適切な内容の変更条項が存在することは変更を有効とするのに有利な事情となるため，書式のように民法の定型約款の規律を前提とした約款変更の規定を設けておくことは重要である。さらに，前述のように不利益変更についてはインターネットその他の適切な方法により周知を行うことが要件とされているところ，定型約款において変更の際の周知の手続を設けておくことも考えられる。

■ウェブ掲載　【書式 4-1-2-2】定型約款（利用規約）

第2 取引上の留意点

1 独禁法の考え方

(1) 独禁法の全体像

ア 独禁法の目的

独禁法は，「公正かつ自由な競争を促進」することを目的として（独禁1条），自由競争経済秩序において最低限守られるべきルールを定めた経済活動の基本法である。

市場メカニズムが正常に機能する場面では，事業者は競合他社との競争の中で，自らの創意工夫によって，より廉価で良質な商品を供給して売上高を伸ばそうと試みる。各事業者が，より魅力的な商品を供給しようと競争することで，消費者の利益も確保される。

しかしながら，競争[12]の機能を妨げる行為により，市場メカニズムが十分に機能しなくなることがある。

そこで，市場が有する競争機能を妨げる行為を禁止するものが独禁法である。

イ 概　要

独禁法による規制は，①私的独占の禁止（独禁2条5項），②不当な取引制限の禁止（同条6項），③不公正な取引方法の禁止（同条9項）及び④企業結合に関するものに大別される。④企業結合は，特にM＆Aとの関係で問題となるが，本書では扱わない。

また，「下請取引」については，後述第2．3(3)のように，下請法が補完的に適用される（補完法としての下請法）。

---

[12] 「競争」とは，「二以上の事業者がその通常の事業活動の範囲内において，かつ，当該事業活動の施設又は態様に重要な変更を加えることなく」「同一の需要者に同種又は類似の商品又は役務を供給すること」や「同一の供給者から同種又は類似の商品又は役務の供給を受けること」という「行為をし，又はすることができる状態をいう」とされる（独禁2条4項）。すなわち，競争には，①売手競争と買手競争を含むこと，②現にある競争（顕在競争）だけでなく，潜在競争も含むこと，③ブランド間競争（メーカー間の競争や異なるブランドの商品を取り扱う流通業者間の競争）だけでなく，ブランド内競争（同一ブランドの商品を取り扱う流通業者間の競争）も含むことを意味している（菅久・独占禁止法5頁）。

事業者としては，独禁法及び下請法で規制される事業活動について要点を押さえることで，事業活動が独禁法の規定に違反するおそれがないかを確認し，後述ウの独禁法違反に伴う行政措置や刑事罰等を回避することが期待される。

ウ 独禁法に違反した場合

（ア）排除措置命令

公正取引委員会（公取委）が調査を行った結果，独禁法の規定に違反する行為があると認められたときは，公取委は，事業者に対し，その行為の差し止め，事業の一部の譲渡その他これらの規定に違反する行為を排除するために必要な措置を命じることができる（独禁7条，8条の2，17条の2，20条）。

また，排除措置命令に違反した者は，50万円以下の過料に処され（独禁97条），排除措置命令が確定した後にこれに従わない場合は2年以下の懲役又は300万円の罰金に処されることとされており（独禁90条3号），これにより排除措置命令の実効性が担保されている。

（イ）課徴金納付命令

①不当な取引制限又は支配型私的独占であって，商品・役務の価格を制限するもの（価格カルテル等）と，商品・役務について供給量又は購入量，市場占拠率，取引の相手方のいずれかを実質的に制限することでその対価に影響することとなるもの（生産数量カルテル，シェアカルテル，市場分割カルテル等），②排除型私的独占，③不公正な取引方法の一部（独禁2条9項1号乃至5号）については，課徴金納付命令が下される可能性がある（独禁7条の2，7条の9，8条の3，20条の2乃至20条の6）。ただし，③の不公正な取引方法のうち，優越的地位濫用を除く独禁法上の4類型（共同の取引拒絶，差別対価，不当廉売，及び再販売価格の拘束）について，課徴金が課されるのは，過去10年以内に同一の違反行為により排除措置命令か課徴金納付命令を受けたことがある場合に限られる（独禁20条の2乃至20条の5）。

（ウ）確約制度（独禁48条の2乃至48条の9）

公取委が調査を行った結果，独禁法違反が認定されれば，排除措置命令や課徴金納付命令を行うことになるが，競争に与える影響の評価等に時間を要する複雑な事案について，公取委と事業者との合意により解決する手続（確約手続）が設けられている。

確約手続の手続や対象範囲等については，「公正取引委員会の確約手続に関する規則」（平成29年1月25日公取委規則第1号）と「確約手続に関する対応方針」（平成30年9月26日（令和3年5月19日改正））が定められている[13]。

（エ）刑事罰（独禁89条，95条1号等）

私的独占又は不当な取引制限については，刑事罰が設けられている（独禁89条以下）。刑事起訴をするには，公取委による検事総長への告発を待って論ずるものとされている（独禁96条）。法人については，5億円以下の罰金，個人については，5年以下の拘禁刑又は500万円以下の罰金又はその併科に処せられ得る。

（オ）差止請求・損害賠償請求

不公正な取引方法によって，その利益を侵害され，又は侵害されるおそれがある者は，これにより著しい損害を生じ，又は生ずるおそれがあるときは，行為者である事業者等に対し，その侵害の停止又は予防を請求することができる（差止請求訴訟　独禁24条）。

また，独禁法違反行為によって損害を被った者（被害者）は，違反行為者に対して，不法行為に基づく損害賠償請求を行うことができるところ（民法709条），私的独占，不当な取引制限，不公正な取引方法を行った事業者や，独禁法8条の規定に違反する行為を行った事業者に対する排除措置命令又は課徴金納付命令が確定した後は，被害者は独禁法25条に基づき損害賠償請求を行うことができ，当該事業者や事業者団体は故意又は過失がなかったことを理由として責任を免れられない（無過失損害賠償制度　独禁25条2項，26条）。

---

[13] 公取委は，独禁法違反の疑いの理由となった行為（違反被疑行為）について，公正かつ自由な競争の促進を図るうえで必要があると認めたときは，その行為をしている事業者（違反被疑行為者）に対し，①違反被疑行為の概要，②違反する疑いのある法令の条項，及び違反被疑行為を排除するために必要な排除措置又は排除確保措置（確約措置）に関する計画（確約計画）の認定の申請（確約認定申請）をすることができる旨を記載した書面により通知する（独禁48条の2，48条の6）。被通知事業者は，確約措置を自ら策定し，それを実施しようとするときには確約計画を作成し，通知の日から60日以内に公取委に提出して認定を受けることになる（独禁48条の3第1項，48条の7第1項）。公取委は，その確約計画について，確約措置が違反被疑行為を排除するために十分なものであり，かつ，確実に実施されることが見込まれるものであるときは，確約計画を認定する（独禁48条の3第3項，48条の7第3項）。認定されたときは，違反被疑行為と確約措置にかかる行為については，排除措置命令や課徴金納付命令の対象とならない（独禁48条の4，48条の8）。

エ　公取委と相談窓口

（ア）公取委

独禁法を執行する機関として，公取委が設置されている。独禁法を補完する下請法の運用も行っている。

公取委は，委員長と4名の委員で構成されており，他から指揮監督を受けることなく独立して職務を行うことに特色がある。

（イ）ガイドライン（独禁法）

独禁法は規定が抽象的であるため，規定の解釈・運用について，公取委から排除型私的独占ガイドライン，流通・取引慣行ガイドライン，優越的地位濫用ガイドラインをはじめとした各種のガイドラインが示されている。これらは法令ではなく，あくまで行政機関が法律の解釈の基準を示したものだが，実務上及び裁判上も，合理性あるものとして参考にされている。ウェブ上で検索すればすぐにアクセスできるため，必要に応じて参照することが望ましい。

（ウ）事前相談（事前相談制度・一般相談）

a　事前相談制度

以下の要件を満たす場合には，企業は，事前相談申出書（公取委のWebページに書式がある）を提出すれば，原則として，30日以内に公取委の回答を受け取ることができる。相談者・相談内容は原則公開される。

---

① 相談の対象となる行為を行おうとする事業者又は事業者団体（申出者）からの申出であること。
② 将来自ら行おうとする行為に係る個別具体的な事実を示すこと。
③ 申出者名並びに相談及び回答の内容が公表されることに同意していること。

---

b　一般相談（「事前相談制度」によらない相談）

事業者が電話等で相談内容を説明し，原則として口頭で回答を行うという相談も行われている。相談者の負担軽減，相談者・相談内容の秘匿性等に配慮したもので，相談内容等については非公表とされる。

（エ）商工会議所及び商工会の相談窓口

中小事業者からの相談に関しては，「独占禁止法相談ネットワーク」が運営

されている。全国の商工会議所及び商工会が有する相談窓口において，独禁法及び下請法の相談が受け付けられ，相談事項が公取委に取り次がれる。現在，独占禁止法相談ネットワークの相談窓口は，全国に約2,200か所に設置されている（「公取委（https://www.jftc.go.jp/soudan/madoguchi/soudan-net.html）」）。

(2) 独禁法の基本概念

独禁法の違反類型のうち，主要なものは，「行為によって特定の市場での弊害をもたらすことに着目した規制」と解釈できる[14]。

ア 一定の取引分野における競争の実質的制限

私的独占（独禁2条5項），不当な取引制限（同条6項），事業者団体規制のうち8条1号，企業結合規制のうち10条及び13条〜16条では，「一定の取引分野における競争を実施的に制限する」ことを弊害要件としている。

ここで「一定の取引分野」とは，競争が行われる場であって，いわゆる市場を意味するとされ，①商品・役務の範囲（商品市場），②取引の地域の範囲（地理的市場）から構成され，①②は主として需要者にとっての代替性の観点から判断されるが，必要に応じて供給者の観点からの代替性も考慮するとされる[15]。

また，「競争の実質的制限」とは，価格その他の各般の条件を左右することができる状態をもたらすこと，すなわち市場支配力の形成・維持・強化であると解釈されており[16]，①事業者の単独行動により競争を実質的に制限する場合と，②複数の事業者の協調的行動によち競争を実質的に制限する場合とがあるとされ，①は商品が同質のものである場合（例えば，鉄，ガソリン）と，商品が差別化されている場合（例えば，ブランドもののバッグや化粧品）にさらに区別される[17]。競争の実質的制限の有無の判断は，①②により異なるが，一般的には，市場シェア・順位，当事者間の従来の競争の状況，競争者の市場シェアの格差，競争者の供給余力・差別化の程度，輸入，参入，隣接市場からの競争

---

[14] 白石忠志著『独占禁止法（第4版）』（有斐閣，2023年）19頁
[15] 金井＝川濵＝泉水・独占禁止法28頁，公取委「企業結合審査に関する独占禁止法の運用指針」（平成16年5月31日）第2
[16] 最判平成22年12月17日民集64巻8号2067頁〔NTT東日本事件〕，最判平成24年2月20日民集66巻2号796頁〔多摩談合（新井組）審決取消請求事件〕
[17] 金井＝川濵＝泉水・独占禁止法30-31頁

圧力，効率性などが考慮される[18]。

イ　公正な競争を阻害するおそれ（公正競争阻害性）

他方で，不公正な取引方法（独禁2条9項）では，「公正な競争を阻害するおそれ」（公正競争阻害性）を弊害要件としている[19]。公正競争阻害性とは，「公正な競争秩序に悪影響を及ぼすおそれのあること」をいい，問題となる場面に応じて，以下の3つの観点のいずれかによってその成否が判断される[20]。具体的に競争阻害効果が発生していることやその蓋然性が高いことまでは必要でなく，ある程度において自由競争を妨げるおそれがあると認められる場合であれば足りるが，「この『おそれ』の程度は，競争減殺効果が発生する可能性があるという程度の漠然とした可能性の程度をもって足りると解すべきではなく，当該行為の競争に及ぼす量的又は質的な影響を個別に判断して，公正な競争を阻害するおそれの有無が判断されることが必要である」[21]とされる[22]。

公正競争阻害性の解釈
①　自由競争の確保 　　事業者相互間の自由な競争が妨げられていないこと，及び事業者がその競争に参加することが妨げられていないこと
②　競争手段の公正さの確保 　　自由な競争が価格・品質・サービスを中心としたもの（能率競争）であることにより，自由な競争が秩序づけられていること
③　自由競争基盤の確保 　　取引主体が取引の諾否及び取引条件について自由かつ自主的に判断することによって取引が行われていること

---

[18] 金井=川濵=泉水・独占禁止法31頁

[19] 形式的には「公正な競争を阻害するおそれ」という文言が規定されているのは，独禁法2条9項各号のうち6号のみであるが，法解釈により，他の号でも意味をもつと考えられている（白石・前掲390-391頁）。

[20] 金井=川濵=泉水・独占禁止法31-32頁，菅久・独占禁止法113-114頁

[21] 審判審決平成20年9月16日〔マイクロソフト非係争条項事件〕，審判審決平成31年3月13日〔クアルコム事件〕

[22] 菅久・独占禁止法115頁

346 第4章 契約取引

2 競争者との関係における留意点

Case

① Xら十数社は，いずれも野菜の種子を袋・缶等の容器に詰め，それらの容器に自社の名前を表示して販売する業者（元詰販売業者）である。

Xらは，そのほとんどが，Xらのうちの1社が毎年3月に開催する元詰部会研究会に出席し，4種類（はくさい，きゃべつ，だいこん及びかぶ）の元詰種子につき，作柄状況，市況等の情報交換を行うとともに，等級・取引形態に応じて設けられた区分ごとに基準価格を決定し，価格表を作成していた。もっとも，同研究会には，欠席者もおり，Xらは参加者の範囲について明確に認識していなかった。Xら各社の販売価格は，同研究会の価格表の推移と一致している。

以上のように，元詰業者が参加する研究会において，元詰種子の基準価格を決定し，価格表を作成することは，独禁法上問題ないか[23]。

② X1は，甲製品の製造に要する資材の調達に際し，購入ロットを大きくし，これまでよりも低い価格で調達しようと考え，X2に対し，同資材の共同購入を持ち掛けた。

甲製品の製造に要する資材の多くは，甲製品の製造という用途のための資材であることから，甲製品以外の製品に転用ができず，汎用性がない。甲製品の製造に要する資材の購入市場においては，X1とX2のシェアの合計は6割を超えている。

なお，甲製品については，その製品の性格から販売地域がある程度限定されていることから，X1とX2はほとんど競争関係にはない。

X1及びX2が共同購入を行うことは，独禁法上問題ないか。

---

[23] 東京高判平成20年4月4日審決集55巻791頁〔元詰種子事件〕をもとに著者作成

Check List
☐　他の事業者と意思の連絡をして，商品・役務の価格，供給量・購入量，取引先，市場分割等について共同で取り決めて，一定の取引分野における競争を実質的に制限していないか（ハードコアカルテル）
☐　市場支配力の形成・維持・強化を目的としていなくとも，他の事業者と共同研究開発，共同生産，共同購入，物流の共通化などについて合意することで，一定の取引分野における競争を実質的に制限していないか（非ハードコアカルテル）
☐　単独又は他の事業者と手を組んで，低価格販売，排他的取引，抱き合わせ，取引拒絶・差別的取扱い等を行うことで，他の事業者の事業活動を継続困難にし，又は新規参入を困難にして，一定の取引分野における競争を実質的に制限しないか（排他的私的独占）
☐　正当な理由がないのに，競争者と共同して又は単独で，特定の事業者との取引を拒絶したり，第三者に特定の事業者との取引を拒絶させていないか（取引拒絶）
☐　取引の拒絶や商品の数量や内容の制限とまでいえない行為であっても，取引先や販売地域によって取引の条件又は実施について，不当に有利な又は不利な取扱いをしていないか（差別取扱い）
☐　同一の商品・役務について，取引先や販売地域によって，対価に不当に著しい差をつけていないか（差別対価）
☐　「コスト割れ」対価で継続して販売することで，他の事業者の事業活動を困難にさせていないか（不当廉売）
☐　自社が供給する商品のみを取り扱い，競合関係にある商品を取り扱わないことを条件として取引を行うことにより，不当に競争者の取引の機会を減少させていないか（排他条件付取引）
☐　取引相手の販売地域，販売先，販売方法の制限など，事業活動を不当に拘束する条件をつけて，取引を行っていないか（拘束条件付取引）
☐　商品・役務を提供する際に，不当に他の商品・役務を一緒に購入させていないか（抱き合わせ販売）

（1） 競争者との協調：不当な取引制限
ア　成立要件

　独禁法は，以下の要件を満たす行為を「不当な取引制限」（独禁2条6項）として禁止している（独禁3条後段）。不当な取引制限として規制される行為の典型例は，カルテル，入札談合と呼ばれる行為である[24]。

不当な取引制限の成立要件
①　事業者[25]であること
②　他の事業者と共同して（中略）[26]相互に[27]その事業活動を拘束し，又は遂行すること
③　②により一定の取引分野における競争を実質的に制限すること
④　公共の利益に反していること

　②「他の事業者と共同して」とは，「意思の連絡」をいうとの考え方が定説であるが，明示の合意までは必要とされず，相互に他の事業者の行為を認識して，暗黙に認容すること（黙示の合意）で足りる[28]。また，その方法としては，

---

[24] カルテルは，典型的には価格や供給量等を同業者間で協定し，競争を回避する行為であるが，協定する内容は，価格や供給量以外にも，シェア，取引先，営業地域等様々なものがある。また，入札談合は，典型的には官公庁の入札において，入札参加者間で受注すべき者を決定し，他の入札参加者は受注すべき者より高い価格を入札することなどにより受注すべき者が入札できるようにする行為であるが，発注者は必ずしも官公庁に限られないし，入札以外の見積り合わせ等においても同様の行為が行われることがある。いずれもその本質は，複数の事業者が共同して何らかの行為をすることにより，市場における競争を制限する行為であり，競争を制限する手段として共同して行われる行為がどのような形態をとるかによって「カルテル」と呼ばれるか「入札談合」と呼ばれるかに過ぎない（菅久・独占禁止法18-19頁）。

[25] 違反行為主体としての「事業者」とは，「商業，工業，金融業その他の事業を行う者をいう」（独禁法2条1項）と定義されるが，実質的には，裁判例等を踏まえると，結局のところ，消費者は含まない，ということを裏から規定しているにすぎない。

[26] （中略）「対価を決定し，維持し，若しくは引き上げ，又は数量，技術，製品，設備若しくは取引の相手方を制限する等」

[27] 行為者らが達成しようとする目的が共通であれば，個々の行為者に対する拘束の内容が共通でなくても差し支えない（流通取引慣行ガイドライン第2部第2．3注2）。

[28] 「ここでいう「意思の連絡」とは，複数事業者間で相互に同内容又は同種の対価の引き上げを実施することを認識ないし予測し，これと歩調をそろえる意思があることを意味し，一方の対価引き上げを他方が単に認識，容認するのみでは足りないが，事業者相互で拘束しあうことを明示して合意

紳士協定，口頭の約束など，どのような形で申合せが行われたかにかかわらない[29]。そのため，他社を介して間接的に行われる場合でも，これにあたり得る。

イ　ハードコアカルテルと非ハードコアカルテル

カルテルは，課徴金（独禁7条の2）の有無に着目して，以下のとおり，「ハードコアカルテル」と「非ハードコアカルテル」に分けられ，内容にも差がある。

（ア）ハードコアカルテル

ハードコアカルテルは，競争の実質的制限（市場支配力の形成・維持・強化）のみを目的とするカルテル，又は，客観的に反競争効果が明白で，これを補うような競争促進効果ないし正当化事由を持ち得ないことが外見上明らかなカルテルと定義される[30]。

i「商品若しくは役務の対価に係る」不当な取引制限（価格協定）と，ii「商品若しくは役務の供給量若しくは購入量，市場占有率若しくは取引の相手方を実質的に制限することによりその対価に影響することとなる」不当な取引制限（供給量・購入量制限協定や各供給者に特定の需要者を割り当てる市場分割協定）の2つの類型がある（独禁7条の2第1項柱書）[31]。

ハードコアカルテルの場合は，これらの行為が行われればおよそ競争の実質的制限が認められる。

【Case①】については，特に意思の連絡の有無が問題となり，確かに，意思の連絡の内容は詳細に認定できないものの，Xらの間に，4種類の元詰種子について，元詰討議研究会で決定した基準価格に基づいて各事業者が当該年度の価格表価格及び販売価格を設定することについて互いに認識し，これと歩調をそろえる意思を有していたという意味で，概括的な意思の連絡を認めることができる。【Case①】のもととなった裁判例でも，意思の連絡を認めたうえで，不当な取引制限に該当すると判断された[32]。

することまでは必要ではなく，相互に他の事業者の対価の引き上げ行為を認識して，暗黙のうちに認容することで足りる」（東京高判平成7年9月25日判タ906号136頁〔東芝ケミカル事件〕）。

[29] ①背景事情，②事前の情報交換，③事後の行動の一致，④事後の情報交換の4つの客観的要素を考慮して判断される（前掲東京高判平成7年9月25日判タ906号136頁）。

[30] 金井＝川濱＝泉水・独占禁止法39-40頁

[31] 白石・前掲242頁

[32] 前掲東京高判平成20年4月4日審決集55巻791頁

(イ) 非ハードコアカルテル

非ハードコアカルテルとは，カルテルのうち，ハードコアカルテルを除いたものをいい，必ずしも市場支配力の形成・維持・強化を目的とせず，合理的な目的の下で行われる場合もある。具体的には，【Case②】のような原材料の共同購入や物流の共通化の例など，取引の世界で公然と行われるものも，場合によっては非ハードコアカルテルに該当するなど，違法性の判断が難しい場合が多い。その判断にあっては，問題となる共同行為により市場支配力の形成・維持・強化が発生するか否かを慎重に認定する必要がある。

共同購入については，一般に，製品の販売分野における参加者のシェアが高く，製品製造に要するコストに占める共同購入の対象となる資材の購入額の割合が高い場合には製品（川下商品）の販売分野において，また，共同購入の対象となる資材の需要全体に占める共同購入参加者のシェアが高い場合には当該資材（川上商品）の購入分野について，それぞれ市場支配力の形成・維持・強化が生じやすい。

【Case②】も共同購入の事例であり，X1及びX2は，甲製品の販売についてほとんど競争関係にはないことから，共同購入による甲製品の販売市場の競争に与える影響は小さいものと考えられる。他方で，甲製品の製造に要する資材の購入市場においては，X1とX2のシェアは合計して6割を占めるところ，当該資材の共同購入を行うことにより2社が当該資材の市場支配力を形成・行使することとなるおそれが強く，当該資材の取引における競争が制限され，独禁法上問題となるおそれがある。

非ハードコアカルテルについては，適法性の判断が難しい場面が多いことから，法務担当者としては，公取委の相談窓口や顧問弁護士への相談を積極的に活用すべきである。

ウ　罰　則

いずれの場合も，刑罰の対象となる（独禁89条1項1号）が，ハードコアカルテルに限り，課徴金納付命令の対象となる（独禁7条の2）ほか，確約手続の対象にならない[33]。

---

[33] 公取委「確約手続に関する対応方針」（平成30年9月26日（令和3年5月19日改正））5

エ　課徴金減免制度（リニエンシー）

公取委に対してカルテルに該当する違反行為に関する事実の報告・資料の提出などの協力をした違反者に対しては，申告した時期・順位に応じて課徴金の免除又は減額というインセンティブを与える制度が設けられている（独禁7条の4乃至7条の7）。

(2)　競争者の排除①：私的独占 [34, 35]

ア　成立要件

独禁法は，以下の要件を満たす行為を「私的独占」（独禁2条5項）として禁止している（独禁3条前段）。私的独占は，排除行為による私的独占（排除型私的独占）と支配行為による私的独占（支配型私的独占）に区別できる。

私的独占の成立要件
①　事業者であること
②　他の事業者の事業活動を排除し，又は支配すること
③　②により一定の取引分野における競争を実質的に制限すること
④　公共の利益に反していること

イ　排除行為

②の「排除」とは，他の事業者の事業活動を継続困難にし，又は新規参入を困難にする行為であると解されている[36]。排除型私的独占ガイドラインも，排除について，「他の事業者の事業活動の継続を困難にさせたり，新規参入者の事業開始を困難にさせたりする行為であって，一定の取引分野における競争を

---

[34] 排除型私的独占と不公正な取引方法は，適用範囲が重なっている部分がある。「排除型私的独占に係る独占禁止法上の指針」によれば，排除型私的独占は，①低価格販売，②排他的取引，③抱き合わせ，及び④取引拒絶・差別的取扱いの4つの類型に分けられる。

[35] 私的独占と不公正な取引方法（優越的地位濫用を除く）は，適用範囲が重なっていることから，その使い分けが問題となる。課徴金の有無という点では，不公正な取引方法のうち，実質的に検討が必要なのは優越的地位濫用だけであるから（本章第2．1(1)ウ(イ)参照），私的独占をまずもって検討すべきである。他方で，独禁法違反かどうかという点では，不公正な取引方法は，公正競争阻害性まで適用範囲に含むから，不公正な取引方法を検討すべきといえる。

[36] 金井＝川濵＝泉水・独占禁止法154頁

実質的に制限することにつながる様々な行為をいう」としている[37]。事業者の行為が排除行為に該当するためには、他の事業者の事業活動が市場から完全に駆逐されたり、新規参入を完全に阻止することはまでは要さず、他の事業者の事業活動の継続を困難にさせたり、新規参入者の事業開始を困難にさせたりする蓋然性の高い行為であれば足りる[38]。

また、同ガイドラインでは、私的独占の排除行為の典型例として、コスト割れ供給（商品を供給しなければ発生しない費用を下回る対価設定）、排他的取引、抱き合わせ、及び供給拒絶・差別的取扱いの4つに類型化し、行為類型ごとに排除行為該当性について判断要素を記載している[39]。

例えば、排他的取引のうち、相手方に対して自己の商品をどの程度取り扱っているか等を条件とすることにより、競争品の取扱いを制限する効果を有するリベートを供与する行為（排他的リベートの供与）が排除行為に該当するかが問題となった事案として、CPU を製造販売する有力なメーカーA社の日本子会社X社が、国内のパソコン製造販売業者5社に当該 CPU を販売するに際して、製造販売するパソコンに搭載する CPU の数量のうちA社製 CPU の数量が占める割合を一定割合以上にすることなどの条件を付して割戻金又は資金を支払うことを約束した例があり、X社の行為は、競争者製 CPU を採用しないようにさせるものであり、国内のパソコン製造販売業者5社に対する CPU の販売に係る競争者の事業活動を排除するものであると認定された[40]。

(3) 競争者の排除②：不公正な取引方法

前述の排除行為の典型としては、独禁法2条9項各号に掲げる不公正な取引方法と同様の行為類型があり、不公正な取引方法のうち一部の行為については、排除行為に該当することがある[41]。

独禁法は、2条9項1号から5号のいずれかに該当する行為（法定5類型[42]）、

---

[37] 排除型私的独占ガイドライン第2．1(1)
[38] 排除型私的独占ガイドライン第2．1(1)
[39] 排除型私的独占ガイドライン第2．1(2)
[40] 公取委勧告審決平成17年4月13日審決集52巻341頁〔インテル事件〕
[41] 排除型私的独占ガイドライン第2．1(2)
[42] 法定5類型：共同の取引拒絶（独禁2条9項1号）、差別対価（同項2号）、不当廉売（同項3号）、

及び同項6号イからへに該当する行為であって、公正な競争を阻害するおそれ
があるもののうち、公取委が指定するもの（指定類型）を「不公正な取引方
法」として規制する（独禁19条）。事業者が不公正な取引方法に該当する行為
を用いた場合、独禁法19条違反として、排除措置命令の対象となるほか（独禁
20条）、法定5類型は、課徴金納付命令の対象である（独禁20条の2乃至20
条の6）。もっとも、近年では、不公正な取引方法事案のほとんどが確約手続
（独禁48条の2以下）で処理されている[43]。

　指定類型には、業種横断的に適用される指定（一般指定）と、特定の事業分
野における特定の取引方法についての指定（特殊指定）の2種類がある[44]。

　また、不公正な取引方法の規定には、「正当な理由がないのに」「不当に」
「正常な商慣習に照らして不当に」との文言のいずれかが含まれており、公正
な競争を阻害するおそれがあることを意味している。「不当に」「正常な商慣
習に照らして不当に」については、行為要件を満たしただけでは公正競争阻害
性があるとはいえず、個別に公正競争阻害性の有無を判断する必要がある行為
類型に用いられている[45]。他方で、「正当な理由がないのに」は、原則として
違法となることを示唆しており、「その行為を正当化する特段の理由がない限
り、公正競争阻害性を有するものとするもの」[46]とされる[47]。

　ここでは、競争者の事業活動を排除するおそれのある行為として、①取引拒
絶等の劣後的な取扱いを行う、共同の取引拒絶（独禁2条9項1号イ、一般指
定1項）、その他の取引拒絶（一般指定2項）、差別的取扱い（一般指定4項）、
②不当な対価を設定する、差別対価（独禁2条9項2号、一般指定3号）、不
当廉売（独禁2条9項3号、一般指定6号）、③相手方の事業活動を不当に拘

拘束条件付取引（同項4号）及び優越的地位の濫用（同項5号）

[43] 菅久・独禁止法111頁

[44] 「一般指定」の公正取引委員会告示の正式名称は「不公正な取引方法」であるが、「一般指定」の
名称がよく用いられる。一般指定については、課徴金の対象とならない。
　特殊指定については、新聞業（平成11年公取委告示第9号）、特定荷主が物品の運送又は保管を
委託する場合（平成16年公取委告示第1号）、大規模小売業（平成17年公取委告示第11号）に
関し指定がなされている。

[45] 菅久・独占禁止法114頁

[46] 審判審決平成20年7月24日審決集55巻294頁〔着うた事件〕

[47] 菅久・独占禁止法114-115頁

束する，排他条件付取引（一般指定 11 項），拘束条件付取引（一般指定 12 項），
④不当に競争者の顧客を自己と取引するように強制する，抱き合わせ販売（一般指定 10 項），⑤競争者に対する取引妨害（一般指定 14 項）について，解説する。

ア　取引拒絶

（ア）共同の取引拒絶（独禁 2 条 9 項 1 号，一般指定 1 項）

　事業者が，供給者の立場や需要者の立場において，①競争者と共同して，②取引を拒絶[48]すること（又は他の事業者に取引を拒絶させること）により，③公正競争阻害性（「正当な理由がないのに」）が認められる場合には，「共同の取引拒絶」として不公正な取引方法に該当し，違法となる[49]。なお，「共同して」とは，意思の連絡をいう[50]。

具体例[51]
・メーカーが共同して，安売りをする流通業者を排除するために，安売り業者に対する商品の供給を拒絶し，又は制限すること
・流通業者が共同して，競争者の新規参入を妨げるために，メーカーをして新規参入者に対する商品の供給を拒絶させ，流通業者は新規参入者に対する商品の供給を拒絶すること
・メーカーが共同して，輸入品を排除するために，流通業者が輸入品を取り扱う場合には商品の供給を拒絶する旨通知して，当該流通業者をして輸入品を取り扱わないようにさせること
・完成品メーカーが共同して，競争者の新規参入を妨げるために，原材料メーカーが新規参入者に対し原材料を供給する場合には取引を拒絶する旨通知して，当該原材料メーカーをして新規参入者に対する原材料の供給を拒絶させること

---

[48] 商品の数量や内容を制限することを含む。

[49] 菅久・独占禁止法 122 頁

[50] 意思の連絡とは，「複数事業者が同内容の取引拒絶行為を行うことを相互に認識ないし予測しこれを認容してこれと歩調をそろえる意思であることを意味し，「意思の連絡」を認めるにあたっては，事業者相互間で明示的に合意することまでは必要でなく，他の事業者の取引拒絶行為を認識ないし予測して黙示的に暗黙のうちにこれを認容してこれと歩調をそろえる意思があれば足りる」（前掲審判審決平成 20 年 7 月 24 日審決集 55 巻 294 頁）。

[51] 流通・取引慣行ガイドライン第 1 部第 2．2

第2 取引上の留意点　355

例えば，タクシー会社数社が申し合わせて，新設のタクシー会社を当該地域のタクシーチケット事業に参加できないようにするため，共通乗車券事業者を新たに設立したうえで，当該新設のタクシー会社との間で，共通乗車券事業に係る契約を拒絶させたことについて，共同の取引拒絶に該当すると判断された例がある[52]。

（イ）その他の取引拒絶（単独直接取引拒絶　一般指定2項）

単独でも，事業者が，供給者の立場や需要者の立場において，①取引を拒絶すること（又は他の事業者に取引を拒絶させること）により，②公正競争阻害性（「不当に」）が認められる場合は，「その他の取引拒絶」として不公正な取引方法に該当し，違法となる[53]。

具体例[54]

- メーカーが，流通業者に対し，自己の競争者と取引しないようにさせることによって，競争者の取引の機会が減少し，他に代わり得る取引先を容易に見いだすことができなくなるようにするとともに，その実効性を確保するため，これに従わない流通業者との取引を拒絶すること
- 市場における有力な原材料メーカーが，自己の供給する原材料の一部の品種を完成品メーカーが自ら製造することを阻止するため，完成品メーカーに対し従来供給していた主要な原材料の供給を停止すること
- 市場における有力な原材料メーカーが，自己の供給する原材料を用いて完成品を製造する自己と密接な関係にある事業者の競争者を完成品の市場から排除するために，競争者に対し従来供給していた原材料の供給を停止すること

イ　取引条件等の差別的取扱い（一般指定4項）

取引の拒絶や商品の数量や内容の制限とまでいえない行為であっても，事業者が，供給者の立場や需要者の立場において，①事業者に対して取引の条件又は実施について有利な又は不利な取扱いをすることで，②公正競争阻害性（「不

---

[52] 公取委命令平成19年6月25日審決集54巻485頁〔新潟タクシー共通乗車券事件〕
[53] 菅久・独占禁止法126頁
[54] 流通・取引慣行ガイドライン第1部第3

当に」）が認められる場合は，「差別的取扱い」として不公正な取引方法に該当し，違法となる[55]。

例えば，東日本における自動車用補修用ガラスの卸売市場において第1位の事業者が，積極的に輸入品を取り扱う取引先に対して，卸売価格を引き上げ，配送回数を減らしたことについて，取引条件等の差別的取扱いに該当すると判断された例がある[56]。

ウ　差別対価（独禁2条9項2号，一般指定3項）

事業者が同一の商品・役務について，①地域又は相手方による差別的な対価をもって，②継続して取引すること（継続性）が，③他の事業者の事業活動を困難にさせるおそれ（事業活動困難性）を有し，④公正競争阻害性（「不当に」）が認められる場合には，「差別対価」として不公正な取引方法に該当し，違法となる[57]。

違法性については，行為者の意図・目的，取引価格・取引条件の格差の程度，供給に要する費用と価格との関係，行為者及び競争者の市場における地位，取引の相手方の状況，商品の特性，取引形態等を総合的に勘案し，市場における競争秩序に与える影響を勘案したうえで判断される[58]。

この点，大手のLPガス小売販売業者によるLPガスの販売について，地域及び相手方（既存顧客又は新規顧客か）によって販売価格に差が設けられていることが不当な差別対価にあたるとして，中小小売業者から独禁法24条に基く差止請求がなされた裁判例では，「不当な差別対価とは，……価格を通じた能率競争を阻害するものとして，公正競争阻害性が認められる価格をいうと解されるから，不当な差別対価であるかどうかは，当該売り手が自らと同等あるいはそれ以上に効率的な業者（競争事業者）が市場において立ち行かなくなるような価格政策をとっているか否かを基準に判断するのが相当である」「不当な差別対価にあたるかどうかの判断においては，原価割れの有無がその要素になる」と判示され，結論として，公正競争阻害性を否定して，差止請求は棄却され

---

[55] 菅久・独占禁止法 130 頁
[56] 勧告審決平成 12 年 2 月 2 日審決集 46 巻 394 頁〔オートグラス東日本事件〕
[57] 菅久・独占禁止法 141 頁
[58] 不当廉売ガイドライン 5（1）イ

た[59]。

> **具体例[60]**
>
> ・有力な事業者が，競争者を排除するため，当該競争者と競合する販売地域又は顧客に限って廉売を行い，公正な競争秩序に悪影響を与える場合
> ・有力な事業者が同一の商品について，取引価格やその他の取引条件等について，合理的な理由なく差別的な取扱いをし，差別を受ける相手方の競争機能に直接かつ重大な影響を及ぼすことにより公正な競争秩序に悪影響を与える場合

エ 不当廉売（独禁2条9項3号，一般指定6項）

事業者が，①コスト割れ対価で，②継続して供給すること（継続性）によって，③他の事業者の事業活動を困難にさせるおそれ（事業活動困難性）を有し，④公正競争阻害性（「正当な理由がないのに」「不当な」）が認められる場合には，「不当廉売」として不公正な取引方法に該当し，違法となる[61]。

> **独禁法2条9項3号の不当廉売**
>
> ① 商品をその供給に要する費用を著しく下回る価格で継続して供給すること
> ② ①により他の事業者の事業活動を困難にさせるおそれがあること
> ③ 正当な理由がないこと

> **一般指定6項の不当廉売**
>
> ① 不当に
> ② 商品又は役務を低い対価で供給すること
> ③ ②により他の事業者の事業活動を困難にさせるおそれがあること

価格が費用を下回る「コスト割れ」であることが要件となる。費用とは，廉

---

[59] 東京高判平成17年5月31日別冊ジュリスト199号114頁〔ニチガス事件〕
[60] 同上
[61] 菅久・独占禁止法133頁

売行為者の「供給に要する費用」である[62]。もっとも、「供給に要する費用」は、後述のように2種類の基準費用があり、低い方の基準費用を下回れば、独禁法2条9項3号のコスト割れ要件を満たすが、高い方の基準費用を下回ったとしても、低い方の基準費用を上回っていれば、同号のコスト割れ要件を満たさず、一般指定6項の要件を満たすにとどまる。

　　a　低い方の基準費用＝「可変的性質を持つ費用」

　廉売の対象となった商品を供給しなければ発生しない費用（「可変的性質を持つ費用」）か否かという点から、その合計として費用を算出する[63]。具体的には、製造原価や仕入原価、運送費、倉庫費等が含まれ得る。

　　b　高い方の基準費用＝平均総費用

　販売コストには、「可変的性質を持つ費用」以外のものとして、通常の広告費用や、当該事業者の本社組織における経費などが存在し得る。「可変的性質を持つ費用」にこれらの費用を足したものが、平均総費用である。

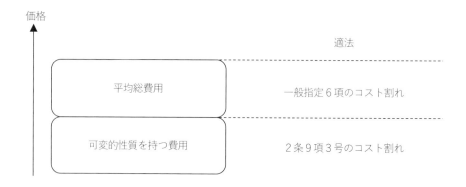

　なお、生鮮食料品や季節商品等のように販売の最盛期を過ぎたものを見切り販売することや、きず物・はんぱ物等の瑕疵のある商品について低い価格を設定することは認められる[64]。

---

[62] 不当廉売ガイドライン3(1)ア（イ）
[63] 不当廉売ガイドライン3(1)ア（エ）
[64] 不当廉売ガイドライン3(3)注10

オ　排他条件付取引（一般指定11項）

　事業者が，①競争者と取引しないことを条件として，②相手方の事業活動を拘束することで，③公正競争阻害性（「不当に」「競争者の取引の機会を減少させるおそれがある」）が認められる場合には，「排他条件付取引」として不公正な取引方法に該当し，違法となる[65]。

具体例 [66]
・市場における有力な原材料メーカーが，完成品メーカーに対し，自己以外の原材料メーカーと取引する場合には原材料の供給を打ち切る旨通知し，又は示唆して，自己以外の原材料メーカーとは取引しないよう要請すること ・市場における有力な完成品メーカーが，有力な部品メーカーに対し，自己の競争者である完成品メーカーには部品を販売せず，又は部品の販売を制限するよう要請し，その旨の同意を取り付けること ・市場における有力なメーカーが，流通業者に対し，取引の条件として自社商品のみの取扱いを義務付けること

　例えば，ベッドメーカー業界の有力な事業者が，販売店が当該事業者の寝具を一定数量以上販売する場合に，競争関係にあるベッドメーカーの寝具を取り扱わないように約束させたことについて，排他条件付取引に該当すると判断された例がある[67]。

カ　拘束条件付取引（一般指定12項）

　「相手方が競争者と取引しないこと」を条件とするものとはいえない場合であっても，①相手方の事業活動を拘束する条件をつけて当該相手方と取引することで，②公正競争阻害性（「不当に」）が認められる場合には，「拘束条件付取引」として不公正な取引方法に該当し，違法となる[68, 69]。拘束条件の内容

---

[65] 菅久・独占禁止法 153-154 頁
[66] 流通・取引慣行ガイドライン第 1 部第 2．2
[67] 公取委勧告審決昭和 51 年 2 月 20 日昭和 51 年（勧）2 号〔フランスベッド事件〕
[68] 菅久・独占禁止法 158 頁
[69] 再販売価格の拘束については，特に問題となることから，前述のように独禁法 2 条 9 項 4 号として

としては，自己の競争者との取引等の制限，販売地域の制限，販売先の制限，販売方法の制限（公告・表示の方法，商品の説明販売，品質管理，商品の陳列場所等）などが考えられる。

具体例 [70]

【自己の競争者との取引等の制限】
・市場における有力なメーカーが，流通業者に対し，競争品である輸入品など特定の商品又は特定事業者の商品の取扱いを制限する条件を付けて取引すること
・市場における有力なメーカーが，取引の条件として流通業者の取扱能力の限度に近い販売数量の義務付けを行うことによって，競争品の取扱いを制限すること

【販売地域の制限】
・市場における有力な事業者が，市場が寡占的であったり，ブランドごとの製品差別化が進んでいて，ブランド間競争が十分に機能しにくい状況の下で，厳格な地域制限を行うこと
・事業者が，流通業者に対し一定の地域を割り当て，顧客の配送先情報等から当該顧客の住所が地域外であることが判明した場合，当該顧客とのインターネットを利用した取引を停止させること

【販売先の制限】
・後述3(1)イを参照。

キ　抱き合わせ販売（一般指定10項）

ある事業者が，相手方に対し，ある商品（主たる商品）の供給に併せて他の商品（従たる商品）を購入させることは，従たる商品の市場において他に代わり得る取引先を容易に見いだすことができない競争者の事業活動を困難にさせ，従たる商品の市場における競争に悪影響を及ぼす場合がある。

そこで，①主たる商品・役務の供給に併せて，別個の従たる商品・役務について，②取引を強制することにより，③公正競争阻害性（「不当に」）が認め

規定されている。

[70] 流通・取引慣行ガイドライン第1部第2．2乃至4

られる場合には，「抱き合わせ販売」として不公正な取引方法に該当し，違法となる[71]。

　例えば，パソコン用ソフトウェアの開発及びライセンスの供与に係る事業を営む者が，パソコン製造販売業者に対し，同社の表計算ソフトとワープロソフトを合わせてパソコン本体に搭載して出荷する契約を受け入れさせたことについて，抱き合わせ販売に該当すると判断された例がある[72]。

ク　競争者に対する取引妨害（一般指定 14 項）

　競争者とその取引の相手方との取引を妨害するという結果の観点から，①妨害の対象となる取引の一方当事者と国内において競争関係にある事業者が，②その取引を妨害することで，③公正競争阻害性（「不当に」）が認められる場合には，「競争者に対する取引妨害」として不公正な取引方法に該当し，違法となる[73]。

　例えば，業務用通信カラオケ機器を販売・賃貸する有力な事業者が，レコード管理会社であるその子会社をして，カラオケ事業の新規参入事業者に対して，その管理楽曲の利用許諾を拒絶する旨を通知させるとともに，卸売業者やユーザーに対して，当該新規参入事業者が今後，当該管理楽曲を使えなくなると組織を上げて告知した行為について，競争者に対する取引妨害にあたると判断された例がある[74]。

---

[71] 菅久・独占禁止法 175 頁
[72] 勧告審決平成 10 年 12 月 14 日審決集 45 巻 153 頁〔日本マイクロソフト抱き合わせ事件〕
[73] 菅久・独占禁止法 186 頁
[74] 公取委審判審決平成 21 年 2 月 16 日審決集 55 巻 974 頁〔第一興商事件〕

362　第4章　契約取引

3　取引先との関係における留意点

> **Case**
>
> ③　Xは，キャンプ用品を製造販売する事業者である。Xのキャンプ用品は，キャンプ用品の中でも一般消費者の認知度が高く人気があり，一般消費者の中にはそのキャンプ用品を指名して購入する者が多いことから，キャンプ用品を販売する小売業者にとって，品ぞろえに加えておくことが不可欠な商品である。
>
> 　Xは，そのキャンプ用品について，小売業者が販売を行うにあたっての販売ルールを次のとおり定めていた。
>
> > ・販売価格は，キャンプ用品ごとにXが定める下限の価格以上の価格とする。
> > ・割引販売は，他社の商品を含めたすべての商品を対象として実施する場合又は実店舗における在庫処分を目的として，Xが指定する日以降，チラシ広告を行わずに実施する場合に限り認める。
>
> 　そして，Xは，自ら又は取引先卸売業者を通じて，継続して取引を行う小売業者に対しては，翌シーズンの取引について商談を行うにあたり，販売ルールに従って販売するよう要請し，新たにそのキャンプ用品の取引を希望する小売業者に対しては，取引開始にあたり，販売ルールに従って販売するよう要請したうえで同意を得るなど，当該小売業者に販売ルールに従って販売するようにさせていた。
>
> 　このような再販売価格の指定は，独禁法上問題ないか[75]。
>
> ④　スーパーを営むXは，「特別感謝デー」又は「特別ご招待会」と称するセール及び「火曜特売」と称するセールに際し，継続的な取引関係にある青果物の仲卸業者に対し，同セールで販売する青果物について，当該仲卸業者の仕入価格を下回る価格で納入するよう一方的に指示し，その青果物と等級，産地等からみて同種の商品の一般の卸売価格に比べて著しく低い価格をもって納入させた。
>
> 　また，Xは，自社の店舗の新規オープン時及び改装オープン時のセール並びに「特別感謝デー」又は「特別ご招待会」と称するセールに際し，継続的な取引関係にある食料品，衣料品，住居関連品等の納入業者に対し，自社の販売業務のための商品の陳列，補充，顧客が購入した商品の袋詰め等の作業を行わせるために，その従業員等を派遣させた。
>
> 　このような取引の対価の一方的決定及び従業員の派遣要請は，独禁法上問題ないか[76]。

---

[75] 公取委命令平成28年6月15日審決集63巻133頁〔コールマンジャパン事件〕をもとに作成
[76] 公取委勧告審決平成17年1月7日審決集51巻543頁〔ユニー事件〕をもとに作成

第2 取引上の留意点 363

> **Check List**
> ☐ 正当な理由がないのに，指定した価格で販売しない小売業者等に経済上の不利益を課したり，出荷を停止するなどして，小売業者に自社の商品を指定した価格で販売させていないか（再販売価格の拘束）
> ☐ 取引上の優越的地位を利用して，取引先に対して不当に不利益を与える行為を行っていないか（優越的地位の濫用）

　供給者である事業者が，マーケティングの一環として，流通業者に対して，商品の再販売価格を拘束するなどして，ブランドイメージを高めることを試みたり，又は，流通業者の取扱商品，販売地域，取引先等の制限を行う行為（以下「垂直的制限行為」という）を行うことがある。垂直的制限行為によって，新商品の販売が促進されたり，新規参入が容易になったり，商品の品質やサービスが向上するといった競争促進効果がもたらされる場合もある一方で，業者の創意工夫による事業活動を妨げたり，競争が減少・消滅したり，新規参入を困難にしたり，消費者の商品選択が狭められたりといった競争阻害効果がもたらされる場合があることから，独禁法上規制される[77]。

　また，自己の取引上の地位が相手方に優越している一方の当事者が，取引の相手方に対し，その地位を利用して，不当に不利益を与えることがあるが，それにより，当該取引の相手方の自由かつ自主的な判断による取引を阻害するとともに，当該取引の相手方はその競争者との関係において競争上不利となる一方で，行為者はその競争者との関係において競争上有利となるおそれがあることから，独禁法上規制される。

---

[77] 不公正な取引方法のうち，競争関係（水平的関係）にない者の事業活動を制限する行為（垂直的制限行為）については，「市場における有力な事業者」によって当該行為が行われた場合に，違法となるおそれがあるものがある（後述イの自己の競争者との取引等の制限，厳格な地域制限など）。「市場における有力な事業者」の該当性については，市場シェア 20％を超えることが一応の目安とされる（流通・取引慣行ガイドライン第1部3(4)）。

（1） 取引先間の競争阻害：不公正な取引方法①

ア　再販売価格維持行為（再販売価格の拘束（独禁２条９項４号））

事業者が，①自己の供給する商品を購入する相手方に対し，②その販売する当該商品の販売価格（の自由な決定）を拘束する条件をつけることにより，③公正競争阻害性（「正当な理由がないのに」）が認められる場合には，「再販売価格の拘束」として不公正な取引方法に該当し，違法となる[78, 79]。

再販売価格の拘束の有無は，事業者の何らかの人為的手段によって，流通業者が当該事業者の示した価格で販売することについての実効性が確保されていると認められるかどうかで判断される[80]。具体的には，契約で定められている場合に限らず，同意書を提出させることや，従わない場合に不利益を課すことでも足りる[81]。他方で，事業者が設定する希望小売価格を参考価格として単に通知することは，「拘束」にあたらず問題とならない[82]。

事業者が流通業者に対し示す価格には，確定した価格のほか，例えば次のような価格も含まれる[83]。

- 希望小売価格の〇％引き以内の価格
- 一定の範囲内の価格（□円以上△円以下）
- 事業者の事前の承認を得た価格
- 近隣店の価格を下回らない価格
- 一定の価格を下回って販売した場合には警告を行うなどにより，事業者が流通業者に対し暗に下限として示す価格

【Case③】においてXの行った販売ルールの作成及び販売業者に販売ルール

---

[78] 例外として，著作物等に関する再販売価格拘束の適用除外がある（独禁23条）。

[79] 菅久・独占禁止法147頁

[80] 流通・取引慣行ガイドライン第１部第１．２（3）

[81] 「拘束があるというためには，必ずしもその取引条件に従うことが契約上の義務として定められていることを要せず，それに従わない場合に経済上なんらかの不利益を伴うことにより現実にその実効性が確保されていれば足りる」（最判昭和50年7月10日民集29巻6号888頁〔和光堂事件〕）。

[82] なお，希望小売価格等を流通業者に通知する場合には，「正価」「定価」といった表示や金額のみの表示ではなく，「参考価格」「メーカー希望小売価格」といった非拘束的な用語を用いるとともに，通知文書等において，希望小売価格等はあくまでも参考であること，流通業者の販売価格はそれぞれの流通業者が自主的に決めるべきものであることを明示することが，独占禁止法違反行為の未然防止の観点から望ましい（流通・取引慣行ガイドライン第１．１(2)注4）。

[83] 流通・取引慣行ガイドライン第１部第１．２（5）

を順守させる行為は，正当な理由がないのに，取引先小売業者に対し，当該小売業者の販売価格の自由な決定を拘束する条件を付けてキャンプ用品を供給し，取引先卸売業者に対し，当該卸売業者をして小売業者の販売価格の自由な決定を拘束させる条件を付けてキャンプ用品を供給していたものとして，再販売価格の拘束に該当する。

　もっとも，事業者の直接の取引先事業者が単なる取次ぎの場合で，実質的に事業者が販売していると認められる場合には，通常，再販売価格の拘束にあたらない[84]。具体的には，ⅰメーカーが流通業者に委託して販売しており，メーカーに経済的利益・負担が帰属する場合や，ⅱメーカーがユーザー（又は小売業者）との間で直接，価格交渉を行い，そのうえで，流通業者が物流と代金回収の責任を負い，それに対する手数料を受け取る場合などである。

イ　非価格制限行為

（ア）自己の競争者との取引等の制限

　市場における有力な事業者が，取引先事業者に対し自己又は自己と密接な関係にある事業者の競争者と取引しないよう拘束する条件を付けて取引する行為，取引先事業者に自己又は自己と密接な関係にある事業者の競争者との取引を拒絶させる行為，取引先事業者に対し自己又は自己と密接な関係にある事業者の商品と競争関係にある商品（競争品）の取扱いを制限するよう拘束する条件を付けて取引する行為を行うことにより，市場閉鎖効果が生じる場合には，当該行為は不公正な取引方法に該当し，違法となる（その他の取引拒絶（一般指定2項），排他条件付取引（一般指定11項），拘束条件付取引（一般指定12項）[85]。

（イ）販売地域に関する制限

　市場における有力な事業者が流通業者に対し厳格な地域制限を行い，これによって価格維持効果が生じる場合には，不公正な取引方法に該当し，違法となる（拘束条件付取引（一般指定12項）[86]。

　また，事業者が流通業者に対し地域外顧客への受動的販売の制限を行い，こ

---

[84] 流通・取引慣行ガイドライン第1部第1．2（7）
[85] 流通・取引慣行ガイドライン第1部第2．2
[86] 流通・取引慣行ガイドライン第1部第2．3（3）

れによって価格維持効果が生じる場合には，不公正な取引方法に該当し，違法
となる（拘束条件付取引（一般指定12項））[87]。

（ウ）取引先に関する制限

　事業者が流通業者に対し帳合取引の義務付け[88]を行い，これによって価格維
持効果が生じる場合には，不公正な取引方法に該当し，違法となる（拘束条件
付取引（一般指定12項））[89]。

　また，仲間取引の禁止[90]は，取引の基本となる取引先の選定に制限を課すも
のであるから，その制限の形態に照らして販売段階での競争制限に結び付く可
能性があり，これによって価格維持効果が生じる場合には，不公正な取引方法
に該当し，違法となる（一般指定12項）[91]。

　加えて，事業者が卸売業者に対して，安売りを行うことを理由に小売業者へ
販売しないようにさせることは，事業者が市場の状況に応じて自己の販売価格
を自主的に決定するという事業者の事業活動において最も基本的な事項に関与
する行為であるため，価格競争を阻害するおそれがあり，原則として不公正な
取引方法に該当し，違法となる（その他の取引拒絶（一般指定2項），拘束条
件付取引（一般指定12項））[92]。

（2）　取引先に対する不利益行為：不公正な取引方法②（優越的地位の濫用（独禁2条9項5号））

　①自己の取引上の地位が優越的地位[93]にある事業者が，②その地位を利用し

---

[87] 流通・取引慣行ガイドライン第1部第2．3（4）
[88] 事業者が卸売業者に対して，その販売先である小売業者を特定させ，小売業者が特定の卸売業者と
しか取引できないようにすること
[89] 流通・取引慣行ガイドライン第1部第2．4（2）
[90] 事業者が流通業者に対して，商品の横流しをしないよう指示すること
[91] 流通・取引慣行ガイドライン第1部第2．4（3）
[92] 流通・取引慣行ガイドライン第1部第2．4（4）
[93] 「甲が取引先である乙に対して優越した地位にあるとは，乙にとって甲との取引の継続が困難にな
ることが事業経営上大きな支障をきたすため，甲が乙にとって著しく不利益な要請を行っても，乙
がこれを受け入れざるを得ないような場合である」(優越的地位濫用ガイドライン第2．1)。地位
が優越しているかどうかは，①取引の相手方の行為者に対する取引依存度，②行為者の市場におけ
る地位，③取引の相手方にとっての取引先変更の可能性，④その他行為者と取引をすることの必要
性を示す具体的事実を総合的に考慮して判断される。

て，③相手方に不利益となるように取引の条件を設定することで，④公正競争
阻害性（「正常な商慣習に照らして不当に」[94]）が認められる場合には，「優越
的地位の濫用」として不公正な取引方法に該当し，違法となる[95]に該当する。

　取引の条件を設定する行為は，ⅰ商品の購入・利用を強制すること（同号イ），
ⅱ経済上の利益の提供を強制すること（同号ロ），ⅲ受領拒絶・支払遅延・代
金額の減額その他不利益な取引条件の設定・変更・実施（同号ハ）に分類し得
る。

具体例[96]

1　購入・利用強制
　　・購入しなければ相手方との取引を打ち切る，取引数量を削減するなど，今後の
　　　取引に影響すると受け取られるような要請をすることにより，購入させること
　　　等
2　経済上の利益の提供の強制
　(1)　協賛金等の負担の要請
　　　・取引の相手方の商品又は役務の販売促進に直接寄与しない催事，売場の改装，
　　　　広告等のための協賛金等を要請し，これを負担させること　等
　(2)　従業員等の派遣の要請
　　　・取引の相手方に対し，派遣費用を負担することなく，自己の利益にしかならな
　　　　い業務を行うよう取引の相手方に要請し，その従業員等を派遣させること　等
　(3)　その他経済上の利益の提供の要請
　　　・取引に伴い，取引の相手方に著作権，特許権等の権利が発生・帰属する場合に，
　　　　これらの権利が自己との取引の過程で得られたことを理由に，一方的に，作成
　　　　の目的たる使用の範囲を超えて当該権利を自己に譲渡させること　等
3　受領拒絶・支払遅延・代金額の減額その他不利益な取引条件の設定・変更・実施
　(1)　受領拒否

---

[94] 当該取引の相手方にあらかじめ計算できない不利益を与えることとなる場合や，当該取引の相手
　　方が得る直接の利益等を勘案して合理的であると認められる範囲を超えた負担となり，当該取引の
　　相手方に不利益を与えることとなる場合には，正常な商慣習に照らして不当に不利益を与えたこと
　　になる（優越的地位濫用ガイドライン第4．2(1) ア，同(2) ア，3(2) ア）。
[95] 菅久・独占禁止法179頁
[96] 優越的地位濫用ガイドライン第4

・取引の相手方が，発注に基づき商品を製造し，当該商品を納入しようとしたところ，売行き不振又は売場の改装や棚替えに伴い当該商品が不要になったことを理由に，当該商品の受領を拒否すること　等

(2) 返品

・展示に用いたために汚損した商品を返品すること　等

(3) 支払遅延

・社内の支払手続の遅延，製品の設計や仕様の変更などを理由として，自己の一方的な都合により，契約で定めた支払期日に対価を支払わないこと　等

(4) 減額

・商品又は役務の提供を受けた後であるにもかかわらず，業績悪化，予算不足，顧客からのキャンセル等自己の一方的な都合により，契約で定めた対価の減額を行うこと　等

(5) その他取引の相手方に不利益となる取引条件の設定等

・多量の発注を前提として取引の相手方から提示された単価を，少量しか発注しない場合の単価として一方的に定めること　等

　原材料等の値上がりや部品の品質改良等に伴う研究開発費の増加，環境規制への対策などにより，取引の相手方のコストが大幅に増加したにもかかわらず，従来の単価と同一の単価を一方的に定めることは，優越的地位の濫用として問題となり得る。このような場合に，優越的地位の濫用にあたるか否かは，対価の決定にあたり取引の相手方と十分な協議が行われたかどうか等の対価の決定方法のほか，他の取引の相手方の対価と比べて差別的であるかどうか，取引の相手方の仕入価格を下回るものであるかどうか，通常の購入価格又は販売価格との乖離の状況，取引の対象となる商品又は役務の需給関係等を勘案して総合的に判断される[97]。

　【Case④】については，Xから要請を受けた仲卸業者の多くは，Xとの納入取引を継続して行う立場上，それらの要請に応じることを余儀なくされている。取引の対価の一方的決定については，仲卸業者の仕入価格を下回っていること

---

[97] 優越的地位濫用ガイドライン第4．3(5)ア

から，不利益な取引条件の設定として，濫用行為にあたるといえ，他方で，従業員の派遣要請についても，取引の相手方に対し，派遣費用を負担することなく，自己の利益にしかならない業務を行うよう要請するものであるから，濫用行為にあたる。

370　第4章 契約取引

(3)　下請取引に関する留意点

Case
⑤　工業用機械メーカーA社は，工業用機械の部品の製造を部品メーカーB社に委託した。当該部品は，いわゆる精密部品であって検査に時間がかかる。そこで，両社は代金の支払い時期を納品から6か月後に設定することを合意した。

Check List
□　①取引の内容と②資本金区分から判断して，取引の相手方が下請法上の下請事業者に該当しないか
□　下請法上の親事業者の義務及び禁止行為に違反しないか
□　発注した物品等を受領した日から起算して60日以内の期間内で，下請代金の支払期日を定めたか

ア　下請法の適用対象

　下請取引における下請代金の減額や買いたたき等の行為は，独禁法上の不公正な取引方法のうち「優越的地位の濫用」に該当するおそれがある行為であるが，「優越的地位の濫用」に該当するか否かを個別に認定することは判断が難しく，下請業者の利益保護に繋がらないことも考えられる。

　そこで，下請法は，適用対象を明確にし，違反行為の類型を具体的に法定するとともに，独禁法に比して簡易な手続を規定することで，下請事業者の利益を保護すべく，独禁法の補完法として制定された。

　下請法は，適用対象となる下請取引の範囲を，①資本金区分と，②取引の内容の両面から定めており，規制対象となる取引の発注者（親事業者）を資本金区分により「優越的地位にある」ものとして類型的に取り扱っている。

（ア）資本金区分

a　物品の製造・修理委託及び政令で定める情報成果物作成・役務提供委託（プログラム作成，運送，物品の倉庫における保管及び情報処理に係るもの）

親事業者		下請事業者
資本金3億円超	→	資本金3億円以下
資本金1千万円超3億円以下	→	資本金1千万円以下

b　情報成果物作成委託・役務提供委託（プログラム作成，運送，物品の倉庫における保管及び情報処理に係るものを除く）

親事業者		下請事業者
資本金5千円超	→	資本金5千万円以下
資本金1千万円超5千万円以下	→	資本金1千万円以下

（イ）取引の内容

製造委託	物品を販売し，又は物品の製造を請け負っている事業者が，規格，品質，形状，デザインなどを指定して，他の事業者に物品の製造や加工などを委託すること（なお，「物品」は，動産を指し，不動産は含まれない）
修理委託	物品の修理を請け負っている事業者が，その修理を他の事業者に委託したり，自社で使用する物品を自社で修理している場合に，その修理の一部を他の事業者に委託することなど
情報成果物委託	ソフトウェア，映像コンテンツ，各種デザインなどの情報成果物の提供や作成を行う事業者が，他の事業者にその作成作業を委託すること 例)・プログラム 　　・映像や音声，音響などから構成されるもの 　　・文字，図形，記号などから構成されるもの
役務提供契約	他者から運送やビルメンテナンスサービスなどの各種サービスの提供を請け負った事業者が，請け負った役務の提供を他の事業者に委託すること

イ　親事業者の義務

親事業者には以下の4つの義務が課せられている[98]。

親事業者の義務
i　書面の交付義務（下請3条）
ii　支払期日を定める義務（下請2条の2）
iii　遅延利息の支払義務（下請4条の2）
iv　書類の作成・保存義務（下請5条）

（ア）書面の交付義務

親事業者は発注にあたって，発注内容を明確に記載した書面を交付しなければならない（下請3条，下請法3条書面の記載事項等に関する規則[99]）。特に，下請事業者の給付の内容及び下請代金の額の記載に注意が必要である。

（イ）支払期日を定める義務

親事業者は，親事業者が下請事業者の給付の内容について検査をするかどうかを問わず，受領日（下請事業者から物品等又は情報成果物を受領した日，又は役務提供委託の場合は，下請事業者が役務を提供した日）から起算して60日以内（受領日を算入する）のできる限り短い期間内で，下請代金の支払期日を定めなければならない（下請2条の2第1項）。なお，支払期日を定めなかったときは，受領した日が，受領日から起算して60日を超えて支払期日を定めたときは受領日から起算して60日を経過した日の前日が，それぞれ支払期日となる（同条2項）。

支払期日を定めなかった場合	→	受領した日
60日の期間を超える場合	→	受領した日から起算して60日を経過した日の前日

---

[98] 詳細は，公正取引委員会・中小企業庁「下請取引適正化推進講習会テキスト」（令和5年11月，以下「講習会テキスト」という）25頁以下を参照。

[99] 令和5年12月25日公取委規則第3号

（ウ）遅延利息の支払義務

親事業者は，下請代金をその支払期日までに支払わなかったときは，下請事業者に対し，受領日から起算して60日を経過した日から実際に支払をする日までの期間について，その日数に応じ当該未払金額に年率14.6%を乗じた額の遅延利息を支払わなければならない（下請4条の2）。

（エ）書類の作成・保存義務

親事業者は，下請取引が完了した後，給付内容・下請代金の額など，取引に関する記録を書類として作成し，2年間保存しなければならない（下請5条）[100]。

ウ　親事業者の禁止事項（下請4条）

下請取引の公正化及び下請事業者の利益保護のため，親事業者には以下の11項目の禁止事項が定められている[101]。たとえ下請事業者の了解を得ていても，また，親事業者に違法性の意識がなくても，これらの規定に触れるときには，下請法に違反することになるので十分注意が必要である。

　i　受領拒否の禁止（下請4条1項1号）

　　　下請事業者に責任がないのに，発注した物品等の受領を拒否することは禁止される。

　ii　下請代金の支払遅延の禁止（同項2号）

　　　給付の内容について検査をするかどうかを問わず，発注した物品等の受領日から，60日以内で定められている支払期日までに下請代金を支払わないことは禁止される。

　　　【Case⑤】でも，代金の支払い時期を納品から6か月後に設定することは，下請法違反となる。

　iii　下請代金の減額の禁止（同項3号）

　　　下請事業者に責任がないのに，発注時に決定した下請代金を発注後に減額することは禁止される。

---

[100] 発注内容, 単価, 納期等が記載された3条書面の写しを5条書類の一部とすることは可能である。しかし, 5条書類は取引の経緯を記載する書類なので, 取引開始時に定めた事項のみが記載されている3条書面の写しを保存するだけでは, 5条規則の記載事項をすべて満たすことはできないため書類の作成・保存義務に違反することとなる。

[101] 詳細は, 講習会テキスト39頁以下を参照。

iv 返品の禁止（同項4号）

　　下請事業者に責任がないのに，発注した物品等を受領後に返品すること
は禁止される。

v 買いたたきの禁止（同項5号）

　　発注する物品等に通常支払われるべき対価に比べ著しく低い下請代金を
不当に定めることは禁止される。

vi 購入・利用強制の禁止（同項6号）

　　下請事業者に発注する物品の品質を維持するためなどの正当な理由がな
いのに，親事業者が指定する物・サービスを強制して購入・利用させるこ
とは禁止される。

vii 報復措置の禁止（同項7号）

　　親事業者の違反行為を公取委や中小企業庁に知らせたことを理由に，そ
の下請事業者に対して取引数量の制限・取引停止など，不利益な取扱いを
することは禁止される。

viii 有償支給原材料等の対価の早期決済の禁止（下請4条2項1号）

　　親事業者が有償支給する原材料等で，下請事業者が物品の製造等を行っ
ている場合，その原材料等が用いられた物品の下請代金の支払い日よりも
早く，原材料の対価を支払わせることは禁止される。

ix 割引困難な手形の交付の禁止（同項2号）

　　下請代金を手形で支払う際，銀行や信用金庫など，一般の金融機関で割
引を受けることが困難な手形を交付することは禁止される。

x 不当な経済上の利益の提供要請の禁止（同項3号）

　　親事業者が自己のために，下請事業者に金銭や役務，その他の経済上の
利益を不当に提供させることは禁止される。

xi 不当な給付内容の変更及び不当なやり直しの禁止（同項4号）

　　下請事業者に責任がないのに，発注の取消し・変更を行ったり，受領後
にやり直しや追加作業を行わせる場合に，下請事業者が作業にあたって負
担する費用を親事業者が負担しないことは禁止される。

エ　下請法に違反した場合

必要があると認められたときは，報告又は事業所等への立入り検査が実施さ

れる可能性があるほか（下請9条），違反親事業者に対しては，違反行為の是正やその他必要な措置をとるべきことの勧告が行われ得る（下請7条）。

　また，以下に該当する場合には，代表者・行為者（担当者）個人が罰せられるほか，法人も罰せられることになる（50万円以下の罰金，下請10条乃至12条）。

- ・書面の交付義務違反
- ・書類の作成及び保存義務違反
- ・報告徴収に対する報告拒否，虚偽報告
- ・立ち入り検査の拒否，妨害，忌避

376 第4章 契約取引

第3 | 広告・宣伝・販売

1 広告・表示，販売促進活動（景品類の提供）に関する留意点

　品質や価格などは，消費者が商品・サービスを選ぶ重要な基準であるから，その表示は正しく分かりやすいことが必要とされる。もっとも，品質や価格などは真偽の見当がつきやすく，商取引の世界においては，多少の誇張（パフィング（puffing））は許されるから，その線引きが問題となる。

Case

① 化粧品を製造するメーカーA社は，新しく商品Oを開発した。A社は，商品Oの販売促進のため，美容系のユーチューバーB（登録者数約20万人）に商品Oの広告を依頼した。Bは，Oの紹介動画の作成し，動画を投稿した。また，Bは，自身が別に運営するウェブサイトに販売サイトへのハイパーリンクを掲載した。

　動画が投稿された後，A社は，第三者Cに依頼して，当該動画のコメント欄に，当該商品に好意的な内容のレビューを依頼の事実を伏せたまま書き込ませた。

Check List

☐ 広告内容について，一般消費者が当該表示から受ける印象・認識が，社会一般に許容される程度を超えて，一般消費者による商品又は役務の選択に影響を与えていないか

☐ 広告内容について，それを裏付ける合理性のある資料を15日以内に準備できるか

☐ 過去の販売価格等を比較対照価格とする二重価格表示について，「最近相当価格」に適った表示となっているか

☐ 希望小売価格を表示する場合には，希望小売価格を周知しているか

☐ 景品を提供する場合に，当該景品の価額が取引の価額の20％を超えないか

☐ 懸賞を提供する場合に，取引価額の20倍（10万円を超える場合は，10万円），及び総額として懸賞に係る取引の予定総額の2％を超えないか

第3 広告·宣伝·販売　377

(1)　表示に関する法規制

　表示に関する法規制は，法律が表示を義務付けるもの[102]と，法律が一定の表示を禁止するものに大別される。情報の正確性の観点からすれば，表示の義務付け・禁止はいわば表裏一体であり，景表法により規制される[103]。なお，不表示そのものは，一般的には景表法の規制対象ではないが，いわゆる打消し表示の問題となり得る。

(2)　景品表示法による「表示」規制

ア　概　説

（ア）表示の主体

　表示の内容の決定に関与した事業者が規制対象となる。即ち，ⅰ自ら若しくは他の者と共同して積極的に表示の内容を決定した事業者のみならず，ⅱ他の者の表示内容に関する説明に基づきその内容を定めた事業者，ⅲ他の事業者にその決定を委ねた事業者も含まれる。なお，事業者が第三者の表示に関与したとしても，客観的な状況に基づき，第三者の自主的な意思による表示内容と認められる場合，事業者の表示とはならない。

　【Case①】の場合，A社が，Bと共同して動画の内容について決定している場合はもとより，Bに動画の内容について決定を委ねた場合でも，当該表示の主体であると認められるから規制の対象となる。アフィリエイト広告についても同様である。

（イ）表　示

　景表法の規制となる「表示」とは，「顧客を誘引するための手段として，事業者が自己の供給する商品又は役務の内容又は取引条件その他これらの取引に関する事項について行う広告その他の表示であって，内閣総理大臣が指定するものをいう」（景表2条4項）。チラシ等の広告はもちろん，セールストーク

---

[102] 景表法の他に特定商取引法や割賦販売法に基づく表示義務がある。

[103] 自己の供給する商品の取引に関する事項について，実際のもの又は競争者に係るものよりも著しく優良又は有利であると顧客に誤認させることにより，競争者の顧客を自己と取引するように不当に誘引することにより，公正な競争が害される場合は，独禁法上も禁止される（不当顧客誘引）（独禁2条9項6号ハ，一般指定8項）。

（訪問・電話）まで含まれる。

規制内容については，景表法5条各号に規定されており，優良誤認表示（1号），有利誤認表示（2号），その他誤認される恐れのある表示（3号）がある。

```
                    ┌─────────────┐
                    │   不当表示   │
                    └─────────────┘
         ┌───────────────┼───────────────┐
```

優良誤認表示	有利誤認表示	指定告示に基づく不当表示
商品・役務の「内容」について	役務の「取引条件」について	・無果汁の清涼飲料水等についての表示
・実際のものよりも著しく優良であると一般消費者に誤認される表示	・実際のものよりも一般消費者に著しく有利であると誤認される表示	・商品の原産国に関する不当な表示
・競争事業者に係るものよりも著しく優良であると一般消費者に誤認される表示	・競争事業者に係るものよりも取引の相手方に著しく有利であると一般消費者に誤認させる表示	・消費者信用の融資費用に関する不当な表示 ・不動産のおとり広告に関する表示 ・おとり広告に関する表示 ・有料老人ホームに関する不当な表示 ・一般消費者が事業者の表示であることを判別することが困難である表示

イ　優良誤認表示（景表5条1号）

（ア）内　容

景表法は，以下の要件を満たす行為を「優良誤認表示」として規制している。

> ①　商品又は役務の内容[104]に係る表示であること
> ②－1　実際のものよりも著しく[105]優良であることを示す[106]こと

---

[104] 商品の品質に関係がない点，例えば，環境配慮を謳う点等も優良誤認表示にあたり得る。例えば，コピー用紙について，コピー用紙の品質に関係なく，環境に配慮した商品として古紙パルプの利用率について実際のものを大幅に上回って 100%使用等と表示した製紙会社に対する排除命令が下された事案がある（平成20年（排）第28乃至第35号（平成20年4月25日））。

[105] 「著しく」とは，当該表示の誇張の程度が，社会一般に許容される程度を超えて，一般消費者による商品又は役務の選択に影響を与える場合をいう。誇張が「社会的に許容される程度」を超えるか否かについては，「商品の性質，一般消費者の知識水準，取引の実態，表示の内容・方法などを勘案して判断」される（東京高判平成14年6月7日判タ1099号88頁）。

[106] 一般消費者の誤認を招く表示であるか否かという観点から判断される。

又は，

②-2　事実に相違して当該事業者と同種若しくは類似の商品若しくは役務を提供
している他の事業者に係るものよりも著しく優良であることを示すこと

優良誤認表示に該当するか否かは，商品の性質，一般消費者の知識水準，取引の実態，表示の方法，表示の対象となる内容などをもとに，表示全体から判断される。

（イ）不実証広告規制（景表7条2項）

優良誤認表示の疑いがある場合，内閣総理大臣は，当該表示を行った事業者に対し，その表示の裏付けとなる合理的な根拠[107]を示す資料の提出を求めることができる（景表7条2項）。当該事業者が定められた期間内に何らの資料を提出しない場合や，表示の裏付けとなる合理的根拠を示す資料を提出できない場合には，当該表示は優良誤認表示とみなされ，不当表示として行政処分が命ぜられる可能性がある[108]。

ウ　有利誤認表示（景表5条2号）

景表法は，価格を著しく安くみせかけるなど，取引条件を著しく有利に見せかける表示を有利誤認表示として，規制している。「価格その他の取引条件」という規定のとおり，価格のほか，数量，支払条件，取引に付随して提供される景品類，アフターサービス等，種々のものも含まれる。もっとも，問題になりやすいのは，やはり価格に関する表示である。

価格表示ガイドライン第2．2によれば，問題となる価格表示は，以下のとおり整理される。

---

[107] ①提出資料が客観的に実証された内容のものであるか，又は②表示された効果，性能と提出資料によって実証された内容が適切に対応していることが必要である（不実証広告ガイドライン第3．1）。

[108] 消費者庁長官が資料の提出を求める文書を交付した日から15日を経過するまでの期間に提出しなければならない。なお，正当な事由があると認められる場合には，提出期間は延長されるが，新しく追加的な試験・調査を実施する必要がある等の理由は正当な事由とは認められない（不実証広告ガイドライン第4．2(2)）。

(1)	実際の販売価格よりも安い価格を表示する場合
(2)	販売価格が，過去の販売価格や競争事業者の販売価格と比較して安いとの印象を与える表示を行っているが，例えば，次のような理由のために実際は安くない場合
	ア　比較に用いた販売価格が実際と異なっているとき
	イ　商品又は役務の内容や適用条件が異なるものの販売価格を比較に用いているとき
(3)	その他，販売価格が安いとの印象を与える表示を行っているが，実際は安くない場合

　(1)は販売価格を単体で表示する場合に，(2)は二重に価格表示する場合に問題となる。

　二重価格表示は，その内容が適正な場合には，一般消費者の適正な商品選択に資する面があるものの，比較対象価格の内容について適正な表示が行われていない場合には，一般消費者に販売価格が安いとの誤認を与えるから規制される。

　同一ではない商品の価格を比較対照価格に用いて表示を行う場合[109]や，比較対照価格に用いる価格について実際と異なる表示やあいまいな表示を行う場合[110]には，それだけで，不当表示に該当するおそれがある。

（ア）過去の販売価格等を比較対照価格とする二重価格表示

　「当店通常価格」「セール前価格」等の名称や，㊙，㊝等の記号を使用するなど，過去の販売価格等を比較対象とする二重価格表示については，「最近相当期間にわたって販売されていた[111]価格」（最近相当期間価格）との概念を

---

[109] 商品の同一性については，「銘柄，品質，規格等からみて同一とみられるか否かにより判断される」（価格表示ガイドライン第4．1(1)イ）。

[110] 「当該価格がどのような内容の価格であるかを正確に表示する必要」があるとされる（価格表示ガイドライン第4．1(2)）。

[111] 「事業者が通常の販売活動において当該商品を販売していたことをいい，実際に消費者に購入された実績のあることまでは必要ではない。
　　他方，形式的に一定の期間にわたって販売されていたとしても，通常の販売場所とは異なる場所に陳列してあるなど販売形態が通常と異なっている場合や，単に比較対象と価格とするための実績作りとして一時的に当該価格で販売していたと認められるような場合には，「販売されていた」とはみられない」（価格表示ガイドライン第4．2(1)ア(イ)b）。

第3 広告・宣伝・販売　381

基にして，以下のとおり規制される[112]。

---

① 同一の商品について最近相当期間価格とはいえない価格を比較対照価格に用いるときは，当該価格がいつの時点でどの程度の期間販売されていた価格であるか等その内容を正確に表示しない限り，一般消費者に販売価格が安いとの誤認を与え，不当表示に該当するおそれがある。

② 同一の商品について最近相当期間価格を比較対照価格とする場合には，不当表示に該当するおそれはない。

最近相当期間価格か否かは，一般的には，以下のとおり判断される。

---

① 二重価格表示を行う最近時において，

② 比較対照価格に用いようとする価格で販売されていた期間が，

③ 当該商品の販売期間の過半を占めている場合，

については，当該価格を最近相当期間価格とみてよい。

「二重価格表示を行う最近時」は，セール開始時点からさかのぼる8週間（8週間未満の場合には，当該期間）について検討される[113]。ただし，上記の要件をいずれも満たす場合であっても，当該価格で販売されていた期間が通算して2週間未満の場合，又は，当該価格で販売された最後の日から2週間以上経過している場合には，「最近相当期間にわたって販売されていた価格」とはいえないとされる。

（イ）希望小売価格を比較対象とする二重価格表示[114]

以下の①及び②の要件を満たさない価格を希望小売価格[115]として比較対象

---

[112] 価格表示ガイドライン第4．2

[113] 価格表示ガイドライン第4．2ア（ウ）

[114] 本文中で紹介しきれなかった価格表示ガイドライン上の規制類型として，競争事業者の販売価格を比較対照価格とするもの，他の顧客向けの販売価格を比較対照価格とするものがある（価格表示ガイドライン第4．4及び5）。

[115] 希望小売価格に類似するものとして，製造業者等が参考小売価格や参考上代等の名称で小売業者に対してのみ呈示している価格がある。これについては，「小売業者が当該価格を比較対照価格に用いて二重価格表示を行うこと自体は可能であるが，希望小売価格以外の名称を用いるなど，一般消費者が誤認しないように表示する必要がある」（価格表示ガイドライン第4．3（1）イ）。

価格として用いるときには不当表示に該当することとなるおそれがある。

> ① 製造業者，卸売業者，輸入総代理店等，小売業者以外の者により，小売業者の価格設定の参考となるものとして設定されていること
> ② あらかじめ，新聞広告，カタログ，商品本体への印字等により公表されていること

（ウ）割引率又は割引額の表示

二重価格表示と類似した表示方法として，「当店通常価格」や表示価格等からの割引率又は割引額を用いた価格表示が行われることがある。規制の考え方は，基本的には前述の二重価格表示の場合と同じである。

エ　ステルスマーケティング規制

広告であるにもかかわらず，広告であることを隠すことをステルスマーケティングという。

特に，表示の主体に限っていえば，一般消費者は，事業者の表示であると認識すれば，表示内容に，ある程度の誇張・誇大が含まれることはあり得ると考え，そのことを考慮に入れて商品選択を行うことができる。しかしながら，実際には事業者の表示であるにもかかわらず，第三者の表示であると誤認する場合には，その表示内容の誇張・誇大に考えが及ばないことから，一般消費者の商品選択における自主的かつ合理的な選択が阻害されるおそれがある。よって，事業者の表示であるにもかかわらず，第三者の表示であると一般消費者に誤認される場合を規制される必要がある。

そこで，ステルスマーケティングを規制するため，消費者庁は，景表法5条3号に基づき，「一般消費者が事業者の表示であることを判別することが困難である表示」を新たな不当表示として告示による指定を行い（令和5年3月28日内閣府告示第19号），運用基準[116]も策定され，2023年10月1日に施行された。

> ① 事業者が自己の供給する商品又は役務の取引について行う表示であること
> ② 一般消費者が①の表示であることを判別することが困難であること

---

[116] 「一般消費者が事業者の表示であることを判別することが困難である表示」の運用基準（令和5年3月28日消費者庁長官決定，以下本項において「運用基準」という）。

①について，ⅰ事業者が自ら行う表示[117]，及びⅱ事業者が第三者をして行わせる表示と分けて考えることができる。

なお，事業者が第三者の表示に関与したとしても，客観的な状況に基づき，第三者の自主的な意思による表示内容と認められるものであれば，事業者の表示にはあたらない[118]。

②について，一般消費者にとって事業者の表示が第三者の表示であると一般消費者に誤認されないかどうかを表示内容全体から判断される。一般消費者にとって事業者の表示であることが明瞭となっていないものとしては，ⅰ事業者の表示であることが記載されていないもの[119]と，ⅱ事業者の表示であることが不明瞭な方法で記載されているものが想定される。

よって，【Case①】において，A社が，第三者Cに依頼して，当該動画のコメント欄に，当該商品に好意的な内容のレビューを依頼の事実を伏せたまま書き込ませることは，一般消費者をして，A社の表示であることが判別困難であるから，「一般消費者が事業者の表示であることを判別することが困難である表示」に当たり得る。

(3) 販売促進活動（景品類の提供）に関する規制

ア 規制の趣旨

過大な景品類[120]の提供が行われると，商品等の品質や価格などの情報に基づく適切な商品選択が歪められてしまうおそれがあるほか，景品による競争がエスカレートすると，事業者は商品・サービスの内容での競争に力を入れなくな

---

[117] 従業員について，従業員の事業者内における地位，立場，権限，担当業務，表示目的等の実態を踏まえて，事業者が表示内容の決定に関与したかについて総合的に考慮し判断される（運用基準第2．1(1) イ）。

[118] 一例として，「事業者が第三者に対して自らの商品又は役務を無償で提供し，SNS等を通じた表示を行うことを依頼するものの，当該第三者が自主的な意思に基づく内容として表示を行う場合」があげられる（運用基準第3．2(1) イ）

[119] 事業者がアフィリエイトプログラムを用いた表示を行う際には，アフィリエイトサイトに当該事業者の表示であることを記載しなければならない（運用基準第3．1(1) イ）。

[120] 「景品類」とは，「顧客を誘引するための手段として，その方法が直接的であるか間接的であるかを問わず，くじの方法によるかどうかを問わず，事業者が自己の供給する商品又は役務の取引…に付随して相手方に提供する物品，金銭その他の経済上の利益」（景表2条3項）をいう。

り，消費者の不利益につながるという悪循環を生んでしまうおそれがあるおそれがある。そこで，景表法は，景品類の最高額・総額等を規制することで，過大な景品類の提供による不健全な競争を防止している。

イ 規制内容

(ア) 懸 賞[121]

「懸賞」とは，商品・サービスの利用者に対し，くじ等の偶然性，特定行為の優劣又は正誤によって景品類を提供するものをいう（懸賞制限告示1項）。この場合，原則として，景品の最高額について懸賞に係る取引価額の20倍（ただし最高でも10万円）まで，景品総額について懸賞に係る売上予想総額の2％までという規制がある（懸賞制限告示2項，3項）。

取引価額	景品類限度額	
	最高額	総 額
5,000円未満	取引価額の20倍	懸賞に係る売上予定総額の2％
5,000円以上	10万円	

(イ) 総付景品

一般消費者に対して，「懸賞」によらないで，商品の購入者や来店者に漏れなく提供する景品類のこと，一般に総付景品という。これについても，下図のとおり，規制がある（総付制限告示1項）。

取引価額	景品類の最高額
1,000円未満	200円
1,000円以上	取引価額の10分の2

もっとも，正常な商慣習の観点から，適用が除外される場合がある[122]。

---

[121] 多数の事業者が共同して実施する共同懸賞については，最高額の制限は，30万円（一律），総額の制限は，懸賞に係る取引の予定総額の3％である（懸賞制限告示4項）。

[122] 以下のものは，総付景品の規制が及ばない（総付景品告示2項）。
　　① 商品の販売若しくは使用のため又は役務の提供のため必要な物品又はサービスであって，正

第3 広告·宣伝·販売　385

(4)　事業者の責任

　事業者は，景品類の提供又は表示により不当に顧客を誘引し，一般消費者による自主的かつ合理的な選択を阻害することのないよう，必要な体制の整備その他の必要な措置を講じる義務を負っている（景表26条1項）[123]。

(5)　景表法に違反した場合

ア　措置命令（景表7条）及び課徴金納付命令（景表8条）

　不当表示に該当する場合，又は過大な景品提供に該当する場合は，その行為の差止め若しくはその行為が行われることを防止するために必要な事項，それらの実施に関連する公示その他必要な事項が命ぜられ得る（景表7条1項柱書）。

　また，不当表示に該当する場合には，対象商品·役務の売上額の3％の課徴金が必ず課される。ただし，当該不当表示を行った事業者が，不当表示に該当することを知らず，かつ，知らないことにつき相当の注意を払ったと認められる場合，又は課徴金額が150万円未満であるときは課徴金が課されることはない（景表8条1項）。

イ　社会的制裁

　景表法に違反した場合，それが報道されることにより，当然に当該事業者の評判が下がることが予想される。このような，レピュテーションリスクが存在することも念頭に置く必要がある。

　　常な商慣習に照らして適当と認められるもの
　②　見本その他宣伝用の物品又はサービスであって，正常な商慣習に照らして適当と認められるもの
　③　自己の供給する商品又は役務の取引において用いられる割引券その他割引を約する証票であって，正常な商慣習に照らして適当と認められるもの
　④　開店披露，創業記念等の行事に際して提供する物品又はサービスであって，正常な商慣習に照らして適当と認められるもの

[123] 事業者が講ずべき表示等の管理上の措置について，事業者が講ずべき景品類の提供及び表示の管理上の措置についての指針（改正　令和4年6月29日内閣府告示第74号）において，①景表法の考え方の周知·啓発，②法令遵守の方針等の明確化，③表示等に関する情報の確認，④表示等に関する情報の共有，⑤表示等を管理するための担当者を定めること，⑥表示等の根拠となる情報を事後的に確認するための必要な措置を採ること，⑦不当な表示等が明らかになった場合における迅速かつ適切な対応の計7つの項目が列挙されており，参考になろう。

386 第4章 契約取引

2 販売提携に関する契約を締結する際の留意点

Check List
□ 販売提携の形態による違い（特に販売店契約と代理店契約の違い）を理解したうえで，販売提携を行っているか
□ 代理店契約の場合は，販売手数料を幾らと設定するか
□ 独占販売権の有無，及びメーカー自身が販売することの可否は明確化されているか
□ 競合品の取扱いの可否について，明確化されているか
□ 最低購入数量の取り決めがされる場合，優越的地位の濫用（独禁2条9項5号）にあたらないか

(1) 販売店契約と代理店契約の違い

　メーカーが自社商品を販売する際に，販売ノウハウや流通網を有する販売代理店との間で販売提携を結び，自社商品の販売を委託する例が多く見受けられる。この際，販売代理店と締結する契約には，様々な形態が存在するが，大きくディストリビューター方式（販売店契約）とエージェント方式（代理店契約）に分類することができる。

ア　販売店契約

　販売店契約とは，販売店がメーカーから自己の名前と計算[124]で商品を仕入れ，顧客に商品を再販売する契約をいう。この場合，販売店は，メーカーからの購入時と顧客への販売時の価格差によって利益を得る一方で，当該商品の在庫リスク及び再販売先の代金不払いのリスクを負う。

　商品の価格を設定するのは販売店であって，メーカーが販売価格を拘束することは，原則として許されない（再販売価格の拘束　本章第2.3(1)アを参照）。

イ　代理店契約

　代理店契約とは，代理店がメーカーの代理人（法律上，委任契約に該当する）

---

[124] 「自己の名前で」とは，取引の主体となることをいい，「自己の計算で」とは，損益の計算が帰属することをいう。

となり，代理店がメーカーの製造した商品を，メーカーのために，顧客に販売する契約をいう[125]。この場合，代理店は，メーカーより支払われる手数料により利益を得る。

代理店契約の場合，販売店契約と異なって，メーカーが再販売価格を拘束することは許される。

ウ　契約類型の選択

メーカー又は販売代理店のいずれの立場からも，各契約の主な相違点を理解したうえで，個別具体的な事業に即して，いずれの契約類型が自らにとって望ましいかを判断したうえで，販売店契約と代理店契約のいずれであるかを契約において明記しておく必要がある。

	販売店契約	代理店契約
顧客との契約締結主体	販売店	メーカー
価格決定権	販売店	メーカー
販売代理店の利益	転売利益 （一商品あたりの利益は大きい傾向）	販売手数料 （一商品あたりの利益は小さい傾向）
リスクの帰属主体 （在庫・代金回収等）	販売店	メーカー

(2)　独占販売権と非独占販売権

販売店契約か代理店契約かを問わず，メーカーが販売店・代理店に対して，独占販売権を付与する場合がある。もっとも，メーカーの立場としては，独占販売権を付与すると，販売機会そのものを失ってしまう可能性が生じる。そこで，独占販売権が付与される場合には，最低販売数量や独占権の条件・範囲を限定する取り決めが行われる場合が多い。

---

[125] 厳密には，代理店が，顧客との関係で売買契約の主体となる場合（代理）とならない場合（媒介）がある。

（3） 競合品の取扱い

独占販売権の付与が行われる場合，メーカーとしては，自社商品の販売に注力してほしいと望むことから，併せて競合品の取扱いを制限する内容の条項が定められることがあるが，私的独占（独禁2条5項），又は不公正な取引方法として排他条件付取引（独禁2条9項，一般指定11項）に該当するおそれがあるため注意が必要である[126]。

（4） 販売可能（営業）地域の定め等

独占販売権の付与が行われる場合，販売店・代理店の事業活動を拘束する内容の条項（例えば，販売可能地域，再販売先，販売方法等）が定められることが多いが，私的独占（独禁2条5項），不公正な取引方法として拘束条件付取引（独禁2条9項，一般指定12項）に該当するおそれがあるため注意が必要である。

営業地域の制限については，以下の4類型に分類し得る（流通・取引慣行ガイドライン第1部第2. 3）。

---

① 責任地域制（当該地域での積極的な販売活動の義務付け）
② 販売拠点制（販売拠点の設置場所の制限・義務付け）
③ 厳格な地域制限（当該地域以外での販売行為を制限）
④ 地域外顧客への受動的販売の禁止（当該地域外の顧客からの求めに応じた販売を制限

---

①及び②については，これにより価格維持効果が生じることは考え難く，およそ違法とはならない。他方，③及び④については，違法の問題が生じ得る[127]。

---

[126] 競争停止の弊害が発生するか否かという観点から判断される（流通・取引慣行ガイドライン第1部第2. 2）。もっとも，市場におけるシェアが20%以下である事業者や新規参入者が競争品の取扱い制限を行う場合には，競争停止の弊害が生じえないとして，違法の問題は生じない（流通・取引慣行ガイドライン第1部3（4））。

[127] 厳格な地域制限（流通・取引慣行ガイドライン第1部1. 3（3））については，競争停止の弊害が発生するか否かという観点から判断される。もっとも，市場におけるシェアが20%以下である事業者や新規参入者が競争品の取扱い制限を行う場合には，競争停止の弊害が生じえないとして，違法の問題は生じない（流通・取引慣行ガイドライン第1部3（4））。

(5) 最低購入数量の定め

　独占販売権の付与が行われる場合，メーカーの立場からは販売ルートが当該
販売店・代理店に限定されてしまうため，安定した利益を確保するために最低
購入数量に関する条項が定められることが多い。

　しかし，メーカーが，取引上の地位が販売店・代理店に優越していることを
利用して最低購入数量を定めた場合，優越的地位の濫用（独禁２条９項５号イ）
に該当するおそれがあるため注意が必要である。

(6) 報告義務

　代理店契約の場合，取引の経済的損益が帰属するのはあくまでメーカーであ
るので，メーカーは代理店に対して，商品の販売先や販売価格等について報告
を求めることがよくある。また，このような報告義務は委任契約から導かれる
義務でもある（民法645条）。

■ウェブ掲載　【書式 4-3-2-1】販売店契約書

　　　　　　　【書式 4-3-2-2】代理店契約書

3　割賦販売・サブスクリプションサービス

　割賦販売が行われる場合には，事業者に割賦販売法上の義務が課される。関連して，現代においては，クレジットカードや二次元コードによる後払い決済手段が広く用いられていることから，加盟店の立場を念頭に，特にクレジットカード決済に係るセキュリティ構築の設計に留意する必要がある。

　また，近年，流行するサブスクリプションサービスを提供する際には，資金決済法上の義務が発生し得ることにも留意すべきである。

(1)　割賦販売

Check List
□　割賦払い及びローン提携販売に伴う表示義務を適切に履行しているか
□　クレジットカード加盟店として，カード情報保護対策として，クレジットカード番号等を適切に管理し，クレジットカード番号等の不正利用防止のために必要な措置を取っているか

ア　割賦払い

　割賦払いとは，①販売業者が販売する法律により指定された商品等[128]の代金を②割賦払い（2か月以上の期間にわたり，3回払い以上の分割）により受領する場合をいう。例えば，携帯電話通信事業者が携帯電話機器の割賦払いを行う場合があげられる。この例のように，個別方式の割賦販売（割販2条1項1号）のほか，販売業者が発行するクレジットカード等を用いた包括方式の割賦販売（割販2条1項2号）もある。

割賦販売契約（・カード会員契約）

---

[128] 商品の他に，権利及び役務の提供も規制の対象となる。商品については，54種類が指定されている（割販令別表第一）。

割賦払いに該当する場合，販売事業者には，①割賦販売条件の表示（割販3条）[129]，②書面の交付（割販4条）[130]，③契約の解除等の制限（割販5条）[131]，④契約の解除等に伴う損害賠償等の額の制限（割販6条）等の規制が課せられる。

イ　ローン提携販売

ローン提携販売とは，①販売業者が販売する法律により指定された商品等の代金を金融機関から借り入れ，②割賦払い（2か月以上の期間にわたり，3回払い以上の分割）により受領することを条件に，販売会社が消費者の債務を保証することをいう。この場合，消費者と金融機関の間には「金銭消費貸借契約」，消費者と販売業者の間には「売買契約」「保証委託契約」，金融機関と販売業者の間には「保証契約」がそれぞれ結ばれる。

ローン提携販売に該当する場合，ローン提携販売事業者には，①ローン提携販売条件の表示（割販29条の2），②書面の交付（割販29条の3）の義務が課される。

---

[129] 商品については，①現金販売価格，②割賦販売価格，及び③支払いの期間・回数を表示しなければならない。

[130] 特に，個別方式の割賦販売については，①商品若しくは権利の割賦販売価格又は役務の割賦提供価格，②賦払金（割賦販売に係る各回の代金の支払分）の額，③賦払金の支払の時期及び方法，④商品の引渡し時期若しくは権利の移転時期又は役務の提供時期，⑤契約の解除に関する事項，⑥所有権の移転に関する定めがあるときは，その内容，⑦前各号に掲げるもののほか，経済産業省令・内閣府令で定める事項の表示義務があり，包括方式の割賦販売については，②及び③に代えて，弁済金の支払の方法を表示しなければならない。

[131] 「二十日以上の相当な期間を定めてその支払を書面で催告し，その期間内にその義務が履行されないときでなければ，賦払金の支払の遅滞を理由として，契約を解除し，又は支払時期の到来していない賦払金の支払を請求することができない。」（割販5条）

ウ　信用購入あっせん

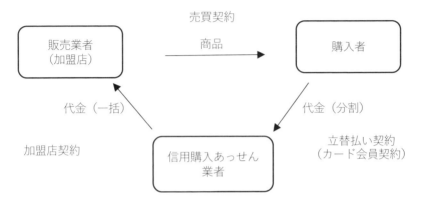

　信用購入あっせんとは，販売業者が商品等を販売する際，信用購入あっせん業者が消費者に代わって販売会社に代金の支払いを受け，後日，消費者が代金を2か月を超えて（リボルビングを含む）で信用購入あっせん業者に支払うことをいう。クレジットカード等が用いられる場合は，「包括信用購入あっせん」（割販2条3項），それが用いられない場合は，「個別信用購入あっせん」（割販2条4項）にあたる。

　割賦販売法では「信用購入あっせん」での購入商品には指定がなく，すべての商品が対象となる。

エ　クレジットカード加盟店の義務

　近年，カード情報の漏えい事案や不正利用被害が拡大していることから，2016年12月9日に割賦販売法が改正され，加盟店は，カード情報などの漏えい対策やカードの不正利用対策を講じることが義務付けられた。

　加盟店は，カード情報保護対策として，クレジットカード番号等の適切な管理義務を負い（割販35条の16），併せて，不正利用対策として，クレジットカード番号等の不正利用防止のために必要な措置を講じる義務を負う（割販35条の17の15）。

　具体的には，加盟店は，カード情報保護対策として決済端末等を使用することにより，クレジットカード番号等の非保持化（加盟店におけるサーバーにおいて顧客のカード情報を保存，処理，通過させないことをいう）することや，

顧客情報を保持する場合には，国際的な基準であるPCI DSS[132]への準拠が義務化された。なお，これは非対面販売であっても同様である。

　また，不正利用防止対策として，特に対面取引においては，磁気ストライプからカード情報を盗み取るスキミングを防止するために，ICカード取引が可能な決済端末の設置が義務化された。

(2)　サブスクリプションサービス（資金決済法による規制）

Check List
□　資金決済法上の「前払式支払手段」に該当しないか
□　前払式支払手段に該当する場合，情報提供義務，及び供託義務等の資金決済法上の義務を履行しているか
□　前払式支払手段の有効期限を6か月未満とすることで供託義務の規制を免れることができる

ア　サブスクリプションサービスと資金決済法

　サブスクリプションサービスとは，提供する商品やサービスの数ではなく，商品やサービスの利用期間に対して対価を支払うサービスのことをいう。

　典型的には，月額定額制による音楽や動画などのコンテンツ配信サービスが多くみられるが，利用者が事前に専用のポイントを購入し，そのポイントを使ってサービスを利用するという方式が採られる例も増えており，このようなポイント利用方式を用いる場合は，資金決済法上の「前払式支払手段」[133]（資金決済3条1項）に該当し，規制を受ける可能性がある[134]。

---

[132] Payment Card Industry Data Security Standard の略。国際ブランドが共通で策定した国際的な規格のこと。

[133] さらに，自家型前払式支払手段（発行者から商品・サービスの購入を行う場合に限り，使用することができるもの）と第三者型前払式支払手段（主に発行者以外の第三者から商品・サービスの購入を行う場合に使用することができるもの）に区分される。

[134] 事業者が，決済手段として，商品券やカタログギフト券，磁気型やIC型のプリペイドカード，及びインターネット上で使えるプリペイドカード等を発行する場合には，当該決済手段が，資金決済法の「前払式支払手段」（資金決済3条1項）に該当し，規制を受ける可能性がある。

イ　前払式支払手段の要件

前払式支払手段の要件は以下のとおりである。

前払式支払手段の要件
① 金額・数量が記載・記録されること（価値の保存）
② 金額・数量に応ずる対価を得て発行される証票等，番号，記号その他のものであること（対価発行）
③ 代価の弁済等に使用されること（権利行使）

そのため，これらの要件を満たさないものは，前払式支払手段に該当しないとされる[135]。例えば，無償で発行されるポイントも，要件②を満たさないことから，前払式支払手段に該当しない。

ウ　適用除外

また，前払式支払手段の要件を満たす場合でも，一定の要件に合致するものについては，資金決済法を適用しないものとされている（適用除外　資金決済4条，資金決済令4条）。例えば，発行の日から6か月内に限り使用できる前払式支払手段は，資金決済法の規制の適用除外とされているため（資金決済4条2号，資金決済令4条2項），前払式支払手段の有効期間を6か月よりも短い期間に設定しておくことで，後述の規制を受けることなく，前払式支払手段を発行することができる。

エ　前払式支払手段の規制

前払式支払手段に該当する場合，発行者は各種の規制を受ける。主な規制としては，以下のものがある。

- ・届出義務：毎年3月末又は9月末の時点（基準日）で，前払式支払手段の未使用残高が1,000万円を超える事業者は，内閣総理大臣から委任を受けた金融庁財務局への届出が必要になる（資金決済5条・104条）。
- ・情報提供義務：発行者の氏名や苦情相談窓口の所在地・連絡先などを利用者にわかりやすく提供しなければならない（資金決済13条）。
- ・供託義務：毎年3月末又は9月末の時点（基準日）で，前払式支払手段の未使用残高が1,000万円を超える事業者は，未使用残高の半額を供託しなければならない（資金決済14～16条）。

---

[135] 詳細は，金融庁「事務ガイドライン（第三分冊：金融会社関係）」「5．前払式支払手段発行者関係」Ｉ－1－1（1）を参照。

第4 情報管理 395

第4 情報管理

1 営業秘密の保護

Check List
□ 不正競争防止法上の「営業秘密」にあたるか
□ （「営業秘密」にあたらない場合）秘密情報管理規程などに定められている「秘密情報」にあたるか
□ 秘密情報管理規程や秘密保持誓約書，秘密保持契約書において，秘密情報の不正開示・不正使用に対してどのような救済手段が定められているか

(1) 企業間の営業秘密漏洩防止

ア 不正競争防止法

不競法は，事業者間の公正な競争を確保するために，公正競争を阻害する行為を不正競争行為として類型化し，かかる不正競争行為により営業上の利益を侵害された者による損害賠償請求権や差止請求権を認め，また，特に悪質な行為については刑事罰を定めている。この不競法において，企業の秘密情報を不正に取得，使用，開示するいわゆる営業秘密侵害行為は，不正競争行為と定められており，営業秘密侵害により営業上の利益を侵害された者には損害賠償請求権や差止請求権が認められていることに加え，刑事罰も定められている。

企業が保有する情報のすべてが不競法で保護されるわけではなく，同法が定義する「営業秘密」に該当する情報だけが保護の対象となる。すなわち，「営業秘密」について，不競法は「秘密として管理されている生産方法，販売方法その他の事業活動に有用な技術上又は営業上の情報であって，公然と知られていないものをいう。」と定義しており（不競2条6項），①秘密として管理された情報であって（秘密管理性[136]），②事業活動に有用な技術上又は営業上の

---

[136] 秘密管理性とは，その情報に合法的かつ現実に接触することができる従業員等からみて，その情報が会社にとって秘密としたい情報であることが分かる程度に，アクセス制限やマル秘表示といっ

情報であって（有用性[137]），③公然と知られていない情報（非公知性[138]）が「営業秘密」として保護されることになる。

　このように，不競法により保護を受けられるのは一定の情報[139]に限定されていることから，営業秘密に該当しない秘密情報であっても法的保護を受けられるようにしておくために，秘密保持契約を締結しておくことが重要である。また，ある情報の「秘密管理性」が認められるためにも，秘密保持契約を締結していることが重要となることがある[140]。

イ　秘密保持契約（NDA）の締結

　一般的な秘密保持契約の内容は以下のとおりであるが，これらの条項例はあくまでサンプルである。実際に契約書を作成する際には，個別の取引内容（特に，秘密情報の内容及び開示範囲）に沿って適宜修正することが重要である。

（ア）目　的

第○条（目的）
本契約は，○○○の取引を実行するか否かを検討することを目的（以下「本目的」という。）に甲乙間において相互に開示する秘密情報の取扱いを定めるものとする。

　秘密保持契約においては，後述（ウ）のとおり，秘密情報の目的外使用を禁止する条項を定めることが一般的であるから，秘密保持契約において，秘密情

　　た秘密管理措置がなされていることをいう（経済産業省知的財産政策室「不正競争防止法テキスト」（2024年）22頁）。

[137]　有用性とは，脱税情報や有害物質の垂れ流し情報などの公序良俗に反する内容の情報を，法律上の保護の範囲から除外することに主眼を置いた要件であり，それ以外の情報であれば有用性が認められることが多い（前掲不正競争防止法テキスト22頁）。

[138]　非公知性とは，合理的な努力の範囲内で入手可能な刊行物には記載されていないなど，保有者の管理下以外では一般に入手できないことをいう（前掲不正競争防止法テキスト22頁）。

[139]　具体的にどの程度の秘密情報が不競法上の「営業秘密」として保護されるかについては，経済産業省が作成した「営業秘密管理指針」（平成31年1月改訂版）（https://www.meti.go.jp/ policy/ economy/Chiza/cheeky/guideline/h31ts.pdf）や，「営業秘密の保護ハンドブック～企業価値向上に向けて～」（令和4年5月改訂版）（https://www.meti.go.jp/policy/economy/chizai/chiteki/ pdf/ handbook/full.pdf）を参照。

[140]　営業秘密管理指針（平成31年1月23日最終改訂）において，「秘密として管理する措置には，『秘密としての表示』や『秘密保持契約等の契約上の措置』も含めて広く考えることが適当である。」として，秘密保持契約書が秘密管理性の判断に影響を与える旨が記載されている（6頁脚注6）。

報を使用できる範囲を画する「目的」をどのように設定するかは非常に重要である。記載された目的が広範であったり抽象的であったりすると，情報開示者にとって想定していない形で情報が利用される恐れがあり，他方，記載された目的が狭すぎたり，具体的すぎたりすると，情報受領者としてはその範囲でした情報を利用できなくなり，かえって目的を達成できないおそれもある。したがって，目的を記載するにあたっては，秘密情報がどのような場面・範囲で使用されることになるかを具体的に確認したうえで，それが適切に反映されるような表現をする必要がある。

（イ）秘密情報の定義

第○条（秘密情報）
　本契約において，「秘密情報」とは，文書，口頭，電磁的記録媒体その他有形無形を問わず，本目的に関連して，甲又は乙が相手方に開示した一切の情報をいう。ただし，下の情報は秘密情報の対象外とする。
　(1)　開示を受けたときに既に保有していた情報
　(2)　開示を受けた後，秘密保持義務を負うことなく第三者から正当に入手した情報
　(3)　開示を受けた後，相手方から開示を受けた情報に関係なく独自に取得し，又は創出した情報
　(4)　開示を受けたときに既に公知であった情報
　(5)　開示を受けた後，自己の責めに帰し得ない事由により公知となった情報

　秘密保持契約書を作成する場合，まず，情報が当事者の双方でやり取りされることが想定されているのか，それとも，自社から相手方に一方的に開示すること（又は相手方から自社が一方的に開示を受けること）が想定されているのか，いずれであるかを確認する必要がある。自社から相手方に一方的に情報を開示する場合は，秘密情報を，「甲又は乙が相手方に開示した一切の情報をいう」という形で，秘密情報の範囲を広くしておくことが望ましい。他方，自社が相手方から一方的に情報の開示を受ける場合（又は情報が当事者双方でやり取りされる場合）は，「本目的に関連して，甲又は乙が相手方に開示した一切の情報のうち，開示の際に秘密である旨を明示した技術上又は営業上の情報」という形や，対象となる秘密情報を具体的に列挙する形で秘密情報を限定する

ことが必要である。

（ウ）秘密保持義務，目的外使用の禁止

第〇条（秘密保持等）

1. 甲及び乙は，秘密情報について厳に秘密を保持するものとし，第三者に対し秘密情報を一切開示又は漏洩してはならない。

2. 甲及び乙は，秘密情報を本目的以外の目的で使用してはならない。

3. 甲及び乙は，本条に定める義務を遵守するため，善良なる管理者の注意をもって秘密情報を管理するものとする。

4. 甲又は乙は，秘密情報を第三者に開示し，又は本目的以外の目的で使用する場合には，書面により相手方の事前承諾を得なければならない。

5. 前項に基づき甲又は乙が秘密情報を第三者に開示する場合，甲又は乙は，当該第三者との間で本契約書と同等の義務を負わせ，これを遵守させる義務を負うものとする。

　本条は，秘密情報を第三者に開示することを禁止するとともに，秘密保持契約で定めた目的以外の目的で秘密情報を使用することを禁止する条項である。

　情報受領者側としては，一定の範囲で秘密保持義務・目的外使用の禁止の例外を設ける必要がないかを検討する必要があり，他方，秘密情報開示者側としては，その例外の範囲が広範になりすぎないよう注意を払う必要がある。例えば，M＆Aなど，一定の重要な取引を実行するか否かを検討するために秘密保持契約を締結する場合，秘密情報は，自社の役員だけでなく，自社が依頼する弁護士や，親会社・子会社の役職員にも開示する必要があることがある。そのような場合には，「第1項の規定にもかかわらず，甲及び乙は，本目的に関連して秘密情報を必要とする自己及び関連会社の役員，従業員，自己の依頼する弁護士，公認会計士，税理士，ファイナンシャルアドバイザー等の外部専門家に対し，合理的に必要な範囲で秘密情報を開示することができる。」などの例外条項を設けることを検討することになる。なお，「関連会社」や「関係会社」などの用語は，その範囲が明確ではないことから，会社計算規則の規定を用いてその範囲を明確化することを検討すべきである（会社計算2条3項21号・25号，4項参照）。

（エ）秘密情報の返還・破棄

第○条（返還義務等）
1. 本契約に基づき相手方から開示を受けた秘密情報並びに秘密情報を含む記録媒体，物件及びその複製物（以下「記録媒体等」という。）は，不要となった場合又は相手方の請求がある場合には，直ちに相手方に返還又は破棄するものとする。
2. 前項に定める場合において，秘密情報が自己の記録媒体等に含まれているときは，当該秘密情報を消去するとともに，消去した旨（自己の記録媒体等に秘密情報が含まれていないときは，その旨）を相手方に書面にて報告するものとする。

　情報開示者側としては，秘密情報を開示した目的を達成するのに必要な期間を超えて相手方に秘密情報の保有を認めることは適切ではないことから，第1項のように，契約締結の目的となる取引の終了や相手方の要求により，秘密情報の返還・破棄を義務付けることが一般的である。

　また，電子的な秘密情報などは，返還・破棄が完了したかどうかを確認することが難しいため，第2項のように，受領側から書面を提出することを義務付けることもある。特に重要な情報については，実務上，指定する廃棄業者からの廃棄証明書の提出を義務付ける例もある。

（オ）損害賠償

第○条（損害賠償等）
甲又は乙が相手方の秘密情報を開示するなど本契約の条項に違反した場合には，甲又は乙は，相手方が必要と認める措置を直ちに講ずるとともに，相手方に生じた損害を賠償しなければならない。

　相手方の承諾なく秘密情報を第三者に開示した場合など，秘密保持契約違反に基づく損害の賠償は，民法上は，秘密保持契約に明記されているか否かにかかわらず，債務不履行に基づく損害賠償請求が可能であり，この場合，損害賠償の範囲は，民法416条に基づき決せられる。すなわち，秘密情報を相手方の承諾なく開示した当事者は，相手方に対し，①当該債務不履行によって通常生ずべき損害について賠償しなければならず（同条1項），②特別事情によって生

じた損害であっても，当事者がその事情を予見し，又は予見することが出来た場合には，賠償しなければならない（同条2項）。

これらの損害の中には逸失利益も含まれると解されているため，情報を一方的に受領する当事者側は，「相手方に生じた損害（ただし，逸失利益は除く。）」「相手方に直接かつ現実に生じた通常の損害」などと追記して，損害賠償の範囲を限定するなどの対応が考えられる。

また，損害賠償の上限を定める方法も考えられる。ただし，故意又は重過失に基づき債務不履行を生ぜしめた場合は，損害賠償の範囲を限定する条項は無効と解される可能性が高いため，注意を要する。

（カ）契約の有効期間・秘密保持義務の存続

第○条（有効期限）
本契約の有効期限は，本契約の締結日から○年間とする。ただし，第○条，第○条及び第○条の規定は，本契約終了後も有効に存続する。

情報開示者側からすると，秘密情報が陳腐化して利用価値がなくなるまでの年数は相手方に対して秘密保持義務を課したいと考えるのが通常であるから，「○年間」には，その情報が陳腐化するまでに年数が記載されるのが一般的である。情報受領者側からすると，数年間にわたり秘密保持義務等を課させることは，過重な義務になることもあるので，有効期間の短縮を交渉することもあり得る。

また，秘密保持契約が終了した場合でも，返還・破棄，損害賠償・差止，誠実協議，紛争解決といった条項は引き続き問題となり得るため，有効期間満了後も引き続き効力を有する旨を規定する必要がある（いわゆる残存条項）。この残存条項の存続期間を「○年間」などと具体的に記載することも考えられる。

■ウェブ掲載　【書式4-4-1-1】秘密保持契約書

(2)　従業員による営業秘密漏洩防止

　労働者は，労働契約の存続中は，労働契約に基づき，使用者に対して誠実に労働を提供する義務を負っており，当該義務に付随する義務として秘密保持義務を負っていると解されている。したがって，労働契約書や就業規則に在職中の秘密保持義務に関する規定がなかったとしても，労働者はその在職中は秘密保持義務を負っている。

　もっとも，就業規則に規定されれば，当該内容は当該企業において働く労働者にとっての労働条件となり，労働者は原則として当該内容に拘束されることから，実務上は，秘密保持義務について，就業規則内で規定している例が一般的である。

　また，秘密保持義務及び営業秘密の秘密管理性を担保するため，就業規則とは別に，営業秘密・情報管理に関する規程を設けることが有用である。

　さらに，労働者が入社する際，退職する際，あるいは特定のプロジェクトに関与する場合などにおいて，個別に秘密保持契約に関する誓約書を取得する場合がある。特に，労働者が退社した後は，当該労働者は，会社に対し，労働契約の付随義務としての秘密保持義務を負わなくなることから，退職後も労働者に秘密保持義務を課したい場合は，退職時の秘密保持誓約書の提出を義務付けることが必須である。

■ウェブ掲載　【書式 4-4-1-2】秘密情報管理規程

　　　　　　　【書式 4-4-1-3】秘密保持誓約書

402　第4章 契約取引

2　個人情報の保護

Case

① 　X社は，製品を販売する際に，アフターサービスのためであると通知して顧客の連絡先を入手し，顧客リストを作成している。当該顧客リストを使って，新製品の案内を送付することはできるか。

② 　X社は，当該顧客リストから名前と住所を消して，ユーザーIDと購入した製品のみを記載した管理リストも保有している。当該管理リストを第三者に提供することはできるか。

③ 　当該顧客管理リストが漏えいしてしまった。どのように対応すればよいか。

Check List

☐ 　自社が取り扱う個人情報を把握できているか

　☐ 　容易照合性がある個人情報を非個人情報として扱っていないか

☐ 　個人情報の利用態様を把握できているか

　☐ 　個人情報の利用目的を把握しているか

　☐ 　個人情報の第三者提供を把握しているか

☐ 　個人データの安全管理措置を実施できているか

（1）　個人情報等の意義

ア　概要

　個情法は，情報の種別ごとに個人に関する情報の取扱いのルールを定めている。

　個情法において定められている情報の種別及びその定義の概要は以下のとおりである。

種　別	定義の概要
個人情報 （個情 2 条 1 項）	生存する個人に関する情報であって，以下のいずれかに該当するもの ① 当該情報に含まれる氏名，生年月日その他の記述等により特定の個人を識別することができるもの（他の情報と容易に照合することができ，それにより特定の個人を識別することができることとなるものを含む） ② 個人識別符号が含まれるもの
個人データ （個情16条 3 項）	個人情報データベース等[141]を構成する個人情報
保有個人データ （個情16条 4 項）	個人情報取扱事業者が，開示，内容の訂正，追加又は削除，利用の停止，消去及び第三者への提供の停止を行うことのできる権限を有する個人データ
仮名加工情報 （個情 2 条 5 項）	他の情報と照合しない限り特定の個人を識別することができないように個人情報を加工して得られる個人に関する情報
匿名加工情報 （個情 2 条 6 項）	特定の個人を識別することができないように個人情報を加工して得られる個人に関する情報であって，当該個人情報を復元することができないようにしたもの
個人関連情報 （個情 2 条 7 項）	生存する個人に関する情報であって，個人情報，仮名加工情報及び匿名加工情報のいずれにも該当しないもの

　以上の定義のとおり，個人情報は，個人データ及び保有個人データを包含する概念であり，また，仮名加工情報及び匿名加工情報の前提となる概念でもあることから，まずは個人情報の定義を理解することが重要である。
　そこで，以下では個人情報の定義について詳述する[142]。

---

[141] 個人情報を含む情報の集合物であって，①特定の個人情報を電子計算機を用いて検索することができるように体系的に構成したもの又は②特定の個人情報を容易に検索することができるように体系的に構成したものとして個人情報令で定めるもの（個情 16 条 1 項）。

[142] 個人データ，保有個人データ等の詳細については，白石和泰＝村上諭志＝溝端俊介編『プライバシーポリシー作成のポイント』（中央経済社，2022 年）を参照。

イ 個人情報の定義

個人情報の定義は，概要，以下のとおりである。

個人情報の定義
生存する個人に関する情報であって， ① 当該情報に含まれる氏名，生年月日その他の記述等により特定の個人を識別することができるもの（他の情報と容易に照合することができ，それにより特定の個人を識別することができることとなるものを含む） or ② 個人識別符号が含まれるもの

(ア) 「生存する個人に関する情報」

まず，①及び②に共通する要件として，「生存する個人に関する情報」である必要がある。

「生存する」個人に関する情報であるから，死者に関する情報は個人情報に含まれない。もっとも，死者に関する情報が，同時に，遺族等の生存する個人に関する情報でもある場合には，当該生存する個人に関する情報に該当するた

め留意が必要である[143]。

「個人に関する情報」であることが必要であることから，法人その他の団体は「個人」に該当しないため，法人等の団体そのものに関する情報は「個人情報」に該当しない。例えば，企業の財務情報等，法人等の団体そのものに関する情報は個人に関する情報ではない。ただし，役員，従業員等に関する情報は個人情報に該当するため，留意が必要である[144]。

また，複数人の情報から共通要素に係る項目を抽出して同じ分類ごとに集計して得られるデータであり，集団の傾向又は性質などを数量的に把握するものとしての統計情報は，特定の個人との対応関係が排斥されている限りにおいては，個情法における「個人に関する情報」に該当するものではない[145]。

なお，「個人」は日本国民に限らず，外国人も含まれる[146]。

（イ）①個人識別性

①の類型について，「特定の個人を識別することができる」とは，社会通念上，一般人の判断力や理解力をもって，生存する具体的な人物と情報との間に同一性を認めるに至ることができることをいう[147]。例えば，氏名はそれ単体で特定の個人を識別することができるものと考えられるほか，メールアドレスについても，メールアドレスのユーザー名及びドメイン名から特定の個人を識別することができる場合（例：kojin_ichiro@example.comは，example社のコジンイチロウ氏という特定の個人を識別できる），当該メールアドレスは，それ自体が単独で，個人情報に該当する[148]。また，「……記述等により特定の個人を識別することができるもの」全体が個人情報であるから，例えば，氏名が記載された申込書については，氏名だけが個人情報なのではなく，申込書全体が個人情報となる。

①の類型には，他の情報と容易に照合することができ，それにより特定の個人を識別することができることとなるものを含む（以下，このような状態を「容

---

[143] 個人情報ガイドライン（通則編）2-1※2
[144] 個人情報ガイドライン（通則編）2-1※3，個人情報ガイドライン Q&A 1-7
[145] 個人情報ガイドライン（仮名加工情報・匿名加工情報編）3-1-1
[146] 個人情報ガイドライン（通則編）2-1※3
[147] 個人情報ガイドライン Q&A 1-1
[148] 個人情報ガイドライン Q&A 1-4

易照合性がある」と表現する）。

　例えば，それ単体では特定の個人を識別できない情報であっても，氏名等が含まれている情報と共通のIDが割り当てられている場合には，容易照合性があり，個人情報に該当し得る。したがって，氏名等が含まれていない，あるいは氏名等を削除したとしても，個人情報に該当する場合があるということを念頭に置いたうえで，次項に定めるデータマッピングを行う必要がある。

（ウ）①個人識別符号

　②の類型における「個人識別符号」とは，例えば，虹彩等を生体認証のために符号化したものや，保険証番号及びパスポート番号等が含まれる（個情2条2項，個情令1条）。

(2)　個人情報取扱事業者が採るべき対応

　個人情報データベース等を事業の用に供している者は，「個人情報取扱事業者」に該当する（個情16条2項）[149]。

　事業者が，個人情報の取扱いを適切に行うためには，データマッピング，すなわち，事業者が取り扱うデータを事業者全体で整理して，取扱状況等（例えば，取り扱う個人情報等の項目，取得方法，利用目的，取得元，提供先，管理方法等が考えられる）を可視化する作業を行うことが有用である。

　データマッピングの具体的な進め方としては，個人情報の管理を担当する部署において，質問票を作成し，当該部署から個人情報を取り扱っている可能性がある各部署に対して，データマッピングの趣旨を説明したうえで質問票を送付し，回答を求めることとなる。各部署が必ずしも個人情報の概念等を正確に理解しているわけではないと思われるため，個人情報の管理を担当する部署としては，回答内容に疑義がある場合にはヒアリング等を実施することが望ましい。

　データマッピングを行うにあたっては，個人情報保護委員会が公開している

---

[149] かつては，5,000人分以下の個人情報しか取り扱っていない者は，個人情報取扱事業者から除外されていたが，現在ではこれらの者も個人情報取扱事業者に該当することとなるので，注意が必要である。

データマッピング・ツールキット（個情法関係）を利用することも考えられる。

　事業者は，データマッピングにより個人情報の利用態様を把握のうえで，後述(3)以降の義務について対応することになる。

(3)　実務上の運用のポイント

ア　個人情報取得・利用時のポイント

（ア）要配慮個人情報の取得

　個人情報取扱事業者は，原則として，あらかじめ本人の同意を得ないで，要配慮個人情報[150]を取得してはならない（個情20条2項柱書）。

（イ）利用目的の通知等

　個人情報取扱事業者は，個人情報を取得した場合は，あらかじめその利用目的を公表している場合を除き，速やかに，その利用目的を，本人に通知し，又は公表しなければならない（個情21条1項）。後述するとおり，プライバシーポリシーを作成して，公表することが考えられる。

　個人情報取扱事業者は，本人との間で契約を締結することに伴って契約書その他の書面に記載された当該本人の個人情報を取得する場合その他本人から直接書面に記載された当該本人の個人情報を取得する場合は，あらかじめ，本人に対し，その利用目的を明示しなければならない（個情21条2項本文）。ここでいう「書面」とは電磁的記録を含むため，Webの登録フォームもこれに含まれる。「本人に対し，その利用目的を明示」とは，本人に対し，その利用目的を明確に示すことをいい，事業の性質及び個人情報の取扱状況に応じ，内容が本人に認識される合理的かつ適切な方法による必要がある[151]。具体的には，書面上に利用目的を記載することや，登録フォームから1回程度の操作で利用目的が閲覧可能な状態にすることが考えられる。

---

[150] 本人の人種，信条，社会的身分，病歴，犯罪の経歴，犯罪により害を被った事実その他本人に対する不当な差別，偏見その他の不利益が生じないようにその取扱いに特に配慮を要するものとして政令で定める記述等が含まれる個人情報をいう（個情2条3項）。

[151] 個人情報ガイドライン（通則編）50頁

（ウ）利用目的の特定等

　個人情報取扱事業者は，あらかじめ本人の同意を得ないで，特定された利用目的の達成に必要な範囲を超えて，個人情報を取り扱ってはならない（個情18条1項）。個人情報取扱事業者は，利用目的を変更する場合には，変更前の利用目的と関連性を有すると合理的に認められる範囲を超えて行ってはならない（個情17条2項）。したがって，当該範囲を超えて利用目的を変更しようとする場合には，あらかじめ本人の同意を取得する必要がある。

（エ）不適正利用の禁止

　個人情報取扱事業者は，違法又は不当な行為を助長し，又は誘発するおそれがある方法により個人情報を利用してはならない（個情19条）。

（オ）小　括

　したがって，冒頭のケースにおいては，アフターサービスのためとのみ個人情報の利用目的を特定していた場合，その個人情報を広告活動に利用するためには本人の同意が必要になってしまう。このような事態を避けるため，契約を締結するときを含め，個人情報を取得する際には，どのように個人情報を利用するのかあらかじめ検討のうえで個人情報の利用目的を特定しておくことが望ましい。

イ　個人情報管理時のポイント

（ア）データ内容の正確性の確保等

　個人情報取扱事業者は，利用目的の達成に必要な範囲内において，個人データを正確かつ最新の内容に保つとともに，利用する必要がなくなったときは，当該個人データを遅滞なく消去するよう努めなければならない（個情22条）。

（イ）安全管理措置義務

　個人情報取扱事業者は，その取り扱う個人データの漏えい，滅失又は毀損の防止その他の個人データの安全管理のために必要かつ適切な措置を講じなければならない（個情23条）。安全管理措置の概要は次の表のとおりである[152]。

---

[152] 個人情報ガイドライン（通則編）10。

項　　目	内　　容
基本方針の策定	「事業者の名称」「関係法令・ガイドライン等の遵守」「安全管理措置に関する事項」「質問及び苦情処理の窓口」等の策定
個人データの取扱いに係る規律の整備	個人データの具体的な取扱いに係る規律の整備
組織的安全管理措置	組織体制の整備 個人データの取扱いに係る規律に従った運用 個人データの取扱状況を確認する手段の整備 漏えい等事案に対応する体制の整備 取扱状況の把握及び安全管理措置の見直し
人的安全管理措置	従業者の教育
物理的安全管理措置	個人データを取り扱う区域の管理 機器及び電子媒体等の盗難等の防止 電子媒体等を持ち運ぶ場合の漏えい等の防止 個人データの削除及び機器, 電子媒体等の廃棄
技術的安全管理措置	アクセス制御 アクセス者の識別と認証 外部からの不正アクセス等の防止 情報システムの使用に伴う漏えい等の防止
外的環境の把握	外国において個人データを取り扱う場合, 当該外国の個人情報の保護に関する制度等を把握したうえで, 個人データの安全管理のために必要かつ適切な措置を講じること

（ウ）委託先等の監督

また，その従業者に個人データを取り扱わせるにあたっては，当該個人データの安全管理が図られるよう，当該従業者に対する必要かつ適切な監督を行わなければならない（個情24条）。

個人情報取扱事業者は，個人データの取扱いの全部又は一部を委託する場合は，その取扱いを委託された個人データの安全管理が図られるよう，委託を受けた者に対する必要かつ適切な監督を行わなければならない（個情25条）。「必要かつ適切な監督」の具体的方法は，①委託先を適切に選定し，②委託契約に必要・適切な条項を定めたうえ，③委託先における個人データの取扱状況を把握することを骨子としつつ，④委託内容等の見直しの検討を求められる場合もある[153]。

（エ）漏えい等発生時の報告義務

個人情報取扱事業者は，その取り扱う個人データの漏えい，滅失，毀損その他の個人データの安全の確保に係る事態であって個人の権利利益を害するおそれが大きいものとして個情則7条各号で定めるもの[154]が生じたときは，原則として，当該事態が生じた旨を個人情報保護委員会に報告しなければならない（個情26条1項本文）。また，この場合には，原則として，本人に対し，当該事態が生じた旨を通知しなければならない（同条2項本文）。漏えい等した情報が個人データに該当するかどうかは，当該個人データを漏えい等した個人情報取扱事業者を基準に判断するとされている[155]。すなわち，取り扱う個人データの一部が漏えいし，当該漏えいした個人データによっては第三者が特定の個人を識別することができない場合でも，漏えい元の事業者において容易照合性があ

---

[153] 個人情報ガイドライン（通則編）3-4-4
[154] ①要配慮個人情報が含まれる個人データ（高度な暗号化その他の個人の権利利益を保護するために必要な措置を講じたものを除く。以下この脚注において同じ）の漏えい，滅失若しくは毀損（漏えい等）が発生し，又は発生したおそれがある事態（個情則7条1号），②不正に利用されることにより財産的被害が生じるおそれがある個人データの漏えい等が発生し，又は発生したおそれがある事態（同条2号），③不正の目的をもって行われたおそれがある個人データの漏えい等が発生し，又は発生したおそれがある事態，④個人データに係る本人の数が1,000人を超える漏えい等が発生し，又は発生したおそれがある事態。
[155] 個人情報ガイドライン Q&A 6-8

る場合には，個人データの漏えいに該当する。

したがって，冒頭のケースでは，氏名を消したリストであっても，個人データの漏えいに該当するため，顧客の数が1,000人を超える場合は個人情報保護委員会への報告等が必要になる。

ウ　個人情報提供時のポイント

（ア）原則（同意取得）

個人データを第三者提供するためには，原則として本人の同意をあらかじめ取得しなければならない（個情27条1項柱書）。

法人格が別であれば，グループ企業間や，フランチャイズの本部運営企業・加盟企業間であっても，「第三者」に該当する[156]。

「提供」とは，個人データを，自己以外の者が利用可能な状態に置くことをいう。個人データ等が，物理的に提供されていない場合であっても，ネットワーク等を利用することにより，個人データ等を利用できる状態にあれば（利用する権限が与えられていれば），「提供」にあたる[157]。

なお，あらかじめ，個人情報を第三者に提供することを想定している場合には，利用目的において，その旨を特定しなければならない[158]。

また，それ単体では個人識別性がないデータを提供することが，個人データの第三者提供になるかどうかについては，提供元において容易照合性があるかどうかを基準に，個人データの第三者提供に該当するかどうかを判断すると解されている[159]。

したがって，冒頭のケースについては，個人データの第三者に該当するため，本人の同意が必要になる。個人情報を取得する際には，あらかじめ個人データの第三者提供を行う必要がないか，検討しておくことが望ましい。

（イ）「第三者」に該当しない場合

個情 27 条 5 項各号の場合において，当該個人データの提供を受ける者は，

---

[156] 個人情報ガイドライン（通則編）3-6-1

[157] 個人情報ガイドライン（通則編）2-17

[158] 個人情報ガイドライン（通則編）3-6-1

[159] 「『個人情報の保護に関する法律についてのガイドライン（通則編）（案）』に関する意見募集結果」（平成 28 年 11 月 30 日）No.19 参照。

「第三者」に該当しないとされている（個情 27 条 5 項）。具体的には、①委託に伴う提供，②事業承継に伴う提供，③共同利用が定められている。このうち、問題になることが多い①及び③について概説する。

　　a　委　託

　個人情報取扱事業者が利用目的の達成に必要な範囲内において個人データの取扱いの全部又は一部を委託することに伴って当該個人データが提供される場合、提供先は「第三者」に該当しない（個情 27 条 5 項 1 号）。

　「個人データの取扱いの……委託」とは、契約の形態・種類を問わず、個人情報取扱事業者が他の者に個人データの取扱いを行わせることをいう。委託された業務以外には委託された個人データを取り扱えないため[160]、委託先が委託された業務以外に当該個人データを取り扱う場合、個情法 27 条 5 項 1 号の適用はなく、原則どおり本人の同意が必要になる。例えば、個人情報取扱事業者から個人データの取扱いの委託を受けている者が、提供された個人データを委託の内容と関係のない自社の営業活動等のために利用する場合や、複数の個人情報取扱事業者から個人データの取扱いの委託を受けている者が、各個人情報取扱事業者から提供された個人データを区別せずに混ぜて取り扱っている場合は、委託先が委託された業務以外に当該個人データを取り扱う場合に該当する[161]。

　　b　共同利用

　特定の者との間で共同して利用される個人データが当該特定の者に提供される場合であって、①その旨並びに②共同して利用される個人データの項目、③共同して利用する者の範囲、④利用する者の利用目的並びに⑤当該個人データの管理について責任を有する者の氏名又は名称及び住所並びに法人にあっては、その代表者の氏名について、あらかじめ、本人に通知し、又は本人が容易に知り得る状態に置いているときは、提供先は「第三者」に該当しない（個情 27 条 5 項 3 号）。

　「共同して利用する者の範囲」については、本人がどの事業者まで将来利用

---

[160] 個人情報ガイドライン（通則編）3-6-3 (1)
[161] 個人情報ガイドライン Q&A 7-37

されるか判断できる程度に明確にする必要がある[162]。既に事業者が取得している個人データについて共同利用を検討する際には，社会通念上，共同して利用する者の範囲や利用目的等が当該個人データの本人が通常予期し得ると客観的に認められる範囲内である必要があり[163]，当該個人データの内容や性質等に応じて共同利用の是非を判断したうえで，当該個人データを取得する際に当該事業者が特定した利用目的の範囲内であることを確認する必要がある[164]。

個人情報取扱事業者は，個人データの管理について責任を有する者の氏名，名称若しくは住所又は法人にあっては，その代表者の氏名に変更があったときは遅滞なく，同号に規定する利用する者の利用目的又は当該責任を有する者を変更しようとするときはあらかじめ，その旨について，本人に通知し，又は本人が容易に知り得る状態に置かなければならない（個情27条6項）。

他方，「利用される個人データの項目」や「共同して利用する者の範囲」を変更する場合には，本人の同意を得る必要がある。

（ウ）確認・記録義務

個人情報取扱事業者は，個人データを第三者に提供した際，提供に関する一定の事項について記録を作成し（個情29条1項），その記録を保存する義務を負う（同条2項）。

また，個人情報取扱事業者は，第三者から個人データの提供を受ける際，提供元となる個人情報取扱事業者に関し一定の事項を確認して（個情30条1項），その記録を作成し（同条3項），その記録を原則として3年間保存する義務を負う（同条4項，個情則21条）。なお，個人情報取扱事業者が本人からの委託等に基づき当該本人の個人データを第三者提供する場合は，当該個人情報取扱事業者は「本人に代わって」個人データの提供をしているものとされ，確認・記録義務は適用されない[165]。

（エ）外国にある第三者への個人データの提供

外国（EU/EEA加盟国及びイギリスを除く）にある第三者に個人データを提

---

[162] 個人情報ガイドライン（通則編）3-6-3（3）
[163] 個人情報ガイドライン（通則編）3-6-3（3）
[164] 個人情報ガイドライン Q&A 7-51
[165] 個人情報ガイドライン（仮名加工情報・匿名加工情報編）2-2-3-3

供する場合には，上乗せの規制が存在する（個情28条1項）。具体的には，①（i）提供先の外国の名称，（ii）適切かつ合理的な方法により得られた当該外国における個人情報の保護に関する制度に関する情報及び（iii）当該第三者が講ずる個人情報の保護のための措置に関する情報を本人に提供したうえで同意を取得するか，②個人データの取扱いについて…個人情報取扱事業者が講ずべきこととされている措置に相当する措置を継続的に講ずるために必要なものとして個人情報保護委員会規則で定める基準に適合する体制を整備している者に対する提供である必要がある。

外国にある第三者に個人データを提供する場合には，委託や共同利用であっても，これらの義務を履践する必要があることに留意が必要である。

エ　開示，訂正・利用停止等請求への対応のポイント

本人は，個人情報取扱事業者に対して，原則として保有個人データ及び前述ウ（ウ）で作成された第三者提供記録の開示を請求することができる（個情33条1項・5項）。

また，本人は，保有個人データの内容が事実でないときは当該保有個人データの内容の訂正，追加又は削除（以下「訂正等」という）を請求することができる（個情34条1項）。

本人は，利用目的制限違反がある場合等には，保有個人データの利用の停止又は消去（以下「利用停止等」という）を請求することができる（個情35条1項）。また，本人は，第三者提供制限違反がある場合には，保有個人データの第三者提供の停止を請求することができる（同条3項）。これらの請求は，保有個人データを当該個人情報取扱事業者が利用する必要がなくなった場合，報告対象事態が発生した場合にも行うことができる（同条5項）。

個人情報取扱事業者としては，あらかじめ書式を用意することにより，その書式に沿って請求されている場合には本人の請求が個情法に沿ったものであると判断できるようにしておき，対応コストを減少させることが考えられる。

第4 情報管理　415

（4）　個人情報保護に関するコンプライアンス

ア　プライバシーポリシーの策定

　前述(3)に記載した義務のうち，公表に関する義務を履践するために，プライバシーポリシーと称する文書を作成し，公表することが一般的である。また，個人データの第三者提供を行っている場合には，プライバシーポリシーに第三者提供に関する事項を記載して，本人からプライバシーポリシーに対する同意を取得することも行われている。

　なお，各事業者の属性や，取り扱う情報の性質によって，ガイドライン等において個情法に上乗せした規律がされている場合がある[166]。

■ウェブ掲載　【書式4-4-2-1】プライバシーポリシー

イ　組織体制の整備

　前述(3)イの安全管理措置や，漏えい等の事故が生じた際の報告フロー等について，各事業者の組織体制に沿った個人情報管理規程を策定することは，個人データの安全管理措置の1つである。書式では，一般的な内容を記載しているが，組織体制や管理体制について各事業者の実情に合わせて修正することが必要である。

■ウェブ掲載　【書式4-4-2-2】個人情報管理規程

---

[166] 詳細については，前掲『プライバシーポリシー作成のポイント』を参照

第5 債権回収保全

1 債権回収の流れ

> **Case**
>
> A社は、B社との間で取引基本契約を締結のうえ、取引を開始していたところ、徐々にB社に対する売掛債権が拡大していき、昨月末時点でのB社に対する売掛債権額が5,000万円に上っていることが判明した。このような取引は与信管理として適切か。
>
> また、仮にB社の経営状況が今後悪化した場合に備えて、A社としてはどのような対応をとるべきか。

(1) 取引の開始

取引相手が商品やサービスの提供を注文（発注）し、その注文を受ける（受注する）と、その時に契約が成立する[167]。

取引を開始する際には、相手にどれだけ支払能力があるか、どの程度の信用リスクがあるかを調査・分析する必要がある。取引先を調査して、財務状況などを把握することで、債権を回収できないリスクの有無・程度を判断し、リスクの高い取引先であれば、取引を断ることも考えられる。

調査の方法としては、商業・法人登記や不動産登記の登記事項証明書などの公開情報を使った調査は必ず行うべきである。また、実際に相手の会社の人と会って話を聞いたり、会社や工場を実際に訪問して調査することや、決算書を入手してそれを分析することも考えられる。また、信用調査を専門にして行う信用調査会社を利用することも1つの方法である。

---

[167] 前述本章第1「契約実務」のとおり、契約の成立には、契約書の作成は必須ではなく、口頭の合意だけでも契約は成立する。

（2） 債権管理

　取引を継続していくうちに取引先の経済状態が悪化し，債権を回収できなくなる危険性が生じることがある。相手が大企業であれ中小企業であれ，債権が回収できなくなる可能性は常に想定しておくことが重要である。例えば，取引先が倒産した場合に自社への被害をコントロールすべく，取引先に対する与信額をモニターして，与信金額に上限を設けることが有用である場合がある。

（3） 債権回収

　相手方が代金や借入金を支払期日に支払わない場合には，①任意交渉，②担保権の実行，③訴訟・強制執行等といった方法により債権回収を行う。回収コスト・回収可能性・スピードという観点からは，一般的には，①任意交渉が最も望ましい方法で，その次が②担保権の実行であり，最後に③訴訟・強制執行となる。

ア　任意交渉

　取引先の協力を得て，裁判手続によらずに債権を回収する方法である。裁判手続をとるよりも費用がかからず，場合によっては速やかに支払いを受けられる場合もあり，コスト，回収可能性，スピードのいずれの観点からも，まずは任意交渉から始めることが一番望ましい。

イ　担保権の実行

　取引先が条件どおりに支払わない場合に備えて予め担保を取得しておくことや，支払期限に遅れた段階で担保を取得することが考えられる。担保が取得出来た場合は，担保権を行使することで，債権を回収することができる。

ウ　訴訟・強制執行

　取引先が協力的ではなく，また担保も取得していない場合には，裁判所に訴訟を提起して，勝訴判決を得たうえで，取引先の財産に対して強制執行を行い，強制的に債権を回収する必要がある。

418　第4章 契約取引

2　取引開始時の留意点

Check List
□　取引先の正式名称（商号），本店所在地，支店の有無，資本金の額，役員の数や名前等を把握しているか
□　取引先の直近の決算書は入手しているか
□　取引先の預金に関する情報（預金額，金融機関名，支店名，口座の種類）が分かるか
□　取引先が有する売掛債権に関する情報（金額，第三債務者の名称，住所等）が分かるか
□　取引先が所有する不動産に関する不動産登記事項証明書は入手しているか　また，取引先が所有する不動産の情報（所在地，評価額等）が分かるか
□　信用調査会社による調査を行っているか
□　納入した商品の保管場所や転売先を把握しているか

（1）　取引先の信用調査
ア　取引先の信用調査の具体的方法

　取引の開始にあたって行う取引先の信用調査の方法は，以下の表のとおりである。以下，重要な点について個別に説明する。

信用調査の方法	調査の目的
法人の登記事項証明書の確認	取引先の概要の確認
決算書の分析	財政状態，経営成績の把握
取引先が所有する不動産の不動産登記簿謄本の確認	取引先が所有する不動産の状況の確認
実地調査・聴き取り調査	生の情報を得る
信用調査会社の利用	詳細な信用情報の取得

イ　法人の登記事項証明書の確認

（ア）登記事項証明書とは

新たに会社や法人と取引を開始する場合，まずは取引先の概要を知るために，その会社や法人の登記事項証明書を確認する。会社を設立した場合，必要事項を登記しなければならず，また，登記した事項に変更がある場合にはその都度変更を届け出る必要があり，これらの登記事項が登記所の商業・法人登記簿に記載又は記録される[168]。

（イ）入手方法

登記事項証明書を入手するには，①法務局の窓口で直接交付を受ける，②郵送で交付を請求する，③オンラインで請求する方法の３つの方法がある。

なお，インターネットで登記情報を閲覧するサービスもある。

a　①法務局の窓口で直接交付を受ける

最寄りの法務局[169]で交付を受ける場合，備え付けの申請書に必要事項を記載して，手数料分の収入印紙を貼付して窓口に提出する[170]。

登記事項証明書は，「全部事項証明書（謄本）」又は「一部事項証明書（抄本）」，「履歴事項証明書」又は「現在事項証明書」が選べる。取引先の概要を知るという目的であれば，一部に限定する必要はなく，また，過去に遡って調べたほうがよいので，「全部事項証明書（謄本）」の「履歴事項証明書」を選択するのがよい。

b　②郵送で交付を請求する

登記事項証明書は郵送でも入手することができる。ただし，郵送の場合，申請書の記入事項に誤りがあった場合などは，その訂正作業に時間を要するため，急いで入手したい場合は，法務局の窓口で入手するか，後述ｄのオンライン請求を利用すべきである。

---

[168] 登記簿謄本とは，登記所の登記簿を謄写した証明書であり，登記簿の全部を謄写したものは「謄本」，一部を謄写したものは「抄本」と呼ばれる。現在は，登記簿の記載がコンピュータ化されており，従来の登記簿謄本・抄本に代わって「登記事項証明書」が交付されることになっている。

[169] 登記事項証明書は全国の法務局で入手可能である。法務局の場所は，法務局のホームページ「管轄のご案内」（https://houmukyoku.moj.go.jp/homu/static/kankatsu_index.html）から確認できる。

[170] 手数料は１通あたり600円で，１通の枚数が50枚を超えるものについては，600円にその超える枚数50枚までごとに100円増える。

c　③オンラインで請求する

登記事項証明書の送付をオンラインで請求し，入手することも可能である[171]。オンラインで請求し入手する方法の方が，法務局の窓口で申請して入手する方法や郵送の方法に比べて，手数料が安く済む（1通480円）。

d　登記情報の閲覧サービス

法務局が保有する登記情報をインターネット上で確認し，ダウンロードできる有料サービス（一般社団法人民事法務協会が提供する登記情報提供サービス[172]）がある。この登記情報提供サービスでは，登記情報をダウンロードしたり，これをプリントアウトしたりできるが，これらには，登記事項証明書とは異なり法的証明力がない点に留意が必要である。

（ウ）確認するポイント

a　商号

会社の名称を「商号」という。会社の商号と相手先の会社の名称が同じであるかどうかを確認し，仮に登記事項証明書記載の会社の商号と合致しない場合には，その理由を相手先に確認すべきである。

また，手間と費用がかかる商号変更を頻繁に行っている場合，別会社を装ったり，会社の実態を隠す必要があったりというケースもあるため，注意を要する。

b　本店

「本店」は登記簿上の会社の本店の所在地である。会社が「本社」と称している所在地が本店である場合がほとんどであるものの，異なる場所が本店として登記されていることもある。登記事項証明書上の本店の所在地が，相手の名刺に記載された本社の住所や，パンフレット記載の住所と異なる場合には，その理由を確認すべきである。

c　目的

目的欄には，会社が定款により定めた事業目的が記載されている。法律上，

---

[171]　法務局のホームページ「登記事項証明書（会社・法人）を取得したい方」（https://houmukyoku.moj.go.jp/homu/shomeisho_000002.html）から申請を行う。

[172]　https://www1.touki.or.jp/

会社は定款に定めた目的の範囲内でしか権利義務の主体となることができず，会社が目的の範囲外の行為を行った場合，その行為は無効となる可能性がある。

相手先が現に行っている事業が「目的」欄に記載されていない場合や，相手方との間で始めようとする取引が相手方の会社の目的とかけ離れているような場合には，取引を行うかどうかも含めて慎重に判断すべきである。

　　　　d　資本金の額

資本金とは，会社債権者を保護するために，一定額以上の会社財産がない場合には会社から株主に財産分配することを禁止するための制度である。資本金の額は基準となる観念的な金額にすぎず，実際に資本金の額に相当する現金を会社が保有していることを意味するものではない。資本金の額が大きいから当然に信用力があるとはいえず，信用度を測る一応の目安としての意味しか持たない。

　　　　e　役員に関する事項

「役員」とは，「代表取締役」「取締役」「監査役」などをいう。

取引の交渉をしている相手が「社長」であるなど，会社の代表者と思われる肩書を名乗っている場合，代表取締役として登記されているかどうかを確認する。

また，相手が「専務」や「常務」という肩書を名乗っている場合，通常は会社法上の取締役であることが多いため，取締役として登記されているかを確認する。仮に取締役として登記されていないとすれば，登記すると不都合な事情がある可能性があるため，その理由を確認し，事情が不明確な場合は留意する。

なお，役員のうち代表取締役については自宅の住所も記載されており，この自宅の住所地の不動産登記簿を取得して代表者の資産状況を確認することも重要である。

ウ　実地調査・聴き取り調査

（ア）会社代表者との面談

取引先がどういう会社であるかを確認するためには，取引先の代表者（又は経営の中心人物）と面談することが重要である。取り込み詐欺などではないことを確認する趣旨で，取引先の会社の実態，代表者のその取引についての知識の程度，取引の動機などを確認することが考えられる。

（イ）会社の実地調査・聴き取り調査

　もっとも，代表者との面談だけでは，取引先の実態をつかみきれないことから，取引の開始に先立ち，取引先の実地調査をすることも重要である。例えば，以下のポイントを確認する。

確認すべき事項	目　　的
取引先の本社，営業所，工場など主要施設の様子	業務の実態があるか，必要以上に華美な調度品等が多くないか等を確認する。
取引先社員の勤務態度	来客時の対応が適切か，社員に覇気があるか等を確認する。
担保の対象となる物件がある場合は，当該物件	担保価値の正確な把握

エ　信用調査会社

　信用調査会社には，全国組織を持った大規模なもの[173]から小規模なものまで存在する。一般的に，大手の信用調査会社は調査能力が高く，多くの情報を有しているため，まずは大手の信用調査会社のレポートを取得することを検討する。一方，小規模な信用調査会社にも，特定の業界に精通していたり，反社会的勢力の調査に特化していたりなどの利点があるため，調査事項によっては小規模な会社を選定したほうがよい場合もある。

（2）　債権保全方法①（所有権留保，保証金，保証人）

ア　所有権留保

（ア）設定方法

　所有権留保とは，売買代金の支払前に商品等の目的物の占有を売主より買主に移転する売買契約の際に，代金債権の担保のために，目的物の所有権を売主に留保して，買主に債務不履行が発生したときは目的物を取り戻して売買代金

---

[173] 帝国データバンク（https://www.tdb.co.jp/index.html）や，東京商工リサーチ（https://www.tsr-net.co.jp/）などが有名である。

債権を優先回収する担保方法である。機械などの動産を割賦販売する場合に多く利用される。

　所有権留保は，買主・売主間で，所有権留保特約を盛り込んだ売買契約書を締結することにより担保設定する。また，代金完済前に，目的物を第三者に勝手に処分されてしまうと目的物を取り戻すことができなくなるため，代金完済まで目的物の処分を禁止する条項も置く必要がある。

　契約書等における条項例は，以下のとおりである。

条項例

第〇条（所有者の移転）

1　売買目的物の所有権は，買主が売買目的物の売買代金元本及び利息を完済したときに，売主から買主に移転する。ただし，買主は，売主から売買目的物の返還請求を受けるまで，売買目的物を無償で使用できる。
2　買主は，売買目的物につき，転売，担保権の設定その他一切の処分をしてはならない。

（イ）対抗要件

　買主が倒産した場面において売主が所有権留保を主張するためには，対抗要件として占有改定による引渡しが必要であると解されている。占有改定とは，民法183条が定める特殊な引渡し方法であり，現実の所持は買主のまま，目的物の買主と売主の合意のみによって，売主が占有を取得するというものであり，契約書で占有改定条項を設けることも有益である[174]。

　また，取引先が処分禁止の特約に反し，代金完済前に売買目的物（商品）を第三者に処分してしまった場合には，当該売買目的物が取引先の所有物であると信じた第三者は，当該売買目的物の所有権を取得することができ（民法192条，即時取得），これに伴い所有権留保も消滅する可能性がある。これを防ぐ

---

[174] 例えば，「買主は，前項により所有権が買主に移転するまでの間，売主から納入された売買目的物を，納入を受ける都度，善良な管理者の注意をもって，以後売主のために占有するものとする。」などの条項が考えられる。

ために，担保目的物に売主が所有者であることを記載したネームプレートやシールなどを貼付しておくようにする必要がある。また，ネームプレートを貼付することが難しい場合には，倉庫等のスペースに動産を保管したうえで，その倉庫等にネームプレートを掲示する場合もある。

イ　保証金

保証金とは，取引先から一定の現金を担保として預かり，取引先が代金を支払えなくなった場合に，預かった現金を自社の債権に充当して債権回収を図るためのものである。取引先に対する売掛債権の額が保証金の範囲内に留まるように取引している限り，取引先が倒産しても債権を全額回収できる。

保証金を預かる場合の条項例は，以下のとおりである。

条項例

第〇条（保証金）

1　乙は，本契約及び個別契約から生じる一切の債務の履行を担保するために，金〇〇円を保証金として甲に預託する。

2　甲は，本契約が終了するまで前項の保証金を無利息で預かり，この間に乙の債務不履行があつたときは，何らの通知催告を要さず，当該保証金を任意にその債務の弁済に充当することができる。

ウ　保証人

保証とは，債権者と保証人が，主たる債務者がその債務を履行しないときに，保証人がその債務を代わって履行することを合意するものである。連帯保証とは，保証人が主たる債務者と「連帯して」保証債務を負担する場合をいう。いずれも，個別の財産ではなく，保証人の一般財産を引当てにすることから，人的担保といわれる。

取引基本契約に，相手方の債務を第三者が（連帯）保証する旨の規定を置けば，相手方が債務を履行しないときは，（連帯）保証人である第三者から債権の回収を図ることができる[175]。

---

[175]主たる債務が主たる債務者の商行為によって生じたものであるとき，又は保証が商行為であるとき

第5 債権回収保全　425

　連帯保証における単純保証との大きな違いは，補充性がない点にある（民法454条）。すなわち，債権者は，弁済期にあれば，主たる債務者に請求せずに，直接，連帯保証人に請求することができ（民法452条），主たる債務者に弁済資力があったとしても，主たる債務者及び連帯保証人が債務を弁済しない場合は，連帯保証人の資産に対して強制執行をすることができる（民法453条）。また，単純保証の場合，保証人が数人いる場合は，原則として，各保証人は，主たる債務の額を頭数で分割した額についてのみ保証債務を負担するが（民法456条，これを分別の利益という），連帯保証人の場合は，数人いても，各連帯保証人は，主たる債務全額について，保証債務を負担する（民法458条）。

　また，単純な保証や連帯保証のほかに，根保証というものもある。根保証とは，一定の継続的取引から発生する不特定の債務を保証することをいう。

　商品を継続的に販売する契約を締結する場合，取引先の代表取締役[176]に連帯保証人になってもらえるよう交渉して，以下のような条項を取引基本契約書に置いたうえで，末尾に連帯保証人の署名・押印を得ることがある。

条項例

第○条（連帯保証）
　丙は，甲に対し，本契約に基づき生じた乙の一切の債務について，次の事項に従い連帯保証し，乙と連帯して弁済する責任を負う。
①保証極度額　　○○○円
②保証期間　　　本契約の締結日より満5年を経過する日まで

■ウェブ掲載　【書式4-5-2-1】連帯保証書

　は，商法511条2項により，保証人による保証は連帯保証となる。
[176] 取引先が破産する場合，取引先の代表者も同時に破産することが多く，この場合は代表者に連帯保証人になってもらっていたとしても優先回収ができないことになるが，他方で，代表者を連帯保証人にすることすら通常は容易ではなく，まして，代表者以外の第三者を連帯保証人にすることは非常に難易度が高いため，実務的には，代表者を連帯保証人にする方向で交渉することが多いと思われる。

（3） 債権保全方法②（担保）

ア 抵当権・根抵当権

　不動産を担保にとるときには，不動産登記簿謄本を確認したり，現地調査をしたりして，その対象となる物件を調査したうえで，対象物件が存在するか，担保価値があるかを確認する。

　物件調査の結果，対象物件の存在及び担保価値を確認できた場合は，取引先と抵当権設定契約あるいは根抵当権設定契約を締結する。また，その取引先とこれからも継続的に取引をする場合には，根抵当権設定契約を締結することが望ましい。

　また，抵当権・根抵当権の対抗要件は登記であるため，抵当権・根抵当権設定契約を締結した場合は，直ちに登記を行う必要がある。

■ウェブ掲載　【書式4-5-2-2】根抵当権設定契約書

イ 動産譲渡担保

　譲渡担保とは，担保の目的物を「譲渡」という形をとって債権者に権利を移転し，かつ，その占有使用は設定者が行いながら融資を受けたり，取引を実行してもらったりする担保方法である。対象が動産である譲渡担保のことを動産譲渡担保といい，取引先が支払期限までに支払いをしない場合，あるいは倒産した場合に，譲渡担保の対象物件を所有権に基づいて引き揚げ，換価処分して債権回収を図る。取引先の事業にとって重要な機械等の動産を取引先が使用している場合で，これを売れば相当の売買代金を得ることが見込まれるときは，その機械等を動産譲渡担保にとるのが適切である。

　動産譲渡担保を利用する場合，債権者と譲渡担保設定者との間で，動産譲渡担保権設定契約を締結する。

■ウェブ掲載　【書式4-5-2-3】動産譲渡担保権設定契約書

ウ　集合動産譲渡担保

　企業が販売のために店舗や倉庫に保管する在庫商品等を，包括的に担保にとるのが集合動産譲渡担保である。平常時は，担保提供者は通常の営業活動として商品を第三者に売却することが許されており，商品は保管場所から順次搬出され，また新しい商品が補充される。

　取引先が商品の出し入れを繰り返しながらも，特定の店舗や倉庫にいつもある程度の在庫商品を保管している場合には在庫商品を一括して集合動産譲渡担保にとり，いざというときに所有権に基づき商品を引き揚げて換価処分できるようにしておくことが適切である。

　集合動産譲渡担保を利用する場合，債権者と譲渡担保設定者との間で，集合動産譲渡担保権設定契約を締結する。

```
■ウェブ掲載　【書式 4-5-2-4】集合動産譲渡担保権設定契約書
```

エ　集合債権譲渡担保

　取引先に不動産や在庫商品のような資産はないが，回収できることが確実な売掛金がある場合には，集合債権譲渡担保を利用することが適切である。集合債権譲渡担保では，すでに発生している債権（既発生債権）のみならず，将来発生する債権（将来債権）も併せて包括的に担保にとることが可能である。

　集合債権譲渡担保を利用する場合，債権者と譲渡担保設定者との間で，集合債権譲渡担保権設定契約を締結する。

```
■ウェブ掲載　【書式 4-5-2-5】集合債権譲渡担保権設定契約書
```

オ　債権質

　取引先が，本社や営業所を賃借していて，賃貸人に，敷金や入居保証金を差し入れている場合，取引先は賃貸人に対して敷金・保証金返還請求権を有しているが，これらの返還請求権は取引先の財産である。また，取引先が火災保険

をかけていたり，役員に生命保険をかけていたりする場合，火災の発生あるいは役員が亡くなった場合には，取引先に対し多額の保険金が支払われることになるが，これらの保険金請求権も取引先の財産である。このような財産があることが判明している場合には，債権質権を利用するのが適切である。

債権質を利用する場合，質権者（債権者）と質権設定者との間で，債権質権設定契約を締結する。

■ウェブ掲載　【書式4-5-2-6】債権質権設定契約書

3　債権の管理

(1)　与信管理

商取引においては，「納入月末締め翌月末現金払い」といった支払条件が定められ，商品の引渡しから一定期間経過後に商品代金の支払いが行われるという信用取引が行われることが多いが，その一定期間の間に取引先が倒産すれば債権の回収は困難となる。そのため，信用取引を行う際には，取引先の信用力や支払能力に見合った取引金額（与信限度額）の範囲内で取引を行うことが重要である。

継続的に与信額を管理する際には，残高確認依頼書のような書面を定期的に取引先に送り，残高の確認を求めることも考えられる。これにより，債権額を確認できることに加え，自社が債権を有していることを取引先に承認させ，消滅時効の完成を阻止できる。

■ウェブ掲載　【書式4-5-3-1】残高確認依頼書

(2) 消滅時効への対応

ア 消滅時効期間

消滅時効とは，一定期間権利が行使されなかったことによって当該権利が消滅する制度をいい，債権も長期間行使しないでいると時効によって消滅する。

債権は，長期間行使しないでいると時効によって消滅し，これを消滅時効という。債権が消滅すると債権が回収不能になるので，債権管理を行ううえで，消滅時効には特に注意が必要である。

消滅時効期間は債権の種類により異なるが，その詳細は以下のとおりである。

債権の種類	消滅時効期間
一般の債権	以下の①又は②のいずれか早い方の経過により時効が完成する（民法 166 条 1 項）。 ① 債権者が権利を行使できることを知った時（主観的起算点）から 5 年間行使しないとき ② 権利を行使することができる時（客観的起算点）から 10 年間行使しないとき →通常の売掛債権の場合は，原則として，支払期日から 5 年で消滅時効が完成する。
不法行為による損害賠償請求権	以下の①又は②のいずれか早い方の経過により時効が完成する（民法 724 条）。 ① 被害者又はその法定代理人が損害及び加害者を知った時から 3 年間行使しないとき ② 不法行為の時から 20 年間行使しないとき

イ 時効の援用

時効の効果が発生するのは，時効の利益を受ける「当事者」（消滅時効にあっては，保証人，物上保証人，第三取得者その他権利の消滅について正当な利益を有する者を含む）が時効を「援用」（民法145条）したとき，つまり，「時効の利益を受けるべく，債権は消滅した。」と意思表示したときである。消滅時効期間が過ぎても，取引先が消滅時効を「援用」しない限り，債権を回収することは可能である。

また，消滅時効期間が過ぎた後に，取引先が債権の一部を支払ったり，支払いの猶予を求めたりしたときは，それ以降は時効を援用することはできないと解されている。

ウ　時効の完成猶予・時効の更新

時効の完成を阻止する制度には，「時効の完成猶予」と「時効の更新」とがある。

時効の完成猶予とは，一定の事由がある場合に，その事由が発生しただけでは時効期間の進行自体は止まらないが，本来の時効期間の満了時期を過ぎても，その事由の終了又は消滅から一定期間を経過するまでは時効が完成しないことをいう（時効の完成が先延ばしになるイメージである）。

時効の更新とは，一定の事由の発生によって，それまで進行してきた時効期間の経過が無意味のものとなり，新たにゼロから時効期間の進行が始まることをいう（時効の進行がリセットされるイメージである）。

時効の完成猶予事由及び時効の更新事由は，以下のとおりである。

条文	事由	完成猶予 （期間）	更新 （時期）
147 条	裁判上の請求，支払督促，裁判上の和解・民事調停・家事調停，破産手続参加・再生手続参加・更生手続参加	○ （事由終了時まで）	○ （確定判決又はこれと同一の効力を有する権利の確定から）
148 条	強制執行，担保権の実行，形式的競売，財産開示手続	○ （事由終了時まで）	○ （事由終了時から）
149 条	仮差押・仮処分	○ （事由終了時から6か月間）	×
150 条	催告	○ （催告時から6か月間）	×
151 条	協議を行う旨の合意	○ （(a)合意から1年，(b)合意で定めた協議期間の経過，(c)協議の続行拒絶通知から6か月間，のいずれか）	×
152 条	承認	×	○

第5 債権回収保全　431

　取引先が債務の存在を認めているわけではないが，債権者との間で協議する意思を有しているような場合，やむを得ず訴訟の提起を行って時効を更新させるという選択以外に，協議を行う旨の合意を書面ですることで，1 年間は時効の完成を猶予して，協議するという選択もすることができる。すなわち，権利についての協議を行う旨を書面で合意した場合，次の時のいずれか早い時まで，時効の完成が猶予される（民法 151 条 1 項）[177]。

> ①　その合意があった時から 1 年を経過した時
> ②　その合意において当事者が協議を行う期間（1 年に満たないものに限る）を定めたときは，その期間を経過した時
> ③　当事者の一方から相手方に対して協議の進行を拒絶する旨を書面で通知した時から 6 か月を経過した時

　なお，催告によって時効の完成が猶予されている間に，協議を行う旨の合意をしても，時効の完成猶予の効力はないため（民法 151 条 3 項前段），注意を要する。

4　協議による債権回収

(1)　取引先に対する請求

　取引先に対して請求書を送っているにもかかわらず，取引先が支払わない場合，まずは，電話や面談などで支払いを請求する。それでも取引先が支払わない場合は，書面（内容証明郵便を用いることも考えられる）で支払いを求めることが必要である。

　取引先が債務の存在は認めているものの，「資金繰りの関係ですぐには支払えない」などと説明している場合は，取引先から債務確認書を取得するべきである。債務確認書を取得すれば，取引先が債務を承認していることを書面で残

---

[177] 協議を行う旨の合意を書面でしたことによって時効の完成が猶予されている間に，再度協議を行う旨の合意を書面で行った場合，当初の時効期間満了予定時から 5 年間を超えない範囲内では再度の完成猶予の効力を持つ（民法 151 条 2 項）。

して，消滅時効を更新することができるうえ，訴訟を提起する際の証拠にもなる。

■ウェブ掲載　【書式 4-5-4-1】債務確認書
---

(2)　分割弁済

　資金繰り等の関係で取引先が一括では支払えない場合，分割払いを認めることも検討すべきである。仮に分割払いを認めるときは，取引先との間で債務弁済契約書を作成して，取引先に記名捺印させる。債務弁済契約書[178]を作成して，取引先に債務の存在を認めさせることには消滅時効を更新する効果があり，また書面で支払いの約束をさせることにより，後日，訴訟になったときでも証拠として使うことができる。

■ウェブ掲載　【書式 4-5-4-2】債務弁済契約書
---

(3)　準消費貸借契約の締結

　継続的に商品を販売している取引先が，売買代金を支払わなかったり，あるいは請求額の一部だけを支払ったり，ということを繰り返している場合，未払いとなっている金額の総額は把握できたとしても，どの商品の売買代金が未払いになっているのか，はっきりと区別することが困難になる。また，売掛債権の消滅時効は，それぞれの商品の代金の支払期日から進行を開始するところ，消滅時効にかからないように債権管理をするのも一定の労力を要する。

　このような場合には，取引先との間で，未払いになっている売買代金を消費貸借の目的とする準消費貸借契約（民法588条）を締結するように交渉することが考えられる。準消費貸借契約を締結すると，多数の売掛債権を一本化して管理の省力化を図れるとともに，未払いの債権総額の立証も容易になる。

---

[178] 取引先の抵抗感をなくす趣旨で，タイトルは「覚書」などとしてもよい。

> ■ウェブ掲載　【書式 4-5-4-3】準消費貸借契約書

(4) 相　殺

　支払いが遅れている取引先に対して自社に買掛金がある場合，売掛金（「自働債権」という）買掛金（「受働債権」という）を対当額[179]で相殺することができる。相殺をすると，売掛金を回収したのと同じ効果を得ることができる（前述の例だと，売掛金80万円を回収したのと同じ効果を得ることができる）。相殺は，内容証明郵便など書面を送付する方法で行うことが一般的である。

　相殺の要件は以下のとおりである。

	要　件	補　足
①	対立する債権が同じ種類の債権であること	自働債権・受働債権ともに金銭債権であれば問題ない。
②	対立債権の弁済期（支払期日）が到来していること	相殺する側が受働債権の期限の利益を放棄することは自由であるため，自働債権について弁済期が到来していれば相殺できる。
③	相殺禁止特約がなく，法律上も相殺禁止となっていないこと	取引基本契約などで相殺を禁止する特約をつけていると一方的に相殺することはできない。

> ■ウェブ掲載　【書式 4-5-4-4】相殺通知書

---

[179] 例えば，売掛金が 180 万円，買掛金が 80 万円の場合，双方の 80 万円と 80 万円のことを「対当額」という。

(5) 債権譲渡

ア 債権譲渡契約の締結

取引先の資金繰りが苦しく，また新たな担保となるような目ぼしい財産も乏しい場合には，取引先の他社（取引先の得意先等。法的には第三債務者という）に対する売掛金から債権を回収できないかを検討する。取引先から他社（第三債務者）に対する売掛金について債権譲渡を受ければ，自社が債権者となり，自社は第三債務者から直接支払いを受けることができる。

この場合，債権者は，取引先との間で，取引先の第三債務者に対する債権を譲り受ける旨の債権譲渡契約を締結し，後述のとおり，対抗要件を備える必要がある。

```
■ウェブ掲載 【書式4-5-4-5】債権譲渡契約書
```

イ 債務者から第三債務者への通知又は第三債務者の承諾

（ア）債務者から第三債務者への通知又は第三債務者の承諾

第三者に対する対抗要件を備えるため，取引先（債務者）から第三債務者に対して，債権を譲渡した旨を確定日付のある証書によって通知させる必要がある（民法467条2項・1項）。この通知は，郵便局からの局印が確定日付となるため，内容証明郵便を用いることが一般的である。

また，第三債務者の確定日付がある証書による承諾がある場合も第三者対抗要件を備えることができる。この場合，第三債務者から，債権譲渡承諾書を取得したうえで，公証役場に債権譲渡承諾書を持って行き，確定日付を取得する必要がある。

（イ）債権譲渡登記

法人が多数の債権を一括して譲渡するような場合には，債務者も多数に及ぶため，すべての債務者に民法所定の通知などの手続をとらなければならないとすると，手続・費用の面で負担が重く，実務的に対抗要件を具備することは困難となる。そこで，債権譲渡の第三者対抗要件に関する民法の特例として，法人がする金銭債権の譲渡等については，登記をすることにより債務者以外の第

第5 債権回収保全　435

三者に対する対抗要件を得ることができるとしたものが，債権譲渡登記制度である。債権譲渡登記を行えば，債務者以外の第三者との関係で民法上の確定日付ある証書による通知があったものとみなされる（動産及び債権の譲渡の対抗要件に関する民法の特例等に関する法律4条1項）。ただし，債権譲渡登記をしても，債務者に対しては債権譲渡の事実を主張することはできず，債務者に対して登記をしたことを証する登記事項証明書の交付を伴う通知をしてはじめて債権譲渡の事実を主張することができるとされているため，注意を要する。

■ウェブ掲載　【書式4-5-4-6】債権譲渡通知書

5　担保による債権回収

(1)　抵当権・根抵当権の実行

抵当権・根抵当権を実行して債権を回収する方法には，①担保不動産競売の方法と，②担保不動産収益執行の方法がある。債権者は，いずれの方法を選択することもできるが，いずれの方法であっても，裁判所に手続を申し立てる必要がある[180]。

(2)　譲渡担保の実行

譲渡担保権の実行による債権の回収は，譲渡担保の目的物を換価処分することによって行う。手続としては，まず，譲渡担保設定契約書において定められた譲渡担保権を実行するための条件をすべて満たしたことを確認したうえで，②譲渡担保権実行通知書を取引先に送付し，所有権を確定的に自社に移転させたうえで，③取引先が占有している譲渡担保の目的物を取引先から引き揚げることになる。

---

[180] 詳細は，裁判所のホームページ「民事執行手続」（https://www.courts.go.jp/saiban/syurui/syurui_minzi/minzi_02_01/index.html）を参照。

ウェブ掲載 【書式4-5-4-7】譲渡担保権実行通知書

---

6 法的手段による債権回収

(1) 保 全

　取引先が任意に支払わず，担保もとっていない，という場合には，最終的には裁判所に訴訟を提起して，取引先の財産に強制執行をすることにより債権を回収することになる。しかし，訴訟で争っている間に，取引先が財産を処分してしまったり，他の債権者が取引先の財産から回収を図ったりすることもあり，このような場合は，勝訴判決を得ることができたとしても，強制執行の対象となるべき財産がなくなっているということもある。そのため，強制執行の手続をとるときに備えて，取引先が勝手に財産を処分したりしないように，訴訟を提起する前に取引先の財産及び現状を凍結するための手続をとる必要があり，この手続を保全手続という。保全手続には，「仮差押」と「仮処分」という2種類の手続がある。

ア 仮差押命令申立

(ア) 要 件

　取引先に対し，売掛金や貸付金などの金銭債権を持っている場合，速やかに取引先の財産を仮差押しなければ返済を受けられなくなる可能性があるときは，取引先の財産に対する仮差押が可能である。

　裁判所に対して仮差押命令申立を行った場合，裁判所は，①被保全権利が存在し，かつ，②保全の必要性があると認めたときは，取引先の財産（例えば預金債権など）への仮差押命令を発令する。

　被保全権利とは，仮差押によって守られる権利（すなわち，金銭の支払いを目的とする取引先に対する債権）のことをいい，売掛金や貸付金，業務委託料などがこれにあたる。

　保全の必要性は，強制執行をすることができなくなるおそれがあるとき，又は強制執行をするのに著しい困難を生ずるおそれがあるときに認められる。

（イ）仮差押の対象・効果

仮差押の対象となる財産に特に制限はなく，取引先が所有している不動産，動産，債権等を仮差押することが可能である。

これらを仮差押することによって，取引先は，勝手にこれらの財産を第三者に譲渡したり，債権を回収したりできなくなる。また，例えば預金を仮差押した場合，取引先は，預金口座から預金をおろすことができなくなる。

また，取引先が所有する商品や，取引先が有する売掛金を仮差押することも考えられる。商品を仮差押すると，取引先は商品を売買することができなくなり，また，売掛金を仮差押すると，取引先は売掛金の回収ができなくなるため，取引先に対して強いプレッシャーを与えることができる。

（ウ）保証金

仮差押は，申立人の一方的な主張のみで発令の要否を決定するため，相手方が損害を被る場合に備えて，裁判所は申立人に保証金を供託させる。保証金の額は，被保全権利の20％から30％程度の金額が定められることが多い。

イ　仮処分命令申立

仮処分とは，金銭債権以外の権利について，将来強制執行ができなくならないようにするための保全手続である。例えば，所有権留保売買により引き渡した商品が第三者に譲渡されるおそれがある場合や，譲渡担保権を設定している取引先の物件が第三者に譲渡されるおそれがある場合等に，処分禁止の仮処分命令申立を行い，取引先による動産の処分を阻止することが考えられる。

仮処分が認められるための要件は，仮差押と同様，①被保全権利の存在が認められ，かつ，②保全の必要性が認められることである。

なお，仮処分の場合，仮差押の場合と比べ，保証金の額が高額となる場合があるため，注意を要する。

(2) 支払督促・少額訴訟

ア 支払督促 [181]

支払督促とは，裁判所における手続を通じて取得するものであるが，裁判官ではなく書記官に対する申立てによるものであり，特に期日は開かれず，申し立てたとおりの支払督促が発せられる簡易迅速な債務名義 [182]取得方法である。ただし，債務者の異議があると，通常訴訟手続に移行するため，注意を要する。

イ 少額訴訟 [183]

訴訟手続のうち請求額が140万円を超えないものは簡易裁判所で扱うことになっているが（裁判所法24条1号，33条1項1号），簡易裁判所で扱う事件のうち，さらに60万円以下の金銭の支払いの請求を目的とするものについて，簡易迅速に債務名義（仮執行宣言付判決又は確定判決）を取得できるようにしたのが少額訴訟手続である。支払督促ほど簡易ではなく，口頭弁論期日が1回は開かれるが，当事者は当該1回の期日においてのみ主張立証を行うこととなり，その後裁判官が判決を出す。債務者が通常訴訟手続に移行させる旨を述べると，通常訴訟手続に移行することになるのは，支払督促と同様である。

ウ 支払督促・少額訴訟と通常訴訟の選択

支払督促及び少額訴訟は，金銭の支払いを求めるものであるため，金銭の請求以外（不動産・動産の引渡し等）を求める場合には，通常訴訟を選択する。

通常訴訟は，債務名義の取得までに相当の時間を要するのが通常であるが（訴訟提起から1年を超えることも間々ある），支払督促や少額訴訟は，通常訴訟に移行しない限り迅速に債務名義を取得することが可能である（早ければ，申立て又は訴訟提起から数か月程度で債務名義を取得することが可能である）。

---

[181] 詳細は，裁判所のホームページ「支払督促」（https://www.courts.go.jp/saiban/syurui/ syurui_minzi/minzi_04_02_13/index.html）を参照。申立書の書式の掲載もあり，同書式を用いて自ら申立てを行うことも可能である。

[182] 債務名義とは，強制執行に必要な書類をいい，本文に記載している仮執行宣言付支払督促以外でいうと，仮執行宣言付判決，執行証書（強制執行認諾文言付の公正証書），和解調書，調停調書，即決和解調書などを指す。

[183] 詳細は，裁判所のホームページ「少額訴訟」（https://www.courts.go.jp/saiban/syurui/ syurui_minzi/minzi_04_02_02/index.html）を参照。訴状の書式の掲載もあり，同書式を用いて自ら訴えを提起することも可能である。

第5 債権回収保全　439

そのため，金銭の支払いを求める場合で，債務者が債権の存在やその金額等を争っていない場合には，迅速かつ低コストで債務名義を取得するという観点から，支払督促又は少額訴訟を提起するのが適切である。

　もっとも，支払督促や少額訴訟は，債務者が債権の存在やその金額等を争っている場合には通常訴訟に移行することになるため，債務者が債権の存在やその金額を争っている場合には，当初から通常訴訟を提起した方がよい。

エ　支払督促と少額訴訟の選択

　少額訴訟は，請求額が60万円以下のものに限られるため，請求額が60万円を超える場合には，支払督促を選択することになる。

　また，直ちに強制執行手続を行いたいという要請が強い場合には，支払督促を選択するのが適切である。少額訴訟においては，債権者の請求が認められる場合でも，裁判所が，判決言渡しの日から３年を超えない範囲内において，支払時期の猶予や分割払いの定めを行うことができ（民訴375条１項），その場合には，直ちに強制執行手続を行うことができなくなる。

(3)　訴　訟

ア　訴訟を提起するか否か

　取引先に支払能力がなく，資産もないときは，勝訴判決をもらっても強制執行により債権回収を図ることができないため，訴訟を提起しても意味がない。

　他方，取引先が支払能力に問題がないにもかかわらず，合理的ではない理由で支払わない場合は，訴訟を提起することを検討すべきである。この場合，取引先が，訴え提起後判決取得までの間に財産を散逸させてしまう可能性があるときは，仮差押や仮処分手続を先行させることを検討する必要がある。

イ　手続の流れ

　原告が訴状及び証拠書類を裁判所へ提出すると，裁判所は訴状等を審査し，口頭弁論期日を指定し，被告に訴状や期日呼出状を送達する。それらを受領した被告は答弁書及び証拠を準備し，裁判所及び原告へ提出する。

　口頭弁論期日においては，裁判所が公開の法廷において，双方の主張を聞き，証拠を調べる。また，非公開でなされる弁論準備手続期日等が設けられることも多い。

証人尋問は双方の主張及び証拠がおおむね出そろった段階で，必要がある場合になされるのが通常である。

双方の主張及び証拠が出し尽くされた場合には，口頭弁論が終結され，判決がなされる。

ウ 債務名義取得に要する期間

事案にもよるものの，第1審手続において判決言渡しに至るまでには1年程度はかかるのが通常である。第1審判決がなされた後も，当該判決に不服である当事者は控訴することができ，また，控訴審における判決に対しては上告も可能であるため，債務名義取得までに要する時間は数年になることもある。

他方，第1審や控訴審の段階においては和解の可能性があり，そのような場合には比較的早期の解決が可能である。一般的には，弁論準備期日か，証人尋問期日の後に設定される和解期日において，両当事者及び裁判所が和解に向けた協議を行うことが多い。

(4) 強制執行

ア 強制執行の条件

強制執行手続とは，勝訴判決を得たり，相手方との間で裁判上の和解が成立したにもかかわらず，相手方がお金を支払わなかったり，建物等の明渡しをしなかったりする場合に，判決などの債務名義を得た人（債権者）の申立てに基づいて，相手方（債務者）に対する請求権を裁判所が強制的に実現する手続である。

強制執行は，原則として，「執行文」の付与された「債務名義」の正本に基づいて実施される（民執25条本文）。また，執行文とは，執行機関が債務名義の内容どおり強制執行してもよいことを公証するもので，判決の場合には，判決を出した裁判所の書記官に執行文付与の申立てを行うことで取得できる[184]。

イ 不動産に対する強制執行

他の債権者による担保権が設定されていない不動産（又は，担保権が設定さ

---

[184] これに加えて，判決正本送達証明書（判決正本が被告等に送達されたことを証明する書類）も必要になる。

れているものの被担保債権の額が不動産の評価額より小さい不動産）が存在する場合には，不動産に対する執行をかけることが債権回収に有用である。

不動産に対する強制執行による債権回収方法は，簡単にいえば，「不動産を差し押さえて，競売にかけて，競売代金から回収する」という方法である[185]。

債務者所有の不動産を把握するには，債務者が法人であれば本店所在地・工場・倉庫・駐車場等の不動産について登記事項証明書を確認して，権利関係を調査する[186]。不動産登記事項証明書を取得する際には，「共同担保目録」付きで請求し，すでに設定された担保権の有無を確認する。担保権が設定されていても，その後相当の期間が経過しているときは，被担保債権（住宅ローン等）が消滅している可能性もあるため，不動産登記簿謄本の精査は重要である。

ウ　債権に対する強制執行

債権執行手続とは，債権者が，債務者の勤務する会社を第三債務者として給料を差し押さえたり，債務者の預金のある銀行を第三債務者として銀行預金を差し押さえ，それを直接取り立てること等により，債権の回収を図る手続である。債権に対する強制執行による債権回収方法は，ごく簡単にいえば，「債権を差し押さえ，第三債務者から取り立てる」という方法である[187]。

強制執行の対象となる「債権」としては，例えば，預金債権，給与又は役員報酬債権，売買代金債権，損害賠償債権，請負代金債権等があげられる[188]。

---

[185] 詳細は，裁判所のホームページ「民事執行手続」（https://www.courts.go.jp/saiban/syurui/syurui_minzi/minzi_02_01/index.html）を参照。

[186] 債務者所有の不動産が存在しない場合でも，債務者が不動産を実際に利用していることが確認できれば，その物件を賃借している可能性が高く，賃貸人に対する敷金を差し入れている可能性があるため，この敷金返還請求権に対して差押を行うことが考えられる。

[187] 詳細は，裁判所のホームページ「民事執行手続」（https://www.courts.go.jp/saiban/syurui/syurui_minzi/minzi_02_01/index.html）を参照。

[188] ただし，法律上，差押えが禁止されている差押禁止債権は，強制執行の対象から除外される。代表的なものとして，給料や賞与等，給与の性質を有する債権は，その4分の3（月額44万円以上の場合は33万円までの部分）が差押禁止債権とされ（民執152条1項2号，民事執行法施行令2条2項），強制執行の対象から除外される。

7 取引先が倒産した時の留意点

(1) 取引先が倒産したときに債権者がとるべき基本的な行動

　取引先の倒産情報が入った場合，最初に行うべきは，取引先の本社や店舗，倉庫などに急行し，現在の正確な情報を直接確認することである。取引先が営業を継続していれば，どの種類の倒産手続をとるのかは別として，再建できる可能性があるため，それを前提に対応を検討することになる。

　また，並行して，社内では，取引先との債権債務関係を精査し，取引先に対してどれだけの債権を持っているのか，担保をとっているのか，債務は負っているか等を確認する。取引先との債権債務のチェックの過程で，取引先に対する未発送商品などがあることが判明した場合は，すぐに発送を中止する必要がある。

　取引先が倒産状態にあっても，まだ法的整理手続をとっていない段階であれば，取引先に支払いを求めて，支払いを受けることも可能である。取引先から在庫商品を代物弁済してもらったり，売掛金を債権譲渡してもらったりするなどして，回収できる債権は回収しておくことが重要である。ただし，取引先が倒産状態にあるときに債権を回収すると，その回収行為が詐害行為であるとして，詐害行為取消権の対象になるリスクがある。その場合，受け取った金員や物を返還しなければならなくなることもあるため，留意する必要がある。

(2) 債務者が破産した場合の対応

ア　破産手続の流れ

　支払不能の状態あるいは債務超過の状態に陥った債務者が，裁判所に対して破産手続開始の申立てを行い，裁判所は，債務者が支払不能の状態にあるときは，破産手続開始決定を行う。この際，裁判所は，原則として，破産手続開始決定と同時に，破産管財人を選任する[189]。

---

[189] 債務者にまったく資力がなく，破産手続の費用を賄うことができないことが明らかなときは，破産管財人を選任しないこともある（いわゆる同時廃止）。なお，東京地方裁判所は，法人の破産手続については，資産の有無にかかわらず全件で破産管財人を選任している。

第5 債権回収保全　　443

　破産管財人は，破産者が有していた財産を金銭に換え，また，破産者が破産手続開始決定前に債権者を害するような行為を行っていた場合には否認権を行使するなどして財産を取戻し，破産法の定める優先順位に従って債権者に分配する。また，破産管財人は，債権者に対し，債権届出期間内に債権届出書を提出するよう求め，債権者集会[190]を開いたうえで，破産手続の状況や届出債権の認否を説明する。

　破産管財人が破産財団を全部金銭に換え，債権調査も終わると，裁判所の許可の下，破産管財人から債権者宛てに配当がある。配当が終わると破産手続は終結する。

イ　破産手続における債権回収

（ア）概　要

　破産手続に限らず，取引先が法的整理手続に入ったときは，債権届出期間内に債権届出書を提出しなければならない。また，取引先との間で相殺ができる場合には，確実に相殺をする必要がある。さらに，取引先に対し，担保権を有しているときは，担保権を実行することも検討すべきである。

（イ）債権届出書を提出する

　取引先が破産手続開始の申立てをして裁判所が開始決定をすると，裁判所から各債権者あてに，開始決定の通知とともに債権届出書が送られてくる。開始決定通知書や債権届出書には，債権届出期間が明示されているため，これらの書類が届いたら，すぐに債権届出期間を確認し，債権届出期間内に確実に債権届出書を提出できるように準備する必要がある。

（ウ）相　殺

　破産手続においても，債権者側から相殺することは認められていることから，取引先との債権債務関係の調査の過程で買掛金もあることが分かったときは，自社の売掛金と相殺できないかを検討する。

　①対立する債権が同じ種類の債権であること，②対立債権の弁済期（支払期

---

[190] 債権者集会に出席してもしなくても，配当金額に差は出ない。債権者集会で破産管財人の説明を聞きたい，あるいは，債権者集会の場で意見を言いたい，などという事情がなければ，債権者集会に出席する必要は基本的にはない。

日）が到来してること，③相殺禁止特約がなく，法律上も相殺禁止となっていないこと，という相殺の要件を満たしていれば相殺できるのが原則であるが，以下の2つの場合には，相殺権の行使が制限されるため，注意を要する。

　　a　相殺の意思表示の時期的な制限

　破産管財人から相殺するかどうかの催告を受けたのに，これを無視して相殺しないでいると，催告期間経過後は，相殺することができなくなってしまう（破産法73条1項及び2項）。催告期間は通常は1か月程度であるから，破産管財人から催告を受ける前に早めに相殺してしまう方がよい。

　　b　債務の取得時期による制限

　取引先が支払不能に陥った後にもっぱら売掛金と相殺する目的で取引先に対して債務を負担したり，あるいは，買掛金がある場合に，取引先が支払不能状態にあることが分かっているのに取引先に対する債権を取得したりした場合などは，相殺することができない（破産法71条1項）。要するに，取引先が倒産状態にあることが分かっているのに，自社だけ相殺によって負担を軽くしようと考えて債権を取得したり，債務を負担したりした場合には，相殺が制限されるということである。

（エ）担保権実行

　破産の場合，担保権は「別除権」として扱われ，破産手続とは別に担保権を実行して債権を回収することができる。

　取引先の不動産について抵当権を有している場合には，その不動産を対象として，担保不動産競売の申立てをすることにより，担保権を実行することが考えられるが，時間と費用がかかるうえに，市場での時価よりも安い金額で落札されることがほとんどであるため，通常は，直ちに抵当権を実行することはせず，破産管財人にその不動産を任意に売却してもらうようにする方が良い場合が多い。破産管財人が不動産を任意に売却したときは，売買金額の5％〜10％程度を破産管財人に渡すように要求されるものの，それでも競売と比較して手取額が多ければ，弁済の受領と同時に担保権の抹消に応じるのがよい。

（3）　債務者が民事再生した場合の対応

　民事再生手続とは，経済的に苦しい状況にある法人や個人が，自ら立てた再

建計画案について，債権者の多数が同意し，裁判所もその計画案を認めることにより，債務者の事業や経済生活の再建を図ることを目的とした手続である。債務者は，事業を継続しながら，再生計画のとおりに返済し，残りの債務の免除を受けることになる。

　民事再生手続下においては，債権者は，自己が持っている債権がどの種類の債権にあたるかによって異なった立場となる。民事再生手続下における債権の種類としては，以下のようなものがある。

民事再生手続下における債権の種類とその扱い		
①	再生債権	民事再生申立前に発生した無担保の債権のこと。「再生債権」は，原則として，取引先が支払うことが禁止され，再生計画による支払いしか受けられない。
②	別除権	担保権のこと。一定の例外を除き，民事再生の場合も，破産の場合と同様，民事再生手続と無関係に別除権を行使することが可能である。
③	共益債権	民事再生申立後に取引先との取引で発生した債権のこと。「共益債権」は，取引先との約定どおりに，全額支払を受けられる。
④	一般優先債権	税金，社会保険料，労働債権など。「一般優先債権」は全額支払わなければならない。

　再生債権を有する債権者としては，再生計画に従って支払を受けることになる。

446　第4章　契約取引

第6 インターネット上の誹謗中傷対応

1　インターネットトラブルの特徴及び法的責任

(1)　インターネットトラブルの特徴と基礎知識

ア　想定される事例

Case
X社は，全国で美容クリニックを経営しているが，匿名掲示板に，「美容クリニックAを語るスレ」と題するスレッドが立てられ，そこに，「美容クリニックAの医師Bはやぶ医者だ。」「B医師はかつて医療ミスを起こしたことがある。行かない方がいい。」等の投稿が複数行われていることを確認した。X社は，当該投稿の削除を求めることと並行して，投稿者に対して損害賠償請求を行いたいと考えているが，どのような手続を踏む必要があるか。

　日本における2022年末時点のインターネット利用率は84.9%であり，インターネット利用者のうち，SNS（ソーシャルネットワーキングサービス）利用者の割合はほぼすべての年齢層で増加し，日本全体で8割に達している[191]。このようにインターネットが普及した現代においては，個人により発信された情報の影響力・電波力が飛躍的に高まっており，インターネット上でひとたび被害者の権利を侵害する表現がなされれば，それは短時間で広範囲に伝わり，被害者は社会的に深刻なダメージを負ってしまうことになる。

　そこで，被害者の権利を侵害する表現がなされた場合には，迅速に，当該表現の削除を求めるとともに，当該表現を投稿した投稿者（発信者）を特定したうえで，当該投稿者に対して損害賠償請求や刑事告訴を行うなどの対応を取る必要がある。ここで問題なのは，インターネット上の匿名サイトにおいては，匿名で，権利侵害表現を行うことが可能ということである。匿名サイトに対し

---

[191] 総務省「令和4年通信利用動向調査の結果」（令和5年5月29日）

て「投稿者が誰か開示せよ」と求めても，匿名サイト自身は当該投稿者の氏名・住所等の情報をそもそも有しておらず，匿名サイトからそうした情報の開示を受けることはできないし，また，被害者自身も投稿者が誰か分からないため，投稿者自身に削除を求めたり，損害賠償請求を求めたりすることができない。そのため，被害者としては，発信者情報開示請求という権利を用いて，投稿者を特定したうえで，当該投稿者に対して，損害賠償請求や刑事告訴等を行っていくことになる。

イ　情報が表示されるまでの仕組み

(ア)「アクセスプロバイダ」と「コンテンツプロバイダ」

削除請求や発信者情報開示を行う前提として，発信者が情報をインターネットに発信した場合，当該情報が閲覧者にまで届く経路がどのようなものであるかということを説明すると，以下の①→②のとおりである。

① 発信者が操作するパソコンやスマートフォンから，アクセスプロバイダ（AP）を経由して，インターネット上の掲示板やSNS，ホームページ（これらの掲示板等を管理するプロバイダをコンテンツプロバイダ（CP）という）に情報が記録される。
② 閲覧者が自身の操作するパソコンやスマートフォンからコンテンツプロバイダが管理するウェブサイトを閲覧した場合，掲示板等に記録された情報が，コンテンツプロバイダから閲覧者側のアクセスプロバイダを経由して，閲覧者が操作するパソコンやスマートフォンに表示される。

これを図示すると，以下のとおりである。

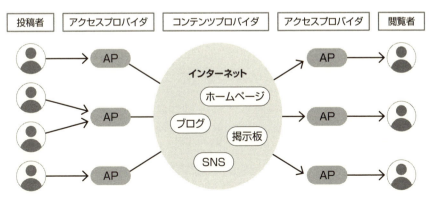

アクセスプロバイダ(AP)とは，いわゆる通信キャリアのことを指しており，ドコモ，au，ソフトバンクなどがこれにあたる。これらのアクセスプロバイダは，発信者との間でインターネットサービス契約を締結しているから，通常，発信者の氏名，住所，メールアドレス等の情報を保有している。投稿者を特定するためには，このアクセスプロバイダに対して，氏名，住所，メールアドレス等の情報（発信者情報）の開示請求を行う必要がある。

他方，コンテンツプロバイダ（CP）とは，インターネットを介してデジタルコンテンツの配信サービスを行う事業者をいい，例えば，「5ちゃんねる」「爆サイ」などの電子掲示板，「Amebaブログ」「Livedoorブログ」などのブログ，「X（旧Twitter）」「Facebook」などのSNSの管理・運営会社がこれにあたる。これらのコンテンツプロバイダは，通常，発信者の氏名，住所，電話番号，メールアドレス等の情報（発信者情報）を保有していない一方，電子掲示板やブログ，SNSに問題の投稿が行われた際のタイムスタンプ及びIPアドレスは保有している 192。そのため，コンテンツプロバイダに対しては，タイムスタンプ及びIPアドレスの開示請求を行い，コンテンツプロバイダから開示されたタイムスタンプ及びIPアドレスを用いてアクセスプロバイダを特定する必要がある。

（イ）IPアドレス及びタイムスタンプ

インターネットにつながるすべての機械には，IPアドレスという番号が割りふられている。IPアドレスは1台1台すべて異なるため，IPアドレスがわかれば，どの機械から通信が発信されたかがわかる。IPアドレスには，IPv4という形式とIPv6という形式とがあり，IPv4形式の場合は「198.51.100.0」などと表記され，また，IPv6形式の場合は「2001:0db8:0000:0000:0000:0000:0000:00fc」などと表記される。

また，タイムスタンプとは，情報が送信された年月日及び時刻のことである。

---

192 ただし，XやFacebookなど，電話認証制度を採用しているコンテンツプロバイダは，発信者の電話番号を保有していることがあるため，XやFacebookに対しては，電話番号の発信者情報開示請求を行うことも考えられる。また，実名登録型のサイト（ヤフオクなど，Yahoo!のサイトやAmazonなど実名を登録して利用するサイト）の場合は，匿名サイトとは異なり，サイト管理者に対して，投稿者の住所氏名の開示請求を行うことが考えられる。

IPアドレス（特に動的IPアドレスの場合）だけでは発信者を特定することができず，タイムスタンプとあわせて通信を特定したうえで，アクセスプロバイダに開示請求を行うことになる。

(2) 民事責任

インターネット上への投稿によって，名誉権やその他の権利が侵害された場合，当該投稿の投稿者に対して，民法709条を根拠に不法行為に基づく損害賠償請求を行うことが可能である。この場合に投稿者に対して請求できる主な費目は慰謝料となる。なお，被害者が法人の場合は，判例上は慰謝料請求が否定されているが（最判昭和39年1月28日判時363号10頁），民法710条に基づく無形損害の請求は認められているため，同条に基づく無形損害を請求することになる[193]。

訴訟において認容される慰謝料（法人の場合は無形損害）の金額としては，数十万円から100万円前後となることが多い。「会社の名誉を毀損する投稿によって会社の売上が減少した。」などの理由で逸失利益の主張をすることは多いが（例えば，「『X社で販売している商品を買って食べたら，中からカエルが出てきた!!』という虚偽の投稿により，当社が運営する店舗への客足が遠き，少なくとも1,000万円の損害を被った」など），裁判上，因果関係の立証が困難であるため，例外的な事情がない限り，認められないことがほとんどである。例えば，大阪地判平成29年3月21日（平成28年（ワ）第7393号）は，企業が販売する健康器具と同じ名前のドメインを取得したうえで，「製造クオリティが非常に低い商品です」「消費者庁が指導を行わなかったことにも疑問を感じるところです」「本当に身体のことを正しく学んでいるのか疑わしい限りです」などとウェブサイトに掲載した事案で，請求額1,000万円に対して，65万円しか損害賠償を認めなかった。

他方で，発信者情報開示請求や削除請求に要した弁護士費用については，多くの裁判例が，投稿者に対して請求できると判示している。例えば，東京高判

---

[193] 中澤佑一『インターネットにおける誹謗中傷法的対策マニュアル（第4版）』（中央経済社，2022年）58頁

令和2年1月23日判タ1490号109頁は，「インターネット上の電子掲示板に掲載された匿名の投稿によって名誉等を毀損された者としては，発信者情報の開示を得なければ，名誉等毀損の加害者を特定して損害賠償等の請求をすることができないのであるから，発信者情報開示請求訴訟の弁護士報酬は，その加害者に対して民事上の損害賠償請求をするために必要不可欠の費用であり，通常の損害賠償請求訴訟の弁護士費用とは異なり，特段の事情のない限り，その全額を名誉等毀損の不法行為と相当因果関係のある損害と認めるのが相当である。」と判示して，発信者情報の開示及び投稿の削除に要した費用227万1,687円の損害賠償を認めた[194]。

(3) 刑事責任

ア 名誉毀損罪（刑法230条1項）

刑法230条1項（名誉毀損）は「公然と事実を摘示し，人の名誉を毀損した者は，その事実の有無にかかわらず，3年以下の懲役若しくは禁錮又は50万円以下の罰金に処する。」と定めている。「名誉」とは外部的名誉，すなわち人に対する積極的な社会的評価をいい，「人」には法人等の団体も含む。また，「公然と」とは，摘示された事実を不特定又は多数人が認識し得る状態をいい，摘示の相手方が特定・少数の場合でも伝播可能性がある場合には公然性が認められる。

名誉毀損には，事実の摘示が必要であり，この事実は，人の社会的評価を低下させるに足る具体的なものでなければならない。摘示された事実に具体性が欠ける場合は，後述イの侮辱罪の成否が問題となるにすぎない。

イ 侮辱罪（刑法231条）

刑法231条（侮辱）は「事実を摘示しなくても，公然と人を侮辱した者は，1

---

[194] 不法行為該当性が認められた投稿に係る発信者情報開示請求訴訟の弁護士費用を含む発信者の特定に要した調査費用について，その全額を相当因果関係のある損害と認めた裁判例として，東京地判令和3年3月16日判タ1490号216頁，東京地判平成29年3月29日（平成28年（ワ）9254号・36513号）がある。これに対し，発信者情報開示請求訴訟の弁護士費用を含む発信者の特定に要した調査費用につき，その一部（弁護士費用は約1割相当額）のみを相当因果関係のある損害と認めた裁判例として，東京地裁平成31年1月11日判決（平成29年（ワ）33839号）がある。

年以下の懲役若しくは禁錮若しくは30万円以下の罰金又は拘留若しくは科料に処する。」と定めている[195]。侮辱罪の保護法益も，名誉毀損罪と同じく外部的名誉であり，名誉毀損罪との差異は，具体的な事実摘示の有無にある。すなわち，侮辱罪は，事実を摘示しないで他人を社会的に軽蔑する抽象的判断を公然と発表することによって成立する。

　また，民法における名誉感情侵害（侮辱）とは異なり，刑法上の侮辱罪は自然人だけではなく，法人にも成立する。

ウ　告　訴

　名誉毀損罪も侮辱罪も，親告罪に該当するため，告訴がなければ検察官は公訴を提起することができない（刑法232条1項）。

　告訴には期間制限があり，告訴権者が「犯人を知った日」から6か月以内に告訴しなければならないとされている（刑事訴訟法235条1項）。そのため，例えば，発信者情報開示請求訴訟に勝訴して発信者の住所氏名が開示されてから6か月が経過すると，名誉毀損罪などでは刑事告訴ができなくなる可能性がある。

2　法的対応のポイント

Check List
□　実名登録型のサイトか，匿名サイトか
□（実名登録型のサイトの場合）サイト管理者に対して任意の開示請求又は裁判手続を行う
□（匿名サイトの場合）アクセスプロバイダに対する請求を投稿から3か月以内に行うことが可能か
□（3か月以内に行うことが可能な場合）コンテンツプロバイダに対する開示請求，アクセスプロバイダに対する開示請求を迅速に進める

---

[195] 法改正前は「拘留又は科料に処する」と定められていたが，2022年6月13日に改正刑法が成立し，同年7月7日に施行され，侮辱罪が厳罰化された。

(1) 誹謗中傷・ネガティブ情報の発見から手続の選択まで

投稿トラブルに関する相談を受けた場合，これに対する対抗措置として以下のものが考えられる。

ア　投稿記事の削除請求

まず，当該投稿記事の投稿者，サイトの管理者，サーバー管理者等に対して，任意交渉又は裁判手続により，当該投稿記事の削除を求めることが考えられる。

イ　発信者に対する損害賠償請求

また，インターネット上に違法な投稿がされたことにより，名誉権やプライバシーが侵害されたとして，発信者に対して，損害賠償請求（民法709条等）をすることも考えられる。もっとも，多くの事案では，投稿は匿名で行われており，そもそも誰が発信者か分からない。そのため，損害賠償請求の前提として，発信者情報開示請求により発信者の特定を行う必要がある。

プロバイダ責任制限法は，発信者を特定するための手続を定めた法律であり，名誉権やプライバシーが侵害された当事者は，同法に基づいて，プロバイダに対して発信者情報開示請求を行うことになる。

ウ　刑事告訴・被害届の提出

投稿の内容によっては，当該投稿行為自体が，名誉毀損罪（刑法230条1項），業務妨害罪（刑法233条）等の犯罪に該当する場合もあり，発信者に対する刑事処罰を求めて，刑事告訴（刑事訴訟法230条）や被害届の提出を行うことも考えられる。

(2) 当該情報を削除する（削除請求）

ア　削除依頼・送信防止措置の申出とは

ブログ，ネット掲示板やSNS等への投稿により，名誉権侵害，プライバシー権侵害，著作権侵害等の権利侵害の被害を受けた場合に，ウェブサイトの運営者やサーバーの管理者に投稿された情報を削除するように依頼することを，「削除依頼」とか，「送信防止措置の申出」などという。

プロバイダ責任制限法3条2項2号は，プロバイダが，自己の権利を侵害されたとする者から該当する情報について削除等の送信防止措置の申し出を受けた場合，発信者に当該情報の送信防止措置に同意するかどうかを照会し，7日

以内に発信者から回答がない場合には，当該情報を削除しても発信者に対する損害賠償義務を負わないとしている。この規定を踏まえて，プロバイダ責任制限法ガイドライン等検討協議会がプロバイダ向けにガイドライン[196]を策定していることから，被害者側としても，同ガイドラインに即して，送信防止措置の申し出をすることが考えられる。

イ　削除依頼の方法

（ア）任意交渉

ウェブサイトによっては，サイト内に削除請求のためのフォームが設置されている場合や，問い合わせ先が記載されている場合がある。このようなフォームを設けているウェブサイトでは，フォームから投稿の削除申請を行い，合理的な理由があるとサイト管理者が認めた場合には，迅速に投稿が削除されることが多い。そのため，後述（イ）の投稿記事削除の仮処分の申立てに先立って又は並行して，まずはフォームから任意での削除を求めることが考えられる。

また，一般社団法人テレコムサービス協会が，コンテンツプロバイダ（サイト管理者）に送付する削除請求用の書式（「侵害情報の通知書兼送信防止措置依頼書」）を策定しており，実務上，この書式を用いて削除請求を行うことも一般的である[197]。削除フォームが用意されていないウェブサイトの場合は，この書式を用いて削除請求を行うことになる。

（イ）裁判手続（投稿記事削除仮処分命令申立）

前述（ア）の削除フォーム等からの削除請求が奏功しない場合，もはやサイト管理者が任意で投稿を削除する可能性は低いため，別途，投稿記事削除仮処分命令申立という裁判手続に進むことを検討する必要がある。

この投稿記事削除仮処分命令とは，仮の地位を定める仮処分命令（民保23条2項）であり，これが認められるためには，①被保全権利が存在すること，②保全の必要性（「争いがある権利関係について債権者に生ずる著しい損害又は急迫の危険を避けるためこれを必要とするとき」）が認められること，という

---

[196] プロバイダ責任制限法ガイドライン等検討協議会「プロバイダ責任制限法　名誉毀損・プライバシー関係ガイドライン（第6版）」(https://www.isplaw.jp/vc-files/isplaw/provider_mguideline_20220624.pdf)（令和4年6月）

[197] https://www.isplaw.jp/vc-files/isplaw/p_form.pdf

要件を満たす必要がある。

①の「被保全権利」とは，人格権等に基づく差止請求権のことをいい，具体的には，名誉権やプライバシー権，著作権や商標権等の権利が違法に侵害されていることを疎明する必要がある。

次に，②の「保全の必要性」については，インターネット上で自己の権利を侵害する表現行為がされた場合には，世界中から閲覧可能となるほか，検索サービス等により容易に当該表現にアクセス可能となり，短時間で容易に複製・拡散し得る状態に置かれることに鑑みれば，そのような表現行為がされた場合には，被害者は重大な損害を被るおそれが高く，事後的な金銭による賠償のみでは救済が不可能又は不十分である場合が多いとして，保全の必要性が肯定される場合が多い。

裁判所は，双方審尋期日[198]を経て，これらの要件を充足する申立てかどうかを検討し，理由があると判断した場合は，債権者（申立人）に対して担保金を供託するように命じる。債権者が法務局に担保[199]を供託し，供託証書を裁判所に提出した後，裁判所は，投稿記事削除命令を出すことになる。

なお，債務者（ここでは，サイト管理者のことをいう。以下本項において同じ）が日本法人の場合，債務者の普通裁判籍のほか，「不法行為があった地」（民訴3条5項9号）にも管轄が認められる。「不法行為があった地」のうち「損害（結果）が発生した地」の解釈については諸説あるが，東京地裁民事9部では，債権者（保全命令を申し立てている者）の住所地（原則として現在の住所地）にも管轄を認める取扱いをする場合が多い[200]。

他方，債務者が外国法人である場合，日本における主たる事務所又は営業所

---

[198] 「審尋」とは，裁判所が申立人や相手方（サイト管理者）の両方の言い分を確認して主張の当否について判断するための手続をいう。投稿記事削除仮処分の場合，双方審尋（申立人と相手方双方から言い分を聴く手続）で審理が進められる。

[199] 担保金の金額は，被保全権利や保全の必要性に関する疎明の程度等について考慮したうえで判断されるが，東京地裁民事9部では30万円から50万円までの間で決定されることが多い（関述之＝小川直人編著『インターネット関係仮処分の実務』（一般社団法人金融財政事情研究会，2018年）266頁）。発信者情報開示と併せて申し立てられ，同時に発令される場合には，投稿記事削除の仮処分のみが申し立てられた場合と同程度の担保額となることが多い。

[200] 関述之＝小川直人編著・前掲190頁

があるときは，当該事務所又は営業所の所在地が管轄地となり，また日本国内に事務所又は営業所がない場合であっても，日本における代表者その他主たる業務担当者がいれば，その住所地（民訴4条5号，民保12条1項）に管轄が認められる。また，不法行為があった地（民訴3条5項9号）として管轄をとることも可能である[201]。

(3) 当該情報の発信者に責任追及する

ア 発信者の特定（発信者情報開示請求）

（ア）発信者情報開示請求とは

プロバイダ責任制限法5条は，インターネット上の匿名での情報発信について，発信者の住所氏名等の情報を有している「特定電気通信役務提供者」に対し，「発信者情報の開示を請求する権利」を創設的に認めている。

この「特定電気通信役務提供者」とは，前述1(1)アのプロバイダのことを指している。このプロバイダには，大きく分けて，①権利侵害情報を媒介するインターネット接続サービス事業者（アクセスプロバイダ）と，②権利侵害情報が書き込まれる場・サービスを提供する事業者（コンテンツプロバイダ）に分類される。

インターネット上で権利侵害投稿が行われた場合，一般的に，コンテンツプロバイダは，発信者の氏名・住所等の情報を保有していないことが多く，被害者が被害救済を図るためには，投稿時のIPアドレスを端緒として，権利侵害投稿の通信経路を辿って発信者を特定する実務が定着している。発信者情報開示の場面で，問題となる投稿が権利侵害に該当するか否かの判断が困難なケースなどにおいては，発信者情報が裁判外で任意に開示されないことが多いため，多くの場合，①コンテンツプロバイダへの開示請求，②アクセスプロバイダへの開示請求を経て，発信者を特定したうえで，③発信者に対する損害賠償請求

---

[201] なお，発信者情報開示請求の場合と異なり，削除請求の場合は，特別裁判籍として「不法行為があった地」にも管轄が認められることから，「管轄が定まらないとき」に該当せず，民訴法10条の2及び民事訴訟規則6条の2は適用されない。そのため，債務者が外国法人で，かつ，債権者が東京都内在住でない場合には，発信者情報開示の仮処分の申立てと管轄が異なる可能性があることに注意が必要である。

456 第4章 契約取引

等を行うという流れを経ることが必要になっている[202]。

　具体的には，コンテンツプロバイダに対する開示請求は，仮処分の申立て又は発信者情報開示命令（非訟）によることが一般的であり，これにより，発信者の権利侵害投稿の際のIPアドレス及びタイムスタンプが開示される。また，アクセスプロバイダに対する開示請求は，訴訟提起又は発信者情報開示命令（非訟）によることが一般的であり，発信者の氏名及び住所が開示される。

　なお，仮処分の申立てから開示決定までに，通常国内プロバイダで2週間〜2か月，海外プロバイダで3〜4か月程度の時間を要するとされ，また，訴訟提起から開示判決まで，通常6か月〜1年程度の時間を要するとされている。他方，発信者情報開示命令申立の場合，概ねそれぞれ1か月〜数か月程度でコンテンツプロバイダ及びアクセスプロバイダから発信者情報が開示される運用となっている。以下では，コンテンツプロバイダへの請求，アクセスプロバイダへの請求の順に，採り得る発信者情報開示請求の方法及びその内容を説明する。

（イ）コンテンツプロバイダへの開示請求

a　任意開示請求

　コンテンツプロバイダによっては，ウェブサイト内に発信者情報開示依頼のためのフォームを設置している場合がある。後述bの発信者情報開示仮処分の申立て又は後述cの発信者情報開示命令申立に先立って並行して，フォームから任意開示を求めることが考えられる。

---

[202] 2020年10月1日にプロバイダ責任制限法の改正法が施行され，これにより，手続の内容が大きく変更された。すなわち，改正前は，発信者に対して損害賠償請求を行うには，その前提として，①コンテンツプロバイダへの発信者情報開示請求仮処分命令の申立てを行い，アクセスプロバイダを特定したうえで，②アクセスプロバイダに対する発信者情報開示請求訴訟を提起し，発信者情報の開示を受けるという二段階の裁判手続が必要となっていた。改正法下では，①コンテンツプロバイダ，②アクセスプロバイダ，③発信者という三者への請求が必要である点は同じであるが，新たに発信者情報開示命令制度（非訟）が設けられ，コンテンツプロバイダへの発信者情報開示命令申立の際に，提供命令申立（プロバイダ責任制限法15条）を付随させることにより，①コンテンツプロバイダ及び②アクセスプロバイダへの請求を1つの手続で行うことが可能となった。このように，従前は発信者に対して損害賠償請求を行うには，多くの場合，その前提として二段階の裁判手続が必要であったものの，プロバイダ責任制限法が改正された結果，提供命令を付随させた場合には，1つの裁判手続のみで発信者を特定することができ，発信者に対する損害賠償請求が可能となった。

一般社団法人テレコムサービス協会が，コンテンツプロバイダ（サイト管理者）に送付する発信者情報開示請求用の書式（「発信者情報開示請求書」）を策定しており，実務上，この書式を用いて発信者情報開示請求を行うことも一般的である[203]。

ただし，実務上，任意の開示請求に応じているプロバイダは多くないため，フォーム等からの開示依頼で発信者情報を開示してくれる可能性が高いプロバイダでない限り，後述b記載の発信者情報開示仮処分命令申立又は後述cの発信者情報開示命令申立を並行して行うことを検討すべきである。

　b　発信者情報開示仮処分命令申立

　（a）手続及び要件

まずは，発信者情報開示仮処分命令申立の債務者となるべきサイト管理者を特定する必要がある。サイト管理者を特定するには，「Whois」を利用してドメイン名による検索を行ったうえで，ドメイン名の登録者を割り出す方法が，最も簡便かつ一般的な方法である。例えば，日本国内のドメイン名（「.jp」いわゆるJPドメイン名）の場合は，株式会社レジストリサービス（JPRS）の「Whois」サービスを利用することが考えられる[204]。他方，日本国外のドメイン名の場合は，InterNICの「Whois」サービスを利用することが有用である[205]。

サイト管理者を具体的に特定した後，当該サイト管理者を債務者として，発信者情報開示仮処分を申し立てることになる。この仮処分も，仮の地位を定める仮処分（民保23条2項）であり，これが認められるためには，①被保全権利が存在すること，②保全の必要性（「争いがある権利関係について債権者に生ずる著しい損害又は急迫の危険を避けるためこれを必要とするとき」）が認められること，という要件を満たす必要がある。

①の「被保全権利」とは，発信者情報開示請求権（プロバイダ責任制限法5条）であり，この発信者情報開示請求権の要件を満たしていることを疎明する必要がある。なお，発信者情報開示請求権の成立要件は後述（d）のとおりで

---

[203] https://www.isplaw.jp/vc-files/isplaw/d_form.pdf
[204] https://whois.jprs.jp/
[205] http://reports.internic.net/cgi/whois

ある。

　次に，②の「保全の必要性」については，アクセスプロバイダは，一般的に３か月程度しかアクセスログを保有していないため，コンテンツプロバイダが保有しているIPアドレスやタイムスタンプのアクセスログについて早急に開示を受けなければ，発信者の氏名及び住所等の特定ができなくなることを理由に認められる場合が多い。

　東京地裁民事９部では，原則としてすべての事件について双方審尋を実施するものとしている[206]。裁判所は，双方審尋期日を経て，要件を充足する申立てかどうかを検討し，理由があると判断した場合は，債権者（申立人）に対して担保金を供託するように命じる。債権者が法務局に担保[207]を供託し，供託証書を裁判所に提出した後，裁判所は，発信者情報開示命令を出すことになる。

　なお，債務者が日本法人の場合，原則として，債務者の普通裁判籍の所在地にのみ管轄が認められる。

　他方，債務者が外国法人の場合，①債務者である外国法人が日本国内に事務所又は営業所を有し，又は，同法人の日本支社が国内法人として存在し，かつこれらがウェブサイトの管理業務に携わっている場合（民保11条，民訴３条の３第４号），②ウェブサイトの記載が日本語でなされており，日本から当該ウェブサイトにアクセスが可能である場合又はドメインがJPドメインの場合（民保11条，民訴３条の３第５号）などに日本に国際裁判管轄（民訴４条５号，民保12条１項）が認められる。

　そして，債務者が外国法人の場合，日本における主たる事務所又は営業所があるときは，当該事務所又は営業所の所在地，日本国内に事務所又は営業所がない場合であっても，日本における代表者その他主たる業務担当者がいれば，その住所地（民訴法４条５号，民事保全法12条１項）に管轄が認められる。日本国内に主たる事務所又は営業所があると認められず，日本国内に第業者その他の主たる業務担当者もいない場合には，「管轄が定まらないとき」に該当し，

---

[206] 関述之＝小川直人編著・前掲253頁
[207] 被保全権利や保全の必要性に関する疎明の程度等について考慮したうえで判断されるが，東京地裁民事９部では10万円から30万円までの間で決定されることが多い（関述之＝小川直人編著・前掲266頁）。

東京地裁に管轄が認められる（民訴10条の２，民訴規６条の２）。

　　（ｂ）侵害情報と侵害関連通信

　プロバイダ責任制限法は，「権利を侵害したとする情報」（侵害情報）を発信した者（発信者）を特定するための権利及び手続について定めた法律である。例えば，第三者の名誉を毀損する記事が「侵害情報」（プロバイダ責任制限法２条５号）であり，この記事をSNSやブログに投稿した者が「発信者」（同条６号）である。「５ちゃんねる」や「アメーバブログ」など，侵害情報を投稿した際の通信を記録しているコンテンツプロバイダに対しては，この侵害情報の通信に係る発信者情報の開示を求めることになる。

　他方で，プロバイダ責任制限法は，SNSアカウントへログインするための通信など，それ自体は侵害通信ではないものの，侵害情報の送信と関連性を有する通信を「侵害関連通信」（プロバイダ責任制限法５条３項）と定め，この「侵害関連通信」についても，発信者情報開示請求の対象としている。X（旧）Twitterなど，侵害情報を投稿した際の通信を記録しておらず，アカウントへのログインした際の通信しか記録していないコンテンツプロバイダに対しては，そのアカウントへのログインのための通信（侵害関連通信）に係る発信者情報の開示を求めることになる。

　なお，侵害関連通信の詳細は，特定電気通信役務提供者の損害賠償責任の制限及び発信者情報の開示に関する法律施行規則（以下「総務省令」という）５条が以下の４類型を定めており，それぞれの類型について，侵害情報の送信と「相当の関連性」を有する通信が発信者情報開示請求の対象となる侵害関連通信とされている。

	侵害関連通信の類型
①	侵害情報の送信より前のアカウント作成通信（総務省令５条１項）
②	ログイン通信（同条２項）
③	ログアウト通信（同条３項）
④	侵害情報の送信より後のアカウント削除通信（同条４項）

　「侵害情報の送信と相当の関連性を有するもの」に該当する通信は，原則と

して，総務省令 5 条各号に掲げる通信ごとにそれぞれ 1 つとなることが想定されるが，具体的にどのような通信が「侵害情報の送信と相当の関連性を有するもの」に該当するかは，例えば，特定電気通信役務提供者における通信記録の保存状況や他の通信との比較における相対的な時間的近接性等を考慮して判断される。すなわち，特定電気通信役務提供者が発信者情報開示請求を受けたときにその記録を保有している通信のうち，総務省令 5 条各号に該当する通信それぞれについて侵害情報の送信と最も時間的に近接する通信が「侵害情報の送信と相当の関連性を有するもの」に該当すると考えられている[208]。

（c）一般発信者情報と特定発信者情報

「発信者情報」とは，「氏名，住所その他の侵害情報の発信者の特定に資する情報であって総務省令で定めるもの」をいい（プロバイダ責任制限法 2 条 6 号），その具体的な内容は，総務省令 2 条で定められている。

総務省令 2 条は，発信者情報として 1 号から14号までの情報を定めているが，このうち，9 号から13号までの情報を「特定発信者情報」[209]として限定列挙し，それ以外の 1 号から 8 号及び14号を「特定発信者情報以外の発信者情報」[210]（便宜上，一般発信者情報などと呼ばれる）として限定列挙している。

一般発信者情報は，氏名，住所，電話番号，電子メールアドレス，侵害情報

---

[208] プロバイダ責任制限法 Q＆A・問 17（https://www.soumu.go.jp/main_sosiki/joho_tsusin/d_syohi/ihoyugai_04.html#qa17

[209] 具体的には，専ら侵害関連通信に係るアイ・ピー・アドレス及び当該アイ・ピー・アドレスと組み合わされたポート番号（9 号），専ら侵害関連通信に係る移動端末設備からのインターネット接続サービス利用者識別符号（10 号），専ら侵害関連通信に係る SIM 識別番号（11 号），専ら侵害関連通信に係る SMS 電話番号（12 号）及び 9 号から12号までに係る開示関係役務提供者の用いる電気通信設備に侵害関連通信が送信された年月日及び時刻（いわゆるタイムスタンプ）（13 号）が定められている。

[210] 具体的には，発信者その他侵害情報の送信又は侵害関連通信に係る者の氏名又は名称（1 号），発信者その他侵害情報の送信又は侵害関連通信に係る者の住所（2 号），発信者その他侵害情報の送信又は侵害関連通信に係る者の電話番号（3 号），発信者その他侵害情報の送信又は侵害関連通信に係る者の電子メールアドレス（4 号），侵害情報の送信に係るアイ・ピー・アドレス及び当該アイ・ピー・アドレスと組み合わされたポート番号（5 号），侵害情報の送信に係る移動端末設備からのインターネット接続サービス利用者識別符号（6 号），侵害情報の送信に係る SIM 識別番号（7 号），第 5 号から第 7 号までに係る開示関係役務提供者の用いる特定電気通信設備に侵害情報が送信された年月日及び時刻（いわゆるタイムスタンプ）（8 号）並びに発信者その他侵害情報の送信又は侵害関連通信に係る者についての利用管理符号（14 号）が定められている。

の送信に係るIPアドレス及びタイムスタンプ等をいい，他方，特定発信者情報は，SNS等の①アカウント作成の際の通信，②アカウントへのログインの際の通信，③アカウントからのログアウト時の通信，④アカウント削除時の通信，をそれぞれ構成するIPアドレスやタイムスタンプなどの情報が該当する。

　これを表で図示すると以下のとおりである。

	分　類	内　容	総務省令
発信者情報	特定発信者情報以外の発信者情報（一般発信者情報）	氏名，住所，電話番号，電子メールアドレス，侵害情報の送信に係る IP アドレス及びタイムスタンプ等	2 条 1 号乃至 8 号及び 14 号
	特定発信者情報	アカウント作成・削除時やログイン・ログアウト時の IP アドレス及びタイムスタンプ等	2 条 9 号乃至 13 号

　　　（ｄ）発信者情報開示請求権の成立要件
　プロバイダ責任制限法 5 条は，以下の 3 つの発信者情報開示請求権を定めている。

	種　類	条　項	備　考
①	一般発信者情報の開示請求権	5 条 1 項 1 号及び 2 号	通常型
②	特定発信者情報の開示請求権	5 条 1 項 1 号乃至 3 号	ログイン型
③	関連電気通信役務提供者に対する開示請求権	5 条 2 項	ログイン型

　一般発信者情報の開示請求権（①）が成立するための要件は以下のとおりである。

	要　件
ア	「特定電気通信」（プロバイダ責任制限法2条1号）による情報の流通がなされたこと
イ	情報の流通により開示の請求をする者の「権利が侵害されたことが明らか」であること
ウ	発信者情報を開示請求する者の損害賠償請求権の行使のために必要である場合その他発信者情報の開示を受ける「正当な理由」があるとき
エ	発信者情報の開示を求める相手方が「開示関係役務提供者」（同条7号）であること
オ	開示を求める情報が「発信者情報」（同条8号）にあたること
カ	発信者情報を開示関係役務提供者が「保有」していること

　これらの要件の詳細は，総務省総合通信基盤局消費者行政第二課「プロバイダ責任制限法逐条解説」（2023年3月）[211]に詳しく記載されているが，以下では，代表的な要件について解説する。

　まず，アの「特定電気通信」とは，「不特定の者によって受信されることを目的とする電気通信の送信」（プロバイダ責任制限法2条1号）をいい，具体的には，電子掲示板やブログ，SNSなどの通信をいう。ここで注意を要するのは，電子メールの送受信やSNSのアカウントを用いたダイレクトメッセージ（DM）は，一対一の通信であるため，「特定電気通信」にはあたらないということである。この結果，例えば，フリーアドレスから誹謗中傷の電子メールを受信したとしても，当該フリーアドレスの発行主体に対して，プロバイダ責任制限法を用いて発信者情報開示請求を行うことはできない。このような場合は，現状，サイト管理者等に対して任意の開示請求を行う，弁護士会照会を用いる，刑事告訴して警察から捜査関係事項照会書を送ってもらうなどの対応を取るしかない。

　次に，イの「権利」とは，民法709条にいう「権利」と同義であり，法的に保護される権利であれば範囲に限定はない。例えば，名誉権，プライバシー権，著作権等はこれにあたる。また，権利が侵害されたことが「明らか」とは，権

---

[211] https://www.soumu.go.jp/main_content/000883501.pdf

利の侵害がなされたことが明白であるという趣旨であり，不法行為等の成立を阻却する事由の存在をうかがわせるような事情が存在しないことまでを意味する。例えば，名誉権侵害を主張する場合には，違法性阻却事由である真実性の抗弁が成立することがうかがわれないこと（公共目的でないこと，公益の利害に関するものではないこと，又は内容が真実ではないこと）を主張・疎明する必要がある。

ウの「発信者情報の開示を受ける正当な理由があるとき」とは，発信者情報開示請求権の要件として，開示請求者が発信者情報を入手することの合理的な必要性が認められることを意味する。具体的には，発信者に対して損害賠償請求を行うため，謝罪広告などの名誉回復措置のため，刑事告訴のため，などの理由が考えられる。開示された発信者情報をホームページで公表して私的制裁を加えるなど，不当な目的がある場合は，この「正当な理由」が認められないことになる。

エの「開示関係役務提供者」について，プロバイダ責任制限法は，「特定電気通信」を用いて電気通信役務を提供する者を「特定電気通信役務提供者」と定義しているところ，この「特定電気通信役務提供者」は，当該発信者情報開示請求において問題となっている侵害通信との関係では「開示関係役務提供者」に該当する。具体的には，コンテンツプロバイ，アクセスプロバイダに加えて，企業，大学，地方公共団体も，特定電気通信設備を設置して従業員や職員・生徒等に当該設備を利用させている場合は，開示関係役務提供者に該当し得る。なお，侵害関連通信を経由したアクセスプロバイダは，（特定電気通信役務提供者ではなく）「関連電気通信役務提供者」と定義され，プロバイダ責任制限法5条1項ではなく同条2項に基づき発信者情報開示請求を行う必要がある[212]。

以上に加えて，特定発信者情報の開示請求を求めの場合（前述②の場合）は，これらの要件以外に，プロバイダ等が権利侵害投稿に付随する発信者情報を保有していないことなど，特定発信者情報の開示を要することについての補充的

---

[212] 整理すると，「開示関係役務提供者」は，プロバイダ責任制限法5条1項に定められている特定電気通信役務提供者と，同条2項に定められている関連電気通信役務提供者の2類型があることになる。

な要件（プロバイダ責任制限法5条1項3号イ，ロ及びハのいずれかの要件）
も満たす必要がある。

　　c　非訟手続（発信者情報開示命令・提供命令）

　プロバイダに対する発信者情報開示請求の方法として，2022年10月1日施行
の改正プロバイダ責任制限法により，発信者情報開示命令と呼ばれる非訟手続
が新たに導入された（プロバイダ責任制限法8条乃至16条）。従来の仮処分命
令申立や本案訴訟とは異なり非訟手続ではあるものの，発信者情報開示仮処分
命令申立等の場合と実体法上の要件は変わらず，発信者情報開示請求権が成立
していること（プロバイダ責任制限法5条の要件を満たすこと）を主張するこ
とになる。

　発信者情報開示命令の制度において，従来の制度と大きく異なるのは，プロ
バイダ責任制限法15条が定める「提供命令」の制度である。改正前の法では，
権利を侵害されたとする者は，発信者の氏名・住所等を保有するアクセスプロ
バイダを特定するために必要であるIPアドレス等がコンテンツプロバイダ
（SNS事業者等）から開示されないと，当該経由プロバイダを特定することが
できないことから，一般に，コンテンツプロバイダに対する発信者情報開示仮
処分の決定を得ることによりIPアドレス等の開示を受けた後，別途，アクセス
プロバイダに対する発信者情報開示請求訴訟を提起する必要があった。

　改正法における発信者情報開示命令事件では，裁判所が，開示命令の申立て
をした者の申立てを受けて，開示命令より緩やかな要件により，コンテンツプ
ロバイダに対し，（当該コンテンツプロバイダが自らの保有するIPアドレス等
により特定した）アクセスプロバイダの名称等を被害者に提供することを命じ
ること（提供命令）ができることとしている。これにより，提供命令の申立人
は，コンテンツプロバイダに対する開示命令の発令を待たずに，アクセスプロ
バイダに対する開示命令の申立てができることとなる。

　また，提供命令の申立人が，提供命令によりその名称等が提供されたアクセ
スプロバイダに対する発信者情報開示命令の申立てを行った場合，既に裁判所
に係属しているコンテンツプロバイダに対する開示命令事件の手続と，新たに
申立てをしたアクセスプロバイダに対する開示命令事件の手続が併合されるこ
とにより，一体的な審理を受けることが可能になっている。

さらに，提供命令を受けたコンテンツプロバイダは，その保有する IP アドレス等を，提供命令の申立てをした者には秘密にしたまま経由プロバイダに提供することとなるため，当該アクセスプロバイダは自らが保有する発信者情報（発信者の氏名及び住所等）を特定することにより，また，消去禁止命令の申立てがなされ，その決定により，当該発信者情報を保全することができることとなった[213]。

もっとも，改正プロバイダ責任制限法により，提供命令という新たな制度が導入されたものの，コンテンツプロバイダに対する提供命令について強制執行を行うことができず，コンテンツプロバイダがこれに任意に応じない場合に採り得る手段がないことから，実務上は，提供命令は申し立てず，開示命令のみ申し立てることも多々あるところである。

（ウ）アクセスプロバイダへのログ保存請求・開示請求

a アクセスプロバイダの特定

サイト管理者等のコンテンツプロバイダからIPアドレス開示を受けることができた場合，当該IPアドレスを用いて，投稿に使用されたアクセスプロバイダを特定することができる。

具体的には，「Whois 検索」[214]を用いて，検索したい IP アドレスを検索窓に入力して検索すると，当該 IP アドレスを保有しているプロバイダの情報が表示される。このようにして判明したアクセスプロバイダに対して，アクセスログの消去禁止や契約者情報開示請求を求めていくことになる。

b ログ保存請求

被害者が投稿後一定の時間が経ってから権利侵害投稿に気づく場合や，コンテンツプロバイダにおける開示手続に一定の時間がかかる場合では，アクセスプロバイダが保有する IP アドレスなどのログが請求前に消去されてしまう場合があり，その結果，発信者の特定に至らない可能性がある。一般的に，「（特に大手の）経由プロバイダは，一般的にアクセスログ（IP アドレス・タイムス

---

[213] 以上について，プロバイダ責任制限法 Q&A・問 10（https://www.soumu.go.jp/main_sosiki/joho_tsusin/d_syohi/ihoyugai_04.html#qa10）

[214] 「ANSI Whose Gateway」（https://ja.asuka.io/whois）等。

タンプ）を比較的短期間（2週間ないし3か月とする文献もあるが，実際には
おおむね3か月程度であることが多いようである。ただし，アクセスログの保
存期間はプロバイダごとに異なっているようであり，法律等によって保存期間
が定められているわけではないから，3か月以上前に投稿された投稿記事であ
ることから直ちに保全の必要性が否定されるというものではない）しか保存さ
れていない」とされている[215]。

　そのため，まずは，コンテンツプロバイダから開示された情報を元にアクセ
スプロバイダを特定したうえで，アクセスプロバイダに対して，通信ログの保
存を請求する必要がある。具体的には，①訴外で任意の保全請求をする方法，
②発信者情報消去禁止仮処分申立てを行う方法，③発信者情報開示命令に付属
する消去禁止命令を申し立てる方法の3通りの方法がある。

　まず，訴外で任意の保全請求をする方法について，このログ保存請求には特
段書式が用意されているわけではないため，内容証明郵便等で，「ログ保存の
お願い」という文書を送ることが考えられ，一部のプロバイダを除き，一般的
にはこの方法でログの保存が可能である。この方法の特徴は，プロバイダから
発信者に対し意見照会がなされない可能性が高いということと，添付書類に不
足がある場合でもログの保存だけはしてくれる場合があるということである。
消去期限が迫っており，必要書類が集める時間がないというような場合に，こ
の「ログ保存のお願い」の文書を送付することがあり得るが，そのような場合
を除き，基本的には，後述の発信者情報開示請求を最初から行うのが直截的で
あると思われる。

　他方，一部のプロバイダは，任意のログ保全請求には応じない対応を取って
いるため，その場合には，発信者情報消去禁止仮処分又は消去禁止命令の申立
てを行うことになる（または，後述の発信者情報開示請求を最初から行うこと
もあり得る）。要件は，コンテンツプロバイダに対する発信者情報開示仮処分
と同様である。なお，債務者の普通裁判籍の所在地を管轄する裁判所のみが管
轄裁判所となり（民訴4条1項），不法行為管轄は認められない。債務者であ

---

[215] 八木一洋＝関述之編著『民事保全の実務 上（第3版増補版）』（一般社団法人金融財政事情研究会，
　2015年）358頁

るプロバイダの多くは東京に本社を有するため，多くは東京地裁に管轄が認められることになる。

　　c　発信者情報開示請求

　アクセスプロバイダに対する発信者情報開示請求の方法も，①訴外で任意の保全請求をする方法，②発信者情報開示請求訴訟を提起する方法，③発信者情報開示命令を申し立てる方法の3通りの方法がある。

　裁判外の開示請求は，一般社団法人テレコムサービス協会の書式を用いて行う方法が一般的である[216]。記載方法及び必要書類については，いくつかのプロバイダがウェブサイト上で詳細な説明をしているので，これを参照して行うのが確実である。もっとも，実務上，裁判外の開示請求によりアクセスプロバイダから発信者情報が任意で開示されることは極めて稀であり，任意の開示請求を行うことのメリットは，事実上以下の2点と考えられる[217]。

① 　任意の開示請求を行うと，アクセスプロバイダは，当該通信に係る契約者に対して意見照会を行う。これにより，投稿者本人が開示請求された事実を認識するので，それだけで1つの警告になる。

② 　アクセスプロバイダが紙媒体で意見照会をするということは，その時点で，紙で特定した本人情報がプロバイダ側で保全されることになる。そうすると，少なくとも数年間は，ログがなくなるという心配がない。

　通常は，任意の開示請求を挟まずに，アクセスプロバイダに対して発信者情報開示請求訴訟を提起するか又は発信者情報開示命令を申し立てることになる。これらの発信者情報開示請求訴訟及び発信者情報開示命令において開示請求が認められるための要件は，コンテンツプロバイダに対する発信者情報開示仮処分や発信者情報開示命令と同様であり，プロバイダ責任制限法5条が定める発信者情報開示請求権の要件を満たしていることを主張する必要がある。

イ　発信者に対する責任追及

　発信者情報開示請求が認められ，アクセスプロバイダから発信者の氏名・住

---

[216] https://www.isplaw.jp/vc-files/isplaw/d_form.pdf
[217] 清水陽平「ネット中傷対策実務の基礎（後編）」NIBEN Frontier 2020 年 6 ・ 7月合併号（https://niben.jp/niben/books/frontier/backnumber/202006/post-202.html）

468 第4章 契約取引

所の開示を受けることができた後は，当該発信者に対して，損害賠償請求をすることや,場合によっては刑事告訴をすることを検討することになる。詳細は，前述1(2)「民事責任」及び(3)「刑事責任」を参照されたい。

3 被侵害権利ごとの留意点

(1) はじめに

前述のとおり，プロバイダ責任制限法5条は，発信者情報開示請求が認められるための要件として，「権利が侵害されたことが明らか」との要件を課しているが，この要件との関係で実務上頻繁に問題になる権利としては，名誉権，名誉感情，プライバシー権，著作権等があげられる。

以下では，これらの権利ごとに，留意すべき点を説明する。

(2) 名誉毀損

名誉毀損にいう名誉とは，「人の品性，徳行，名声，信用等の人格的価値について社会から受ける客観的評価である名誉」と解されている[218]。そのため，名誉権侵害といえるためには，侵害情報の流通により，請求者の社会的評価が低下しているといえる必要がある。ある表現がどのような事実を摘示したものであるか，ということについて，投稿者と読者で見解が異なる場合があり得るが，裁判実務上は，「いやしくも一般読者の普通の注意と読み方を基準として解釈した意味内容に従う場合，その記事が事実に反し名誉を毀損するものと認められる以上，これをもって名誉毀損の記事と目すべきことは当然」とされており[219]，いわゆる「一般読者基準」が採用されている。なお，この「一般」とは，日本国民一般という意味ではなく，当該記事を読む「一般的な読者層」という意味で解されている。

また，ある表現が第三者の社会的評価を低下させるものであったとしても，当該表現行為が，公共の利害に関する事実に係り，専ら公益を図る目的に出た

---

[218] 最大判昭和61年6月11日民集40巻4号872頁
[219] 最判昭和31年7月20日民集10巻8号1059頁

場合において，摘示された事実が真実であると証明されたときには違法性がなく，また，仮に摘示された事実が真実でなくても行為者において真実と信ずるについて相当の理由があるときには故意・過失がなく，不法行為は成立しないとされている[220]。また，特定の事実を基礎とする意見ないし論評による名誉毀損については，意見等の前提としている事実の重要な部分が真実である場合には同様に違法性が阻却されるとともに，これを真実と信ずるにつき相当の理由があるときは故意・過失は否定されると解される[221]。

　したがって，名誉毀損について権利侵害の明白性が認められるためには，当該侵害情報により被害者の社会的評価が低下した等の権利侵害に係る客観的事実のほか，①公共の利害に関する事実に係ること，②目的が専ら公益を図ることにあること，③-1事実を摘示しての名誉毀損においては，摘示された事実の重要な部分について真実であること又は真実であると信じたことについて相当な理由が存すること，③-2意見ないし論評の表明による名誉毀損においては，意見ないし論評の基礎となった事実の重要な部分について真実であること又は真実であると信じたことについて相当な理由が存することの各事由の存在をうかがわせるような事情が存在しないことが必要と解されている。

　なお，発信者の主観など請求者が関知し得ない事情まで被害者が主張・立証責任を負うものではないことから，請求者は，①公共の利害に関する事実に係るものではないこと，②もっぱら公益を図る目的に出たものではないこと，③-1摘示された事実が真実ではないこと，③-2意見ないし論評の表明による名誉毀損においては，意見ないし論評の基礎となった事実の重要な部分について真実でないことのいずれかを主張・立証すればよく，摘示された事実の重要な部分について真実であると信じたことについて相当な理由が存しないこと又は意見ないし論評の基礎となった事実の重要部分について真実であると信じたことについて相当な理由が存しないことの主張立証までは要しないと解されている。

---

[220] 最判昭和41年6月23日民集20巻5号1118頁）
[221] 最判平成9年9月9日民集51巻8号3804頁）

（3） 侮辱（名誉感情侵害）

名誉毀損とは，社会的評価を低下させる行為であるところ，単に「馬鹿」「アホ」と言うだけであれば，通常は対象者の社会的評価は低下せず，名誉毀損には至らないことが多い。もっとも，そのような名誉毀損にならない中傷行為であっても，それによって対象者に強い精神的ダメージが生じる場合は，名誉感情を侵害する行為（侮辱行為）であるとして，不法行為（民法709条）になり得る。ただし，名誉感情侵害が成立するのは，あくまでも，社会通念上受忍すべき限度を超えた名誉感情侵害のみであることに注意を要する。開示請求者側としては，投稿内容だけでなく，投稿態様（執拗な投稿か等），投稿場所（どの程度の人が投稿を目にするか）などを具体的に主張する必要がある。

なお，名誉感情は，いわゆる主観的名誉であり，「人が自分自身の人格的価値について有する主観的な評価」とされている。法人には感情は存在しないことから，法人に対しては，侮辱による不法行為は成立しないと解されているため，法人を請求主体とする場合は，名誉感情侵害を主張できないことに留意すべきである。

（4） プライバシー権侵害

個人に関する情報がプライバシーとして保護されるためには，①私生活上の事実又は私生活上の事実らしく受け取られるおそれのある情報であること，②一般人の感受性を基準にして当該私人の立場に立った場合に，他者に開示されることを欲しないであろうと認められる情報であること，③一般の人に未だ知られていない情報であることが必要であると解されている[222]。一般私人の個人情報のうち，住所や電話番号等の連絡先や，病歴，前科前歴等，一般的に本人がみだりに開示されたくないと考えるような情報については，これが氏名等本人を特定できる事項とともに不特定多数の者に対して公表された場合には，通常はプライバシー侵害となると考えられる。

また，一般私人に関するものであることからすれば，違法性を阻却するような事情（社会の正当な関心事である等）が存在することも一般的には考えにく

---

[222] 東京地判昭和39年9月28日民集15巻9号2317頁〔（「宴のあと」事件〕

いから，このような態様のプライバシー侵害については，当該情報の公開が正当化されるような特段の事情がうかがわれない限り，発信者情報の開示を行うことが可能と考えられる。

(5) 著作権侵害

　例えば，ウェブサイトに掲載していた自己紹介用の写真を勝手に改変されてSNSや掲示板に投稿されたという場合，著作権ないし著作者人格権の侵害が問題になる。

　著作により，著作者は財産権としての著作権と人格権としての著作者人格権を取得する。

　著作権者は，著作物を複製し（著作21条），上演や演奏し（著作22条），上映し（著作22条の2），公衆送信等し（著作23条），口述し（著作24条），展示し（著作25条），映画の著作権に関しては頒布し（著作26条），映画以外の著作物に関しては譲渡し又は貸与し（著作26条の2及び3），翻訳あるいは翻案等をする（著作27条）態様での利用行為を著作権者において禁止でき，また他社にこれを許諾することもできる。他方，著作者人格権は，著作物を公表するかしないかを決定する権利（公表権，著作18条），公表した著作物に自己の名前を表示させるかさせないかあるいはどのように表示させるかを決定する権利（氏名表示権，著作19条），著作物の内容を著作者の「意に反して」改変されない権利（同一性保持権，著作20条）及び名誉声望を害する態様での利用を禁止する権利（著作113条6項）からなる。

　他人がSNSに投稿した画像を勝手にコピーしてSNSに投稿すれば，その投稿は複製権及び公衆送信権（送信可能化権を含む）の侵害が問題になり，また，画像を改変してから投稿すれば，翻案権及び公衆送信権の侵害が問題になる。

　SNSで投稿していた画像を勝手に利用された場合，ウェブサイトに掲載していた自己紹介用の写真を改変されて勝手に転載された場合などで，著作権侵害を理由に発信者情報開示請求を行うにあたっては，まず，当該画像又は写真の著作者が開示請求者であることを主張・立証する必要がある（著作権譲渡に係る契約書等）。

　また，著作権侵害を理由に発信者情報開示請求を行うにあたっては，当該画

像や写真が著作物性を有することを主張立証する必要がある。著作権法上の著作物は，「思想又は感情を創作的に表現したものであって，文芸，学術，美術又は音楽の範囲に属するもの」をいい（著作2条1項1号），例えば，写真が著作物と認められるためには，被写体の選択，構図，カメラアングルの設定，シャッターチャンスの捕捉，絞り，明るさなどにおいて撮影者の個性が現れていること，すなわち創作性が認められることが必要であると解されている。SNSに投稿した画像やウェブサイトに掲載した写真をコピーされたり，改変されて転載された場合，当該画像や写真が著作物性を有するかが問題になり，開示請求者側では，当該画像・写真がありふれた構図で撮影したとはいえないことを主張していくこととなる。

　ただし，仮に，開示請求者が著作物たる画像や写真の著作権を保有しているとしても，著作権の制限事由に該当する場合には，著作権侵害とはならない。著作権の制限に関する規定は，著作権法30条以下に規定されており，例えば，「私的利用」にあたる場合は，著作権の侵害とはならない（著作30条）。

■第5章

知財戦略

第1 知的財産権の概要

1 知的財産権とは

　人の知的創造活動によって生み出されたものには,財産的価値をもつもの(知的財産　知的財産基本法2条1項)があり,特許権,実用新案権,育成者権,意匠権,著作権,商標権その他の知的財産に関して法令により定められた権利又は法律上保護される利益に係る権利を知的財産権という(同条2項)。

法　律	保護方法	保護対象	登録の要否	活用例
特許法	権利付与	発明	要	物の構造 方法 ビジネスモデル プログラム
実用新案法		考案	要	物の構造
意匠法		意匠	要	物のデザイン 建築物のデザイン 画像のデザイン
商標法		商標	要	ロゴ ブランド
著作権法		著作物	不要	コンテンツ プログラム
不正競争防止法	行為規制	商品等表示・商品形態・営業秘等	不要	ロゴ ブランド ノウハウ 顧客情報

2　知的財産の活用法

　知的財産権の取得及び維持には費用がかかるため，自社の事業において必要な権利又は保護対象が何かを選択する必要がある。

　この点，知的財産権を取得することで，当該知的財産について独占権を獲得して自社の市場における競争優位性を確保できるとともに，第三者にライセンスすることで利益を得ることができ，さらには自社の資産価値を高めることができる。そのため，これらの観点から，知的財産の戦略的な活用が求められる。例えば，自社の売上の主要な部分を占める製品やサービスについて知的財産権を取得することや，競合他社の製品やサービスがある分野について知的財産権を取得すること，資金調達や会社の売却を考えている場合に今後注力する製品やサービスについて知的財産権を取得することなどが考えられる。

　他方で，特許の対象となる発明については，特許出願をした場合，出願公開によりその内容が一般に公開されることから，あえて特許出願をせず，社内の

ノウハウとして秘匿・保持することも考えられる。

3 知的財産権侵害に対する法的救済

自己の知的財産権を侵害された者や，不正競争により自己の利益を侵害された者は，その権利・利益を侵害する者に対し，差止請求（特許100条，実用新案27条，著作112条，商標37条，意匠37条，不競3条）や損害賠償請求（民法709条，不競4条）等[1,2]を行うことができる。

4 主要な知的財産権について

(1) 特許法

ア 特許法の目的・制度概要

特許制度とは，新しい発明を公開した者に対し，その代償として出願から20年間[3]，一定の条件の下に特許権という独占的な権利を付与し，他方，第三者に対してはこの公開された発明を利用する機会[4]を与えるものである。

特許権を取得するためには，特許庁に出願し，特許要件を満たすか審査を受け，設定登録される必要がある。

イ 特許法の保護対象・保護要件

特許法の保護対象である「発明」とは，「自然法則を利用した技術的思想の創作のうち高度のもの」であり（特許2条1項）[5]，技術的なアイデアである。こ

---

[1] 不当利得返還請求（民法703条）も行うことができ，不法行為に基づく損害賠償請求権が時効によって消滅した場合には有用である。

[2] 知的財産権侵害による損害額の算定は一般に困難であるため，各法において，損害の額の推定規程が定められている（特許102条，実用新案29条，著作114条，商標38条，意匠39条，不競5条）。

[3] 特許権の存続期間延長登録（延長登録）とは，出願後20年の特許権の存続期間満了後も，例外的に特許権を存続させる制度であり，特許法67条2項と同条4項の延長登録がある。

[4] 特許権の存続期間中においては権利者の許諾を得ることにより，また，存続期間の経過後においては全く自由に利用できることになる。

[5] このうち，「高度のもの」という要件は，主として実用新案法における考案（自然法則を利用した技術的思想の創作）との関係で，考案に含まれる部分のうち技術水準の低い裾の部分は包含しないという趣旨である。

476　第5章　知財戦略

の「発明」が特許法によって保護されるためには，産業上利用可能な発明であること（特許 29 条 1 項柱書），新規性（同条 1 項），進歩性（同条 2 項）[6]，先願性（特許 39 条）[7]，公序良俗に反しないこと（特許 32 条）等が必要である（特許要件）。

ウ　特許権の効力・特許権侵害の成立要件

特許権の存続期間は原則として出願日から 20 年である[8]。

特許権者は，「業として特許発明の実施をする」権利を専有する（特許 68 条本文）ため，次頁の 3 要件を充足する場合には，原則として特許権侵害（**直接侵害**）が成立する。また，特許法 101 条に定める行為[9]をする場合も特許権侵害とみなされる（**間接侵害**[10]）。

特許権侵害が成立する場合，前述 3 のとおり，特許権者は，差止請求（特許 100 条），損害賠償請求（民法 709 条），不当利得返還請求（民法 703 条・704 条）及び信用回復措置請求（特許 106 条）をすることができる。

---

[6] 当業者が公知技術から容易に発明できたものではないこと
[7] 同一の発明について先にされた出願がないこと
[8] 優先権の主張を伴う出願である場合は，優先日から 20 年である。また，一定の要件の下で特許権の存続期間の延長登録出願をすることができるものの（特許 67 条 2・4 項），商標権と異なり更新制度はない。
[9] 例えば，2 つの部品から成る特許発明に係る物につき，それぞれ分けて生産・譲渡し，消費者において組み立てられ，特許発明の構成要件のすべてを充足する物が完成される場合に，各部品を生産・譲渡する者は直接侵害が成立せず，消費者においては「業としての実施」にあたらず，特許権の行使が困難となる。そこで，特許権の実効性を確保すべく，権利範囲を拡張し，特許発明の生産にのみ用いる物の生産，譲渡等の一定の行為についても特許権侵害とみなされる。
[10] 侵害の予備的又は幇助的行為のうち，直接侵害を誘発する蓋然性が極めて高い一定の行為については，間接侵害として定められている。

要　件	意　　義
「業として」	個人的・家庭的な実施を除外する趣旨である。
「特許発明」	「特許発明の技術的範囲」は，明細書及び図面の記載を考慮したうえで，特許請求の範囲の記載に基づき定められる（特許70条）。 ・対象製品が特許請求の範囲に記載された発明の構成要件をすべて充足する場合，「特許発明の技術的範囲」に属すると認められる（**文言侵害**）。 ・対象製品が特許発明の構成要件のすべてを充足しない場合であっても，異なる部分が発明の本質的な部分ではない等，一定の要件を満たす場合は，特許請求の範囲に記載された構成と均等なものとして，「特許発明の技術的範囲」に属すると認められる（**均等侵害**）[11]。
「実施」	特許法2条3項が，発明の3つのカテゴリー（①物の発明，②方法の発明，③物を生産する方法の発明）に応じて，実施行為を定めている。

　もっとも，以上の要件を充足する場合であっても，試験・研究のためにする特許発明の実施（特許69条1項）や，特許権者やライセンスを有する者によって譲渡された物の転用・転売行為[12]等については，特許権の効力が及ばないため，侵害は成立しない。また，権利者からの利用許諾がある場合も侵害は成立しない。

　また，訴訟では，特許権の行使を受けた者は，当該特許権につき無効理由がある旨の主張ができ，これが認められた場合，特許権者は特許権の行使をすることができない（特許104条の3，**無効の抗弁**）[13]。これに対し，特許権者は，訂正審判請求（特許126条）によって，特許発明を無効理由を含まない範囲に訂正するができる（**訂正の再抗弁**）。

---

[11]　最判平成10年2月24日民集52巻1号113頁

[12]　いわゆる特許権が消尽に該当する場合。

[13]　別途，特許庁に対し無効審判請求を行うこともできる（特許123条）。無効審判において，無効審決が確定した場合は，当該特許権ははじめから存在しなかったものとみなされる（特許125条）。

(2) 実用新案法

実用新案制度は，物品の形状，構造又は組合せに係る考案について，出願日から10年間，独占排他権を付与する制度である。ここにいう「考案」とは，自然法則を利用した技術的思想の創作をいい，特許法で保護される「発明」ほど高度な技術的アイデアではなく，「小発明」とも呼ばれる。

特許法とは異なり，無審査登録主義を採用しており，実用新案登録出願を行えば，形式的要件を満たす限り，設定登録がなされ，実用新案権が発生する。もっとも，実務上は，実用新案権ではなく，より有用な特許権を取得することが望ましい[14]。

(3) 著作権法
ア 著作権法の目的・制度概要

著作権法は，著作物等の公正な利用に留意しつつ，著作者等の権利の保護を図ることにより，「文化の発展に寄与すること」を法の目的としている（著作1条）。

著作物を創作した者である「著作者」（著作2条1項2号）は，創作と同時に著作権を取得するため（著作17条），特許権等とは異なり，出願や登録等は不要である。

イ 著作権法の保護対象・保護要件

著作権法の保護対象である「著作物」とは，「思想又は感情を創作的に表現したものであって，文芸，学術，美術又は音楽の範囲に属するもの」をいう（著作2条1項1号）。4要件に分けると次頁の表のとおりである。

---

[14] 実用新案権の行使は，実用新案技術評価書を提示して警告をした後でなければすることができない（実用新案29条の2）。なお，権利行使後，当該実用新案登録が無効となった場合は，権利行使をした者は，権利行使や警告によって相手方に与えた損害賠償責任を負う可能性がある（実用新案29条の3）。

要　件	意　　義
「思想又は感情を」	「思想又は感情」は，哲学的な思想や芸術的な感情といった高度な水準が要求されているわけではなく，「人間の精神活動全般」をいう[15]。客観的事実や出来事そのものはこれにはあたらない[16]。
「創作的に」（創作性）	新規性や独創性といった高度な水準は求められておらず，「著作者の個性が何らかの形で表れて」いれば足りる[17]。表現の選択の余地が小さく，「誰が著作しても同様の表現となるようなありふれた表現」のものなどは，創作性が否定される[18]。
「表現したもの」	著作物として保護されるためには，具体的な「表現」である必要がある。思想・感情等のアイデアそれ自体は著作物ではなく，保護されない。
「文芸，学術，美術又は音楽の範囲に属するもの」	著作権法が文化的所産である創作物を保護対象としていることを明らかにするものであり，「美術」の範囲を除けば広く解されている。家具等の実用品に使用されるデザイン（応用美術）については，「美術」の範囲に属すると解すべきかどうかの議論がある[19]。

ウ　著作権の効力・著作権侵害の成立要件

　著作権とは，複製権や上演権，公衆送信権といった著作権法 21 条乃至 28 条に規定する権利（支分権）の総称であり，著作権者はこれらの支分権として定められた態様で著作物を利用することができる。

---

[15] 東京高判昭和 62 年 2 月 19 日判時 1225 号 111 頁
[16] 事実を端的に記載しただけの文章は著作物にはあたらないが（著作 10 条 2 項），事実や出来事等を素材とするものであっても，それらを伝達するための判断や工夫がなされた新聞記事等は，その具体的表現によっては著作物性が認められ得る（東京地判平成 6 年 2 月 18 日判タ 841 号 235 頁，知財高判平成 17 年 10 月 6 日同年（ネ）10049 号）。
[17] 東京高判昭和 62 年 2 月 19 日判時 1225 号 111 頁，東京地判平成 17 年 5 月 17 日判時 1950 号 147 頁等
[18] 東京地判平成 7 年 12 月 18 日知的裁集 27 巻 4 号 787 頁，東京地判平成 11 年 1 月 29 日判時 1680 号 119 頁等
[19] 著作権法では，美術工芸品は美術の著作物に含まれることが規定されるのみである（著作 2 条 2 項）。

したがって，①著作物に依拠して（依拠性），②当該著作物の創作的な表現を再現し（類似性），③各支分権として定められた態様で当該著作物を利用する行為は，原則として著作権侵害に該当する。ただし，権利者からの利用許諾がある場合や，私的使用のための複製，引用等の権利制限規定（著作30条以下）に該当する場合には，侵害は成立しない。また，著作権法113条は，著作権等の侵害とみなす行為を規定している。

著作権侵害が成立する場合，前述3のとおり，著作権者は，差止請求（著作112条），損害賠償請求（民法709条），不当利得返還請求（民法703条・704条）及び名誉回復等措置請求（著作115条）をすることができる。

著作権の効力は，原則として，著作者の死後70年である（著作51条乃至58条）。

エ　著作者人格権の効力・著作者人格権侵害の成立要件

著作者は，著作権に加えて，人格的権利である著作者人格権を創作と同時に取得し（著作17条），これを譲渡することはできない（著作59条）。

著作者人格権は，①公表権（著作18条），②氏名表示権（著作19条），③同一性保持権（著作20条）から構成されるが，著作権とは異なり，各条項の中でその制限（適用除外）が規定されている。

また，「著作者の名誉又は声望を害する方法」による著作物の利用は，著作者人格権侵害とみなされる（著作113条11項）。

(4)　商標法
ア　商標法の目的・制度概要

商標制度とは，商品・サービス（役務）について使用する標章（商標）について，独占排他権を付与し，商標を使用する者の業務上の信用及び需要者の利益を保護する制度である。

商標法は，識別力のある商標について，これが使用されることにより，自他商品識別機能・出所表示機能・品質保証機能といった機能が発揮され，商標に化体した業務上の信用を保護し，ひいては需要者の利益となることを前提としている。したがって，商標権は，更新によって半永久的に存続させることができるのである（商標19条）。

イ　商標法の保護対象・保護要件

商標法の保護対象である「商標」とは，標章（人の知覚によって認識することができるもののうち，文字，図形，記号，立体的形状若しくは色彩又はこれらの結合，音その他政令で定めるもの）であって，商品又は役務について使用するものをいう（商標2条1項）。なお，音その他政令で定める商標としては，動き商標，ホログラム商標，色彩のみからなる商標，音商標及び位置商標がある[20]。

かかる「商標」につき商標登録を受けるためには，自己の業務に係る商品又は役務に使用するものであること（商標3条1項柱書）[21]，識別力があること[22]，公共性に反しないこと[23]，他人の登録商標や周知・著名商標と類似しないこと[24]等が必要である。

なお，商標登録を受けていない商標であっても，不競法上の商品等表示（不競2条1項1号又は2号）に該当する場合等は，一定の要件の下，不競法に基づき保護される場合がある。

ウ　商標権の効力・商標権侵害の成立要件

商標権は，設定登録から10年間存続し，更新登録（商標20条）の申請を行うことで半永久的に存続する。

商標権者は，指定商品・指定役務に登録商標を使用する権利を有し（商標25条，**専用権**），また，第三者による①指定商品・指定役務についての登録商標に類似する商標の使用，②指定商品・指定役務に類似する商品・役務についての

---

[20] どのような商標がこれに該当するかについては，特許庁のウェブサイトを参照されたい（https://www.jpo.go.jp/system/trademark/gaiyo/newtype/index.html）。

[21] 使用されていない商標は，10年ごとの登録更新制度により画一的に整理されるとともに（商標19条2項），不使用取消審判制度により個別に整理される（商標50条）。

[22] 識別力がないとされる類型は，商標法3条1項に定められており，商品等の普通名称（例：商品「みかん」で商標「みかん」），慣用商標（例：商品「カステラ」で商標「オランダ船の図形」），記述的等表示（例：指定役務「飲食物の提供」で「東京銀座」）等である。

[23] 公共性に反するとされる類型は，商標法4条1項1号乃至4号，7号等に定められており，国旗，勲章，菊花紋章，褒章，外国国旗，赤十字の標章と同一・類似の商標や，国や地方公共団体等を表示する著名な標章と同一・類似の商標，公序良俗に反する商標，商品・役務の品質の誤認を生じさせる可能性がある商標等がある。

[24] 商標法4条1項10号，11号等に定められている。

登録商標又はこれに類似する商標の使用を排除する権利を有する（商標37条1号，**禁止権**）[25,26]。

したがって，これらの使用をする行為（以下の表に示すとおり，指定商品・指定役務と同一又は類似の商品・役務について，登録商標と同一又は類似の商標を使用する行為）は，原則として商標権侵害に該当する。また，商標法37条は，商標権侵害とみなす行為を規定している。

商標権侵害が成立する場合，前述3のとおり，商標権者は，差止請求（商標36条），損害賠償請求（民法709条），不当利得返還請求（民法703条・704条）及び信用回復措置請求（商標39条）をすることができる。

もっとも，以上の要件を充足する場合であっても，商標的使用に該当しない場合（商標26条1項6号）は，侵害は成立しない[27]。

要　件	意　義
指定商品・指定役務と同一又は類似の商品・役務について	商品・役務の類否判断は，商品の取引の実情や需要者の認識等の取引事情を総合考慮して，出所の混同を生ずるおそれがあるか否かによって判断される[28][29]。

---

[25] 商標権者が禁止権の範囲で商標を使用し，商品・役務の質の誤認又は他人の業務に係る商品・役務と混同を生じさせた場合は，商標登録の取消事由となるので留意する必要がある（商標53条）。

[26] また，需要者の間に広く認識されている商標については，禁止権の範囲を広げる防護標章登録制度がある（商標64条）。

[27] 商標の有する自他商品役務識別機能・出所表示機能・品質保証機能が発揮されない態様での使用は，商標的使用には該当しない。例えば，東京地判昭和63年9月16日無体裁集20巻3号444頁は，原告の登録商標が「POS」という文字であったところ，被告が「POS実践マニュアル」というタイトルに「POS」の文字が含まれた書籍を出版し販売したため，差止請求及び損害賠償請求をした事案で，裁判所は，被告の書籍のタイトルに表示されている「POS」という文字について，「いずれも単に書籍の内容を示す題号として被告書籍に表示されているものであつて，出所表示機能を有しない態様で被告書籍に表示されているものというべきである」として，商標権侵害を否定した。

[28] 最判昭和43年11月15日民集22巻12号2559頁

[29] なお，特許庁では，出願された商標の指定商品又は指定役務と他人の登録商標の指定商品又は指定役務との類否を「類似商品・役務審査基準」に従い判断しており，生産部門，販売部門，原材料，品質等において共通性を有する商品，又は，提供手段，目的若しくは提供場所等において共通性を有する役務をグルーピングし，同じグループに属する商品群又は役務群に「類似区分コード」を付与し，同一の「類似群コード」である場合は，原則として，類似する商品又は役務であると推定している。したがって，裁判においては特許庁の基準に拘束されずに判断されるものの，「類似群コード」を参照することは有用である。

登録商標と同一又は類似の商標を	商標の類否判断は，商標の有する①外観，②称呼，③観念のそれぞれの判断要素を総合的に観察するとともに，当該商品・役務の取引の実情を考慮して，「対比される両商標が同一又は類似の商品に使用された場合に，商品の出所につき誤認混同を生ずるおそれがあるか否か」によって判断される[30]
「使用」	商標法2条3項各号に定める行為をいう。

(5) 意匠法

ア 意匠法の目的・制度概要

意匠制度とは，物品等のデザイン（意匠）について，出願日から25年間[31]，独占排他権を付与する制度である。

意匠権を取得するためには，特許庁に出願し，登録要件を満たすか審査を受け，設定登録される必要がある。

イ 意匠法の保護対象・保護要件

意匠法の保護対象である「意匠」とは，「①物品（物品の部分を含む[32]）の形状，模様若しくは色彩又はこれらの結合（以下「形状等」という），②建築物（建築物の部分を含む）の形状等又は③画像（機器の操作の用に供されるもの又は機器がその機能を発揮した結果として表示されるものに限り，画像の部分を含む）であって，視覚を通じて美感を起こさせるもの」をいう（意匠2条1項）。

この「意匠」が意匠法によって保護されるためには，工業上利用可能な意匠

---

[30] 最判昭和43年2月27日民集22巻2号399頁〔氷山印事件〕

[31] 改正前の法律が適用される意匠については，存続期間が異なる（平成19年4月1日から令和2年3月31日までの出願は設定登録の日から最長20年，平成19年3月31日以前の出願は設定登録の日から最長15年である）。

[32] 物品の部分の形態についても，部分意匠として，保護対象となっている。部分意匠の例としては，アップル社の「携帯情報端末」（アップルウォッチ）のベルト部分の形態についての意匠権（意匠登録1539658号）がある。これはベルト部分の形態に係る部分意匠であるため，ベルト部分のみを変更した模倣者に対しても権利行使をすることができる。ベルト部分を実線にした全体意匠ではベルト部分のみを変更されてしまった場合，意匠として似ていないとされるおそれがあるが，ベルト部分を破線とする部分意匠を取得しておけば，ベルト部分のみを変更されたとしても模倣業者に対し権利行使ができる。

であること（意匠3条1項柱書）[33]，新規性（同条1項），創作非容易性（意匠3条2項）[34]，不登録事由がないこと（意匠5条）[35]，意匠ごとの出願であること（意匠7条）[36]，先願性（意匠9条）[37]等が必要である（意匠登録要件）。

ウ　意匠権の効力・意匠権侵害の成立要件

意匠権の存続期間は，原則として，意匠登録出願の日から25年である（意匠21条）。

意匠権者は，「業として登録意匠及びこれに類似する意匠の実施をする」権利を専有する（意匠23条本文）ため，次頁の表の3要件を充足する場合には，原則として意匠権侵害（**直接侵害**）が成立する。また，意匠法38条に定める行為をする場合も意匠権侵害とみなされる（**間接侵害**[38]）。

意匠権侵害が成立する場合，前述3のとおり，意匠権者は，差止請求（意匠37条），損害賠償請求（民法709条），不当利得返還請求（民法703条・704条）及び信用回復措置請求（意匠41条）をすることができる。

---

[33] 用途・形状が特定できるか，視覚に訴えるものであるか，同一のものを複数量産し得るかが審査される。

[34] 新規な意匠であっても，当業者であれば容易に創作できる意匠は創作非容易性がないと判断される。

[35] 不登録事由としては，①公序良俗を害するおそれがある意匠，②他人の業務に係る物品，建築又は画像と混同を生ずるおそれがある意匠，③物品の機能を確保するために不可欠な形状若しくは建築物の用途にとって不可欠な形状のみからなる意匠又は画像の用途にとって不可欠な表示のみからなる意匠（このような意匠は，物品の機能等に独占権を付与することになり，物品の美的外観を保護する意匠制度の趣旨に反する）がある。

[36] 意匠登録出願は，一意匠一出願として，原則として意匠ごとにしなければならない。例外的に，複数の物品等であっても，一定の要件を満たしているものは「組物の意匠」（例：一組の洗面用具セットとして「歯ブラシ立てとコップ」）として認められる場合がある。また，複数の物品等から構成される内装の意匠について，所定の要件を満たせば，一の意匠として認められる場合がある。

[37] 同一又は類似の意匠について先にされた出願がないこと

[38] 侵害の予備的又は幇助的行為のうち，直接侵害を誘発する蓋然性が極めて高い一定の行為については，間接侵害として定められている。

要　件	意　義
「業として」	個人的・家庭的な実施を除外する趣旨である。
「登録意匠及びこれに類似する意匠」	登録意匠の範囲は，願書の記載及び図面により現わされた意匠に基づいて定められ，意匠の類否判断は，需要者の視覚を通じて起こさせる美感に基づいて行われる（意匠24条）[39]。
「実施」	意匠法2条2項が，意匠のカテゴリーに応じて実施行為を定めている。

　もっとも，特許法と同様に，意匠権者やライセンスを有する者によって譲渡された物の転用・転売行為[40]等については，意匠権の効力は及ばない。

(6)　不正競争防止法

ア　不正競争防止法の目的・制度概要

　不正競争防止法（不競法）は，「事業者間の公正な競争及びこれに関する国際約束の的確な実施を確保するため，不正競争の防止及び不正競争に係る損害賠償に関する措置等を講じ，もって国民経済の健全な発展に寄与すること」を目的としている（不競1条）。

　特許法や著作権法等のように権利を予め発生させるのではなく，「不正競争」（不競2条1項）により利益を侵害された者を救済するという行為規制型の知的財産法である。

イ　不正競争防止法の規制対象（不正競争）

　不競法2条1項は，同法の規制対象となる「不正競争」を限定列挙している。知的財産との関係で特に重要と思われるものとしては，商品の出所やサービスの提供主を示す表示（商品等表示）の使用に関する同項1号・2号，商品形態の模倣に関する同項3号，営業秘密に関する同項4号乃至10号などがある。

　なお，不競法19条は，2条1項各号の区分に応じて民事的請求や刑事罰に関する規定の適用除外を定めている。

---

[39] 類否判断は基本的には，①両意匠の意匠に係る物品の類否，②両意匠の形態の類否の観点から検討される。

[40] いわゆる意匠権の消尽に該当する場合

486　第5章　知財戦略

第2 知的財産の権利化

1　知的財産権取得の必要性

(1)　産業財産権（特許権・実用新案権・意匠権・商標権）

　知的財産権のうち，特許権，実用新案権，意匠権及び商標権（以下「産業財産権」という）は，特許庁へ出願を行い，設定登録されることで権利が発生する。産業財産権を取得するメリットは以下のとおりである。

メリット	内　　容
独占排他権の取得	権利侵害をする第三者に対し差止請求権・損害賠償請求権を行使し，自己の権利の独占を確保できる。
第三者の権利取得に対する防衛	同内容の権利は登録されないため，自己が先に権利を取得することで，第三者による産業財産権の取得（権利の独占）を防衛することができる。
ライセンス収益	産業財産権を利用したい第三者に対し有償でライセンスをすることで収益をあげることができる。
資産価値の向上	産業財産権はそれ自体で財産的価値があるため，自己の資産価値を高めることができる。

　他方，特許については，出願した場合，出願公開によりその内容が一般に公開されることから，あえて特許出願をせず，社内のノウハウとして秘匿・保持することも考えられる。

　以上を踏まえると，産業財産権を取得する必要性の有無を判断するための考慮要素は，次頁のとおりである。

> **Check List**
> ☐ 権利を独占し，権利侵害をする第三者に対して差止請求・損害賠償請求を行うことができるようにしたいか
> ☐ 第三者が同内容の産業財産権を取得する可能性があるか，それにより第三者が権利を独占することを防ぎたいか
> ☐ ライセンス収益を得たいか
> ☐ 産業財産権の取得によって自己の資産価値を高めることを望むか
> ☐ 技術の秘匿を望むか

(2) 著作権

著作権については，著作物を創作した時点で，自動的に発生する。

(3) 不正競争防止法上の権利

不競法上の権利は，第三者の不正競争行為を排除する権利であり，相手方の行為が不競法上の「不正競争」に該当する場合に，差止請求権等を行使することができる（知的財産権の一種に位置付けられることがあるものの，前述の権利とは異なり，財産的な権利が発生するものではない）。

2　産業財産権の取得手続

(1) 特許権

ア　手続の流れ

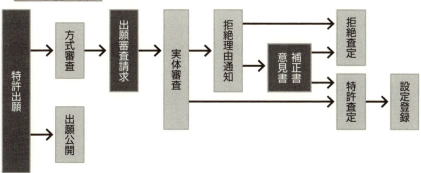

特許権は，特許庁へ出願を行い，設定登録されることで権利が発生する。特許出願をした場合は，方式審査（形式的観点からの様式チェック）がなされ，出願審査請求[41]があった後に，特許要件等についての実体審査（出願にかかる発明が特許要件を有しているか等の審査）がなされる。審査において，拒絶理由がある場合は，拒絶理由通知がなされ，出願人は手続補正，意見書の提出を行い，拒絶理由の解消を図ることができる。他方拒絶理由がない場合又は拒絶理由が解消された場合は，登録査定がなされ，登録料を納付することで設定登録がなされる。他方，拒絶理由が解消されない場合，拒絶査定がなされる。これに対して出願人は，拒絶査定不服審判を請求し[42]，特許登録の可否を争うことができる[43]。

なお，原則として出願日から1年6か月経過後，出願内容が一般に公開される（出願公開）。したがって，出願公開がされた場合は，出願に係る発明は新規性を失うため，当該発明につき第三者が特許権を取得することはできなくなる。また，設定登録がされた場合，特許権の内容は特許公報に掲載され，一般に公開される。

---

[41] 出願してから3年以内に「出願審査請求書」を特許庁に送付して審査請求を行うと実体審査がなされる。なお，出願審査請求は出願と同時に行うこともできる。

[42] 拒絶査定の謄本の送達日から30日以内に拒絶査定不服審判を請求することができる（特許121条1項）。

[43] 審判において拒絶審決がなされ，更に不服があるときは，出願人は知的財産高等裁判所に審決取消訴訟を提起し，争うことができる（特許178条1項）。

第三者による特許権取得の阻止のための対策
① 出願公開の内容は，J-PlatPat[44]等のデータベースで閲覧することができ，第三者による特許の出願動向を確認することができる[45]。
② 自己の業務に係る第三者の特許出願を発見した場合は，当該特許出願に係る発明に新規性・進歩性がないこと等について，匿名で特許庁に対し情報提供をすることができる[46]。審査官は，情報提供により得られた証拠も参考にしながら，審査を行うため，有用な証拠を提出することができれば，拒絶査定につながる可能性もある。

イ　特許出願の必要書類

特許出願の際に願書の他に必要な書面は，特許請求の範囲，明細書，図面[47]，要約書である。特許請求の範囲は，特許権の内容の範囲を決める基準となるもので，発明を特定するために必要な事項のすべてを記載しなければならない。他方，明細書・図面は，発明が公開された際に，当業者（当該分野の技術者）が特許請求の範囲に記載された発明を実施できる程度の情報を提供する技術文献として用いられるものである。

ウ　国際出願制度

特許権は，各国ごとに独立して発生・存続するものであり，権利取得を望む国にそれぞれ特許出願をする必要がある。もっとも，複数の国での出願をする際には，パリ条約に基づく優先権主張制度や，PCT 条約に基づく PCT 国際出願制度[48]を利用することができる。

---

[44] 独立行政法人工業所有権情報・研修館の提供する特許情報プラットフォーム（https://www.j-platpat.inpit.go.jp/）

[45] 例えば，自己が認識する競合他社を出願人とする出願を検索したり，特許分類（FI・F ターム）を用いて自己の事業に係る技術分野に属する発明を検索することが有用である。

[46] 特許法施行規則 13 条の 3

[47] なお，図面の提出は必須ではない。

[48] PCT 国際出願では，国際的に統一された出願願書を PCT 加盟国である自国の特許庁に対して特許庁が定めた言語（日本国特許庁の場合は日本語若しくは英語）で作成し，1 通だけ提出すれば，その時点で有効なすべての PCT 加盟国に対して「国内出願」を出願することと同じ扱いを得ることができる。つまり，日本特許庁に対して日本語又は英語で作成した国際出願願書を 1 通だけ提出すれば，それによって国際出願に与えられた国際出願日が，それらすべての国においての「国内出願」の出願日となる。なお，PCT 国際出願は，あくまで国際的な「出願」手続であるため，国際出願の発明が，特許を取得したい国のそれぞれで特許として認められるかどうかは，最終的には各国

PCT 国際出願の具体的な手続の流れ

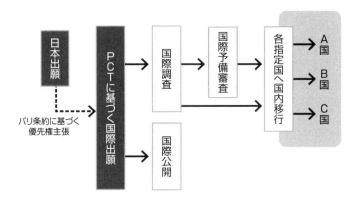

① PCT 国際出願は，受理官庁（日本においては特許庁）に行う。なお，既に日本において特許出願を行っている場合であっても，当該出願から1年以内であれば重ねて PCT 出願をすることができる（パリ条約による優先権主張）。
② PCT 国際出願があった場合は優先日[49]から1年6か月以内に出願の内容が国際公開される。
③ PCT 国際出願は，国際調査機関によって国際調査がなされ，国際調査報告として関連する先行技術文献のリストが報告される。このとき，出願人は，請求の範囲についてのみ，1回に限り請求の範囲を補正することができる。
④ さらに，出願人は，任意で国際予備審査を請求することができ，請求の範囲に記載されている発明が新規性，進歩性及び産業上の利用可能性を有するかについての見解を得ることができる。国際予備審査では，答弁や，請求の範囲及び明細書の補正を行うことができる。
⑤ その後，優先日から2年6か月以内に，各指定国が定める翻訳文の提出，各指定国の国内手数料，各指定国が定める国際出願の写しの提出[50]を行い，国内移行手続を経て，各指定国の出願として取り扱われる。

特許庁の実体的な審査に委ねられている。
[49] 優先権の主張を伴う出願である場合は，当該優先権主張の基礎となった出願の出願日であり，優先権の主張を伴う出願ではない場合は，国際出願の日
[50] 国際出願の写しの提出を求めない指定国も多い。

> ## ビジネス関連発明（ビジネスモデル特許）
>
> ビジネスモデル特許とは，ビジネスの方法（ビジネスモデル）に係る特許を意味する。しかし，ビジネスモデルのアイデアそのものは，「自然法則を利用しないもの」として発明には該当せず，そのままでは特許を取得することができない[51]。他方，ビジネスモデルに係るアイデアが ICT（Information and Communication Technology：情報通信技術）を利用して実現された発明は，ビジネス関連発明として特許の保護対象となり得る[52]。例えば，Amazon の EC サイトにおけるワンクリック購入については特許第4959817号，TSUTAYA のポスト投函による商品返却システムについては特許第4854697号がある。

(2) 実用新案権

実用新案出願をした場合は，方式審査を経て，実体審査はなされず，設定登録がなされる。

実用新案登録出願の際に願書の他に必要な書面は，実用新案登録請求の範囲，明細書，図面[53]，要約書である。また実用新案権も，特許権と同様に，各国ごとに独立して発生・存続するものであり，権利取得を望む国にそれぞれ実用新

---

[51] 特許庁の審査基準では，発明に該当しないものの類型として，①自然法則自体，②単なる発見であって創作でないもの，③自然法則に反するもの，④自然法則を利用していないもの，⑤技術的思想でないもの，⑥発明の課題を解決するための手段は示されているものの，その手段によっては，課題を解決することが明らかに不可能なもの，が示されている（特許・実用新案審査基準第Ⅲ部第1章「発明該当性及び産業上の利用可能性」）。

[52] ビジネス関連発明につき発明該当性が争われた例として，「いきなり！ステーキ」のビジネスモデルに係る特許がある。当該特許の発明の名称は，「ステーキの提供システム」であり，請求項1は，「お客様を立食形式のテーブルに案内するステップと，お客様からステーキの量を伺うステップと，伺ったステーキの量を肉のブロックからカットするステップと，カットした肉を焼くステップと，焼いた肉をお客様のテーブルまで運ぶステップとを含むステーキの提供方法を実施するステーキの提供システムであって，上記お客様を案内したテーブル番号が記載された札と，上記お客様の要望に応じてカットした肉を計量する計量機と，上記お客様の要望に応じてカットした肉を他のお客様のものと区別する印しとを備えることを特徴とする，ステーキの提供システム」である。当該発明の発明該当性について，知財高裁は，『本件特許発明1は，札，計量機及びシール（印し）という特定の物品又は機器（本件計量機等）を，他のお客様の肉との混同を防止して本件特許発明1の課題を解決するための技術的手段とするものであり，全体として「自然法則を利用した技術的思想の創作」に該当するということができる。したがって，本件特許発明1は，特許法2条1項所定の「発明」に該当するということができる。』と判断した（知財高判平成30年10月17日平成29年（行ケ）第10232号）。

[53] 特許出願と異なり図面の提出は必須である。

案登録出願をする必要がある。なお，特許と同様に，パリ条約に基づく優先権主張制度や，PCT条約に基づくPCT国際出願制度を利用することができる。

(3) 意匠権

意匠登録出願をした場合は，方式審査がなされ，意匠登録要件等についての実体審査がなされる。審査において，拒絶理由がある場合は，拒絶理由通知がなされ，出願人は手続補正[54]，意見書の提出を行い，拒絶理由の解消を図ることができる。拒絶理由がない場合又は拒絶理由が解消された場合は，登録査定がなされ，登録料を納付することで設定登録がなされる。他方，拒絶理由が解消されない場合は，拒絶査定がなされる。これに対して出願人は，拒絶査定不服審判を請求し[55]，審判において意匠登録の可否を争うことができる[56]。

設定登録がされた場合，意匠権の内容は意匠公報に掲載され，一般に公開される。なお，意匠は公表すると模倣・盗用される可能性があり，販売開始までは秘密にしておきたいというニーズがあるため，秘密意匠制度（意匠14条）を利用することで，設定登録の日から3年間に限り意匠公報に意匠の内容を掲載しないことを請求することができる[57]。

意匠登録出願の際に願書の他に必要な書面は，意匠登録を受けようとする意匠を記載した図面[58]である。

また，意匠権は，各国ごとに独立して発生・存続するものであり，権利取得を望む国にそれぞれ意匠出願をする必要がある。もっとも，複数の国での出願をする際には，パリ条約に基づく優先権主張制度や，ハーグ協定のジュネーブ改正協定に基づく国際出願制度[59]を利用することができる。

---

[54] 特許制度とは異なり，補正が却下された場合には，補正却下不服審判を申し立てて，争うことができる（意匠47条）。

[55] 拒絶査定の謄本の送達日から3月以内に拒絶査定不服審判を請求することができる（意匠46条1項）。

[56] 審判において拒絶審決がなされ，更に不服があるときは，出願人は知的財産高等裁判所に審決取消訴訟を提起し，争うことができる（意匠59条）。

[57] 秘密の請求は，意匠登録出願時又は設定登録料納付と同時に請求することが可能である。

[58] 図面に代えて，意匠登録を受けようとする意匠を現わした写真，ひな形又は見本を提出することができる（意匠6条2項）。

[59] 出願人が世界知的所有権機関（WIPO）国際事務局に対して出願をすると（国際出願），方式審査を経て，WIPO国際事務局が管理する国際登録簿にその国際出願の内容が記録され（国際登録），

(4) 商標権

　商標登録出願をした場合，方式審査がなされ，商標登録要件等についての実体審査がなされる。審査において，拒絶理由がある場合は，拒絶理由通知がなされ，出願人は手続補正[60]，意見書の提出を行い，拒絶理由の解消を図ることができる。拒絶理由がない場合又は拒絶理由が解消された場合は，登録査定がなされ，登録料を納付することで設定登録がなされる。他方，拒絶理由が解消されない場合は，拒絶査定がなされる。これに対して出願人は，拒絶査定不服審判を請求し[61]，審判において商標登録の可否を争うことができる[62]。

　また，出願の内容は，一般に公開され（出願公開），さらに登録された場合は，商標権の内容は商標公報に掲載され，一般に公開される。

　存続期間は原則として，設定登録の日から10年であり，以後は，商標権者の更新登録の申請により10年ごとに更新することができる。

　商標権は，願書において指定した商品・役務（指定商品・指定役務）ごとに商標権が発生するため，出願時には適切な指定商品・指定役務を選択する必要がある[63]。

　また，商標権は，各国ごとに独立して発生・存続するものであり，権利取得を望む国にそれぞれ商標登録出願をする必要がある。もっとも，複数の国での出願をする際には，パリ条約に基づく優先権主張制度や，マドリッド協定議定書に基づく国際出願制度[64]を利用することができる。

　国際登録された意匠は，その後所定期間が経過すると公表される（国際公表）。なお，国際出願は，WIPO国際事務局に対して直接行うことも（直接出願），自国の官庁（日本の場合は特許庁）を経由して行うことも（間接出願）できる。国際登録の名義人は，国際出願時に指定した締約国（指定国）の官庁が国際公表から6か月（又は，各国の宣言により12か月）以内に拒絶の通報をしない限り，その指定国において意匠の保護を確保することができる。

[60] 補正が却下された場合には，補正却下不服審判を申立てて，争うことができる（商標45条）。

[61] 拒絶査定の謄本の送達日から3月以内に拒絶査定不服審判を請求することができる（商標44条1項）。

[62] 審判において拒絶審決がなされ，更に不服があるときは，出願人は知的財産高等裁判所に審決取消訴訟を提起し，争うことができる（商標63条）。

[63] 指定商品・指定役務には区分があり，区分の数により納付する費用が変わる。

[64] 締約国の官庁（日本においては特許庁）に商標出願をし又は商標登録がされた名義人は，その出願又は登録を基礎に，保護を求める締約国を指定し，本国官庁を通じて国際事務局に国際出願をし，国際登録を受けることにより，指定国官庁が12か月（又は，各国の宣言により18か月）以内に拒絶の通報をしない限り，その指定国において商標の保護を確保することができる。

第3 | 職務発明制度・職務著作制度

1 職務発明制度

Check List
□ 従業者等がした発明，考案，意匠の完成時に職務発明規程が制定されていたか
□ 従業者及び役員がした発明，考案，意匠に係る特許を受ける権利，実用新案登録を受ける権利，意匠登録を受ける権利を会社が取得することが規定されているか
□ 相当の利益の算定基準が明確に定められているか
□ 相当の利益の算定基準について，①従業者等との間で協議，②従業者等への開示，③従業者等からの意見聴取を行ったか

　職務発明制度とは，従業者等が会社の職務上なした発明に係る権利の帰属や，その評価としての報酬の取扱いについて定める制度をいう。契約や就業規則等により使用者等に特許を受ける権利を取得させることを定めている場合には，当該使用者等に特許を受ける権利を帰属させる一方，従業者には相当の利益が得られるようにすることで，会社が発明への投下資本を回収する機会を確保しつつ，職務発明の直接的な担い手である個々の従業者の権利を保護し，従業者と会社の利益の調整を図っている。

　次頁の要件を満たす発明は，職務発明として取り扱われる（特許35条1項）。

第3 職務発明制度・職務著作制度　495

職務発明の要件
① 従業者等（従業者，法人の役員，国家公務員又は地方公務員）がした発明であること[65]
② 使用者等（使用者，法人，国又は地方公共団体）の業務範囲に属する発明であること
③ その発明をするに至った行為がその使用者等における従業者等の現在又は過去の職務に属すること[66]

(1) 権利の帰属

　特許権を取得するには，特許を受ける権利を有する者が特許庁に出願をする必要がある。この特許を受ける権利は，原則として発明を完成させた者が原始的に取得する。したがって，会社の従業者が，職務発明をなした場合，原則として，当該従業者が特許を受ける権利を取得する。

　他方，職務発明の完成時を基準時として，職務発明規程等[67]で，会社が特許を受ける権利を原始的に取得すること又は会社に特許を受ける権利を承継させることを定めている場合は，当該従業者から個別の譲渡を受けなくとも，会社が特許を受ける権利を取得することになる（特許35条2項・3項）[68]。

(2) 相当の利益

　職務発明につき会社が特許を受ける権利を取得した場合，会社は当該職務発明をなした従業者に対し，相当の利益（相当の金銭その他の経済上の利益）を与える義務を負う（特許35条4項）。相当の利益の内容は，合理的なものでなければならないところ，職務発明規程等において従業者等に対し支払うべき相当の利益について定める場合には，①相当の利益の内容を決定するための基準の策定に際して使用者と従業者との間で行われる協議の状況，②策定された当

---

[65] 一般的には雇用関係があることが想定されているが，嘱託，派遣，出向等の場合であっても使用者の指揮命令の下で使用者の人的・物的資源を利用した場合はこれを満たすと解されている。

[66] 必ずしも発明をすることを職務とする場合には限られないが，ある程度発明活動に関連をもった職務に限られる。

[67] 契約，勤務規則その他の定めも含まれる。

[68] 会社が職務発明について特許を受ける権利を取得できない場合であっても，会社はその特許権の通常実施権を有するため，自己において職務発明を実施することはできる（特許35条1項）。

該基準の開示の状況，③相当の利益の内容の決定について行われる従業者からの意見の聴取の状況等を考慮して，その定めに従って相当の利益を支払うことが不合理であると認められるものであってはならないとされている(特許35条5項)[69]。

(3) 実用新案・意匠

なお，実用新案における職務考案，意匠における職務創作意匠についても，特許法の規定が準用されており，同様の取扱いを受ける。

(4) 職務発明規程

以上を踏まえると，企業においては，事業の成果に係る発明等につき，特許権，実用新案権及び意匠権を取得するために，適切な職務発明規程を制定する必要がある。

> ■ウェブ掲載 【書式5-3-1-1】職務発明規程

---

[69] より具体的には，特許法35条第6項の指針（ガイドライン）に沿った適正な手続を実施する必要がある（https://www.jpo.go.jp/system/patent/shutugan/shokumu/shokumu_guideline.html)。

第3 職務発明制度·職務著作制度　497

2　職務著作制度

以下の要件を満たす著作物は，職務著作として取り扱われる（著作 15 条 1 項）。

職務著作の要件
①　法人等（法人，その他使用者）の発意に基づき [70]，
②　その法人等の業務に従事する者が [71]，
③　職務上作成する著作物であって，
④　その法人等が自己の著作の名義の下 [72]に公表するもの [73]

職務著作については，作成時における契約，勤務規則その他に別段の定めがない限り，その法人等が著作者となるから，当該法人等がその著作権及び著作者人格権を原始的に取得することになる。このように，特許等の職務発明制度（原則として従業者が特許を受ける権利を取得し，例外として職務発明規定等で定めがある場合には会社が取得する）と，原則と例外が逆の関係になっている。

また，職務著作制度においては，職務発明制度と異なり，会社が相当の利益を与える義務はない [74]。

---

[70] 著作物の創作に係る意思決定が直接・間接に法人等によって判断されることを意味する。

[71] 「法人等が著作者とされるためには，著作物を作成した者が『法人等の業務に従事する者』であることを要する。そして，法人等と雇用関係にある者がこれにあたることは明らかであるが，雇用関係の存否が争われた場合には，同項の『法人等の業務に従事する者』にあたるか否かは，法人等と著作物を作成した者との関係を実質的にみたときに，法人等の指揮監督下において労務を提供するという実態にあり，法人等がその者に対して支払う金銭が労務提供の対価であると評価できるかどうかを，業務態様，指揮監督の有無，対価の額及び支払方法等に関する具体的事情を総合的に考慮して，判断すべきものと解するのが相当である。」（最判平成 15 年 4 月 11 日判時 1822 号 133 頁）

[72] 単に法人名が著作物に記載されているだけでは足りず，当該著作物の著作者名として表示されている必要がある。

[73] 既に公表されたものだけではなく，公表が予定されているものも含む。

[74] 著作物の創作態様は様々であるため，一定の要件の下に創作された著作物に限定して法人等を著作者とする他は，特に法で規定せず契約に委ねる趣旨である。

498　第5章　知財戦略

第4 知的財産権侵害への対応

1　自社の知的財産権を他社に侵害された場合の対応

Case
X社は，指定商品を「時計」として商標Aについての商標登録を受けている。Y社は，スマートウォッチに商標Aに類似した商標A'を付して販売しているが，SNS上では，当該スマートウォッチはX社が販売するものであると誤認した投稿が続出している。X社はどのような対応をとればよいか。

(1)　知的財産権侵害発覚時の検討事項

ア　事実関係の調査

　自社の知的財産権が第三者によって侵害されている可能性がある場合，まずは事実関係を念入りに調査し，証拠を収集することが重要である。その後当該第三者に対して知的財産権侵害を主張していくにしても，前提となる事実関係に誤認があったり，主張の裏付けがなかったりすると，相手方からは即座に反論されてしまい，その後の交渉や法的措置においても不利な立場になりかねない。

　主に以下の事実関係について，調査及び証拠収集をすべきである。

Check List
□　自社が有する権利の内容・範囲の確認
□　（登録を必要とする知的財産権の場合）登録が有効に存続しているか，登録の内容はどのようなものか
□　（自社が知的財産権を譲渡・ライセンス等の契約によって取得した場合）取得した権利の内容・範囲はどのようなものか [75]

---

[75] 例えば，自社が特許の専用実施権者として権利行使をする場合，専用実施権許諾契約に基づき権利行使が認められる範囲に制限がないか，第三者による著作物の利用に対して権利侵害を主張する場

> - ☐ 被疑侵害行為・被疑侵害物品の確認
> - ☐ 最初に発覚したもの以外にも被疑侵害行為・被疑侵害物品がないか
> - ☐ ネット上での被疑侵害行為であればスクリーンショット等で証拠化したか
> - ☐ 被疑侵害物品の現物を入手するなどしたか
> - ☐ 被疑侵害者（被疑侵害物品の製造元・販売業者など）の確認

イ　法的評価

　事実関係の確認後，知的財産権侵害の成否を検討することになる。この際，相手方から主張される可能性がある抗弁事由がないか，自社の登録について無効である旨の主張をされる可能性がないか（無効理由がないか）等も含めて検討する必要がある。

　【Case】の場合，X社は商標権侵害の成否を検討することになる。前述第1.4(4)ウの要件に従い，特に，X社の商標Aの指定商品「時計」とY社が商標A'を付している「スマートウォッチ」の類似性（商品・役務の類似性）が問題になるが，東京地判平成31年2月22日（裁判所ウェブサイト）は，被告商品のスマートウォッチについて，商品区分としては第9類の「情報処理用の機械器具」に該当し，第14類の「時計」には該当しないとしつつも，当該スマートウォッチが原告登録商標の指定商品「腕時計」（第14類）に類似すると判断した。

　また，X社としては，Y社が商標A'につき先使用権（商標32条）を主張する可能性がないかなどを検討すべきである。さらに，商標法においては，登録商標の指定商品・指定役務のうち，継続して3年以上使用していないものがある場合，不使用を理由に不使用商品・役務については登録の取消を求めることが可能であるため（商標50条），Y社が対抗手段として，商標Aに対して不使用を理由とした取消審判を請求し，それが認められてしまう可能性がないかなども検討する必要がある。

ウ　対応方針の検討

　知的財産権侵害を主張できる場合，差止請求や損害賠償請求をすることができるが，それらの請求については，大きく，相手方との協議（交渉）によって

　合，自社の保有している権利が著作権なのか出版権なのか，など。

解決（実現）する方法と，法的措置（訴訟提起・仮処分の申立て等）によって解決（実現）する方法がある。

一般的には，協議による解決の方が，より簡易・迅速に，かつコストをかけずに柔軟な解決ができる可能性があるため，いきなり法的措置を講じるのではなく，まずは協議による解決を試みる場合が少なくない。もっとも，相手が協議に応じないことが明らかである場合や，社会的な影響等を考慮して判決を得たい場合など，交渉を経ずに訴訟提起等を行うことがないわけではない。自社の最終的なゴールがどこにあるのか（法的に何を求めたいか，どのような解決を望むのか），裁判における請求認容の可能性，相手方との関係性，事業への影響，解決のためにどの程度のコストをかけることができるのか等の諸事情を総合的に考慮して，対応方針を決定することになろう。

(2) 協議による解決
ア 相手方へのコンタクトの方法
相手方との協議を試みる場合，まずは相手方にコンタクトを取ることから始まるが，その方法としては，文書の送付，メール送信，電話，面談の申込みなどがあり得る。相手方の連絡先を把握していない場合には，相手方の会社ホームページや法人登記等で住所を確認し，文書（警告書等）を送付することが多い。

イ 警告書の内容・形式
最初のコンタクトとして相手方に文書を送付する場合，相手方に何を求めるか（差止請求のみならず損害賠償請求もするのか，損害賠償請求の前提として被疑侵害物品の販売実績の開示を求めるのかなど），その段階でどの程度自社の主張を明らかにするか，どのようなトーンで主張をするか（相手方の知的財産権侵害を断言するかなど）といったことを，その後の相手方との関係性や法的措置への準備も見据えて検討する必要がある。

また，文書の作成名義を会社にするのか代理人（弁護士等）にするのか，文書のタイトルを何にするのか（「警告書」，「通知書」，「ご連絡」等），文書を内容証明郵便で送付するのか普通郵便で送付するのか，といった形式面も受け手の印象，ひいては相手方の反応に影響を与え得るため，十分に検討すべきである。

ウ　警告書の送付先

不競法2条1項21号は、「競争関係にある他人の営業上の信用を害する虚偽の事実を告知し、又は流布する行為」を「不正競争」として規定しているところ、例えば、自社の競業他社の取引先に対して、当該競業他社が取り扱っている製品が自社の知的財産権を侵害している旨通知し、事後的に裁判所において非侵害である旨判断されたような場合には、当該通知が「競争関係にある他人の営業上の信用を害する虚偽の事実」の「告知」に該当し、当該通知によって競業他社が被った損害の賠償義務等を負う可能性がある。

したがって、不競法2条1項21号違反とならないよう、警告書の送付先は慎重に検討する必要がある。

(3)　法的措置による解決

知的財産権侵害を主張できる法的手続としては、民事訴訟、保全命令事件（仮処分）等の裁判手続、刑事手続（告訴）、税関に対する輸入差止申立制度、裁判外紛争解決手続（ADR）等がある。ここにおいても、自社の最終的なゴールがどこにあるのか（法的に何を求めたいか、どのような解決を望むのか）を中心に、いかなる法的措置を講ずるかを検討することになる。

ア　民事訴訟の提起

（ア）裁判管轄

民事訴訟の提起や仮処分の申立てを行う場合、裁判管轄を検討する必要がある。特に「特許権、実用新案権、回路配置利用権またはプログラム著作権に関する訴え」は、東京地方裁判所と大阪地方裁判所にのみ裁判管轄が認められている。

（イ）二段階審理方式

知的財産権に関する訴訟においては、いわゆる二段階審理方式が採用されており、第一段階において侵害の有無（無効論を含む）が審理され（侵害論）、その審理が尽きると、裁判所は侵害論についての心証開示を行う。裁判所が侵害心証の場合に限り、第二段階として損害額の審理（損害論）に入る。したがって、裁判を申し立てる権利者としては、損害額の主張立証に先行して、まずは侵害についての主張立証の準備を進めていく必要がある。

なお，損害論において，損害賠償請求は民法上，故意又は過失が要件となるところ，特許法上，他人の特許権を侵害した者には過失が推定される（特許103条）。さらに損害額についても，特許法102条において推定規定があるため，特許権者は当該規定に従い損害額を主張することができる。

イ　仮処分の申立て

差止請求に関し，仮の地位を定める仮処分として，仮処分申立てが民事訴訟と並行してなされることも少なくない[76]。仮処分手続の特徴としては，民事訴訟よりも迅速な審理が期待されることにある。また，仮処分の申立ては，裁判所に納付する手数料が一律2000円と低廉であり，申立人の側で一方的に取り下げることもできる（同法18条）。

ウ　仲裁・知財調停

その他に，裁判外紛争解決手続として，日本知的財産仲裁センター[77]の仲裁や知財調停を利用することもできる。

---

[76] その場合，同一の裁判体で，仮処分の審尋期日と本案訴訟の弁論準備手続が並行して行われることが多い。

[77] 日本知的財産仲裁センター（https://www.ip-adr.gr.jp/）

第4　知的財産権侵害への対応　　503

2　他社から知的財産権侵害を主張された場合の対応

Case

①　X社は，タブレット用のタッチペンを製造販売しているところ，Y社から，当該製造販売はY社が保有する特許第N号に係る特許権侵害に該当するとして，当該タッチペンの製造販売の中止を求める警告書を受領した。X社が警告書に記載された特許番号を特許庁のデータベース[78]で検索したところ，以下のとおり，特許第N号の情報が確認された。

なお，X社が製造販売するタッチペンは，先端が円錐型で，胴体はアルミニウム製で，胴体の端には衣服にかけるためのクリップが付いているものであった。

X社はどのような対応をとればよいか。

特許第N号
請求項1　「先端に円錐型の接触部材と，接触部材と連結する円柱型の金属製の胴体部を有するタブレット用タッチペン」

(1)　知的財産権侵害のクレームを受けた際の検討事項

ア　事実関係の調査

知的財産権侵害のクレームを受けた場合も，まずは事実関係を調査する。主な調査項目は，前述1(1)アの権利者側の【Check List】であげたものと同じであるが，特に警告書に記載されている内容に誤りがないか精査すべきである。また，損害賠償が請求されている場合には，被疑侵害物件の売上等の損害賠償に関する資料も収集する必要がある。

イ　法的評価（権利者の主張の当否の検討）

事実関係の確認後，権利者が主張する権利侵害の成否，主張し得る抗弁の有無，相手方の権利についての無効主張の可能性等を検討する。なお，知的財産

---

[78] 代表的なデータベースとして，独立行政法人工業所有権情報・研修館の提供する特許情報プラットフォーム「J-PlatPat」(https://www.j-platpat.inpit.go.jp/) がある。

504 第5章 知財戦略

権侵害の成否の判断は非常に難しいため，既に知的財産権侵害のクレームを受けている局面においては，弁護士・弁理士等の外部の専門家に相談をした方が良い場合が少なくないと思われる。

【Case①】の場合，被疑侵害物件の構成が特許発明の構成要件のすべてを充足する場合には特許権侵害が成立することから[79]，実務上，クレームチャート（左の列に権利者の特許に係る「特許請求の範囲」の記載を構成要件に分説して記載し，右の列に被疑侵害物件の構成を当該構成要件に対応した形で記載する表）を作成して，充足性を検討することが多い。【Case①】の例では，以下のような特許第N号に係る特許発明（以下「本件特許発明」という）と，X社のタッチペンの構成（以下「本件タッチペン」という）を比較するクレームチャートを作成することが考えられる。

特許第N号の構成要件	X社のタッチペンの構成
A　先端に円錐型の接触部材と，	a　先端に円錐型の接触部材と，
B　接触部材と連結する円柱型の金属製の胴体部	b　接触部材と連結する円柱型のアルミ製の胴体部と，
―	b'　胴体の接触部材とは反対側の端部にクリップ部
C　を有するタブレット用タッチペン	c　を有するタブレット用タッチペン

前述のクレームチャートによると，本件タッチペンの構成aと構成cは，それぞれ本件特許発明の構成要件Aと構成要件Cに相当する構成であり，構成要件A及び構成要件Cを充足することは明らかである。また，構成要件Bの「金属」には，通常の用語の意味としてアルミも含まれると解釈できることから，本件タッチペンの構成bは構成要件Bを充足すると判断できる。したがって，本件タッチペンは本件特許発明の構成要件をすべて充足し，当該特許発明の技術的範囲に属すると考えられる。

---

[79] 特許発明の構成要件がA＋B＋Cの場合，被疑侵害物件の構成がA＋Bや，B＋Cのときは，すべての構成要件を充足しているといえず，非充足となる。他方，被疑侵害物件の構成がA＋B＋Cや，A＋B＋C＋Dのときは，いずれも構成要件のすべてを充足しているので，充足性が認められる。

しかし，X社としては，ここで検討を終えるのではなく，特許第N号に無効理由がないかを検討すべきである。例えば，先行技術文献調査で，本件特許発明と同一の構成を有する発明が見つかった場合は，本件特許発明は新規性（特許29条1項）がないとして，無効となる。

Case

② X社は，先行技術文献[80]の調査を行ったところ，以下に示す，特許第N号の出願日前の出願に係る出願公開公報（特開α）を発見した。

特開α
請求項1 「先端に三角錐型の接触部材と，接触部材と連結する円柱型の金属製の胴体部を有するタブレット用タッチペン」

【Case②】の場合，特開αに記載された発明（以下「本件引用発明」という）は，本件特許発明と全くの同一ではなく，本件特許発明の接触部材の形状が「円錐型」であるのに対し，本件引用発明では「三角錐型」である点において相違する。したがって，新規性がないとの主張はできないものの，このような接触部材の「三角錐型」から「円錐型」への置き換えが出願当時の当業者（その発明の属する技術の分野における通常の知識を有する者）にとって容易に想到できたものであれば，本件特許発明は進歩性（特許29条2項）を欠き，X社は特許第N号の無効を主張できる可能性がある。

ウ　対応方針の検討

知的財産権侵害の成否の検討を終えたら，その検討結果を前提として，事業への影響（当該知的財産権の利用が事業に不可欠なのか），相手方との関係性，解決のためにどの程度のコストをかけることができるのか等の諸事情を総合的に考慮して，対応方針を決定する。

例えば，商標権侵害など知的財産権侵害が明らかで，かつ，当該商標の使用

---

[80] 先行技術文献の調査としては，日本又は外国の特許の公開公報や特許公報に限られず，世界中の書籍，雑誌，論文など様々な文献が対象となるため，費用や時間との関係で，適切な範囲を設定して行うことになる。

を中止しても事業にさほど大きな影響が出ないような場合には，相手方の要求に従って商標の使用を中止し，速やかに紛争を解決するのが良い場合もある。他方で，知的財産権侵害の可能性がある場合でも，当該知的財産権の利用が事業に不可欠なのであれば，知的財産権侵害を争いつつ，より低い金額でライセンスを得ることを最終的なゴールとして，ある段階からは主に金額面の条件交渉を進めていくことも考えられる。また，知的財産権侵害を争う余地がある，又は，相手方の権利を無効にできる可能性がある場合で，相手方が多額の損害賠償を請求しているような場合などには，社内で設計変更を検討しつつ，相手方の要求を全面的に争っていくこともあり得る。

(2)　相手方の要求を全面的に争う場合

まずは受け取った警告書に対する回答書を送付することになる。有効な反論が可能である場合などには，当初から証拠を添付しつつ詳細な反論を行うことが考えられる。他方で，まずは具体的な回答はせずに，権利者側に主張の根拠等の詳細な説明を求めることも考えられる。

なお，協議では折り合いがつかずに裁判手続に移行した場合は，裁判で無効の抗弁を主張するのみならず，別途，無効審判等の請求を行うことも検討対象となり得る。

(3)　ライセンスを得ることを最終的なゴールとする場合

知的財産権侵害を争う余地がないのであれば，早い段階でライセンス条件の交渉に移行することも考えられる。もっとも，知的財産権侵害の可能性がどの程度あるかがライセンス交渉の内容にも影響し得るため，知的財産権侵害を争う余地があるのであれば，主張できることは主張し，非侵害の可能性を権利者にも認識させたうえで，ライセンス条件の交渉を進めた方が良い場合もある。

第5 ライセンス契約の留意点

1 ライセンス契約の重要性

前述第2．1のとおり，知的財産の権利者にとって第三者へのライセンスは知的財産の有効な活用方法の1つであり，また，知的財産権侵害が問題となった場合にライセンス契約の締結が1つの紛争解決策となることもある。もっとも，一口に「ライセンス」と言っても，その条件はライセンシーによる知的財産の活用方針，ライセンサーによる従前の活用状況・今後の活用方針，当事者間の関係性等によって様々であるから，知的財産をライセンスし，又はライセンスを得る際には，その条件を交渉し，契約に落とし込むことが重要である。

そこで，以下では，特許のライセンス契約（特許実施許諾契約）と著作権のライセンス契約（著作物利用許諾契約）を例として，契約締結の際に特に留意すべき点を解説する。

2 特許実施許諾契約

特許実施許諾契約において定められる典型的な条項は，以下のとおりである。

特許実施許諾契約における典型条項
1．実施許諾 ・特許の特定，実施権の種類 ・実施許諾の範囲 ・再実施許諾（サブライセンス） 2．実施料 ・実施料支払義務 ・実施報告義務 ・監査 3．ライセンサーの義務 ・特許維持義務

- ・第三者による侵害の排除義務
- ・保証責任（特許の有効性等）
4. ライセンシーの義務
- ・実施義務
- ・不争義務
- ・改良発明に関する報告義務
5. 双方の義務
- ・秘密保持義務
6. 一般条項

　以下では，特許実施許諾契約に特有の事項について解説する。

(1) 特許の特定，実施権の種類

ア　許諾の対象となる特許

　許諾の対象となる特許を特定する必要がある。基本的には特許番号と発明の名称を記載することで特定可能である[81]。

　また，特許出願後，登録が未了の発明についてもライセンスすることが可能であり，この場合は特許出願番号と発明の名称で特定することが考えられる[82]。

イ　許諾の対象となる実施権の種類

　許諾の対象となる実施権は，大別して専用実施権（特許77条）と通常実施権（特許78条）がある。専用実施権は特許権と同様の独占排他性のある物権的な権利であるのに対し，通常実施権は特許権者に対して差止請求権・損害賠償請求権を行使させないという債権的権利である。また，通常実施権は，自己以外の第三者に対し通常実施権を付与しないことを内容とする独占性の合意をすることができる。すなわち，許諾の対象となる実施権の種類には，専用実施権，独占的通常実施権及び非独占的通常実施権がある。各実施権の効力は次頁のとおりである。

---

[81] なお，分かりやすさの観点から，特許権者，発明者，出願日（優先日），登録日，公開番号等の情報も記載する例もある。

[82] 特許法上，特許登録未了のライセンスとして，仮専用実施権（特許34条の2）と仮通常実施権（特許34条の3）が規定されている。

第5 ライセンス契約の留意点　509

実施権の種類（独占／非独占）	特許権者自身の実施の可否	当該ライセンシー以外の第三者への実施許諾の可否	登録の要否	ライセンシーによる差止請求・損害賠償請求の可否
専用実施権（独占）	× 特許権者自身も実施できない。	× 専用実施権者以外にライセンスできない。	○[83] 登録が効力発生要件である[84]。	○ 専用実施権者自身が差止請求や損害賠償請求をすることができる。
独占的通常実施権（独占）	○ 合意により特許権者自身も実施できない旨定めることも可能である（完全独占的通常実施権）。	×	× 登録なく第三者に対抗できる[85]。	△ 独占的通常実施権者は，損害賠償請求はできるが，差止請求はできないと解されている[86]。
非独占的通常実施権（非独占）	○	○	× 登録なく第三者に対抗できる（99条）[87]。	×[88]

---

[83] 専用実施権設定契約を締結し，専用実施権が未登録の場合でも，独占的通常実施権の効力は認められる（知財高裁平成 22 年 7 月 20 日，知財高裁平成 21 年 8 月 18 日，中山信弘＝小泉直樹編『新・注解 特許法 中巻（第 2 版）』（青林書院，2017 年）1451 頁〔城山康文〕）。

[84] 特許 98 条 1 項 2 号

[85] 特許 99 条

[86] 独占的通常実施権の場合，ライセンシーは，第三者に対する固有の差止請求権は有しないものの，損害賠償請求権を有しており，また，一定の場合にはライセンサーの有する差止請求権を代位行使することもできるという説が有力である。

[87] 特許 99 条

[88] 非独占的通常実施権の場合，ライセンシーは，第三者に対する固有の差止請求権及び損害賠償請求権を有さず，また，ライセンサーの有する差止請求権を代位行使（民法 423 条）することもできないという考え方が一般的である。

（2） 実施許諾の範囲

ア　許諾の対象となる実施行為の内容

必要に応じて，ライセンシーが行うことができる行為を特定する。

対象特許が物の発明の場合には，ライセンシーが製造販売等できる物（製品等）を特定する必要がある[89]。製品を具体的に特定する場合[90]と，包括的に特定する場合[91]がある。

許諾の対象となる実施行為の特定がない場合，特許法2条3項に従い，例えば物の発明であれば，ライセンシーは生産，使用，譲渡等[92]，輸出若しくは輸入又は譲渡等の申出[93]をする行為のすべてを行うことができることになる。

なお，実施行為を特定しない場合や，許諾の対象行為として「生産」・「製造」を定めた場合は，特定の要件[94]を満たす場合には「下請製造」も実施可能行為に含まれるものと解されている。

イ　実施可能な地域

東京都等の都道府県で限定することや，特定の工場内における製造，特定の航路における航空機内での販売といった限定の仕方も可能である。

地域を限定しない場合は，日本特許については日本国内全域が対象となる[95]。

ウ　実施可能な期間

実施可能な期間を限定することができる。期間を限定しない場合は，合理的な意思解釈の下，許諾の対象となる特許権の存続期間中であれば[96]，ライセン

---

[89] 方法に係る発明の場合は方法を特定し，物を生産する方法に係る発明の場合は物を生産する方法を特定する。

[90] 製品名・品番・型番で特定する。

[91] 許諾の対象となる特許の「技術的範囲に属する製品」などと包括的に規定する。

[92] 譲渡及び貸渡しをいい，その物がプログラム等である場合には，電気通信回線を通じた提供を含む。

[93] 譲渡等のための展示を含む。

[94] ①実施権者が下請製造者に工賃を支払うこと，②実施権者が原材料の購入，品質等について指揮・監督すること，③実施権者が下請製造者の製造した製品全部を引き取ること，を満たす場合には，ライセンシーによる自己実施と解される（最判平成9年10月28日時報1206号4頁）。

[95] なお，属地主義の原則により，日本特許の効力は日本国内に限定されていることから，外国を指定したとしても法的意義はない。

[96] なお，特許権の存続期間は出願日（同一の発明について外国においても出願している場合は優先日（全世界における最先の出願日））から20年（特許67条1項）であり，原則として特許権が消滅すれば通常実施権も当然に消滅する。

ス契約が終了するまでライセンスは存続するものと解される[97]。

エ　その他

上記以外にも，ライセンスの内容を他の事項，例えば以下のように技術分野や実施数量等により限定する例もある。

(3)　再実施許諾（サブライセンス）

ライセンシーが，自己のみで実施する場合はサブライセンス（再実施許諾）の必要性はないが，ライセンシーが自己以外の第三者に特許法上の実施行為に関与させる想定の場合は，自己実施と認められる場合を除き，サブライセンスが必要となる[98]。

ライセンシーによるサブライセンスはライセンシーとサブライセンシー間のサブライセンス契約によるため，原則として，ライセンサーはサブライセンスの内容の決定に直接関与することはできない。したがって，ライセンス契約において，ライセンシーがサブライセンスできる第三者を限定する例もある。また，ライセンサーにおいて，サブライセンスの内容がライセンス契約の内容に反しないことを確認するために，ライセンシーに対し，サブライセンス契約の写しをライセンサーに提供することを義務付ける例もある。

(4)　実施料支払義務

実施料は，ライセンサーにとっては，本来であれば自己が独占して実施できるところ，第三者による実施を認めることの対価であり，重要な条項となる。実施料の金額の定め方は様々であるが，大別すると，一括払方式（ランプサムペイメント）と出来高方式（ランニングロイヤルティ）がある。特に，ランニングロイヤリティの場合は，当時者間で争いが生じないよう，実施料の算定方法を明確に規定することが重要となる[99]。

---

[97] 権利消滅後においてもライセンス料の支払義務を課すことは独占禁止法上の「不公正な取引方法」に該当する可能性がある（知的財産の利用に関する独占禁止法上の指針第4，5 (3)）。

[98] 専用実施権者は特許権者の同意なく他人に通常実施権を再許諾することはできず（特許 77 条4 項），通常実施権者についても同様に解されている。

[99] ランニングロイヤリティとしては，製品の製造・販売による売上や利益等の金額に一定の実施料率

また，ライセンサーにおいては，対象特許が無効審判等により無効になった場合や，特許請求の範囲が訂正・変更された場合，特許実施品として販売していた製品が実際には対象特許発明の技術的範囲に属しないことが判明した場合等であっても，ライセンシーがライセンサーに対して支払った実施料は返還しないことを規定する例も多い[100]。

(5)　実施報告義務

ランニングロイヤルティを採用する場合，ライセンサーにおいては出来高の正確な把握が難しく，正当な実施料の請求が難しいため，ライセンシーに実施報告（売上金額，販売数量，控除費用の額等に係る報告）を課す必要がある。

(6)　監　査

ライセンシーによる実施報告の正確性を検査すべく，ライセンサーにおいては，ライセンシーに対して当該報告の基礎となる帳簿書類の保管義務を課すとともに，ライセンサーが当該帳簿書類を監査できることを定める必要がある。

(7)　特許維持義務

ライセンサーに特許維持義務を定める例が少なくない[101,102]。特許権が消滅した場合は何人も実施することができるため，ライセンシーにおいて第三者の

（固定の実施料率を用いる場合や，売上に応じた変動の実施料率を用いる場合がある）を乗じて決定する方式（従率法）と，製造・販売した商品一単位あたりの金額を定め，それに数量を乗じて決定する方式（従量法）がある。いずれの場合であっても，例えば，「売上」の計算方法（例えば，売上高から控除する費用は何かといった事項）につき，両当事者間で共通の認識となるよう，その文言に留意する必要がある。

[100] 対象特許が訂正・無効になった場合であっても，事実上の排他的地位を得ていたことから，既払分の実施料の返還はできないとする裁判例があるが，ライセンサーにおいては，この点に疑義が生じないよう規定することが望ましい。

[101] ライセンサーに特許を維持する義務があるか否かについて裁判例上明確ではないことから，疑義が生じないために規定していると考えられる。

[102] なお，ライセンサーが特許料の納付を怠った場合であっても，特許法110条により，利害関係人は納付すべき者の意に反しても特許料を納付することができるとされているため，本条が定められていない場合であっても，ライセンシーは自ら特許料を納付することにより対象特許を維持することができる。

使用を排除したい場合には，特許維持義務を課すことは重要となる。

　もっとも，ライセンサーにとっては，特許維持義務を無制限に受け入れると，第三者から無効審判の請求があった場合に過度な手続的・費用的負担が発生する可能性もあるため，その範囲を限定することが考えられる。

(8)　第三者による侵害の排除義務

　ライセンサーに対し第三者による対象特許の侵害を排除する義務を課すことがある。特にライセンシーに独占的通常実施権を許諾する場合は，独占性を確保する帰結として，ライセンサーの侵害排除義務を明確にすることが重要となる[103]。

　なお，これに付随して，ライセンシーが第三者による許諾対象特許の侵害の事実を認識した場合に，ライセンサーに通知する義務を定める例や，侵害を排除するための調査・確認につきライセンシーの協力義務も定めている例もある。

(9)　保証責任
ア　特許の有効性

　ライセンサーにおいては，特許権に無効理由が存在せず有効であることを保証しない旨を規定することがある。なお，特許権は，特許無効審判の審決において無効と判断された場合は，遡及的に消滅することになる性質を有しているが，特許権は無効審決が確定するまでの間有効に続いていたのであり，その間，ライセンシーは，事実上，当該特許権の庇護の下で，独占的に発明を実施する利益を得，そのような利益の対価として，特許の無効が確定するまで実施料を継続的に支払ってきたという実態があるのであって，それにもかかわらず，契約を遡及的に無効にし，一から精算するというのは，実態にも合致しないと考

---

[103] 専用実施権の場合は，前記(2)のとおり，専用実施権者が差止請求を行うことができるため，ライセンサーに侵害排除義務を課す実益は乏しい。また，独占的通常実施権を許諾する場合は，侵害排除義務の特約がなくてもライセンサーはライセンシーに対し侵害排除義務を負うと解される可能性があるが，この点に疑義が生じないよう規定することが望ましい。なお，非独占的通常実施権を許諾する場合，ライセンサーは通常実施権の許諾後も重複して第三者に通常実施権を許諾することが可能であり，特約のない限りライセンシーに対し侵害排除義務を負わないと解されるため，この点を明確に規定する必要がある。

えられる。そこで，このような規定を設けなくとも，ライセンサーが特許権の有効性を保証している場合や無効原因の存在を知っていた等の特段の事情がない限り，特許権が無効となったとしても，ライセンサーに契約不適合責任違反は成立しないと解されており，当該規定は確認的な規定としての意義がある。

イ　第三者の権利侵害

ライセンサーにおいては，ライセンスにより許諾された実施行為が，第三者の権利を侵害しないことを保証しないことを規定することがある。

ウ　実施可能性等

ライセンサーは許諾対象となる実施行為に事業上・商業上の実施可能性・有用性があることを保証しない旨を規定する例がある。特段の約定がない限り工業的・商業的な実施までは保証しないものと解されるとする裁判例はあるものの，疑義が生じないよう明確に定めておくことが望ましい。

(10)　実施義務

ライセンス契約では，ライセンシーは実施権を有しているのみであり，原則として，当然に実施義務を負うものではないと解されている。そこで，ライセンサーにおいて，特にランニングロイヤリティを採用する場合は，実施料収入を確保するために，ライセンシーに実施義務を課すことがある[104]。

(11)　不争義務

ライセンシーに，対象特許に対して無効審判の請求を行うなどしてその有効性を争わない義務を課すことがある。ライセンシーにおいては，対象特許が消滅した場合は実施料を支払う必要がなくなるため，無効審判を行うインセンティブがあることから，かかるリスクを排除するために有効な条項となる。

---

[104] 実務上，特に独占的なライセンスの場合は，ライセンサーは他の者にライセンスをして実施料を得ることができないため，実施義務を課すことが多い。なお，ランニングロイヤリティの場合であっても，最低保証額（ミニマムギャランティ）を定めることで，実質的に一定程度の実施義務を課すことになるため，実施義務の条項と併せて検討することが望ましい。

(12) 改良発明に関する報告義務

ライセンシーにおいて改良発明をした場合は，ライセンサーに報告する義務を課すことがある。ライセンシーがライセンサーのあずかり知らないところで，対象特許に基づく改良発明を権利化し，結果としてライセンサーによる実施が制限されてしまう可能性があるため，これを防ぐために有用である。

また，報告義務と併せて，改良発明の取扱いとして，ライセンシーがライセンサーに対し，改良発明につき無償の通常実施権を許諾する旨を定める例もある。

(13) 秘密保持義務

ライセンス契約においては，双方の技術に係る情報等の秘密情報を開示する場面が少なくなく，一般的に，秘密保持義務を課すことが重要であるといえる。

(14) その他

その他には，継続的な契約書において一般に求められる条項を設ける必要がある。

■ウェブ掲載　【書式5-5-2-1】通常実施権許諾契約書

516 第5章 知財戦略

3 著作物利用許諾契約

著作物利用許諾契約において定められる典型的な条項は，以下のとおりである。

著作物利用許諾契約における典型条項
1．利用許諾
・著作物の特定
・著作権の帰属
・利用許諾の内容
・再利用許諾（サブライセンス）
2．利用料
・利用料支払義務
・利用報告義務
・監査
3．ライセンサーの義務
・素材の提供
・第三者による侵害の排除義務
・保証責任
4．ライセンシーの義務
・監修を受ける義務
・著作物の利用にあたっての遵守事項
・契約終了時の義務
5．双方の義務
・秘密保持義務
6．一般条項

以下では，著作物利用許諾契約に特有の事項（特許実施許諾契約と重複する部分については，前述2を参照されたい）について解説する。

(1) 著作物の特定

著作権は，特許権とは異なり，権利の内容が公示されているものではないため，当事者双方でライセンス対象となる著作物についての理解が一致するよう，

著作物を明確に特定することが求められる。

(2) 著作権の帰属

前述のとおり，著作権の帰属については公示されていないことが少なくないため，ライセンスの前提として，ライセンサーに対象となる著作物に係る著作権が帰属していることを確認する規定を設けることが一般的である。

また，ライセンサーにおいては，対象となる著作物の二次的著作物についても，ライセンサーに著作権が帰属することを明記することも有用である[105]。

(3) 利用許諾の内容

ア　独占・非独占

ライセンスが独占的なものであるのか，非独占的なものであるのかは，ライセンサー及びライセンシー双方における著作物の利用態様・利用範囲に事実上の影響を及ぼすため，明確にしておく必要がある。

イ　許諾の対象となる利用行為の内容

ライセンシーが行うことができる行為を目的や態様，媒体等により特定する必要がある。

ウ　利用可能な地域

著作権は，日本のみでなく外国においても発生しているため[106]，外国を許諾の範囲に含めることが可能である。

エ　著作者人格権の不行使

著作物の利用が許諾される場合，ライセンサーによる著作者人格権の行使の可否が必ずしも明確ではない場合があるため，ライセンシーにとっては，ライセンシーによる許諾された態様の利用については著作者人格権を行使されないことを明確しておく必要がある。

---

[105] 著作物の二次的著作物については，原著作物とは別個の著作物として，二次的著作物の著作者に著作権が帰属するところ，ライセンサーが，ライセンシーが創作したライセンス対象となる著作物の二次的著作物についても著作権を取得することを望む場合には，必要な規定である。

[106] 著作物は，国境を越えて利用されるため，ベルヌ条約等で国際的に保護されている。

（4） 素材の提供

ライセンス契約においては，ライセンサーが，ライセンス対象となる著作物の素材を提供することを定めることが多い[107]。

また，ライセンシーが，提供された素材を用いずに自ら作成した素材を用いることを制限する例もある。

（5） 保証責任

ライセンサーが，対象となる著作物について，第三者の権利を侵害して創作したものではないことを保証することが多い。

（6） 監修を受ける義務

ライセンシーは，対象となる著作物を製作する際は，ライセンサーの事前の承諾を得なければならないことを規定する例がある。ライセンサーにおいて，著作物のイメージや価値が棄損されないよう，ライセンシーの利用をコントロールできる点で有用である[108]。

（7） 著作物の利用にあたっての遵守事項

ライセンシーによる著作物の利用態様は，当該著作物のイメージに影響を与え得る。そのため，ライセンサーとしては，著作物のイメージを保護するため，ライセンシーに対し，①第三者の知的財産権を侵害しない態様で著作物を利用すること，②社会的に悪影響を及ぼすおそれのある方法で著作物を利用しないこと，③ライセンサーと著作物の評価及びイメージを損なうおそれのある行為をしないこと，④自己又は再委託先が第三者から著作物に関して訴訟提起，クレーム等を受けた場合には直ちにライセンサーに報告し，対策を協議することなどを義務付けることがある。

---

[107] この場合，ライセンス契約終了時には，提供に係る素材の返還等を定めることが一般的である。

[108] ライセンスの内容としてライセンシーの利用態様を定めてコントロールすることも可能であるが，軽微な事情を網羅することは不可能であるため，監修を受ける義務を課すことも有用である。

■第6章

資金調達

第1 資金調達の概論

> **Case**
>
> 新規事業を立ち上げようと考えているが、手持ちの資金では十分ではないため、外部から資金調達をする必要がある。金融機関からの借入れをすることも考えているが、他にも手段があると聞くことがある。具体的にはどのような手法があって、それぞれどのようなメリット・デメリットがあるのか。

　企業が資金調達をする方法としては、①株式や新株予約権の発行によって資金調達をする手法（資本による調達（エクイティファイナンス））、②金融機関からの融資や社債の発行によって資金調達をする方法（負債による調達（デットファイナンス））、③特定の事業・資産を引当財産として資金調達をする方法（アセットファイナンス・エクイティファイナンス）、④その他、クラウドファンディング、補助金・助成金等によって資金調達をする方法がある。それぞれの資金調達の方法にはメリット・デメリットもあり、また企業のおかれている状況よって適している方法は異なってくる。本章ではそれぞれの資金調達の方法の概要と特性について概説し、どのような資金調達方法を選択することが望

520　第6章　資金調達

ましいかを見ていくことにする。

第2 資本による調達（エクイティファイナンス）

1　新株発行による調達

　資金調達において，新株を発行して資金を集めるというのは，最もメジャーな手法の1つである。新株の発行は，会社への出資を募ることを意味し，出資された資金は資本金となり，会社は出資者に対して返還義務を負わない。そのため，返済義務があり，使途にも制限がある場合も多い融資による資金調達に比べ，自由に利用できる資金を調達できるというメリットがある。調達した資金は会計上資本とされ，負債による調達のようにバランスシートを悪化させることがないのもメリットである。

(1)　発行手続
ア　募集事項
　会社が発行する株式を引き受ける者を募集する場合，その都度以下の法定の募集事項を定める必要がある（会社199条1項）。

・募集株式の数（種類株式発行会社にあっては，募集株式の種類及び数）
・募集株式の払込金額（募集株式一株と引換えに払い込む金銭又は給付する金銭以外の財産の額）又はその算定方法
・金銭以外の財産を出資の目的とするときは，その旨並びに当該財産の内容及び価額
・募集株式と引換えにする金銭の払込み又は前号の財産の給付の期日又はその期間
・株式を発行するときは，増加する資本金及び資本準備金に関する事項

　公開会社であれば取締役会決議により，非公開会社であれば株主総会の特別決議により，予め定款で定める発行可能株式総数の範囲内で，株式を発行する

ことが可能である。

イ　有利発行の場合

　公開会社であっても，株主割当て以外の方法で募集株式の発行等をする場合であって，かつ，払込金額が募集株式を引き受けようとする者に特に有利である場合（有利発行の場合）は，募集事項の決定は株主総会の特別決議によらなければならないとされている（会社201条1項，199条3項）。有利発行をする場合，取締役は，株主総会において，当該払込金額で募集をすることを必要とする理由を説明しなければならない（会社199条3項）。

(2)　通知・申込・割当て

ア　会社の通知事項

　会社は募集株式の引受けの申込みをしようとする者に対し，以下の事項を通知しなければならない（会社203条1項，会社則41条）。

・会社の商号

・募集事項

・金銭の払込みをすべきときは，払込みの取扱いの場所

・その他，法務省令（会社則41条）で定める事項（発行可能株式総数等）

　ただし，会社がこれらの事項を記載した目論見書を募集株式の引受けの申込みをしようとする者に対して交付又は電磁的方法により提供している場合には，募集事項等の通知を要しない（会社203条4項，会社計算42条）。

イ　申込者の通知事項

　募集株式の引受けの申込みをしようとする者は，以下の事項を記載した書面を会社に交付する（会社203条2項）。

・申込みをする者の氏名又は名称及び住所

・引き受けようとする募集株式の数

　書面による交付義務があるが，会社の承諾を得て，電磁的方法で提出するこ

とができる（会社203条3項，会社令1条1項4号）。

ウ　割　当

　会社は，申込者の中から募集株式の割当てを受ける者を定め，その者に割り当てる募集株式の数を定めなければならない（会社204条1項前段）。原則として，会社がどの申込者に対して割り当てるかは，会社が自由に選択でき，申込者から交付された書面に記載された内容の範囲内であれば，何株を割り当てるかも自由である。また，会社は，当該申込者に割り当てる募集株式の数を，書面に記載された数よりも減少することができる（同項後段）。ただし，会社の経営支配権に争いがある場合において，取締役会又は取締役・執行役が，自らの支配権の維持・確保を主要な目的とした割当てをした場合には，著しく不公正な方法による募集株式の発行等として差止めの対象となる可能性がある（会社210条2号）。

　なお，会社は既存の株主に対して株式の割当てを受ける権利を与えることができる（会社202条1項）。株主割当ての場合には，申込者である株主は保有する株式の数に応じて募集株式の割当てを受ける権利を有する（同条2項）。

(3)　総額引受契約

　募集株式を引き受けようとする者がその総額の引受けを行う契約を締結する場合は，会社による募集事項等の通知（会社677条1項），申込者による申込み（同条2項）及び会社から申込者に対する割当て（会社678条）をすることを要せず（会社679条），民法の原則通り，契約の定めに応じて割当てを受けることができる。

　なお，日本における公募増資では，引受証券会社が募集株式の総数を引き受け，その後に一般投資者に転売する方法（買取引受方式）がとられることが一般的であり，募集株式の引受けの申込み及び割当てという手続を踏むことは少ない。

(4)　募集株式の引受人の地位

　募集株式の割当て又は総数引受契約が締結されると，申込者又は総数引受契約をした者は，募集株式の引受人となる（会社206条）。この時点ではまだ引受

人は株主となったわけではなく，引受人は，所定の払込期日又は払込期間の末日までに出資の履行をすることによって，株式会社の株主になる。

2　種類株式

(1)　種類株式の発行

株式とは会社の持ち分であり，株式を発行するということは，会社に関する意思決定の権利を出資者に付与することを意味する。多額の資金調達を行おうとして多数の株式を発行すると，出資者の意向が会社の意思決定に影響を及ぼし，比率によっては現在の株主が会社の支配権を失うというリスクもある。そのようなリスクを避ける方法の1つとして，会社法では種類株式の発行という手法が用意されている。

(2)　種類株式の種類及び内容

会社法には，下表に列挙する事項について異なる定めをした株式を発行することができると定められており（会社108条1項），このような内容の異なる定めをした株式を一般に種類株式と呼んでいる。種類株式を発行する場合，定款に法定事項につき定めを置く必要がある（同条2項）。

条項	種　類	内　容
1号	剰余金の配当	剰余金の配当について異なる定めをすること
2号	残余財産の分配	残余財産の分配について異なる定めをすること
3号	議決権制限	株主総会において議決権を行使することができる事項について制限を設けること
4号	譲渡制限	譲渡による株式の取得について発行会社の承認を要すること
5号	取得請求権（プットオプション）	株主が発行会社に対して株式の取得を請求することができること
6号	取得条項（コールオプション）	発行会社が一定の事由が生じたことを条件として株式を取得することができること

7号	全部取得条項	発行会社が株主総会の決議によって株式の全部を取得すること
8号	拒否権（黄金株）	株主総会，取締役会又は清算人会において決議すべき事項のうち，当該決議のほか，当該種類株主を構成員とする種類株主総会の決議を必要とすること
9号	役員選任権（クラス・ボーティング）	当該種類株主を構成員とする種類株主総会において取締役又は監査役を選任すること

ア 剰余金の配当に関する種類株式

（ア）概　要

剰余金の配当について異なる定めを置く種類株式を発行する場合，よく見られるのは，他の株式に先立って剰余金の配当を受ける権利を有する株式であり，一般に「優先株式」と呼ばれる[1]。

（イ）発行するにあたって定款で定める必要のある事項

・発行可能種類株式総数
・種類株主に交付する配当財産の価額の決定の方法，剰余金の配当をする条件その他剰余金の配当に関する取扱いの内容

（ウ）参加型・非参加型

剰余金の配当につき優先させる規定の定め方としては，①定款に定められた優先配当金の支払を受けた後に，さらに分配可能額からの配当を他の株主と同様に受け取ることを可能とする方法（いわゆる「参加型」）と，②定款に定められた優先配当金の支払を受けた後は分配可能額からの配当は受けられないとする方法（いわゆる「非参加型」）がある。

（エ）即時参加方式・単純参加方式

参加型の中にも，①まず優先株主に対して優先配当金を支払い，残額を優先株主と普通株主のそれぞれに比例配分で配当する方式（いわゆる「即時参加方

---

[1] ただし，残余財産の配当のみ優先されるという条件の株式も「優先株式」と呼ばれることが多いので，必ずしも剰余金の配当が優先されているとは限らない点に留意が必要である。

式」）と，②まず優先株主に対して優先配当金を支払い，続いて残額を普通株主に優先配当金と同額になるまで配当金を支払い，さらに残額がある場合優先株主と普通株主のそれぞれに比例配分で配当する方式（いわゆる「単純参加方式」）など，複数の定め方があり，投資家のニーズに応じて定め方を決定することになる。

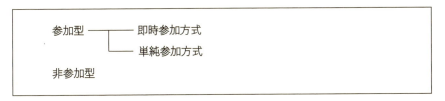

（オ）累積型・非累積型

剰余金の配当の定め方としては，ある事業年度において定款に定められた優先配当金全額の支払が行われなかった場合に，不足分は翌期以降に累積し優先的に支払うという定めをする方法（いわゆる「累積型」）と，不足分は翌期以降に累積しないという定めをする方法（いわゆる「非累積型」）がある。こちらも投資家のニーズに応じて定め方を決定することになる。

イ 残余財産の分配に関する種類株式

（ア）概　要

残余財産の分配について異なる定めを置く種類株式を発行する場合にも，剰余金の配当の場合と同様に，他の株式に先立って分配を受ける権利を有する株式を発行することができ，こちらも一般に「優先株式」と呼ばれている。剰余金の配当の場合と同様に，参加型・非参加型が存在する。

もっとも，ベンチャー企業の場合を含め，会社の清算が行われることはあまり多くなく，仮に残余財産の分配について優先権を有していたとしても，実現する機会が訪れないのでは実効性が無い。そこで，合併，株式交換及び株式移転が生じた場合には，みなし精算の場合として，残余財産の分配と同様に対価の分配を行うという定めを定款に設けておく場合がある。

（イ）発行するにあたって定款で定める必要のある事項

> ・発行可能種類株式総数
> ・種類株主に交付する残余財産の価額の決定の方法，当該残余財産の種類その他残余
> 　財産の分配に関する取扱いの内容

ウ　議決権制限株式

（ア）概　要

　普通株式が1株につき1議決権を与えられるのに対し，それと異なる定めを
置く種類株式を発行することもできる。1株につき複数の議決権を与える場合
や，議決権のない株式を発行する場合もあり，出資者間で，出資比率と議決権
の比率を異なるようにする設計も可能である。

　ベンチャー企業の場合は，投資家が経営に一定の関与することを希望する場
合が多いので，議決権については普通株式と同様に1株につき1議決権とする
場合が多い。他方，ある程度成熟した企業の場合，経営に関与されることは避
けたいが資金調達はしたいという会社側と，配当を重視し経営への関与には関
心のない投資家側のニーズが一致することで，無議決権の優先株式が発行され
ることもある。

（イ）発行するにあたって定款で定める必要のある事項

> ・発行可能種類株式総数
> ・株主総会において議決権を行使することができる事項
> ・議決権の行使条件

エ　譲渡制限株式

（ア）概　要

　譲渡による株式の取得について株式会社の承認を要するという定めを置く
ことができ，これを「譲渡制限株式」という（会社2条17号）。個別の種類の株
式について譲渡制限を付すことも可能だが，すべての株式に譲渡制限を付して
いる例は，上場会社以外の株式会社において広く一般的にみられる（なお，す

べての株式に譲渡制限を付している会社を「非公開会社」という）。これにより，会社の望まぬ者が株主となることを防ぐことを可能にする。特に，ベンチャー企業においては，創業メンバーが株主であり経営者であることが一般的であり，人的な関係性が経営においても非常に大きな影響を及ぼすことから，会社にとって予期せぬ第三者に譲渡されることが無いように，すべての株式につき譲渡制限を付していることが一般的であり，投資家からの出資を受ける際にも，発行する株式に譲渡制限を付すことが一般的である。

（イ）発行するにあたって定款で定める必要のある事項

- 発行可能種類株式総数
- 譲渡による株式の取得について発行会社の承認を要する旨
- 一定の場合において発行会社が株式を取得した者からの譲渡承認請求に対して承認をしたものとみなすときは，その旨及び当該一定の場合

オ　取得請求権付株式

（ア）概　要

株主は株式会社に対してその株式の取得を請求することができる種類株式を発行することができるが，この種類株式を「取得請求権付株式」という（会社2条18号）。投資家は，会社に対して株式を買い取らせることで，出資の回収をすることができる。取得の対価は金銭のほか，会社の普通株式とすることもある。

（イ）発行するにあたって定款で定める必要のある事項

- 発行可能種類株式総数
- 株主が発行会社に対して株式の取得を請求することができる旨
- 発行会社が株式取得と引き換えに株主に対して発行会社の社債（新株予約権付社債についてのものを除く）を交付するときは，当該社債の種類及び種類ごとの各社債の金額の合計額又はその算定方法
- 発行会社が株式取得と引き換えに株主に対して発行会社の新株予約権（新株予約権付社債に付されたものを除く）を交付するときは，当該新株予約権の内容及び数又はその算定方法

- 発行会社が株式取得と引き換えに株主に対して発行会社の新株予約権付社債を交付するときは，当該新株予約権付社債についての種類及び種類ごとの各社債の金額の合計額又はその算定方法及び当該新株予約権付社債に付された新株予約権の内容及び数又はその算定方法
- 発行会社が株式取得と引き換えに株主に対して発行会社の株式等（株式，社債及び新株予約権をいう）以外の財産を交付するときは，当該財産の内容及び数若しくは額又はこれらの算定方法
- 株主が当該株式会社に対して当該株式を取得することを請求することができる期間
- 発行会社が株式取得と引き換えに株主に対して発行会社の他の株式を交付するときは，当該他の株式の種類及び種類ごとの数又はその算定方法

カ　取得条項付株式

（ア）概　要

　一定の事由が発生した場合に会社による強制取得権が発生する種類株式を発行することができ，「取得条項付株式」という（会社2条19号）。ベンチャー企業の場合，会社が新規株式公開（IPO）をする場合に，予め強制取得をすることができるように，投資家に発行する株式を取得条項付株式としておくこともよく見られる。取得の対価は金銭のほか，会社の株式，社債，新株予約権とすることもある。

（イ）発行するにあたって定款で定める必要のある事項

- 発行可能種類株式総数
- 一定の事由が生じた日に発行会社がその株式を取得する旨及びその事由
- 発行会社が別に定める日が到来することをもって一定の事由とするときは，その旨
- 一定の事由が生じた日に株式の一部を取得することとするときは，その旨及び取得する株式の一部の決定の方法
- 発行会社が株式取得と引換えに株主に対して発行会社の社債（新株予約権付社債についてのものを除く）を交付するときは，社債の種類及び種類ごとの各社債の金額の合計額又はその算定方法
- 発行会社が株式取得と引換えに株主に対して発行会社の新株予約権（新株予約権付社債に付されたものを除く）を交付するときは，当該新株予約権の内容及び数又はその算定方法

第2 資本による調達（エクイティファイナンス）　529

- 発行会社が株式取得と引換えに株主に対して発行会社の新株予約権付社債を交付するときは，当該新株予約権付社債についての種類及び種類ごとの各社債の金額の合計額又はその算定方法及び当該新株予約権付社債に付された新株予約権の内容及び数又はその算定方法
- 発行会社が株式取得と引換えに株主に対して発行会社の株式等以外の財産を交付するときは，当該財産の内容及び数若しくは額又はこれらの算定方法
- 発行会社が株式取得と引換えに株主に対して発行会社の他の株式を交付するときは，当該他の株式の種類及び種類ごとの数又はその算定方法

キ　全部取得条項付株式

（ア）概　要

株主総会の特別決議（会社309条2項3号）によって，その全部を取得することができる種類の株式を発行することができるが，この種類株式を「全部取得条項付株式」という（会社171条1項）。会社が経営再建のために，既存の株主をすべて排除し新たな株主に株式を発行するといった場合や，M&Aにおいて対象会社の完全子会社化を図る際の手法の1つとして用いられる。

（イ）発行するにあたって定款で定める必要のある事項

- 発行可能種類株式総数
- 発行会社が株主総会の特別決議（会社309条2項3号）によって株式の全部を取得する旨
- 取得対価が発行会社の株式であるときは，当該株式の種類及び種類ごとの数又はその数の算定方法
- 取得対価が発行会社の社債（新株予約権付社債についてのものを除く）であるときは，当該社債の種類及び種類ごとの各社債の金額の合計額又はその算定方法
- 取得対価が発行会社の新株予約権（新株予約権付社債に付されたものを除く）であるときは，当該新株予約権の内容及び数又はその算定方法
- 取得対価が発行会社の新株予約権付社債であるときは，当該新株予約権付社債の種類及び種類ごとの各社債の金額の合計額又はその算定方法及び当該新株予約権付社債に付された新株予約権の内容及び数又はその算定方法
- 取得対価が発行会社の株式等以外の財産であるときは，当該財産の内容及び数若しくは額又はこれらの算定方法

ク　拒否権付株式

（ア）概　要

　株主総会又は取締役会において決議すべき事項のうち，当該決議のほか，当該種類の株式の種類株主を構成員とする種類株主総会の決議があることを必要とする種類株式を発行することができる。これにより，一定の事項につき当該種類株主の決議が無いと株主総会又は取締役会において決議できないこととなるため，当該種類株主に拒否権を与える効果があり，このような種類株式を「拒否権付株式」という。拒否権付株式は，ベンチャー企業に投資家が投資する場合で，ベンチャー企業の経営株主が投資後も事業譲渡や合併等の重要事項を決定できる議決権を有する場合に，一定の重要事項についての拒否権付株式とすることで決定権を確保するという場合や，創業家の株主が，株式の一部を譲渡した後も，一定の影響力を行使し続けるためなどに用いられる。

（イ）発行するにあたって定款で定める必要のある事項

・発行可能種類株式総数
・種類株主総会の決議があることを必要とする事項
・種類株主総会の決議を必要とする条件を定めるときは，その条件

ケ　役員選任権付株式

（ア）概　要

　種類株主を構成員とする種類株主総会において取締役又は監査役を選任することを内容とする種類株式を発行することができる。合弁会社を設立する場合に，出資比率とは異なる割合で役員の選任権を設定する場合や，投資家が，出資比率では役員選任権を有しないものの，役員に人を送り込み経営を監視したいという場合に用いられる。なお，これらの役員の選任権は，合弁契約や投資契約において規定されているのが通常であり，会社法上の手当ては行わないことも多いが，実効性を持たせるために，役員選任権付株式の発行という形で，会社法上の手当てをすることもある。

第2 資本による調達（エクイティファイナンス） 531

（イ）発行するにあたって定款で定める必要のある事項

- ・発行可能種類株式総数
- ・種類株主を構成員とする種類株主総会において取締役又は監査役を選任すること及び選任する取締役又は監査役の数
- ・選任することができる取締役又は監査役の全部又は一部を他の種類株主と共同して選任することとするときは，当該他の種類株主の有する株式の種類及び共同して選任する取締役又は監査役の数
- ・前二号に掲げる事項を変更する条件があるときは，その条件及びその条件が成就した場合における変更後の事項
- ・種類株主総会において社外取締役（監査等委員会設置会社にあっては，監査等委員である社外取締役又はそれ以外の社外取締役。以下同じ）を選任しなければならないこととするときは，その旨及び選任しなければならない社外取締役の数
- ・選任しなければならない社外取締役の全部又は一部を他の種類株主と共同して選任することとするときは，当該他の種類株主の有する株式の種類及び共同して選任する社外取締役の数
- ・前二号に掲げる事項を変更する条件があるときは，その条件及びその条件が成就した場合における変更後の事項

（3） 種類株式の発行の実務上の留意点

種類株式を発行した場合には，以下のような特定の種類の株式の種類株主に対して損害を及ぼすおそれがある行為を行う場合には，種類株主総会を開催し，その特別決議を経なければならないとされている（会社322条1項）。

- ・株式の種類の追加，株式の内容の変更，発行可能株式総数又は発行可能種類株式総数の増加についての定款の変更
- ・株式売渡請求の承認
- ・株式の併合又は株式の分割
- ・株式無償割当て
- ・当該株式会社の株式を引き受ける者の募集
- ・当該株式会社の新株予約権を引き受ける者の募集

- ・新株予約権無償割当て
- ・合併，吸収分割，吸収分割による他の会社がその事業に関して有する権利義務の全部又は一部の承継，新設分割，株式交換，株式交換による他の株式会社の発行済株式全部の取得，株式移転，株式交付

　もっとも，複数の種類株式を発行する会社にとり，多数の種類株主総会を開催するのは事務的な負担が大きい。そこで，種類株式の内容として，会社法上可能な限り，種類株主総会を開催しないと定めることで，実務上可能な限り負担を減らしている（会社322条2項・3項等）。また，種類株主総会を開催しなければならない場合も，通常の株主総会と同日の開催とし，招集通知も同時に送付するなど，事務負担を軽減している。

3　投資家による企業に対する投資の流れ

Case

投資家から出資による資金調達を受けようと検討しているが，出資の実行に至るまで，具体的にはどのような手続を経ることになるか。

(1)　秘密保持契約の締結

　投資家が企業に対して投資を検討する際に，まず秘密保持契約を締結することが多い。投資家は投資判断にあたって会社の事業に関する情報や財務情報を知る必要があるため，投資家の要請に応じて会社は情報提供をすることになるが，そのような情報が外部に漏洩されたり，投資判断以外の目的で使用されてしまうと，会社の事業に大きな影響を与えるおそれがある。そこで，そのような事態が生じないように，秘密保持契約を締結する。したがって，専ら情報を開示する側となる会社側としては，提供した情報が広く秘密情報に含まれる定めとしておくことが望ましい。

　逆に，開示を受ける投資家側からは，秘密情報の範囲を限定するよう求められることが多い。例えば，秘密情報に該当する情報には書面に秘密情報である旨明記することや，口頭で開示されたものについては後から書面で守秘義務の

第2　資本による調達（エクイティファイナンス）　533

対象となる範囲を特定することを求められることがある。また，特定の投資家が投資を検討しているという情報自体が会社の事業に影響を及ぼす場合も考えられるので，投資を検討していることそのものも守秘義務の範囲内とするかも検討する必要がある。

(2)　デュー・ディリジェンスの実施

> **Case**
>
> 投資家から出資にあたって DD を行うといわれたが，出資を受ける会社側としては，どのように対応すればよいか。

ア　プロセスの流れ

　デュー・ディリジェンス（Due Diligence, DD）とは，投資家が投資判断をするにあたって，会社の状況を調査し，投資を中止するべき事由がないかを確認するプロセスのことをいう。一般的には，ビジネスDD（事業の現況・将来性等の確認），財務DD（計算書類等に記載されている財務内容が正確であるか等の確認），法務DD（会社の組織の運営が適法になされているか，事業に重大な影響を与える法的問題点がないか等の確認）を，それぞれ各専門家（ファイナンシャルアドバイザー，会計士・税理士，弁護士）の協力を得て行われる。

　具体的には，投資家側から会社に対し，資料（財務書類・契約書類・法人関係書類（定款・株主総会・取締役会議事録等））の開示，文書（QAシート）による質疑応答，経営陣との面談（マネジメント・インタビュー）が求められ，最終的に各専門家から投資家に対してレポートが提出され，それを元に投資家は投資判断をすることになる。

イ　会社側の留意点

　投資を受けたい会社側としては，投資家のデュー・ディリジェンスに対しては，適切に対応する必要がある。特に小規模な会社であると，人的リソースの問題や，書類の管理の問題から，資料開示や質問への回答に迅速に対応することが困難なケースも見受けられるが，適切な資料開示や質問への回答がないと投資不適格と判断される可能性もあるので，最大限迅速に対応する必要がある。

　他方で，十分な確認もしないままに不用意な回答をしてしまうことで，リス

クを実態以上に大きく判断されてしまうこともあるので，質問への回答は慎重に検討する必要がある。もちろん，虚偽の回答や，資料の隠蔽をしてしまうと，事後的に発覚した際に，投資契約の表明保証事項に反するなどの理由で投資家から損害賠償請求を受けることになる。したがって，会社としては，投資家のデュー・ディリジェンスに対して，正確性を担保しつつ，最大限迅速に対応する必要がある。

(3) タームシートの作成

> **Case**
>
> 投資家から投資契約書のタームシートを渡され，投資契約書自体は後から作成されると聞いたが，タームシートとはどのようなものか。出資を受ける会社側として，どのような点を確認すればよいか。

　タームシート（term sheet）とは，契約の条件等をリスト化した一覧表をいい，投資契約書，株主間契約書や株式発行要項を作成する前に，主要な条件を表形式でまとめた書面を作成することが実務上よく行われている。投資契約書等は，十数ページから時に数十ページにわたる長文の契約書となる場合が多く（特に海外投資家が参加する英文の契約書では長文化の傾向が強い），他方で条項自体は多くの案件で一般的に共通して使われる定型的な文言の組み合わせであることが多いことから，条件のみ記載されたタームシート上で交渉を進めるほうが一覧性もあって便宜であることが多い。タームシート上で主要な条件がまとまると，各契約書のドラフトを作成し，各当事者においてタームシートで合意された内容が契約書上で反映されているか確認しあうというプロセスとなる。

　タームシートはあくまで交渉の過程で便宜的に作成される書面であり，それ自体が投資の実行義務を負わせるような法的拘束力を持つ書面ではない。もっとも，タームシート上で一度合意した内容を，契約書上で修正することは受け入れられないことが多いので，タームシート上での交渉は投資契約等の交渉において非常に重要である。

第2 資本による調達（エクイティファイナンス）　535

（4）　投資契約及び株主間契約の締結

> **Case**
>
> 投資家から出資を受けるにあたって，投資契約書や株主間契約の締結が必要になるといわれたが，具体的にはどのような条項が規定されるのか。出資を受ける会社側として，どのような点に留意すべきか。

ア　概　要

投資家が企業に投資を実行するにあたっては，会社との間で投資契約書を結ぶ場合があり，ベンチャー企業への投資の場合は投資契約書を結ぶのが通例である。会社法上は，会社が株式を発行して資金調達を行う際に投資契約書を結ぶことは必須ではないが，主に投資家側の要請で，投資条件を規定し，会社側に契約違反があった場合には，投資を取りやめることや，損害賠償請求をすることを可能とし，会社が成長するように投資家が経営を一定程度コントロールできるようにするために，株主間契約書を締結することを要求される。投資家と会社との契約ではあるが，ベンチャー企業やオーナー企業の場合，経営株主が会社に対する強い影響力を有しているのが通常であるため，経営株主も投資契約の当事者に加え，会社と同様の義務を負わせることも行われている。

投資家が複数いる場合には，投資契約のほかに，会社と株主（投資家と経営株主）を当事者として，株主間契約が結ばれることがある。投資契約は個々の投資家と会社との間の契約であるが，複数の投資家と投資契約を結んだ場合，相互に矛盾抵触してしまう可能性が生じる。また，投資家間でも会社をコントロールする権限や，投資から離脱する場合などを巡って，利害関係が生じる可能性がある。そこで，各投資家，会社及び経営株主の間でかかる矛盾抵触や利害関係を調整するために，株主間契約を締結することがある。なお，投資家が単独の場合は，投資契約とあえて別個に株主間契約を締結する意義が乏しいので，投資契約において会社をコントロールする権限や，投資から離脱する場合などの規定を設けるのが通常である。

イ　投資契約書・株主間契約の重要条項

投資契約書・株主間契約の重要条項

① 発行され割り当てられる株式の種類・数・払込金額・払込期日

② 払込みの前提条件

③ 発行会社・経営株主の表明保証

④ 補償条項

⑤ 解除条項

⑥ 譲渡制限条項

⑦ 取締役指名権・オブザーバーライト

⑧ 重要事項の事前承諾

⑨ 経営株主の退任禁止・経営専念義務・株式譲渡禁止義務

⑩ 株式買取請求権

⑪ 最恵待遇

⑫ 優先引受権

⑬ 強制売却権

⑭ 先買権

⑮ 共同売却権

（ア）①発行され割り当てられる株式の種類・数・払込金額・払込期日

　発行され割り当てられる株式の種類・数・払込金額・払込期日は，出資の核となる条件であり，投資契約において明確に規定されている必要がある。

（イ）②払込みの前提条件

　会社及び経営株主につき，表明保証が真実かつ正確であること，払込み時までに履行すべき投資契約上の義務をすべて履行していること，払込み時までに財産状態に重大な悪影響を及ぼす事態が発生していないことなどが前提条件とされることが一般的であり，これらが満たされない場合，投資家は投資を実行しないということになる。資金調達を目指す会社としては，達成できない前提条件を約束していないか，契約締結の時点で十分に確認する必要がある。

（ウ）③発行会社・経営株主の表明保証

　表明保証とは，契約の一方当事者が，相手方当事者に対して，ある時点にお

いて一定の事項が真実かつ正確であることを表明して保証することをいう。表明保証した事実が真実と異なっていた場合には，相手方は損害賠償請求をすることができる。投資の場面においては，投資家が先に会社のデュー・ディリジェンスを行うのが通例であるが，デュー・ディリジェンスは会社の任意の協力のもと行われるものであり，時間的・予算的な制約も存在することから，把握しきれなかった事実，隠されていた事実が存在する可能性は否定できない。会社の立場からすれば，表明保証をすることで責任を負う可能性が増すことになるが，会社が表明保証に応じない場合，投資家はより厳格なデュー・ディリジェンスを行う必要が生じ，時間的・予算的に不可能である場合，投資そのものが不可という判断をされる場合もあり得る。

　表明保証をするか否か，するとすればどこまで表明保証をするかは，会社と投資家との間の力関係によって決まるが，表明保証をした場合，それに反した場合には損害賠償義務を負うことになるため，どこまで応じられるかは慎重に判断する必要がある。

（エ）④補償条項

　一定の事由が生じ，それによって投資家に損害等が生じた場合，会社及び経営株主がその損害等を賠償又は補償する条項を入れることが多い。一定の事由としては，会社又は経営株主につき，表明保証が真実又は正確でなかった場合，投資契約等の投資家との間の契約に違反した場合，法令・定款違反があった場合などが規定される。一定の事由として何を含めるか，損害等の範囲をどの範囲まで含めるかは，会社と投資家との間の力関係によって決まる。

（オ）⑤解除条項

　投資契約を解除できる条件を定める条項であり，会社又は経営株主につき，表明保証が真実又は正確でなかった場合，投資契約等の投資家との間の契約に違反した場合，倒産手続開始の申立てがあった場合，支払不能等の実質的な倒産状態になった場合などが条件とされるのが一般的である。もっとも，会社としては，軽微な表明保証違反で投資契約が解除されるのは不都合であるので，重要な点において真実又は正確でなかった場合という限定をかけることが望ましい。また，解除権の行使の時期について，出資の実行後は解除できないという制限を設けるかも検討事項である。投資の実行後に解除された場合，投資の

実行を前提として受けた融資契約も期限の利益を喪失し，即時返済を余儀なくされるという場合もあり，多数の関係当事者に影響を及ぼすことから，会社としては，出資の実行後は解除できないと定めるのが望ましい。

投資家としては当然，出資実行後であっても解除事由が発生すれば，出資金をいち早く回収するため契約の解除を可能とすることを望むので，交渉すべき事項の1つとなる。もっとも，会社法上，募集株式の引受人は，株主となった日から1年を経過した後又はその株式について権利を行使した後は，錯誤，詐欺又は強迫を理由として募集株式の引受けの取消しをすることができないとされており（会社211条2項），投資契約に基づく解除の場合も，会社法の趣旨から解除権の行使が制限される可能性があるので，会社としてはその点も解除権の行使期間を制限する理由の1つとなる。

（カ）⑥譲渡制限条項

投資契約においては，投資家が誰であるか，投資対象となる会社がどの会社であるかという点は極めて重要で非代替的であることから，投資契約における契約上の地位については，相手方の同意なしに譲渡その他の処分をすることはできないと規定する。ただし，出資の実行を，後から設立する法人を介して行うことを予定している場合は，予め契約上で当該法人に対しては譲渡可能という旨を定めておくことになる。

（キ）⑦取締役指名権・オブザベーション・ライト

投資家が会社に対して影響力を行使したい場合，自らの関係者を会社の取締役に送り込むという形で経営に関与することが考えられる。投資家の出資比率が取締役の選任権を有するものであれば，株主総会で取締役を選任すればよいが，出資比率がそれに満たない場合でも，取締役を指名する権利を有することを出資の条件とする場合があり，そのような場合に取締役指名権を株主間契約に定めておき，会社に対し投資家の指名した取締役を選任することを義務付けることがある。

また，取締役会の正式なメンバーではではなく，議決権を有さないオブザーバーという形で，投資家が自らの関係者を取締役会に出席させる権利を要求する場合もあり，一般にオブザベーション・ライトという。会社としては，投資家に，経営方針に影響を及ぼす権利を認めることになるので，投資家のスタン

ス（短期的利益を追求する投資家か，長期的利益を追求する投資家か等）や，資金調達の必要性を考慮して，応諾するか否かを決める必要がある。

　投資家としても，取締役に選任されると，取締役会への出席義務，会社の業務執行の監視義務，会社に対する忠実義務及び善管注意義務，第三者に対する損害賠償義務などの会社法上の義務を負うことになることから，正式な取締役になることは投資家にとって一方的に有利というわけではないため，オブザーバーの地位に留めるかも含め考慮が必要である。

（ク）⑧重要事項の事前承諾

　会社が一定の重要事項を決定する場合，投資家の承諾を必要とする規定である。具体的には，事業計画及び予算の策定，計算書類の承認といった，投資の前提となる事業そのものの方針に関する事項や，定款変更，新株発行，合併・会社分割・事業譲渡といった，組織の変更や投資家の持分比率に重大な影響を与える事項について，事前承諾事項と定めることがある。事前承諾事項を定めることは，投資家に当該事項に関する拒否権を与えることになる。拒否権を与えるという点では，株式自体を拒否権付株式という種類株式として発行する方法もあるが，株式自体は普通株として発行しつつ，契約上会社を拘束するという方法もよく取られている。

　重要事項について，事前承諾ではなく，事前通知事項としたり，事後報告事項としたりする場合もあり，投資家がどの程度会社の意思決定に関与することを望むかによって，規定ぶりが異なってくる。投資家にとっても，事前承諾事項とすることで，都度その応諾を判断しなければならなくなり，事務的な負担も増えるので，必ずしも事前承諾事項を広く設定することが最善というわけでもなく，会社に対するコントロールの必要性を踏まえて検討する必要がある。

　なお，会社としては，複数の投資家に，個々の投資契約で異なる事前承諾事項を認めると，事務が煩雑になるため，複数の投資家がいる場合は，株主間契約において統一的な取扱いを規定しておくことが望ましい。

（ケ）⑨経営株主の退任禁止・経営専念義務・株式譲渡禁止義務

　所有と経営が一致する会社における経営株主は，会社に大きな影響を与える。特にベンチャー企業の場合は，特定の経営株主が経営していることがその会社の価値を支えており，代替が効かないという場合も多い。このような会社に投

資をする場合，投資家としては，その経営株主が経営に関与し続けることが投資の前提条件となる。そこで，経営株主に対して取締役の辞任・再任拒否をしないこと，他に事業を起こす・他の会社の取締役になる等，会社の経営への関与を低下する行為をしないことを約させることがある。同様の趣旨で，経営株主が株式を第三者に譲渡することを禁止する規定を設けることがある。

（コ）⑩株式買取請求権

会社又は経営株主が投資契約又は株主間契約に違反した場合や，法令違反等を犯した場合などに，投資家が会社及び経営株主に対し株式の買取をさせることができるようにする規定である。株式の買取をしなければならないため，多額の現金が必要となるという点で，特に経営株主には厳しい規定であるが，投資家も契約違反に基づく損害賠償請求をする場合に，損害額の立証をしなければならないため困難な場合が多く，買取請求という形で投下資本を回収することができるメリットは大きい。

（サ）⑪最恵待遇

自らが締結した投資契約よりも第三者の締結した投資契約のほうが有利な条件の場合，当該有利な条件が自ら締結した投資契約の条件として付与されるという規定である。投資家にとっては抜け駆けを防止する効果があり，また，投資条件の検討に要するコストを抑えることができる。もっとも，何が有利かは必ずしも明確ではないという難しさがある。

（シ）⑫優先引受権

会社が追加で株式等を発行する場合に，既存の投資家に優先的な引受権を付与する規定ある。追加で株式や新株予約権等が発行されると，既存の投資家にとっては自己の持分比率が低下してしまうため，それを防ぐために既存の投資家から優先引受権を定めるよう求められることがある。

（ス）⑬強制売却権

一定の条件のもとで，一定の条件を満たす株主に，全株主に対して株式の売却等を強制することができるという規定で，ドラッグ・アロング権（Drag along right）とも呼ばれる。M&Aの場面において，少数株主となった株主が保有する株式の売却に応じないことでM&Aを完結できないという場面を想定して，M&Aによって多数派（過半数・3分の2以上など）となった株主に，少数株主

第2 資本による調達（エクイティファイナンス） 541

から強制的に株式を買い取ることを可能にする目的で設けられる。全株主が対象となるという性質上，全株主が強制売却権の定めに同意している必要がある。発動条件として，いつまでに株式公開が達成されなかった場合といった期間条件や，会社の時価総額が一定の金額以上の場合といった金額条件などが定められることがある。

（セ）⑭先買権

株主が第三者に保有する株式等を譲渡する場合に，他の株主に当該株式等を優先的に買い取る権利を付与する規定である。既存の投資家にとって好ましくない第三者が株主となることを防ぐことが目的となり，また，既存の投資家が自己の持分比率を高める機会を得ることになる。株主間の権利の調整の規定であることから，株主間契約特有の規定である。

（ソ）⑮共同売却権

他の株主が保有する株式等を第三者に譲渡する場合に，株主がその保有する株式等を，当該第三者に対して，株式等を譲渡しようしている株主と共同して，持ち株比率に応じて譲渡する権利を認めるという規定であり，タグ・アロング権（Tag-along right）とも呼ばれる。株主間に平等に投資回収の機会を与えることが目的となる。株主間の権利の調整の規定であることから，株主間契約特有の規定である。

■ウェブ掲載　【書式6-2-3-1】投資契約書

【書式6-2-3-2】株主間契約書

ウ　資金調達を行う会社側の留意点

投資家から資金調達をする際は，極めて収益性の高い企業に投資家側から出資を申し込むような例外的な場合を除き，資金調達の必要性が生じた会社側の要望により資金調達が行われる。その場合，交渉力としては投資家側が優位なことが多く，会社側としては不当に不利な条件に応諾させられることが無いように，投資契約書や株主間協定書の内容を十分に精査する必要がある。

その中でも，主要な論点の１つとなるのが，投資家による会社の経営への関与をどの程度まで許容するのかという点である。資金調達を必要とする会社の中には，資金は欲しいが経営に口を出されたくないと考える会社も少なくない。他方で，出資する投資家側の立場からすれば，会社の経営が上手くいかなければ，投下した資金を回収できず，また多くの投資家の背後には，投資家に資金を提供する投資家や金融機関の存在があり，会社の経営へ一定の関与を可能とすることが必須であることから，投資家の経営への関与を排除することは現実的ではない。

もっとも，投資家の影響力が強すぎて，結果的に企業価値を毀損してしまったという例もまた現実に少なからず存在するのも実情である。資金調達をする会社側としては，会社の目指している経営の方向性と，投資家の描く成長ビジョンが一致し，同じ方向を向いて経営を進めることができる投資家を探し，投資契約書や株主間協定書において，十分な手当てをしたうえで，投資を実行してもらうことが肝要である。

4　金商法上の開示規制

株式は金融商品取引法上の「有価証券」に該当する（金商２条１項９号）。株式の発行や売却が「有価証券の募集」（同条３項）又は「有価証券の売出し」（同条４項）に該当する場合には，原則として，金商法に基づく届出義務や，開示規制が及ぶことになる。違反した場合は，課徴金（金商172条１項）や刑事罰（金商197条の２第１号）の対象となることから，金商法の規制については慎重に対応する必要がある。

第3　負債による調達（デットファイナンス）　543

第3 ┃ 負債による調達（デットファイナンス）

1　概　要

　資金調達において，金融機関からの借入れを行うというのは，新株の発行と並び最もメジャーな手法の１つであり，ほとんどすべての会社が何らかの形で借入れを行っているといえる。金融機関からの借入れは，返済義務を負うものであり，調達した資金は負債となる。この調達した資金に返済義務があり，一定の期日までに利息を付して返済しなければならないという点が，資本による資金調達との最大の違いである。銀行，信用金庫といった金融機関のほか，国や地方自治体などの公的機関から融資を受ける制度も存在する。

　また，外部の機関からの融資ではなく，会社自身が債権（社債）を発行して資金調達を行う手法も存在する。会社自身が発行するという点においては株式と同様だが，返済義務があるという点で負債としての性格を有する。社債の発行は，金融機関からの借入れに並ぶ，メジャーな手法の資金調達手段である。

2　金融機関からの融資

(1)　取引約定書に基づく借入れ

　金融機関からの借り入れは，資金調達の最も主流といえ，ほとんどすべての企業において行っているものである。十分な資産や実績，健全な経営状況にある企業であれば，金融機関からの借入れは難しいものではなく，むしろ資金がだぶついている金融機関のほうから，融資を受けないかという依頼が来ることもあるだろう。そのような場合は，一般的な取引約定書（銀行取引約定書・信用金庫取引約定書等）に基づく融資が行われることとなるが，一般的な取引約定書は各金融機関において内容に大きな違いは無く，利息や返済期限といったビジネス上の論点以外の法的論点は基本的には生じないことから，基本的にはビジネス上の論点につき考慮すれば足る。

（2）　不動産担保ローン

　仮に経営状態自体はあまり芳しくなくとも，市場価値の高い不動産を所有しているなど有力な資産がある場合，その資産を担保として金融機関からから融資を受けることが可能である。代表的なものは不動産担保ローンで，都心の一等地に自社ビルを所有している，広大な工場を所有しているといった企業の場合，これらに抵当権を付したうえで，取引約定書に基づく融資を受けることができる。なお，資産を担保として金融機関からから融資を受ける手法としては，不動産担保ローンのほかに，ノンリコースローンという手法も存在する（詳細は，後述第4を参照）。

（3）　債務保証

ア　概　要

　実績のないベンチャー企業や，十分な資産もなく経営状況が安定しないオーナー企業などの場合，会社の信用力だけでは金融機関が融資に応じてくれない，あるいは，非常に高い利率でしか融資を受けられないといった状況に陥る。そのような場合，経営者個人が債務保証をする，信用保証協会に債務保証を依頼するといった手法を取ることが考えられる。

イ　経営者による債務保証

　会社に信用力が無い場合，会社に対する融資に対して，経営者個人が会社の連帯保証人となることが求められ，会社が倒産して融資の返済ができなくなった場合は，経営者個人が会社に代わって返済することを求められる場合が多い。金融機関としては，会社の信用力が足りない中で，経営者個人の保証を求めることで，融資を可能としているという面があり，実際にそれにより融資を受けられる会社の範囲が広がっているという側面はある。他方で，経営者個人の保証を求めることは，経営者と法人のリスクを分離するという法人の重要な側面を否定することになり，経営に失敗した場合，経営者個人が破産に追い込まれるような事態を生じさせることから，経営者はリスクを取った経営判断をすることが難しくなり，会社の成長を阻害するという問題点もある。

　この問題に対しては，全国銀行協会と日本商工会議所が「経営者保証に関するガイドライン」（平成25年12月5日公表，平成26年2月1日適用開始）を策定

し，また，経営者保証に依存しない融資慣行の確立をさらに加速させるため，経済産業省が，金融庁・財務省とも連携の下，①スタートアップ・創業，②民間金融機関による融資，③信用保証付融資，④中小企業のガバナンス，の4分野に重点的に取り組む「経営者保証改革プログラムMETI」（令和4年12月23日公表）を策定するなどの取組みが行われてきており，経営者保証に依存しない新規融資の割合は，2022年度では政府系金融機関平均で52％（2014年度：19％），民間金融機関平均で33％（2014年度：12％）と増加傾向にある。経営者保証に関するガイドラインでは，「資産の所有やお金のやりとりに関して，法人と経営者が明確に区分・分離されている」「財務基盤が強化されており，法人のみの資産や収益力で返済が可能である」「金融機関に対し，適時適切に財務情報が開示されている」の3要件のすべて又は一部を満たせば，事業者は，経営者保証なしで融資を受けられる可能性があり，また，すでに提供している経営者保証を見直すことができる可能性があると示されている。

したがって，金融機関からの融資を受ける際に経営者保証を求められた際は，従前からの慣行に従うのではなく，上記要件を満たしていることを示すなど，経営者保証を必要としない融資とできないか交渉することも必要となってくる。

ウ　信用保証協会による債務保証

金融機関から債務保証を要求された場合に，経営者の個人保証をする以外の方法として，信用保証協会の債務保証を受けるという方法がある。信用保証協会が金融機関に対し会社の債務を保証し，会社は信用保証協会に対して保証料を支払う。もし会社が金融機関に対して債務を返済できなくなった場合，信用保証協会が代位弁済をし，会社は実情に即して信用保証協会に返済することとなる。各都道府県に信用保証協会があり，主に中小企業・小規模事業者を対象としてサービスを提供している。

(4)　シンジケートローン

M&A等で大規模な資金調達が必要となった場合に，主要取引銀行からの単独の融資では賄えない場合がある。そのような場合おいて，複数の金融機関が協調してシンジケート団を組成し，1つの融資契約書に基づき同一条件で融資受けるという手法があり，シンジケートローンと呼ばれる。シンジケートローン

を行う場合には，契約条件の検討，シンジケート団を構成する貸付人となる金融機関の募集，契約締結手続等を行うアレンジャーを指名し，アレンジャーが融資を行う金融機関を募集し，シンジケート団を組成する。資金調達をしたい会社としては，個々の金融機関に個別に融資を依頼する必要が無く，アレンジャーに一任できるというメリットがある。また，社債に比べて借入れ条件や返済スケジュールを柔軟に設定できるというメリットもある。他方で，金利以外に，アレンジャーに対する手数料（アレンジメントフィー）や，組成後のシンジケート団を代理するエージェント（通常はアレンジャーを務めた金融機関が就任する）に対する手数料（エージェントフィー）が発生する点には留意が必要である。

3　自治体の制度融資

　制度融資とは，地方自治体が設けている融資制度で，地方自治体が金融機関や信用保証協会と連携して融資を実行する制度である。実際の融資を行うのは金融機関であるが，地方自治体に制度の利用が認められることで，会社が独自に金融機関に融資を申し込むよりも，審査が通りやすくなるほか，金利や信用保証協会に支払う保証料の一部を地方自治体が負担してくれる場合があるなど，融資を受ける企業にとって有利な条件で資金調達が可能になる。デメリットとしては，地方自治体に制度利用の申請をして認められる必要があり，その手続に時間と手間を要することがある。

　各地方自治体で独自の制度を設けており，名称もそれぞれであるが，都道府県だけでなく市区町村でも独自の制度を設けているところがあり，利用できる条件も様々であるので，会社の所在する地方自治体の制度を自治体のホームページや窓口でよく確認する必要がある。また，創業支援を行っている地方自治体も多いことから，起業する場合，どの都道府県，どの市区町村に会社を設立するかという点も十分検討すべきである。

4　公的機関の融資制度

　地方自治体以外にも，融資制度を設けている公的機関がある。代表的なものとしては，日本政策金融公庫や，東京都中小企業振興公社・公益財団法人大阪産業局などの各都道府県・政令指定都市の都道府県等中小企業支援センターがある。具体的な融資制度の詳細は，各機関によって様々であり，各機関のホームページ等に詳細が掲載されている。

5　社債の発行

(1)　社　債

ア　概　要

　社債は，会社法上「この法律の規定により会社が行う割当てにより発生する当該会社を債務者とする金銭債権であって，第676条各号に掲げる事項についての定めに従い償還されるもの」と定義される（会社2条23号）。

　社債は，会社が債権を発行し資金調達を行う手法で，負債による資金調達の代表的な手法の1つである。借入れであり，負債として会計上計上されるという点では，金融機関からの融資と変わらないが，広く世間一般に募集をして資金調達をすること，社債自体が有価証券として譲渡の対象となり流通の可能性があることなど，株式と類似する性質も有するため，資金調達の手段としては，むしろ株式の発行と比較されることが多い。社債は債務であり，返済義務を負う点が，株式と異なる点であり，投資家からすればより安全な投資対象といえる。他方，得られる利益は利息として予め決まっており，株式のように大きく価値が向上した場合の利益を得ることはできない。このように，リスクとリターンの構成において，株式とは性質を異にするものであることから，異なる層の投資家からの資金調達を可能にする意義がある。

イ　発行手続

（ア）募集事項

　社債を募集する場合，その都度以下の法定の募集事項を定める必要がある（会社676条）。

- 募集社債の総額（会社676条1号）
- 各募集社債の金額（同条2号）
- 募集社債の利率（同条3号）
- 募集社債の償還の方法及び期限（同条4号）
- 利息支払の方法及び期限（同条5号）
- 社債券を発行するときは，その旨（同条6号）
- 社債権者が記名社債・無記名社債の転換の請求の全部又は一部をすることができないこととするときは，その旨（同条7号）
- 社債管理者を定めないこととするときは，その旨（同条7号の2）
- 社債管理者が社債権者集会の決議によらずに社債の全部についてする訴訟行為又は破産手続，再生手続，更生手続若しくは特別清算に関する手続に属する行為（社債権者のために社債に係る債権の弁済を受け，又は社債に係る債権の実現を保全するために必要な一切の裁判上又は裁判外の行為を除く）をすることができることとするときは，その旨（同条8号）
- 社債管理補助者を定めることとするときは，その旨（同条8号の2）
- 各募集社債の払込金額（各募集社債と引換えに払い込む金銭の額）若しくはその最低金額又はこれらの算定方法（同条9号）
- 募集社債と引換えにする金銭の払込みの期日（同条10号）
- 一定の日までに募集社債の総額について割当てを受ける者を定めていない場合において，募集社債の全部を発行しないこととするときは，その旨及びその一定の日（同条11号）
- 数回に分けて募集社債と引換えに金銭の払込みをさせるときは，その旨及び各払込みの期日における払込金額（同条12号，会社則162条1号）
- 他の会社と合同して募集社債を発行するときは，その旨及び各会社の負担部分（同条12号，会社則162条2号）
- 募集社債と引換えにする金銭の払込みに代えて金銭以外の財産を給付する旨の契約を締結するときは，その契約の内容（同条12号，会社則162条3号）
- 社債管理者に係る委託契約において会社法に規定する社債管理者の権限以外の権限を定めるときは，その権限の内容（同条12号，会社則162条4号）
- 社債管理者に係る委託契約において社債管理者が辞任できることができる事由を定めたときは，その事由（同条12号，会社則162条5号）
- 社債管理補助者に係る委託契約において会社法714条の4第2項各号に掲げる行為をする権限の全部若しくは一部又は会社法に規定する社債管理補助者の権限以外

第3 負債による調達（デットファイナンス） 549

> の権限を定めるときは，その権限の内容（同条12号，会社則162条6号）
> ・社債管理補助者に係る委託契約に係る契約における会社法714条の4第4項の規定
> による報告又は同項に規定する措置に係る定めの内容（同条12号，会社則162条7
> 号）
> ・募集社債が信託社債であるときは，その旨及び当該信託社債についての信託を特定
> するために必要な事項（同条12号，会社則162条8号）

　募集社債の利率は，固定利率でなく，変動利率によって定めることも可能であり，為替レートに連動する定め方も許容される。

　社債券を発行するときは，その旨を定めることが必要とされていることから，社債券は，募集要項に発行する旨を定めた場合にのみ発行することになる（会社676条8号の2）。

　募集事項の決定は，取締役会設置会社においては取締役会，取締役会非設置会社においては取締役において決定する（会社362条4項5号，348条1項）。ただし，取締役会設置会社においては，以下の各事項（会社362条4項5号，会社則99条）を除く事項については，取締役会での決定事項とせずに，取締役に委任することができる（同項本文参照）。

> ・二以上の募集に係る募集事項の決定を委任するときは，その旨
> ・募集社債の総額の上限（前号に規定する場合にあっては，各募集に係る募集社債の
> 総額の上限の合計額）
> ・募集社債の利率の上限その他の利率に関する事項の要綱
> ・募集社債の払込金額の総額の最低金額その他の払込金額に関する事項の要綱

（イ）通知・申込・割当

a　会社の通知事項

　会社は募集社債の引受けの申込みをしようとする者に対し，以下の事項を通知しなければならない（会社677条1項，会社則163条）。

> ・会社の商号
> ・募集事項
> ・社債管理者・社債管理補助者・社債原簿管理人を定めたときは，それぞれその氏名又は名称及び住所

　ただし，会社が募集社債の引受けの申込みをしようとする者に対してこれらの事項を記載した目論見書を交付又は電磁的方法により提供している場合には，募集事項等の通知を要しない。

　　　b　申込者の通知事項

　募集社債の引受けの申込みをしようとする者は，以下の事項を記載した書面を会社に交付する（会社677条2項）。

> ・申込みをする者の氏名又は名称及び住所
> ・引き受けようとする募集社債の金額及び金額ごとの数
> ・会社が各募集社債の払込金額の最低金額を定めたときは，希望する払込金額

　書面による交付義務があるが，会社の承諾を得て，電磁的方法で提出することができる（会社677条3項，会社令1条1項10号）。

　　　c　割　当

　会社は，申込者の中から募集社債の割当てを受ける者を定め，その者に割り当てる募集社債の金額及び金額ごとの数を定めなければならない（会社678条1項前段）。会社がどの申込者に対して割り当てるかは，会社が自由に選択でき，申込者から交付された書面に記載された内容の範囲内であれば，どの募集社債の金額につきどれだけの数を割り当てるかも自由である。また，会社は，当該申込者に割り当てる募集社債の金額ごとの数を，書面に記載された金額よりも減少することができる（同項後段）。

（ウ）総額引受契約

　募集社債を引き受けようとする者がその総額の引受けを行う契約を締結する場合は，会社による募集事項等の通知（会社677条1項），申込者による申込み（同条2項），及び，会社から申込者に対する割当て（会社678条）をすることを要せず（会社679条），民法の原則通り，契約の定めに応じて割当てを受けることができる。総額引受契約の相手方は複数であってもよい。特定の少人数

の者に対して社債を発行する場合，総額引受契約による場合が多い。

（エ）募集社債の社債権者の地位

社債の申込及び割当てがあった場合，又は総額引受契約が成立した場合，社債契約が成立し，申込者は社債権者となる（会社680条）。募集株式の場合と異なり，社債の申込及び割当て又は総額引受契約の成立があった時点で，申込者は社債権者となる。社債権者は，払込金額の払込み義務を負う。

(2) 新株予約権付社債

ア 概 要

新株予約権付社債とは，会社法上「新株予約権を付した社債」（会社2条22号）と定義される。新株予約権付社債のなかで，転換社債型といわれるものは，社債を新株予約権行使時の出資の目的とすることを定めたもので（会社236条1項3号），新株予約権を行使すると社債が消滅する。

新株予約権付社債は，ベンチャー企業のように，企業の価値が定まっていない段階で株式の発行価格を定めることが難しい場合に，新株予約権付社債という形で発行し，転換条件に一定の制約[2]を付すことで，企業価値がある程度定まった段階まで，転換される株式の価値の決定を後ろ倒しにすることができるため，創業初期段階のベンチャー企業の資金調達手段として用いられることが多い。

また，投資家としては，もし思うように企業価値が向上しなかった場合には，転換せずに社債として返還を受けることも制度上可能であるという点もメリットになり，会社としても資金調達を実現可能にする要素となる。

他方，会社としては，会計上は社債部分が負債として計上され，バランスシートを悪くするというデメリットがある。

イ 発行手続

新株予約権付社債についての社債を引き受ける者を募集する場合，社債を引き受ける者を募集する際の手続に関する規定が適用除外されており（会社248

---

[2] 一定の期間を経過した後でなければ転換できないという制約を加えたうえで，当該制限期間内に一定金額の資金調達が実現された場合は，当該資金調達が行われた後の株価を基準として算定される金額を行使金額として，株式に転換できるという条件とするということが，実務上もよく行われている。

条)，募集新株予約権の発行の手続（会社238条乃至248条）に従うことになる。募集手続においては，募集新株予約権の内容及び数，払込金額又は算定方法若しくは払込みを要しない旨，割当日及び払込期日（会社238条1項1号から5号まで）のほか，社債の割当てを受ける者，社債の金額及び金額ごとの数についても定められる（同項6号）。

　新株予約権付社債の発行は，公開会社においては，有利発行である場合（会社238条3項各号に掲げる場合）を除いて，取締役会決議で募集事項を決定することが可能である（会社240条1項）。非公開会社では，募集事項の決定は原則として株主総会特別決議が必要になる（同条2項，309条2項6号）。募集事項を決定した後は，募集に対する申込みを受け，新株予約権付社債を割当て，割当てを受けた者が払込みを行い，会社は登記の変更を行う。

(3)　金商法上の開示規制

　社債及び新株予約権付社債は金融商品取引法上の「有価証券」に該当する（金商2条1項5号）。社債又は新株予約権付社債の発行や売却が「有価証券の募集」（同条3項）又は「有価証券の売出し」（同条4項）に該当する場合には，原則として，金商法に基づく届出義務や，開示規制が及ぶことになる。違反した場合は，課徴金（金商172条1項）や刑事罰（金商197条の2第1号）の対象となることから，金商法の規制については慎重に対応する必要がある。

第4 | 特定の事業・資産による調達（ノンリコースローン）

1 特定の資産の信用でお金を借りる（アセットファイナンス）

(1) 概 説

　一般的な金融機関の融資は，会社のキャッシュフローを見たうえで，企業の収益性をもとに信用力を判断し，会社の全財産を引き当て財産として融資をする。融資にあたっては，会社の所有する不動産等の資産に担保権を設定して，優先的に債権を回収できるように手当てをすることも多いが（不動産担保ローン等），会社の全財産を引き当て財産として融資をしていることに相違ない。このような融資をコーポレートローンという。これに対し，会社の所有する特定の財産を会社の財産から切り離して，その信用をもとに資金調達をするという手法があり，アセットファイナンスと呼ばれる。

(2) アセットファイナンスの手法

　アセットファイナンスの手法としては，特別目的会社（SPC）を用いた手法がよく用いられる。会社はSPCに保有する特定の資産を売却し，売却益という形で資金調達をする。SPCは金融機関や投資家から，出資や借入れという形で当該資産を取得する資金を調達する。金融機関や投資家は，SPCが当該資産を運用した運用益から配当や利息の支払いを受け，当該資産を売却した際には，売却益から配当や貸付金の返済を受ける。

(3) アセットファイナンスの特徴

ア 資産の継続利用

　資産を売却した会社が，引き続きその資産を利用したい場合は，SPCからその資産を賃借して使用する。典型的には，自社ビルや工場をSPCに売却し，SPCとの間で賃貸借契約を結び，賃料を支払うことで，引き続きビルや工場の利用を継続する。この点が，単なる資産の売却による資金調達と異なる点である。

554　第6章　資金調達

イ　資金調達先の多様化

不動産担保ローン等が，特定の金融機関からの借入れを前提とするのに対し，アセットファイナンスの手法の場合，会社は広く投資家を募り資金調達をすることが可能となるのが特徴である。SPCが投資家から資金を調達する際には，有価証券を発行することになることから，資産の証券化，あるいは資産の流動化とも呼ばれる。

ウ　倒産隔離

流動化された資産は，会社の責任財産から分離されるため，仮に会社が倒産したとしても，当該資産が倒産手続の対象となることはない（厳密には，そのような倒産隔離が実現できるようなスキームを組む）ことから，投資家や金融機関は，会社の信用とは完全に独立して当該資産の信用をもとに出資することになり，特に会社自体の収益性には難があるが，優良な資産を保有している会社にとっては，コーポレートローンより有利な条件で資金調達ができる可能性がある。

(4)　対象となる資産

対象となる資産は，典型的には土地や建物といった不動産である。ただし，資産価値があり，収益性が見込まれるものであれば，この手法は利用可能である。例えば，工場の機械などの高額の動産を対象とする例もある。また，有体物にも限られず，売掛債権，賃料債権，診療報酬債権といった債権を対象とすることもある。

(5)　代表的なスキーム

代表的なスキームとしては，①合同会社をSPCとし，匿名組合契約（及びローン契約）に基づきSPCが資金調達をするスキーム（GK-TKスキーム），②資産流動化法に基づき，特定目的会社（TMK）をSPCとし，優先出資証券及び特定社債を発行してSPCが資金調達をするするスキーム（TMKスキーム）などがある。また，不動産の証券化の手法として，不動産特定共同事業法に基づくスキーム（不特法スキーム）などもある。

ア GK-TK スキーム

それぞれのスキームの特徴としては，GK-TKスキームは，特定の法律に基づくものではないため，法律上の制約が小さく，設計を自由にしやすく，途中でスキームを変更すること容易であるというメリットがある。他方で，不動産を現物で保有しようとすると，基本的には不動産特定共同事業法に基づく許可が必要になり，SPCが許可を取得することは困難という問題があるため，実務的には不動産を信託受益権化したうえで取得する必要があり，信託にかかる費用が生じてしまうというデメリットがある。

イ TMK スキーム

TMKスキームは，現物不動産を保有できるというメリットがあるほか，資産流動化法に基づき設立されるものであり，法律上の根拠が明確であることから，特に海外投資家から好まれる傾向がある。他方，資産流動化法に基づき，資産流動化計画を作成し，金融庁（財務局）に届出をする必要があり，届出後にスキームを変更する場合は，改めて届出をする必要があるなど，法律上要求される手続が多く，事務手続が煩雑であるというデメリットがある。

ウ 不特法スキーム

不動産特定共同事業法（不特法）は，出資を募って不動産を売買・賃貸等し，その収益を分配する事業を行う事業者について，許可等の制度を実施し，業務の適正な運営の確保と投資家の利益の保護を図ることを目的とする法律である（不特1条）。もっとも，SPCが許可要件を満たすことは困難という問題があり[3]，不動産流動化の観点からは，いかに不特法の規制の適用外とするかという観点で検討されることが主である。

1つの手法としては，不動産を信託受益権化することで不特法の適用対象外とする手法であり，GK-TKスキームにおいてはこの手法が主に用いられている。

もう1つは，不特法の特例事業の要件を満たす形で行う手法である（不特2条8項）。すなわち，不動産特定共同事業契約に基づき営まれる業務を第三号事

---

[3] 不動産取引から生ずる収益又は利益の分配を行う行為（第一号事業）（不特2条4項1号）をするためには，宅建業の免許の保有，1億円以上の資本金，事務所に宅建士を置くことと等の要件を満たす必要がある。

業（同条4項3号）を行う不動産特定共同事業者に委託し，不動産特定共同事業契約の締結の勧誘に係る業務を第四号事業（同項4号）を行う不動産特定共同事業者に委託し，特例投資家のみを相手方又は事業参加者とし，事業参加者の利益適合要件に適合する場合に，SPCが不動産特定事業者として第一号事業（同項1号）を行う行為は，特例事業と認められる。特例事業を営む場合，事業者は不動産特定共同事業の許可を得ることなく，主務大臣に届出をすることで営むことができることから（不特58条），資産流動化のスキームとして利用することが可能である。不特法スキームの場合，現物不動産を保有することが可能であることから，信託受益権化ができない不動産も対象とすることができるというメリットがある。

2　特定の事業の信用でお金を借りる（プロジェクトファイナンス）

　アセットファイナンスが特定の資産の信用をもとに資金調達をするスキームであるのに対し，特定の事業の信用をもとに資金調達をするスキームがあり，プロジェクトファイナンスと呼ばれる。特定の事業を切り離して，あるいは特定の事業を新規に行う場合に，その事業のみを行う法人を設立して，その事業の信用をもとに資金調達を行う。

　具体的には，太陽光や風力発電といった再生エネルギーの発電事業や，ホテル事業，大規模商業施設の開発事業，一体となった資産群があり，ある程度固定した収益計画が見通せ，事業全体を一括して売却することが可能である（流動性がある）事業が対象となる。また，鉄道・空港・港湾整備等のインフラ事業など，極めて大規模で，巨額の資金調達が必要となる事業における資金調達方法としても用いられている。

　スキームとしては，TMKスキームがよく使われるほか，GK-TKスキームによる場合，又は，株式会社を設立して特定の事業を営ませる場合もある。

第5 その他の資金調達手法

1 クラウドファンディング

クラウドファンディング(crowdfunding)とは，群衆（crowd）からの資金調達（funding）という意味の造語であり，一般に，インターネットを通じて，企業が不特定多数の人に出資を呼びかけ，少額の資金提供を多数の資金提供者から受けることで資金調達をする仕組みをいう。インターネットによって，低コストで不特定多数の人に出資を呼びかけることが可能になったため生まれた新しい資金調達の手法であり，近年はクラウドファンディングのプラットフォームを提供するウェブサービスも誕生するなど，知名度及び活用事例も増えてきている。

クラウドファンディングのメリットは，金融機関や証券・債券市場といった既存の資金調達先以外からの資金調達を可能とすることのほか，資金調達をする過程で，実現しようとする事業の認知度を向上させ，資金調達後の事業の展開にもプラスとなる点があげられる。クラウドファンディングとは，このような資金調達手法の総称で，具体的には，対価の設定方法に応じて，寄付型，購入型，貸付型，投資型などの類型があり，法規制の適用関係，当事者の責任，課税関係もそれぞれ異なってくる。また，目標金額に到達した場合にのみ資金調達を成立させる方式（All or Nothing方式）か，目標金額に到達しなくとも資金調達を成立させる方式（All In方式）といった実施方式の違いもあり，クラウドファンディングを企画する場合はどのような手法を選択するかも検討する必要がある。

2 補助金・助成金

国や地方自治体による補助金・助成金も，企業の資金調達の手法としては見逃せない意義を有する。補助金・助成金を取得するには一定の要件があり，どの企業でも利用できるものではないものの，原資が税金であることから，返済

義務がなく，一定の使途を守れば経営への口出しもされることがないなど，他の資金調達手法にはないメリットがあり，特定の分野の事業を行うにあたっては，補助金・助成金を取得できるか否かがビジネス上重要な意味を有する場合もある。

　補助金・助成金の制度は年度により変動するため，自らの事業が関連する規制官庁（農林水産省，国土交通省，厚生労働省等）や，経済産業省，中小企業庁，総務省，内閣府等の経済支援事業を所管している行政庁，自らが所在する都道府県・市区町村等のウェブサイトを確認する，あるいは窓口に問い合わせるなどして，情報収集をし，利用できる制度は積極的に利用することが重要である。

■第7章

M&A・事業拡大

第1 M&A

Case

X株式会社は，玩具などの製造・販売を行う上場企業である。今般，同じく玩具などの製造・販売を行う老舗の企業であるY株式会社とのM&Aの話が持ち上がった。X株式会社は，特に幼児向けの玩具のシェアについて競合企業に後れを取っているところ，Y株式会社が手掛ける有名な幼児向け知育玩具ブランドを自社の製品のラインナップに加えることで，その強化を図りたいとの意向がある。

Y株式会社は創業から今まで家族経営が行われており，事業や財務内容などについては不明な点も多い。ただ，株主の大半を有する株主Aは後継者問題を抱えており，これを機に第三者に経営を任せて引退することに前向きのようである。このような事例において，どのようにM&Aを進めればよいか。

Check List

- ☐ M&Aのスキームとして適切な手法を選択しているか
  - ☐ M&Aのために株主や取引先などのステークホルダーの必要な同意が得られるか
  - ☐ M&Aに必要な資金調達は問題なく可能か

```
□  事業に必要な許認可の再取得などの問題は生じないか
□  対象会社の潜在的債務の引受けなどのリスクは生じないか
□  M&Aに要する手続やスケジュールに関して問題は生じないか
□  M&Aに際して必要なデューディリジェンス（DD）を実施したか
□  M&Aのプロセスに応じた秘密保持契約，基本合意書や最終契約書が適切な
   内容で締結されているか
```

1　M&Aの概要

(1)　M&Aのメリット・デメリット

　M&A（Mergers and Acquisitions）とは，会社やその支配権又はその事業の全部又は一部の移転を伴う取引をいい，広義では事業の多角化などを目的とした資本・業務提携（合弁会社設立など）を含む場合もある。

　M&Aを行う目的は様々であるが，譲受企業からはリスクを抑えての効果的な新規事業への参入やシナジー効果等による既存事業の強化，譲渡企業からは後継者などの事業承継問題の解決や従業員の雇用維持，キャピタルゲインの確保などをあげることができる。

　もちろんM&Aにはメリットだけでなくリスクやデメリットも存在する。M&Aには多額の資金が必要となるケースが一般的であり，また，法的・税務的に必要となる手続も多い。このような複雑で多大なコストを要する面も否定できず，失敗のリスクも大きい。

　M&Aにおける譲受企業，譲渡企業の一般的なメリットやデメリットを整理すると次のとおりである。

	メリット	デメリット
譲受企業	・リスク抑えての短時間での新規事業への参入 ・シナジー効果，競争力強化 ・ノウハウや技術，許認可の獲得	・多額の資金調達の必要 ・簿外債務の引継ぎリスク ・手続的なコスト ・失敗によるリスクが大きい
譲渡企業	・事業承継問題の解決 ・雇用の維持 ・キャピタルゲインの確保 ・主力事業への注力	・適切なM&A対象の確保 ・取引先との関係悪化 ・従業員への悪影響

【Case】の場合，譲受企業はM&Aにより短期間で自社が他社に後れをとる製品の強化を行うことができ，他方で譲渡企業については事業承継（後継者）問題の解決を図ることができるというメリットをあげることができる。

(2) M&A 手続の流れ

M&Aの手続は大きく，M&Aの対象となる会社の募集・選定等を対象とする準備・検討，M&Aの条件交渉等を対象とする交渉，契約書の締結・クロージング等を対象とする実行のプロセスに分けることができるが，全体の手続としては次のとおりである。

フェーズ	内　　容
準備・検討	・M&A対象会社の募集・選定 ・価格算定，スキームの検討・決定 ・ノンネームシートの提供 ・インフォメーション・メモランダム（IM）の提供
交渉	・秘密保持契約書の締結 ・M&A条件の交渉 ・意向表明書（LOI）・基本合意書（MOU）の締結 ・デューディリジェンス（DD）の実施
実行	・最終契約書の締結 ・クロージング

また，売主がより優位にM&Aの交渉を進めるべく入札手続を実施するケースも多く，①買主候補からの守秘義務誓約書の提出，②買主候補に対する入札案内書等の配布，③買主候補からの入札書の提出，④交渉に進む買主候補の選定といった流れで進むことになる。

2　M&Aのスキーム選択における考慮要素

(1)　スキームの概要

M&Aといってもその取引・スキーム内容は多岐にわたる。一般的によく用いられる株式譲渡などの株式に基づく会社の支配権を譲渡する方法に加えて，合併・会社分割などの組織再編取引や事業譲渡を用いる方法など様々である。スキームの全体像を整理すると次のとおりである。

分　類	取引類型
株式の取得	株式譲渡
	株式公開買付け (TOB)
	第三者割当
組織再編行為	会社分割
	合併
	株式交換 (株式交付)
	株式移転
事業譲渡	事業譲渡

以下では，M&Aを実現するためにどのスキームを採用するべきか検討する際に考慮するべき，各スキームの特徴と考慮要素について解説する。

ア　株式の取得

(ア)　株式譲渡

M&Aの手法として最も一般的なものが，買収先の会社の既存株主が保有する株式を買い付けて，その支配権を取得する株式譲渡の方法である。

後述の組織再編行為のような会社法に基づくスキームとは異なり，売買契約に基づき既存株主から株式を取得する方法を通じて会社の支配権を取得すると

ころ，手続自体は非常に簡易である。また，後述する組織再編行為の会社合併のように法人格統合や許認可の再取得のような問題は生じないが，会社分割のように不採算部門や潜在債務の遮断を行うことはできない。

基本的には，民法や商法の枠組み中で柔軟な条件設定が可能であるところ，既存株主との契約交渉を通じて，後述する株式譲渡契約書において取引の前提条件，表明保証，誓約事項といった様々な条件が取り決められる。ただし，独占禁止法，外為法などによる規制を伴うケースがある点には注意が必要である。

（イ）株式公開買付け（TOB）

株式譲渡のうち，上場企業の不特定かつ多数の株主に対して，買付期間・価格・株式数などを公告して買付け等を呼び掛け，取引所金融商品市場外で株券等[1]の買付け等[2]を行うことを，株式公開買付け（TOB）という（金商27条の2第6項）。

細かい例外もあるが，取引所金融商品市場外での買付け等により，株券等所有割合が，①多数の者（60日間で10名超）からの買付等の場合は5％を超えるもの，②著しく少数の者（60日間で10名以内）からの買付け等の場合は3分の1を超えるものは，株式公開買付けの方法による取得が義務付けられ（義務的公開買付け　金商27条の2），取得について金商法の厳格なルールが課されることになる。

株式公開買付け（TOB）は大きく，①TOBを希望する企業による公開買付開始公告，②公開買付届出書・公開買付説明書の提出・交付，③TOBの対象企業による意見表明報告書の提出，④意見表明報告書に付された質問事項に対するTOB希望企業の対質問回答報告書の提出，⑤公開買付報告書の提出という流れで進行する。

（ウ）新株発行等

株式取得により会社の支配権を得ることを通じてM&Aを実行する方法のうち，前述のように既存の株主から株式譲渡を受ける方法の他に，会社から新た

---

[1] 株券等とは，株券，新株予約権付社債券等，市場性のある有価証券をいう（金商27条の2第1項，金商令6条1項）。議決権のない株式等は公開買付けの対象から除外される（金商令6条1項柱書）。

[2] 買付け等とは，株券等の買付けその他の有償の譲受け及びこれに類する一定の行為をいう（金商27条の2第1項，金商令6条3項3号）。

に新株発行等を受けることにより株式を取得する方法がある。いわゆる第三者割当による募集株式発行等による方法で，新株発行の場合の他に自己株式の処分による方法も含まれる。

大きな特徴として，株式取得と異なり会社に対して出資・株式割当を受けることになるため買収資金が会社に対して支払われることになるところ，会社の資金調達として利用できるという特徴がある。

非公開会社の場合，株式の第三者割当にあたって株主総会の特別総会決議が必要となるが（会社199条2項，309条2項5号），上場会社のような公開会社の場合，有利発行にならない限り（会社199条3項，201条1項前段，199条2項，309条2項5号），原則として取締役会決議により実施が可能である（会社201条1項）。

イ　会社分割

会社分割とは，会社法における組織再編行為の1つであり，買収先の会社の特定の事情に関する権利義務の全部又は一部を承継することを通じてM&Aを実行する方法として用いられる（会社2条29号・30号）。

株式取得や会社合併などとは異なり，会社の一部の事業（部門など）のみを取得することを目指して行われるもので，承継される権利義務を特定することが可能なため会社の不採算部門を切り出したり，潜在的債務を遮断すること等が可能である。

また，対象とされた会社の一部の事業に関する権利義務について会社分割により包括的に承継されるため，事業譲渡とは異なり承継対象とされた契約の取引先や従業員[3]からの個別の同意が原則として不要という手続的な利点も存在する。

しかし，不動産などの権利移転については二重譲渡の問題を生じるため権利の確定的な移転のためには対抗要件が必要であること，事業活動に許認可が必要な場合に許認可を当然に承継することはできず，その場合は新たに許認可を得る必要があること等は，事業譲渡の場合と同様である。

---

[3] ただし，労働者保護の観点から，労働契約承継法等により，従業員との雇用契約の承継については労働者異議申出手続が必要となる点には注意を要する。

会社法の手続としては，株主総会の特別決議（会社783条１項，795条，804条１項，309条２項12号），債権者保護手続（会社789条，799条，810条）や，事前書面備置（会社782条，794条，803条），事後書面備置（会社791条，801条，811条，815条）などが原則として必要とされており，後述の会社合併と基本的には同様である。

ウ　会社合併

会社合併も会社法における組織再編行為の１つであり，買収先の会社の権利義務を包括的に承継することを通じてM&Aを実行する方法として用いられるほか，買収のための特定目的会社（SPC：Special Purpose Company）を設立して株式取得を進めたうえで会社合併を行う方法なども用いられる（会社２条27号，28号）。

他のM&Aのスキームと異なり，買収先の会社と法人格を合一する効果を伴うところ，支配権や事業の移転のみではなく両者の人事制度・労働環境をはじめ，社内規程や業務システム，組織文化等も含めて統合を進める必要があるところ，非常に多大な時間やコストを要する手法である。

また，会社分割とは異なり，買収先の会社のすべての権利義務を承継することになることから，会社分割のように不採算部門を切り出したり，潜在的債務を遮断することはできないため，このようなリスクが存在する場合には利用できない。

他方で，会社の権利義務を包括的に承継するところ，取引先や従業員からの個別同意が原則として不要な点や許認可の当然承継が認められているわけではない点は会社分割とも同様であるが，合併後は法人格が消滅することから，不動産などの権利移転について二重譲渡の問題は生じない。

会社法の手続としては前述の会社分割と基本的に同様であり，株主総会の特別決議（会社783条１項，795条，804条１項，309条２項12号），債権者保護手続（会社789条，799条，810条）や，事前書面備置（会社782条，794条，803条），事後書面備置（会社801条，815条）などが必要となる。

エ　株式交換・株式交付

（ア）株式交換

株式交換とは，会社法の定める組織再編行為であり，買収先の会社の株主が

保有する全株式について，買収を実行する会社に移転させて完全子会社とし，買収先の会社の株主に対価を交付するものである（会社2条31号）。これにより買収先の会社を完全子会社化することが可能であり，M&Aの手法の1つとして利用される。また，後述のとおり，スクイーズ・アウト取引にも利用される。

株式譲渡などと同様に会社を独立したままその支配権を移転させる方法のため，会社合併のように法人格の合一に伴う会社組織の統合の負担や許認可の再取得の問題を生じないというメリットはあるが，会社分割のように不採算部門を切り出したり，潜在債務の遮断を行うことはできない。

また，株式交換においては買収先の会社から株式を移転させる際の対価として自社の株式を交付することを選択することも可能であるため，必ずしも株式譲渡のように多額の買収資金を捻出する必要がない点もその特徴である。

会社法の手続としては基本的に会社分割や会社合併と同様であるが，債権者保護手続が必要な場合が限定されており，例えば，株式交換の対価として完全親会社の株式以外のものが交付される場合などにのみ必要とされる点が大きく異なる（会社789条1項3号，799条1項3号）。

（イ）株式交付

M&Aにおいて株式交換を利用する場合には対象会社を完全子会社化する必要があるが，M&Aにおいては必ずしも完全子会社とすることを希望しない場合も存在する。このようなニーズを満たす制度として，令和3年に対象会社の50%超を取得して子会社化するための組織再編行為として株式交付の手続が新設された（会社2条32号の2）。

オ　株式移転

株式移転とは，株式会社がその発行済株式の全部を新たに設立する株式会社（完全親会社）に取得させる組織再編行為をいうが，そのうち2以上の会社で行う共同株式移転を利用してM&Aを実行する場合も存在する（会社2条32号）。

会社合併のように複数の会社の経営を統合することを通じたシナジーの効果を期待できるが，会社合併とは異なり法人格を合一にするわけではないため前述のような社内規程や業務システム等の統合に要する多大な時間やコストを回避することが可能である。

また，買収先の会社の法人格は維持されるため許認可の再取得などは不要で

あるが，不採算部門のカットや潜在債務の遮断を行えない点は株式交換などと同様である。

会社法の手続としては基本的に会社分割や会社合併と同様であるが，債権者保護手続が必要な場合が限定されている点は株式交換と同様である（会社810条1項3号）。

カ　少数株主の排除（スクイーズ・アウト）

M&Aの場面では，株式譲渡をスムーズに進める前提として，分散してしまった株式を集約したり，M&Aに反対意見を持つ少数株主を排除する方法として，少数株主の排除（スクイーズ・アウト）が用いられることも多い。

スクイーズ・アウトの詳細については，第1章第5．2「少数株主の排除（スクイーズ・アウト）」を参照されたい。

キ　事業譲渡

事業譲渡とは，会社の事業の全部または一部の譲渡しまたは譲受けのことをいう（会社法467条1項）。

前述の会社分割と同様に，会社の事業の一部のみを選別して譲渡対象とすることができるところ，不採算部門を除外したり，譲渡に際して潜在的債務を遮断することが可能である。

他方で，会社合併・会社分割と異なり対象事業の権利義務の承継は包括的な承継ではなく特定承継となるため，取引先や従業員から個別に承継について同意を得る必要があり，確定的な権利移転のためには不動産などの対抗要件を具備する必要もある。また，事業に必要な許認可についても承継されるわけではなく，許認可の再取得の問題も生じる。

会社法の手続としては，前述の組織再編行為と同様に株主総会の特別決議が必要とされているが（会社467条1項1号・2号，309条2項11号），債権者保護手続や事前・事後書面備置などの手続は不要とされている点が大きく異なっている。

（2）　スキーム選択における考慮要素

　以上のM&Aの各スキームの特徴やメリット・デメリットを踏まえて，どのスキームを採用するか検討する必要がある。以下では，どのスキームを採用するかの考慮要素について説明する。

ア　M&A で実現したい目的に沿ったスキームであること

　基本的なポイントとして，M&Aで実現したい目的に沿ったスキームを選択する必要がある。

　①対象会社が特殊な許認可などを有しており，譲受会社において再取得が困難な場合には株式取得，株式移転などの方法により支配権を獲得とする方法を，②対象会社のうち不採算部門や潜在的債務を切り離す必要がある場合には会社分割，事業譲渡などの方法を，また，③対等な企業間の統合がメインで，法人格の合一を目的とするのであれば会社合併等の方法を検討する必要がある。

イ　対価について

　譲受会社からすると，対価を自社の株式とすることが可能な株式交換・移転，会社合併・分割などの手法を用いることで，多額の買収資金を節約することができる場合があるが，他方で，譲渡会社の株主が金銭的な利益を望むのであれば株式譲渡の方法を選択することになる。このように，M&Aの関係者がどのような利益を望んでいるかはスキームの選択において考慮する必要がある。

ウ　手続の負担について

　会社合併や会社分割については株主総会の特別決議などに加えて，債権者保護手続が必要となるため，債権者に対する1か月の催告期間を考慮すると手続全体に2か月程度の期間が必要となる。

　また，事業譲渡について債権者保護手続は必要とされていないものの，株式分割と異なり個別の債権者の同意を得る必要があるため同意が得られるかがポイントになるし，会社合併については両企業間の統合をスムーズに進められるか等がポイントになる。

取引類型	メリット	デメリット
株式譲渡	・対象企業の支配権を獲得 ・許認可等の承継が可能 ・株主によるキャピタルゲインの獲得 ・手続が簡便	・潜在的債務等の引受けリスク ・多額の買収資金が必要
会社分割	・対象企業の事業の一部を譲受け ・不採算部門や潜在的債務のカット ・株式を対価とすることで買収資金を節約 ・包括承継のため債権者の個別同意は不要	・許認可等の承継は不可 ・債権者保護手続が必要となるなど手続が煩雑
合併	・企業間の統合 (シナジー効果への期待) ・株式を対価とすることで買収資金を節約	・統合に多大なコスト発生 ・債権者保護手続が必要となるなど手続が煩雑 ・潜在的債務の引受けリスク
株式交換 株式移転	・対象企業を完全子会社化 ・許認可等の承継が可能 ・株式を対価とすることで買収資金を節約	・潜在的債務等の引受けリスク ・株式譲渡より手続が煩雑
事業譲渡	・対象企業の事業の一部を譲受 ・不採算部門や潜在的債務のカット ・債権者保護手続は不要	・許認可等の承継は不可 ・個別承継のため債権者の個別同意が必要

　【Case】の場合，買収資金の調達や許認可等の問題を生じないが，対象会社の事業や財務内容に不透明な点が多く，潜在的債務を承継するリスクについて配慮する必要があるため，会社分割や事業承継の方法も選択肢にあがる。他方で，株主がM&Aによる経済的な対価の取得を希望する場合には株式譲渡の方法を検討することになるが，潜在的債務などのリスクについて後述の株式譲渡契約において適切な手当を行う必要がある。

3　法務DD（デュー・ディリジェンス）で押さえるべきポイント

　M&Aの際には，デュー・ディリジェンス（Due Diligence, DD）と呼ばれる対象企業の事業・財務内容やリスク・問題点などの調査・分析のプロセスを実施することが一般的である。DDの種類としてはビジネス，財務，知財，環境などの種類が存在するが，以下ではその中でも法務の観点から実施される法務DDにおいて押さえるべきポイントについて概説する。

(1)　契約・取引関連

　対象企業の主要な取引先との取引について契約書が締結されているか，当該契約書の内容について不備・不足はないか，当該契約書の中で競業禁止などの事業上の制約や任意解約権，過大な損害賠償責任を負担する等のリスクとなる条項が存在しないかについて精査を行う。

　また，M&Aにおいては，Change of Control条項（COC条項）と呼ばれる，M&Aの実施を理由に契約を一方的に解除できるような条項が取引先との契約に存在しないかは重要な観点である。このような条項が存在する場合には，取引先に対して事前にM&Aについて同意を得ておく等の手当が必要となる。

(2)　組織・株主

　登記簿や定款などの企業の基本文書について不備・不足がないか，また，株主総会，取締役会などの会議体が会社法に定める内容に従って適切に実施されているかを確認するために，株主総会議事録，取締役会議事録の存在や内容をチェックすることが一般的である。

　また，現在の株主が法律上も正しく株主であることを確認するために，会社設立の手続に不備がなかったか，その後の現在の株主に至るまでの株主の変遷を確認するために，過去の株式譲渡や譲渡承認の手続に不備がなかったかなどをチェックする必要がある。特に株券発行会社の場合，株券の交付が株式譲渡の有効要件と定められているところ，慎重な配慮を要する。

（3） 資産・負債

　資産関係として，対象企業の資産とされている不動産や事業用の動産の所有権を保有しているかについて，登記簿や過去の不動産売買契約書等の内容について確認する必要がある。また，対象企業のビジネスにおいて重要な知的財産権（特許権，商標権等）について問題なく保有又はライセンスが受けられているかどうかはポイントとなる。特に，対象企業がソフトウェアなどを利用してビジネスを行っている場合，当該ソフトウェアの開発契約に基づきその著作権や使用許諾が得られているかは重要な観点である。

　負債関係として，対象企業の借入金やリースの状況，借入金やリースに関する契約書の内容に不備がないかについて確認することになる。その他にも社債を発行している場合には適切な手続が履行されているか，不当な保証・担保を行っていないかなどもチェックが必要である。

（4） 労　務

　労務関係として，対象企業が労働基準法等の労働法を遵守した労務管理を行っているのかについて，雇用契約書や就業規則に基づき法的な不備の確認を行うことになる。また，労働問題に関して潜在的債務を負担していないか確認する趣旨で，労災の事実や労務紛争の有無などについてチェックを行う必要があるほか，特に，多額の未払残業代等が発生していないかは重要な検討事項である。

（5） 許認可等

　対象企業のビジネスのために許認可が必要となる場合，当該許認可を適切に取得できているかどうかは非常に重要な観点である。また，適切に許認可を取得できている場合も，後日，停止・取消処分などがなされるリスクがないかをチェックするために，不祥事や指導・勧告の有無を確認することも重要である。

　また，許認可の種類によってはM&Aのスキーム次第で承継できない場合も多く，許認可に応じた適切なスキームを選択しているかの確認も必要である。

(6) 紛争等

その他，対象企業が紛争リスクを抱えていないかも検討が必要な事項である。例えば，過去に重大なクレームを受けていないか，これに付随する警告書や通知書などを受領していないかを確認し，将来的な紛争リスクをチェックする必要がある。また，実際に訴訟に発展している場合には訴訟資料を確認のうえで，敗訴による経済的リスクの大きさをチェックすることも考えられる。

(7) まとめ

以上のような観点から法務DDは実施されることになるところ，法務DDにおいて大きなリスクの存在を指摘されないように，コンプライアンスの遵守や法務リスクに配慮した事業活動を行うことが重要である。また，法務DDにおいては，規則や契約書などの大量のドキュメントを開示して実施されるところ，いざDDに際してドキュメント収集に多大な労力が必要とならないように，普段から適切なドキュメント管理を心掛けることも必要である。

4 契約の留意点

M&Aの交渉・実行フェーズにおいては，①秘密保持契約書の締結，②基本合意書の締結，③最終契約書の締結という流れで進むところ，以下では株式譲渡によるM&Aを想定して各契約書の作成におけるポイントについて解説する。

(1) 秘密保持契約書のポイント

M&Aの交渉段階では，①売主から買主に対して対象会社の事業上の内部情報が多く開示されることになること，及び②M&Aを実行することは売主・買主にとって大きなビジネス上の影響を伴うところ取引を秘密裡に進める必要があることから，まず秘密保持を内容とする秘密保持契約（Non-Disclosure Agreement, NDA）が締結されることが一般的である。

ア 秘密情報の範囲

M&A取引における秘密情報の範囲としては，①交渉の存在及び内容に加えて，②取引に関連して開示される情報が主に想定される。

そして，②の範囲については，開示時期による限定（契約締結後の情報に限るのか，契約締結前の情報を含むのか），開示方法による限定（書面等により開示された情報に限るのか，口頭で開示された情報を含むのか），指定の有無（指定した情報に限るのか，一切の情報を対象とするのか）等のポイントがあり，M&A取引の状況に応じて適切に設定する必要がある。

M&A取引では事業に関する幅広い情報について，口頭や書面などの方法に関わらず数多く開示されるため，一般的に秘密情報の範囲については包括的に定められるケースが多いように思われる。

イ　秘密保持義務の内容

（ア）第三者提供の禁止と目的外利用の禁止

秘密保持義務の主たる内容は，秘密情報の第三者への開示の禁止及び目的外利用の禁止である。

ただし，M&A取引の検討の目的との関係で第三者に開示が必要な場合も存在するところ，典型的には役員・従業員への開示，弁護士，公認会計士や税理士などの専門家への開示の他に，開示が法律等に基づき強制される場合には例外として定めるケースが考えられる。この場合，法律上の守秘義務を負う専門家を除き同様に秘密保持義務を課すものとし，仮に，秘密情報を開示した第三者による秘密保持義務違反を生じた場合には開示当事者がその責任を負うとされるケースが多い。

（イ）秘密情報の管理

秘密保持義務の内容として，秘密情報の管理義務まで義務付けるケースも存在する。前提として，善管注意義務をもって秘密情報を管理するよう義務付けることに加えて，具体的な管理体制まで義務付けるケース，情報漏洩が発生した場合の報告に加えて，必要な措置を講じることを義務付けるケースなどが存在する。

ウ　秘密情報の破棄・返還

秘密保持義務の遵守の実効性を確保するために，M&A取引の検討が終了した場合，秘密情報の返還や破棄を義務付けることも一般的である。仮に，検討が終了したにもかかわらず，相手方に秘密情報の保有を認めることになると，秘密保持契約の有効期間が終了した場合に，第三者提供や目的外利用などによる

責任を問えないことになりかねない。

また，秘密情報の廃棄について実効性を確保する観点から，秘密情報を破棄したことを証明する書面の提出を契約上の義務として設けるケースもある。

エ　有効期間

秘密保持義務を無期限に負担することは受領当事者に多大な負担を与えることになるため，有効期間を設定する場合が一般的である。有効期間についてはM&Aの検討期間，開示される秘密情報の性質に応じて適切に設定することになるが1年から5年程度の期間を設定するケースが多いように思われる。

また，前述のとおり，有効期間が設定されることの代わりとして，検討終了後の秘密情報の破棄・返還条項が設けられることになる。

■ウェブ掲載　【書式7-1-4-1】秘密保持契約書

---

(2)　基本合意書のポイント

M&A取引において，契約当事者が契約交渉時点における取引内容の基本的な事項について確認・合意する目的で契約を締結することがあり，当該契約を一般的に基本合意書（Memorandum of Understanding, MOU）という。また，類似の役割を果たすものとして，一般にM&A取引において買主が売主に対して，希望条件や誓約事項など記載して交付する書面として意向表明書（Letter of Intent）と呼ばれる書面も存在する。

M&A取引の内容や条件，交渉の経過や成熟度などに応じてその合意内容は案件ごとに非常に個別性が高いものであるが，以下では一般的に基本合意書において定められる事項について解説する。

ア　取引の内容及びスケジュール

法的拘束力のある最終契約書において予定している取引内容や条件のうち，交渉段階である程度コンセンサスが得られた内容が基本合意書において確認・合意されることになる。ただ，この合意はあくまで仮の合意事項であって，その後に予定されているデュー・ディリジェンス，交渉に応じて変更が予定されているものである。

取引内容のうち最も重要なのは取引価格であるが，法的拘束力のない仮の合意であったとしても基本合意書に取引価格が記載された場合，契約当事者は当該金額が取引価格となることを期待するのが通常であり，この金額を合理的な理由なく変更することは難しくなるのが一般的である。そのため，デュー・ディリジェンスの結果等に応じて，調整の余地があることを規定することも多い。

　また，基本合意書は，M&A取引の実行を目的として締結されるものであるところ，そのプロセスのうち重要となるデュー・ディリジェンスの完了，最終契約書の締結，クロージングなどのスケジュールについて規定されることも多い。ただ，当事者に対する事実上の拘束力を有するものであるが，法的な拘束力を有しないことが一般的である。

イ　独占交渉権

　基本合意書を締結する時点において，M&A取引の検討に向けて買主は相当の時間と費用をかけていることが通常であるところ，途中で売主から一方的に交渉を打ち切られた場合には不測の損害を被るおそれがある。そのため，基本合意書において買主は独占交渉権が規定するように要求することが一般的である。

　ただ，独占交渉権の存在は，売主がより有利な条件を提示する買主からの提案や交渉の機会を失わせるものであるから，売主の方が交渉上優位な場合には規定しないケースも存在する。仮に，独占交渉権を認める場合であっても通常はその期間を限定することが多く，その期間としては3か月から6か月程度とされることが一般的である。

　これ以上に長期間の独占交渉権の有効期間を設ける場合，独占交渉権の例外を定めるケースもあり，このようなケースでは独占交渉権に反した場合には買主が負担した費用の負担に加えて，売主が買主に対して一定の金銭の支払いを義務付ける条項を設けることも見受けられる。

ウ　その他の条項

　その他の内容として，基本合意書にデュー・ディリジェンスへの協力義務が定められるケースも多い。買主が限られた期間の中で効果的なデュー・ディリジェンスを実施するためには売主及び対象会社による協力が不可欠となるところ，費用をかけてこれを実施する以上，法的拘束力のある協力義務を定めることは重要といえる。

また，基本合意書が前述の秘密保持義務を兼ねる場合も少なくなく，そのような場合には基本合意書において秘密保持義務条項が設けられることになる。他方で，先行して秘密保持契約書が締結されるケースももちろん存在するところ，このような場合には秘密保持条項を設けない，又はすでに締結済みの秘密保持契約に従うことを確認する旨を定めるケースも見受けられる。

エ　法的拘束力の有無

基本合意書は取引内容の基本的事項を確認するものではあるが，どの範囲まで法的拘束力を持たせるかは検討が必要である。

一般的にデュー・ディリジェンスへの協力義務，秘密保持義務，独占交渉権や有効期間やその他の条項については法的拘束力を持たせることになるが，取引の内容に関する合意（取引価格や取引条件等）に法的拘束力を持たせるかは案件や交渉の成熟度に応じた個別の配慮が必要である。取引内容について法的拘束力を持たせない場合，法的拘束力を持たない合意であることを明確に定めておくことが必要である。

この点，上場会社の場合，基本合意書の内容や法的拘束力の有無などにより適時開示義務の対象となるケースがあるため注意を要する。一般的には，法的拘束力がないような場合であっても，取引条件の合意内容が具体的な内容にまで及んでおり，取引実行の蓋然性が高いような場合には適時開示義務の対象とされる可能性が高いといえる。

■ウェブ掲載　【書式7-1-4-2】基本合意書

---

(3)　最終契約書のポイント

前述のようにM&A取引においては，基本合意書が締結された後の交渉を経て，具体的な取引条件が盛り込まれた最終契約書が締結されることになる。

M&A取引のうち株式譲渡は，組織再編行為のような法的手続と異なり，売主と買主の当事者間の売買契約に基づいて取引が実行されることになるところ，適正に株式譲渡における取引を実行し，何かしらの問題が生じた場合に当事者間の適切なリスク分配が図られるような仕組みが株式譲渡契約書において規定

されることが一般的である。以下では，株式譲渡契約書の構成と各条項のポイントについて整理を行う。

ア　株式譲渡の基本条件

株式譲渡契約の主たる契約の内容として，対象会社の譲渡対象として特定された株式を買主に譲渡し，買主が売主に対して譲渡対価を支払うことを合意する旨が株式譲渡契約書に記載されることになる。

譲渡価格については，一般的に最終契約に至るまでの交渉の過程で合意された金額が記載されることになるが，あわせて①価格調整条項が定められるケース，②アーンアウト条項が定められるケース，③譲渡価格の一部留保が定められるケースなどが存在する。

（ア）①価格調整条項

価格調整条項としては，譲渡価格算定の前提となった財務上の数字と，クロージング時点の財務上の数字を比較して事後的な価格調整を行うようなケースが想定される。ただ，譲渡価格算定の前提となった財務上の数字の基準日からクロージングまでの期間がそれほど長期間とはならず，また，株式譲渡契約の締結後の善管注意義務や表明保証義務などの違反を理由とした補償による手当も可能であるところ，このような価格調整条項が設けられないケースも多い。

（イ）②アーンアウト条項

クロージング日における譲渡対価の支払いに加えて，その後の対象会社の売上や利益などを基準として譲渡対価の追加支払いを合意する条項をアーンアウト条項という。買主からするとM&A後の事業計画が達成できない場合のリスクを軽減することができるメリットや，クロージング後も引き続き売主が経営陣として残るような場合のインセンティブとして期待できるというメリットがある。

（ウ）③譲渡価格の一部留保

譲渡価格の一部留保が定められる目的としては，株式譲渡契約に基づく補償条項の実効性の確保があげられる。すなわち，クロージング後に表明保証違反などが判明した場合，通常は補償請求を行うことになるが，その時点で売主が無資力となってしまっているリスクに備えて譲渡対価の一部の留保を定めることがある。他方で，売主としては譲渡対価の一部留保による買主の無資力のリ

スクを手当するために，エスクロー条項を定められることがある。これは譲渡対価の支払いの一部についてクロージング時点で中立的な第三者に預け，一定期間経過後に売主にその引出しを認める仕組みである。

イ　取引実行（クロージング）

株式譲渡において主たる契約の内容をなす，買主から売主に対する譲渡対価の支払い，及び，売主から買主に対する株式の権利の移転を実行することをクロージングという。

クロージングにおける買主と売主の義務は同時履行の関係に立つことになるところ（民法533条），契約においても両者の義務は引き換えに行われることが明記されることが一般的である。

（ア）売主による株式の権利の移転

株券不発行会社の場合，意思表示のみで株式の権利が移転することから契約書でその旨を定めておけばよいが，株券発行会社の場合には株券の交付が効力発生要件となるためクロージングに際して株券の交付を行う必要がある。

また，株式の権利の移転は意思表示のみで完了するが，株主名簿への記載が対抗要件とされているところ，クロージングにおいて株主名簿の書換に必要な書類の交付を義務付けたり，名義書換の株主名簿の交付を義務付ける条項を規定することも想定される。

（イ）買主による譲渡対価の支払い

買主による譲渡対価の支払いは高額となるため現金での支払いは現実的ではなく，一般的には銀行振込の方法によって実行される。前述のように，株式の権利の移転と同時に実行される必要があるため，売主及び買主の立ち合いのもとで株券や株式名簿の書換に必要な書類などのクロージング書類の内容や存在を確認したうえで，売主が譲渡代金の送金依頼を行い，買主において着金確認を行う方法が採られることが一般的である。

ウ　取引実行の前提条件

株式譲渡契約では，一定の前提条件が充足された場合に株式譲渡の実行（クロージング）がなされる旨の合意がなされることが一般的である。すなわち，当該前提条件が満たされない限り売主及び買主は株式譲渡の実行すべき義務を負わないことになる。

第1 M&A   579

以下では，株式譲渡契約の実行の前提条件として定められることが多い主な
ものについて確認する。

（ア）表明保証が真実かつ正確であること

後述のとおり，株式譲渡契約では譲渡価格などの前提となった事実について
表明保証を行うことが一般的であり，当該表明保証が真実かつ正確であること
を取引実行の前提条件とされる。なお，些細な違反を理由に実行を中止するこ
とは合理的ではないため，「重要な点」又は「重大な点」において正確である
旨の限定が付与される例が多い。

（イ）義務の遵守

クロージング日までに売主及び買主が履行するべき義務をすべて履行して
おり，違反がないことを取引実行の前提条件とすることも一般的に行われてい
る。表明保証と同様に「重要な」又は「重大な」義務違反がない旨の限定が付
与されることもあるが，表明保証と異なり義務違反については当事者の意識に
より回避できることが通常であるところ，このような限定を設けない例も多い。

（ウ）株式譲渡承認

対象会社が譲渡制限会社である場合，株式の権利の移転のためには対象会社
において譲渡承認を得る必要があるところ，クロージングの前提条件として当
該承認が得られていることが買主の義務の前提条件として定められることが一
般的である。この場合，あわせて譲渡承認を裏付ける対象会社の株主総会又は
取締役会の議事録の写しの提出を前提条件とすることも多い。

（エ）株式譲渡に際して必要な同意の取得

株式譲渡を理由に契約関係を解除することなどを認める条項（COC条項）が
定められるケースがあるが，仮に，対象会社の重要な契約において当該条項が
定められている場合，クロージング後に当該契約を解除されてしまうとM&Aの
目的を達成できないケースも否定できない。このようなリスクに備えて，事前
に重要な契約については取引先の同意を得ることを取引実行の前提条件とする
ことも一般的である。

また，M&A後に前の取締役や監査役は退任してもらうことが一般的であり，
事前に辞任の同意を得ておくことを前提条件とする例も存在する。

このような同意を得ることを前提条件とする場合，あわせて当該同意を得た

ことを確認できるような書面の提出を求めることが多い。

（オ）その他の前提条件

その他にも契約締結からクロージング日までに対象会社に重大な悪影響を及ぶような変化（Material Adverse Change）が生じていないことを包括的に前提条件とするMAC条項，クロージング日において資金調達が可能であることを前提条件とするファイナンス・アウト条項などが盛り込まれることがある。事案に応じて適切な前提条件の定めを行うことが重要である。

エ　表明保証

表明保証とは，契約当事者の一方が相手方に対して，一定の時点における一定の事項が真実かつ正確であることを表明し，その内容を保証するものである。英米法から持ち込まれた概念で，日本法においては元来想定されていなかった概念である。

M&AにおいてはDDを通じて対象会社のリスクの精査を行うことになるが，期間が限られたDDのみではすべての事実を網羅的に把握することは不可能である。そこで，表明保証はDDなどを補完するものとして，M&A取引において両当事者が前提とした事実関係が崩れた場合のリスク分担を行う機能を有している。具体的には，①取引実行の前提条件を介して取引自体を中止する方法，②補償条項を介して金銭的に解決する方法の2種類の調整が図られることになる。

以下では，表明保証でよく問題となるポイント等について解説する。

（ア）表明保証の基準時点

表明保証はある時点の一定の事項が真実かつ正確であることを表明し，保証するものであるところ，株式譲渡契約においては，①契約締結時点，②クロージング日を基準とする例が多い。

（イ）表明保証の限定

表明保証の対象は多岐にわたるところ，些細な表明保証が取引中止や補償の理由にならないように，「重大な」や「重要な」という文言を加えることでその対象を限定しようと交渉されるケースが散見される。

また，客観的な限定以外にも，契約当事者などの認識を基準に範囲を限定する工夫がなされることも多く，例えば，「知る限り」や「知り得る限り」などの文言を加えることで，表明保証の範囲について合理的な限定を加えようとす

る例も多い。この場合，「知る限り」とした場合は知らなければ免責されるのに対して，「知り得る限り」とした場合には合理的な調査を行えば知ることができたと認められるケースにおいて責任を負うことになるため表明保証を行う者の責任は重くなる傾向にある。

（ウ）表明保証の対象事項

どのような事項が表明保証の対象とされるかは，案件によって千差万別であり，取引の内容に応じて個別に設定がなされることが一般的である。また，DDを通じて判明した事実関係については例外事由として表明保証の内容に規定される。

以下では，一般的に株式譲渡契約において表明保証の対象とされることが多い事項について整理を行う。

契約当事者に関する事項	• 契約の締結及び履行権限 • 契約の有効性及び執行可能性 • 倒産手続の不存在 • 法令や契約等にかかる違反の不存在 • 株式の保有	
対象会社に関する事項	基本的事項	• 設立及び法的に有効な存続 • 倒産手続の不存在 • 法令や契約等にかかる違反の不存在 • 株式発行の有効性等
	財務・税務	• 計算書類の正確性 • 潜在的債務の不存在 • 税務問題の不存在 • 重大な悪影響を及ぼす事項の不存在
	人事・労務	• 未払賃金等の潜在的債務の不存在 • 労働組合に関する事項 • 労使間の紛争の不存在
	財産関係	• 保有資産 • 知的財産権 • 重要な契約の存在及び有効性
	その他	• 許認可等の有効性 • コンプライアンス • 反社会的勢力等との関係 • 環境問題 • 紛争の不存在 • 開示情報の正確性

オ　誓約事項（コベナンツ）

株式譲渡契約では取引の内容たる譲渡対価の支払いや株式の権利移転とは他に，作為義務や不作為義務が定められることが一般的であり，このような誓約事項をコベナンツ（Covenants）という。

誓約事項はクロージングより前に課される「プレ・クロージング・コベナンツ」（クロージング前の誓約事項）とクロージング後に課される「ポスト・クロージング・コベナンツ」（クロージング後の誓約事項）に大きく分けられる。

（ア）クロージング前の誓約事項

クロージング前の誓約事項は，取引実行やM&Aの目的達成に必要となる手続や準備を履行することを目的として定められることが多い。そのため，当該誓約事項の履行が取引実行の前提条件とされることが一般的であるが，その他にも補償条項の対象や解除の理由とされることもある。

クロージング前の誓約事項としては一般的に次のような内容をあげることができるが，各取引の事情に応じて必要なものが定められる。

① 株式譲渡の承認手続の履行
② チェンジ・オブ・コントロール条項（COC条項）の対応
③ 許認可の取得・届出
④ 対象会社の役員の交代
⑤ 前提条件の充足のための努力
⑥ DDにおいて発見された問題への対応
⑦ 対象会社の適切な運営
⑧ 表明保証違反等に関する通知

（イ）クロージング後の誓約事項

本来的にはクロージングをもって取引は終了するが，クロージング後についても一定の目的により誓約事項が定められることがある。この場合，クロージングはすでに完了しているため前提条件とすることはできず，その違反については補償等による手当がなされる。

クロージング後の誓約事項の一例としては次のようなものがあげられる。

① 競業禁止・勧誘禁止
② 売主によるサービス提供

③　クロージング後の追加的行為

④　対象会社の従業員の雇用継続

カ　補　償

補償とは，株式譲渡契約において義務違反や表明保証違反があった場合に，契約当事者が被った損害を填補する旨を定める合意である。以下では，補償条項の要件や範囲などについて整理する。

（ア）補償の要件

このうち義務違反を理由とする補償の実質は債務不履行と構成されるところ帰責性が要件として要求されることになるが，表明保証については一般的に帰責性がなくても請求が可能と解されている。

補償条項では「起因又は関連して」との文言を用いられる場合が多いが，一般に相当因果関係より広い意味と解される。

損害の範囲について表明保証違反については広く履行利益まで認められるとされているが，具体的な射程については契約上の文言で定義されるケースも多い。

（イ）補償責任の制限

補償責任の制限としては，①金額的制限（上限・下限），②時間的制限があげられる。

①金額的制限の典型例としては，買収金額の○％や具体的に○億円という形でその上限を定める方法である。割合や金額は事案に応じて個別に検討されることになる。その他にも軽微な金額について補償を認めることは事務負担の方が大きくなるため，下限を定めるケースも多い。この場合，1件当たりの損害額を基準に定める場合や損害の累計額を基準に下限を定める場合などが存在する。

②時間的制限については，補償請求の行使可能期間という形式で定められることが一般的である。期間としては1年から長くても5年程度の期間が設定されることが多い。

キ　その他の条項

株式譲渡契約においては，末尾においてその他の一般条項がまとめて定められることが一般的である。内容としては，契約の終了・解除に関する条項，秘

密保持義務に関する条項, 費用負担に関する条項, 通知や公表等に関する条項, 準拠法・紛争解決に関する条項などがあげられる。

■ウェブ掲載　【書式 7-1-4-3】株式譲渡契約書

第2 合弁契約

1 合弁契約とは

　合弁契約とは，複数の株主が共同で出資して事業を営むために会社（合弁会社）を設立するに際して締結される株主間契約をいう。

　会社法では，原則として多数派の株主が経営に関する決定権を有するが，少数株主も影響力を行使できるように会社法の基本ルールを修正したり，また，共同の事業を終了・撤退する場合の条件や手続などについて定めることを目的として合弁契約は締結される。

2 合弁契約の留意点

　以下では，合弁契約において規定されることが一般的な内容について解説する。

(1) 設立・出資に関する条項

ア 設 立

　合弁契約では合弁会社がどのような会社形態を採用するかについて定められる。合弁会社については，会社法の定める株式会社や合同会社の他に，有限責任事業組合（LLP）や民法の定める任意組合の方法が考えられる。

　国内事業者間の合弁会社には株式会社が用いられるケースが多いが，外国事業者が当事者となる場合には税務上の理由などにより合同会社が採用されるケースも少なくない。

イ 出資方法・出資比率

　合弁契約においては出資方法に関する事項が定められる。具体的には，①各当事者が発起人となって合弁会社を設立・出資する方法，②ある当事者が合弁会社を設立し，その他の当事者が第三者割当増資や株式譲渡を受ける方法，③会社分割を利用する方法などがあげられる。

また，出資に関する各株主の出資比率（議決権割合）が合弁契約書で定められることも多い。各株主の出資比率は3分の1超，50%超，3分の2以上で株主総会決議（普通決議，特別決議）との関係で大きく取扱いが異なるところ，各株主の出資比率の決定に際して重要な区分となる。

(2) 株式の譲渡に関する条項

ア　譲渡禁止

合弁会社においては各株主の技術やノウハウなどの個性が重要とされるところ，原則として各株主による株式譲渡は合弁契約において禁止されることが一般的である。なお，親子会社や関連会社への譲渡については例外的に許容できる場合もあるところ，その場合には関連会社などへの譲渡は許容される旨が定められる。

イ　先買権・優先交渉権

原則として合弁会社の株式の譲渡等は禁止されることになるが，一定期間経過後には投下資本の回収などの必要性から，譲渡制限が許容されることもある。しかし，その場合でも無制限に株主の変更を認めては合弁会社に残る株主に不利益となることから，当該株主が第三者に優先して同条件で合弁会社の株式を取得する権利（先買権）を付与する条項が設けられることが一般的である。

その他にも優先的に取得する権利（先買権）までは認めないものの，第三者に優先して交渉できる権利（優先交渉権）を付与するケースも見受けられる。

ウ　その他の条項

その他にも，多数株主が第三者に合弁会社の株式の譲渡を希望する場合に，少数株主も同一の条件で当該譲渡に加わることができるようにする権利を定める条項（共同売却請求権（Tag-along Right））や多数株主が少数株主の株式についてもあわせて第三者に売却するように請求する権利を定める条項（強制売却権（Drag-along Right））が設けられるケースも存在する。

(3) ガバナンスに関する条項

ア　役員の選任・解任

会社法上，過半数の議決権を持つ株主は単独ですべての役員の選任を行うこ

とが可能であるが，合弁契約ではこれを修正して各株主は出資比率に応じて取締役等の役員を指名できるように定められるのが一般的である。

　また，解任についても多数株主の意向により少数株主が指名した役員を自由に解任できてしまうと前述の指名権の意義が失われるため，自らが指名した役員のみ解任できるように限定を設けるのが一般的である。

イ　拒否権条項

　多数株主は株主総会や取締役会を通じて決議・意思決定を行うことが可能だが，あらゆる重要事項について多数株主が単独で意思決定を行うことができるとすると少数株主に大きな不利益を与えかねない。そこで，合弁契約においては特に重要な事項については少数株主の同意を得なければならないとするケースが多い（拒否権条項）。

　拒否権の対象とされる事項は案件により異なるが，①定款変更，②新株発行等の資本政策に関する事項，③組織再編行為，④会社の存続に関する事項（解散など），⑤その他の合弁会社の運営における重要事項（重要な取引行為，人事・組織変更など）などが対象とされる。

(4)　事業に関する条項

ア　資金調達・配当方針

　原則として，合弁会社は自ら資金調達を行うことになるが，事業の状況次第では株主らによる資金調達が必要となるケースもあるところ，追加出資に関する条項を定めておくことが考えられる。少数株主としては，追加出資について積極的ではない場合も多く，出資が必要な場合には都度協議すると定めたり，その他に第三者からの資金（金融機関からの借入れなど）について定めるケースもある。

　また，合弁会社の利益を配当に回すか，事業への再投資に回すかは株主の重要な関心事であるところ，合弁契約に配当方針が定められることも多い。案件により異なるが，分配可能額の範囲で最大限の配当を行うもの，利益の一定額を基準に配当を行うものなどの定め方が存在する。

イ　その他の条項

　その他の事業に関する条項として，①合弁会社の事業に必要な知的財産権の

ライセンスや合弁会社の事業に関連して生じた知的財産権の帰属を定める条項，②各株主から合弁会社への人材提供（従業員の出向など）に関する条項，③合弁会社の事業との競業禁止，④合弁会社からの人材の引き抜きや勧誘行為を禁止する条項などが設けられることが多い。

また，各株主は指名した取締役の合弁会社の取締役会への参加などを通じて，合弁会社の事業・財務に関する情報を把握することが可能であるが，このような情報提供を担保するために，合弁会社から各株主に対して事業・財務に関する情報提供を義務付ける条項を設ける例も見受けられる。

(5) コールオプション及びプットオプション

合弁契約においては，一定の事由の発生を理由に，相手方の保有する株式を自らが取得することを請求できる権利（コールオプション）や自らが保有する株式を相手方に買い取るように請求できる権利（プットオプション）が定められることがある。

ア　行使事由

コールオプションやプットオプションの行使事由としては，①契約違反，②倒産手続の申立て又は開始，③相手方の株主構成の変更や組織改編行為，④合弁会社の業績悪化，⑤デッドロックの発生などがあげられる。

いかなる事由をトリガーとして，コールオプション又はプットオプションを多数株主又は少数株主のいずれに付与するかは事案に応じて個別に検討がなされる必要がある。

イ　譲渡価格

コールオプション又はプットオプションが行使された場合の譲渡価格については，純資産価格，出資額，時価評価額などの様々な基準が考えられる。このうち時価評価額については様々な算定方法が存在するところ，第三者評価機関による算定など算定方法について定めを設ける例も多い。

また，相手方の契約違反などを理由にコールオプション又はプットオプションを行使する場合にはペナルティなどの趣旨で価格調整が行われることも多い。具体的には前述の譲渡価格について，コールオプションの場合には一定の割合を減額し，プットオプションの場合には一定の割合を増額することが考えられる。

(6) デッドロック条項

前述の拒否権条項に基づき少数株主が拒否権を行使した結果，多数株主と少数株主が意見対立を生じて，合弁会社の事業運営が困難となることがあるが，このような場面を「デッドロック」という。合弁契約ではこのようなデッドロックが生じた場合の解消手段を定めておくことがあり，デッドロック条項と呼ばれる。

ア　デッドロック事由

どのような場合を，デッドロック条項を発動させるデッドロック事由とするかについては個別の検討を要する。典型的な例としては，前述のように拒否権条項を行使したことにより当該議決事項が否決された場合であるが，直ちにデッドロック事由に該当するとはせずに一定期間の協議を義務付けるケースが多い。

また，デッドロックの解消方法として，合弁会社の解散請求を認めるケースも存在するところ，特にこのような強い効果を与える場合には拒否権の対象事項のうち重要事項のみに対象を限定したり，その他に拒否権を行使した結果として合弁会社に重大な経済的損失や事業遂行の支障などが生じている場合のみをデッドロック事由とするケースも存在する。

イ　解消方法

デッドロック事由が生じた場合にいかなる方法でこのような事態を解消するかについては，各株主の合弁会社や事業と関係性や各株主の出資比率や個別の事情に応じて検討されることになる。

主な解消方法としては，①一定の方法や期間を定めたうえで協議を義務付ける，②コールオプションやプットオプションを定める，③合弁会社の解散・清算を認めるなどの方法が考えられる。①から③の順に厳格な対応となるところ，まずは①協議を義務付けたうえで協議が整わない場合に初めて②コールオプションやプットオプション，③解散・清算を認めるようなエスカレーションプロセスが設けられるケースも多い。

■ウェブ掲載　【書式7-2-2-1】株主間契約書（合弁）

■第8章

海外展開

第1 国際取引における契約（国内取引との違い）

> **Case**
>
> A社は今まで国内企業とのみ取引をしていたが，今回初めて海外の企業Bと取引をすることになった。今までの国内企業との取引では，簡単な発注書のやり取りのみで行ってきたが，今回相手方の外国企業Bから，非常に長文の英文の契約書が送られてきて戸惑っている。何故このような長文の契約書を結ぶ必要があるのか。

1 契約内容に関する諸問題

(1) 商慣習の違い

　日本企業の国内取引の場合，一昔前であれば契約書すら作らないということも珍しくなかった。近年は契約書作成の必要性が認識され，一応の契約書が作成されるのが一般的となったが，ごくシンプルな内容のものであることも依然多い。

　これに対し，国際取引で外国の相手方から契約書案が送られてきたときに，

非常に詳細かつ長文の文書が送られてきてきて，戸惑った日本企業の法務担当者も少なくないだろう。外国といっても国によって千差万別ではあるが，日本企業が国際取引において用いる契約書のほとんどは英文によるもので，日本法を準拠法とするものを除けば多くは英国や米国といった英米法体系の国の法律を準拠法とする場合が多い。英米法系の英文契約書は，一般的に定義規定を厳密に設けたうえで，非常に細かい事項まで厳密に規定されていて，非常に長文の契約書となっている傾向がある。

　日本企業の国内取引であれば，共通した商慣習を前提にしていることから，詳細は都度協議としても，協議がまとまらない可能性は低く，紛争となる可能性は低い。

　他方，国際取引においては，それぞれの商慣習がまったく異なることがあり，いざ問題が発生してから協議をしてもまとまらない可能性が高い。それゆえに，契約書において予め詳細に定めておくことは，事後の紛争を防止するという点において非常に重要である。また，契約交渉をするにあたっては，共通の理解があることを前提とせず，あらゆる点において解釈に相違が出る可能性を考慮して，当然と思っていることを当然視せず，相手方と交渉したうえで共通理解を条文に落としこむという作業が必要となる。

国内取引との違い
・「暗黙の了解」は通用しない。
・問題が起きてから話し合うのでは遅い。
・細かい点まですべて契約書に規定する。

(2)　準拠法・裁判管轄

Case
外国企業との契約で，準拠法と裁判管轄について，どちらの国の法律・裁判所を選択するかで揉めることがあるが，どのような観点で選択すればよいか。

　準拠法・裁判管轄の選択は，基本的に当事者の力関係によって決まる。日本企業としては，準拠法を日本法，裁判管轄を日本国内の裁判所とするほうが，

自らの理解が及び予見可能性があるほか，弁護士等の専門家に依頼する際にも対応できる人を容易に見つけることができるという点においても利点がある。

もっとも，相手方の財産が相手方の所在国にのみあるような場合，紛争となり裁判で勝訴判決を得たとしても，相手方の所在国で執行できなければ意味が無い。裁判の判決の場合，外国裁判所の判決の執行を認めていない場合も多いことから，相手方の所在国において裁判を起こす必要が生じる場合もある。この場合，相手方の所在国の法律に基づくほうが，相手方の国内の判例法理等から判決の予見可能性がある。したがって，相手方の所在国の裁判管轄とする必要がある場合は，準拠法も相手方の国の法律とするほうが望ましい場合もある。

当事者の力関係が対等である場合など，双方の国以外の第三国の法律を準拠法すること，第三国の裁判管轄とすることもある。この場合，ある程度予見可能性のあるものを選択するほうが，想定外の結論が出るリスクを少なくできるので望ましい。日本企業と外国企業の国際取引で，第三国の準拠法・裁判管轄とする場合に多く見られるのが，英国法（イングランド及びウェールズ法）を準拠とし，裁判管轄を英国の裁判所とする場合である。また，アジア圏の取引の場合，裁判管轄をシンガポールとしたうえでシンガポール法を準拠法とする場合も見受けられる。裁判管轄は日本の裁判所とする場合で，第三国の法令を準拠法とする場合でも，英国法やシンガポール法は，ある程度理解できる裁判官がいる可能性がある点で，他の法域の法律を選択するよりは，相対的に予見可能性がある。

なお，米国企業との取引の場合は，米国企業の所在地の州法を準拠法と指定してくる場合があるが，米国の場合，各州で法制度は非常に多様であり，懲罰的損害賠償等，日本の法制度では認められていない規範も存在するため，日本法の常識からかけ離れた結論が出る場合がある点に留意が必要である。また，裁判制度という点では，民事陪審があり，時に非常に偏った結論が出るという点や，ディスカバリーという開示制度があり，あらゆる証拠の開示に応じなければならなくなり，その対応だけでも非常に大きな労力を要する点など，注意が必要である。

594　第8章　海外展開

準拠法・裁判管轄の選択のポイント
・日本法を選択できるのであれば日本法を選択するのが無難。
・裁判管轄が日本以外の場合は，管轄地の裁判官になじみのある法律を選択するほうが，予見可能性がある。
・日本企業が関わる国際取引においては，英国法（イングランド及びウェールズ法）・英国管轄がよく見られる。アジア圏の取引の場合はシンガポール法・シンガポール管轄も見られる。
・米国の各州を準拠法・裁判管轄として選択する場合は，日本の法制度と大きく異なるルールが存在するので注意が必要。

(3)　紛争解決手段

Case
外国企業との紛争解決手段として，裁判ではなく仲裁を選ぶべきだという話も聞くが，それぞれどのようなメリット・デメリットがあるか。

	裁　　判	仲　　裁
メリット	・費用が低い（裁判官の人件費等は税金で負担。対応できる弁護士の選択肢も多く費用を抑えやすい）。 ・裁判所のある国内での判決の執行は容易。 ・当事者の合意が無くとも，法律上裁判管轄が認められれば利用できる。 ・（多くの国で）三審制が取られていて，判決に不服な場合は上訴の機会がある。 ・判決は，法律及び過去の裁判例に則って出されるため，予見可能性がある。	・仲裁人を当事者が選択できる ・専門性の高い仲裁人を選任できる。 ・外国仲裁判断の承認及び執行に関する条約の締約国であれば，国外の仲裁判断も執行可能。 ・仲裁の言語を選択できる。 ・終局解決までの時間は相対的に短い。 ・法律や過去の裁判例に縛られない柔軟な判断を下せる。 ・手続も柔軟に定められる。
デメリット	・当事者は裁判官を選択できない。 ・裁判官は特定の分野の専門家ではないため専門性は低い。	・費用が高い（仲裁人の報酬等は当事者負担。仲裁に対応できる弁護士も限られ報酬が高額）。

	・（国によっては）公正性に疑義がある（自国政府・企業に不当に有利な判決を出す，賄賂を受け取るなど）。 ・外国での判決の執行は基本的にできない。 ・言語は基本的に管轄国の言語で行われ，選択できない。 ・終局解決までに時間がかかる。 ・法律や過去の裁判例を超えた柔軟な判断を示すことができない。 ・手続は法定されており明確である一方，柔軟な対応は困難。 ・相手方が管轄国に住所や代理人を有しない場合，送達に時間を要する。	・当事者が合意しないと利用できない。 ・手続も含め当事者の合意により決めるため，力の不均衡があると，一方に有利な条件（仲裁人・仲裁ルール）になるおそれがある。 ・仲裁人の判断に対する不服申し立ての制度が原則ない。

　紛争解決手段としては，裁判所による裁判を選択するか，仲裁を選択するかという問題がある。裁判と仲裁はそれぞれに特徴があり，その特徴はメリットにもデメリットにもなることから，状況に応じて選択する必要がある。総じていえば，仲裁は，柔軟かつ専門性の高い解決を期待できる反面，費用が高い。裁判は，柔軟性や専門性で劣るものの，費用は低く済む。

　したがって，一般的には，仲裁は，取引金額の大きい，複雑なプロジェクトにおいて選択する意義は大きいといえ，逆に取引金額の小さい，単純な取引であれば，あえて仲裁を選択する必要性は小さいといえる。もっとも，国によっては，裁判所が自国企業に一方的に有利な判決を出す傾向があることもあり，その国の裁判所が信頼できない場合には，他国での裁判とするか，仲裁を選択すべきである。また，裁判所による判決は，判決国以外で執行することが難しいことから，判決国以外での執行をする必要がある場合には，仲裁を選択する必要がある。

(4) 言　語

　契約書を作成する際の言語の選択は，準拠法及び紛争解決手段の選択とも関連してくる。日本の裁判所を紛争解決手段として想定している場合，日本の裁判手続においては，証拠は日本語で（外国語の証拠については和訳を付して）提出する必要があることから，日本語を正本としておくことが望ましい。もっとも，現実問題として，相手方が日本語をまったく解さない場合，日本語の契約とすることが難しく，国際取引においては，実務上は英文で契約書を作成することが多い。

　また，国によっては，現地語の契約書がなければ契約は効力を有しないという司法判断がある国もあり[1]（インドネシア等），その国の法制度を十分把握したうえで契約書を作成する必要がある。

2　契約交渉・手続に関する諸問題

(1)　外国企業との交渉

　日本企業同士の取引の場合，取引に係る契約書を締結する前に，実務上発注等を進めてしまうということがよく見られる。このような実情から，裁判所も，一定の状況においては，相手方が契約成立前にした行為についても，信義則上の責任を負うという判断をしている（いわゆる契約締結上の過失の法理）。

　これに対し，契約は正式に契約書を締結した時点で初めて成立し，それ以前の段階では一切の権利義務関係も認められないという判断をしている国も多い。このギャップが，国際取引において日本企業が巻き込まれる典型的なトラブルの主たる要因となっている。すなわち，外国企業との間で業務提携をする話を進めていた日本企業が，正式な契約書を締結する前に，先行して提携予定の業務に関する発注をしたところ，業務提携契約の締結目前で，当該外国企業が急に撤退を決めて，業務提携が立ち消えになってしまったというような場合である。外国企業の常識からすれば，契約書にサインしていない以上，何も約束し

---

[1]　英語のみで作成されたインドネシアの当事者と外国の当事者との間の契約を無効とした2015年のインドネシアの最高裁判所判決

ていないのであって，締結しない自由もあるのだから，勝手に信頼して先行投資を行ったのは，買主が負担するリスクだとして，話し合いが平行線に終わることが多い。

このようなトラブルを避けるために，日本企業としては，契約書にサインするまでは一切先行して投資等はしない，関連する先行投資をするのであれば，必ず書面でその費用負担等の約束を交わすという対応が必要である。

(2) 契約締結手続に関する諸問題

契約締結の証として書面による契約書を作成することは，国際取引においても一般的に行われているが，物理的に国境を跨いだ遠隔地に当事者が所在しているという点で実務上署名手続をどう行うかということが問題となる場合がある。

大型の取引や業務提携案件の場合，儀式的な意味合いや，共同記者会見を行うといった別段の必要性から，代表者が一堂に会して署名することが行われる場合がある（なお，押印は日本独特の風習であり国際取引においては署名のみとするのが通常である）。

他方，代表者が一堂に会して署名することは実務上不可能な場合も多い。そのような場合に，古典的に行われているのは，郵送により原本を署名して送付しあうという方法である。もっとも，国際郵便であり，時間を要するほか，不着のリスクもある。

そこで，日常的な契約であれば，サインをした契約書をPDF化して電子メールで送付するということも実務上は行われている。当事者の合意のみによって成立する契約であれば，契約書の様式は，効力発生要件ではなく，あくまで合意の存在及びその内容を証する証拠としての証明力の問題であるから，書面による契約書を取り交わすコストと，契約の存在及び内容が争いになるリスクを比較したうえで，リスクを許容できるものは，このような方式によることも可能と考えられる。

ただし，書面による契約書を作成することが，法律上の効力発生要件となっ

ている場合があり[2]，特に国際取引において，外国法が準拠法となっている場合
は，当該外国法の規定によって書面によることが必要とされていないか，確認
する必要がある。

　また，近年は電磁的記録が，書面に代替する効力を有するとされる場合があ
る[3]。国際取引のような遠隔地にいる当事者による契約においては，電磁的記録
による契約書面の作成というのは，利便性という点において優れており，今後
利用が増えていくものと考えられる。

　もっとも，電磁的記録による契約書面の作成において有効とされる電子署名
の方法については，日本法においては電子署名及び認証業務に関する法律（電
子署名法）において一定の定義がされているものの，その要件を満たす電子署
名サービスとして，どのサービスを利用するかという問題がある。さらに，外
国において当該電子署名の方式が有効とされるかという問題もあり，現状はま
だ過渡期にある。

(3)　代金の支払方法

　当事者が異なる国に所在する場合に，取引代金の決済をいかに行うかという
点も実務上大きな問題となる。

ア　国際送金

　実務上一般的に用いられるのは，銀行口座間で国際送金をするという方法で
ある。物やサービスの提供と，代金の支払いについて，履行が先になるか後に
なるかで特段の問題が生じない場面であれば，国際送金によることで特段の支
障は生じない。

イ　エスクロー

　国際取引では，遠隔地間の取引であるところ，商品の運送に数か月の時間を
要するということも珍しくない。そのような場合，売主としては代金の支払い

---

[2] 例えば，日本の民法 446 条 2 項では「保証契約は，書面でしなければ，その効力を生じない。」と
　規定されている。
[3] 例えば，保証契約の場合，民法 446 条 2 項に続いて 3 項で「保証契約がその内容を記録した電磁的
　記録によってされたときは，その保証契約は，書面によってされたものとみなして，前項の規定を
　適用する。」と規定されている。

が無いのに商品を発送したくないが，買主としては商品を受け取る前に代金を支払いたくないということが生じる。そのような場面において活用できるのが，エスクロー（取引保全）というサービスを利用する方法である。エスクローを用いる場合，買主は売買代金を銀行に送金し，売主はそれを確認して商品を発送し，商品を買主が受領し検収が完了したら，銀行から売主に売買代金が送金されるという仕組みとなる。これにより，売主・買主双方が相手方の信用リスクを負担しなくてよくなるというメリットがある。もっとも，銀行に対してはエスクローサービスを利用するにあたって一定の手数料を支払う必要があるので，ある程度高額の取引において用いられる。

ウ　クレジットカード・電子決済

少額の取引の場合，国際送金による手数料が，取引代金と比して相対的に高額となる。インターネットを通じて，少額の国際取引は個人間を含めて非常に活発になってきていることから，手数料の小さい国際資金決済手段へのニーズは非常に高まってきている。

その中で，現在最も利用されているといえるのは，クレジットカード決済であろう。eコマースのサイトや，ウェブサービスの提供サイトで，クレジットカード情報を入力し決済をするということは，今や日常的に行われている。

もっとも，クレジットカード情報をインターネット経由で提供することは，安全性の問題は常に付きまとう。また，クレジットカード決済では，VISAやMaster Cardといったクレジットカード業者へ支払う手数料が発生する。そこで，さらに手数料を低くした電子決済サービスも登場してきている。また，暗号資産のように，既存の金融機関をまったく介さず，それによる手数料も生じない，新しい資金移動の方法も登場してきている。

第2 輸出入に関する規制（海外に輸出する場合・海外から輸入する場合）

1 現地法規制

輸出入の取引の場合，まず注意しなければならないのは，取引先となる国の法規制である。国によって輸入を制限している物品，輸出を制限している物品は様々である。また，法令の記載が明確でない場合もあり，同種の物品・製品であっても規制の対象になる場合もあればならない場合もある。

したがって，取引の相手方に対して，取引先となる国の法規制に抵触しないかを確認し，必要があれば現地の専門家の見解を求めるべきである。また，契約上も，取引先となる国の法規制に抵触しない旨，相手方に表明保証させ，抵触した場合には，契約を解除し，代金の払戻し又は商品の返還を受けられるようにするとともに，生じた損害を補償させられるように手当てをしておく必要がある。

2 日本法規制

日本を介する輸出入の取引の場合，日本からの輸出入が制限されていないかという点も確認しなければない。輸出入において全般的に適用されるのは，外国為替及び外国貿易法（外為法）であり，輸出入の取引をする場合，外為法の規制に抵触しないかは必ず検討する必要がある。輸出入が禁止されている物品，輸出入に許可が必要な物品があり，また，特定の国・地域への輸出入が禁止・制限されている場合がある。

外為法の規制は，次頁表のように細目にわたって規定されており，非常に複雑である。通常の工作機械と考えていたものが，規制品目に該当していたということも珍しくない。輸出入を頻繁に行う会社であれば，輸出入の管理体制を整備することは不可欠であり，輸出入を頻繁に行う会社でなければ，専門の事業者を通すなど，違反が生じないように慎重に行う必要がある。万が一違反が

第2 輸出入に関する規制（海外に輸出する場合・海外から輸入する場合）　601

発覚した場合は，刑事罰が課される可能性があり，また，経済産業省による厳しい検査を受けることになり，違反が対外公表されてレピュテーションリスクを負うことになるなど，重大な不利益が生じる点に注意が必要である。

輸　　　出	輸　　　入
法律（外国為替及び外国貿易法）	法律（外国為替及び外国貿易法）
政令（輸出貿易管理令）	政令（輸入貿易管理令）
省令（輸出貿易管理規則）	省令（輸入貿易管理規則）
告示（経済産業省告知）	告示（輸入公表）
通達（輸出注意事項）	告示に基づく発表（輸入発表）
	通達（輸入注意事項）

3　国際機関による規制・第三国による規制

　輸出国・輸入国・経由地国という取引に直接関与する国の規制のほか，国際取引においては，国際機関による規制や，第三国による規制についても留意しなければならない。代表的なものとしては，国連による規制，米国による規制があげられる。

(1)　国連による規制

　国連安全保障理事会は，国連憲章第7章41条をもとに，その決議により，対象国に対し，制裁措置を科している。制裁措置は包括的な経済関係や貿易の禁止，特定の商品の禁止，武器の禁輸など多岐にわたり，また，渡航禁止や資産の凍結など，特定の個人や主体を対象とした制裁も行われる[4]。国連加盟国である日本も，安全保障理事会の要請に応じて，制裁措置を科しており，日本企業もそれに従う必要がある。日本になじみのあるところでは，安全保障理事会決議に基づく対北朝鮮制裁などがあるが，あまりなじみのない国・地域との取引においても，相手方が制裁対象者になっていないか確認する必要がある。

---

[4] 国際連合広報センターウェブサイト
　https://www.unic.or.jp/activities/peace_security/enforcement/sanction

(2) 米国の規制

　米国は，輸出入規制に限らず，米国人の関与しない米国の法域外の行為も規制対象とする立法をすることがある。米国の法域外の行為であっても，米国の法規制に抵触する場合，違反者の米国内の法人や資産に制裁が及ぶ可能性があるほか，取引相手方が米国内に所在する場合に，当該取引相手方に制裁が及ぶ可能性もある。このような極めて拡張的な法適用には国際社会からの批判も大きいところではあるが，海外との取引のある日本企業の場合，米国とまったく関与しないというのも現実的ではない場合が多く，事実上従わなければならない。

　米国の規制の中でも，特に影響力の大きいものの1つが，米国財務省外国資産管理局（OFAC：Office of Foreign Assets Control）が行う規制であり，OFAC規制と呼ばれている。OFAC規制は，外交政策・安全保障上の目的から，米国が指定した国・地域や特定の個人・団体などについて，取引禁止や資産凍結などの措置を講じているものである。米国人・米国金融機関を含む米国法人のほか，米国内に所在する外国人・外国法人に適用され，主に，米国で決済される米ドル建て取引等，米国に接点を有する取引が，OFAC規制の適用を受ける。具体的には以下のような取引が規制対象となっているが，対象国の拡大など国際情勢によって変動があり得るので，米国政府のウェブサイト[5]等で最新情報の確認が必要である。

> ①　取引に直接的又は間接的に関与する当事者の所在地・関係国・関係地等に，北朝鮮，イラン，キューバ，シリア，クリミア地域，ドネツク人民共和国（自称），ルハンスク人民共和国（自称）が含まれている取引
> ②　包括的制裁対象国等の政府（北朝鮮，イラン，キューバ，シリア，ベネズエラ）やその政府の役職員が直接的又は間接的に関与する取引
> ③　以下に該当する個人や企業との取引
> 　・包括的制裁対象国・地域に居住している又は物理的に所在する個人
> 　・包括的制裁対象国・地域に住所がある又は本部がある企業
> ④　テロリスト，タリバン，麻薬取引者，核兵器開発・大量破壊兵器取引者，多国籍犯罪組織などの制裁対象者が直接的又は間接的に関与する取引（含む制裁対象者のために行う取引）

---

[5] https://ofac.treasury.gov/

第3 海外で生産・販売をする場合　603

第3 海外で生産・販売をする場合

1　進出方法

　日本の事業者が外国で事業を展開する場合の方法としては，①現地に拠点を設けず日本から直接輸出販売する方法，②現地の企業に生産・販売を委託する方法（いわゆる間接進出），③自らが出資して現地で法人を設立して事業を行う方法（いわゆる直接進出）がある。また，現地で法人を設立する場合には，100%子会社として設立する場合のほか，現地の企業と共同して法人（合弁企業）を設立する場合もある。

```
① 輸出販売（直接取引）（現地に拠点を設けないで日本から直接輸出販売をする）
② 間接進出（現地に販売店・代理店等のパートナーを指名する）
③ 直接進出 ──── 合弁会社（現地企業と共同出資で現地法人を設立する）
            └── 完全子会社（単独出資で現地法人を設立する）
```

　一般的には，取引量が多くなるにつれて，輸出取引，間接進出，直接進出と段階を踏んで事業を拡大していくことが多い。比較した場合，一般的には次頁表のようなメリット・デメリットがある。基本的には，リスクとリターンをどうとるかの選択の問題だが，現地の法規制の関係で進出方法が限定される場合がある点には留意が必要である。例えば，外国企業が資本を持つことを認められていないライセンスが必要な事業については，資本を持たない間接進出という方式を取らざるを得ない。また，国によっては，外国企業が支配権を有する子会社を設立することは認められていない場合もある。そのような場面で直接進出をしたい場合は，合弁会社を設立することになるが，合弁会社には以下のような難しさがある。

第8章 海外展開

	輸出販売（直接取引）	間接進出	直接進出
メリット	・進出・撤退に要するコストが生じない。	・進出するとき，撤退するときのコストが小さい。	・資本関係があるためコントロールしやすい（ただし，合弁企業の場合は難しい場合がある）。 ・成功した時の利益幅は間接進出の場合より一般的に大きくなる。
デメリット	・現地に拠点が無いことから販路の拡大が難しい。 ・現地で問題が生じたときに直接対処が難しい。	・販売店・代理店とは契約上の繋がりしかなく，コントロールが難しい。 ・契約次第だが，一般的に直接進出をするより利益幅が小さくなる。	・進出するとき，撤退するときのコストが大きい。 ・労働法等の現地法規制の遵守が困難な場合がある。 ・そもそも外国企業が法人設立できない場合，一定割合以上の資本を持つことができない場合がある。
向いている事例	・B to Bビジネスで，そもそも取引先が限られるような場合。 ・ウェブサービス等，現地に物理的な生産・販売拠点を設ける必要がない場合。	・販路を拡大するのに現地のパートナーの協力を必要とする場合。 ・現地法人を維持するコストに見合うほどの取引量がない場合。 ・法規制の関係で，直接資本を持つことができない場合。	・現地で大規模に生産・販売を行う場合。 ・現地のライセンスを持つ企業を買収する場合。

2 合弁会社

国によっては，法制度上外国企業が支配権を持つ現地法人を設立することが認められない場合がある。その場合，現地にパートナーを見つけて合弁企業を設立する必要があるが，支配権を維持することは非常に難しいという問題がある。現地パートナーに裏切られ，合弁会社の支配権を失うという事例もあり，信頼できるパートナーを外国で見つけることがまずは難しい。また，信頼できるパートナーであったとしても，経営方針の違いから，合弁を解消するという場面も生じるが，外国企業である日本企業の立場が弱い場合も多く，合弁解消に非常にコストを要する場合がある。

したがって，合弁会社を設立する日本企業としては，合弁会社を設立する時点において，現地の会社法等の法規制上可能な限り支配権を維持できる仕組みを作るとともに，合弁契約において実質的な支配権を確保可能な契約内容とすることにより，合弁解消時に適切に投下資本を回収できるように，予め十分な手当てをしておく必要がある。安易に現地のパートナーに任せて合弁事業を開始すると，後で取り返しのつかないことになる可能性があるため，合弁事業を始める際には，慎重な検討が必要である。

第4 国際紛争（裁判と仲裁）

　紛争解決手段として裁判を選ぶべきか，仲裁を選ぶべきかについては，前述本章第1．1(3)のとおりであるが，各手続において固有の論点につき以下解説する。

1　裁　判

(1)　国際送達

　日本の裁判所において裁判手続を開始するには，原告が裁判所に対して訴訟を提起し，裁判所が被告に対して訴状を送達する必要があるが，被告が外国にいる場合の送達には時間を要するうえ，送達が不可能という場合も多いという問題がある。

　訴状（裁判文書）の送達という「裁判上の行為」は，国家機関たる裁判所が行う法的効果を伴う行為（裁判権の行使）であり，日本の裁判所が外国で自由に行うことはできない。したがって，他国において，裁判文書を送達するには，相手国の事前の同意が必要である。

　日本は「民事又は商事に関する裁判上及び裁判外の文書の外国における送達及び告知に関する条約」（送達条約）に加盟しており，外国からの裁判文書の送達の要請に関し，これらの条約の加盟国に対しては条約の規定に基づき対応することに同意している。それに対応して，送達条約加盟国は日本の裁判所による裁判文書の送達があった場合，条約の規定に基づき対応することとなる。他方，送達条約に加盟していない国からの裁判文書の送達の要請に対しては，日本との間で司法共助の取り決めをしている国についてはこれに基づき対応するが，送達条約や二国間共助取り決めのような包括的合意がない場合は，具体的な事件ごとに個別に判断がなされることとなる。

　したがって，紛争解決手段として裁判を選択する場合，まず相手方が所在する国との間で送達条約又は日本との間の二国間共助取り決めがあるか，確認する必要がある。

　送達条約加盟国は次頁表のとおりである。特に留意すべき点としては，中国

第4 国際紛争（裁判と仲裁）　607

本土（香港・マカオ以外），インド，ベトナム，インドネシアなど，日本企業の
進出が多く，取引金額も大きい国の中に非加盟国がある点である。

締約国一覧 [6] （令和4年11月18日現在103か国）

アジア	キューバ	イタリア	ポーランド
シンガポール	グアテマラ	ウクライナ	ボスニア・ヘルツェゴ
スリランカ	コスタリカ	ウズベキスタン	ビナ
タイ	コロンビア	英国	ポルトガル
韓国	ジャマイカ	エストニア	マルタ
中国（香港，マカオの	セントクリストファ	オーストリア	モナコ
み）	ー・ネービス	オランダ	モルドバ
日本	チリ	カザフスタン	モンテネグロ
パキスタン	ドミニカ共和国	キプロス	ラトビア
フィリピン	トリニダード・トバゴ	北マケドニア共和国	リトアニア
	ニカラグア	ギリシャ	ルーマニア
	パナマ	クロアチア	ルクセンブルグ
中東	バハマ	サンマリノ	ロシア
イスラエル	パラグアイ	ジョージア	
イラク	バルバドス（※）	スイス	アフリカ
トルコ	ブラジル	スウェーデン	カーボベルデ（※）
	ベネズエラ	スペイン	ガボン
大洋州	ベリーズ	スロバキア	ギニア
オーストラリア	ペルー	スロベニア	ザンビア共和国
ニュージーランド	ボリビア	セルビア	ジンバブエ
フィジー	ホンジュラス	チェコ	チュニジア
	メキシコ	デンマーク	セーシェル
北米		ドイツ	ブルキナファソ
米国		トルクメニスタン	ボツワナ（※）
カナダ		ノルウェー	南アフリカ
		ハンガリー	モーリシャス
中南米	欧州	フィンランド	モロッコ
アルゼンチン	アイスランド	フランス	レソト
ウルグアイ	アイルランド	ブルガリア	
エクアドル	アルバニア	ベラルーシ	
エルサルバドル	アルメニア	ベルギー	
ガイアナ（※）	アンドラ		

※日本との間では未発行

---

[6] 外務省ウェブサイト　https://www.mofa.go.jp/mofaj/files/000023749.pdf

（2） 判決の承認執行

　外国判決の承認執行に関しては，日本が締結している国際条約は無く，すべて個別の事案ごとに判断される。外国判決の日本における承認は，民訴法118条の規定に従って行われる。特に相互保証（同条4号）の有無が争点になるが，過去の裁判例においては，米国ニューヨーク州，ドイツ連邦共和国，英国，シンガポール等は，相互保証があると判断したものがあるが，中華人民共和国については相互保証がないと判断したものがある。

　外国において日本の判決が承認・執行されるかも，専ら現地の法令及び裁判所の判断によることになるが，例えば，中国の場合，相互主義を要件としており，日本の裁判所の判決を承認しなかったという事例がある。

民訴法

第118条（外国裁判所の確定判決の効力）

　外国裁判所の確定判決は，次に掲げる要件のすべてを具備する場合に限り，その効力を有する。

　一　法令又は条約により外国裁判所の裁判権が認められること。

　二　敗訴の被告が訴訟の開始に必要な呼出し若しくは命令の送達（公示送達その他これに類する送達を除く。）を受けたこと又はこれを受けなかったが 応訴したこと。

　三　判決の内容及び訴訟手続が日本における公の秩序又は善良の風俗に反しないこと。

　四　相互の保証があること。

2　仲裁機関

　紛争解決手段として仲裁を選択する場合，どの仲裁機関を選択するかという点を実務上検討することになる。仲裁は当事者間で手続上のルールも自由に決められるものではあるが，一般的には選択した仲裁機関が制定している仲裁ルールに従って行われる。仲裁人も当事者の合意で自由に選定できるが，各仲裁機関には仲裁人リストがあり，その中から選定することもできる。代表的な仲裁機関としては，以下のようなものがある。

> ・国際仲裁裁判所（ICC：International Court of Arbitration）
> ・シンガポール国際仲裁センター（SIAC：Singapore International Arbitration Centre）
> ・香港国際仲裁センター（HKIAC：Hong Kong International Arbitration Centre）
> ・ロンドン国際仲裁裁判所（LCIA：The London Court of International Arbitration）
> ・日本商事仲裁協会（JCAA：The Japan Commercial Arbitration Association）

　仲裁機関については，一般的には，両当事者にとって中立の第三国の仲裁機関が選択されることが多い。一方，仲裁人については，当事者が選択できること，仲裁判断の執行はニューヨーク条約加盟国であれば原則可能であることから，中立性や執行可能という観点での選択というよりも，物理的なアクセス費用（担当者の出張費等）や代理人の選任に不都合が無いかといった観点で選択されることになる。

第5 国際課税

　海外に投資する場合，海外に法人を設立して事業を行う場合，国際課税の問題の考慮が必要である。特に，法人を設立する場合の法人税率の問題や，利益を日本に移転する場合に二重課税が生じないようにするため租税条約の有無の問題などの考慮が必要である。課税の問題は，法令だけでなく現地及び日本の課税当局の裁量が非常に大きく実務上重要なので，国際課税に精通した専門家のアドバイスを受ける必要がある。

第6 海外展開支援ツール

　日本企業の海外での活動を支援するため，日本政府は支援ツールを用意している。代表的なものとして，JETRO（日本貿易振興機構）と，外務省による支援事業がある。

1　JETRO（日本貿易振興機構）

　JETROは，日本貿易振興機構法に基づき設立された独立行政法人で，東京の本部のほか，各都道府県に1カ所以上の計49の国内事務所と，海外55か国76の海外事務所があり，無料の貿易投資相談や，現地情報提供等のサービスを行っている。JETROは独立行政法人であるが，所管の官庁である経済産業省と組織的にも，人的にも連携して，支援事業等にあたっている。国内各都道府県に相談窓口があり，地方の中小企業が海外進出を計画する際に，身近に相談できる窓口がある点も強みとなっており，これから海外進出を考えている中小企業にとって利用価値は高いと考えられる。

2　外務省

　外務省は，外務省本省及び世界231カ所にある在外公館（大使館・総領事館等）の日本企業支援窓口を通じて，日本企業支援事業を行っている。外務省本省の日本企業支援窓口には，弁護士等の法曹有資格者がおり，一部の在外公館においては，現地の法制度等に関する無料法律相談やセミナー等の事業も実施している。また，日本企業に対する不当な課税や汚職に対しては，相手国政府に対して申入れを行うなどの対応もしており，海外に進出している日本企業にとって利用価値は高いと考えられる。

3　法律事務所

　海外進出にあたって法律事務所の提供するサービスを利用することも考えられる。考えられるものとしては，①日本の法律事務所の海外支店を活用する方法，②欧米の法律事務所（グローバルファーム）を活用する方法，③現地（ローカル）の法律事務所を活用する方法がある。

　それぞれ以下のようなメリット・デメリットがあるが，あくまで一般的なものであり，国ごとに事情は異なり，また，個々の法律事務所によって個性が異なる（例えば，現地の法律事務所であっても，韓国・中国・台湾・米国のように，日本語の使える現地弁護士が数多くいる国もある。また，東南アジアは比較的現地の法律事務所のフィーは低いが，アフリカや南米のトップファームは欧米のグローバルファームと同水準の報酬を請求してくる傾向がある）。

　また，自社の体制によってどこまで法律事務所を使いこなせるかという問題もあるので，一概に最も適している方法を示すことは難しいが，現地の法律サービスを受けようとする場合，自社が日本で普段活用している法律事務所に，その法律事務所に海外支店があればその海外支店を介して，なければ直接現地の法律事務所をコントロールしてもらうのが，コミュニケーションコストや成果物のクオリティや報酬のコントロールという面も含め，一般的にはコストパフォーマンスがよいといえる。

	日本の法律事務所の海外支店	欧米の法律事務所（グローバルファーム）	現地（ローカル）の法律事務所
メリット	・日本語でサービスを受けられる。 ・日本の法令・商慣習に通じている。 ・自社の状況・要望を正確に理解してもらいやすい。 ・費用がグローバルファームに比べて安い ・弁護士の良し悪しを見分けやすい。 ・現地の法律事務所をコントロールしてもらえる（納期・費用のコントロール）。	・世界各地に支店があり，日本の法律事務所の海外支店が無い地域にも展開している。 ・各国の支店に現地法の専門家がいる場合が多い。 ・クオリティは一定レベルが担保される。	・現地の法令及び実務に精通している。 ・現地政府とのコネクションが必要な場合でも対応可能。 ・(国によっては)費用は安い。
デメリット	・海外ネットワークが限定的（中国・東南アジアには支店があるが，それ以外の地域は限定的）。 ・現地法の専門家が少なく現地の法律事務所に再委託が必要な場合が多い。	・費用が日本の法律事務所に比して非常に高い。 ・基本的には英語でのコミュニケーションになり日本語でサービスを受けられる場合は限定的。 ・日本の商慣習に必ずしも通じていない。	・クオリティや信頼性という点で適切な法律事務所を見分けるのが難しい（そもそも「弁護士」の資格の制度も国によって異なる）。 ・特に非英語圏の場合，コミュニケーションが難しい（ただし，日本語の使える弁護士が数多くいる国もある）。 ・日本の商慣習や実務に必ずしも通じていない。

■第9章

出口戦略

第1 EXIT（イグジット）の手法

Case

X株式会社は，創業〇年の製薬系ベンチャー企業であるが，事業も黒字化を達成し，事業規模も相応の規模となったところ，創業者らとしてはキャピタルゲインの獲得を目的にEXITを検討することになった。株主Aとしては創業からの目標であったIPOによるEXITを提案したが，これに対して株主Bからは大手製薬企業がX株式会社の技術・ノウハウなどに関心を持っているようだとの話があり，大手製薬企業とのM&AによるEXITの提案がなされた。このような事案において，X株式会社はいかなるEXITの手法を採用するべきか。

Check List

〈IPOによるEXITを検討する場合〉

☐　IPO審査を通過するための多大な準備コスト，スケジュール（3年以上）を要する点やIPOに失敗するリスクについて許容できるか

☐　EXIT後も会社の経営陣として経営に参加することを希望するか

☐　将来のIPOによる事業価値の増大に期待しているか

〈M&A による EXIT を検討する場合〉

□　IPO よりも早期かつ確実な EXIT を希望しているか

□　EXIT により経営陣から外れることは問題ないか

□　EXIT によるすべての株式を金銭化することを希望しているか

　ベンチャー企業について，投資家や創業者の多くは最終的に投資資金に対する利益を得ることを目的に投資や起業を行っているところ，このように投資家や創業者がベンチャー企業に対して行った投資等に対して利益を得るための手段や戦略を投資の出口戦略を，「EXIT（イグジット）」という。

　EXIT（イグジット）の手法としては，①IPO（新規株式上場）の方法，②M&Aの方法をあげることができる。以下では，それぞれの手法の概要について解説する。

1　IPO

(1)　IPO による EXIT（イグジット）

　IPO（Initial Public Offering）とは，新規株式上場のことを意味し，具体的には未上場会社が新たに株式証券取引所に上場することをいう。

　IPOにより会社の発行する株式は不特定多数の投資家による投資対象として，証券取引所等が開設する証券市場において流通されるようになり，ベンチャー企業の投資家や創業者らは上場後に証券市場を通じて自らの株式を売却することにより経済的な利益を獲得することができる。これがIPOによるEXIT（イグジット）の手法である。

(2)　IPO の市場区分

　東京証券取引所[1]を例にあげると，IPOといっても上場を行う市場に応じて「プライム市場」「スタンダード市場」「グロース市場」に区分することがで

---

[1] 東京証券取引所以外にも日本国内には札幌証券取引所，名古屋証券取引所，福岡証券取引所が存在するが，以下では東京証券取引所でのIPOを前提に解説をしている。

きる。従来は「市場第一部」「市場第二部」「JASDAQ（スタンダード）」「JASDAQ（グロース）」「マザーズ」に区分されていたが，2022年4月4日より前述の3区分へと再編された。

それぞれ，市場第一部は「プライム市場」，市場第二部及びJASDAQ（スタンダード）は「スタンダード市場」，マザーズ及びJASDAQ（グロース）市場は「グロース市場」に相当する。それぞれの市場の特徴は次のとおりである[2]。

区　分	特　　徴
プライム市場 （旧　市場第一部）	多くの機関投資家の投資対象となり得る規模の時価総額（流動性）を持ち，より高いガバナンス水準を備え，投資家との建設的な対話を中心に据えて持続的な成長と中長期的な企業価値の向上にコミットする企業向けの市場
スタンダード市場 （旧　市場第二部） （旧　JASDAQ（スタンダード））	公開された市場における投資対象として一定の時価総額（流動性）を持ち，上場企業としての基本的なガバナンス水準を備えつつ，持続的な成長と中長期的な企業価値の向上にコミットする企業向けの市場
グロース市場 （旧　マザーズ） （旧　JASDAQ（グロース））	高い成長可能性を実現するために事業計画及びその進捗の適時・適切な開示が行われ一定の市場評価が得られる一方，事業実績の観点から相対的にリスクが高い企業向けの市場

なお，その他にも2008年の金融商品取引法改正により導入された「プロ向け市場制度」に基づき設立された「TOKYO PRO Market」と呼ばれるプロ投資家向けの市場も存在する。

(3) IPOの要件

IPO（新規株式上場）の要件については取引所ごとに定められており，大き

---

[2] 日本取引所グループ（JPX）（https://www.jpx.co.jp/equities/improvements/market-structure/01.html）

く「形式要件」と「実質審査基準」から構成されている。このうちベンチャー企業の上場先となるグロース市場の各要件について整理すると，以下のとおりである。

ア　形式要件

　形式要件とは，株主数，時価総額，利益額などの客観的な基準に基づいて定められた要件であり，IPOに際にはすべての基準をクリアする必要がある。公表されているグロース市場の形式要件は次のとおりである（2023年4月1日時点）[3]。

項　目	グロース市場への新規上場
(1)　株主数 　　（上場時見込み）	150人以上
(2)　流通株式 　　（上場時見込み）	a. 流通株式数 1,000 単位以上 b. 流通株式時価総額 5 億円以上 　（原則として上場に係る公募等の価格等に，上場時において見込まれる流通株式数を乗じて得た額） c. 流通株式比率 25％以上
(3)　公募の実施	500 単位以上の新規上場申請に係る株券等の公募を行うこと（上場日における時価総額が 250 億円以上となる見込みのある場合等を除く）
(4)　事業継続年数	1 か年以前から株式会社として継続的に事業活動をしていること
(5)　虚偽記載又は不適正意見等	a.「上場申請のための有価証券報告書」に添付される監査報告書（最近1年間を除く）において，「無限定適正」又は「除外事項を付した限定付適正」 b.「上場申請のための有価証券報告書」に添付される監査報告書等（最近1年間）において，「無限定適正」 c. 上記監査報告書又は 四半期レビュー報告書に係る財務諸表等が記載又は参照される有価証券報告書等に「虚偽記載」なし

---

[3] 日本取引所グループ（JPX）（https://www.jpx.co.jp/equities/listing/criteria/listing/02.html）

		d. 新規上場申請に係る株券等が国内の他の金融商品取引所に上場されている場合にあっては，次の (a) 及び (b) に該当するものでないこと (a) 最近1年間の内部統制報告書に「評価結果を表明できない」旨の記載 (b) 最近1年間の内部統制監査報告書に「意見の表明をしない」旨の記載
(6)	登録上場会社等監査人による監査	「新規上場申請のための有価証券報告書」に記載及び添付される財務諸表等について，登録上場会社等監査人（日本公認会計士協会の品質管理レビューを受けた者に限る）の監査等を受けていること
(7)	株式事務代行機関の設置	東京証券取引所（以下「東証」という）の承認する株式事務代行機関に委託しているか，又は当該株式事務代行機関から株式事務を受託する旨の内諾を得ていること
(8)	単元株式数	単元株式数が，100株となる見込みのあること
(9)	株券の種類	新規上場申請に係る内国株券が，次のaからcのいずれかであること a. 議決権付株式を1種類のみ発行している会社における当該議決権付株式 b. 複数の種類の議決権付株式を発行している会社において，経済的利益を受ける権利の価額等が他のいずれかの種類の議決権付株式よりも高い種類の議決権付株式 c. 無議決権株式
(10)	株式の譲渡制限	新規上場申請に係る株式の譲渡につき制限を行っていないこと又は上場の時までに制限を行わないこととなる見込みのあること
(11)	指定振替機関における取扱い	指定振替機関の振替業における取扱いの対象であること又は取扱いの対象となる見込みのあること

イ　実質審査基準

　形式要件を満たすことを前提に，上場審査においては上場を希望する企業が上場企業として実質的にもふさわしいかどうかが審査されるところ，その基準を実質審査基準という。基準は取引所ごとに定められているが，グロース市場

の基準は次のとおりである[4]。

項　目	概　要
(1)　企業内容，リスク情報等の開示の適切性	企業内容，リスク情報等の開示を適切に行うことができる状況にあること。
(2)　企業の健全性	事業を公正かつ忠実に遂行していること
(3)　企業のコーポレート・ガバナンス及び内部管理体制の有効性	コーポレート・ガバナンス及び内部管理体制が，企業の規模や成熟度等に応じて整備され，適切に機能していること。
(4)　事業計画の合理性	相応に合理的な事業計画を策定しており，当該事業計画を遂行するために必要な事業基盤を整備していること又は整備する合理的な見込みのあること。
(5)　その他公益又は投資者保護の観点から東証が必要と認める事項	－

(4)　IPO のスケジュール

　事前の社内体制の整備状況により異なるところもあるが，上場申請に際しては上場申請期の直前の2期間（2会計年度）について監査法人による監査を受ける必要があるところ，一般的には最低でも2乃至3年程度の期間を要することになる。

　IPOの準備を開始してから，実際にIPOに至るまでのスケジュールの概要は次のとおりである。

---

[4] 詳細は「2023 新規上場ガイドブック（グロース市場編）」（日本取引所グループ）を参照されたい（https://www.jpx.co.jp/equities/listing-on-tse/new/guide-new/02.html）。

	直前々期以前	直前々期	直前期	申請期
監査	監査法人の選定 ショートレビュー	会計監査の実施 （直前2期分の監査証明）		監査継続
上場準備	経営管理体制の整備 ・内部監査・内部管理体制などの整備 ・コンプライアンス体制などの整備 資本政策の検討及び実行			
審査		主幹事証券の選定 上場申請書類の作成		証券会社審査 取引所審査

2 M&A

(1) M&AによるEXIT（イグジット）

M&A（Merger & Acquisition）とは，いわゆる合併及び買収のことを意味し，具体的には株式譲渡による支配権の移動，合併・会社分割・事業譲渡などの組織再編行為をあげることができる。ベンチャー企業などは，このようなM&Aにより，M&Aを希望する企業から投資家や創業者らが直接または対象会社を通じてその買収対価を受け取ることで経済利益を得ることをもってEXIT（イグジット）を実現できる。以下では，各M&Aの手法ごとの特徴について主にEXITとの関係を整理する。

(2) M&Aの手法

M&Aの手法（スキーム）のそれぞれの一般的な特徴については，前述第7章第1.2(1)で解説したとおりであり，詳細はそちらを参照されたい。

EXITとの関係でM&Aの方法を整理すると，①会社自体を取得対象とする方法，②事業を取得対象とする方法に分けることができる。また，これと関連してM&Aにおける取得対価について，①株主が自ら受け取るのか，会社がこれを受け取るのかという観点，②取得対価の内容が金銭なのか，金銭の他にも株式，社債，新株予約権，新株予約権付社債などを対価とすることが可能なように対価の弾力化が図られているのかという観点も重要である。

620 第9章 出口戦略

　以上の観点から，EXITの観点からM&Aの手法について全体的に整理すると次のとおりである。

取得対象	M&Aの手法		取得対価	受け取る主体
会社	株式譲渡		金銭	株主
	合併	新設合併	株式など	株主
		吸収合併	金銭・株式など	株主
	株式交換（株式交付）		金銭・株式など	株主
	株式移転		原則株式	株主
事業	事業譲渡		金銭	会社
	会社分割	新設分割	株式など	会社
		吸収分割	金銭・株式など	会社

(3) EXIT における M&A の手法の選択

　ベンチャー企業によるEXITとしてのM&Aの手法について，基本的には株式譲渡の方法が用いられることが多い。典型的には，大企業がベンチャー企業の投資家や創業者などから株式の譲渡を受けて，自らの子会社として傘下に加えるようなケースである。

　株式譲渡の手法が多く利用される理由としては，株主が譲渡対価としてキャピタルゲインたる金銭を直接受け取ることが可能である点や税制上のメリット（株式譲渡所得税は分離課税20％）も大きい点などをあげることができる。また，株式譲渡は合併や会社分割などの組織再編行為と比較して債権者保護手続などが不要であることから手続負担が小さく，株式譲渡契約において細かい譲渡条件の設定が可能である点などもM&Aの手法としてよく利用される理由としてあげられる。

　他方で，株式譲渡の手法では，対象会社の株主のうち株式譲渡に強く反対する株主が存在する場合には，その発行済株式のすべてを取得することに困難が伴うケースも見受けられる。このような場合には株式交換やその他に事業譲渡の方法を用いたM&Aが選択されることもある。

第2 IPO（新規株式公開）

Case

X株式会社は，前職の同期である創業者らが一緒に立ち上げたITベンチャー企業であるが，将来的にはIPOによる株式上場を視野に入れて，事業拡大を進めていきたいと考えている。しかし，創業者らはいずれも法務とは無縁のキャリアを歩んできており，法務に関する知見がない。いずれは監査法人による上場準備を進めることになると思われるが，IPOを見据えて創業者らとして留意しておくべきことは何か。

Check List

- ☐ 設立・運営に関する事項について問題はないか
  - ☐ 適切に設立手続はなされているか
  - ☐ 適切な時期に株主総会，取締役会を開催し，議事録などを作成しているか
- ☐ 株主に関する事項について問題はないか
  - ☐ 株式を譲渡する場合に譲渡承認や株券の交付を行っているか
  - ☐ 新株や新株予約権を発行する場合に会社法の定める手続を履行しているか
- ☐ 労務管理に関する事項について問題はないか
  - ☐ 雇用契約の締結や就業規則の作成を適切に行っているか
  - ☐ 残業代の未払いは発生していないか（みなし残業代制，管理監督者）
- ☐ 会社と役員の間で不合理な内容の賃貸借契約や不必要な貸付は行われていないか
- ☐ 自社の事業について違法とされる可能性はないか
  - ☐ 事業に必要な許認可を取得しているか
  - ☐ 事業内容の適法性に疑義がある場合に弁護士や監督官庁の意見を確認したか
- ☐ 主な取引先との契約に不合理な点はないか（容易に解約できる内容になってないか）
- ☐ 自社の事業に必要な資産（知的財産権など）の権利は確保されているか
- ☐ 下請法，個人情報保護法，特定商品取引法，景品表示法などの法律を遵守しているか
- ☐ 訴訟に発展するようなクレーム・紛争が存在していないか

1 IPOによるイグジットのメリット・デメリット

前述のように，EXIT（イグジット）の手法の１つとしてIPOの方法をあげることができるが，IPOによるEXITのメリット及びデメリットについて整理する。

(1) IPOのメリット

ア 対象企業のメリット

（ア）資金調達の円滑化及び多様化

上場することにより，株式市場で新株を発行して売却することができるようになるため，今までより広範かつ大規模に機関投資家などから容易に資金を調達できるようになることが大きなメリットとしてあげられる。

また，企業の知名度や社会的信用度の向上により，金融機関からの借入れによる資金調達が容易になることも期待できる。

（イ）企業の知名度や社会的信用度の向上によるビジネスチャンスの拡大

一般的に上場することにより企業の知名度や社会的信用度は向上することになる。これにより優秀な人材の採用・維持が容易になり，また，取引先や新規顧客の獲得や開拓が容易になる効果を期待することができる。

このようにIPOによる企業の知名度や社会的信用度の向上によりさらなる事業拡大やビジネスチャンスの拡大を目指すことができるようになる点は，IPOの大きなメリットである。

イ 株主（投資家）のメリット

（ア）IPOによる株価上昇・売却による経済的利益の確保

前述のように上場することにより企業の知名度や社会的信用度は向上し，これにより対象会社の株価が上昇することが期待でき，投資家らは株価上昇の利益を享受することができる。また，投資家ら株主は上場の結果として株式市場で保有株式を売却するできるようになるため，これにより株式を金銭に変えて受領することが可能になる。

（イ）経営権の維持

前述のように株主らは株式市場で保有株式を売却することも可能だが，すべての保有株式を売却するわけではない。そのため，投資家らがその株式を継続

して保有することで，引き続き経営権を保持することが可能な点はIPOのメリットである。

(2) IPO のデメリット

ア　対象企業のデメリット

（ア）上場申請のために膨大な準備のコストと時間を要する

本章第1．1(3)において前述したように，IPOに際しては非常に厳格な多数の要件・審査基準をクリアする必要があり，そのために内部管理体制などを整備・構築する必要が生じる。また，その準備期間も最短で3年程度の期間を要することになるところ，長期間の間にわたり事業を継続しながらIPOの準備のためのコストを払い続ける必要を迫られる点は大きなデメリットである。

また，上場申請に際しては，主幹事証券会社や監査法人の関与が必要となるところ，その手数料や費用も非常に高額となる。

もちろんこれだけの準備のコストや時間を費やしたとしても必ずしもIPOを実現できるわけではなく，IPOには失敗のリスクがつきまとう。

（イ）説明責任や情報開示の必要性

上場により多数の投資家などが株主となるところ，IRのための情報開示が不可欠となる点をはじめとして，株主や社会に対して説明責任や情報開示を義務付けられることになる。そのため，これらの説明・開示コストを負担する必要が生じる点はIPOのデメリットに数えることができる。

（ウ）経営の自由度が失われる

前述のように，IPOの場合には株主は経営権を保持することが可能であるが，他方でIPOにより多数の投資家などが株主として経営に参画することになるところ，株主からは短期的な利益の確保や業績の向上を要求されることになり，中長期的な視点での経営は困難になるため経営の自由度が失われる。

イ　株主（投資家）のデメリット

（ア）保有株式の売却をできる保証はない

前述のように，IPOにより株主は保有株式を株式市場で売却することが可能となるが，創業者などが保有する株式を大量に株式市場において売却することは市場の混乱を招く可能性がある。そのため，実際には株主はそのすべての保

有株式を売却できない可能性が高い。

（イ）経営の透明性の確保及び経営責任

前述のように，株主は経営陣に残ることが可能であるがIPOにより多数の投資家が株主となるため経営の透明性が求められ，また，業績の悪化等についてそれまで以上に責任を問われる可能性がある。

2　IPO審査に向けての法務マネジメント

前述のように，IPO審査においては厳しい要件が課せられており，上場先の市場に応じて定められた①形式要件，②実質審査基準のいずれも満たす必要がある。このうち①形式要件については，形式的な数値などの基準を満たせばよいが，②実質審査基準については，実質的な審査となるところ，IPO審査を審査に向けて対象会社において早期から法務マネジメントにしっかり取り組む必要がある。当該実質審査基準は多岐にわたるが，以下では，IPOに向けた法務マネジメントの観点から特に重要な事項を整理する。

(1)　会社運営・株式に関する事項

会社運営に関する事項としては，設立手続が適法になされているかの確認からはじまり，その後の株主の変遷や株式や新株予約権等の発行などの資本関連の事項，株主総会や取締役会が適切に開催・決議されているか等の会社法関連の手続の網羅性および適法性などが確認対象となる。

このうち株主の変遷や株式等の発行手続は特に問題になりやすく，例えば，株券発行会社では株式譲渡に際して株券の交付がなされていたか，非公開会社では譲渡承認手続が適切になされているか等が確認対象となる。

また，自己株式の取得についてもよく問題となるところ，財源規制に違反していないか，適切な株主総会の決議等を経ているか等について留意して実行する必要がある。

(2)　労務関連の事項

労務関連の事項として，対象会社における雇用契約や就業規則・賃金規程な

どの各種労務関連規程の有無及び内容，実際の労務管理等の状況が労働基準法その他の労働関連法令に違反していないかなどが確認対象となる。

特に問題になりやすい事項が未払い残業代の有無で，仮に，未払い残業代が存在する場合には労務関連の他に財務・業績の観点からも影響を与える事項となる。よくあるケースがみなし残業代制を採用したものの基本給と残業代が明確に区分されていなかったり，超過分の精算がなされていないケースや残業代を抑制するために管理監督者を多数設置しているようなケースである。

仮に，日常的に未払い残業代が発生している場合，上場審査に際して過去に遡って支給を迫られる可能性も否定できない。

(3)　関連当事者取引

上場審査では，役員などの関連当事者と対象会社との取引が適切なものか否かについても確認対象となる。

例えば，役員が会社に対して不動産の賃貸借を行っている場合や会社が役員に対して資金を貸し付けている場合などが典型例である。当該取引が必要かつ適切なものか審査されることになり，不適切なものであれば解消を検討する必要がある。

(4)　事業関連の事項

事業関連の事項として，前提として事業が適法に行われているか，事業に継続性があるのか等が確認対象となる。

事業の適法性の観点からは事業に必要な許認可などを得ているかどうかはもちろんのこと，そのビジネスモデルの適法性に疑義があるケースでは弁護士の意見書や監督官庁の見解について早い段階から協議・確認を行っておく必要がある。

また，事業活動において重要な契約について，相手方から容易に解約されるような内容になっていないか，不合理な内容となっていないか，競業禁止義務などの事業を制約し得るような条項が含まれていないか等が確認の対象とされる。

加えて，事業活動において重要な資産の権利が適切に保有されているかも確

認事項とされる。事業用の不動産にはじまり，特に知的財産権に関しては自社の知的財産権について適切に特許権などの登録がなされているのか，他社の知的財産権について適切なライセンスを受けられているか等が検討事項とされる。

(5) 法令遵守や紛争関連に関する事項

前述のとおり，事業関連の事項として事業の適法性が確認の対象となるが，その他の法令の規制を遵守しているか等のコンプライアンスに関する事項についても確認対象とされる。よく問題となるのが下請法，個人情報保護法，特定商品取引法，景品表示法などの事業活動一般で問題になりやすい法令への違反の有無であり，これらの法規制に日常的に違反しないように留意する必要がある。

また，紛争についてもすでに訴訟となっている場合はもちろん，訴訟には至っていないが将来的に訴訟に発展する可能性のある紛争・クレームなどが存在しないかが確認事項となる。仮に，このような訴訟や紛争が存在する場合には，訴訟に発展する可能性，当該訴訟における敗訴可能性やその影響などを慎重に吟味したうえで，必要な対応方針について検討する必要がある。

第3 | M&A による事業売却

1 M&A によるイグジットのメリット・デメリット

前述のように，EXIT（イグジット）の手法として，IPOの他にM&Aの方法をあげることができる。M&Aでは会社の経営権や事業そのものを第三者に譲渡することになるところ，この点は大きくIPOの手法と異なる。以下では，M&AによるEXITのメリット及びデメリットについて整理する。

(1) M&A のメリット

ア　対象企業のメリット

(ア) IPO と比較して準備のコストも小さく，必要な期間も短い

M&Aは当事者の合意が成立すればその実行が可能なため，IPOと比較して短期間で完了し，これに要する準備のコストも小さい点がメリットとしてあげられる。長くても数か月程度，株式譲渡であれば早ければ1か月程度で手続を完了できる。

(イ) 小規模な事業でも実施が可能

M&Aについては，IPOのように上場のための厳しい要件は設けられておらず，当事者間でM&Aによるシナジー等が生じるのであれば，規模にかかわらず実行可能という点はメリットである。

(ウ) 大企業の傘下に入ることで知名度や社会的信用の向上

ベンチャー企業のM&Aの場合，多くは大企業の傘下に入ることが想定されるところ，これにより知名度や社会的信用の向上を期待することができる。その結果，優秀な人材の維持・採用や取引先や新規顧客の開拓が期待できる。

イ　株主（投資家）のメリット

(ア) 保有株式を一括で現金化することができる

IPOと異なり株式譲渡などの方法ではすべての株式を譲渡，現金化することが可能である。そのため，株主がM&A後に経営権を手放して引退を希望する場合や新規事業の立ち上げを希望する場合にはメリットがある方法といえる。

（イ）柔軟な手続選択が可能

IPOと異なりM&Aには複数の手法を採用することが可能である。例えば，自社の経営権を維持しつつ，事業の一部のみを現金化して注力するべき事業資金に充てるなどのスキームを選択することができる。

(2) M&A のデメリット
ア　対象企業のデメリット
（ア）従業員や取引先などを失うリスク

M&Aでは経営権の移転を伴うところ，M&Aの相手方次第では経営方針や企業文化の変化を伴う可能性は否定できず，その結果，従業員や取引先などを失ってしまうリスクがある。

（イ）法務デュー・ディリジェンスの受け入れによるリスク

M&Aに際しては，一般的に法務デュー・ディリジェンス（法務DD）を受け入れることになる。当該手続は一定期間で集中的に実施されるところ役員や従業員らの対応コストは非常に大きく，また，法務DDを通じて第三者に開示された企業情報の目的外利用や情報流出のリスクも否定できない。

イ　株主（投資家）のデメリット
（ア）株価上昇のメリットは IPO に及ばないケースが多い

一般にM&Aによる株価上昇はIPOに及ばないケースが多く，M&Aの時点ですべての株式を現金化してしまうため，将来の事業拡大による株価上昇の利益を享受することはできない点はデメリットといえる。

（イ）経営権を失う

前述のように，M&Aでは一般的にすべての株式を譲渡して経営権を失うことになるため，M&Aの実行後は経営に参加できなくなるデメリットがある。

2　M&A に向けての法務マネジメント

M&Aでは，IPOのように上場審査は行われないが，法務デュー・ディリジェンス（法務DD）を通じて，対象会社の法的課題や問題点について確認・検討がなされることになる。仮に，法務DDの過程で対象会社に法的問題点が発見さ

れた場合，M&A取引においてその解消を求められたり，また，その解消が難しい場合には取引対価の減額事由とされ，最悪の場合にはM&A取引の中止の原因となる可能性もある。そのため，M&A取引において大きな支障とならないように，常日頃から法務DDにおいて法的問題点を指摘されないような法務マネジメントを心掛けることが重要となる。

法務DDの検討事項については，第7章第1．3「法務DD（デューデリジェンス）で押さえるべきポイント」で詳述したとおり，法務DDでは主に次のような事項がポイントとなる。

① 適切な組織の運営や株式の移転等について適切な手続の履行
② 主要な取引先との契約における不合理な内容の有無（COC条項）
③ 事業に必要な不動産や知的財産権の権利の確保
④ 労働関連法令の遵守状況（未払い残業代の有無など）
⑤ 事業に必要な許認可等が得られているか
⑥ コンプライアンス（法令遵守）について問題がないか
⑦ 紛争リスクの有無や紛争リスクの顕在化の程度・影響

前述の本章第2．2「IPO審査に向けての法務マネジメント」と比較して分かるように，IPO審査に向けた法務マネジメント事項とM&Aに向けた法務マネジメント事項は基本的には共通している。

しかし，M&Aの場合には，IPOのように長期間をかけて内部管制・管理体制などの整備を行うことができないため，IPOと比較してより日常的に法務マネジメントの観点から問題がない事業活動を心掛ける必要があるといえる。

630　第9章　出口戦略

| 第4 | MBO（マネジメント・バイアウト） |

Case

X株式会社は，電子部品の製造・販売を営む中堅メーカーであるが，創業者である代表取締役Aが高齢となり，引退を検討することになった。しかし，Aの親族には適切な後継者候補は見当たらない状況である。取締役B，取締役Cは従業員から取締役に昇進した経歴で，X株式会社に長年勤めているところ，事業や会社運営については以前より代表取締役Aに任されている状況であった。そこで，B及びCがAの保有するX株式会社の全株式を取得することによる事業承継が検討されることになった。このような場合に，B及びCはどのように事業承継を進めるべきか。

Check List

☐　現在のオーナーの親族に適切な後継者の候補がいないか

（いる場合）生前贈与や遺言・相続，事業承継税制を利用した事業承継を検討する

（いない場合）MBOの方法により現在の経営陣への事業承継を検討する

☐　MBOのために必要な株式取得資金などを準備することができるか

（できない場合）SPCを利用したLBOの方法による資金調達を検討する

☐　資金調達のSPCを準備する（休眠会社などがあれば利用することも可能）

　☐　SPCの出資比率は事業承継後の出資比率を反映した割合となっているか

☐　金融機関から必要な資金の調達が可能そうか

☐　SPCを通じて現在のオーナーから必要な株式譲渡を受けられたか

☐　融資実行後のSPCと対象会社の合併手続の実行

　☐　SPCと対象会社のいずれを存続会社とするか適切に検討がなされたか

1 MBO（マネジメント・バイアウト）とは

　MBOとは，経営陣（Management）による企業買収（Buy-Out）のことをいう。なお，従業員（Employee）による企業買収についてはEBOというが，本項ではまとめてMBOとして扱うものとする。

　株式譲渡や事業譲渡の方法による経営権の移転という点ではM&Aの一類型といえるが，MBOは会社の外部の第三者ではなく，会社内部の経営陣や従業員に対してなされる点が大きな特徴である。

　MBOは上場企業の上場廃止の際に利用されるほか，非上場企業や中小企業の事業承継の一手段として利用されることも多く，例えば，中小企業において現オーナーの親族に適切な後継者がいない場合に現在の経営陣や従業員を後継者とする場合にその利用が想定される。

2 MBOのメリット・デメリット

(1) MBOのメリット

ア　円滑な事業継続の実現

　MBOにおいては，既存の経営陣が対象会社のオーナーから株式の譲渡を受けて，引き続き経営陣として経営を行うことになる。オーナーからすれば経営権の譲渡相手が今まで経営を任せてきた経営陣であることから後継者としての適性を見極めることは比較的容易であり，経営陣としても事業内容や企業風土を良く理解しているところMBOの完了後も円滑に事業継続を行うことが可能である。

イ　取引先や従業員からの理解

　外部の第三者によるM&Aの場合には経営陣の交代に加えて，経営方針や企業文化の変更を伴う可能性があるところ，そのような影響を懸念して取引先や従業員が離れてしまうリスクが存在する。しかし，MBOの場合には経営陣の交代などは生じないため，取引先や従業員からの理解を得て進めることが可能である。

ウ　独立した経営の実現

経営陣が大株主や親会社の影響から独立して経営を行えるようにすることを目的として，MBOの方法が選択されることがある。このようなケースでは大株主や親会社による支配力から独立した経営を実現することが可能である。

(2)　MBOのデメリット

ア　既存株主との利益対立

MBOでは既存の株主から経営陣が株式を取得することになるところ，既存株主からこれに反対される可能性もある。また，株式譲渡には前向きであっても，既存の株主は譲渡価格をより高額に，経営陣は譲渡価格をより低額にすることを希望することになるところ，構造的に既存株主との利益対立を招きやすい点はデメリットである。

イ　経営体質の変化を生じない

M&Aにおいては，第三者が新たに経営に参画することになることが一般的であるところ，MBOの場合には引き続き現在の経営陣により経営が継続されることになるため，経営体質の変化を生じにくい点があげられる。

ウ　多額の資金調達の必要

MBOでは，経営陣や従業員などの個人が対象会社の株式を取得することになるところ，個人で株式取得に必要な資金をすべて調達することは困難である。そのため，MBOに際しては後述のようにLBO等の複雑な資金調達の方法を利用・検討する必要がある。

3　MBOのスキーム

前述のように，MBOには多額の資金が必要となるところ，経営陣や従業員のような個人がこのような多額の資金を調達することは現実的ではない。そこで，MBOの場面では，SPC（特別目的会社：Special Purpose Company）を利用したLBO（レバレッジド・バイ・アウト：Leveraged Buy-Out）の手法が用いられる。LBOは対象企業の資産価値や将来のキャッシュ・フローを担保に借入金を調達する方法であり，具体的には次のようなスキームで行われる。

(1) SPCの設立

まず，MBOを行う予定の役員や従業員が，資金調達（金融機関からの融資）を受けることだけを目的としたSPC（特別目的会社）を設立・準備することになる。その際の出資比率がMBO後の会社の出資比率の元になるため，この時点で将来の会社運営を見据えた検討が必要となる。

なお，ここでのSPCは，資産流動化法（SPC法）に基づいて設立される特定目的会社（TMK）ではなく，会社法による株式会社などが利用される。また，SPCは単に資金調達を目的としており，事業遂行を予定するものではないが税務申告などが必要となる点は通常の株式会社などと異ならない。

(2) 金融機関からSPCに対する融資の実行

SPCの設立・準備が完了したら，次は金融機関からSPCに対して融資の実行が行われることになる。融資に際して金融機関は，対象会社の現在の事業状況や財務体質，将来の事業計画などを吟味しつつ，将来の回収可能性を踏まえて融資可能額を検討することになる。

また，金融機関からの融資を受ける際には，SPCを設立した経営陣に対して連帯保証を求めたり，経営陣が保有するSPCの株式や対象会社が所有する不動産などに対する担保設定を要求されることもある。

(3) SPCが対象会社の株式を購入

金融機関によるSPCに対する融資の実行後，SPCは調達した資金を用いて対象会社の現在オーナーから株式を取得する。一般的には株式譲渡の方法が採用される。この場合，オーナーは株式譲渡による譲渡取得税を課税されることになるところ，税務上の理由から一部の代金を対象会社から退職慰労金という形で実質的に支給することを検討する余地もある。

(4) SPCと対象会社を合併

SPCによる株式取得が完了後，対象会社とSPCを合併することでMBOは完了する。合併後は，金融機関からの借入金は対象会社の債務となり，対象会社の事業活動の利益からその返済を行うことになる。

なお，対象会社とSPCの合併については，①親会社のSPCを存続会社とする場合（順合併），②子会社の対象会社を存続会社とする場合（逆さ合併）の2つのパターンが考えられる。対象会社の取得価格がその時価純資産を上回る場合，①であればその差額をのれんとして計上することができるため①の方法を採用することが考えられる。他方で，対象会社が許認可などを必要とする事業を営んでいる場合で，SPCにおいて許認可等を再取得することが難しい場合には②の方法を採用することになるであろう。

索　引

英　文

COC 条項（Change of Control 条項）..570
EBO（Employee Buy-Out） 631
EXIT（イグジット） 614, 619
GK-TK スキーム 555
IPO（Initial Public Offering） 131, 614
IPO による EXIT（イグジット） 614, 622
JETRO（日本貿易振興機構）...................610
LBO（Leveraged Buy-Out） 632
Leveraged Buy-Out....................................632
M&A（Mergers and Acquisitions） 559
M&A による EXIT（イグジット）
....619, 627
MAC 条項（Material Adverse Change 条
　項）...580
MBO（Management Buy-Out）.............631
OFAC（米国財務省外国資産管理局）.....602
PCT 国際出願制度.....................................489
TMK スキーム 555

あ　行

アーンアウト条項......................................577
IP アドレス...448
アクセスプロバイダ...................................447
アセットファイナンス...............................553
安全管理措置義務.......................................408
安全配慮義務..239
安定株主..89
委員会設置会社...116
意向表明書..574
遺言...89
意匠..483
意匠権..483
一意匠一出願...484
一定の取引分野...344
一般指定..353
移動時間..224
委任契約..140
委任状...29

居残り残業..225
遺留分...89
請負契約..140
売渡株主等への通知.....................................83
営業地域の制限...388
営業秘密..395
エクイティファイナンス...........................520
エクイティ報酬..57
エスクロー..598
エスクロー条項...578
オブザベーション・ライト.......................538

か　行

解雇..276
戒告..269
解雇権濫用..280
解雇予告..277
解雇理由証明書...278
会社合併..565
会社分割..564
解除条項..325
解任の訴え..73
価格調整条項...577
確定額報酬..56
確約制度..341
過重労働対策...249
課徴金減免制度（リニエンシー）........351
課徴金納付命令...341
割賦払い..390
割賦販売..390
過半数組合..152
過半数代表..195
過半数代表者.......................................152, 154
株式移転..566
株式会社..116
株式公開買付け（Take-Over Bid, TOB）.563
株式交換...86, 565
株式交付..566
株式上場..116

株式譲渡	562
株式譲渡契約書	576
株式取扱規程	104
株式等売渡請求	82, 83
株式の併合	80
株主間契約	535
株主総会	2
―― 一括上程・一括審議方式	33
――個別上程・個別審議方式	33
――の運営	30
――の基準日	19
――の決議の取消し	42
――の招集	23
――の招集期間の短縮	39
――の招集通知	27
――の招集手続の省略	38
――の書面決議	40
――の書面報告	41
――の特別決議	124
――の普通決議	124
株主総会議事録	37
――の閲覧謄写請求	43
株主総会決議	69
――の不存在	43
――の無効	43
株主総会参考書類	28
株主総会資料の電磁的方法による提供	42
仮眠時間	225
仮差押命令申立	436
カルテル	348
管轄条項	329
監査等委員会設置会社	10
監査役	3
監査役会	3
監査役会規程	100
監査役会設置会社	11
監査役監査基準	100
間接侵害	476, 484
管理監督者	226
機関設計	1
――のバリエーション	3
期間の計算方法	324

議決権行使書面	29
議決権制限株式	526
危険負担	332
基準外賃金	200
基準内賃金	199
偽装請負	148
起訴休職	255
希望小売価格	381
基本合意書	574
キャッシュ・アウト	76
休暇	187
休憩時間	186, 225
休憩時間自由利用の原則	186
休日	187
休日労働の割増賃金	211
休職	254
求人票	165
強制執行	440
強制売却権（Drag-along Right）	586
競争	340
競争者に対する取引妨害	361
競争の実質的制限	344
共同の取引拒絶	354
共同売却請求権（Tag-along Right）	586
業務委託契約	140
業務請負	146
業務起因性	242
業務災害	240, 242
業務上の疾病	242
業務遂行性	242
拒絶査定不服審判	488, 492, 493
拒絶理由	488, 492, 493
拒否権条項	587
拒否権付株式	530
禁止権	482
均等待遇・均衡待遇	290, 293
――の適用場面	290
クラウドファンディング	557
グレーゾーン解消制度	135
クレームチャート	504
クロージング	578
警告書	500
計算書類	21

継続雇用制度 308
契約社員 144
契約不適合責任 330
決算公告 37
減給 269
健康保険 175
検査 329
検収 329
懸賞 384
けん責 269
考案 478
公益通報 108
公益通報者保護 109
公開会社 3
降格 201, 207, 208, 270
降級 201
合資会社 115
公正競争阻害性 345
公正取引委員会（公取委）.. 343
厚生年金保険 175
拘束条件付取引 359
合同会社 115, 117
高度プロフェッショナル制度 ... 196
高年齢者雇用確保措置 306
合弁会社 605
合弁契約 585
合名会社 115
功労金加算 61
コーポレート・ガバナンス ... 95
コールオプション 588
国際出願 492, 493
国際送金 598
国際送達 606
個人識別性 405
個人識別符号 406
個人情報 402
個人情報取扱事業者 406
個人データ 403
個人データの第三者提供 411
──の同意取得 411
固定残業代 213, 227
コベナンツ 582
雇用管理上講ずべき措置 251

雇用保険 175
コンテンツプロバイダ 447
コンプライアンス規程 107
コンプライアンスリスク 96

さ 行

再委託 334
災害補償制度 240
最近相当期間価格 380
債権質 427
債権譲渡 434
催告期間 219
再雇用後の労働条件 310
再雇用制度における更新手続 ... 309
最終契約書 576
在宅勤務 185
裁判管轄 592
再販売価格の拘束 364
債務保証 544
採用内定 167
──通知書 168
──取消し 169
採用内々定 168
裁量労働制 196
先買権 586
先願性 476, 484
削除依頼 452
差止請求 342
差止請求権 84
サブスクリプションサービス ... 393
サブライセンス 511
36協定 194, 195
差別対価 356
差別的取扱い 355
サルベージ条項 338
産業財産権 486
残余財産の分配に関する種類株式 ... 525
シード段階 130
支給 633
事業場 152
事業場外労働のみなし時間制 ... 185, 196
事業承継 87
事業譲渡 567

事業主が講ずる雇用管理の改善等の措置
　の説明 297
事業報告 21
資金決済法 393
資金調達 130
事故欠勤休職 255
私傷病休職 255
下請取引 370
実質審査基準 617
実用新案権 478
実労働時間 184
指定告示に基づく不当表示 378
指定類型 353
私的独占 351
支配型私的独占 351
支払督促 438
支分権 479
資本 520
資本政策 126
指名委員会等設置会社 9
社会保険 175
社債 547
社内規程 98
従業員持株会 89
就業規則 151
　――の変更 207
集合債権譲渡担保 427
集合動産譲渡担保 427
重要な業務執行 47
重要な財産の処分及び譲受け 46
出願公開 488, 493
出願審査請求 488
出勤停止 269
出向 146, 235, 236
取得条項付株式 528
取得請求権付株式 527
種類株式 523
種類株主総会決議 70
準委任契約 140
準拠法 592
準消費貸借契約 432
準備行為 224
昇格 201

少額訴訟 438
商慣習 591
試用期間 172, 173
昇級 201
使用従属性 142
消尽 477
少数株主の排除（スクイーズ・アウト）
　..75, 77
譲渡制限株式 526
使用人兼務取締役 62
商標 481
商標権 480
消滅時効 429
　――の援用 429
　――の完成猶予 430
　――の期間 429
　――の更新 430
賞与 215
剰余金の配当に関する種類株式 524
職業安定法（職安法） 165
職種・勤務地の限定合意 232
職能資格制度 202, 208, 209
　――上の資格や等級の引下げ 208
職務権限規程 106
職務著作 497
職務等級制度（ジョブ・グレード制）
　..204, 209
　――上の等級の引下げ 209
職務発明 494
職務発明規程 495
職務分掌規程 106
所在不明株主 93
助成金 557
所定外賃金 200
所定休日 187
所定内賃金 199
所定労働時間 183
書面投票制度 24
所有権留保 422
シリーズＡ 130
シリーズＢ 131
シリーズＣ 131
資料開示 218

新株発行	520
新株予約権	126
新株予約権付社債	551
新規性	476, 484, 505
審決取消訴訟	488, 492, 493
新事業特例制度（企業実証特例制度）	136
シンジケートローン	545
人事考課制度	201
——の見直し	201
進歩性	476, 505
信用購入あっせん	392
信用調査	418
信用保証協会	545
心理的負荷	244
ステルスマーケティング規制	382
ストック・オプション	126
成果主義的賃金制度	204
誠実協議条項	328
精神障害	244
税制適格ストック・オプション	128
生前贈与	88
製造物責任	333
生存する個人に関する情報	404
制度融資	546
誓約事項	582
整理解雇	170, 282
セクシャルハラスメント（セクハラ）	252
絶対的記載事項	153
全員出席総会	39
全員出席取締役会	53
全額払いの原則	199
前提条件	578
全部取得条項付株式	529
全部取得条項付種類株式	78
専用権	481
専用実施権	508
相殺	433
創作非容易性	484
送信防止措置の申出	452
相対的記載事項	153
送達条約	606
総付景品	384
相当の利益	495

組織規程	106
訴訟	439
その他の取引拒絶	355
損害賠償条項	326

た 行

タームシート	534
大会社	3
対価性	213
代休	188
退職慰労金	60
——の減額	66
——の不支給	66
退職勧奨	284
——の限界	284
退職金	216
タイムスタンプ	448
代理店契約	386
多額の借財	47
抱き合わせ販売	360
立会人型（事業者型）	320
遅延損害金	229
遅延利息	229
知的財産権	333, 473
——の帰属	333
——の侵害	498
仲裁	595
仲裁機関	608
中途解約条項	325
懲戒解雇	270
懲戒処分	264
著作権	471, 478, 487
著作者人格権	480, 517
著作物	478
著作物利用許諾契約	516
賃金	198
——の適正化	201
賃金請求権	219
——の時効期間	219
通貨（現金）払いの原則	199
通勤災害	240
通常実施権	508
定款変更	16

定期昇給	202	特許請求の範囲	477, 489, 504	
定型取引	336	取締役	2	
定型約款	335	——の解任	69	
——の変更	338	——の賞与	60	
定時株主総会	17	——の退職慰労金	60	
訂正の再抗弁	477	——の報酬	56	
抵当権	426	——の報酬減額	64	
定年	308	取締役会	2, 45	
第2定年	308	——の運営	50	
第3定年	309	——の招集	49	
定年後再雇用	308	——の招集通知	50	
適用除外	394	——の招集手続の省略	53	
デットファイナンス	543	——の書面決議	53	
デッドロック条項	589	——の書面報告	54	
手待ち時間	225	取締役会議事録	52	
テレワーク（在宅勤務）	185	取締役会規程	98	
電子契約	317, 322	取締役会決議の瑕疵	54	
電子決済	599	取締役指名権	538	
電子サイン	318	取締役等の説明義務	34	
電子署名	318, 320	取引基本契約書	329	
電子署名法	319	取引約定書	543	

な　行

電子投票制度	24	内部通報制度	108, 110
転籍	235, 237	内部統制	95
同一労働同一賃金	289, 311	二重価格表示	380, 381
同一労働同一賃金ガイドライン	293	24条終了	221
登記事項証明書	419	二段の推定	317
動産譲渡担保	426	入社時誓約書	168
投資契約	535	任意交渉	218
当事者型	320	根抵当権	426
特殊決議	124	年功的賃金制度	201
特殊指定	353	年次有給休暇（年休）	189
独占交渉権	575	——の買い取り	193
独占販売権	387	——の繰越	192
特定譲渡制限付株式	64	——の計画的付与	191
特別支配株主	82	——の時季指定義務	191
特別目的会社（Special Purpose Company, SPC）	632	——の時期指定権	190
		——の時季変更権	190
特別利害関係取締役	51	年次有給休暇管理簿	190
匿名性の確保	112	年俸制	209
特許権	475	年齢給	202
——の存続期間延長登録	475		
特許実施許諾契約	507		
特許出願	489		

ノーアクションレター制度（法令適用事前確認手続）..........135
ノンリコースローン..........553

は　行

ハードコアカルテル..........349
パートタイム労働者..........144
排除..........351
排除型私的独占..........351
排除措置命令..........341
排他条件付取引..........359
配転..........231
配転命令権の濫用..........233
売買価格決定の申立て..........84
派遣..........146
派遣期間..........147
発信者情報..........460
発信者情報開示請求..........455
発信者情報開示命令..........464
発明..........475
ハラスメント対策..........251
パワーハラスメント（パワハラ）..247, 251
パワハラ防止法..........247
判決の承認執行..........608
販売店契約..........386
非金銭報酬..........58
ビジネスモデル特許..........491
非ハードコアカルテル..........350
秘密意匠制度..........492
秘密情報..........397
秘密保持..........112
秘密保持義務..........398
秘密保持契約（Non-Disclosure Agreement, NDA））..........396, 532, 572
表明保証..........580
――の基準時点..........580
――の限定..........580
――の対象事項..........581
ファイナンス・アウト条項..........580
付加金..........229
不確定額報酬..........57
復職..........258
不公正な取引方法..........352

負債..........543
不実証広告規制..........379
侮辱..........470
侮辱罪..........450
不正競争..........485, 487
不正競争防止法..........395
二段階審理方式..........501
プットオプション..........588
不動産担保ローン..........544
不当な取引制限..........348
不当表示..........378
不当廉売..........357
不特法スキーム..........555
プライバシー権侵害..........470
プライバシーポリシー..........415
振替休日..........188
プレ・クロージング・コベナンツ..........582
フレックスタイム制..........196
プロジェクト型サンドボックス制度（新技術等実証制度）..........136
プロジェクトファイナンス..........556
変形労働時間制..........196
ベンチャー企業..........130
法定解除権..........326
法定休日..........187
法定5類型..........352
法定労働時間..........183
法的措置..........501
法務DD（デュー・ディリジェンス）..........533, 570
保険給付..........242
募集株式..........520
募集広告..........165
募集設立..........118
補償..........583
保証金..........424
保証人..........424
補助金..........557
ポスト・クロージング・コベナンツ..........582
補正却下不服審判..........492, 493
発起設立..........118
本採用拒否..........172

ま 行

前払式支払手段	393
——の規制	394
——の要件	394
マタニティハラスメント（マタハラ）	252
マドリッド協定議定書	493
身元保証書	168
民事再生	444
民事訴訟	220
無期転換ルール	304
無効審判請求	477
無効の抗弁	477
明確区分性	213
名義株	92
名誉毀損	468
名誉毀損罪	450
メンタルヘルス対策	250
目的外使用の禁止	398
持ち帰り残業	225

や 行

役員選任権付株式	530
役割等級制度	206, 209
——上の等級の引下げ	209
雇止め	299
雇止め法理	299
優越的地位の濫用	366
有期労働契約	299
——の更新拒否	299
——の締結，更新及び雇止めに関する手続的規制	303
有期雇用労働者	144
有限責任事業組合（LLP）	585
有償ストック・オプション	129
優先権	476, 489
優先交渉権	586
優先日	490
有利誤認表示	378, 379
有利発行	521

ら行・わ行

優良誤認表示	378
要配慮個人情報	407
与信管理	428
ライセンス契約	507
リバース・ベスティング条項	125
リハビリ出社	259
利用目的の通知	407
臨時株主総会	18
労災の認定	241
——と民事訴訟との関係	243
労災保険給付と損害賠償の調整	243
労災保険制度	175, 240
労災補償制度	240
労働安全衛生	249
労働基準法（労基法）	154
労働協約	155, 161
労働契約	140, 155
労働契約上の必要的記載事項	156
労働災害	239
労働時間	183, 223
——の把握	222
労働時間性	222
労働市場	164
労働者	141
労働者性	141
労働者派遣	146
労働条件	156
——の不利益変更	158, 206
——の明示	164
労働審判	220
——委員会	220
——期日	221
労働保険	175
ローン提携販売	391
割増賃金	183, 211, 212
割増賃金請求	218

編著者等プロフィール

■ 編著者紹介

小里　佳嵩（おざと・よしたか）

G&S 法律事務所　パートナー弁護士

2010 年慶應義塾大学法学部法律学科卒業，2013 年慶應義塾大学法科大学院修了，2014 年弁護士登録（第二東京弁護士会）。TMI 総合法律事務所勤務を経て，2020 年 G&S 法律事務所を設立。主に，一般企業法務，スタートアップ支援，M&A，不動産・建設法務，労働問題，医療・ヘルスケア法務の分野を扱う。主な著書として，『弁護士・法務担当者のための　不動産・建設取引の法律実務』（第一法規，2021 年，編著），『医療法務ハンドブック　医療機関・介護施設のための予防法務と臨床法務』（日本評論社，2024 年，編著）等。

【担当】第 1 章「組織運営」，第 2 章「スタートアップ・新規事業」，第 3 章「労務管理」，第 4 章「契約取引」，第 5 章「知財戦略」，第 6 章「資金調達」，第 7 章「M&A・事業拡大」，第 8 章「海外展開」，第 9 章「出口戦略」

富田　裕（とみた・ゆう）

TMI 総合法律事務所　パートナー弁護士。

1989 年東京大学法学部卒業，同年建設省（現国土交通省）入省（法律職），1994 年東京大学工学部建築学科卒業，1996 年同大学院修了，2008 年弁護士登録（第二東京弁護士会）。神楽坂キーストーン法律事務所勤務を経て，2012 年 TMI 総合法律事務所入所，2020 年同事務所パートナー就任。主な著作として，『世界一わかりやすい　建築トラブル予防・解決マニュアル』（エクスナレッジ，2012 年），『建設・不動産会社の法務』（中央経済社，2016 年），『弁護士・法務担当者のための　不動産・建設取引の法律実務』（第一法規，2021 年，編著）等。

【担当】第 1 章第 1「機関設計のポイント」，同第 6「コンプライアンス・内部統制」，第 5 章「知財戦略」，第 6 章「資金調達」，第 8 章「海外展開」

■ 著者紹介

小林 佑輔 (こばやし・ゆうすけ)

TMI 総合法律事務所　弁護士

2010 年東京大学法学部卒業，2012 年中央大学法科大学院修了，2012 年司法試験合格，2014 年弁護士登録（第二東京弁護士会），2015 年 TMI 総合法律事務所入所。2016 年〜2018 年外務省経済局政策課日本企業支援専門員。主に，不動産ファイナンス，ホテル・大規模商業施設等の開発，国内・海外ホテルの M&A，クロスボーダーの商取引，日本企業の海外展開支援等の案件を扱う。

【担当】第 2 章第 2 「資本政策」，同第 3 「創業時の資金調達」，第 6 章「資金調達」，第 8 章「海外展開」

野崎 智己 (のざき・ともみ)

G&S 法律事務所　パートナー弁護士

2010 年早稲田大学法学部卒業，2012 年早稲田大学法科大学院修了。2014 年弁護士登録（第二東京弁護士会）。東京丸の内法律事務所勤務を経て，2020 年 G&S 法律事務所を設立。主に，一般企業法務，スタートアップ支援，M&A，不動産・建設法務，労働問題，相続・事業承継，医療・ヘルスケア法務の分野を扱う。主な著書として，『弁護士・法務担当者のための 不動産・建設取引の法律実務』（第一法規，2021 年，共著），『医療法務ハンドブック　医療機関・介護施設のための予防法務と臨床法務』（日本評論社，2024 年，共著）等。

【担当】第 2 章第 1 「会社の設立」，同第 4 「新規事業に関する法規制」，第 4 章第 1 「契約実務」，第 7 章「M&A・事業拡大」，第 9 章「出口戦略」

■ 執筆協力者

瀬戸 賀司 (せと・よしつか)

弁護士法人 B&P 法律事務所　パートナー弁護士

2011 年中央大学法学部卒業，2013 年慶應義塾大学法科大学院修了，2014 年弁護士登録（第一東京弁護士会）。杜若経営法律事務所勤務を経て，2023 年弁護士法人 B&P 法律事務所開所。主に，労働問題（会社側）に特化し訴訟，労働審判，組合対応等の労働紛争を扱う。主な著作として，『人事・労務トラブルのグレーゾーン 70』（労務行政，2023 年，共著）等。

【担当】第 3 章第 8 「配転・出向・転籍」，第 9 「安全配慮義務と労働災害」，第 13 「非正規労働者（パートタイム・有期雇用労働者）」，第 14 「高齢者雇用（定年後再雇用等）」

大山 貴俊 (おおやま・たかとし)

TMI 法律事務所　弁護士

2012 年慶應義塾大学法学部法学科卒業，2014 年慶應義塾大学法科大学院修了，2015 年弁護士会登録（東京弁護士会），2016 年 TMI 総合法律事務所入所。2022 年兵庫県弁護士会登録。主に，リスクマネジメント，コンプライアンス，情報・通信・メディア・IT 案件を中心とした企業法務を扱う。

【担当】第 4 章第 4 「情報管理」，同第 5 「債権回収保全」，同第 6 「インターネット上の誹謗中傷対応」

南　悠樹（みなみ・ゆうき）

TMI 総合法律事務所　弁護士
2015 年京都大学法学部卒業，2017 年弁護士登録（第二東京弁護士会），2018 年 TMI 総合法律事務所入所。主に，紛争・訴訟対応，債権回収，倒産処理，一般企業法務を扱う。主な著作として，『民事執行の法律相談』（青林書院，2020 年，共著）。
【担当】第 1 章第 1 「機関設計のポイント」，同第 2 「株主総会の運営のポイント」，同第 3 「取締役会の運営のポイント」

刀祢館　菜摘（とねだち・なつみ）

TMI 総合法律事務所　弁護士
2015 年東京大学文学部卒業，2018 年東京大学法科大学院修了，2019 年弁護士登録（第一東京弁護士会），2020 年 TMI 総合法律事務所入所。主に，M&A，渉外法務，ビジネスと人権を扱う。主な著作として，TMI 総合法律事務所コーポレートプラクティスグループ編著『実務逐条解説　令和元年会社法改正』（商事法務・2021 年）。
【担当】第 1 章第 4 「取締役の報酬・退職慰労金のポイント」，同第 5 「会社支配権を確保するポイント」，同第 6 「コンプライアンス・内部統制」

細沼　萌葉（ほそぬま・もえは）

TMI 総合法律事務所　弁護士
2016 年慶應義塾大学法学部法律学科卒業，2018 年一橋大学法科大学院修了，2019 年弁護士登録（東京弁護士会），2020 年 TMI 総合法律事務所入所。主に，特許，著作権，商標，意匠等の知的財産に関する訴訟等の紛争，契約交渉を扱う。
【担当】第 5 章 「知財戦略」

溝端　俊介（みぞばた・しゅんすけ）

TMI 総合法律事務所　弁護士
2016 年東京大学法学部卒業，2018 年東京大学法科大学院修了，2019 年弁護士登録（第一東京弁護士会），2020 年 TMI 総合法律事務所入所。2023 年京都弁護士会登録。主に，情報法及び消費者法をはじめとする IT 法務並びに資金決済等の金融法務を扱う。
【担当】第 4 章第 4 「情報管理」

吉井　将太郎（よしい・しょうたろう）

TMI 総合法律事務所　弁護士
2014 年早稲田大学創造理工学部卒業，2014 年弁理士試験合格，2018 年早稲田大学法科大学院修了，2020 年弁護士登録（第一東京弁護士会）。主に，特許の分野を扱う。
【担当】第 5 章 「知財戦略」

木山　健太朗　（きやま・けんたろう）

TMI 総合法律事務所　弁護士

2016 年関西大学法学部卒業，2019 年神戸大学法科大学院修了，2020 年弁護士登録（第二東京弁護士会），2021 年 TMI 総合法律事務所入所。国内大手総合商社へ出向。主に，労働問題，コーポレート分野の案件を扱う。

【担当】第3章第2「就業規則・労働契約書等の整備」，同第4「社会保険・労働保険への加入義務」，同第10「休職・復職」，同第11「懲戒処分」，同第12「解雇・退職勧奨」

本田　泰平（ほんだ・たいへい）

杜若経営法律事務所　弁護士

2017 年中央大学法学部卒業，2019 年慶應義塾大学法科大学院修了，2020 年弁護士登録（第一東京弁護士会）。主に，労働問題（会社側）を専門として，訴訟・労働審判・組合対応等の労働紛争を扱う。労務問題に関する勉強会等も開催。主な著作として，『未払い残業代請求の法律相談』（青林書院，2022 年，共著）等。

【担当】第3章第1「雇用形態の選択」，同第3「募集・採用における注意点」，同第5「労働時間」，同第6「従業員の賃金」，同第7「割増賃金請求」

四丸　裕貴（しまる・ゆうき）

G&S 法律事務所　弁護士

2015 年九州大学法学部卒業，2017 年京都大学法科大学院修了。2022 年弁護士登録（鹿児島県弁護士会），2023 年 G&S 法律事務所鹿児島オフィス入所。主に，一般企業法務，医療・ヘルスケア法務，労働問題を扱う。主な著作として，『医療法務ハンドブック　医療機関・介護施設のための予防法務と臨床法務』（日本評論社，2024 年，執筆協力）。

【担当】第4章第2「取引上の留意点」，同第3「広告・宣伝・販売」

企業法務ハンドブック
―チェックリストで実践する予防法務と戦略法務

2024 年 9 月 20 日　第 1 版第 1 刷発行
2025 年 2 月 15 日　第 1 版第 2 刷発行

編著者　小　里　佳　嵩
　　　　富　田　　　裕
著　者　小　林　佑　輔
　　　　野　崎　智　己
発行者　山　本　　　継
発行所　㈱中　央　経　済　社
発売元　㈱中央経済グループ
　　　　パブリッシング

〒101-0051　東京都千代田区神田神保町 1-35
電　話　03（3293）3371（編集代表）
　　　　03（3293）3381（営業代表）
https://www.chuokeizai.co.jp
印刷／三英グラフィック・アーツ㈱
製本／誠　製　本　㈱

©2024
Printed in Japan

※　頁の「欠落」や「順序違い」などがありましたらお取り替えいた
　　しますので発売元までご送付ください。（送料小社負担）
ISBN978-4-502-52011-2　C3032

JCOPY〈出版者著作権管理機構委託出版物〉本書を無断で複写複製（コピー）することは，
著作権法上の例外を除き，禁じられています。本書をコピーされる場合は事前に出版者著作
権管理機構（JCOPY）の許諾を受けてください。
JCOPY〈https://www.jcopy.or.jp　e メール：info@jcopy.or.jp〉

関係全法令を収録し表欄式で解説した、実務・受験に定番の書！

社会保険労務ハンドブック

全国社会保険労務士会連合会 ［編］

高度福祉社会への急速な歩み、また社会保険諸制度充実のための大幅な法改正。それに伴う労働・社会保険関係業務の顕著な拡大、複雑化……。本書は、このような状況において開業社会保険労務士、企業内の社会保険労務士ならびに業務担当者、あるいは社会保険労務士試験受験者等の方々にご活用いただけるよう、関係諸法令を従来にない懇切な解説とユニークな編集でまとめました。

毎年 好評 発売

■主な内容■

労働法規の部

第１編　個別的労働関係……第１　総説／第２　労働関係の成立・終了／第３　労働基準／第４　その他関連法規

第２編　集団的労働関係……第１　労働組合／第２　労使関係

社会保険の部

第１編　社会保険関係……第１　健康保険法／第２　健康保険法（日雇特例被保険者特例）／第３　国民健康保険法／第４　高齢者の医療の確保に関する法律／第５　厚生年金保険法／第６　国民年金法／第７　船員保険法／第８　介護保険法／第９　社会保険審査官及び社会保険審査会法

第２編　労働保険関係……第１　労働者災害補償保険法／第２　雇用保険法／第３　労働保険の保険料の徴収等に関する法律／第４　労働保険審査官及び労働保険審査会法

関連法規の部　第１　行政不服審査法／第２　社会保険労務士法

付　　録　届出申請等手続一覧

中央経済社

"会社法"時代の確かな実務指針

商業登記全書 全8巻

編集代表	神﨑満治郎
編集委員 (50音順)	金子登志雄・鈴木龍介・土井万二・内藤　卓

◆第1巻　**商業登記総論，個人商人**　　　　神﨑満治郎
鈴木　龍介【編】
土井　万二

◆第2巻　**株式会社の設立，商号・目的**
　　　　その他の変更　　　　　　　　神﨑満治郎【編】

◆第3巻　**株式・種類株式**　　　　　　　　内藤　　卓【編】

◆第4巻　**新株予約権，計算**　　　　　　　内藤　　卓【編】

◆第5巻　**株式会社の機関**　　　　　　　　鈴木　龍介【編】

◆第6巻　**持分会社，特例有限会社，**
　　　　外国会社　　　　　　　　　　土井　万二【編】

◆第7巻　**組織再編の手続**　　　　　　　　金子登志雄【著】

◆第8巻　**解散・倒産・非訟**
　　　　(付：総索引)　　　　　　　　内藤　　卓【編】

◆＝既刊

中央経済社

会社法施行規則・会社計算規則を完全収録！

「会社法」法令集 第十四版

中央経済社 編 A5判・744頁 定価3,740円(税込)

- ●重要条文ミニ解説
- ●会社法－省令対応表 付き
- ●改正箇所表示

令和4年9月1日までの法令改正を反映した最新版。令和元年改正会社法の改正箇所を施行日ごとに色分け表記し、条文理解を助ける「ミニ解説」を加筆。実務必携の一冊！

本書の特徴

◆会社法関連法規を完全収録
☞ 本書は、平成17年7月に公布された「会社法」から同18年2月に公布された3本の法務省令等、会社法に関連するすべての重要な法令を完全収録したものです。

◆改正箇所が一目瞭然！
☞ 令和元年改正会社法の2つの施行日(令和3年3月1日、同4年9月1日)ごとに改正箇所を明示。どの条文がどう変わったか、追加や削除された条文は何かなどが一目でわかります！

◆好評の「ミニ解説」さらに充実！
☞ 令和4年9月1日施行の改正箇所を中心に、重要条文のポイントを簡潔にまとめた「ミニ解説」の加筆・見直しを行いました。改正が実務にどう反映されるかがわかります！

◆引用条文の見出しを表示
☞ 会社法条文中、引用されている条文番号の下に、その条文の見出し（ない場合は適宜工夫）を色刷りで明記しました。条文の相互関係がすぐわかり、理解を助けます。

◆政省令探しは簡単！条文中に番号を明記
☞ 法律条文の該当箇所に、政省令（略称＝目次参照）の条文番号を色刷りで表示しました。意外に手間取る政省令探しもこれでラクラク。

中央経済社